EUL VERLAG

STEUER, WIRTSCHAFT UND RECHT

Herausgegeben von vBP StB Prof. Dr. Johannes Georg Bischoff, Wuppertal, Dr. Alfred Kellermann, Vorsitzender Richter am BGH (a. D.), Karlsruhe, Prof. (em.) Dr. Günter Sieben, Köln, und WP StB Prof. Dr. Dr. h. c. Norbert Herzig, Köln

Band 341
Sebastian Johannes Paul Schröder
Unternehmensbewertung für Zwecke der Erbschaft- und Schenkungsteuer – Analyse der Steuerbemessungsfunktion der Unternehmensbewertung und ökonomische Rechtskritik am Gesetz zur Reform des Erbschaftsteuer- und Bewertungsrechts
Lohmar – Köln 2014 • 548 S. • € 75,- (D) • ISBN 978-3-8441-0328-1

Band 342
Andreas Pfuhl
Steuerorientierte Rechtsformplanung mittels Thesaurierungsbegünstigung und Abgeltungsteuer – Steuerwirkung, Steuerplanung, Steuergestaltung
Lohmar – Köln 2014 • 508 S. • € 73,- (D) • ISBN 978-3-8441-0334-2

Band 343
Alina Hoppe
Die Besteuerung der Kommanditgesellschaft auf Aktien zwischen Trennungs- und Transparenzprinzip
Lohmar – Köln 2014 • 228 S. • € 55,- (D) • ISBN 978-3-8441-0340-3

Band 344
Stefan Trencsik
Besteuerung deutscher Immobilienanlagevehikel bei grenzüberschreitenden Investitionen in der Europäischen Union
Lohmar – Köln 2014 • 300 S. • € 59,- (D) • ISBN 978-3-8441-0344-1

Band 345
Manuel Koch
Schaffung und Nutzung immaterieller Vermögenswerte im multinationalen Unternehmen
Lohmar – Köln 2014 • 440 S. • € 68,- (D) • ISBN 978-3-8441-0346-5

JOSEF EUL VERLAG

UNIVERSITÄT MANNHEIM

Manuel Koch

Der Begriff des immateriellen Wirtschaftsgutes aus der Sicht des Fremdvergleichsgrundsatzes - Implikationen für die Ausgestaltung von Verrechnungspreisen für die Nutzung immaterieller Vermögenswerte im multinationalen Unternehmen

Inauguraldissertation

zur Erlangung des akademischen Grades

eines Doktors der Wirtschaftswissenschaften

der Universität Mannheim

vorgelegt bei

Prof. Dr. Christoph Spengel

Lehrstuhl für Allgemeine Betriebswirtschaftslehre und

Betriebswirtschaftliche Steuerlehre II

Universität Mannheim

2014

Dekan: Dr. Jürgen M. Schneider

Referent: Prof. Dr. Christoph Spengel

Koreferent: Prof. Dr. Ulrich Schreiber

Tag der mündlichen Prüfung: 28.5.2014

Reihe: Steuer, Wirtschaft und Recht · Band 345

Herausgegeben von vBP StB Prof. Dr. Johannes Georg Bischoff, Wuppertal, Dr. Alfred Kellermann, Vorsitzender Richter (a. D.) am BGH, Karlsruhe, Prof. (em.) Dr. Günter Sieben, Köln, und WP StB Prof. Dr. Dr. h. c. Norbert Herzig, Köln

Manuel Koch

Schaffung und Nutzung immaterieller Vermögenswerte im multinationalen Unternehmen

EUL VERLAG

Bibliografische Information der Deutschen Nationalbibliothek

Die Deutsche Nationalbibliothek verzeichnet diese Publikation in der Deutschen Nationalbibliografie; detaillierte bibliografische Daten sind im Internet über <http://dnb.d-nb.de> abrufbar.

Dissertation, Universität Mannheim, 2014, unter dem Titel: Der Begriff des immateriellen Wirtschaftsgutes aus der Sicht des Fremdvergleichgrundsatzes – Implikationen für die Ausgestaltung von Verrechnungspreisen für die Nutzung immaterieller Vermögenswerte im multinationalen Uternehmen

ISBN 978-3-8441-0346-5
1. Auflage August 2014

JOSEF EUL VERLAG GmbH
Brandsberg 6
53797 Lohmar
Tel.: 0 22 05 / 90 10 6-6
Fax: 0 22 05 / 90 10 6-88
E-Mail: info@eul-verlag.de
http://www.eul-verlag.de

Bei der Herstellung unserer Bücher möchten wir die Umwelt schonen. Dieses Buch ist daher auf säurefreiem, 100% chlorfrei gebleichtem, alterungsbeständigem Papier nach DIN 6738 gedruckt.

Vorwort

Die vorliegende Arbeit wurde im Frühjahrssemester 2014 von der Fakultät für Betriebswirtschaftslehre der Universität Mannheim als Dissertation angenommen. Literatur und Rechtsprechung wurden bis zur Abgabe der Arbeit (Mai 2014) berücksichtigt.

Mein ganz besonderer Dank gilt meinem Doktorvater, Herrn Professor Dr. Christoph Spengel, der mich im Winter 2012 als externen Doktoranden annahm und damit die Promotion erst ermöglicht hat. Herr Prof. Spengel hat mich darüber hinaus während des gesamten Verlaufs der Erstellung dieser Arbeit durch konstruktive Diskussionen und hilfreiche Anregungen unterstützt und damit ganz wesentlich zum Gelingen des Vorhabens beigetragen. Herrn Prof. Dr. Ulrich Schreiber danke ich ganz herzlich für die Übernahme des Zweitgutachtens.

Zu großem Dank bin ich auch meinen lieben Eltern verpflichtet, die mich bei diesem Vorhaben ganz wesentlich unterstützt haben. Des Weiteren möchte ich Dipl.-Vw. Elisabeth Haller danken, die die Aufgabe des Korrektors übernommen und mit unermüdlicher Akribie an der Beseitigung orthografischer und grammatikalischer Schwächen gearbeitet hat.

Wittnau, im Juli 2014 *Manuel Koch*

Inhaltsübersicht

Inhaltsverzeichnis ... **IX**

Abbildungsverzeichnis ... **XIX**

Tabellenverzeichnis ... **XXI**

Abkürzungsverzeichnis ... **XXIII**

1 Einleitung ... **1**

1.1 Problemstellung ... 1

1.2 Zielsetzung ... 4

1.3 Gang der Untersuchung ... 5

1.4 Begriffsabgrenzung ... 6

2 Grundlegung ... **9**

2.1 Einleitung ... 9

2.2 Theorie der multinationalen Unternehmung ... 10

2.3 Management immaterieller Vermögenswerte ... 17

2.4 Finanzielle Bewertung immaterieller Vermögenswerte ... 32

3 Anwendung der geltenden Verrechnungspreisbestimmungen ... **49**

3.1 Einleitung ... 49

3.2 OECD ... 49

3.3 Deutschland ... 115

3.4 USA ... 169

3.5 Zusammenfassung und Vergleich ... 224

4 Beurteilung der geltenden Verrechnungspreisbestimmungen ... **233**

4.1 Einleitung ... 233

4.2 Entwicklung des Beurteilungsrahmens ... 233

4.3 Anwendung des Beurteilungsrahmens ... 240

4.4 Zwischenergebnis zur Beurteilung ... 302

5 Reformüberlegungen ... **317**

5.1 Einleitung ... 317

5.2 Separate Entity Approach ... 317

5.3 Formulary Apportionment ... 340

5.4 Zusammenfassung der Reformüberlegungen ... 351

6 Thesenförmige Zusammenfassung ... 353

Literaturverzeichnis ... 359

Rechtsquellenverzeichnis ... 387

Rechtsprechungsverzeichnis ... 391

Sonstige Quellen ... 399

Inhaltsverzeichnis

Inhaltsverzeichnis ... **IX**

Abbildungsverzeichnis ... **XIX**

Tabellenverzeichnis ... **XXI**

Abkürzungsverzeichnis ... **XXIII**

1 Einleitung ... **1**

1.1 Problemstellung ... 1

1.2 Zielsetzung ... 4

1.3 Gang der Untersuchung ... 5

1.4 Begriffsabgrenzung ... 6

2 Grundlegung ... **9**

2.1 Einleitung ... 9

2.2 Theorie der multinationalen Unternehmung ... 10

2.2.1 Kontextspezifische Würdigung ... 14

2.2.2 Zwischenergebnis zur Eklektischen Theorie ... 16

2.3 Management immaterieller Vermögenswerte ... 17

2.3.1 Einleitung ... 17

2.3.2 Aufgaben des Managements immaterieller Vermögenswerte ... 18

2.3.2.1 Identifizierung der Komponenten des immateriellen Vermögens ... 18

2.3.2.2 Ermittlung der Interaktion des immateriellen Vermögens ... 20

2.3.2.3 Messung und Steuerung des immateriellen Vermögens ... 22

2.3.2.4 Grenzüberschreitende Allokation und Nutzung ... 24

2.3.2.4.1 Eigenentwicklung und -nutzung ... 25

2.3.2.4.2 Auftragsfertigung ... 26

2.3.2.4.3 Auftragsforschung und -entwicklung ... 27

2.3.2.4.4 Lizenzierung ... 28

2.3.2.4.5 Übertragung des Eigentums ... 29

2.3.2.4.6 Gemeinsame grenzüberschreitende Entwicklung und Nutzung ... 29

2.3.3 Zwischenergebnis zum Management ... 31

2.4 Finanzielle Bewertung immaterieller Vermögenswerte ... 32

2.4.1 Einleitung ... 32

2.4.2 Market Approach ... 33
2.4.3 Cost Approach ... 34
2.4.4 Income Approach ... 37
2.4.4.1 Quantifizierung des zukünftigen ökonomischen Nutzens ... 37
2.4.4.1.1 Relief from Royalty Method ... 39
2.4.4.1.2 Excess Earnings Method ... 40
2.4.4.1.3 Residual Value Method i.e.S. ... 42
2.4.4.2 Einschätzung des zeitlichen Verlaufs des ökonomischen Nutzens ... 43
2.4.4.3 Annahmen zum Risiko der Nutzenerzielung ... 45
2.4.5 Zwischenergebnis zur finanziellen Bewertung ... 48
3 Anwendung der geltenden Verrechnungspreisbestimmungen ... 49
3.1 Einleitung ... 49
3.2 OECD ... 49
3.2.1 Historischer Hintergrund des Fremdvergleichsgrundsatzes ... 49
3.2.2 OECD-Verrechnungspreisrichtlinien ... 53
3.2.3 Tatbestandsvoraussetzungen von Art. 9 Abs. 1 OECD-MA ... 55
3.2.4 Verhältnis von Art. 9 OECD-MA zum nationalen Recht ... 57
3.2.5 Grundlagen des Fremdvergleichs nach Art. 9 OECD-MA ... 58
3.2.5.1 Einleitung ... 58
3.2.5.2 Merkmale der ausgetauschten Vermögenswerte und Leistungen ... 60
3.2.5.3 Ausgeübte Funktionen, getragene Risiken und eingesetzte Mittel ... 61
3.2.5.4 Vertragliche Bedingungen ... 62
3.2.5.5 Wirtschaftliche Umstände der Transaktion ... 63
3.2.5.6 Verfolgte Geschäftsstrategien der Transaktionspartner ... 63
3.2.6 Definition immaterieller Vermögenswerte ... 64
3.2.6.1 OECD-Verrechnungspreisrichtlinien 2010 ... 64
3.2.6.2 OECD-Projekt Transfer Pricing Aspects of Intangibles ... 65
3.2.6.2.1 Abstrakte Definition immaterieller Vermögenswerte ... 65
3.2.6.2.2 Goodwill und Ongoing Concern Value ... 68
3.2.6.2.3 Negative Abgrenzung der Definition ... 69
3.2.6.2.4 Charakteristika bestimmter Märkte ... 69
3.2.6.2.5 Belegschaft eines Unternehmens ... 70
3.2.6.2.6 Synergie- und Integrationseffekte ... 70

3.2.7 Zurechnung immaterieller Vermögenswerte ... 71
3.2.7.1 Sinn und Zweck von Zurechnungsregeln ... 71
3.2.7.2 OECD-Verrechnungspreisrichtlinien 2010 ... 71
3.2.7.3 OECD-Projekt Transfer Pricing Aspects of Intangibles ... 73
3.2.8 Verrechnungspreismethoden für immaterielle Vermögenswerte ... 77
3.2.8.1 Vorgaben zur Methodenwahl ... 77
3.2.8.2 Preisvergleichsmethode ... 79
3.2.8.3 Wiederverkaufspreismethode ... 80
3.2.8.4 Kostenaufschlagsmethode ... 82
3.2.8.5 Transaktionsbezogene Nettomargenmethode ... 83
3.2.8.6 Transaktionsbezogene Gewinnaufteilungsmethode ... 84
3.2.8.7 Sonstige Methoden ... 88
3.2.9 Allokations- und Nutzungsstrategien ... 91
3.2.9.1 Eigenentwicklung und -nutzung ... 91
3.2.9.2 Auftragsfertigung ... 95
3.2.9.3 Auftragsforschung und -entwicklung ... 96
3.2.9.4 Lizenzierung ... 98
3.2.9.4.1 Grundlagen ... 98
3.2.9.4.2 Standardmethoden ... 99
3.2.9.4.3 Gewinnorientierte Methoden ... 101
3.2.9.4.4 Einkommensbasierte Methoden ... 104
3.2.9.4.5 Umgang mit Bewertungsunsicherheit ... 104
3.2.9.5 Übertragung des Eigentums ... 106
3.2.9.5.1 Überprüfung des ökonomischen Gehalts ... 106
3.2.9.5.2 Standardmethoden ... 108
3.2.9.5.3 Gewinnorientierte und einkommensbasierte Methoden ... 109
3.2.9.5.4 Umgang mit Bewertungsunsicherheit ... 110
3.2.9.6 Gemeinsame grenzüberschreitende Entwicklung und Nutzung ... 110
3.2.9.6.1 Grundlagen ... 110
3.2.9.6.2 Merkmale eines Cost Contribution Arrangements ... 111
3.2.9.6.3 Ermittlung und Aufteilung der Kosten ... 112
3.2.9.6.4 Behandlung von Beiträgen der Teilnehmer ... 113
3.2.9.6.5 Voraussetzungen für Einkommenskorrekturen ... 114
3.3 Deutschland ... 115

3.3.1 Historischer Hintergrund von § 1 AStG 115
3.3.2 Tatbestandsvoraussetzungen und Rechtsfolgen von § 1 AStG 117
3.3.3 Verhältnis von § 1 AStG zu anderen nationalen Korrekturnormen 119
3.3.3.1 Verhältnis zur verdeckten Gewinnausschüttung 119
3.3.3.2 Verhältnis zur verdeckten Einlage 121
3.3.4 Grundlagen des Fremdvergleichs im Sinne von § 1 AStG 122
3.3.4.1 Konkretisierung des Fremdvergleichs 122
3.3.4.2 Vergleichbarkeitsanalyse 124
3.3.4.3 Charakterisierung der Transaktionspartner 126
3.3.5 Definition immaterieller Vermögenswerte 127
3.3.5.1 Begriff des Wirtschaftsguts 127
3.3.5.2 Begriff des immateriellen Wirtschaftsguts 128
3.3.5.2.1 Geschäftswert 133
3.3.5.2.2 Geschäftschancen 135
3.3.5.2.3 Andere Vermögenspositionen, Vorteile und Zustände 137
3.3.6 Zurechnung immaterieller Wirtschaftsgüter 139
3.3.6.1 Identifizierung des Eigentümers 139
3.3.6.2 Vergütung wertsteigernder Tätigkeiten 141
3.3.6.3 Überprüfung des ökonomischen Gehalts 142
3.3.7 Verrechnungspreismethoden für immaterielle Vermögenswerte 143
3.3.7.1 Vorgaben zur Methodenwahl 143
3.3.7.2 Preisvergleichsmethode 144
3.3.7.3 Wiederverkaufspreis- und Kostenaufschlagsmethode 145
3.3.7.4 Transaktionsbezogene Nettomargenmethode 146
3.3.7.5 Gewinnaufteilungsmethode 146
3.3.7.6 Hypothetischer Fremdvergleich 147
3.3.7.6.1 Konzeption und Anwendungsbereich 147
3.3.7.6.2 Preisbestimmung im Einigungsbereich 150
3.3.7.6.3 Umgang mit Bewertungsunsicherheit 151
3.3.8 Allokations- und Nutzungsstrategien 153
3.3.8.1 Eigenentwicklung und –nutzung 153
3.3.8.2 Auftragsfertigung 154
3.3.8.3 Auftragsforschung und -entwicklung 154
3.3.8.4 Lizenzierung 157

3.3.8.4.1 Grundlagen ... 157
3.3.8.4.2 Standardmethoden ... 158
3.3.8.4.3 Geeignete Methoden ... 158
3.3.8.4.4 Hypothetischer Fremdvergleich ... 160
3.3.8.4.5 Umgang mit Bewertungsunsicherheit ... 160
3.3.8.5 Übertragung des Eigentums ... 161
3.3.8.5.1 Überprüfung des ökonomischen Gehalts ... 161
3.3.8.5.2 Standardmethoden ... 163
3.3.8.5.3 Geeignete Methoden ... 163
3.3.8.5.4 Hypothetischer Fremdvergleich ... 164
3.3.8.5.5 Umgang mit Bewertungsunsicherheit ... 164
3.3.8.6 Gemeinsame grenzüberschreitende Entwicklung und Nutzung ... 165
3.3.8.6.1 Grundlagen ... 165
3.3.8.6.2 Merkmale einer Kostenumlagevereinbarung ... 165
3.3.8.6.3 Ermittlung und Aufteilung der Kosten ... 167
3.3.8.6.4 Behandlung von Beiträgen der Teilnehmer ... 167
3.3.8.6.5 Voraussetzungen für Einkommenskorrekturen ... 168
3.4 USA ... 169
3.4.1 Rechtliche Grundlagen ... 169
3.4.2 Historischer Hintergrund von § 482 IRC ... 169
3.4.3 Tatbestandsvoraussetzungen und Rechtsfolgen von § 482 IRC ... 170
3.4.4 Grundlagen des Fremdvergleichs im Sinne von § 482 IRC ... 172
3.4.4.1 Historische Entwicklung der Regulations zu § 482 IRC ... 172
3.4.4.2 Vergleichbarkeitsanalyse ... 177
3.4.5 Definition immaterieller Vermögenswerte ... 179
3.4.5.1 Begriff des Intangible Asset ... 179
3.4.5.2 Geschäftschancen und andere immaterielle Werte ... 181
3.4.5.3 Differenzierung zwischen Routine- und Non-Routine-Intangibles ... 181
3.4.5.4 Zusammenfassung ... 182
3.4.6 Zurechnung immaterieller Vermögenswerte ... 183
3.4.6.1 Grundlagen ... 183
3.4.6.2 Identifizierung des Eigentümers ... 183
3.4.6.2.1 Rechtlich geschützte immaterielle Vermögenswerte ... 183
3.4.6.2.2 Rechtlich ungeschützte immaterielle Vermögenswerte ... 184

3.4.6.3 Vergütung wertsteigernder Tätigkeiten ... 185
3.4.6.4 Überprüfung des ökonomischen Gehalts ... 186
3.4.7 Verrechnungspreismethoden für immaterielle Vermögenswerte ... 187
3.4.7.1 Vorgaben zur Methodenwahl ... 187
3.4.7.2 Comparable Uncontrolled Transaction Method ... 188
3.4.7.3 Comparable Profits Method ... 189
3.4.7.4 Profit Split Method ... 191
3.4.7.4.1 Comparable Profit Split Method ... 191
3.4.7.4.2 Residual Profit Split Method ... 192
3.4.7.5 Undefinierte Methoden ... 193
3.4.8 Allokations- und Nutzungsstrategien ... 194
3.4.8.1 Eigenentwicklung und -nutzung ... 194
3.4.8.2 Auftragsfertigung ... 195
3.4.8.3 Auftragsforschung und –entwicklung ... 196
3.4.8.4 Überlassung und Übertragung des Eigentums ... 198
3.4.8.5 Lizenzierung ... 199
3.4.8.5.1 Standardmethoden ... 199
3.4.8.5.2 Gewinnorientierte Methoden ... 200
3.4.8.5.3 Umgang mit Bewertungsunsicherheit ... 201
3.4.8.6 Übertragung des Eigentums ... 204
3.4.8.6.1 Überprüfung des ökonomischen Gehalts ... 204
3.4.8.6.2 Umgang mit Bewertungsunsicherheit ... 204
3.4.8.7 Gemeinsame grenzüberschreitende Entwicklung und Nutzung ... 205
3.4.8.7.1 Grundlagen ... 205
3.4.8.7.2 Merkmale eines Cost Sharing Arrangements ... 206
3.4.8.7.3 Ermittlung und Aufteilung der Kosten ... 207
3.4.8.7.4 Behandlung von Beiträgen der Teilnehmer ... 209
3.4.8.7.5 Methoden für die Bewertung von Beiträgen ... 214
3.4.8.7.5.1 CUT-Method ... 214
3.4.8.7.5.2 Income-Method ... 215
3.4.8.7.5.3 Acquisition Price Method ... 219
3.4.8.7.5.4 Market Capitalization Method ... 220
3.4.8.7.5.5 Residual Profit Split Method ... 221
3.4.8.7.5.6 Undefinierte Methoden ... 222

3.4.8.7.6 Vorraussetzungen für Einkommenskorrekturen 223
3.5 Zusammenfassung und Vergleich 224
3.5.1 Definition immaterieller Vermögenswerte 224
3.5.2 Zurechnung immaterieller Vermögenswerte 225
3.5.3 Verrechnungspreismethoden 226
3.5.4 Allokations- und Nutzungsstrategien 229
4 Beurteilung der geltenden Verrechnungspreisbestimmungen 233
4.1 Einleitung 233
4.2 Entwicklung des Beurteilungsrahmens 233
4.2.1 Gerechtigkeit der Besteuerung 233
4.2.1.1 Individuelle Steuergerechtigkeit 233
4.2.1.2 Zwischenstaatliche Verteilungsgerechtigkeit 235
4.2.2 Praktikabilität der Besteuerung 239
4.2.3 Rechtssicherheit der Besteuerung 239
4.3 Anwendung des Beurteilungsrahmens 240
4.3.1 Definition immaterieller Vermögenswerte 240
4.3.1.1 Konkretisierung der Beurteilungskriterien 240
4.3.1.2 Beurteilung der OECD 242
4.3.1.2.1 OECD-Verrechnungspreisrichtlinien 2010 242
4.3.1.2.2 OECD-Projekt „Transfer Pricing Aspects of Intangibles“ 243
4.3.1.3 Beurteilung des deutschen Steuerrechts 246
4.3.1.4 Beurteilung des US-Steuerrechts 248
4.3.2 Zurechnung immaterieller Vermögenswerte 249
4.3.2.1 Konkretisierung der Beurteilungskriterien 249
4.3.2.2 Beurteilung der OECD 250
4.3.2.2.1 OECD-Verrechnungspreisrichtlinien 2010 250
4.3.2.2.2 OECD-Projekt „Transfer Pricing Aspects of Intangibles“ 251
4.3.2.3 Beurteilung des deutschen Steuerrechts 253
4.3.2.4 Beurteilung des US-Steuerrechts 255
4.3.3 Verrechnungspreismethoden für immaterielle Vermögenswerte 256
4.3.3.1 Konkretisierung der Beurteilungskriterien 256
4.3.3.2 Preisvergleichsmethode 257
4.3.3.3 Kostenaufschlagsmethode 260

4.3.3.4 Transaktionsbezogene Nettomargenmethode ... 261
4.3.3.5 Gewinnaufteilungsmethode ... 264
4.3.3.6 Zweiseitige einkommensbasierte Methoden ... 269
4.3.4 Allokations- und Nutzungsstrategien ... 273
4.3.4.1 Eigenentwicklung und -nutzung ... 273
4.3.4.1.1 Konkretisierung der Beurteilungskriterien ... 273
4.3.4.1.2 Beurteilung ... 273
4.3.4.2 Auftragsfertigung ... 276
4.3.4.2.1 Konrektisierung der Beurteilungskriterien ... 276
4.3.4.2.2 Beurteilung ... 277
4.3.4.3 Auftragsforschung und -entwicklung ... 278
4.3.4.3.1 Konkretisierung der Beurteilungskriterien ... 278
4.3.4.3.2 Beurteilung ... 279
4.3.4.4 Lizenzierung ... 281
4.3.4.4.1 Konkretisierung der Beurteilungskriterien ... 281
4.3.4.4.2 Beurteilung ... 282
4.3.4.5 Übertragung des Eigentums ... 290
4.3.4.5.1 Konkretisierung der Beurteilungskriterien ... 290
4.3.4.5.2 Beurteilung ... 290
4.3.4.6 Gemeinsame grenzüberschreitende Entwicklung und Nutzung ... 293
4.3.4.6.1 Konkretisierung der Beurteilungskriterien ... 293
4.3.4.6.2 Beurteilung der OECD ... 294
4.3.4.6.3 Beurteilung des deutschen Steuerrechts ... 295
4.3.4.6.4 Beurteilung des US-Steuerrechts ... 297
4.3.4.6.4.1 Definition des Teilnehmerkreises ... 297
4.3.4.6.4.2 Ermittlung und Aufteilung der Kostenbasis ... 298
4.3.4.6.4.3 Behandlung von Beiträgen der Teilnehmer ... 298
4.3.4.6.4.4 Income Method ... 300
4.3.4.6.4.5 Market Capitalization Method ... 300
4.3.4.6.4.6 Acquisition Price Method ... 301
4.4 Zwischenergebnis zur Beurteilung ... 302
4.4.1 Definition ... 302
4.4.2 Zurechnung ... 303
4.4.3 Methoden ... 304

4.4.3.1 Preisvergleichsmethode ... 304
4.4.3.2 Kostenaufschlagsmethode ... 305
4.4.3.3 Transaktionsbezogene Nettomargenmethode ... 306
4.4.3.4 Gewinnaufteilungsmethode ... 306
4.4.3.5 Zweiseitige einkommensbasierte Methoden ... 307
4.4.4 Allokations- und Nutzungsstrategien ... 309
4.4.4.1 Eigenentwicklung und Nutzung ... 309
4.4.4.2 Auftragsfertigung ... 310
4.4.4.3 Auftragsforschung und -entwicklung ... 310
4.4.4.4 Lizenzierung ... 311
4.4.4.5 Übertragung des Eigentums ... 313
4.4.4.6 Gemeinsame Entwicklung und Nutzung ... 313

5 Reformüberlegungen ... 317
5.1 Einleitung ... 317
5.2 Separate Entity Approach ... 317
5.2.1 Definition immaterieller Vermögenswerte ... 317
5.2.2 Zurechnung immaterieller Vermögenswerte ... 322
5.2.3 Verrechnungspreismethoden ... 324
5.2.3.1 Einleitung ... 324
5.2.3.2 Empirische Befunde zur Methodenwahl ... 324
5.2.3.3 Preisvergleichsmethode ... 329
5.2.3.4 Residual Profit Split Method ... 331
5.2.3.5 Zweiseitige einkommensbasierte Methoden ... 333
5.2.4 Allokations- und Nutzungsstrategien ... 334
5.2.4.1 Eigenentwicklung und -nutzung ... 334
5.2.4.2 Auftragsfertigung ... 335
5.2.4.3 Auftragsforschung und -entwicklung ... 336
5.2.4.4 Lizenzierung und Übertragung des Eigentums ... 337
5.2.4.5 Gemeinsame grenzüberschreitende Entwicklung und Nutzung ... 338
5.3 Formulary Apportionment ... 340
5.3.1 Einleitung ... 340
5.3.2 Konzeption des GKKB-RLV ... 341
5.3.3 Beurteilung ... 344

5.3.3.1 Individuelle Steuergerechtigkeit 344
5.3.3.2 Zwischenstaatliche Verteilungsgerechtigkeit 346
5.3.3.3 Praktikabilität und Rechtssicherheit 350
5.3.4 Ergebnis 350
5.4 Zusammenfassung der Reformüberlegungen 351

6 Thesenförmige Zusammenfassung 353

Literaturverzeichnis 359

Rechtsquellenverzeichnis 387

Rechtsprechungsverzeichnis 391

Sonstige Quellen 399

Abbildungsverzeichnis

Abb. 1: Schematische Darstellung der Anforderungen an die Vergleichbarkeit 330

Tabellenverzeichnis

Tabelle 1: Allokations- und Nutzungsstrategien für immaterielle Vermögenswerte 25

Tabelle 2: Immaterielle Wirtschaftsgüter im deutschen Bilanzsteuerrecht 132

Tabelle 3: Verwendete Verrechnungspreismethoden nach *Borkowski* 325

Tabelle 4: Verwendete Verrechnungspreismethoden für die grenzüberschreitende Lizenzierung immaterieller Vermögenswerte nach *Ernst & Young* 326

Tabelle 5: Verwendete Verrechnungspreismethoden für materielle und immaterielle Vermögenswerte im Rahmen von Vorabverständigungsverfahren 328

Abkürzungsverzeichnis

a.A.	anderer Ansicht
ABl.	Amtsblatt
Abs.	Absatz
AFTF	Accounting for the Future
AO	Abgabenordnung
Art.	Artikel
ASA	American Society of Appraisers
ASC	Accounting Standards Codification
AStG	Außensteuergesetz
BALRM	Basic arm's length return method
BB	Betriebs-Berater (Zeitschrift)
BFH	Bundesfinanzhof
BFHE	Sammlung der Entscheidungen des BFH (Zeitschrift)
BFH/NV	Sammlung nicht veröffentlichter Entscheidungen des BFH (Zeitschrift)
BGB	Bürgerliches Gesetzbuch
BGBl.	Bundesgesetzblatt
BilMoG	Bilanzrechtsmodernisierungsgesetz
BMF	Bundesministerium der Finanzen
bpsw.	beispielsweise

BStBl.	Bundessteuerblatt
BT-Drs.	Bundestagsdrucksache
BVerfG	Bundesverfassungsgericht
CAPM	Capital Asset Pricing Model
CB	Cumulative Bulletin
CF	Cash Flow
C.F.R.	Code of Federal Regulations
CUT	Comparable Uncontrolled Transaction
CSA	Cost Sharing Arrangement
CWI	Commensurate With Income
DB	Der Betrieb (Zeitschrift)
DBA	Doppelbesteuerungsabkommen
DStR	Deutsches Steuerrecht (Zeitschrift)
DStRE	Deutsches Steuerrecht Entscheidungsdienst (Zeitschrift)
EFG	Entscheidungen der Finanzgerichte (Zeitschrift)
EG	Europäische Gemeinschaft
EK	Eigenkapital
Erg. Lfg.	Ergänzungslieferung

EStG	Einkommensteuergesetz
EStR	Einkommensteuer-Richtlinien
EStÄR	Einkommensteuer-Änderungsrichtlinien
EU	Europäische Union
f.	folgende
ff.	fortfolgende
FG	Finanzgericht
FK	Fremdkapital
FR	Finanz-Rundschau (Zeitschrift)
FS	Festschrift
FVerlV	Funktionsverlagerungsverordnung
F/W/B/S	Flick Wassermeyer Baumhoff Schönfeld (Kommentar)
GAAP	Generally Accepted Accounting Principles
GebrMG	Gebrauchsmustergesetz
gem.	gemäß
GeschmMG	Geschmacksmustergesetz
GewStG	Gewerbesteuergesetz
GG	Grundgesetz
GK	Gesamtkapitalausstattung

GKKB	Gemeinsame Konsolidierte Körperschaftsteuer-Bemessungsgrundlage
gl.A.	gleicher Ansicht
GmbHR	GmbH-Rundschau (Zeitschrift)
GMVO	Gemeinschaftsmarkenverordnung
GoB	Grundsätze ordnungsmäßiger Buchführung
Gr.	Gruppe
GRUR	Gewerblicher Rechtsschutz und Urheberrecht (Zeitschrift)
HGB	Handelsgesetzbuch
h.M.	herrschende Meinung
HRCA	Human Resource Costing and Accounting
HS	Halbsatz
IAMV	Investor Assigned Market Value
IAS	International Accounting Standards
i.d.R.	in der Regel
i.e.S.	im engeren Sinne
IDW	Institut der Wirtschaftsprüfer in Deutschland e.V.
IFRS	International Financial Reporting Standards
IP	Intellectual Property
IRB	Internal Revenue Bulletin

IRC	Internal Revenue Code
IRS	Internal Revenue Service
ISR	Internationale Steuer-Rundschau (Zeitschrift)
IStR	Internationales Steuerrecht (Zeitschrift)
i.V.m.	in Verbindung mit
IWB	Internationale Wirtschaftsbriefe (Zeitschrift)
JStG	Jahressteuergesetz
k.A.	keine Angabe
KoR	Kapitalmarktorientierte Rechnungslegung (Zeitschrift)
KStG	Körperschaftsteuergesetz
lit.	littera (=Buchstabe)
MA	Musterabkommen
m.E.	meines Erachtens
MK	Musterkommentar
m.w.N.	mit weiteren Nachweisen
NJW	Neue Juristische Wochenschrift (Zeitschrift)

No.	Nummer
OEEC	Organisation for European Economic Cooperation
OECD	Organisation for Economic Cooperation and Development
PatG	Patentgesetz
PiR	Praxis Internationale Rechnungslegung (Zeitschrift)
PV	Present Value
RFH	Reichsfinanzhof
RGBl.	Reichsgesetzblatt
RIW	Recht der Internationalen Wirtschaft (Zeitschrift)
RLV	Richtlinienvorschlag
Rs.	Rechtssache
RT-Drs.	Reichstagsdrucksache
Rz.	Randziffer
S.	Satz
Sec.	Section
StÄndG	Steueränderungsgesetz
StB	Die Steuerberatung (Zeitschrift)

StBp	Steuerliche Betriebsprüfung (Zeitschrift)
StuB	Steuern und Bilanzen (Zeitschrift)
StuW	Steuer und Wirtschaft (Zeitschrift)
StVergAbG	Steuervergünstigungsabbaugesetz
T.C.	Tax Court
TD	Treasury Decision
TNI	Tax Notes International (Zeitschrift)
TNMM	Transaktionsbezogene Nettomargenmethode
Treas. Reg.	Treasury Regulations
TV	Terminal Value
Tz.	Teilziffer
UntStRefG	Unternehmensteuerreformgesetz
U.S.	United States
U.S.C.	United States Code
v.	vom
vGA	verdeckte Gewinnausschüttung
WACC	Weighted Average Cost of Capital

WARA	Weighted Average Return on Assets
Wpg	Die Wirtschaftsprüfung (Zeitschrift)
WIPO	World Intellectual Property Organization
WTO	World Trade Organization
ZEW	Zentrum für Europäische Wirtschaftsforschung
ZfB	Zeitschrift für Betriebswirtschaft (Zeitschrift)
zfbf	Zeitschrift für betriebswirtschaftliche Forschung (Zeitschrift)
Ziff.	Ziffer

1 Einleitung

1.1 Problemstellung

Der Abbau von Handelshemmnissen, die Verringerung von Kosten für Transport und Kommunikation sowie insbesondere die Weiterentwicklung der Informationstechnologie haben in den letzten Jahrzehnten zu einer Beschleunigung des Trends zur Globalisierung der Wirtschaftsbeziehungen geführt.[1] Folge der Globalisierung ist nicht nur eine Zunahme grenzüberschreitender Handelsströme, sondern auch eine verstärkte grenzüberschreitende Arbeitsteilung innerhalb multinationaler Unternehmen aufgrund des sich verschärfenden globalen Wettbewerbs. Teilfunktionen der Wertschöpfungskette multinationaler Unternehmen, insbesondere Produktionstätigkeiten, werden an spezifischen geographischen Standorten angesiedelt, um komparative Vorteile, etwa im Bereich der Lohnkosten, zu nutzen. Weitere Gründe für die Schaffung transnationaler integrierter Unternehmensstrukturen sind Aspekte des Risikomanagements und der Zugang zu Humanpotenzial in spezifischen Märkten. Die resultierenden globalen Wertschöpfungsprozesse haben zu einem stetig zunehmenden Anteil grenzüberschreitender Transaktionen am Welthandel geführt. So wurde bereits vor Ende des letzten Jahrhunderts von einem Anteil konzerninterner Transaktionen von mehr als 60% ausgegangen.[2]

Parallel zum Wachstum grenzüberschreitender konzerninterner Transaktionen ist eine zunehmende wirtschaftliche Bedeutung immaterieller Vermögenswerte zu konstatieren, die durch das in den beiden letzten Jahrzehnten des 20. Jahrhunderts sich manifestierende Informationszeitalter[3] weiter beschleunigt wurde. Die dynamische Evolution der Informationstechnologie hat spezifische Eigenschaften immaterieller Vermögenswerte in ihrer Tragweite verstärkt und damit ganz wesentlich zum Aufstieg derselben zum wichtigsten Produktionsfaktor der Wirtschaft des 21. Jahrhunderts beigetragen. Zu nennen sind insoweit insbesondere die Ubiquität[4], d.h. die zeitliche und örtliche Ungebundenheit der Nutzung immaterieller Vermögenswerte in Verbindung mit geringen bis fehlenden Grenzkosten des Verbrauchs.[5] Darüber hinaus besteht bei immateriellen Vermögenswerten keine Nutzungskonkurrenz und hieraus resultierend fallen allenfalls geringe Opportunitätskosten der Nutzung an. Durch die digitale Informations-

---

1 Vgl. *Jacobs*, Unternehmensbesteuerung, 2011, 1084.
2 Vgl. *EU-Kommission*, Unternehmensbesteuerung, 2001, 24.
3 Vgl. zum Begriff des Informationszeitalters *Castells,* Berliner Journal für Soziologie 2001, 423, 430.
4 Vgl. *Götting*, Rechtsschutz, 2010, § 3, Rz. 1.
5 Vgl. *Möller/Gamerschlag*, in: Möller/Piwinger/Zerfaß, Immaterielle Vermögenswerte, 2009, 7.

technologie können immaterielle Vermögenswerte ferner nahezu unendlich reproduziert werden.

Aus der zunehmenden ökonomischen Bedeutung in Verbindung mit der digitalen Mobilität immaterieller Vermögenswerte resultiert eine Divergenz der Interessen der nationalen Steuerhoheiten. Etablierte Industrienationen wie etwa die USA oder Deutschland streben einen Verbleib immateriellen Unternehmensvermögens in ihren Steuerhoheiten an, um ihr Steuersubstrat zu schützen. Im Gegensatz hierzu streben andere Nationalstaaten eine Entstehung oder einen Transfer von immateriellen Werten in ihrer Steuerhoheit an. Diese Divergenz der Interessen zeigt sich einerseits in der Schaffung restriktiver steuerlicher Regelwerke zur grenzüberschreitenden Gewinnabgrenzung[6] in Verbindung mit einer Verstärkung der Bemühungen zur Durchsetzung derselben[7] und einer Förderung von Forschungs- und Entwicklungsaktivitäten[8] anderseits. Gleichzeitig sind die multinational tätigen Unternehmen angesichts der zunehmenden Dynamik des Wettbewerbs darauf angewiesen, ihr immaterielles Vermögen, das ihr spezifisches Können und damit ihre Wettbewerbsvorteile repräsentiert, ohne Behinderung durch die grenzüberschreitende Gewinnabgrenzung global einsetzen zu können.

Nach Art. 9 des OECD-Musterabkommens erfolgt die grenzüberschreitende Gewinnabgrenzung zwischen den in verschiedenen nationalen Steuerhoheiten angesiedelten rechtlich selbständigen Teileinheiten multinationaler Unternehmen de lege lata nach dem Fremdvergleichsgrundsatz. Der Fremdvergleichsgrundsatz hat hierdurch Eingang in die bilateralen Abkommen zur Vermeidung der Doppelbesteuerung sowie das nationale Steuerrecht der meisten Staaten gefunden.[9] Aus dem Fremdvergleichsgrundsatz folgt zwingend die Betrachtung rechtlich selbständiger Konzerneinheiten als eigenständige Steuersubjekte (Separate Entity Approach). Dies hat zur Folge, dass konzerninterne Transaktionen durch Verrechnungspreise zu vergüten sind, wodurch Zwischengewinne entstehen und besteuert werden, obwohl das multinationale Unternehmen diese noch nicht durch Markttransaktionen mit fremden Dritten realisiert hat.[10] Nach dem Fremdvergleichsgrundsatz hat die Bildung von Verrechnungspreisen für konzerninterne Transaktionen zu Bedingungen zu erfolgen, die denjenigen entsprechen, die unter vergleichbaren Umständen mit fremden Dritten vereinbart worden wären. Die prakti-

---

6 Beispielsweise in Deutschland die Einführung der Funktionsverlagerungsbestimmungen nach § 1 Abs. 3 S. 9 AStG sowie des hypothetischen Fremdvergleichs nach § 1 Abs. 3 S. 5 AStG zum Veranlagungszeitraum 2008.

7 Vgl. *Ernst & Young*, 2010 Survey, 2011, 1.

8 Vgl. *Spengel/Elschner*, ZfB-Special Issue 2/2010, 1, 7.

9 Vgl. *Djanani/Brähler*, Steuerrecht, 2006, 340.

10 Vgl. *Frebel*, Erfolgsaufteilung, 2006, 1.

sche Umsetzung des Fremdvergleichsgrundsatzes erfordert die Erfassung und Ermittlung von Verrechnungspreisen für sämtliche konzerninterne Transaktionen sowie deren Dokumentation, was hohe Befolgungskosten zur Folge hat.

Da Verrechnungspreise in vielen Fällen nicht eindeutig determiniert werden können, führen bestehende Ermessens- bzw. Bewertungsspielräume bei der Anwendung des Fremdvergleichsgrundsatzes zu bedeutenden Unschärfen[11] bei der grenzüberschreitenden Gewinnabgrenzung, einer Verschiebung von Steuersubstrat zwischen den Steuerhoheiten, aber auch zu Risiken der Doppelbesteuerung[12]. Hieraus folgt unweigerlich ein großer Mangel an Rechtssicherheit. Aus den nachfolgend aufgeführten Gründen gelten die vorgenannten Probleme in besonderem Maße für die Bestimmung fremdvergleichskonformer Verrechnungspreise für immaterielle Vermögenswerte. Wertvolle konzernintern genutzte immaterielle Vermögenswerte sind regelmäßig durch ihre Einzigartigkeit gekennzeichnet, was eine Ableitung der Verrechnungspreise aus Makttransaktionen zwischen fremden Dritten erschwert oder gar verunmöglicht. Darüber hinaus korreliert der Marktwert immaterieller Vermögenswerte nicht zwingend mit den für die Schaffung derselben aufgewendeten Kosten, was eine Bildung kostenbasierter Preise verbietet.

Eine Quantifizierung des Beitrags immaterieller Vermögenswerte zum Erfolg eines Unternehmens sowie seiner rechtlichen Teileinheiten wird durch die fehlende physische Wahrnehmbarkeit immaterieller Vermögenswerte erschwert, da materielle und immaterielle Ressourcen im Wertschöpfungsprozess untrennbar zusammenwirken. Auch ist eine Einschätzung des ökonomischen Werts immaterieller Vermögenswerte auf der Grundlage zukünftiger Erfolgsbeiträge in aller Regel mit großer Unsicherheit verbunden. Die angesichts der vorstehenden Problemkreise dringend erforderliche Weiterentwicklung der Verrechnungspreisbestimmungen für immaterielle Vermögenswerte wurde von einigen Nationalstaaten individuell mit dem Ziel des Schutzes ihres Steueraufkommens vorangetrieben, woraus eine inkongruente Auslegung des Fremdvergleichsgrundsatzes resultiert.

Im Ergebnis ist damit festzuhalten, dass der Entwicklungsstand der Verrechnungspreisbildung nach dem Fremdvergleichsgrundsatz nicht mit der rasant zunehmenden globalen ökonomischen und fiskalischen Bedeutung immaterieller Vermögenswerte korrespondiert. Dies zeigt

---

11 Vgl. etwa *Dischinger/Riedel*, Journal of Public Economics 2011, 691, 700; *Overesch/Schreiber*, ZfB Special-Issue 2/2010, 23, 43.

12 Vgl. *EU-Kommission*, Körperschaftsteuer-Bemessungsgrundlage, KOM (2001) 582 endgültig, 11.

sich auch in der Tatsache, dass die erfolgreiche Nutzung der eingangs erwähnten Eigenschaften immaterieller Vermögenswerte zur Optimierung der Konzernsteuerquote multinationaler Unternehmen[13] einen wesentlichen Aspekt der Diskussion bezüglich so genannter aggressiver Steuerplanung[14] darstellt, die zunehmend als „Verletzung des Gemeinwohls“[15] wahrgenommen wird. Dies hat sowohl die OECD[16] als auch die EU[17] dazu bewogen, Reformüberlegungen voranzutreiben, die zu einer Einschränkung von Steuerplanungsmöglichkeiten, insbesondere mit immateriellen Vermögenswerten, führen sollen.[18]

1.2 Zielsetzung

Ausgehend von der vorstehend beschriebenen Problemstellung ergeben sich folgende Zielsetzungen für die vorliegende Arbeit:

1. Im Rahmen einer Analyse der geltenden steuerrechtlichen Bestimmungen ausgewählter Rechtsordnungen ist die grenzüberschreitende Gewinnabgrenzung nach dem Fremdvergleichsgrundsatz für immaterielle Vermögenswerte der OECD-Verrechnungspreisrichtlinien, des deutschen sowie des US-amerikanischen Steuerrechts de lege lata darzustellen, wobei alle relevanten Aspekte und Parameter der Verrechnungspreisbildung für immaterielle Vermögenswerte zu betrachten sind.
2. Die Verrechnungspreisbildung nach dem Fremdvergleichsgrundsatz de lege lata ist einer Beurteilung zu unterziehen. Ziel der Beurteilung ist die Identifizierung bestehender Defizite im Hinblick auf die Anforderungen an eine gerechte, rechtssichere und praktikable grenzüberschreitende Gewinnabgrenzung. Soweit Zielkonflikte zwischen den Anforderungen bestehen, ist eine Priorisierung der Kriterien unter Einbeziehung der Erkenntnisse zum Untersuchungsobjekt vorzunehmen.
3. Auf der Grundlage der Beurteilung sind Reformvorschläge zur Verbesserung der grenzüberschreitenden Gewinnabgrenzung für immaterielle Vermögenswerte in Bezug auf die Kriterien Gerechtigkeit, Praktikabilität und Rechtssicherheit zu entwickeln. Darüber hinaus sind Reformüberlegungen zu Alternativen des Separate Entity Ap-

13 Vgl. hierzu *Pinkernell*, IStR 2013, 180, 180ff.; *Pinkernell*, StuW 2012, 369. 369ff.

14 Vgl. zum Begriff der aggressiven Steuerplanung *Fuest et al.*, DB 2013, Standpunkte 38, 33, 35. sowie *Blumers*, BB 2013, 2785, 2785ff.

15 *Blumers*, BB 2013, 2785, 2785.

16 Vgl. *OECD*, Action Plan on Base Erosion and Profit Shifting, http://www.oecd.org/ctp/BEPSActionPlan.pdf, abgerufen am 8.3.2014.

17 Vgl. EU-Kommission, Aktionsplan, COM(2012), 722.

18 Vgl. zur Problemstellung und Reformoptionen ausführlich *Fuest et al.*, ZEW Discussion Paper No. 13-044, 2013.

proach für eine grenzüberschreitende Gewinnabgrenzung multinationaler Unternehmen im Kontext immaterieller Vermögenswerte vorzunehmen.

1.3 Gang der Untersuchung

In Kapitel 2 der Arbeit (Grundlegung) erfolgt zunächst eine Darstellung des Einflusses immaterieller Vermögenswerte auf die Entstehung und Funktionsweise multinationaler Unternehmen in Form der Theorie der multinationalen Unternehmung. Hieran anschließend werden Grundlagen des Managements sowie der finanziellen Bewertung immaterieller Vermögenswerte erarbeitet.

Im dritten Kapitel (Anwendung des geltenden Steuerrechts) werden die für immaterielle Vermögenswerte einschlägigen Regelwerke der OECD, des deutschen und des US-amerikanischen Steuerrechts für die grenzüberschreitende Gewinnabgrenzung nach dem Separate Entity Approach angewendet und die sich ergebenden steuerlichen Folgen de lege lata dargestellt. Die Bestimmung von Verrechnungspreisen nach dem Fremdvergleichsgrundsatz setzt zunächst die Verfügbarkeit einer Definition sowie von Konzepten zur Zurechnung[19] immaterieller Vermögenswerte zu den rechtlichen Teileinheiten eines multinationalen Unternehmens voraus.[20] Die Aspekte Definition und Zurechnung stellen die Grundvoraussetzung für das Vorliegen und die Verortung einer für Verrechnungspreiszwecke relevanten grenzüberschreitenden Transaktion zwischen verschiedenen Konzerneinheiten dem Grunde nach dar. Hierauf aufbauend sind die für die Verrechnungspreisbildung immaterieller Vermögenswerte zur Verfügung stehenden Methoden und die verschiedenen Strategien für die grenzüberschreitende Schaffung und Nutzung in die Analyse einzubeziehen.

In Kapitel 4 (Beurteilung des geltenden Steuerrechts) erfolgt die Evaluation des in Kapitel 3 dargestellten geltenden Rechts der ausgewählten Rechtsordnungen anhand der aus der Zielsetzung der Untersuchung abgeleiteten Beurteilungskriterien.

Die aus der Beurteilung in Kapitel 4 gewonnenen Erkenntnisse werden im fünften Kapitel (Reformüberlegungen) zur Herleitung von Vorschlägen zur Verbesserung der grenzüberschreitenden Gewinnabgrenzung verwendet. Dabei werden sowohl Vorschläge zur zieladä-

---

19 Die Zurechnung betrifft sowohl die Vergütung von Tätigkeiten bei der Schaffung und dem Erhalt immaterieller Vermögenswerte als auch die Abgrenzung der Nutzungsüberlassung zur Veräußerung.

20 In Anlehnung an *Henshall*, Transfer Pricing International Journal 8/2010, 10, 13.

quaten Weiterentwicklung des Separate Entity Approach als auch die Alternative des Unitary Apportionments in die Betrachtung einbezogen.

Die Arbeit schließt mit einer thesenförmigen Zusammenfassung der Untersuchungsergebnisse.

1.4 Begriffsabgrenzung

In der wirtschaftswissenschaftlichen Literatur wird für immaterielle Vermögenswerte eine uneinheitliche Terminologie verwendet. So sind in der Managementliteratur die Begriffe des Intellectual Capitals[21] sowie des Knowledge Managements[22] dominierend, während im rechnungslegungsorientierten Schrifttum von Intangibles[23] oder Intangible Assets[24] bzw. immateriellen Vermögensgegenständen[25] die Rede ist. In der volkswirtschaftlich ausgerichteten Literatur wird überwiegend der Begriff Wissenskapital oder Knowledge Assets verwendet.[26] Im Sprachgebrauch des Immaterialgüterrechts hat sich der Begriff des Intellectual Property[27] bzw. des geistigen Eigentums[28] durchgesetzt. Im Rahmen ertragsteuerlicher Beiträge ist hingegen von immateriellen Wirtschaftgütern,[29] bzw. von Intangible Property[30] und Intangible Assets[31] die Rede. Für Zwecke der vorliegenden Arbeit soll der Begriff des immateriellen Vermögenswertes als Oberbegriff für alle immateriellen Vermögenspositionen dienen, die einen positiven Beitrag zu Wertschöpfung eines Unternehmens leisten können, unabhängig von ihrer bilanziellen Behandlung, rechtlichen Schützbarkeit oder ihrer steuerlichen Einordnung. Die Begriffe immaterieller Vermögenswert, immaterieller Wert und immaterielles Vermögen werden dabei synonym verwendet. Als immateriell wird ein Vermögenswert für Zwecke der

---

21 Vgl. *Petty/Guthrie*, Journal of Intellectual Capital 2000, 155, 157.

22 Auch die Abgrenzung zwischen den Begriffen Knowledge Management und Intellectual Capital ist teilweise unklar. *Petty/Guthrie* verstehen unter Knowledge Management m.E. zutreffend die Funktion des Managements des Intellectual Capital eines Unternehmens, vgl. *Petty/Guthrie*, Journal of Intellectual Capital 2000, 155, 159.

23 Vgl. *Canibano/Garcia-Ayuso/Sanchez*, Journal of Accounting Literature 2000, 102, 105.

24 Vgl. IAS 38.

25 Vgl. § 248 Abs. 2 HGB.

26 Vgl. *Möller/Gamerschlag*, in: Möller/Piwinger/Zerfaß, Immaterielle Vermögenswerte, 2010, 5.

27 Vgl. *McJohn*, Intellectual Property, 2009, 1.

28 Vgl. *Pierson/Ahrens/Fischer*, Geistiges Eigentum, 2010, 1.

29 Vgl. *Wehnert*, IStR 2007, 558; § 1 Abs 3 S. 10 AStG.

30 Vgl. § 482 Internal Revenue Code.

31 Vgl. Treas. Reg. § 1.482-4(b).

Untersuchung angesehen, wenn er einen nicht monetären Wert ohne körperliche Substanz darstellt.[32]

Unter einem multinationalen Unternehmen wird für Zwecke der Arbeit ein Verbund von zwei oder mehr Unternehmen mit einem gemeinsamen Pool von Ressourcen und Zielen unter gemeinsamer Kontrolle verstanden, dessen rechtlich selbständige Teileinheiten sich in mehr als einem Nationalstaat befinden.[33] Es wird unterstellt, dass die auf dem Wege der Direktinvestition geschaffenen rechtlichen Teileinheiten des multinationalen Unternehmens als Folge der horizontalen und/oder vertikalen Integration von Geschäftsprozessen in einem grenzüberschreitenden konzerninternen Leistungsaustausch miteinander stehen.[34] Für Zwecke der vorliegenden Arbeit wird davon ausgegangen, dass die als Geschäftseinheiten bezeichneten Teileinheiten in der Form rechtlich selbständiger, jedoch gesellschaftsrechtlich verflochtener Kapitalgesellschaften strukturiert sind.

---

32 Vgl. *Arbeitskreis „Immaterielle Werte im Rechnungswesen" der Schmalenbach-Gesellschaft für Betriebswirtschaft e.V.*, DB 2001, 989, 990.

33 Vgl. *Eden*, Multinationals, 1998, 127.

34 Unter horizontaler Integration wird die Duplizierung ein und derselben Wertschöpfungsstufe an mehreren Standorten und unter vertikaler Integration die Hinzufügung vor- oder nachgelagerter Wertschöpfungsstufen verstanden. Vgl. *Caves*, Economica 1971, 1, 3.

2 Grundlegung

2.1 Einleitung

Im Rahmen der Grundlegung wird zunächst eine Analyse der Theorie der multinationalen Unternehmung im Kontext der Fragestellung der vorliegenden Arbeit durchgeführt. Die Theorie der multinationalen Unternehmung gibt u.a. Aufschluss darüber, welchen Einfluss immaterielle Vermögenswerte auf die Entstehung und operative Wirkungsweise multinationaler Unternehmen ausüben und besitzt insoweit Aussagekraft für die grundsätzliche Validität der Verrechnungspreisbildung nach dem Fremdvergleichsgrundsatz. Im Anschluss hieran werden Grundlagen zum Management immaterieller Vermögenswerte im Sinne einer gezielten Steuerung zur Leistungssteigerung von Unternehmensorganisationen erörtert, einschließlich Gestaltungsalternativen zur Schaffung und Nutzung immaterieller Vermögenswerte in multinationalen Unternehmensstrukturen.

Die bestehenden Ansätze zum Management immaterieller Vermögenswerte sind für die vorliegende Problemstellung von Relevanz, da ein zielorientiertes Management eine Erfolgsmessung durchgeführter Managementmaßnahmen und damit zwangsläufig eine Analyse der Wirkung immaterieller Vermögenswerte auf den Unternehmenserfolg erfordert. Die Zielrichtung des Managements immaterieller Vermögenswerte besitzt damit unmittelbare Implikationen auch für die grenzüberschreitende Gewinnabgrenzung multinationaler Unternehmen, deren Grundgedanke eine wertschöpfungsäquivalente Aufteilung des Unternehmenserfolgs auf die betroffenen Steuerhoheiten darstellt.

Den letzten Teil der Grundlegung bildet die Betrachtung der verschiedenen Ansätze der finanziellen Bewertung (Market Approach, Cost Approach, Income Approach), die als methodische Grundlagen sämtlicher verfügbaren Verrechnungspreismethoden dienen. Die Analyse und kritische Würdigung der Bewertungsmodelle ermöglicht die Gewinnung von grundlegenden Erkenntnissen über die Eignung der verfügbaren Verrechnungspreismethoden für die grenzüberschreitende Gewinnabgrenzung für immaterielle Vermögenswerte.

2.2 Theorie der multinationalen Unternehmung

Die Frage, weshalb multinationale Unternehmen existieren,[35] d.h. weshalb multinationale Unternehmen für ihre geschäftliche Betätigung im Ausland Direktinvestitionen (typischerweise in der Form von Tochtergesellschaften) tätigen, anstatt in ausländischen Märkten mit fremden Dritten zu kooperieren, beziehungsweise ihre Produkte direkt in ausländische Märkte zu exportieren, ist Gegenstand der Theorie der multinationalen Unternehmung. In der von *Dunning* begründeten[36] und weiterentwickelten[37] Eklektischen Theorie werden die drei Grundtheorien der Internationalisierung von Unternehmen integrativ zusammengeführt, namentlich die Theorie des monopolistischen Vorteils[38], die internationale Standorttheorie[39] sowie die Internalisierungstheorie[40], um aus ihrem Zusammenwirken die Entstehung multinationaler Unternehmen zu erklären. Nach dem OLI-Paradigma der Eklektischen Theorie können folgende Kategorien von Vorteilen für eine Erklärung der Strategiewahl multinationaler Unternehmen bei ihrer grenzüberschreitenden Geschäftstätigkeit herangezogen werden:

- Ownership-Advantages: für den Eintritt in ausländische Märkte benötigt ein Unternehmen das Eigentum an oder den Zugang zu spezifischen relativen Vorteilen im Vergleich zu lokalen Unternehmen. Dies sind insbesondere Größenvorteile, Spezialisierung, Technologie, Produktionsfaktoren oder organisatorische Fähigkeiten des Managements.[41] Ownership-Advantages gelten als Grundvoraussetzung für die Expansion in einen ausländischen Markt, da sie dem betreffenden Unternehmen einen Wettbewerbsvorteil verschaffen, der Nachteile und zusätzliche Risiken gegenüber den im ausländischen Markt bereits etablierten lokalen Unternehmen kompensiert und das grenzüberschreitend tätige Unternehmen in die Lage versetzt, in ausländischen Märkten erfolgreich tätig zu werden.[42] Ownership-Advantages in diesem Sinne müssen zumindest für einen bestimmten Zeitraum vor einer Nutzung durch Wettbewerber geschützt werden können[43] und darüber hinaus als „öffentliches Gut innerhalb des Unternehmens"[44] leicht über nationale Grenzen transferiert wer-

---

35 Vgl. *Hennart*, in: Rugman, International Business, 2009, 125.
36 Vgl. *Dunning*, in: Ohlin/Hesselborn/Wijkman, Economic Activity, 1977, 395ff.
37 Vgl. *Dunning*, International Business Review 2000, 163ff.
38 Vgl. *Hymer*, Direct Foreign Investment, 1976.
39 Vgl. *Tesch*, Bestimmungsgründe, 1980.
40 Vgl. *Teece*, Sloan Management Review 1981, 3ff.
41 Vgl. *Dunning*, Oxford Bulletin of Economics and Statistics 1979, 269, 276.
42 Vgl. *Hymer*, Direct Foreign Investment, 1976, 41ff.
43 Vgl. *Francescucci*, International Transfer Pricing Journal 2004, 55, 58.
44 *Caves*, Economica 1971, 1, 4.

den können.[45] Neben Größenvorteilen und den mit ihnen verbundenen Folgevorteilen[46] erfüllen insbesondere immaterielle Vermögenswerte im vorstehend genannten Sinne diese Voraussetzungen in „prototypischer Art und Weise“[47] und stellen gleichzeitig einen wesentlichen Grund als auch einen integrativen Teil grenzüberschreitender Direktinvestitionen dar.[48]

- Location-Advantages: ein weiterer Auslöser für die grenzüberschreitende Betätigung durch Unternehmen sind Standortvorteile ausländischer Märkte, die kosten-, markt-, ressourcen-, oder know-how-spezifischer Natur sein können. Diese Standortvorteile beeinflussen daher, welche ausländischen Staaten ein multinationales Unternehmen zur gewinnmaximierenden Ausbeutung seiner Ownership-Advantages auswählt.[49] Standortvorteile führen nicht zwingend zu Direktinvestitionen, d.h. Unternehmen, die über diese Standortvorteile verfügen, können diese auch auf dem Wege des Exports oder der grenzüberschreitenden Lizenzierung verwerten.[50]
- Internalization-Advantages: entscheidender Faktor für die Entstehung multinationaler Unternehmen ist – in Kombination mit Ownership- und Location-Advantages – die Fähigkeit, grenzüberschreitende Transaktionen innerhalb des multinationalen Verbunds effizienter bewältigen zu können, als dies über Markttransaktionen und Verträge mit fremden Dritten der Fall ist.[51] Die Internalisierungstheorie geht damit unmittelbar auf die Frage ein, weshalb multinationale Unternehmen sich dafür entscheiden, über Direktinvestitionen im Ausland tätig zu werden, anstatt die geschäftliche Betätigung über Exporte oder Lizenzierung an fremde Dritte zu realisieren.

Das OLI-Paradigma impliziert über die Internalisierungstheorie, dass externe Märkte zwischen fremden Dritten in bestimmten Fällen nicht vorhanden sind oder bestehende Märkte versagen, indem sie die Anforderungen an einen funktionierenden Markt nicht erfüllen.[52] Für das multinationale Unternehmen ist es in diesen Fällen erstrebenswert und möglich, fehlende externe Märkte durch Internalisierung zu substituieren bzw. komparative Effizienzgewinne gegenüber bestehenden externen Märkten durch Internalisierung zu realisieren und damit

---

45 Vgl. *Sommer*, Unitary Apportionment, 2011, 15f.

46 Zu nennen sind insoweit die verbesserten Möglichkeiten der Kapitalbeschaffung, der Risikodiversifizierung und der Umgehung von regulatorischen Hindernissen, vgl. *Picciotto*, International Business Taxation, 1992, 224f.

47 *Sommer*, Unitary Apportionment, 2011, 16.

48 Vgl. *Dunning*, Oxford Bulletin of Economics and Statistics 1979, 269, 272.

49 Vgl. *Caves*, Economica 1971, 1, 5; *Dunning*, Oxford Bulletin of Economics and Statistics 1979, 269, 275f.

50 Vgl. *Dunning*, Oxford Bulletin of Economics and Statistics 1979, 269, 275; *Oestreicher*, Konzerngewinnabgrenzung, 2000, 102; *Brunsbach*, Electronic Commerce, 2003, 11.

51 Vgl. *Hennart*, in: Rugman, The Oxford Handbook of International Business, 2009, 130.

52 Vgl. *Eden*, Multinationals, 1998, 130.

gleichzeitig Ownership- und Location-Advantages zu nutzen. Die Annahme von Internalisierungsvorteilen beruht unmittelbar auf der Transaktionskostentheorie[53], die den Markt und die Unternehmung, bzw. Zwischenformen von Markt und Unternehmung, als alternative Formen der Koordination wirtschaftlicher Aktivitäten im Rahmen eines Institutionenvergleichs[54] betrachtet. Grundprämisse der Transaktionskostentheorie ist, dass die Abwicklung von Transaktionen weder unternehmensintern noch über den Markt kostenlos ist, d.h. dass Unternehmen im Rahmen ihrer Internationalisierung veranlasst sind, zu vergleichen, welche Art der Abwicklung geringere Transaktionskosten verursacht. Dies bedeutet, dass die Alternativen einer hierarchischen Strukturierung über ausländische Direktinvestitionen mit der Alternative der Abwicklung über den externen (ausländischen) Markt mit dem Maßstab der Transaktionskosteneffizienz verglichen werden.[55] Dabei wird bei der Organisation über den externen Markt von einer begrenzten Rationalität und opportunistischem Verhalten der Transaktionspartner ausgegangen, d.h. die Transaktionspartner verfolgen ihr Eigeninteresse gegebenenfalls mit List.[56] Dies führt in Verbindung mit bestehenden Informationsasymmetrien zwischen den Transaktionspartnern zu spezifischen Transaktionskosten der Organisation über externe Märkte, die folgende Aspekte umfassen:

- Anbahnung (z.B. Recherche, Reisen, Beratung),
- Vereinbarung (z.B. Verhandlungen, Rechtsabteilung),
- Abwicklung (z.B. Prozesssteuerung),
- Kontrolle (z.B. Qualitäts- und Terminüberwachung) und
- Anpassung (z.B. Folgekosten nachträglicher qualitativer, preislicher und terminlicher Änderungen).[57]

Die Schaffung einer möglichst alle Eventualitäten regelnden vertraglichen Vereinbarung zur Verhinderung opportunistischen Verhaltens der fremden dritten Transaktionspartner durch Nutzung von Regelungslücken ist bei einer Internalisierung zumindest aus zivilrechtlicher Sicht entbehrlich; es fallen jedoch die Kosten der internen Organisation der Transaktion innerhalb des multinationalen Unternehmens an. Eine systematische Einordnung der für die Transaktionskosten relevanten Parameter hat *Williamson*[58] mittels des Organizational Failure Frameworks vorgenommen. Danach sind neben den bereits erwähnten Verhaltensannahmen der begrenzten Rationalität und des opportunistischen Verhaltens der Spezifitätsgrad und die

53 Vgl. *Coase*, Economica, 1937, 386ff.
54 Vgl. *Oestreicher*, Konzerngewinnabgrenzung, 2000, 76.
55 Vgl. *Picot/Reichwald/Wigand*, Unternehmung, 2003, 50.
56 Vgl. *Oestreicher*, Konzerngewinnabgrenzung, 2000, 81.
57 Vgl. *Picot/Reichwald/Wigand*, Unternehmung, 2003, 49.
58 Vgl. *Williamson*, Markets, 1975, 40.

strategische Bedeutung einer Transaktion sowie die Transaktionsunsicherheit als Einflussgrößen für die Höhe der Transaktionskosten anzusehen.

Die Spezifität einer Transaktion beschreibt das Ausmaß, in dem sich Transaktionen auf spezifische Produktionsfaktoren stützen[59] und drückt sich im ökonomischen Verlust aus, der entsteht, wenn die zur Erfüllung der Aufgaben erforderlichen Ressourcen anstatt in der angestrebten Verwendung der nächstbesten Einsatzmöglichkeit zugeführt werden.[60] Die Spezifität kann in verschiedene Teilaspekte untergliedert werden, wie Standortspezifität, Sachkapitalspezifität, Humankapitalspezifität und Sachwertspezifität.[61] Bei einer sehr hohen Spezifität kann die Abhängigkeit des Transaktionspartners durch opportunistisches Verhalten ausgenutzt werden, z.B. durch Nachverhandlung der Vertragsbedingungen. Im Gegensatz hierzu sind unspezifische standardisierte Transaktionen, die von einer Vielzahl von Akteuren am Markt angeboten werden, weniger anfällig für implizite oder explizite Nachverhandlungen, da die Transaktionspartner sich dem Risiko ausgesetzt sehen, durch konkurrierende Anbieter ersetzt zu werden. Die strategische Bedeutung einer Transaktion wird am Umfang ihres Beitrags zur Wettbewerbsposition des Endproduktes und damit langfristig auch des Unternehmens gemessen. Für Transaktionen, die eine hohe strategische Bedeutung und hohe Spezifität in sich vereinen, ergibt sich die klare Handlungsempfehlung der internen hierarchischen Organisation.[62]

Transaktionsunsicherheit drückt sich am Ausmaß nicht planbarer Änderungen von Transaktionsparametern wie Preisen, Konditionen, Terminen und Mengen aus.[63] Hohe Unsicherheit erfordert die Schaffung umfangreicher und detaillierter vertraglicher Rahmenbedingungen und hat damit einen unmittelbaren Einfluss auf die Transaktionskosten im Falle einer Transaktionsstrukturierung über den externen Markt. Bei einer hierarchischen Strukturierung stehen im Gegensatz hierzu die Produktionsfaktoren unter der Verfügungsmacht des Managements der multinationalen Unternehmung, d.h. notwendige Anpassungen der Transaktion, z.B. im Hinblick auf Menge, Qualität und Zeitpunkt können schnell und ohne das Risiko kostenintensiver Nachverhandlungen umgesetzt werden.[64]

Nachrangig zu den vorstehend beschriebenen Umweltfaktoren sind auch die Transaktionshäufigkeit und die Transaktionsatmosphäre im Hinblick auf ihre Auswirkungen auf die Transaktionskosten zu berücksichtigen. Unter dem Begriff der Transaktionsatmosphäre werden alle

---

59 Vgl. *Oestreicher*, Konzerngewinnabgrenzung, 2000, 82.
60 Vgl. *Picot/Reichwald/Wigand*, Unternehmung, 2003, 50.
61 Vgl. *Williamson*, Institutionen, 1990, 108f.
62 Vgl. *Picot/Reichwald/Wigand*, Unternehmung, 2003, 51.
63 Vgl. *Picot/Reichwald/Wigand*, Unternehmung, 2003, 52.
64 Vgl. *Brunsbach*, Electronic Commerce, 2003, 14.

relevanten sozialen, rechtlichen und technologischen Rahmenbedingungen für die Organisation einer Transaktion zusammengefasst.[65] Die Transaktionshäufigkeit wirkt sich auf die Amortisationszeit von Investitionen in bestimmten Austauschbeziehungen aus. Für häufig auftretende Transaktionen besteht ein Anreiz, über hierarchisch organisierte Strukturen eigene Kapazitäten zu schaffen, während nur gelegentlich auftretende Transaktionen eher über externe Märkte abgewickelt werden.

2.2.1 Kontextspezifische Würdigung

Aus einer Betrachtung der dargestellten Grundzüge des OLI-Paradigmas im Hinblick auf immaterielle Vermögenswerte lassen sich Erkenntnisse über die Wirkungsweise immaterieller Vermögenswerte bei der Entstehung grenzüberschreitender Geschäftsaktivitäten und multinationaler Unternehmensstrukturen ableiten. Als Ownership-Advantages ermöglichen es immaterielle Vermögenswerte denjenigen Unternehmen, die über spezifische Kenntnisse und Fertigkeiten verfügen, sich über ihre nationalen Marktgrenzen hinweg in neue Märkte zu begeben um neue Wachstumspotenziale zu erschließen. Als Location-Advantages, z.B. über das Vorhandensein besonders qualifizierter Mitarbeiter in einem ausländischen Markt, beeinflussen immaterielle Werte die geographische Verteilung von Entwicklungs- und Produktionsstandorten und die Selektion der attraktivsten Absatzmärkte für ein multinationales Unternehmen. Schließlich sind Internalization-Advantages, die über die hierarchische Strukturierung der grenzüberschreitenden Nutzung immaterieller Vermögenswerte generiert werden können, ein zentraler Treiber für die Entstehung multinationaler Unternehmensstrukturen an sich. Dies resultiert zunächst aus der zunehmenden Bedeutung und den spezifischen Eigenschaften immaterieller Vermögenswerte. Während Merkmale wie unendliche Reproduzierbarkeit, hohe Mobilität, fehlende Konkurrenz der Nutzung und geringe bis fehlende Grenzkosten des Verbrauchs eine grenzüberschreitende Nutzung sehr stark begünstigen, leiden externe Märkte für immaterielle Vermögenswerte an der fundamentalen Problematik der Informationsasymmetrie[66] zwischen Inhaber und potenziellem Erwerber bzw. Nutzer immaterieller Vermögenswerte. Für den Inhaber spezifischer immaterieller Vermögenswerte wie insbesondere nicht schützbarem technologischem Know-how besteht ein Zielkonflikt, einem potenziellen Erwerber (oder Lizenznehmer) die Qualität seines Know-hows als relevanten Parameter für die Preisfindung zu vermitteln ohne hierbei Informationen preiszugeben, die diesem eine Replikation des immateriellen Vermögens ermöglichen, was mit einer Entwertung des Know-hows

---

65 Vgl. *Picot/Reichwald/Wigand*, Unternehmung, 2003, 52.

66 Vgl. *Hennart*, in: Rugman, The Oxford Handbook of International Business, 2009, 133.

einherginge.[67] Soweit die Sicherung der Inhaberschaft an immateriellen Vermögenswerten durch die Inanspruchnahme des gewerblichen Rechtsschutzes nicht möglich oder sehr schwierig ist, resultiert hieraus ein starker Anreiz, fehlende externe Märkte für Know-how durch Internalisierung zu substituieren.[68] Dies betrifft sowohl die grenzüberschreitende Nutzung bereits vorhandener immaterieller Vermögenswerte als auch die Schaffung von neuem Know-how, z.B. bei der Entwicklung neuer Produkte.[69]

Auch soweit für den Inhaber immaterieller Vermögenswerte die Möglichkeit besteht, durch Inanspruchnahme des gewerblichen Rechtsschutzes seine Vermögensposition vor den Folgen opportunistischen Verhaltens seiner Transaktionspartner zu schützen, entstehen bei einer Patentierung oder einer Registrierung als Gebrauchs- oder Geschmacksmuster abgesehen vom Risiko der Durchsetzbarkeit von Ansprüchen aus der Verletzung von Schutzrechten auch erhebliche Transaktionskosten, die aus der Eintragung, der Überwachung und der Durchsetzung von Verletzungen der erlangten Rechtsposition sowie der Schaffung möglichst gestaltungssicherer Vertragsverhältnisse resultieren.

Im grenzüberschreitenden Kontext kann das Vorhandensein der rechtlichen Rahmenbedingungen für einen umfassenden gewerblichen Rechtsschutz und dessen Vollzug durch den betreffenden Staat unter den Aspekt der Transaktionsatmosphäre eingeordnet werden. Die Transaktionsatmosphäre wird daher spezifisch beeinflusst durch den jeweiligen regionalen Bezug der Transaktion, d.h. bei einer Nutzung immaterieller Vermögenswerte in ausländischen Märkten, die beispielsweise unter einer mangelnden Durchsetzbarkeit von Rechtsansprüchen aus dem gewerblichen Rechtsschutz leiden, wird sich die Transaktionsatmosphäre ebenfalls zu Gunsten der Internalisierung auswirken. Ebenso für eine Internalisierung zur Reduktion der Transaktionskosten sprechen die regelmäßig hohe Spezifität immaterieller Vermögenswerte, d.h. die fehlende Möglichkeit einer anderweitigen Verwendung, sowie die strategische Bedeutung firmenspezifischer immaterieller Vermögenswerte für den Unternehmenserfolg. Daneben ist die Schaffung immaterieller Vermögenswerte auch mit Unsicherheit und hieraus resultierenden Risiken verbunden. Dies betrifft sowohl die Risiken, die mit einer erfolgreichen Entwicklung, als auch die Risiken, die mit einem erfolgreichen Einsatz immaterieller Vermögenswerte im Sinne einer Transformation in finanzielle Erfolgsgrößen verbunden sind. Im Hinblick auf die Transaktionshäufigkeit ist eine differenzierte Betrachtung nach

67 Vgl. *Eden*, Multinationals, 1998, 131.

68 Vgl. *Bischel*, Tax Notes 1988, 1097, 1100.

69 So wird etwa in der empirischen Untersuchung von *Rundquist/Halila* die Furcht vor dem Abfluss von Know-how als ein Hauptmotiv der untersuchten schwedischen Unternehmen gegen ein Outsourcing der Neuproduktentwicklung auf fremde Dritte identifiziert. Vgl. *Rundquist/Halila*, European Journal of Innovation Management 2010, 6, 17.

Maßgabe des betreffenden immateriellen Vermögenswertes erforderlich. In aller Regel ist die Schaffung neuer bzw. die Weiterentwicklung bestehender immaterieller Vermögenswerte ein andauernder und überaus bedeutsamer Prozess, was für eine Internalisierung dieser Aktivität spricht, soweit diese grenzüberschreitend erfolgen soll.

Aus einer Würdigung der vom OLI-Paradigma definierten Bestimmungsfaktoren ergeben sich aufgrund der spezifischen Eigenschaften immaterieller Vermögenswerte viele Anhaltspunkte, die für eine Internalisierung der grenzüberschreitenden Entwicklung und betrieblichen Nutzung sprechen. Immaterielle Vermögenswerte sind sowohl als grundlegender Treiber für die Entstehung grenzüberschreitender Unternehmenstätigkeit an sich, vor allem aber auch für das Phänomen des multinationalen Unternehmens anzusehen.[70] Die Entstehung multinationaler Unternehmen wird wesentlich durch den Anreiz der Nutzung von Vorteilen der vertikalen oder horizontalen Integration getrieben, die wiederum durch das Vorhandensein hoch spezifischer immaterieller Vermögenswerte befördert wird, um der Gewinnmaximierung als oberstem Ziel jeden Unternehmens zu dienen.

2.2.2 Zwischenergebnis zur Eklektischen Theorie

Aus der vorstehenden Betrachtung der Eklektischen Theorie der multinationalen Unternehmung können folgende Erkenntnisse abgeleitet werden, die von fundamentaler Bedeutung für die weitere Analyse der grenzüberschreitenden Gewinnabgrenzung nach dem Separate Entity Approach sind. Die vertikale und horizontale Integration multinationaler Unternehmen in Kombination mit ihrer gesellschaftsrechtlichen Verflechtung und einheitlichen Willensbildung hat zur Folge, dass sich die in verschiedenen geographischen Gebieten ansässigen Geschäftseinheiten bei der operativen Leistungserstellung nicht wie fremde Dritte verhalten, sondern wie organische Teile eines Einheitsunternehmens zusammenwirken. Dies wird durch die Möglichkeiten der Informations- und Kommunikationstechnologie zunehmend begünstigt. Unter den dargestellten realistischen Prämissen der begrenzten Rationaliät und des opportunistischen Verhaltens der Marktteilnehmer stellt die vertikale oder horizontale Integration von Unternehmensaktivitäten als Form der Internalisierung regelmäßig eine effizientere Form der Koordination im Vergleich zur Nutzung externer Märkte dar. Wichtigster Grund für die Entstehung multinationaler Unternehmen ist der Anreiz bzw. die Notwendigkeit der Internalisierung bestimmter unternehmensspezifischer und strategisch bedeutsamer Transaktionen, die vor allem die immateriellen Vermögenswerte des Unternehmens betreffen. Sowohl die Ent-

---

70 Vgl. *Boos*, Intangibles, 2003, 9.

stehung als auch die kompetitive Überlegenheit multinationaler Unternehmen ist daher denklogisch untrennbar mit dem Bestehen und der Sicherung von Informationsasymmetrien verknüpft.[71]

Die Substitution externer Märkte zu Gunsten der internen Koordination hat unmittelbare Relevanz für die Anwendbarkeit des Fremdvergleichsgrundsatzes als Grundparadigma der Verrechnungspreisbildung nach dem Separate Entity Approach,[72] da die Verfügbarkeit vergleichbarer, zwischen fremden Dritten abgewickelter Markttransaktionen für die Bestimmung angemessener Verrechnungspreise für immaterielle Vermögenswerte insoweit in Frage gestellt ist, als eben jene Transaktionen, für die ein Fremdvergleich aus Markttransaktionen angestrebt wird, durch Internalisierung dem Marktgeschehen entzogen sind.

2.3 Management immaterieller Vermögenswerte

2.3.1 Einleitung

Mit dem Informationszeitalter und der gleichzeitig größer werdenden Bedeutung immaterieller Vermögenswerte, die sich im „Auseinanderdriften"[73] von Buch- und Marktwerten vieler Unternehmen[74] zeigte,[75] hat das wissenschaftliche Interesse an der Entwicklung von Ansätzen für ein gezieltes Management immaterieller Vermögenswerte stark zugenommen. In der einschlägigen Managementliteratur[76] hat dies eine intensive Beschäftigung mit der Thematik ausgelöst mit dem Ziel, Konzepte für ein Management der als nunmehr bedeutendsten Produktionsfaktor identifizierten immateriellen Vermögenswerte im Sinne einer gezielten Steuerung zur Leistungssteigerung einer Organisation zu entwickeln.[77] Grundprämisse der entwickelten Konzepte ist, dass ein gezieltes Management des immateriellen Vermögens zu einer nachhaltigen Steigerung des unternehmerischen Erfolgs eines Unternehmens führt.

---

71 Vgl. *Sommer*, Unitary Apportionment, 2011, 13f.

72 Vgl. *Kleineidam*, IStR 2001, 724, 724ff.; sowie Kapitel 3.2.5.

73 *Möller/Gamerschlag*, in: Möller/Piwinger/Zerfaß, Immaterielle Vermögenswerte, 2010, 3, 5.

74 Vgl. *Edvinsson/Malone*, Intellectual Capital, 1997, 41; *Sveiby*, Organizational Wealth, 1997, 5; *Lev*, in: Horváth/Möller, Intangibles, 2004, 5, 5; ausführlich *Andriessen*, Intellectual Capital, 2004, 81.

75 *Walker* weist zu Recht darauf hin, dass die Differenz zwischen Buchwerten und Marktkapitalisierung börsennotierter Unternehmen nicht gleichgesetzt werden kann mit dem Wert des immateriellen Vermögens eines Unternehmens, sondern ein Zusammenhang zwischen Marktkapitalisierung und Ertragserwartungen an das Unternehmen besteht, vgl. *Walker*, Abacus 2009, 299, 301.

76 Vgl. die Meta-Studie zur Thematik Knowledge Management und Intellectual Capital von *Bontis/Serenko* in Knowledge and Process Management 2004, 185, 186; *Stewart/Losee*, Fortune 1994, 68.

77 Vgl. *Gaiser*, in: Möller/Piwinger/Zerfaß, Immaterielle Vermögenswerte, 2010, 366.

2.3.2 Aufgaben des Managements immaterieller Vermögenswerte

Die Umsetzung eines Managements des immateriellen Vermögens setzt zunächst ein Verständnis der verschiedenen Erscheinungsformen immaterieller Vermögenswerte in multinationalen Unternehmen voraus. Die einzelnen Komponenten des immateriellen Vermögens eines Unternehmens sind zu identifizieren und ihre Interaktion untereinander sowie mit den materiellen Ressourcen im Wertschöpfungsprozess zu evaluieren. Auf dieser Basis können unternehmensspezifische Maßnahmen und Instrumente für die Messung und Steuerung immaterieller Vermögenswerte entwickelt und deren gezielte globale Allokation und Nutzung umgesetzt werden. Das Management immaterieller Vermögenswerte kann daher in die Aufgabenbereiche Identifizierung der Komponenten des immateriellen Vermögens, Ermittlung ihrer Interaktion im Wertschöpfungsprozess, Messung und Steuerung sowie gezielte Allokation und Nutzung zu den rechtlichen Teileinheiten des Unternehmens untergliedert werden.[78]

2.3.2.1 Identifizierung der Komponenten des immateriellen Vermögens

Die Identifizierung der Komponenten des immateriellen Vermögens erfordert eine Definition dessen, was für Zwecke des Managements als immaterielle Vermögenswerte zu betrachten ist. Die übliche Definition immaterieller Vermögenswerte als „nicht monetäre Werte ohne physische Substanz“[79] ist vor dem Hintergrund des Ziels eines aktiven Managements nicht zielführend. Im Gegensatz zu einer negativen Abgrenzung von materiellen Werten ist es erforderlich, die wesentlichen Bestandteile des immateriellen Vermögens positiv zu identifizieren und damit vom Goodwill des Unternehmens abzugrenzen.[80] In der einschlägigen Literatur hat sich eine Vielzahl verschiedener Kategorisierungen des immateriellen Vermögens mit dem Ziel der Schaffung einer praktikablen positiven Definition herausgebildet.[81] Die drei Kategorien Human Capital, Structural bzw. Organizational Capital und Customer bzw. Relational Capital haben dabei eine weite Verbreitung im Sinne einer Grobeinteilung des immateriellen Vermögens in seine Hauptkomponenten erfahren.[82] Die Untergliederung dieser Hauptkategorien unterscheidet sich jedoch zwischen verschiedenen Ansätzen; beispielsweise werden bei

---

78 Abgeleitet von *Möller/Gamerschlag*, in: Möller/Piwinger/Zerfaß, Immaterielle Vermögenswerte, 2010, 3, 15f.

79 *Arbeitskreis „Immaterielle Werte im Rechnungswesen“ der Schmalenbach-Gesellschaft für Betriebswirtschaft e.V.*, DB 2001, 989, 990; IAS 38.8.

80 Vgl. *Petty/Guthrie*, Journal of Intellectual Capital 2000, 155, 161.

81 Vgl. hierzu ausführlich *Andriessen*, Intellectual Capital, 2004, 58ff.

82 Vgl. *Guthrie/Ricceri/Dumay*, The British Accounting Review 2012, 68, 70.

Roos/Roos[83] den drei Hauptkategorien Human Capital, Organizational Capital sowie Customer and Relationship Capital weitere Unterkategorien aber auch Prozesse (z.B. „Production processes") und Teilbereiche der Wertschöpfungskette (z.B. „Sales and marketing") zugeordnet. Bei *Edvinsson/Malone*[84] erfolgt eine Einteilung des „Intellectual Capitals" in Human Capital und Structural Capital, wobei sich das Structural Capital wiederum in Customer Capital und Organizational Capital unterteilt. Der Ansatz von *Edvinsson/Malone* wurde vom Arbeitskreis „Immaterielle Werte im Rechnungswesen" der Schmalenbach-Gesellschaft für Betriebswirtschaft e.V. für die Entwicklung einer eigenen Kategorisierung verwendet.[85] Diese bietet den Vorteil einer Erfassung aller Ausprägungen immaterieller Vermögenswerte in einer einzigen Gliederungsebene, mit einer Unterteilung in Innovation Capital, Human Capital, Customer Capital, Supplier Capital, Investor Capital, Process Capital und Location Capital.

Das individuelle Portfolio immaterieller Vermögenswerte eines bestimmten Unternehmens ist durch die Branche, die Geschäftstätigkeit und das Geschäftsmodell geprägt.[86] Für die Identifizierung der immateriellen Vermögenswerte eines Unternehmens ist es daher neben einer Analyse der Wettbewerbssituation unter Betrachtung von Parametern wie Positionierung, Marktanteil, Geschäftsmodell und Strategie unerlässlich, eine Erhebung der Prozesse des Unternehmens auf der Basis von Interviews mit Mitarbeitern aller Funktionsbereiche der Wertschöpfungskette sowie ggf. auch mit Handelspartnern und Zulieferern usw. durchzuführen.[87] Darüber hinaus kommt der Analyse von Wettbewerbsvorteilen des betrachteten Unternehmens bei der Identifizierung immaterieller Vermögenswerte besondere Bedeutung zu.[88] Wettbewerbsvorteile, die sich in die zwei Grundtypen niedrige Kosten und Differenzierung einteilen lassen,[89] stellen wichtige Hinweise für das Vorliegen unternehmensspezifischer immaterieller Vermögenswerte dar. Kostenvorteile bei der Produktion können beispielsweise aus der Verwendung eines speziellen Produktionsverfahrens resultieren, welches dem Process Capital zuzuordnen ist. Differenzierungsvorteile können auch durch den Einsatz von Marken (Customer Capital) und/oder dem Vorhandensein bestimmter herausragender Produkteigenschaften (Innovation Capital) bedingt sein und stellen auch insoweit Hinweise für das Vorhandensein

---

83 *Roos/Roos*, Long Range Planning 1997, 413, 416.
84 Vgl. *Edvinsson/Malone*, Intellectual Capital, 1997, 52.
85 Vgl. *Arbeitskreis „Immaterielle Werte im Rechnungswesen" der Schmalenbach-Gesellschaft für Betriebswirtschaft e.V.*, in: Horváth/Möller, Intangibles, 2004, 221, 226.
86 Vgl. *Moser*, Bewertung, 2011, 6; *Jhunjhunwala*, Journal of Intellectual Capital 2009, 211, 213.
87 Vgl. *Zelger*, in: Ballwieser/Beyer/Zelger, Unternehmenskauf, 2008, 124.
88 Vgl. *Moser*, Bewertung, 2011, 10.
89 Vgl. *Porter*, Wettbewerbsvorteile, 1992 31f.

immaterieller Vermögenswerte dar.[90] Differenzierungsvorteile führen zu höheren Absatzpreisen und/oder Absatzmengen der Produkte und Dienstleistungen am Markt. Bei der Betrachtung der Wettbewerbsvorteile können jene strategierelevanten immateriellen Werte identifiziert werden, denen eine besondere Bedeutung für den Unternehmenserfolg und dessen Nachhaltigkeit zukommt. Im Unterschied hierzu kommt immateriellen Vermögenswerten, die zwar vorhanden, jedoch im Vergleich zum Wettbewerb nicht stärker ausgeprägt sind, regelmäßig kein besonderer Charakter zu. Da sich in diesen immateriellen Vermögenswerten keine firmenspezifischen Eigenschaften wiederspiegeln, sind diese als Gebrauchsgüter anzusehen, die ggf. auch durch Bezug vom Markt erhalten werden können. Die vorstehend genannten Beispiele verdeutlichen, dass in aller Regel eine enge inhaltliche Verflechtung zwischen den verschiedenen Arten und Erscheinungsformen des immateriellen Vermögens besteht, die aus der Natur des betrieblichen Wertschöpfungsprozesses als komplexes Zusammenwirken verschiedenster Prozesse und Faktoren resultiert. Daher ist es für ein Management des immateriellen Vermögens eines Unternehmens unerlässlich, die einzelnen Komponenten in ihrem Zusammenwirken zu betrachten und hierbei den unterschiedlichen Umfang der Konkretisierung derselben zu erfassen.

2.3.2.2 Ermittlung der Interaktion des immateriellen Vermögens

Sind die für den Unternehmenserfolg relevanten Komponenten des immateriellen Vermögens unter Berücksichtigung der Strategie und des Geschäftsmodells ermittelt, ist ihre Interaktion im Wertschöpfungsprozess zu analysieren. Zu diesem Zweck ist es erforderlich, die Wechselwirkungen der immateriellen Vermögenswerte des Unternehmens nachvollziehbar darzustellen und die „Architektur“[91] des immateriellen Vermögens des Unternehmens zu erarbeiten. Mittels einer graphischen Darstellung der Zusammenhänge lässt sich eine „Landkarte“ des immateriellen Vermögens eines Unternehmens, bzw. seiner Teilbereiche, erstellen und die Wechselwirkungen der einzelnen immateriellen Vermögenswerte visualisieren.[92] Durch die Größe der Symbole sowie die Verwendung von Pfeilverbindungen zwischen den einzelnen Komponenten lassen sich Parameter wie die relative Bedeutung der einzelnen Vermögens-

---

[90] Vgl. *Moser*, Bewertung, 2011, 11.

[91] *Marr*, Performance, 2006, 50 ff. Auch wenn der Begriff Architektur durchaus plastisch ist, darf er nicht mit der Assoziation eines statischen Aufbaus des immateriellen Vermögens verbunden werden.

[92] Vgl. *Marr/Schiuma/Neely*, Journal of Intellectual Capital 2004, 312, 318.

werte sowie der Transformationsprozesse für den Unternehmenserfolg in die Darstellung integrieren und als „Value Creation Paths“[93] darstellen.[94]

Durch eine Abstimmung der so ermittelten Landkarte des immateriellen Vermögens mit den aus einer Prozessanalyse erhobenen Ablaufprozessen des Unternehmens gelingt es, die Transformation aller Ressourcen des Unternehmens in finanzielle (Erfolgs-)Größen dem Grunde nach zu verstehen und hierbei zu einer qualitativen Einschätzung des Zusammenwirkens sowie der Bedeutung von materiellen und immateriellen Vermögenswerten zu gelangen. Bei der Durchführung einer Prozessanalyse werden regelmäßig zunächst die Hauptprozesse des Unternehmens wie beispielsweise Einkauf oder Herstellung eines bestimmten Produkts ermittelt und diese nachfolgend in Subprozesse, Aktivitäten, Aufgaben und Schritte untergliedert.[95] Die so ermittelten Ergebnisse ermöglichen die Erarbeitung eines fundamentalen Verständnisses für die Wertschöpfungsprozesse und die Bedeutung des immateriellen Vermögens für den Unternehmenserfolg. Durch eine Einbeziehung der gesellschaftsrechtlichen Struktur des multinationalen Unternehmens in die Analyse kann eine Einschätzung der anteiligen Wertschöpfung der am Gesamtwertschöpfungsprozess beteiligten Geschäftseinheiten erarbeitet und zur Validierung der Verrechnungspreisbildung verwendet werden.

Die Ergebnisse der vorstehend beschriebenen Analyse sind jedoch qualitativer Natur, d.h. eine exakte quantitative Bestimmung des relativen Wertschöpfungsbeitrags einzelner Prozesse, Vermögenswerte oder Geschäftseinheiten ist aufgrund der Natur des Wirkens immaterieller Vermögenswerte als integraler Bestandteil der Unternehmensprozesse nicht möglich.[96] Dies gilt auch für die Zuordnung von Synergie- und Integrationsvorteilen zu den an einer konzerninternen Transaktion beteiligten verbundenen Unternehmen; eine verursachungsgerechte Ermittlung und Aufteilung auf die an einer konzerninternen Transaktion beteiligten Geschäftseinheiten ist nicht durchführbar.[97]

---

93 *Chatzkel*, Journal of Intellectual Capital 2002, 96, 100; *Peppard/Rylander*, Journal of Intellectual Capital 2001, 225, 231; andere Ansätze zur Visualisierung der Rolle immaterieller Vermögenswerte beim Wertschöpfungsprozess (Value Maps) werden von *Jhunjhunwala*, Journal of Intellectual Capital 2009, 211, 213ff.; *Cuganesan/Dumay*, Accounting, Auditing & Accountability Journal 2009, 1161, 1161ff. sowie *Abernethy et al.*, Management Accounting Research 2005, 135, 135ff. vorgeschlagen. *Cuganesan/Dumay* verwenden statistische Methoden, um die Korrelation der durch Befragung der Mitarbeiter bestimmten Indikatoren zu validieren, vgl. *Cuganesan/Dumay*, Accounting, Auditing & Accountability Journal 2009, 1161, 1168ff.

94 Vgl. hierzu etwa die Darstellung von *Roos/Pike/Fernström*, in: Horváth/Möller, Intangibles, 2004, 129, 132.

95 Vgl. *Darnton*, Analysis, 2012, 20.

96 Vgl. *Allee*, Journal of Intellectual Capital 2008, 5, 23.

97 Vgl. *Ewert/Wagenhöfer*, Unternehmensrechnung, 2008, 576.

2.3.2.3 Messung und Steuerung des immateriellen Vermögens

Ein aktives Management des immateriellen Vermögens mit dem Ziel der Leistungssteigerung von Unternehmensorganisationen erfordert Ansätze zur Messung der Auswirkungen der vom Management getroffenen Maßnahmen zur Steuerung der Unternehmensentwicklung, da ansonsten eine Erfolgskontrolle nicht gegeben ist. In der einschlägigen Literatur werden diverse Ansätze zur Messung[98] von immateriellen Vermögenswerten verwendet, die verschiedenste Zielsetzungen verfolgen. Diese reichen von der Strategieentwicklung und –implementierung über interne und externe Kommunikation, Investitionsrechnung, Mergers und Acquisitions, Aktienbewertung bis zur Bilanzierung.[99] *Sveiby*[100] unterscheidet in methodischer Hinsicht zwischen vier verschiedenen Kategorien von Ansätzen:

- **Scorecard-Methoden:** bei den so genannten Scorecard Methoden, als deren Vorläufer die „Balanced Scorecard" von *Kaplan/Norton*[101] gilt, werden die Bestandteile des immateriellen Vermögens identifiziert und diesen Indikatoren zugeordnet. Es erfolgt eine Darstellung der Ergebnisse in Scorecards oder ähnlichen graphischen Darstellungen. Eine finanzielle Bewertung erfolgt nicht.
- **Market-Capitalization-Methoden:** die Differenz zwischen Marktwert (bzw. Marktkapitalisierung) und dem Eigenkapital des Unternehmens wird als monetärer Wert des aggregierten immateriellen Vermögens interpretiert.
- **Return-on-Assets-Methoden:** die Gesamtkapitalrentabilität des Unternehmens wird mit dem Durchschnitt der Branche verglichen und die Differenz ermittelt. Das durchschnittliche Jahreseinkommen der immateriellen Vermögenswerte wird als Produkt dieser Differenz mit dem Durchschnitt der materiellen Vermögenswerte des Unternehmens multipliziert. Durch Division des durchschnittlichen Einkommens der immateriellen Vermögenswerte mit den durchschnittlichen Kapitalkosten des Unternehmens wird eine finanzielle Bewertung des immateriellen Vermögens des Unternehmens durchgeführt.

---

98 Der Begriff der Messung wird im vorliegenden Kontext als Oberbegriff für verschiedene Arten der qualitativen oder quantitativen Wertermittlung verwendet. Vgl. zur Differenzierung zwischen finanzieller Bewertung, nicht-finanzieller Bewertung und qualitativer Werteinschätzung *Andriessen*, Journal of Intellectual Capital 2004, 230, 238.

99 Vgl. *Möller/Gamerschlag*, in: Möller/Piwinger/Zerfaß, Immaterielle Vermögenswerte, 2010, 3, 12f.; *Möller*, in: Horvath/Möller, Intangibles, 2004, 483, 489.

100 Vgl. *Sveiby*, Measuring, http://sveiby.com/articles/IntangibleMethods.htm, Stand 27.4.2010, abgerufen am 30.4.2012.

101 Vgl. *Kaplan/Norton*, Harvard Business Review 1992, 71ff.

- **Direct-Intellectual-Capital-Methoden:** Die Bestandteile des immateriellen Vermögens werden einzeln identifiziert und finanziell bewertet mit dem Ziel der Ermittlung eines aggregierten Gesamtwerts des immateriellen Vermögens eines Unternehmens.

In Abhängigkeit von der Zielsetzung und dem Reifegrad des jeweiligen Ansatzes reichen die Methoden der Messung von einer qualitativen Einschätzung des immateriellen Gesamtvermögens bis zu einer finanziellen Bewertung einzelner Komponenten des immateriellen Vermögens.[102] Für die Messung immaterieller Vermögenswerte im Sinne einer Erfolgskontrolle von Lenkungsmaßnahmen des Managements sind insbesondere die Scorecard-Methoden entwickelt worden. Diesen Ansätzen ist eigen, dass sie eine Verwendung von Indikatoren vorsehen, deren Überwachung dem Management eine Erfolgskontrolle ermöglichen soll. Die Indikatoren sollen es ermöglichen, nicht unmittelbar messbare immaterielle Vermögenswerte einer Messung und Steuerung zugänglich und damit „sichtbar“ zu machen. Durch die Verwendung eines breiten Sets von Indikatoren, welches mit der Unternehmensstrategie abzustimmen ist[103], soll der Komplexität des Gesamtwertschöpfungsprozesses Rechnung getragen und alle relevanten unternehmensinternen und -externen Aspekte einbezogen werden. Typische Beispiele von Scorecard-Methoden, die für das Management immaterieller Vermögenswerte entwickelt wurden, sind die Balanced Scorecard von *Kaplan/Norton*[104], der Intangible Assets Monitor von *Sveiby*[105], der Skandia Navigator von *Edvinsson/Malone*[106] oder das Value Chain Scoreboard von *Lev*[107]. Durch die Einbettung des immateriellen Vermögens in die Gesamtstrategie des Unternehmens sowie die Überwachung und Steuerung der relevanten Indikatoren lassen sich für die Unternehmensführung signifikante Vorteile realisieren.[108] So wird das Verständnis des Zusammenwirkens materieller und immaterieller Vermögenswerte im Wertschöpfungsprozess verbessert,[109] die Informationsbasis für Managemententscheidungen verbreitert und die mit den immateriellen Vermögenswerten verbundenen Risiken besser durch das Management berücksichtigt. Darüber hinaus erfolgt mittels Scorecard-Methoden

---

102 Vgl. betreffend Ansätze zur finanziellen Bewertung immaterieller Vermögenswerte Kapitel 2.4. Vgl. für methodische Einordnungen der verschiedenen Bewertungsansätze *Sveiby*, Measuring, http://sveiby.com/articles/IntangibleMethods.htm, Stand 27.4.2010, abgerufen am 30.4.2012; *Möller/Gamerschlag*, in: Möller/Piwinger/Zerfaß, Immaterielle Vermögenswerte, 2010, 3, 18 und *Andriessen*, Intellectual Capital, 2004, 283.

103 Vgl. etwa *Kaplan/Norton*, Strategy Maps, 2004, 291ff.

104 Vgl. *Kaplan/Norton*, Harvard Business Review 1992, 71, 73f.

105 Vgl. *Sveiby*, Organizational Wealth, 1997, 197.

106 Vgl. *Edvinsson*, Long Range Planning 1997, 366, 371.

107 Vgl. *Lev*, Intangibles, 2001, 105ff.

108 Vgl. *Möller/Gamerschlag*, in: Möller/Piwinger/Zerfaß, Immaterielle Vermögenswerte, 2010, 16.

109 Vgl. *Möller*, Journal of Intellectual Capital 2009, 224, 225.

eine Überprüfung der strategischen Ausrichtung des Unternehmens durch Berücksichtigung der wesentlichen Erfolgsfaktoren und Werttreiber.[110]

Ungeachtet dieser aus Managementsicht signifikanten Vorteile ist jedoch darauf hinzuweisen, dass keiner der zur Verfügung stehenden Ansätze in der Lage ist, eine repoduzierbare quantiative Bestimmung der Wertschöpfungsbeiträge einzelner immaterieller Vermögenswerte bzw. der betreffenden rechtlichen Teileinheiten eines multinationalen Unternehmens herbeizuführen. Das Management des immateriellen Vermögens muss sich daher auf eine Überwachung und Steuerung von Indikatorgrößen zur mittelbaren Beeinflussung seines Managementobjekts beschränken.

2.3.2.4 Grenzüberschreitende Allokation und Nutzung

Die geschäftliche Betätigung eines multinationalen Unternehmens und deren unumgängliche dynamische Weiterentwicklung aufgrund sich stetig verändernder Marktbedingungen führen unweigerlich dazu, dass die Kompetenzen und Ressourcen zur Schaffung und der Bedarf zur Nutzung immaterieller Vermögenswerte in verschiedenen Steuerhoheiten bzw. bei verschiedenen Geschäftseinheiten des multinationalen Unternehmens angesiedelt sind. Dabei prädestinieren die spezifischen Eigenschaften immaterieller Vermögenswerte, insbesondere ihr ubiquitärer Charakter, diese für den Einsatz als Instrumente der grenzüberschreitenden Steuerplanung multinationaler Unternehmen,[111] was eine Abstimmung der operativen und steuerplanerischen Unternehmensziele erfordert. Nach *Rödder* ist Gegenstand der Steuerplanung die Erfassung des Einflusses von Steuern auf die Vorteilhaftigkeit von unternehmerischen Entscheidungen und die Ermittlung der wirtschaftlich zu präferierenden Gestaltungen.[112] Im grenzüberschreitenden Kontext multinationaler Unternehmen sind dabei sowohl die nationalen Rechtsordnungen der Sitzstaaten der Geschäftseinheiten als auch ggf. bilaterale Abkommen zur Vermeidung der Doppelbesteuerung und multinationale Steuerrechtsnormen in die Betrachtung einzubeziehen.[113] Im Kontext mit dem Einsatz von immateriellen Vermögenswerten in multinationalen Unternehmensstrukturen stellt sich die Steuerplanung als der gezielte Einsatz der zur Verfügung stehenden Möglichkeiten zur grenzüberschreitenden Schaf-

[110] *Kaplan/Norton* bezeichnen die inhaltliche Verknüpfung von Strategie, Prozessen und immateriellen Vermögenswerten als „Strategic Readiness“, vgl. *Kaplan/Norton*, Harvard Business Review 2004, 52, 58.
[111] Vgl. *Walsh*, International Tax Review 2001, 23, 23; *Beeton/Clayson/Forsyth*, Transfer Pricing International Journal 4/2010, 19, 20.
[112] *Rödder*, Gestaltungssuche, 1991, 4.
[113] Vgl. *Rieger*, Steuerplanung, 1978, 63.

fung und Nutzung des immateriellen Vermögens dar, d.h. bestehender und zukünftiger Bestand und Bedarf sind zu koordinieren.

Aus der Natur der Geschäftstätigkeit eines multinationalen Unternehmens wird sich regelmäßig ergeben, dass die immaterielles Vermögen besitzende Geschäftseinheit und die dieses Know-how benötigende Geschäftseinheit in verschiedenen Jurisditionen ansässig sind, bzw. mehrere Geschäftseinheiten ihr Know-how im Rahmen der (Weiter-)Entwicklung einbringen müssen. Dies hat zur Folge, dass sowohl eine lokale Schaffung und grenzüberschreitende Nutzung als auch eine grenzüberschreitende Schaffung und lokale Nutzung erforderlich sein können. Da es ferner meist nicht möglich sein wird, den geographischen Bedarf für bestimmte immaterielle Vermögenswerte stets vor deren (Weiter-)Entwicklung zu antizipieren und in einer kombinierten Schaffungs- und Nutzungsstrategie zu adressieren, sind ferner auch Ansätze erforderlich, die eine Nutzung unabhängig vom Ort der Schaffung ermöglichen. Nachfolgend werden die verschiedenen Formen einer grenzüberschreitenden Schaffung und Nutzung des immateriellen Vermögens dargestellt.

<table>
<tr><th rowspan="2">Schaffung</th><th rowspan="2">Trennung</th><th colspan="2">Integration</th></tr>
<tr><td>lokal</td><td>grenzüberschreitend</td></tr>
<tr><th rowspan="2">Nutzung</th><td>- Lizenzierung
- Übertragung des Eigentums</td><td>- Eigenentwicklung und -nutzung
- Auftragsfertigung</td><td>- Auftragsforschung und -entwicklung
- Gemeinsame Schaffung und Nutzung (Cost Sharing)</td></tr>
<tr><td colspan="2">grenzüberschreitend</td><td>lokal</td></tr>
</table>

Tabelle 1: Allokations- und Nutzungsstrategien für immaterielle Vermögenswerte

2.3.2.4.1 Eigenentwicklung und -nutzung

Bei der Eigenentwicklung und -nutzung werden die operativen Tätigkeiten zur Schaffung der benötigten immateriellen Vermögenswerte von der betreffenden Geschäftseinheit mit eigenen Sach- und Kapitalmitteln durchgeführt. In Folge der auf eigene Rechnung und Gefahr ausgeübten Anstrengungen wird die betreffende rechtliche Einheit unmittelbar Inhaberin der von ihr geschaffenen immateriellen Vermögenswerte und kann diese selbst operativ nutzen, beispielsweise zur Herstellung von Fertigprodukten, die von anderen Konzernunternehmen in ausländischen Märkten vertrieben werden. Soweit eine produzierende bzw. Dienstleistungen erbringende Konzerneinheit im Rahmen der Eigenentwicklung und -nutzung geschaffene oder ihr zur Nutzung überlassene immaterielle Vermögenswerte zur Herstellung von Produkten einsetzt, fließen die Kosten für die Entwicklung dieser immateriellen Bestandteile als Kalkulationsbestandteil unmittelbar in den Preis der Waren oder Dienstleistungen ein und werden folglich auch mit dem Produktpreis vergütet. Eine Übertragung der immateriellen Grundlagen des Produktes zur Nutzung durch den Abnehmer erfolgt grundsätzlich nicht, weshalb eine separate Vergütung der in das Produkt eingeflossenen immateriellen Komponenten nicht erforderlich ist.

2.3.2.4.2 Auftragsfertigung

Als Auftragsfertigung wird eine Produktionstätigkeit bezeichnet, bei der die Produkte individuell nach den Vorgaben des Auftraggebers des Fertigungsunternehmens produziert werden. Der Auftragsfertiger beschafft die Haupt- und Nebenstoffe selbst;[114] werden diese jedoch vom Auftraggeber beigestellt, liegt eine so genannte Lohnfertigung vor. Auftragsfertigungsverhältnisse sind nicht nur zwischen den gesellschaftsrechtlich verbundenen Teileinheiten multinationaler Unternehmen üblich, sondern auch zwischen fremden Dritten.

Die Auftragsfertigung ist dadurch charakterisiert, dass der Auftragsfertiger wesentlich weniger Funktionen und damit verbundene Risiken übernimmt als ein eigenständiger Produzent.[115] So wird insbesondere die Entwicklung des zu fertigenden Produkts vom Auftraggeber durchgeführt und das erforderliche Know-how dem Auftragsfertiger zur Nutzung im Rahmen des vereinbarten Produktionsauftrags zur Verfügung gestellt. Ferner übernimmt der Auftraggeber das Absatzrisiko für die gefertigten Produkte, etwa indem eine Mindestabnahmemenge und/oder -produktionsdauer vertraglich garantiert wird.[116] Der Auftraggeber beherrscht das Verfahren der Produktion dergestalt, dass er die Disposition über das Produkt durch Bestim-

---

[114] Die Auftragsfertigung wird aus deutscher zivilrechtlicher Sicht daher als Werklieferung im Sinne von § 651 BGB angesehen.

[115] Vgl. *Engler*, in: Vögele/Borstell/Engler, Verrechnungspreise, 2011, Kapitel M, Rz. 444.

[116] Vgl. *Kroppen*, in: Kroppen, Verrechnungspreise, 2012, Erläuterung OECD-Verrechnungspreisgrundsätze, VII. Konzerninterne Dienstleistungen, Rz. 2. zu Tz. 7.40.

mung über den zeitlichen Ablauf und das technische Verfahren innehat.[117] In Folge des begrenzten Funktions- und Risikoumfangs des Auftragsfertigers gilt nicht dieser sondern der Auftraggeber als Hersteller der im Rahmen des Auftragsfertigungsverhältnisses gefertigten Produkte. Insbesondere findet aus ertragsteuerlicher Sicht auch im grenzüberschreitenden Kontext keine realisierende Übertragung des für die Produktion zur Verfügung gestellten Know-hows oder anderer immaterieller Vermögenswerte des Auftraggebers auf den Auftragsfertiger statt, da dieser nicht befugt ist, diese auf eigene Rechnung kommerziell zu verwerten. Die Vergütung des Auftragsfertigers erfolgt regelmäßig durch Übernahme der Vollkosten der Fertigung zuzüglich eines fremdüblichen Gewinnaufschlags durch den Auftraggeber. Unter den Prämissen eingeschränkter Funktionen und Risiken des Auftragsfertigers ist dieser bereit, eine geringere, jedoch gesicherte operative Marge auf seine Vollkosten in Kauf zu nehmen.

Die Auftragsfertigung ist abzugrenzen von der Lohnfertigung, die durch eine Beistellung von Materialien zur Be- oder Verarbeitung durch den Auftraggeber gekennzeichnet ist,[118] d.h. der Lohnfertiger beschafft im Gegensatz zum Auftragsfertiger keine Haupt- und Nebenstoffe zur Herstellung der Auftragsprodukte. Da der Lohnfertiger somit lediglich die Arbeitskapazität für die Bearbeitung von im Eigentum seines Auftraggebers stehenden Gegenständen bereitstellt, wird die Lohnfertigung regelmäßig als eine Dienstleistung qualifiziert.

2.3.2.4.3 Auftragsforschung und -entwicklung

Bei der Auftragsforschung und -entwicklung wird ein konzernzugehöriges oder nicht konzernzugehöriges Unternehmen im Rahmen eines Dienst- oder Geschäftsbesorgungsverhältnisses[119] mit der Forschung und/oder Entwicklung im Rahmen eines „eindeutigen Forschungsauftrags"[120] beauftragt. Gegenstand der Auftragsforschung kann dabei sowohl Grundlagenforschung als auch angewandte Forschung und Entwicklung in Bezug auf die Schaffung von neuen Produkten oder Verfahren bzw. die Weiterentwicklung bestehender Produkte oder Verfahren sein.[121] Die Auftragsforschung ist charakterisiert durch den Gedanken des Leistungsaustausches, d.h. der Auftragnehmer wird für das vertraglich definierte Forschungs- und Entwicklungsprojekt vergütet und der Auftraggeber erhält hierfür das Verwertungsrecht der Ergebnisse der Forschungs- und Entwickungstätigkeit. Im Gegenzug für die Vergütung schuldet

---

117 Vgl. *Baumhoff*, in: F/W/B/S, Außensteuerrecht, 2012, § 1 AStG, Rz. 586.
118 Vgl. *Engler*, in: Vögele/Borstell/Engler, Verrechnungspreise, 2011, Kapitel M, Rz. 443.
119 Vgl. §§ 611 bzw. 675 BGB.
120 *Jacobs*, Unternehmensbesteuerung, 2011, 811.
121 Vgl. *Engler*, in: Vögele/Borstell/Engler, Verrechnungspreise, 2011, Kapitel N, Rz. 113.

der Auftragnehmer die Ergebnisse seiner im Rahmen des spezifischen Forschungs- und Entwicklungsprojekts gewonnenen Erkenntnisse, d.h. nur der Auftraggeber ist zur Verwertung der Forschungs- und Entwicklungsergebnisse befugt. Ein Erfolg der Forschungs- und Entwicklungsbemühungen des Auftragnehmers wird bei der so genannten „echten" Auftragsforschung nicht geschuldet; dies bedeutet, dass das Risiko des Fehlschlags des Projekts beim Auftraggeber liegt. Möglich ist jedoch auch eine Beteiligung des Auftragnehmers am Risiko und Erfolg der Auftragsforschung, etwa indem eine Vergütung des Auftragnehmers nur bei erfolgreicher Realisierung der vereinbarten Entwicklungsziele und/oder einer Vermarktung hieraus resultierender Produkte erfolgt.

Für Zwecke der Bestimmung von Art und Höhe der Vergütung sowie dem Eigentum der Ergebnisse für steuerliche Zwecke ist die in diesem Falle der „unechten" Auftragsforschung und -entwicklung erhebliche Risikotragung des Auftragnehmers zu berücksichtigen. Die Durchführung von Auftragsforschung und -entwicklung ist auch zwischen einem Auftragnehmer und mehreren Auftraggebern (sog. Nachfragepool) möglich, wenn mehrere Konzerneinheiten gleichartige immaterielle Vermögenswerte benötigen.

2.3.2.4.4 Lizenzierung

Der Eigentümer eines immateriellen Vermögenswertes kann durch Abschluss eines Lizenzvertrags einer anderen Partei ein Nutzungsrecht an seinen immateriellen Vermögenswerten einräumen. Der Lizenzvertrag ist nach seiner Rechtsnatur der wohl herrschenden Meinung entsprechend als Vertrag eigener Art anzusehen, da er keiner der im BGB geregelten Vertragstypen zugeordnet werden kann.[122] Auch im anglo-amerikanischen Rechtskreis besteht keine gesetzliche Definition für das einem Lizenzvertrag zu Grunde liegende Rechtsverhältnis.[123] Wesentliches Merkmal des Lizenzvertrags ist, in Abgrenzung zur Übertragung des Eigentums, die Vereinbarung einer räumlichen, zeitlichen, sachlichen oder persönlichen Beschränkung der Nutzung des vertragsgegenständlichen immateriellen Vermögenswerts durch den Lizenznehmer. Dementsprechend wird regelmäßig in Abhängigkeit des zur Nutzung überlassenen immateriellen Vermögenswerts, der vereinbarten Nutzungsbeschränkung oder der geregelten Vergütungsform unterschieden zwischen verschiedenen Arten von Lizenzverträgen.[124]

---

[122] Vgl. *Ahrens*, in Pierson/Ahrens/Fischer, Geistiges Eigentum, 2010, 47, 96.
[123] Vgl. *Kuebart*, Lizenzgeschäft, 1995, 8.
[124] Vgl. *Engler*, in: Vögele/Borstell/Engler, Verrechnungspreise, 2011, Kapitel N, Rz. 362f.

Als Sonderform der Lizenzierung kann das Franchising angesehen werden. Beim Franchising erfolgt eine Nutzungsüberlassung einer Gesamtheit von immateriellen Vermögenswerten, wie beispielsweise Gebrauchsmuster, Geschmacksmuster, Know-how, Patente, Warenzeichen und Handelsnamen zwischen Franchisegeber und Franchisenehmer. Franchise-Verträge weisen Merkmale von Lizenz-, Geschäftsbesorgungs-, Miet-, Finanzierungs- und Lieferverträgen auf. Kerninhalt des Franchisingverhältnisses ist es, dem Franchisenehmer ein einheitliches Geschäftsmodell zur Verfügung zu stellen, das diesem die Möglichkeit zur erfolgreichen Vermarktung von Produkten oder Dienstleistungen ermöglichen soll.[125]

2.3.2.4.5 Übertragung des Eigentums

Von der Lizenzierung ist, zumindest aus zivilrechtlicher Perspektive, die Übertragung des Eigentums an einem immateriellen Vermögenswert abzugrenzen. Das Eigentum an einem immateriellen Vermögenswert kann grundsätzlich durch Abschluss und Durchführung eines Kaufvertrages auf eine erwerbende Konzerneinheit übertragen werden.[126] Dabei ist der Zahlungsmodus, d.h. die Differenzierung zwischen einer Einmalzahlung oder einer Zahlung in mehreren Teilbeträgen, nicht entscheidend,[127] sondern „der Grad der Veränderung der Zuordnung des Gegenstands auf den Vergütungsschuldner“[128]. Eine Übertragung des Eigentums an einem immateriellen Vermögenswert ist gegeben, wenn der Veräußerer „seine Rechtsstellung voll aufgibt“[129]. Im Gegensatz hierzu gibt der Lizenzgeber mit der Erteilung einer Lizenz nur einen Teil seiner Rechtsstellung an einem immateriellen Vermögenswert auf. Schwierigkeiten der Abgrenzung zwischen Lizenzierung und Veräußerung ergeben sich insbesondere bei unklarer Bezeichnung des zu Grunde liegenden Vertragswerks.

2.3.2.4.6 Gemeinsame grenzüberschreitende Entwicklung und Nutzung

Von der Auftragsforschung nach dem Leistungsaustauschprinzip abzugrenzen ist die gemeinsame Entwicklung und Nutzung, bei der sich mehrere Konzerneinheiten zusammenschließen, um gemeinsam Forschung und Entwicklung zu betreiben und die hierdurch erlangten Ergebnisse auszuwerten.[130] Dabei ist es nicht erforderlich, dass alle Vertragspartner selbst For-

---

125 Vgl. ausführlich hierzu *Engler/Herda*, in: Vögele/Borstell/Engler, Verrechnungspreise, 2011, Kapitel N, Rz. 581.

126 Vgl. *Gehri*, in: Haase, Geistiges Eigentum, 2012, 615, 656.

127 Vgl. *Portner*, in: Schaumburg/Baumhoff, Verrechnungspreise, 1994, 78, 82; *Engler*, in: Vögele/Borstell/Engler, Verrechnungspreise, 2011, Kapitel N, Rz. 90; *Kurzewitz*, Methodenwahl, 2009, 258.

128 *Pöllath/Lohbeck*, in: Vogel/Lehner, DBA, 2008, Art. 12 OECD-MA, Rz. 50.

129 *Engler*, in: Vögele/Borstell/Engler, Verrechnungspreise, 2011, Kapitel N, Rz. 90.

130 Vgl. *Engler*, in: Vögele/Borstell/Engler, Verrechnungspreise, 2011, Kapitel N, Rz. 67.

schung und Entwicklung betreiben; die Bandbreite möglicher Konstellationen reicht vom so genannten Global Development[131], bei dem alle Vertragspartner an unterschiedlichen geographischen Standorten und unter zeitnahem Austausch der jeweiligen Ergebnisse miteinander kooperieren, bis zur Forschungs- und Entwicklungstätigkeit durch nur einen Vertragspartner und einer ausschließlich finanziellen Beitragsleistung der anderen Vertragspartner. Notwendige Voraussetzung ist im Gegensatz zur Auftragsforschung jedoch, dass alle Vertragsparteien die Ergebnisse der gemeinsamen Bemühungen ganz oder teilweise für eigene Zwecke selbst nutzen. Hierbei kann wiederum differenziert werden, ob eine Nutzung der Entwicklungsergebnisse im Rahmen des operativen Geschäftsbetriebs der Vertragspartner erfolgt oder eine passive Verwertung durch Nutzungsüberlassung an andere Geschäftseinheiten oder fremde Dritte erfolgt. Die Forschungs- und Entwicklungsleistungen werden durch Erfassung und Verteilung der im Rahmen der Forschungs- und Entwicklungstätigkeiten anfallenden Kosten unter Berücksichtigung des zu erwartenden Nutzens der jeweiligen Vertragspartner vergütet.

Das Recht zur Nutzung der Ergebnisse der gemeinsamen Forschung und Entwicklung wird regelmäßig territorial aufgeteilt, d.h. die betreffenden Geschäftseinheiten erhalten für ihren Beitrag die Rechte zur Verwertung der Ergebnisse in den ihnen zugeordneten geographischen Bereichen.[132] Andere Zuordnungen der Nutzungsrechte sind möglich, beispielsweise können die an der Kostenumlagevereinbarung teilnehmenden Konzerneinheiten eine Patentverwertungsgesellschaft im Rahmen eines Treuhandverhältnisses mit der weltweiten Nutzung und Verwertung der entwickelten immateriellen Vermögenswerte beauftragen.[133] Soweit im Rahmen der Kostenumlagevereinbarung die Zuordnung der Nutzungs- und Verwertungsrechte an den Ergebnissen durch eine Aufteilung erfolgt, wird hierdurch die Notwendigkeit einer grenzüberschreitenden Übertragung oder Lizenzierung zwischen der entwickelnden und der nutzenden Geschäftseinheit vermieden. Erfolgt eine anderweitige Zuordnung, etwa ein gemeinschaftliches globales Nutzungs- und Verwertungsrecht aller teilnehmenden Gesellschaften und die treuhänderische Verwaltung durch eine Verwertungsgesellschaft, hat die entsprechende Vergütung auf dem Wege der Lizenzierung oder Eigentumsübertragung zu erfolgen. Der betriebswirtschaftliche Hauptvorteil der gemeinsamen Forschung und Entwicklung liegt in der Möglichkeit der beteiligten Konzerneinheiten, unter Vernachlässigung der formalrechtlichen Selbständigkeit unmittelbar zusammenwirken und die an verschiedenen geographi-

---

131 Vgl. zum Begriff des Global Developments *Kaminski*, IStR 2001, 539, 540 sowie *Fischer/Looks/Reese*, IStR 2008, 254, 254.

132 Vgl. *Engler*, in: Vögele/Borstell/Engler, Verrechnungspreise, 2011, Kapitel N, Rz. 70.

133 Vgl. *Jacobs*, Unternehmensbesteuerung, 2011, 807.

schen Standorten vorhandenen Entwicklungsressourcen bündeln zu können. Folglich stellt die gesellschaftsrechtliche Struktur kein Hindernis für die operative Kooperation der rechtlich selbständigen Geschäftseinheiten dar. Dies wird der betrieblichen Organisation und tatsächlichen Funktionsweise insbesondere horizontal integrierter multinationaler Hochtechnologieunternehmen gerecht. Darüber hinaus kann die Last der Finanzierung der Entwicklung auf mehrere Geschäftseinheiten verteilt werden, d.h. eine Vorfinanzierung des gesamten Entwicklungsaufwands durch eine bestimmte Konzerneinheit wie bei der Eigenentwicklung und -nutzung bzw. dem Lizenzmodell[134] ist nicht notwendig.[135] Aus steuerplanerischer Sicht bietet die gemeinsame Forschung und Entwicklung den großen Vorteil, dass keine Übertragung oder Nutzungsüberlassung der neu entstandenen immateriellen Vermögenswerte für Zwecke der Nutzung durch ein verbundenes Unternehmen stattfindet, da die Vertragspartner das Nutzungsrecht an den Entwicklungsergebnissen unmittelbar selbst erwerben.[136] Die Kostenumlagevereinbarung stellt sich damit als „ganzheitlicher Ansatz"[137] im Sinne einer Kombination von Allokation und Nutzung dar.

2.3.3 Zwischenergebnis zum Management

Die verfügbaren Konzepte für ein gezieltes Management des immateriellen Vermögens ermöglichen es, Aufschlüsse über die Rolle immaterieller Vermögenswerte bei der Wertschöpfung in qualitativer Hinsicht zu gewinnen, erlauben jedoch keine exakte Quantifizierung des Erfolgsbeitrags einzelner Vermögenswerte eines Unternehmens bzw. derjenigen Geschäftseinheiten, die aufgrund immaterialgüterrechtlicher Bestimmungen oder aufgrund faktischer Kontrolle[138] als Inhaber bestimmter immaterieller Vermögenswerte anzusehen sind. Die Managementaufgabe der Messung und Steuerung des immateriellen Vermögens ist daher auf die Definition, Überwachung und Beeinflussung eines geeigneten Sets von Indikatorgrößen sowie die strategische und taktische Kombination der vorgestellten Allokations- und Nutzungsstrategien beschränkt, wobei operative Anforderungen und steuerplanerische Ziele in Einklang zu bringen sind.

---

134 Vgl. *Jacobs*, Unternehmensbesteuerung, 2011, 804.
135 Vgl. *Engler*, in: Vögele/Borstell/Engler, Verrechnungspreise, 2011, Kapitel N, Rz. 75.
136 Vgl. *Engler*, in: Vögele/Borstell/Engler, Verrechnungspreise, 2011, Kapitel N, Rz. 78.
137 *Bauer*, Immaterielle Wirtschaftsgüter, 2000, 150.
138 Vgl. zur Zurechnung immaterieller Vermögenswerte für Zwecke der grenzüberschreitenden Gewinnabgrenzung Kapitel 3.2.7 sowie Kapitel 3.3.6 und Kapitel 3.4.6.

2.4 Finanzielle Bewertung immaterieller Vermögenswerte

2.4.1 Einleitung

Gegenstand des vorstehenden Kapitels 2.3 ist das Management im Sinne einer gezielten Messung, Steuerung, Allokation und Nutzung des immateriellen Vermögens. Wie in Kapitel 2.3.2.3 ausgeführt, wird in Ermangelung einer exakten Quantifizierbarkeit des relativen oder absoluten Wertschöpfungbeitrags immaterieller Vermögenswerte regelmäßig auf Indikatorgrößen zurückgegriffen, die der Unternehmensführung eine mittelbare Erfolgskontrolle ermöglichen sollen. Ungeachtet dessen ergibt sich für bestimmte Zwecke, wie etwa die Investitionsrechnung oder die Bilanzierung erworbener Unternehmen, die Notwendigkeit einer finanziellen Bewertung immaterieller Vermögenswerte. Da die methodischen Ansätze der finanziellen Bewertung immaterieller Vermögenswerte auch als konzeptionelle Grundlage für die Methoden der grenzüberschreitenden Gewinnabgrenzung nach dem Separate Entity Approach dienen, werden nachfolgend die Grundzüge der finanziellen Bewertung immaterieller Vermögenswerte dargestellt. Dies erfordert zunächst eine Einordnung des dabei zu Grunde gelegten Wertbegriffs. Der Wert eines Bewertungsobjekts, sei dies ein ganzes Unternehmen oder ein einzelner Vermögenswert, leitet sich grundsätzlich aus dem Nutzen ab, den das Bewertungsobjekt in der Lage ist, für seinen Eigentümer zu stiften.[139] Soweit für die Quantifizierung dieses Nutzens eine numerische Werteskala verwendet und als deren Maßeinheit eine monetäre Größe eingesetzt wird, liegt eine finanzielle Bewertung vor.[140] Bei einer finanziellen Bewertung wird der Wert des Bewertungsobjekts durch den zukünftigen finanziellen Nutzen des Bewertungsobjekts in Form eines Einmalbetrags ausgedrückt.[141] Ungeachtet des Vorliegens eines in gewisser Weise objektiven[142] Maßstabs in Form einer monetären Skalierung ist hervorzuheben, dass der Wert eines Bewertungsobjekts als relative Größe nur im Kontext der Bewertungsprämissen betrachtet werden kann. Diese hängen insbesondere vom Bewertungsanlass[143], dem Bewertungszweck[144], dem Bewertungszeitpunkt, dem Adressaten der Bewertung[145], dem Vergleichsobjekt und dem verwendeten Wertkonzept ab.

---

139 Vgl. *Born*, Unternehmensbewertung, 2003, 21.
140 Vgl. *Andriessen*, Journal of Intellectual Capital 2004, 230, 238.
141 Vgl. *Smith/Parr*, Intellectual Property, 2005, 141.
142 Zur Frage der Objektivierbarkeit von Werten vgl. grundlegend *Moxter*, Gewinnermittlung, 1982, 28 ff.
143 Vgl. hierzu etwa *Kasperzak/Nestler*, Bewertung, 2010, 33ff.
144 Als Bewertungszwecke sind etwa die steuerliche Gewinnermittlung, die Rechnungslegung oder die Investitionsplanung zu nennen.
145 Vgl. hierzu die illustrative Auflistung von *Smith/Parr*, Intellectual Property, 2005, 141.

2.4.2 Market Approach

Der Market Approach ermittelt den Wert des zukünftigen Nutzens eines Vermögenswerts, indem Informationen über den Konsens von Marktteilnehmern über den Wert des Bewertungsobjekts bzw. vergleichbarer Bewertungsobjekte eingeholt werden.[146] Grundprämisse des Market Approach ist das Vorhandensein von aktiven Märkten, auf denen sich für dort gehandelte Güter Marktpreise einstellen.[147] Ein aktiver Markt liegt vor, wenn die auf dem Markt gehandelten Güter homogen sind, vertragswillige Käufer und Verkäufer i.d.R. jederzeit gefunden werden können und die Preise öffentlich bekannt sind.[148] Kann ein Preis für eine identische Markttransaktion identifiziert werden, der auf einem aktiven Markt entstanden ist, findet der Market Approach direkte Anwendung.[149] Ist ein solcher Marktpreis nicht verfügbar, kommt die so genannte Analogiemethode[150] zur Anwendung. Bei der Analogiemethode kommt der Analyse der Vergleichbarkeit zwischen Bewertungsobjekt und Markttransaktion eine sehr hohe Bedeutung zu. Ziel der Vergleichbarkeitsanalyse ist die Ableitung von Anpassungen für die Wertunterschiede zwischen beobachteten Markttransaktionen und dem Bewertungsobjekt. Hierbei sind alle Faktoren zu berücksichtigen, die einen signifikanten Einfluss auf die Preis- bzw. Wertfindung haben. Zu nennen sind insoweit etwa Branche, Marktanteil, technologische Weiterentwicklung, Eintrittsbarrieren, Wachstumsaussichten, rechtlicher Schutz und insbesondere die Profitabilität zu nennen.[151]

Der Market Approach gilt aufgrund der Objektivität der Preisbildung auf einem aktiven Markt und dem unmittelbaren Vergleich zwischen Markt und Bewertungsobjekt der aus bewertungstheoretischer Sicht allen anderen Ansätzen überlegene Wertindikator. Allerdings ergeben sich bei der praktischen Anwendung des Market Approach regelmäßig Probleme, die insbesondere aus der speziellen Natur immaterieller Vermögenswerte resultieren[152] und seine verlässliche und zielgenaue Anwendbarkeit in Frage stellen.[153] Hauptkritikpunkt ist das Fehlen aktiver Märkte beziehungsweise die fehlende Verfügbarkeit hinreichend vergleichbarer Markttransaktionen für immaterielle Vermögenswerte. Das Bestehen eines aktiven Marktes kann in mehrfacher Hinsicht in Frage gestellt werden. Immaterielle Vermögenswerte weisen natur-

146 Vgl. *Smith/Parr*, Intellectual Property, 2005, 148.
147 Vgl. *Moser*, Bewertung, 2011, 19; *Reilly/Schweihs*, Valuation, 1999, 101f.
148 Vgl. *Smith/Parr*, Intellectual Property, 2005, 149.
149 Vgl. *Kasperzak/Nestler*, Bewertung, 2010, 127.
150 Vgl. *IDW*, IDW S5, 2011, Rz. 18.
151 Vgl. *Smith/Parr*, Intellectual Property, 2005, 173.
152 Vgl. *Boos*, Intangibles, 2003, 80, m.w.N.
153 Vgl. *Moser*, Bewertung, 2011, 20.

gemäß oftmals eine hohe Spezifität auf, sei dies beispielsweise im Hinblick auf ihren Einsatzzweck für eine bestimmte Anwendung, einen spezifischen Markt oder Zeitraum, weshalb eine Homogenität der gehandelten Güter i.d.R. nicht gewährleistet ist. Es widerspricht vielmehr der Natur von spezifischen immateriellen Vermögenswerten, als standardisiertes Produkt gehandelt zu werden. Transaktionen zwischen Marktteilnehmern, die nicht aufgrund börsenrechtlicher Vorgaben[154] zur Veröffentlichung relevanter Transaktionen verpflichtet sind, werden i.d.R. nicht oder nur in begrenztem Umfang veröffentlicht, da einzigartige firmenspezifische immaterielle Vermögenswerte regelmäßig die Grundlage für Wettbewerbsvorteile von Unternehmen sind. Für firmenspezifische und mit sehr hohem Wertpotenzial verbundene und daher strategisch bedeutsame immaterielle Vermögenswerte besteht, wie in Kapitel 2.2.1 erläutert, ein starker Anreiz für Unternehmen zur Internalisierung, d.h. zur Strukturierung der Transaktion mittels eigener Geschäftseinheiten. Diese Transaktionen stehen daher nicht als Vergleichstransaktionen im vorstehend erläuterten Sinne zur Verfügung und schränken somit die Repräsentativität der Grundgesamtheit ein.[155] Auch soweit eine oder mehrere Vergleichstransaktionen ermittelbar sind und die Analogiemethode Anwendung finden kann, bestehen regelmäßig Unsicherheiten bei der Identifizierung[156] und Quantifizierung der Unterschiede zwischen Bewertungsobjekt und Vergleichstransaktion. Soweit diese Unterschiede nur durch Einschätzungen nach dem Ermessen des Bewerters quantifiziert werden können, führt dies zu einer Verwässerung des direkten Vergleichs mit Markttransaktionen und einer im Ergebnis nur eingeschränkten Anwendbarkeit[157] bzw. Verlässlichkeit und Zielgenauigkeit des Market Approach für die Bewertung immaterieller Vermögenswerte.

2.4.3 Cost Approach

Der Cost Approach versucht, den Wert des Eigentums an einem (immateriellen) Vermögenswert durch den monetären Aufwand zu bestimmen, der erforderlich ist, einen Vermögenswert gleichen Nutzwerts durch Anschaffung oder Entwicklung zu erhalten.[158] Dem Cost Approach

---

[154] Zu nennen sind insoweit die von der US-amerikanischen Securities and Exchange Commission überwachten und durchgesetzten Veröffentlichungspflichten für Unternehmen, die börsennotiert sind, bestimmte Größenmerkmale in Verbindung mit einer bestimmten Anteilseignerstruktur aufweisen oder bestimmte Finanzierungsformen am Kapitalmarkt in Anspruch genommen haben.

[155] Gl.A.: *Luckhaupt/Overesch/Schreiber*, in: Schön/Konrad, Fundamentals of International Transfer Pricing in Law and Economics, 2012, 92, 102.

[156] Beispielsweise verdeckte Motive des Käufers bei einer Markttransaktion, die zu einer höheren Zahlungsbereitschaft führen als der Wert, den der Käufer einem immateriellen Vermögensgegenstand tatsächlich beimisst, vgl. *Boos*, Intangibles, 2003, 80.

[157] Vgl. *Smith/Parr*, Intellectual Property, 2005, 150.

[158] Vgl. *Smith/Parr*, Intellectual Property, 2005, 148.

liegt das Substitutionsprinzip[159] zu Grunde, dessen Kernaussage ist, dass ein Investor seine Zahlungsbereitschaft auf den Betrag begrenzt, der für die Anschaffung oder Entwicklung eines nutzengleichen Investments erforderlich wäre. Auch der Cost Approach geht implizit von einem Marktgleichgewicht[160] dergestalt aus, dass der Marktpreis eines anzuschaffenden Vermögenswerts dem Gegenwartswert des zukünftigen Nutzens eines Vermögenswerts über seine Lebensdauer entspricht, da sich ansonsten keine Käufer für einen Vermögenswert einfänden. Die Hypothese der Äquivalenz von Preis und Nutzwert wird genutzt, um den Wert eines spezifischen Bewertungsobjekts einer Einschätzung auf Basis der Kosten zuzuführen. Der Cost Approach betrachtet somit nicht die vom Bewertungsobjekt zukünftig zu erwartenden monetären Zuflüsse, sondern den Aufwand für die Anschaffung eines nutzengleichen Alternativobjekts und setzt diese beiden Größen auf der Basis von Marktgleichgewicht und Substitutionsprinzip gleich.

Der Cost Approach wird in mehreren methodischen Varianten zur Bewertung eingesetzt. In seiner einfachsten Form, der Historic Cost Method, erfolgt die Wertermittlung auf der Basis der historisch angefallenen Kosten für die Bereitstellung des zu bewertenden Vermögenswerts.[161] Als Variation der Historic Cost Method wird das Historical Cost Trending angesehen,[162] bei dem eine Anpassung der in früheren Jahren angefallenen historischen Kosten auf der Basis inflationsbezogener Faktoren erfolgt. Eine weitere Abwandlung des Cost Approach stellt die Reproduction Cost Method[163] dar, die insbesondere bei Fehlen historischer Kostendaten die Bewertung durch Schätzung der für eine exakte Reproduktion des Bewertungsobjekts anfallenden Kosten (Reproduktionskostenwert[164]) durchführt. Es ist hervorzuheben, dass sowohl bei der Historic Cost Method als auch bei der Reproduction Cost Method nicht nur direkt zuordenbare Kosten wie etwa die Gehälter des Personals, der Zulassung eines Wirkstoffs usw., sondern auch Gemeinkosten in die Kostenbasis einzubeziehen sind[165], sodass sich eine Vollkostenbasis[166] ergibt. Hierfür ist es erforderlich, Gemeinkostenanteile durch Schlüsselung dem Bewertungsobjekt zuzuweisen. Schließlich wird bei der Replacement Cost Method darauf abgestellt, welche Kosten bei der Beschaffung oder Herstellung eines Gegenstands mit

159 Vgl. *Moser*, Bewertung, 2011, 20; *Kasperzak/Nestler*, Bewertung, 2010, 62 sehen hingegen das Opportunitätskostenprinzip als Grundlage des Cost Approach.
160 Vgl. *Boos*, Intangibles, 2003, 75.
161 Vgl. *Reilly/Schweihs*, Valuation, 1999, 97ff.
162 Vgl. *Boos*, Intangibles, 2003, 76.
163 *Smith/Parr*, Intellectual Property, 2005, 161 bezeichnen diesen Ansatz als „unit cost method“.
164 Vgl. *Moser*, Bewertung, 2011, 20.
165 Vgl. *Smith/Parr*, Intellectual Property, 2005, 161.
166 Vgl. *Kasperzak/Nestler*, Bewertung, 2010, 163.

exakt gleicher Funktionalität wie das Bewertungsobjekt anfallen würden; es handelt sich also um den Wiederbeschaffungswert, bei dem historische Kosten nicht von Relevanz sind. Die vorstehend erwähnten methodischen Ansätze des Cost Approach führen grundsätzlich zu einer zumindest indikativen Ermittlung der Kosten für die Bereitstellung, Reproduktion oder Wiederbeschaffung eines Vermögenswerts in neuwertigem Zustand. Soweit das Bewertungsobjekt jedoch bereits einem mehrjährigen betrieblichen Gebrauch unterlag oder das Vergleichsobjekt einen höheren technologischen Entwicklungsstand aufweist, sind Anpassungen für die zwischenzeitlich eingetretene Wertentwicklung bzw. unterschiedliche Funktionalität vorzunehmen. Diese unterteilen sich in die Kategorien Abnutzung, funktionale Veralterung und ökonomische Veralterung.[167] Während Abnutzung lediglich den Wertverzehr materieller Vermögenswerte im betrieblichen Gebrauch reflektiert, soll die Anpassung für funktionale Veralterung den Wertunterschied zwischen dem ggf. erweiterte Funktionalitäten aufweisenden Vergleichsobjekt und dem Bewertungsobjekt reflektieren. Die Anpassung für ökonomische Veralterung trägt der stattgefundenen Weiterentwicklung der Technologie Rechnung, d.h. technologische Unterschiede zwischen Vergleichsobjekt und Bewertungsobjekt, die sich auf den Wert auswirken, sind durch entsprechende Abschläge zu quantifizieren.

Die Eignung des Cost Approach für die Bewertung von immateriellen Vermögenswerten wird in der Literatur als äußerst begrenzt angesehen.[168] Hauptkritikpunkt ist der vom Cost Approach unterstellte Zusammenhang der Kosten für die Bereitstellung eines Vermögenswerts einerseits und seinem ökonomischen Wert[169] andererseits. Auch soweit unter bestimmten Umständen eine Korrelation zwischen Kosten und Wert unterstellt werden kann, bestehen in der Regel große praktische Probleme in der Ermittlung der Kostenbasis sowie in der Allokation bestimmter Kosten zu dem spezifischen Bewertungsobjekt.[170] Darüber hinaus lässt der Cost Approach als wertrelevant anzusehende Faktoren wie etwa die zukünftige Entwicklung des vom Bewertungsobjekt vermittelten Nutzens – getrieben durch ökonomische Parameter wie beispielsweise die Entwicklung der Nachfrage – und dessen Zeithorizont sowie das damit im Zusammenhang stehende Risiko außer Acht.[171] Im Ergebnis wird der Cost Approach daher regelmäßig nur in Kombination mit Bewertungsmethoden Verwendung finden, denen aus

---

167 Vgl. *Smith/Parr*, Intellectual Property, 2005, 162.
168 Vgl. *Boos*, Intangibles, 2003, 77; *Moser*, Bewertung, 2011, 21.
169 Vgl. *Smith/Parr*, Intellectual Property, 2005, 165.
170 Vgl. *Eden*, Multinationals, 1998, 261.
171 Vgl. *Smith/Parr*, Intellectual Property, 2005, 165.

ökonomischer Sicht eine höhere Validität beigemessen werden kann, beispielsweise zur Ermittlung einer kostenbasierten Wertuntergrenze oder zur indikativen Verprobung.

2.4.4 Income Approach

Der Income Approach richtet seine Betrachtung unmittelbar auf die Eignung eines Vermögenswerts, Einkommen zu generieren, d.h. der nach dem Income Approach ermittelte Wert entspricht dem Gegenwartswert des zukünftigen ökonomischen Nettonutzens des Bewertungsobjekts.[172] Der ökonomische Nettonutzen bestimmt sich als Saldo von Zahlungsmittelzuflüssen und -abflüssen.[173] Bei einem Diskontierungszinssatz[174] r und dem zukünftig zu erwartenden Einkommenszufluss von in Periode t und einer Nutzungsdauer von T Jahren ergibt sich als Wert V_0 des Bewertungsobjekts im Bewertungszeitpunkt 0 folgender Wert:[175]

$$V_0 = \sum_{t=1}^{T} \frac{CF_t}{(1+r)^t}$$

Für eine Wertermittlung nach dem Income Approach werden Informationen zu den folgenden drei Inputparametern benötigt:[176]

- Quantifizierung des zukünftigen ökonomischen Nutzens, der aus dem Vermögenswert auf der Basis realistischer Prognosen erwartet werden kann,
- Einschätzung des zeitlichen Verlaufs des zukünftigen ökonomischen Nutzens,
- Annahmen zum Risiko, das mit der Realisierung des zukünftigen ökonomischen Nutzens in dem erwarteten Verlauf verbunden ist.

2.4.4.1 Quantifizierung des zukünftigen ökonomischen Nutzens

Die Quantifizierung des zukünftigen ökonomischen Nutzens kann nach den zur Verfügung stehenden methodischen Ansätzen in direkte und indirekte Methoden unterteilt werden.[177] Bei den indirekten Methoden (Relief from Royalty Method, Excess Earnings Method und Residual Value Method i.e.S.) erfolgt eine indirekte Betrachtung dergestalt, dass eine vergleichende

---

172 Vgl. *Boos*, Intangibles, 2003, 81.

173 Vgl. *Moser,* Bewertung, 2011, 19.

174 Da bei immateriellen Vermögenswerten regelmäßig kein gleichbleibender Einkommensstrom erwartet werden kann, wird nachfolgend die Kapitalisierung vernachlässigt und nur auf die Diskontierung des Einkommensstroms eingegangen, vgl. auch *Smith/Parr*, Intellectual Property, 2005, 242.

175 Vgl. *Moser,* Bewertung, 2011, 18.

176 Vgl. *Smith/Parr*, Intellectual Property, 2005, 185.

177 Vgl. *Smith/Parr*, Intellectual Property, 2005, 186.

Ermittlung des ökonomischen Werts eines Unternehmens oder Unternehmensteils[178] mit und ohne dem Bewertungsobjekt vorgenommen und aus der Differenz eine Werteinschätzung für das Bewertungsobjekt abgeleitet wird.

Bei der direkten Methode erfolgt eine unmittelbare Prognose und Bewertung des aus dem Bewertungsobjekt zu erwartenden monetären Nutzens. Die direkte Methode, die auch unter dem Begriff der „Incremental Income Analysis“[179] zusammengefasst wird, ist vorzugswürdig, wenn kausale ökonomische Zusammenhänge zwischen der betrieblichen Verwendung des Bewertungsobjekts und dessen Auswirkung auf den Cashflow des Unternehmens direkt beobachtet und eingeschätzt werden können. Als prägnantes Beispiel können die Preisaufschläge und/oder Absatzsteigerungen angeführt werden, die für ein Produkt aufgrund seiner Etablierung als Markenprodukt von einem Unternehmen erzielt werden.[180] Hierbei handelt es sich um diejenigen ökonomischen Renten[181], die aufgrund der Markeneigenschaft eines Produktes erzielt werden können und damit den Wert des immateriellen Vermögenswerts *Marke* wiedergeben. Ein weiteres Beispiel stellt die Bewertung eines Produktionsverfahrens dar, welches sich über Kostensenkungen[182] unmittelbar auf die Profitabilität eines Unternehmens oder Unternehmensteils auswirkt.[183] Der sich über die ökonomische Lebensdauer des Verfahrens ergebende Mehrgewinn (Free Cashflow) des Unternehmens stellt den zukünftigen ökonomischen Nutzen dar, der den Wert des betreffenden immateriellen Vermögens ausdrückt.[184]

Der Anwendungsbereich der Incremental Income Analysis ist begrenzt, da die Analyse eine Isolierung des dem Bewertungsobjekt zuzurechnenden ökonomischen Nutzens[185], d.h. die Zuweisung eines Stroms an Free Cashflows unmittelbar zum Bewertungsobjekt, erfordert. Dies erfolgt in der Regel über die hypothetische Bewertung eines fiktiven Vergleichsunternehmens, das nicht über den betreffenden Vermögenswert verfügt.[186] Die Durchführbarkeit

178 Nachfolgend wird aus Vereinfachungsgründen nur noch der Begriff „Unternehmen“ verwendet.

179 *Moser,* Bewertung, 2011, 25.

180 Vgl. *Smith/Parr*, Intellectual Property, 2005, 187.

181 Vgl. *Gilbert*, in: West/Jones, Business Valuation, 1999, 273, 276.

182 Der Bewertungsansatz wird auch als Cost Savings Approach bezeichnet, vgl. *Woodward*, in: Wild, IP value, 2002, 48, 49.

183 Vgl. *Boos*, Intangibles, 2003, 82.

184 *Moser* weist zu Recht darauf hin, dass auch mittelbare Effekte der Einführung neuer Verfahrenstechnologien zu berücksichtigen sind, vgl. *Moser,* Bewertung, 2011, 24f.

185 *Andriessen* (Intellectual Capital, 2004, 363) bezeichnet diesen Arbeitsschritt plastisch als „Income Funneling“.

186 Vgl. *IDW*, IDW S5, 2011, Rz. 33. Der Gedanke der Incremental Income Analysis findet sich auch bereits in der vom Reichsfinanzhof entwickelten Differenzmethode wieder. So führt der RFH in seinem Urteil vom 14.12.1926 (VI A 575/26, StuW 1927, Urteil Nr. 10) aus, dass der Teilwert dem Betrag entspricht, „den ein

einer solchen Vergleichsbewertung erfordert jedoch wiederum, dass die Gewinne bzw. Free Cashflows des Vergleichsunternehmens verlässlich ermittelt werden können.[187] Soweit sich die direkte Methode als nicht zielführend erweist, kann auf die bereits erwähnten indirekten Bewertungsmethoden zurückgegriffen werden[188]:

- Relief from Royalty Method,
- Excess Earnings Method,
- Residual Value Method im engeren Sinne[189].

2.4.4.1.1 Relief from Royalty Method

Bei der Relief from Royalty Method handelt es sich um eine Mischform[190] von Income und Market Approach.[191] Die Methode baut auf der Grundüberlegung auf, dass die Inhaberschaft bzw. die Kontrolle über einen immateriellen Vermögenswert von der Notwendigkeit befreit, durch Einlizenzierung von Dritten ein Recht zur Nutzung eines solchen Vermögenswerts zu erwerben.[192] Dementsprechend sieht die Relief from Royalty Method den Wert eines immateriellen Vermögenswerts, typischerweise ein Patent oder ein Markenrecht, als den Gegenwartswert der ersparten Lizenzzahlungen des Inhabers des betreffenden Vermögenswerts. Die Ermittlung des Lizenzsatzes erfolgt durch Recherche[193] von Lizenzsätzen für vergleichbare Lizenzgegenstände, d.h. auf der Grundlage des Market Approach. Die Relief from Royalty Method kann daher nur Anwendung finden, wenn Marktinformationen in Form von Lizenzsätzen sowie die genauen vertraglichen Bedingungen über Lizenzverhältnisse zwischen fremden Dritten verfügbar sind.[194] Nur in diesem Fall kann die für den Market Approach erforderliche Vergleichbarkeit zum Bewertungsobjekt hergestellt werden. Durch Anwendung des so ermittelten Lizenzsatzes auf die Planumsätze des betreffenden Unternehmens oder Unternehmensteils kann der Gegenwartswert des fiktiven Lizenzstroms ermittelt werden. Vorbehalte

---

Käufer des ganzen Unternehmens [...] weniger für das Unternehmen geben würde, wenn der betreffende Gegenstand nicht zu dem Unternehmen gehörte."

187 Vgl. *IDW*, IDW Standard: Grundsätze zur Bewertung immaterieller Vermögenswerte , 2011, Rz. 36.

188 Vgl. *Moser*, Bewertung, 2011, 26ff.

189 Auch die Excess Earnings Methode wird in der Literatur teilweise als Residualwertmethode bezeichnet, vgl. etwa *Kasperzak/Nestler*, Bewertung 2010, 121. Deshalb wird hier zur Vermeidung von Verwechslungen von der Residual Value Method im engeren Sinne gesprochen.

190 Vgl. *Anson/Suchy*, Valuation, 2005, 35; a.A. *Reilly/Schweihs*, die die Relief from Royalty Method dem Market Approach zuordnen, vgl. *Reilly/Schweihs*, Valuation, 1999, 441f.

191 Vgl. *Greinert*, Ubg 2010, 101, 103.

192 Vgl. *Smith/Parr*, Intellectual Property, 2005, 194.

193 Dies können mit fremden Dritten getroffene Lizenzvereinbarungen bezüglich des Bewertungsobjekts oder durch Datenbankanalyse ermittelte Lizenzsätze sein.

194 Vgl. *Moser*, Bewertung, 2011, 30.

gegenüber einer Verwendung der Relief from Royalty Method ergeben sich aus der Nutzung des Market Approach für die Bestimmung eines angemessenen Lizenzsatzes und den damit verbundenen Einschränkungen. Darüber hinaus liegt der zentrale Kritikpunkt an der Relief from Royalty Method in der Tatsache begründet, dass das Einkommen, das ein fiktiver Lizenzgeber aus einer Auslizenzierung beschränkter Nutzungsrechte erzielt, regelmäßig nicht dem ökonomischen Wert des immateriellen Vermögenswerts entspricht, der dem Eigentümer aus der Nutzung desselben für eigene unternehmerische Zwecke zuzuordnen ist.[195] Eine Lizenzvereinbarung gewährt i.d.R. nur ein eingeschränktes Nutzungsrecht an einem immateriellen Vermögenswert; die Inhaberschaft des „Stammrechts" sowie alle weiteren Rechte an dem der Lizenzvereinbarung zu Grunde liegenden Vermögenswert bleiben jedoch grundsätzlich beim Lizenzgeber. Dies zeigt sich auch in der Tatsache, dass Lizenzvereinbarungen der Gedanke einer Gewinnaufteilung zwischen Lizenzgeber und Lizenznehmer inhärent ist,[196] was sich auch in „Praktikerregeln"[197] wie der so genannten „Goldscheider-Rule"[198] oder der „Knoppe-Formel"[199] ausdrückt. Hieraus lässt sich ableiten, dass ein fiktiver Lizenzstrom regelmäßig nur einen Teil des ökonomischen Werts eines immateriellen Vermögenswerts erfasst und die Relief from Royalty Method zu einer Unterbewertung immaterieller Vermögenswerte führen kann, wenn der Methode Lizenzvereinbarungen zu Grunde gelegt werden, deren Ausgestaltung nicht zu einer Überlassung der vollständigen wirtschaftlichen Verwertungsmöglichkeit zum Lizenzgeber führt.

2.4.4.1.2 Excess Earnings Method

Im Gegensatz zur Relief from Royalty Method, bei der eine Isolierung des Bewertungsobjekts über die Ermittlung eines fiktiven Lizenzstroms erfolgt, wird bei der Excess Earnings Method[200] das Bewertungsobjekt auf indirektem Wege abgegrenzt. Beim Bewertungsobjekt kann es sich um einzelne Vermögenswerte oder um ein Portfolio mehrerer Vermögenswerte handeln. Aus konzeptioneller Sicht setzt die Excess Earnings Method jedoch voraus, dass das Bewertungsobjekt als so genanntes Leading Asset[201], d.h. als bedeutender Werttreiber des Unternehmens anzusehen ist. Zentraler Aspekt der Anwendung der Excess Earnings Method ist

---

195 Vgl. *Smith/Parr*, Intellectual Property, 2005, 195; *Baumhoff/Greinert*, Ubg 2010, 101, 109.
196 Vgl. *Jacobs*, Unternehmensbesteuerung, 2011, 818.
197 *Moser*, Bewertung, 2011, 31.
198 *Goldscheider/Jarosz/Mulhern*, Les Nouvelles 2002, 123, 124.
199 *Knoppe*, BB 1967, 1117, 1117ff.
200 Die Methode wird auch als Multi Period Excess Earnings Method bezeichnet, vgl. etwa *The Appraisal Foundation*, Best Practices, 2010, 4.
201 *Mackenstedt/Fladung/Himmel*, WPg 2006, 1037, 1042.

die Berücksichtigung der Tatsache, dass das Bewertungsobjekt bei der Erzielung des Einkommens in aller Regel mit der Gesamtheit der anderen Vermögenswerte des Unternehmens zusammenwirkt. Vor diesem Hintergrund werden die gesamten materiellen und immateriellen Vermögenswerte des Unternehmens zunächst als Portfolio von Vermögenswerten betrachtet, die über das Zusammenwirken der unternehmensspezifischen Prozesse[202] einen gesamthaften ökonomischen Nutzen generieren. Dem Portfoliogedanken folgend kann der ökonomische Nutzen EV des Portfolios aller Vermögenswerte des Unternehmens als Summe der einzelnen ökonomischen Nutzen der einzelnen Vermögenswerte (mit i = 1 bis n) dargestellt werden:[203]

$$EV = \sum_{i=1}^{n} V_i$$

Der Einkommensstrom als Ausdruck des ökonomischen Nutzens, den das Unternehmen erzielt, kann gedanklich in die einzelnen Beiträge der jeweiligen Vermögenswerte unterteilt werden. Folglich setzt sich der Cashflow CF_t des Unternehmens in einer Periode t aus den Einkommen der einzelnen Vermögenswerte des Portfolios CF_{it} mit i = 1 bis n zusammen:[204]

$$CF_t = \sum_{i=1}^{n} CF_{it}$$

Bei Anwendung der Excess Earnings Method ist der Einkommensstrom zum Zwecke der Isolierung des Bewertungsobjekts wiederum in einem weiteren Schritt auf die einzelnen Vermögenswerte aufzuteilen,[205] d.h. der Beitrag des Bewertungsobjekts ist „herauszuschneiden“[206]. Hierzu wird die Gleichung für das Einkommen des Unternehmens so umgeformt, dass der Beitrag des Vermögenswerts i = 1 (Bewertungsobjekt) mit der Nutzungsdauer t = 1 bis T wie folgt isoliert werden kann:[207]

$$CF_{1t} = CF_t - \sum_{i=2}^{n} CF_{it}$$

202 Vgl. hierzu auch Kapitel 2.3.2.2.
203 Vgl. *Smith/Parr*, Intellectual Property, 2005, 196.
204 Vgl. *Moser*, Bewertung, 2011, 22.
205 Vgl. *Smith/Parr*, Intellectual Property, 2005, 196.
206 *Moser*, Bewertung, 2011, 23; grundlegend hierzu *Sullivan/Edvinsson*, in: Parr/Sullivan, Licensing, 1996, 249, 249ff.
207 Vgl. *Moser*, Bewertung, 2011, 26.

Das durch das Bewertungsobjekt erzielte Einkommen wird also durch Subtraktion der Beiträge aller einzelnen Vermögenswerte ohne das Bewertungsobjekt selbst vom Einkommensstrom des gesamten Unternehmens ermittelt.[208] Diese Methodik erfordert, dass der Wert aller einzelnen Vermögenswerte sowie der Wert des gesamten Unternehmens ermittelt werden können. Ausgehend vom Cashflow des Unternehmens erfolgt ein Abzug von fiktiven Auszahlungen („Contributory Asset Charges"[209]) für die unterstützenden Vermögenswerte, den so genannten „Contributory Assets"[210], bis schließlich ein residualer Cashflow verbleibt, der dem Bewertungsobjekt zugerechnet und mit einem risikoadäquaten Zinssatz[211] diskontiert wird. Zu den Contributory Assets, die nach dem Konzept der so genannten Cash Generating Units[212] bestimmt werden, zählen insbesondere Gebäude, Grund und Boden, Maschinen, Umlaufvermögen usw. Für die Bestimmung der Contributory Asset Charges werden verschiedene Methoden verwendet, die entweder auf ein fiktives Miet- oder Leasingverhältnis (Gross Lease Method) bezüglich dieser Vermögenswerte mit einem Dritten oder eine angemessene kalkulatorische Verzinsung des eingesetzten Kapitals (Return on Asset Method) abstellen.[213] Im Ergebnis erfolgt auf diesem Wege wie vorstehend bereits erwähnt eine Annäherung an den auf das Bewertungsobjekt entfallenden verbleibenden Cashflow.

2.4.4.1.3 Residual Value Method i.e.S.

Die Residual Value Method i.e.S. bestimmt den Wert des Bewertungsobjekts in konzeptionell gleicher Weise ebenfalls durch Abzug aller einem Unternehmen zugehörigen Vermögenswerte ohne das Bewertungsobjekt selbst vom Gesamtwert des Unternehmens. Im Unterschied zur Excess Earnings Method erfolgt die Subtraktion jedoch vom bereits diskontierten Einkommensstrom des Unternehmens, von dem wiederum die Gegenwartswerte der einzelnen Vermögenswerte in Abzug gebracht werden, um hieraus den Gegenwartswert des auf das Bewertungsobjekt entfallenden residualen Wert abzuleiten. Bei konsistenter Durchführung der Bewertung müssen Excess Earnings Method und Residual Value Method i.e.S. zu gleichen Bewertungsergebnissen führen.

---

208 Vgl. *Moser,* Bewertung, 2011, 26.

209 *Kasperzak/Nestler*, Bewertung, 2010, 121.

210 *The Appraisal Foundation*, Best Practices, 2010, 7.

211 Vgl. hierzu die Ausführungen in Kapitel 2.4.4.3.

212 Als Cash Generating Unit wird die kleinste Einheit von Vermögenswerten betrachtet, welche unabhängig von anderen Vermögenswerten oder Gruppen Cashflows generiert, vgl. *Kasperzak/Nestler*, Bewertung, 2010, 121.

213 Vgl. hierzu ausführlich *Kasperzak/Nestler*, Bewertung, 2010, 122f.

2.4.4.2 Einschätzung des zeitlichen Verlaufs des ökonomischen Nutzens

Ausgehend von dem eingangs definierten Wertverständnis des Income Approach als Gegenwartswert des zukünftigen ökonomischen Nettonutzens des Bewertungsobjekts kommt auch dem zeitlichen Verlauf des zukünftigen Nutzens eine große Bedeutung zu. Zwei Aspekte des zeitlichen Verlaufs sind hierbei kombiniert zu betrachten, nämlich die Zeitspanne, in der das Bewertungsobjekt zukünftig Einkommen generieren wird und das Muster der Einkommensgenerierung innerhalb dieser Zeitspanne. Als Zeitspanne für die Bewertung wird auf die ökonomische Nutzungsdauer des Bewertungsobjekts abgestellt. Die ökonomische Nutzungsdauer eines Vermögenswerts endet, wenn die betriebliche Verwendung des Vermögenswerts nicht mehr profitabel ist oder sich die Verwendung eines anderen Vermögenswerts als profitabler darstellt.[214] Einer realistischen Einschätzung der ökonomischen Nutzungsdauer kommt aufgrund ihrer unmittelbaren Auswirkung auf das Bewertungsergebnis eine zentrale Bedeutung im Rahmen des Bewertungsvorgangs zu. Bei der Ermittlung der Nutzungsdauer sind alle relevanten Faktoren zu beachten, die einen Einfluss auf die verbleibende Zeitspanne der ökonomischen Nutzung haben. Die Einflussfaktoren können in wirtschaftliche, rechtliche, nutzungsbedingte und technologische Größen unterteilt werden.[215] Die methodischen Ansätze zur Schätzung der ökonomischen Nutzungsdauer können in qualitative, quantitative und analytische Ansätze unterteilt werden.[216] Der qualitative Ansatz verwendet das Konzept des Produktlebenszyklus[217] in unmittelbarer Form. Kann ein spezifischer Vermögenswert in eine der Lebenszyklusphasen eingeordnet werden, ist es möglich, durch Vergleich mit ähnlichen Vermögenswerten, für die Erfahrungswerte über den Verlauf des Lebenszyklus vorhanden sind, und unter Einbeziehung der nutzungsdauerbeeinflussenden Faktoren zu einer Einschätzung der verbleibenden ökonomischen Nutzungsdauer zu gelangen.[218] Quantitative Ansätze zur näherungsweisen Ermittlung der ökonomischen Nutzungsdauer bauen auf historischen Erfahrungswerten über die Nutzungsmuster bestimmter Vermögenswerte und der hieraus resultierenden Lebensdauer auf. Quelle hierfür kann die Anlagenbuchhaltung und das interne Rech-

---

214 Vgl. *Smith/Parr*, Intellectual Property, 2005, 212.

215 Vgl. hierzu im Einzelnen *Kasperzak/Nestler*, Bewertung, 2010, 75; *Reilly/Schweihs*, Valuation, 1999, 208.

216 Vgl. *Reilly/Schweihs*, Valuation, 1999, 214ff.

217 Vgl. etwa *Thommen*, BWL, 2007, 247ff. Der Produktlebenszyklus kann in die folgenden fünf charakteristischen Phasen unterteilt werden: Einführung, Wachstum, Reife, Sättigung und Degeneration.

218 Die Analyse des Produktlebenszyklus ist darüber hinaus auch von Bedeutung für die Bewertung von immateriellen Vermögenswerten bei der Einschätzung des voraussichtlichen Musters der Einkommensgenerierung, insbesondere bei der Bewertung von immateriellen Vermögenswerten im Bereich der Technologie im Rahmen analytischer Ansätze, vgl. *Smith/Parr*, Intellectual Property, 2005, 229.

nungswesen eines Unternehmens sein.[219] Weitere Anhaltspunkte können die typisierenden Nutzungsdauern der steuerlichen Gewinnermittlungsvorschriften[220] bieten, die jedoch aufgrund ihrer fiskalischen Prägung regelmäßig relativ lange Nutzungsdauern unterstellen. Analytische Ansätze bauen konzeptionell auf den so genannten Survivor Curves auf, die ursprünglich von der Versicherungswirtschaft zur Einschätzung von Lebenserwartungen mittels Auswertung von Vergangenheitsinformationen entwickelt wurden.[221] Survivor Curves erfordern als Input-Parameter die Anzahl der vergleichbaren Vermögenswerte zum Bewertungsstichtag und in der Vergangenheit sowie die tatsächliche Lebensdauer dieser Vermögenswerte. Aus den Grundüberlegungen zu den Survivor Curves wurden unterschiedliche Kurventypen, die so genannten Iowa Curves,[222] entwickelt, welche die statistische Lebenserwartung vieler Arten von geistigem Eigentum wiedergeben.[223] Auf Basis der Iowa Curves wurden die so genannten O-type Curves ($O_1 - O_4$) entwickelt, die einen Verlauf aufweisen, der typisch für viele Arten von rechtlich ungeschützten immateriellen Vermögenswerten ist.[224] Die standardisierten Kurven verkörpern Abschmelzraten auf Basis historischer Erfahrungswerte.[225] In der Bewertungspraxis können diese dafür genutzt werden, die Auswertung der historischen Entwicklung eines zu bewertenden immateriellen Vermögenswerts und den hieraus abgeleiteten Kurvenverlauf, beispielsweise die Abschmelzung eines Kundenstamms, durch Anwendung einer Iowa Curve bis zum Ende der ökonomischen Nutzungsdauer fortzuschreiben oder, soweit nur sehr wenige Beobachtungen verfügbar sind, den Verlauf mittels einer standardisierten Kurve zu approximieren.[226] Speziell für die Bewertung von immateriellen Vermögenswerten im Bereich der Technologie wurden weitere analytisch-theoretische Modelle entwickelt, die auf den Grundüberlegungen des bereits erwähnten Konzepts des Produktlebenszyklus basieren. Diese Ansätze beruhen auf der Annahme, dass der Wert einer Technologie dem Muster des Lebenszyklus des entsprechenden Produkts folgt und zeichnen sich dadurch aus, dass die Modellgleichungen bestimmte Korrekturvariablen vorsehen, mittels derer es möglich ist, spezifische Aspekte der Marktentwicklung, des Lebenszyklus und der Lokation zu berücksichtigen.[227] Letztlich ist hervorzuheben, dass die Verwendung historischer Erfahrungswerte

219 *Kasperzak/Nestler*, Bewertung, 2010, 79.
220 Vgl. etwa die Übersicht zu steuerlichen Nutzungsdauern bei *Grüner*, Erstkonsolidierung, 2006, 110.
221 Vgl. *Smith/Parr*, Intellectual Property, 2005, 215.
222 *Smith/Parr*, Intellectual Property, 2005, 217.
223 Vgl. *Reilly/Schweihs*, Valuation, 1999, 218ff.
224 Vgl. *Smith/Parr*, Intellectual Property, 2005, 217.
225 Vgl. *Kasperzak/Nestler*, Bewertung, 2010, 87.
226 Vgl. *Kasperzak/Nestler*, Bewertung, 2010, 89.
227 Zu nennen sind insoweit das Gompertz-Modell, das Fisher-Pry-Modell, das Pearl-Reed-Modell und das Bass-Modell. Vgl. für weitergehende Erläuterungen *Smith/Parr*, Intellectual Property, 2005, 229ff.

und/oder theoretischer Modelle die Würdigung der konkreten wirtschaftlichen und rechtlichen Einflussfaktoren des betreffenden Bewertungsobjekts nicht ersetzen kann, sondern lediglich zu einem gewissen Objektivierungsgrad der Einschätzung des Bewerters in Bezug auf die verbleibende ökonomische Nutzungsdauer führen kann.

2.4.4.3 Annahmen zum Risiko der Nutzenerzielung

Wie bereits erwähnt, ist es zur Ermittlung des Werts eines Bewertungsobjekts nach dem Income Approach erforderlich, den zukünftigen ökonomischen Nutzen in Form des erwarteten Einkommensstroms als Gegenwartswert darzustellen. Dies geschieht durch Diskontierung des Einkommensstroms mit einem Zinssatz, der das mit der Realisierung des Einkommensstroms verbundene Risko beziehungsweise die einem gedachten Investor entgangene Alternativanlage[228] reflektiert. Die im vorstehenden Abschnitt dargestellten Überlegungen zum Verlauf des ökonomischen Nutzens des Bewertungsobjekts werden bei einzelnen immateriellen Vermögenswerten regelmäßig zu einer begrenzten ökonomischen Lebensdauer führen. In diesem Fall ergibt sich ein Gegenwartswert PV des Einkommensstroms bei einer Nutzungsdauer von T Jahren und einem Diskontierungszinssatz r:

$$PV = \sum_{t=1}^{T} \frac{CF_t}{(1+r)^t}$$

Kann hingegen von einer unbegrenzten ökonomischen Nutzungsdauer ausgegangen werden, ist der Bewertungungszeitraum in Detailplanungsphase und Phase der ewigen Rente (TV) aufzuteilen.[229] In der Detailplanungsphase erfolgt eine Diskontierung der erwarteten Einkommen CF_t mit dem Diskontierungszinssatz r. Es ergibt sich folgender Gegenwartswert PV:

$$PV = \sum_{t=1}^{T} \frac{CF_t}{(1+r)^t} + \frac{TV}{(1+r)^T}$$

Der Terminal Value TV wird ermittelt durch Kapitalisierung des Einkommens im Zeitpunkt nach dem Ablauf der Detailplanungsphase, welches um einem Wachstumsfaktor g adjustiert wird.

---

228 *Moser,* Bewertung, 2011, 31; *Smith/Parr,* Intellectual Property, 2005, 242.

229 Vgl. *Smith/Parr,* Intellectual Property, 2005, 242; *Kasperzak/Nestler,* Bewertung, 2010, 74.

$$TV = \frac{CF_{T+1}}{(r-g)}$$

Als Diskontierungszinssatz ist ein vermögenswertspezifischer Zinssatz[230] anzuwenden, d.h. ein Zinssatz für eine Alternativanlage zum Bewertungsobjekt, welche hinsichtlich Laufzeit und Risiko äquivalent zum Bewertungsobjekt ist.[231] Der Zinssatz setzt sich aus den laufzeitäquivalenten Kapitalkosten und dem vermögenswertspezifischen Risikozuschlag zusammen. Für die Bestimmung der laufzeitäquivalenten Kapitalkosten wird in der Literatur der so genannte kapitalmarktorientierte Ansatz[232], d.h. das Konzept des Weighted Average Cost of Capital (WACC) auf Basis des Capital Asset Pricing Models (CAPM), präferiert.[233] Der WACC eines Unternehmens setzt sich aus den Kosten der Eigenkapitalgeber (r_{EK}), d.h. deren Verzinsungsansprüchen, sowie den Kosten der Fremdkapitalgeber (r_{FK}) zusammen. Die Kosten werden entsprechend dem Anteil von Fremdkapital (FK) und Eigenkapital (EK) an der Gesamtkapitalausstattung (GK) des Unternehmens gewichtet. Unter Berücksichtigung der grundsätzlichen steuerlichen Abzugsfähigkeit von Fremdfinanzierungskosten beim Steuersatz s_U ergibt sich folgende Gleichung für den WACC:

$$\text{WACC} = r_{EK} * \frac{EK}{GK} + r_{FK} * \frac{FK}{GK} * (1 - s_U)$$

Die nach dem CAPM bestimmten Eigenkapitalkosten setzen sich aus dem risikofreien Zinssatz r_F und der Risikoprämie zusammen, die mittels Multiplikation der Marktrisikoprämie (r_M-r_F) mit dem β-Faktor (β) errechnet wird. Es ergibt sich daher folgende Gleichung für die Eigenkapitalkosten r_{EK}:

$$r_{EK} = r_F + \beta * (r_M - r_F)$$

Die vorstehend dargestellte Herleitung der laufzeitäquivalenten gewichteten Kapitalkosten entspricht einer Betrachtung des Gesamtunternehmens, dem das Bewertungsobjekt zugeordnet ist. Im nächsten Schritt ist eine Anpassung an das vermögenswertspezifische Risiko des Bewertungsobjekts vorzunehmen. Dieser Schritt ist kohärent mit der oben erläuterten Betrachtung des Unternehmens als Portfolio von Vermögenswerten, die im Leistungserstel-

230 Teilweise wird auch der Begriff der vermögenswertspezifischen Kapitalkosten verwendet, vgl. etwa *IDW*, IDW RS HFA 16, 2005, Rz. 35.

231 Vgl. *Moxter*, Unternehmensbewertung, 1991, 155.

232 Vgl. zum alternativen so genannten individualistischen Ansatz: *Kasperzak/Nestler*, Bewertung, 2010, 91f.

233 Vgl. *Moser*, Bewertung, 2011, 32ff.; *Kasperzak/Nestler*, Bewertung, 2010, 93ff.; *IDW*, IDW RS HFA 16, 2005, Rz. 37.

lungsprozess zusammenwirken.[234] Bei immateriellen Werten wird von allen Vermögenswerten eines Unternehmens grundsätzlich vom höchsten Risiko ausgegangen.[235] Dies wird mit der höheren Ergebnisvolatilität und der geringeren Marktgängigkeit begründet, die sich aus der Spezifität[236] immaterieller Vermögenswerte ergeben.[237] Ein in der Literatur diskutierter Ansatz ist die Verwendung kapitalmarktbasierter vermögenswertspezifischer β-Faktoren, welche jedoch aufgrund der fehlenden Datenbasis in der Praxis regelmäßig ausscheidet.[238] Alternativ werden in der Bewertungspraxis so genannte Analogiemethoden für die Ableitung vermögenswertspezifischer β-Faktoren eingesetzt, welche auf den kapitalmarktbasierten β-Faktoren von Referenzunternehmen oder Durchschnittswerten der relevanten Branchen aufbauen.[239] Eine weitere – in der Praxis überwiegend verwendete[240] – Alternative stellt die Anwendung pauschaler Zu- oder Abschläge auf den WACC dar.[241] Als letzter Schritt erfolgt eine Plausibilisierung des durch Zu- und Abschläge auf den WACC bestimmten vermögenswertspezifischen Zinssatzes. Soweit alle Vermögenswerte eines Unternehmens zu bewerten sind, erfolgt dies durch eine so genannte WACC-Reconciliation.[242]

Hauptkritikpunkte an allen Methoden des Income Approach sind die mit einer Zukunftsbetrachtung verbundene Unsicherheit in Bezug auf die tatsächliche spätere Höhe des ökonomischen Nutzens aus dem Bewertungsobjekt sowie die zahlreichen weiteren nicht vollständig objektivierbaren Parameter, wie die verbleibende ökonomische Nutzungsdauer und das vermögenswertspezifische Risiko des Bewertungsobjekts. Darüber hinaus bergen Incremental Income Method, Excess Earnings Method und Residual Value Method i.e.S. die besondere Schwierigkeit der Isolierung des dem zu bewertenden immateriellen Vermögenswert zuzurechnenden Einkommensstroms. Soweit die Isolierung des Bewertungsobjekts nur durch Bewertung des Gesamtunternehmens realisiert werden kann, ergibt sich hieraus das Risiko, dass die Beiträge nicht identifizierter immaterieller Vermögenspositionen sowie insbesondere vor

---

234 Vgl. hierzu Kapitel 2.4.4.1.2.

235 Vgl. *The Appraisal Foundation*, Best Practices, 2010, 25.

236 Vgl. zum Begriff der Spezifität die Ausführungen in Kapitel 2.2.

237 Vgl. *The Appraisal Foundation*, Best Practices, 2010, 25; *Smith/Parr*, Intellectual Property, 2005, 766. Für eine Darstellung der Risikobereiche immaterieller Vermögenswerte vgl. *Beyer/Mackenstedt*, WPg 2008, 338, 347.

238 Vgl. *Moser*, Bewertung, 2011, 35; *Kasperzak/Nestler*, Bewertung, 2010, 97f.

239 Vgl. *Kasperzak/Nestler*, Bewertung, 2010, 98; noch ausführlicher *Lienau/Zülch*, KoR 2006, 319, 325ff.

240 Vgl. *Moser*, Bewertung, 2011, 35.

241 Vgl. *Beyer/Mackenstedt*, WPg 2008, 338, 346; *Moser*, Bewertung, 2011, 35; im Ergebnis wohl auch *Kasperzak/Nestler*, Bewertung, 2010, 111.

242 Die WACC-Reconciliation wird auch als WARA-Analyse bezeichnet, vgl. *The Appraisal Foundation*, Best Practices, 2010, 27. WARA steht hierbei für Weighted Average Rate of Return on Assets.

allem „Portfolio-Effekte“[243], die aus dem Zusammenwirken aller Vermögenswerte resultieren und damit dem Goodwill bzw. anderen immateriellen Vermögenswerten zuzurechnen sind, anstatt dessen dem Bewertungsobjekt zugeschlagen werden und damit eine Überbewertung desselben stattfindet.[244]

2.4.5 Zwischenergebnis zur finanziellen Bewertung

Die spezifischen Eigenschaften immaterieller Vermögenswerte[245] erschweren eine präzise Werteinschätzung durch die verfügbaren Bewertungsansätze. So scheitert der Cost Approach im Regelfall mangels kausaler Beziehung zwischen den Kosten der Schaffung und dem Wert immaterieller Vermögenswerte. Der Market Approach in seiner direkten Ausprägung kann für den Fall unternehmensspezifischer, d.h. nicht standardisierter und marktgängiger immaterieller Vermögenswerte, regelmäßig nicht angewendet werden, da die Prämisse eines aktiven Marktes nicht erfüllt ist. Bei einer Verwendung der Analogiemethode als indirekte Form des Market Approach wird die Verlässlichkeit der Methodik durch die Schwierigkeiten einer exakten Quantifizierung der Unterschiede zwischen Bewertungs- und Vergleichsobjekt in Frage gestellt.

Im Unterschied hierzu begegnet die dem Income Approach inhärente Gleichsetzung von Wert und Gegenwartswert der zukünftig erzielbaren Cash Flows keinen Bedenken hinsichtlich ihrer konzeptionellen Validität. Die Eignung des Income Approach zur Bestimmung einer zuverlässigen Wertindikation wird jedoch durch die Notwendigkeit der Schätzung eines in der Zukunft anfallenden Einkommensstroms beschränkt, was die Isolierung desselben vom Gesamtunternehmen sowie die Antizipation seiner zukünftigen Entwicklung erfordert. Die Festlegung der zahlreichen Bewertungsparameter ist nicht vollständig objektivierbar und unterliegt damit unweigerlich der Beeinflussung durch das Ermessen des Bewerters.

---

243 *Moser*, Bewertung, 2011, 29.
244 Vgl. *Smith/Parr*, Intellectual Property, 2005, 20, 205.
245 Vgl. hierzu Kapitel 1.1.

3 Anwendung der geltenden Verrechnungspreisbestimmungen

3.1 Einleitung

Zweck der bisherigen Ausführungen war es, den Einfluss immaterieller Vermögenswerte auf die Entstehung multinationaler Unternehmen und deren operative Wertschöpfung sowie die Möglichkeiten eines aktiven Managements des immateriellen Unternehmensvermögens darzustellen. Darüber hinaus wurden die methodischen Grundsätze zur Bewertung immaterieller Vermögenspositionen erläutert. Der Zielsetzung der vorliegenden Arbeit folgend, Vorschläge für eine Verbesserung der Verrechnungspreisbildung im Hinblick auf die Ziele der Gerechtigkeit, der Praktibilität und der Rechtssicherheit der grenzüberschreitenden Gewinnabgrenzung zu erarbeiten, werden in einem nächsten Schritt die geltenden Verrechnungspreisbestimmungen der OECD, Deutschlands und der USA in Bezug auf die grenzüberschreitende Nutzung immaterieller Vermögenswerte in multinationalen Unternehmensstrukturen angewendet. Wie bereits erwähnt, liegt der Fokus der Betrachtung auf den Parametern der Verrechnungspreisbildung, d.h. der Definition, den Zurechnungsregeln, den zulässigen Verrechnungspreismethoden sowie den zur grenzüberschreitenden Allokation- und Nutzung immaterieller Vermögenswerte verfügbaren Strategien.

3.2 OECD

3.2.1 Historischer Hintergrund des Fremdvergleichsgrundsatzes

Nach dem Ersten Weltkrieg sahen sich viele Staaten zur Finanzierung der hohen Kriegskosten zu erheblichen Steuererhöhungen sowie zur Schaffung neuer Besteuerungstatbestände veranlasst.[246] Gleichzeitig wurde die aufgrund der zunehmenden grenzüberschreitenden Wirtschaftsbeziehungen notwendige internationale Besteuerung als Hemmnis der wirtschaftlichen Entwicklung wahrgenommen. Die in Brüssel im Jahr 1920 abgehaltene Internationale Finanzkonferenz nahm dies zum Anlass, den Völkerbund zur Lösung des Problems der internationalen Doppelbesteuerung aufzurufen.[247] Der Finanzausschuss des Völkerbundes veröffentlichte im April 1927 einen Report, der unter anderem den Entwurf eines multilateralen Abkommens zur Vermeidung der Doppelbesteuerung auf dem Gebiet der direkten Steuern enthielt.[248] Nach Art. 5 dieses Entwurfs sollte Einkommen aus grenzüberschreitend ausgeübter industrieller,

---

[246] Vgl. *Hamaekers*, in: Kirchhof, FS Vogel, 2000, 1043, 1048.
[247] Vgl. *League of Nations*, Double Taxation, 1927, 5.
[248] Vgl. *League of Nations*, Double Taxation, 1927, 10ff.

gewerblicher oder landwirtschaftlicher Betätigung in dem Land besteuert werden, in dem das betreffende Unternehmen eine feste Geschäftseinrichtung unterhielt. Dabei wurde jedoch keine Differenzierung vorgesehen im Hinblick auf die Rechtsform in der die betreffende Tätigkeit ausgeübt wurde, d.h. auch verbundene Gesellschaften in einem ausländischen Staat wurden insoweit als feste Geschäftseinrichtungen angesehen.[249] Der in Art. 5 geregelten Zuweisungsnorm lag damit der Gedanke zu Grunde, dass die Besteuerung auf der Basis der eigenen Buchhaltung der jeweiligen festen Geschäftseinrichtung erfolgen sollte. Eine Aufteilung des konsolidierten Gesamtgewinns eines grenzüberschreitenden Unternehmens durch die beteiligten Steuerbehörden sollte nur im Falle nicht vorhandener oder unzureichender buchhalterischer Aufzeichnungen der Unternehmensteile erfolgen. Der zum Entwurfsabkommen gehörige Kommentar enthielt hierzu Beispiele für die Gewinnaufteilung, z.B. auf der Basis des eingesetzten Kapitals, der Mitarbeiter, der Lohnsummen oder der Einnahmen.[250] Ungeachtet dessen gab dieser erste Entwurf eines Musterabkommens einer selbständigen Gewinnermittlung (Separate Entity Approach[251]) den Vorzug gegenüber einer Aufteilung des Unternehmensgesamtgewinns mittels formelhafter Allokation.[252]

Die Generalversammlung des Völkerbundes verabschiedete im Jahr 1928 Abkommensentwürfe für den Bereich der direkten Steuern in drei Versionen. Wesentliches Merkmal dieser Entwürfe war, dass verbundene Unternehmen nicht mehr als feste Geschäftseinrichtungen, sondern als selbständige Rechtsträger behandelt wurden. Der hierdurch zum Ausdruck kommende Gedanke des Separate Entity Approach als Element des internationalen Steuerrechts wurde damit weiter verfestigt.[253] Zur weiteren Arbeit u.a. an der methodischen Umsetzung des Separate Entity Approach für grenzüberschreitende Transaktionen zwischen verbundenen Unternehmen wurde ein permanenter Finanzausschuss des Völkerbundes eingerichtet. Im Jahr 1930 wurde der amerikanische Anwalt *Mitchell B. Carroll* mit der Erarbeitung von Vorschlägen zur grenzüberschreitenden Aufteilung von Unternehmensgewinnen beauftragt. Band IV der von *Carroll* erarbeiteten umfangreichen Studien („*Carroll-Report*"[254]) enthielt eine Kategorisierung der Regelungen für die Aufteilung des Besteuerungsrechts für Unternehmensgewinne, die auf seiner Untersuchung der Praktiken der Gewinnermittlung bzw. Gewinnalloka-

---

249 Vgl. *Hamaekers*, in: Kirchhof, FS Vogel, 2000, 1043, 1048; *Wittendorf* vermutet, dass die Regelung unter dem Einfluss der aus dem deutschen Steuerrecht stammenden Filialtheorie entstanden ist, vgl. *Wittendorf*, Transfer Pricing, 2010, 87.

250 Vgl. *League of Nations*, Double Taxation, 1927, 15.

251 Vgl. hierzu ausführlich *Oestreicher*, Konzerngewinnabgrenzung, 2000, 32.

252 Vgl. *Hamaekers*, in: Kirchhof, FS Vogel, 2000, 1043, 1048. *Wittendorf*, Transfer Pricing, 2010, 87.

253 Vgl. *Wittendorf*, Transfer Pricing, 2010, 88.

254 Vgl. *Markham*, Intangibles, 2005, 15.

tion diverser Länder und mehrerer US-Bundesstaaten beruhten.[255] *Carroll* unterschied danach zwischen der Empirical Method, der Fractional Apportionment Method und der Separate Accounting Method. Die Empirical Method wurde nach *Carroll* von Steuerverwaltungen regelmäßig verwendet, wenn Anlass zu Zweifeln an der Ordnungsmäßigkeit oder Richtigkeit des der Einkommensermittlung zu Grunde liegenden Jahresabschlusses bestand. In diesem Fall wird das Einkommen durch Vergleich mit der Profitabilität unabhängiger Unternehmen angepasst.[256] Bei der Fractional Apportionment Method wird das Einkommen des Gesamtunternehmens mittels bestimmter Faktoren auf die einzelnen rechtlichen Einheiten oder unselbständigen Zweigniederlassungen aufgeteilt.[257] Die Separate Accounting Method bestimmt das Einkommen auf der Basis der Buchhaltung der betreffenden Gesellschaft oder Zweigniederlassung und entspricht damit dem Separate Entity Approach. Als Ergebnis seiner Untersuchung sprach sich *Carroll* für die Verwendung des Separate Accounting Approach als vorrangige Methode zur grenzüberschreitenden Gewinnabgrenzung aus, da die Methode im nationalen Kontext der untersuchten Staaten überwiegend Anwendung finde.[258] In diesem Zusammenhang nahm *Carroll* auch erstmals Bezug auf das Arm's Length Principle[259] als Grundsatz für die Gewinnabgrenzung zwischen verbundenen Unternehmen auf grenzüberschreitender Ebene.[260] Als Ursprung des Begriffs im steuerlichen Kontext gelten allerdings die zu § 45 des US-Revenue Act von 1928 im Jahr 1935 ergangenen Regulations[261], welche die nach 1928 ergangene Rechtsprechung[262] zu § 45 des US-Revenue Acts übernahmen. Dementsprechend wurde in Regulation 86 zu Art. 45-1(b) US-Revenue Act 1928 als „True Net Income" eines Steuerpflichtigen aus Transaktionen mit verbundenen Unternehmen das Einkommen definiert, welches aus einer Ausübung dieser Geschäfte „dealing at arm's length" resultiert.[263] Wie bereits erwähnt, sollte die Fractional Apportionment Method nach Auffassung von *Carroll* nur in Ausnahmefällen verwendet werden, in denen der Separate Accounting Approach nicht anwendbar ist. *Carroll* begründete seine ablehnende Haltung gegenüber der Fractional Apportionment Method unter anderem mit dem hohen administrativen

---

255 Vgl. *League of Nations*, Taxation, Vol. IV, 1933, Rz. 120ff.

256 Vgl. zu den Unterarten der Empirical Method *Wittendorf*, Transfer Pricing, 2010, 90.

257 Vgl. *League of Nations*, Taxation, Vol. IV, 1933, Rz. 122 und173ff.

258 Vgl. *League of Nations*, Taxation, Vol. IV, 1933, Rz. 293; kritisch zu den Schlussfolgerungen von *Carroll* *Langbein*, Tax Notes 1986, 631ff.

259 Die Begriffe „Arm's Length Principle" und „Fremdvergleichsgrundsatz" werden nachfolgend in synonymer Weise verwendet.

260 Vgl. *League of Nations*, Taxation, Vol. IV, 1933, Rz. 384.

261 Vgl. zum Begriff und Rechtsrang der US Treasury Regulations Kapitel 3.4.1.

262 Vgl. hierzu ausführlich *Oates/O'Brien*, International Tax Journal 2009, 07-08/2009, 11, 12f.

263 Vgl. *Hamaekers*, in: Kirchhof, FS Vogel, 2000, 1043, 1043; *Oates/O'Brien*, International Tax Journal 2009, 07-08/2009, 11, 12f.; *Wittendorf*, Transfer Pricing, 2010, 90.

Aufwand, der mit einer globalen Ermittlung des steuerlichen Einkommens verbunden sei, sowie den Schwierigkeiten zwischen den Staaten Einigung über eine globale Gewinnaufteilungsmethodik zu erzielen.[264]

Der Finanzausschuss des Völkerbundes veröffentlichte im Jahr 1933 auf der Basis der von *Carroll* erarbeiteten Ergebnisse ein neues multilaterales Abkommen[265] über die Allokation von Unternehmensgewinnen, das als Ergänzung zu dem in 1928 von der Generalversammlung des Völkerbundes erarbeiteten Abkommensentwurf gedacht war. Obgleich das Abkommen in dieser Form nie ratifiziert wurde, enthält es in den Art. 3 und 5 Regelungen, die als grundlegend für die Durchsetzung des Separate Entity Approach als anerkannter Grundsatz des internationalen Steuerrechts gelten.[266] In einem neuen Art. 3, der ausschließlich die Besteuerung von Betriebsstätten betraf, wurde geregelt, dass das steuerliche Einkommen einer Betriebsstätte unter der Fiktion der rechtlichen Selbständigkeit derselben vom Stammhaus zu ermitteln ist. Mit diesem so genannten Independent Enterprise Principle wurde die Separate Accounting Method als vorrangig festgeschrieben.[267] In Verbindung mit der Anwendung der Separate Accounting Method wurde darüber hinaus eine ausdrückliche Befugnis der beteiligten Steuerbehörden zur Korrektur von Fehlern bei der Gewinnermittlung oder der Anpassung der vereinbarten Preise oder Konditionen aufgenommen, soweit diese nicht dem entsprachen, wie sich unabhängige Personen unter Arm's Length-Bedingungen verhalten hätten. In Art. 5, der die Gewinnabgrenzung zwischen rechtlich selbständigen Gesellschaften betraf, wurde ebenso eine Regelung zur Gewinnkorrektur durch die Steuerbehörden vorgesehen, soweit die Bedingungen der Transaktionen zwischen verbundenen Gesellschaften nicht denjenigen entsprachen, die zwischen unabhängigen Gesellschaften vereinbart worden wären. Der Entwurf des multilateralen Abkommens von 1933 erfuhr weitere Überarbeitungen, die im Ergebnis stets die Vorrangstellung des Separate Entity Approach aufrecht erhielten und die Empirical Method sowie die Fractional Apportionment Method als nachrangige Ansätze behandelten.[268] Die Vorarbeiten des Völkerbundes wurden von dem in 1956 gegründeten Finanzausschuss der OEEC bzw. der OECD weitergeführt. Im Jahr 1963 veröffentlichte die OECD den Entwurf des bilateralen Musterabkommens (nachfolgend: OECD-MA) zur Vermeidung der Doppelbesteuerung des Einkommens und Kapitals sowie einen Kommentar zur Erläuterung des OECD-

264 Vgl. *League of Nations*, Taxation, Vol. IV, 1933, Rz. 667ff.
265 Vgl. *League of Nations*, Report to the Council, 1933.
266 Vgl. *Wittendorf*, Transfer Pricing, 2010, 93.
267 Vgl. *Hamaekers*, in: Kirchhof, FS Vogel, 2000, 1043, 1049.
268 Vgl. *Hamaekers*, in: Kirchhof, FS Vogel, 2000, 1043, 1050.

MA (nachfolgend OECD-MK). Art. 9 OECD-MA betrifft die ursprünglich in Art. 5 des Entwurfs von 1933 geregelte Gewinnabgrenzung zwischen verbundenen Unternehmen auf der Grundlage des Arm's Length Principles. Das OECD-MA und der OECD-MK wurden am 30.7.1963 als Empfehlung an die Mitgliedstaaten der OECD bei der Verhandlung und dem Abschluss von Abkommen zur Vermeidung der Doppelbesteuerung erklärt.[269]

Aus dem vorstehend erläuterten historischen Kontext ist ersichtlich, dass die Separate Accounting Method, d.h. die separate Gewinnermittlung für Betriebsstätten auf Basis der Betriebsstättenbuchhaltung, als Keimzelle des Fremdvergleichsgrundsatzes im Sinne von Art. 9 OECD-MA zu betrachten ist.[270] Das über die separate Buchhaltung einer Betriebsstätte oder rechtlich selbständigen Einheit ermittelte Ergebnis ist jedoch nur Reflex der von der Betriebsstätte oder Gesellschaft durchgeführten Transaktionen und daher ohne Aussagekraft für die Fremdüblichkeit etwaiger mit verbundenen Unternehmen abgewickelten Geschäftsbeziehungen. Die Anforderung der Fremdüblichkeit für Transaktionen zwischen verbundenen Unternehmen und damit die Notwendigkeit des Fremdvergleichsgrundsatzes als Maßstab der Gewinnabgrenzung ergibt sich damit zwangsläufig aus dem Separate Entity Approach.

3.2.2 OECD-Verrechnungspreisrichtlinien

Unter dem Titel „Transfer Pricing and Multinational Enterprises" veröffentlichte der Rat der OECD im Mai 1979 den ersten OECD-Bericht zu Verrechnungspreisen.[271] 1984 folgte ein zweiter Bericht der OECD in Ergänzung zum OECD-Bericht 1979, der u.a. spezifische Themenbereiche wie Gegenberichtigungen und Verständigungsverfahren umfasste. Im Jahr 1992 wurde Working Party No. 6 mit der Überarbeitung des OECD Berichts 1979 beauftragt, u.a. mit dem Ziel der Integration des OECD Berichts aus 1984. Im Juni 1994 wurde der erste Teil (Kapitel I bis III)[272] und im März 1995 der zweite Teil (Kapitel IV bis VIII)[273] eines Entwurfs der Öffentlichkeit zur Diskussion vorgelegt.[274] Während die Aufrechterhaltung des Fremdvergleichsgrundsatzes und die Ablehnung formelbasierter Gewinnaufteilung im Schrifttum Anerkennung fanden, wurde die grundsätzliche Anerkennung gewinnorientierter Methoden

[269] Vgl. *Vögele/Raab*, in: Vögele/Borstell/Engler, Verrechnungspreise, 2011, Kapitel B, Rz. 3.

[270] Vgl. *Hamaekers*, in: FS Vogel, 2000, 1043, 1051.

[271] Vgl. OECD, Transfer Pricing, 1979; Vgl. hierzu näher *Messere*, Intertax 1979, 288, 288ff.

[272] OECD, Transfer Pricing Guidelines Discussion Draft Part I, 1994.

[273] OECD, Transfer Pricing Guidelines Draft Part II, 1995.

[274] Eine Kernaufgabe der Überarbeitung war die in Bezug auf gewinnorientierte Methoden bestehenden Differenzen zu den nahezu gleichzeitig veröffentlichten 1994 Regulations zu § 482 IRC des US-amerikanischen Internal Revenue Services (IRS) möglichst weitgehend zu eliminieren. Vgl. hierzu ausführlich *Wittendorf*, Transfer Pricing, 2010, 106.

kritisiert.[275] Im Jahr 1995 und 1996 veröffentliche die OECD Kapitel I bis V[276] bzw. Kapitel VI[277] und Kapitel VII[278] der neuen OECD-Verrechnungspreisrichtlinien (OECD-Richtlinien 1995)[279]. Im Jahr 1997 folgte Kapitel VIII[280]. Im Juli 2010 wurde eine Überarbeitung der Kapitel I bis III[281] sowie die Veröffentlichung des neuen Kapitels IX[282] abgeschlossen (nachfolgend: „OECD-Verrechnungspreisrichtlinien 2010").

Die OECD hat im Januar 2011 das Projekt „Transfer Pricing Aspects of Intangibles" gestartet. Ziel des Projekts ist die der Überarbeitung der für immaterielle Vermögenswerte relevanten Abschnitte der OECD-Verrechungspreisrichtlinien 2010,[283] insbesondere jedoch des als „Besondere Überlegungen für immaterielle Wirtschaftsgüter" bezeichneten Kapitels VI der OECD-Verrechnungspreisrichtlinien 2010. Ein erster vorläufiger Diskussionsentwurf[284] zur Überarbeitung wurde am 1.5.2012 veröffentlicht, ein weiterer Diskussionsentwurf[285] mit der Aufforderung zur Kommentierung durch interessierte Personenkreise folgte am 6.6.2012 (fortan: „Diskussionsentwurf vom 6.6.2012"). Ein überarbeiteter Diskussionsentwurf[286] wurde am 30.7.2013 (fortan: „Diskussionsentwurf vom 30.7.2013") veröffentlicht. Die Weiterentwicklung der grenzüberschreitenden Gewinnabgrenzung für immaterielle Vermögenswerte wird auch unmittelbar durch die Arbeiten der OECD zur Begrenzung der steuerplanerischen Möglichkeiten zur Erosion von Bemessungsgrundlagen und der Gewinnverschiebung beeinflusst. Das im Jahr 2013 auf der Grundlage einer Untersuchung[287] lancierte Projekt „Base Erosion and Profit Shifting"[288] mündete in einem „Action Plan on Base Erosion and Profit

---

275 Vgl. *Deutsche Industrie- und Handelskammertag/Bundesverband der Deutschen Industrie*, Intertax 1995, 93, 94; *International Chamber of Commerce*, Intertax 1995, 39, 39ff; *Becker*, Intertax 1995, 256, 256ff.; *Katsushima*, Intertax 1995, 273, 274; *Le Gall*, International Transfer Pricing Journal 1995, 22, 22ff.

276 Kapitel I: Fremdvergleichsgrundsatz, Kapitel II: Standardmethoden, Kapitel III: Andere Methoden, Kapitel IV: Ansätze der Verwaltungen zur Beilegung von Verrechnungspreiskonflikten, Kapitel V: Dokumentation.

277 Kapitel VI: Besondere Überlegungen für immaterielle Vermögenswerte.

278 Kapitel VII: Besondere Überlegungen bei konzerninternen Dienstleistungen.

279 OECD, Transfer Pricing Guidelines 1995, 1995.

280 Kapitel VIII: Kostenumlagevereinbarungen.

281 Die Überarbeitung betraf insbesondere die Punkte Vergleichbarkeit und Anwendung gewinnorientierter Methoden, vgl. im Einzelnen *Wittendorf*, Transfer Pricing, 2010, 110.

282 Kapitel IX: Verrechnungspreisaspekte bei Umstrukturierungen der Geschäftstätigkeit.

283 Vgl. Scoping Paper zum Projekt „Transfer Pricing Aspects of Intangibles", veröffentlicht unter: http://www.oecd.org/tax/transferpricing/46987988.pdf, abgerufen am 7.11.2012.

284 Die Veröffentlichung erfolgte temporär über die Internetpräsenz der OECD.

285 Vgl. Diskussionsentwurf vom 6.6.2012, veröffentlicht unter: http://www.oecd.org/ctp/transferpricing/50526258.pdf, abgerufen am 7.11.2012.

286 Vgl. Diskussionsentwurf vom 30.7.2013, veröffentlicht unter: http://www.oecd.org/ctp/transfer-pricing/revised-discussion-draft-intangibles.pdf, abgerufen am 8.12.2013.

287 Vgl. *OECD*, Addressing Base Erosion and Profit Shifting, veröffentlicht unter: http://www.oecd.org/ctp/beps-reports.htm, abgerufen am 8.3.2014.

288 Vgl. *OECD*, Declaration on Base Erosion and Profit Shifting vom 29.5.2013, veröffentlicht unter: http://www.oecd.org/tax/C-MIN(2013)22-FINAL-ENG.pdf, abgerufen am 8.3.2014.

Shiftung“[289], dessen Maßnahmenkatalog teilweise auch für die Verrechnungspreisbildung für immaterielle Vermögenswerte von Relevanz ist.[290] Im Rahmen der nachfolgenden Ausführungen zu Grundlagen, Methoden, Definition und Zurechnung immaterieller Vermögenswerte sowie der Anwendung auf verschiedene Nutzungs- und Allokationsstrategien werden die OECD-Verrechnungspreisrichtlinien 2010 sowie die im Diskussionsentwurf vom 6.6.2012 bzw. im Diskussionsentwurf vom 30.7.2013 und im „Action Plan on Base Erosion and Profit Shifting“ enthaltenen Ausführungen berücksichtigt. Die vorstehend erwähnten Projekte waren zum Zeitpunkt der Fertigstellung dieser Arbeit noch nicht abgeschlossen.

3.2.3 Tatbestandsvoraussetzungen von Art. 9 Abs. 1 OECD-MA

Art. 9 Abs. 1 OECD-MA gestattet Gewinnberichtigungen nach Vorschriften des innerstaatlichen Rechts, wenn folgende Tatbestandsvoraussetzungen erfüllt sind:

- ein Unternehmen des einen Vertragsstaates und ein Unternehmen des anderen Vertragsstaates sind verbundene Unternehmen,
- die Unternehmen sind in ihren kaufmännischen oder finanziellen Beziehungen an vereinbarte oder auferlegte Bedingungen gebunden, die von denen abweichen, die unabhängige Unternehmen miteinander vereinbaren würden,
- eines der beiden Unternehmen hätte ohne diese Bedingungen höhere Gewinne erzielt.[291]

Die Vorschrift findet nur auf Unternehmen eines Vertragsstaates im Sinne von Art. 3 Abs. 1 lit. d) OECD-MA Anwendung, d.h. es muss sich um ein Unternehmen handeln, das von einer in einem Vertragsstaat ansässigen Person betrieben wird.[292] Die Unternehmen im vorgenannten Sinne gelten als *verbundene* Unternehmen, wenn ein Unternehmen unmittelbar oder mittelbar an der Geschäftsleitung, der Kontrolle oder dem Kapital des anderen Unternehmens beteiligt ist (Abs. 1 lit. a)) oder dieselben Personen unmittelbar oder mittelbar an der Geschäftsleitung, Kontrolle oder dem Kapital beider Unternehmen beteiligt sind (Abs. 1 lit. b)). Der

---

289 Vgl. Actions 8, 9 und 10 des Action Plan on Base Erosion and Profit Shifting, http://www.oecd.org/ctp/BEPSActionPlan.pdf, abgerufen am 8.3.2014.

290 Vgl. zur Problemstellung und Reformoptionen ausführlich *Fuest et al.*, ZEW Discussion Paper No. 13-044, 2013.

291 Vgl. *Eigelshoven*, in: Vogel/Lehner, DBA, 2009, Art. 9 OECD-MA, Rz. 31.

292 Strittig ist die Einordnung von Personengesellschaften. Für eine Einordnung als Unternehmen sprechen sich *Wassermeyer* (*Wassermeyer*, in: Debatin/Wassermeyer, DBA, 2012, Art. 9 OECD-MA, Rz. 23) und *Fischer-Zernin* (*Fischer-Zernin*, RIW 1991, 493, 495) aus. *Eigelshoven (Eigelshoven*, in: Vogel/Lehner, DBA, 2009, Art. 9 OECD-MA, Rz. 36) betrachtet eine Einordnung von Personengesellschaften unter Art. 7 OECD-MA als zutreffend.

vorstehend aufgeführte Wortlaut führt dazu, dass nur „gesellschaftsrechtliche Verflechtungen oder Einflussnahmen“[293] unter den Anwendungsbereich von Art. 9 OECD-MA fallen und die Ausübung von Kontrolle auf wirtschaftlicher Basis oder auf der Grundlage verwandtschaftlicher Beziehungen nicht zu einer Annahme verbundener Unternehmen führt.[294] Für unverbundene Unternehmen im Sinne der Vorschrift besteht keine Schutzwirkung durch Art. 9 OECD-MA bzw. das entsprechende Abkommen zur Vermeidung der Doppelbesteuerung[295] vor der Anwendung nationaler Korrekturnormen mit einer weiteren Definition des verbundenen Unternehmens.[296] Weiterhin ist die Anwendung von Art. 9 OECD-MA an das Vorliegen von kaufmännischen oder finanziellen Beziehungen zwischen den verbundenen Unternehmen gebunden. Der Begriff der kaufmännischen Beziehungen umfasst insbesondere alle Formen von Lieferbeziehungen zwischen den verbundenen Unternehmen.[297] Finanzielle Beziehungen stellen u.a. alle „Darlehen und darlehensähnlichen Verhältnisse dar“[298], wobei diese auch gesellschaftsrechtlich veranlasst sein können.[299] Weder kaufmännisch noch finanziell sind diejenigen gesellschaftsrechtlichen Beziehungen, die das Verbundensein der Unternehmen erst begünden.[300] Die den kaufmännischen und finanziellen Beziehungen zu Grunde gelegten Bedingungen müssen von denjenigen abweichen, die voneinander unabhängige Unternehmen miteinander vereinbaren würden.[301] Bedingungen, die außerhalb des Einflussbereichs der verbundenen Unternehmen liegen, da sie auf externen wirtschaftlichen Umständen beruhen, sind nicht vom Begriff der Bedingungen im Sinne von Art. 9 OECD-MA umfasst.[302] Aus den ver-

---

293 *Eigelshoven*, in: Vogel/Lehner, DBA, 2009, Art. 9 OECD-MA, Rz. 34.

294 Vgl. *Becker*, IWB Fach 10, Gr. 2, 1705, 1716; *Eigelshoven*, in: Vogel/Lehner, DBA, 2009, Art. 9 OECD-MA, Rz. 39.

295 Fast alle deutschen DBA enthalten eine mit Art. 9 Abs. 1 OECD-MA übereinstimmende oder nur in geringem Umfang abweichende Regelung. Vgl. hierzu die Übersicht von *Eigelshoven*, in: Vogel/Lehner, DBA, 2009, Art. 9 OECD-MA, Rz. 145.

296 Vgl. *Wassermeyer*, in: Debatin/Wassermeyer, DBA, 2012, Art. 9 OECD-MA, Rz. 79. Die gegenteilige Auffassung von *Becker* (IWB Fach 10, Gr. 2, 1705, 1714) geht davon aus, dass einem Vertragsstaat ein Besteuerungsrecht in Form der Ermächtigung zur Einkommenskorrektur nur eingeräumt wird, soweit der Anwendungsbereich von Art. 9 Abs. 1 OECD-MA und die darin enthaltene Definition des verbundenen Unternehmens reicht. Dies hätte beispielsweise im Verhältnis Deutschland-USA zur Folge, dass die Anwendung von § 1 AStG bzw. § 482 IRC aufgrund des zu Art. 9 Abs. 1 OECD-MA identischen Wortlauts des Art. 9 DBA Deutschland-USA insoweit beschränkt ist auf verbundene Unternehmen im Sinne von Art. 9 OECD-MA. Es erscheint fraglich, ob diese Rechtsfolge mit dem Regelungsziel von Art. 9 Abs. 1 OECD-MA vereinbar ist, nämlich die Anwendung des Fremdvergleichsgrundsatzes bei der steuerlichen Beurteilung konzerninterner Leistungsbeziehungen zwischen OECD-Mitgliedstaaten sicherzustellen.

297 Vgl. *Eigelshoven*, in: Vogel/Lehner, DBA, 2009, Art. 9 OECD-MA, Rz. 48.

298 *Wassermeyer*, in: Debatin/Wassermeyer, DBA, 2012, Art. 9 OECD-MA, Rz. 63.

299 Vgl. *Eigelshoven*, in: Vogel/Lehner, DBA, 2009, Art. 9 OECD-MA, Rz. 48.

300 Vgl. *Wassermeyer*, in: Debatin/Wassermeyer, DBA, 2012, Art. 9 OECD-MA, Rz. 63.

301 Dabei ist es nicht von Relevanz, ob die Bedingungen in schriftlicher oder mündlicher Form vereinbart oder auf einer entsprechenden praktischen Übung der verbundenen Unternehmen beruhen, vgl. *Wassermeyer*, in: Debatin/Wassermeyer, DBA, 2012, Art. 9 OECD-MA, Rz. 66; *Becker,* in: Gosch/Kroppen/Grotherr, 2000, Art. 9 OECD-MA, Rz. 35.

302 Vgl. *Wittendorf*, Transfer Pricing, 2010, 235.

einbarten Bedingungen muss eine Minderung des Gewinns eines der verbundenen Unternehmen resultieren. Dabei ist der Gewinn, den das Unternehmen bei Vereinbarung fremdvergleichskonformer Bedingungen erzielt hätte, mit dem tatsächlich erzielten Gewinn zu vergleichen. Der Tatbestand der Gewinnminderung in tatsächlicher Hinsicht, der aus dem unmittelbaren oder mittelbaren Vergleich von Transaktionen zwischen verbundenen Unternehmen mit Transaktionen zwischen fremden Dritten resultiert, bildet den Kerngehalt des Fremdvergleichsgrundsatzes.[303] Sind die Tatbestandsvoraussetzungen erfüllt, dürfen die von dem letztgenannten Unternehmen nicht erzielten Gewinne dem steuerlichen Ergebnis dieses Unternehmens zugerechnet und einer Ertragsbesteuerung zugeführt werden. Die Herstellung der fremdvergleichskonformen Gewinnhöhe kann dabei durch Zurechnung von Einnahmen oder Reduktion von Ausgaben erfolgen.[304]

3.2.4 Verhältnis von Art. 9 OECD-MA zum nationalen Recht

Das OECD-MA, der OECD-MK und die OECD-Richtlinien stellen keine eigenen Rechtsquellen dar.[305] Insbesondere besitzen Art. 9 OECD-MA bzw. die entsprechenden Vorschriften eines bilateralen Abkommens zur Vermeidung der Doppelbesteuerung keine „Self-Executing-Wirkung", d.h. die Bestimmung bedarf einer Umsetzung durch nationale Korrekturvorschriften,[306] wie dies Deutschland mit § 1 AStG[307], § 8 Abs. 3 S. 2 KStG und dem Rechtsinstitut der verdeckten Einlage und die USA mit § 482 IRC[308] vollzogen haben. Art. 9 Abs. 1 OECD-MA entfaltet eine „Schrankenwirkung"[309] im Hinblick auf die Fremdvergleichskonformität der nationalen Korrekturnormen, d.h. über den Fremdvergleichsgrundsatz hinausgehende Korrekturen werden durch ein entsprechendes Abkommen zur Vermeidung der Doppelbesteuerung ausgeschlossen.[310] Sowohl das OECD-MA als auch der OECD-MK und die OECD-Richtlinien stellen Empfehlungen des OECD-Ministerrates dar, die nach Art. 18 der OECD-Verfahrensordnung „den Mitgliedstaaten vorgelegt werden, damit sie deren Durchführung veranlassen können, falls sie es für angebracht halten". Die herrschende Meinung leitet aus dem Wortlaut eine Selbstbindung der OECD-Staaten und eine abgeschwächte völkerrechtli-

303 Vgl. zu der diesem Vergleich inhärenten Problematik Kapitel 4.3.3.2.
304 Vgl. *Wittendorf*, Transfer Pricing, 2010, 240.
305 Vgl. *Vögele/Raab*, in: Vögele/Borstell/Engler, Verrechnungspreise, 2011, Kapitel B, Rz. 9.
306 *Wassermeyer*, in: F/W/B/S, Außensteuerrecht, 2012, § 1 AStG, Rz. 99; *Kaminski*, in: Strunk/Kaminski/Köhler, AStG/DBA, 2011, § 1 AStG, Rz. 42; *Kraft*, in: Kraft, AStG, 2009, § 1, Rz. 44; *Eigelshoven*, in Vogel/Lehner, DBA, 2009, Art. 9 OECD-MA, Rz. 18; BFH, Urteil v. 12.3.1980, I R 186/76, BStBl. II 1980, 531.
307 Vgl. zum Verhältnis von § 1 AStG zu Art. 9 OECD-MA Kapitel 3.2.4.
308 Vgl. zum Verhältnis von § 482 IRC zu Art. 9 OECD-MA Kapitel 3.2.4.
309 *Wassermeyer*, in: Debatin/Wassermeyer, DBA, 2012, Art. 9 OECD-MA, Rz. 76.
310 Vgl. BFH, Urteil v. 11.10.2012, I R 75/11, DB 2013, 266.

che Verpflichtung zur Beachtung der OECD-Richtlinien bei der Beurteilung von Verrechnungspreisfragen zwischen verbundenen Unternehmen von OECD-Mitgliedstaaten ab.[311]

3.2.5 Grundlagen des Fremdvergleichs nach Art. 9 OECD-MA

3.2.5.1 Einleitung

Der Vergleich von Transaktionen zwischen verbundenen Unternehmen mit den zwischen fremden Dritten abgeschlossenen Transaktionen stellt den zentralen Aspekt des Fremdvergleichsgrundsatzes dar, d.h. der Fremdvergleichsgrundsatz stellt in seiner ursprünglichen Ausprägung in Form der Preisvergleichsmethode auf das tatsächliche Verhalten fremder Dritter ab.[312] Der Fremdvergleich kann dabei sowohl durch Heranziehung von Transaktionen eines der beiden verbundenen Unternehmen mit fremden Dritten (interner Fremdvergleich) oder durch Verwendung von Informationen aus Datenbanken zur Ermittlung marktüblicher Preise[313] sowie von Brutto- oder Nettomargen unabhängiger Unternehmen (externer Fremdvergleich) erfolgen. Da absolut gleiche Verhältnisse der konzerninternen und der Vergleichstransaktion nur in „sehr seltenen Ausnahmefällen"[314] gegeben sind, kommt der Analyse und Herstellung der Vergleichbarkeit eine grundlegende Bedeutung bei der Anwendung des Fremdvergleichsgrundsatzes zu. Die Vergleichbarkeit einer konzerninternen mit einer zwischen fremden Dritten abgeschlossenen Transaktion ist nach Auffassung der OECD gegeben, wenn keiner der ggf. bestehenden Unterschiede zwischen den verglichenen Transaktionen die untersuchten Parameter (z.B. Preise oder Margen) der Transaktion in wesentlichem Umfang beeinflusst oder hinreichend genaue Anpassungen vorgenommen werden können, um bestehende Unterschiede zu beseitigen.[315] Die OECD-Verrechnungspreisrichtlinien 2010 enthalten insbesondere in Kapitel I und in Kapitel III umfangreiche Ausführungen zur Vergleichbarkeitsanalyse. Der Diskussionsentwurf vom 6.6.2012 sowie auch seiner revidierte Fassung vom 30.7.2013 ergänzen diese spezifisch in Bezug auf immaterielle Vermögenswerte.

---

311 Vgl. *Eigelshoven/Ebering*, in: Kroppen, Verrechnungspreise, 2012, Vorbemerkungen OECD-Verrechnungspreisgrundsätze, Rz. 20; *Vögele/Raab*, in: Vögele/Borstell/Engler, Verrechnungspreise, 2011, Kapitel B, Rz. 10ff.; *Vogel*, in: Vogel/Lehner, DBA, 2008, Einleitung des OECD-MA, Rz. 124b; a.A. wohl *Jacobs*, der den OECD-Verrechnungspreisrichtlinien „lediglich Richtliniencharakter" beimisst, vgl. *Jacobs*, Unternehmensbesteuerung, 2011, 560.

312 Zu den weiteren methodischen Ausprägungen des Fremdvergleichsgrundsatzes vgl. Kapitel 3.2.8.7 sowie Kapitel 3.3.7.6.1.

313 Vgl. *Eigelshoven/Ebering*, in: Kroppen, Verrechnungspreise, 2012, OECD-Verrechnungspreisgrundsätze, Rz. 44.

314 *Kaminski*, in: Strunk/Kaminski/Köhler, AStG/DBA, 2011, § 1 AStG, Rz. 128.

315 Vgl. Tz. 1.33 der OECD-Verrechnungspreisrichtlinien 2010.

Die OECD befürwortet in den OECD-Verrechnungspreisrichtlinien 2010 ausdrücklich die Berücksichtigung von Handlungsalternativen der an einer konzerninternen Transaktion beteiligten Unternehmen für Zwecke der Verrechnungspreisbildung. Nach Auffassung der OECD ist der Vergleich realistischerweise verfügbarer Alternativen dem Fremdvergleichsgrundsatz immanent, da auch fremde Dritte ihre Handlungsalternativen bei der Evaluierung einer konkreten Transaktion berücksichtigen und nur dann in einen Leistungsaustausch eintreten, wenn keine günstigere Alternative verfügbar ist.[316] Dies impliziert ferner auch, dass die Ermittlung fremdvergleichskonformer Verrechnungspreise unter Berücksichtigung der Perspektive beider Transaktionspartner zu erfolgen hat, beispielsweise im Falle einer Lizenzierung sowohl aus der Sicht des Lizenzgebers als auch des Lizenznehmers.

Auch die Diskussionsentwürfe vom 6.6.2012 und 30.7.2013 betonen das Erfordernis der Einbeziehung der Handlungsalternativen beider Parteien:[317] ist die erwähnte Voraussetzung der beiderseitigen Vorteilhaftigkeit der vereinbarten Bedingungen nicht erfüllt, soll eine Nichtanerkennung der Transaktion[318], eine Umqualifizierung[319] oder eine anderweitige Anpassung der Bedingungen in Betracht gezogen werden.[320] Folgende Faktoren sind nach den OECD-Verrechnungspreisrichtlinien 2010 bei einem Vergleich verschiedener Transaktionen bzw. Handlungsalternativen insbesondere zu betrachten:

- Merkmale der ausgetauschten Vermögenswerte oder Leistungen,
- ausgeübte Funktionen (unter Berücksichtigung eingesetzter Mittel und getragener Risiken),
- vertragliche Bedingungen,
- wirtschaftliche Umstände der Transaktion,

---

316 Vgl. Tz. 1.34 der OECD-Verrechnungspreisrichtlinien 2010.

317 Vgl. Tz. 80ff. des Diskussionsentwurfs vom 6.6.2012; Tz. 129ff. des Diskussionsentwurfs vom 30.7.2013.

318 Tz. 1.65 der OECD-Verrechnungspreisrichtlinien sieht die Möglichkeit der Nichtanerkennung etwa in Fällen mißbräuchlicher, bloß vorgeschobener Ausgestaltung von Transaktionen vor, bei denen formaler und tatsächlicher Gehalt auseinanderfallen.

319 Tz. 9.34-9.38 der OECD-Verrechnungspreisrichtlinien enthalten Ausführungen zur Anpassung getroffener Vereinbarungen, wenn diesen eine fremdunübliche Risikoallokation zu Grunde gelegt wurde. Tz. 9.122 enthält Regelungen zur Nichtberücksichtigung von zwischen verbundenen Unternehmen in Folge einer Funktionsverlagerung geleisteten Entschädigungszahlungen, wenn bei Berücksichtigung des erwarteten Nutzens nicht eine der beiden unmittelbar betroffenen Parteien, sondern die Konzernmuttergesellschaft die Entschädigung übernehmen müsste.

320 Vgl. Tz. 83 des Diskussionsentwurfs vom 6.6.2012; Tz. 132 des Diskussionsentwurfs vom 30.7.2013. *Eigelshoven/Ebering/Schmidtke* fordern eine Präzisierung der Verwendung von Handlungsalternativen bei der Verrechnungspreisbildung, da ansonsten die Gefahr erhöhter Rechtsunsicherheit durch die differierende Heranziehung von Handlungsalternativen durch die beteiligten Finanzverwaltungen besteht, *Eigelshoven/Ebering/Schmidtke*, IWB 2012, 487, 492.

- verfolgte Geschäftsstrategien der Transaktionspartner.[321]

Das Ausmaß, in dem sich die vorstehend aufgezählten Vergleichbarkeitsfaktoren auf die Vergleichbarkeit der Transaktionen auswirken, hängt stark von der Art der betreffenden Transaktion ab und beeinflusst unmittelbar die Wahl der Verrechnungspreismethode. Während etwa die Preisvergleichsmethode[322] eine sehr hohe Vergleichbarkeit des zu Grunde liegenden Produkts bzw. der Leistung erfordert, sind die ausgeübten Funktionen, eingesetzten Mittel und getragenen Risiken von größerer Bedeutung für die Anwendung der Wiederverkaufspreis-, Kostenaufschlags- und insbesondere der transaktionsbezogenen Nettomargenmethode[323]. Nachfolgend wird auf die einzelnen Vergleichbarkeitsfaktoren näher eingegangen.

3.2.5.2 Merkmale der ausgetauschten Vermögenswerte und Leistungen

Die OECD-Verrechnungspreisrichtlinien 2010 tragen der Tatsache Rechnung, dass sich bestimmte Merkmale der ausgetauschten Vermögenswerte und Leistungen unmittelbar auf den Marktwert auswirken. In Bezug auf immaterielle Vermögenswerte wird insbesondere auf die Form der Transaktion (Lizenzierung oder Eigentumsübertragung), Art des Vermögenswerts (z.B. Patent, Warenzeichen, ungeschütztes Know-how), Dauer und Umfang rechtlichen Schutzes und den erwarteten Nutzen aus der Verwendung des Vermögenswertes hingewiesen.[324] In den Diskussionsentwürfen vom 6.6.2012 und vom 30.7.2013 wird der Versuch einer Präzisierung dieser allgemein gehaltenen Kriterien mit einer weiter gefassten, aber nicht abschließenden Aufzählung speziell für immaterielle Vermögenswerte relevanter Aspekte der Vergleichbarkeit unternommen.[325] Danach sind im Rahmen einer Vergleichbarkeitsanalyse für immaterielle Vermögenswerte insbesondere Exklusivität, Umfang und Dauer rechtlichen Schutzes, geographische Beschränkungen der Verwendung, Nutzungsdauer, technologische Weiterentwicklung, Rechte an Verbesserungen und der zukünftige erwartete finanzielle Nutzen einzubeziehen.[326] Bei der Erläuterung des erwarteten finanziellen Nutzens wird die Auffassung der OECD deutlich, dass letztlich alle anderen Aspekte der Vergleichbarkeit auf die Erwartung des finanziellen Nutzens an einen immateriellen Vermögenswert durchschlagen. Dementsprechend können immaterielle Vermögenswerte mit signifikant unterschiedlicher

---

321 Vgl. Tz. 1.36 der OECD-Verrechnungspreisrichtlinien 2010.
322 Vgl. zur Preisvergleichsmethode im Einzelnen Kapitel 3.2.8.2.
323 Vgl. zur Nettomargenmethode im Einzelnen Kapitel 3.2.8.5.
324 Vgl. Tz. 1.38 der OECD-Verrechnungspreisrichtlinien 2010.
325 Vgl. Tz. 90 des Diskussionsentwurfs vom 6.6.2012; Tz. 134 des Diskussionsentwurfs vom 30.7.2013.
326 Vgl. Tz. 90ff. des Diskussionsentwurfs vom 6.6.2012; Tz. 134ff. des Diskussionsentwurfs vom 30.7.2013.

Nutzenerwartung nur schwerlich als vergleichbar angesehen werden, es sei denn, bestehende Differenzen können durch Anpassungsrechnungen zuverlässig eliminiert werden.[327]

3.2.5.3 Ausgeübte Funktionen, getragene Risiken und eingesetzte Mittel

Der Funktionsanalyse liegt die Überlegung zu Grunde, dass eine zwischen fremden Dritten vereinbarte Vergütung für die Erbringung einer Leistung die Kombination von ausgeübten Funktionen, getragenen Risiken und eingesetzten Mitteln der Transaktionspartner reflektiert.[328] Dementsprechend sind im Rahmen der Analyse der Vergleichbarkeit der konzerninternen Transaktion die wirtschaftlich bedeutenden Aktivitäten, Vermögenswerte und Risiken zu identifizieren und den beteiligten Geschäftseinheiten zuzuordnen. Dabei versteht die OECD unter Funktionen die verschiedenen Bereiche der Wertschöpfungskette eines Unternehmens, von denen beispielhaft Design, Herstellung, Montage, Forschung und Entwicklung, Kundendienst, Einkauf, Vertrieb, Marketing, Werbung, Logistik, Finanzen und Management aufgezählt werden.[329] In Bezug auf die eingesetzten Mittel werden ebenfalls beispielhaft Anlagen und Maschinen, finanzielle Mittel und wertvolle immaterielle Vermögenswerte genannt.[330]

Der Diskussionsentwurf vom 6.6.2012 sowie auch der Diskussionsentwurf vom 30.7.2013 enthalten ergänzende Ausführungen zu immateriellen Vermögenswerten.[331] Danach ist eine Identifizierung aller ökonomisch relevanten immateriellen Vermögenswerte erforderlich und darüber hinaus eine Darstellung ihres Wertschöpfungsbeitrags sowie der Art und Weise der Interaktion der identifizierten immateriellen Vermögenswerte im Wertschöpfungsprozess mit anderen immateriellen Vermögenswerten in den Geschäftsprozessen.[332] Die Funktionsanalyse muss nicht nur alle immateriellen Vermögenswerte, sondern auch alle Werttreiber wie beispielsweise Markteigenschaften, Lage des Unternehmens, Geschäftsstrategien und Synergien aufzeigen.[333] Die OECD betont damit das Erfordernis, die Vergleichbarkeits- und Funktionsanalyse auf einem Verständnis der Wertschöpfungskette eines multinationalen Unternehmens und des Wertschöpfungsbeitrags immaterieller Werte aufzubauen. Darüber hinaus ist die Analyse der im Zusammenhang mit einem bestimmten immateriellen Vermögenswert ausgeübten

[327] Tz. 101 des Diskussionsentwurfs vom 6.6.2012, Tz. 145 des Diskussionsentwurfs vom 30.7.2013.
[328] Tz. 1.42 der OECD-Verrechnungspreisrichtlinien 2010.
[329] Tz. 1.43 der OECD-Verrechnungspreisrichtlinien 2010.
[330] Tz. 1.44 der OECD-Verrechnungspreisrichtlinien 2010.
[331] Tz. 5ff. des Diskussionsentwurfs vom 6.6.2012; Tz. 39ff. des Diskussionsentwurfs vom 30.7.2013.
[332] Tz. 11 des Diskussionsentwurfs vom 6.6.2012; Tz. 46 des Diskussionsentwurfs vom 30.7.2013.
[333] Tz. 108 des Diskussionsentwurfs vom 6.6.2012; Tz. 159 des Diskussionsentwurfs vom 30.7.2013.

Funktionen die Grundlage für eine Zurechnung der Erträge zu einer rechtlichen Teileinheit eines multinationalen Unternehmens[334] bzw. die Vergütung von anderen als dem rechtlichen Eigentümer ausgeübten Tätigkeiten.[335] Da eine vollständige Funktionsanalyse die Betrachtung der bestehenden Risiken und deren Allokation zwischen den Vertragspartnern erfordert, ist diese ohne Einbeziehung der Risiken unvollständig.[336] Hierzu enthält Kapitel I der OECD-Verrechnungspreisrichtlinien 2010 ebenfalls eine beispielhafte Aufzählung typischer Risiken wie etwa Marktrisiko, Investitionsrisiko, Wechselkurs- und Zinsrisiko etc.[337] Während Kapitel VI der OECD-Verrechnungspreisrichtlinien 2010 keine wesentlichen Ausführungen zur Funktionsanalyse im Zusammenhang mit immateriellen Vermögenswerten vorsieht, tragen die Diskussionsentwürfe vom 6.6.2012 und vom 30.7.2013 der Tatsache Rechnung, dass gerade die Entwicklung und der Einsatz immaterieller Vermögenswerte mit besonders hohen ökonomischen Risiken verbunden sein kann. Die Notwendigkeit einer Analyse der Risiken im Zusammenhang mit dem zukünftig zu erwartenden Nutzen aus dem Einsatz immaterieller Vermögenswerte wird betont und eine nicht abschließende Aufzählung bestimmter Risiken diskutiert.[338]

3.2.5.4 Vertragliche Bedingungen

Die Analyse der zwischen den Transaktionspartnern vereinbarten vertraglichen Bedingungen wird von den OECD-Verrechnungspreisrichtlinien 2010 als Teil der Funktionsanalyse qualifiziert. In Bezug auf das Vorhandensein und den Regelungsumfang vertraglicher Bedingungen unterstellen die OECD-Verrechnungspreisrichtlinien 2010, dass fremde Dritte grundsätzlich eine explizite oder implizite Definition der Verteilung von Pflichten, Risiken und Nutzen eines Vertragsverhältnisses vornehmen.[339] Soweit keine schriftlichen Vereinbarungen existieren, sind die Vereinbarungen aus der tatsächlichen Übung der Parteien abzuleiten. Explizit bestehende Vereinbarungen sind aufgrund des bei konzerninternen Transaktionen regelmäßig fehlenden Interessensgegensatzes in Bezug auf ihren ökonomischen Gehalt zu überprüfen. Soweit Informationen über die vertraglichen Bedingungen bei der zwischen fremden Dritten abgewickelten Vergleichs-transaktion nicht verfügbar sind, ist das Fehlen dieser Informationen in Bezug auf die Validität der Vergleichbarkeitsanalyse zu würdigen. Beispielhaft wird

---

334 Vgl. Tz. 38 des Diskussionsentwurfs vom 6.6.2012; Vgl. ausführlich hierzu Kapitel 3.2.7ff.

335 Vgl. Tz. 80 des Diskussionsentwurfs vom 30.7.2013.

336 Vgl. Tz. 1.45 der OECD-Verrechnungspreisrichtlinien 2010.

337 Vgl. Tz. 1.46 der OECD-Verrechnungspreisrichtlinien 2010.

338 Vgl. Tz. 42f. sowie Tz. 102 des Diskussionsentwurfs vom 6.6.2012; Tz. 87 sowie 146 des Diskussionsentwurfs vom 30.7.2013.

339 Vgl. Tz. 1.52 der OECD-Verrechnungspreisrichtlinien 2010.

insoweit darauf hingewiesen, dass die Verfügbarkeit wesentlicher vertraglicher Bedingungen eines Lizenzvertrags wie etwa Dauer, geographische Geltung, Exklusivität usw. als kritische Information für die Verwendung der Preisvergleichsmethode angesehen werden.[340]

3.2.5.5 Wirtschaftliche Umstände der Transaktion

Die Betrachtung der wirtschaftlichen Umstände der Transaktion umfasst alle für die Preisbildung relevanten Parameter, die zu einer Preisdifferenzierung ggf. sogar identischer Leistungen zwischen verschiedenen Märkten führen. Die OECD-Verrechnungspreisrichtlinien 2010 nennen beispielhaft mehrere wirtschaftliche Umstände in Bezug auf die Vergleichbarkeit verschiedener Märkte, wie etwa geographische Lage, Größe, Wettbewerbsintensität, Höhe der Nachfrage, Kaufkraft der Konsumenten.[341] Die Würdigung der aufgeführten Aspekte sowie ggf. weiterer Punkte führt zu einer qualitativen Einschätzung der Auswirkungen differierender wirtschaftlicher Umstände zwischen konzerninterner und Vergleichstransaktion sowie einer Beurteilung, ob Anpassungen für bestehende Unterschiede vorgenommen werden können.

3.2.5.6 Verfolgte Geschäftsstrategien der Transaktionspartner

Die von einem Unternehmen verfolgte Geschäftsstrategie umfasst vielfältige Aspekte der Unternehmensaktivitäten wie etwa die Fokussierung auf Preis- oder Innovationsführerschaft, den Grad der Diversifikation, den Eintritt in neue Märkte[342] etc.[343] Da sich die von einem Unternehmen verfolgte Geschäftsstrategie unmittelbar sowohl auf die Profitabilität als auch auf die Zahlungsbereitschaft für den Erwerb materieller oder immaterieller Vermögenswerte und damit auch auf die Verrechnungspreisbildung auswirken kann, ist auch eine Betrachtung der Geschäftsstrategie im Rahmen der Vergleichbarkeitsanalyse unumgänglich. Dabei ist die von den verbundenen Unternehmen verfolgte Strategie mit einer ggf. abweichenden Strategie unabhängiger Unternehmen zu vergleichen und die Auswirkungen der Strategieunterschiede zu evaluieren. Der Diskussionsentwurf vom 6.6.2012 enthält keine weiteren grundlegenden Ausführungen zu den Implikationen der Geschäftsstrategie für die Verrechnungspreisbildung; allerdings wird die Bedeutung der Geschäftsstrategie im Rahmen der illustrativen Beispiele im Zusammenhang mit dem Vertrieb von Markenprodukten hervorgehoben.[344]

---

340 Vgl. Tz. 1.54 der OECD-Verrechnungspreisrichtlinien 2010.
341 Vgl. Tz. 1.55 der OECD-Verrechnungspreisrichtlinien 2010.
342 Vgl. Tz. 1.60 der OECD-Verrechnungspreisrichtlinien 2010.
343 Vgl. Tz. 1.59 der OECD-Verrechnungspreisrichtlinien 2010.
344 Vgl. Tz. 182ff. des Diskussionsentwurfs vom 6.6.2012.

3.2.6 Definition immaterieller Vermögenswerte

3.2.6.1 OECD-Verrechnungspreisrichtlinien 2010

In Kapitel VI der OECD-Verrechnungspreisrichtlinien 2010 werden immaterielle Vermögenswerte (Intangible Property) in allgemeiner Form durch eine beispielhafte und nicht abschließende Aufzählung definiert. Danach umfasst der Begriff des immateriellen Vermögenswerts u.a. Rechte zur Nutzung von Patenten, Produkt- und Dienstleistungsmarken, Handelsnamen, Geschmacksmustern (Designs) und Modellen, Schutzrechte an literarischen und künstlerischen Werken sowie Know-how und Geschäftsgeheimnisse.[345] Kommerziellen Zwecken dienende immaterielle Vermögenswerte werden von den OECD-Verrechnungspreisrichtlinien 2010 in Marketingzwecken dienende (Marketing Intangibles) und nicht Marketingzwecken dienende immaterielle Vermögenswerte (Trade Intangibles) unterteilt.[346] Als Marketing Intangibles werden Markenrechte und Handelsnamen genannt, die der Vermarktung von Produkten oder Dienstleistungen dienen, sowie Kundenlisten, Vertriebskanäle, einzigartige Namen, Symbole oder bildliche Darstellungen.[347] Nicht von Relevanz ist insoweit dem Grunde nach, ob ein rechtlicher Schutz dieser Marketing Intangibles gegeben ist.[348] Zu den Trade Intangibles werden insbesondere immaterielle Vermögenswerte gezählt, die auf Forschungs- und Entwicklungsaktivitäten beruhen und die für die Herstellung von Produkten benötigt werden.[349] Trade Intangibles werden daher in Abgrenzung zu den absatzorientierten Marketing Intangibles auch als produktionsorientierte immaterielle Vermögenswerte bezeichnet.[350] Allerdings können bestimmte immaterielle Vermögenswerte wie etwa Know-how und Geschäftsgeheimnisse sowohl als Trade als auch als Marketing Intangible anzusehen sein.[351] Dabei werden die Begriffe Know-how und Geschäftsgeheimnisse definiert als proprietäre Informationen und Kenntnisse, die kommerzielle Aktivitäten unterstützen oder verbessern, aber nicht nach der Art einer Marke oder einem Patent registriert sind. Darüber hinaus wird versucht, den Begriff des Know-hows durch einen Verweis auf die Musterkommentierung zu Art. 12 OECD-MA zu präzisieren, wonach Know-how die Gesamtheit des Außenstehenden nicht zugänglichen technischen Wissens kaufmännischer, gewerblicher oder wissenschaftlicher Art ist, das auf Erfahrungen beruht und seinen Nutzen in der praktischen Anwendung für

345 Vgl. Tz. 6.2 der OECD-Verrechnungspreisrichtlinien 2010.
346 Vgl. *Engler*, in: Vögele/Borstell/Engler, Verrechnungspreise, 2011, Kapitel N, Rz. 38.
347 Vgl. Tz. 6.4 der OECD-Verrechnungspreisrichtlinien 2010.
348 Vgl. Tz. 6.4 der OECD-Verrechnungspreisrichtlinien 2010.
349 Vgl. Tz. 6.3 und 6.8 der OECD-Verrechnungspreisrichtlinien 2010.
350 Vgl. *Baumhoff*, in: F/W/B/S, Außensteuerrecht, 2012, § 1 AStG, Rz. 694.1.
351 Vgl. Tz. 6.5 der OECD-Verrechnungspreisrichtlinien 2010.

das Unternehmen entfaltet. Als Beispiele für Know-how werden nicht patentrechtlich geschützte geheime Verfahren, Formeln oder andere geheime Informationen betreffend industrieller, gewerblicher oder wissenschaftlicher Erfahrungen genannt.[352] Im Hinblick auf die Abgrenzung der Überlassung oder Übertragung von immateriellen Vermögenswerten zu Lieferungen und Leistungen erfolgt der beispielhafte Hinweis, dass in Fällen des Verkaufs halbfertiger Produkte und der gleichzeitigen Zugänglichmachung des für die Weiterverarbeitung erforderlichen Wissens eine Vergütung des Know-hows alternativ im Verrechnungspreis der Halbfertigprodukte oder durch separate Lizenzierung erfolgen kann.[353] Bezüglich der Abgrenzung zu Dienstleistungstransaktionen enthalten die OECD-Verrechnungspreisrichtlinien lediglich den Hinweis, dass eine unterschiedliche Behandlung von Know-how-Verträgen und Dienstleistungsverträgen nach dem Steuerrecht der OECD-Staaten und den von diesen abgeschlossenen bilateralen Abkommen zur Vermeidung der Doppelbesteuerung eintreten kann.[354]

3.2.6.2 OECD-Projekt Transfer Pricing Aspects of Intangibles

3.2.6.2.1 Abstrakte Definition immaterieller Vermögenswerte

Im Einklang mit der Zielsetzung[355] des OECD-Projekts „Transfer Pricing Aspects of Intangibles“ wird mit dem Diskussionsentwurf vom 6.6.2012 erstmals eine abstrakte Definition immaterieller Vermögenswerte eingeführt:

„*...bei einem immateriellen Vermögenswert handelt es sich um einen Wert nicht physischer und nicht finanzieller Art, der sich im rechtlichen Eigentum befinden oder für kommerzielle Zwecke kontrolliert werden kann.*“[356]

Die vorstehende Definition kann in die drei Tatbestandsmerkmale nicht physischer oder monetärer Charakter, rechtliches Eigentum oder faktische Kontrolle sowie Verwendung zu kommerziellen Zwecken unterteilt werden.[357]

---

352 Vgl. Tz. 6.5 der OECD-Verrechnungspreisrichtlinien 2010.
353 Vgl. Tz. 6.17 der OECD-Verrechnungspreisrichtlinien 2010.
354 Vgl. Tz. 6.19 der OECD-Verrechnungspreisrichtlinien 2010.
355 Vgl. Tz. D.2 des Scoping Papers zum Projekt „Transfer Pricing and Intangibles“, veröffentlicht unter: http://www.oecd.org/tax/transferpricing/46987988.pdf, abgerufen am 7.11.2012.
356 Tz. 5 des Diskussionsentwurfs vom 6.6.2012. Eigene Übersetzung des folgenden Originalwortlauts: *... the word „intangible“ is intended to address something which is not a physical asset or a financial asset and which is capable of being owned or controlled for use in commercial activities.“*
357 Vgl. *Wittendorf*, Tax Notes International 2012, 935, 939.

Der Diskussionsentwurf vom 30.7.2013 ergänzt die Definition des Diskussionsentwurfs vom 6.6.2012 um das zusätzliche Tatbestandsmerkmal einer Vergütung der Nutzung oder Übertragung des betreffenden immateriellen Vermögenswerts bei einer hypothetischen Transaktion zwischen fremden Dritten.[358] Hiermit bezweckt die OECD wohl, immaterielle Vermögenswerte, welche dem Grunde nach die Definition erfüllen, jedoch nur einen vernachlässigbaren ökonomischen Wert aufweisen, von der Definition auszuschließen.[359] Zur Verdeutlichung enthalten die Diskussionsentwürfe vom 6.6.2012 und 30.7.2013 klarstellende Erläuterungen der Tatbestandsmerkmale. So ist eine separate Übertragbarkeit eines immateriellen Vermögenswerts im vorstehend genannten Sinne ausdrücklich nicht Tatbestandsmerkmal der OECD-Definition.[360] Maßgeblich soll für Zwecke der Verrechnungspreisbildung lediglich sein, ob ein immaterieller Vermögenswert ökonomische Relevanz für Transaktionen zwischen fremden Dritten entfaltet. Nicht von Bedeutung ist, ob der betreffende Vermögenswert immaterialgüterrechtlich geschützt ist oder ein aktivierungsfähiger Vermögensgegenstand im Sinne eines Bilanzierungsstandards vorliegt. Dementsprechend wird ausdrücklich klargestellt, dass immaterialgüterrechtliche Schutzmöglichkeiten zwar regelmäßig eine Auswirkung auf den Wert eines immateriellen Vermögenswerts besitzen, jedoch keine notwendige Bedingung für das Vorliegen eines immateriellen Vermögenswerts dem Grunde nach sind.[361]

Es erfolgt ausdrücklich kein Versuch einer Kategorisierung verschiedener immaterieller Vermögenswerte nach bestimmten Differenzierungsmerkmalen, wie etwa eine Einteilung in absatz- und produktionsbezogene immaterielle Vermögenswerte[362], so genannte Soft und Hard Intangibles oder Routine- und Non-Routine-Intangibles.[363] Allerdings enthält der Diskussionsentwurf vom 30.7.2013 im Gegensatz zum Diskussionsentwurf vom 6.6.2012 eine Definition des Begriffs der „Marketing Intangibles", die als immaterieller Vermögenswert in Geschäftsbereichen mit direktem Kontakt zu Kunden[364] bezeichnet werden.[365]

Alle wesentlichen immateriellen Vermögenswerte, die der oben stehenden Definition entsprechen, sind im Rahmen der Funktionsanalyse zu identifizieren. Dabei ist ihre Wirkungsweise

358 Vgl. Tz. 40 des Diskussionsentwurfs vom 30.7.2013.

359 Vgl. *Wittendorf*, Tax Notes International 2013, 1325, 1330. *Schmidtke/Tillman* kritisieren die damit einhergehende Vermischung von Definition dem Grunde nach mit der Vergütung der Höhe nach; vgl. *Schmidtke/Tillmann*, IWB 2013, 712, 713.

360 Vgl. Tz. 7 des Diskussionsentwurfs vom 6.6.2012 bzw. Tz. 42 des Diskussionsentwurfs vom 30.7.2013.

361 Vgl. Tz. 7 des Diskussionsentwurfs vom 6.6.2012 bzw. Tz. 42 des Diskussionsentwurfs vom 30.7.2013.

362 Engl.: marketing intangibles und trade intangibles.

363 Vgl. Tz. 13 des Diskussionsentwurfs vom 6.6.2012 bzw. Tz. 49 des Diskussionsentwurfs vom 30.7.2013.

364 Eigene Übersetzung des Originalwortlauts „customer facing business operations".

365 Vgl. Tz. 50 des Diskussionsentwurfs vom 30.7.2013.

und Interaktion im Wertschöpfungsprozess nachvollziehbar darzustellen.[366] Der Beitrag immaterieller Vermögenswerte zur Wertschöpfung eines Unternehmens hängt von den Umständen des Einzelfalls und den Besonderheiten der betreffenden Branche ab. Dies bedeutet, dass nicht allen immateriellen Vermögenswerten stets überproportional hohe Anteile am Einkommen eines Unternehmens beizumessen sind, die über eine marktübliche Vergütung hinausgehen.[367] Sowohl der Diskussionsentwurf vom 6.6.2012 als auch der Diskussionsentwurf vom 30.7.2013 enthalten den Versuch einer begrifflichen Einengung einzigartiger wertvoller immaterieller Vermögenswerte, die nicht vergleichbar mit marktgängigen immateriellen Vermögenswerten sind und deren Präsenz erhöhte wirtschaftliche Vorteile erwarten lässt.[368] Der Ansatz des Diskussionsentwurfs vom 6.6.2012 enthält das zusätzliche Merkmal einer Vergütung der Nutzung oder des Transfers in einer hypothetischen Transaktion zwischen fremden Dritten. Im Diskussionsentwurf vom 30.7.2013 wurde dieser Aspekt klarstellend als Tatbestandsmerkmal in die Definition immaterieller Vermögenswerte an sich aufgenommen.

Im Unterschied zu den OECD-Verrechnungspreisrichtlinien 2010 erfolgt nunmehr eine klare Abgrenzung zu Art. 12 OECD-MA. Die im Diskussionsentwurf vom 6.6.2012 bzw. vom 30.7.2103 enthaltene Definition immaterieller Vermögenswerte soll ausschließlich der Verrechnungspreisbildung dienen; insbesondere entfaltet sie keine Wirkung in Bezug auf die Auslegung des Begriffs der Lizenzgebühr im Sinne von Art. 12 OECD-MA.[369]

Im Hinblick auf Marken wird erläutert, dass Markenbezeichnungen in vielen Fällen ein Bündel von immateriellen Vermögenswerten und assoziierten Werttreibern repräsentieren, wie z.B. Warenzeichen, Kundenbeziehungen, Ruf eines Unternehmens und Goodwill. Dies kann dazu führen, dass eine Trennung dieser verschiedenen Komponenten nicht möglich ist. Hieraus folgernd wird festgehalten, dass eine Marke einen einzelnen immateriellen Vermögenswert oder eine Ansammlung verschiedener immaterieller Vermögenswerte darstellen kann.[370] Die der OECD-Definition explizit innewohnenden Merkmale des rechtlichen Eigentums bzw. der faktischen Kontrolle werden nicht näher erläutert. *Wittendorf* geht davon aus, dass insoweit eine rechtliche oder faktische Ausschliessbarkeit Dritter von einem immateriellen Vermö-

---

[366] Vgl. Tz. 11 des Diskussionsentwurfs vom 6.6.2012 bzw. Tz. 46 des Diskussionsentwurfs vom 30.7.2013. *Shapiro* et al. weisen zu Recht darauf hin, dass im Hinblick auf die Erwähnung von Goodwill als immaterieller Vermögenswert im Sinne der Definition ein Widerspruch vorliegt, da Goodwill gerade durch den Umstand charakterisiert ist, dass seine Wirkung im Wertschöpfungsprozess nicht nachvollziehbar ist, vgl. Shapiro et al., Tax Notes International 2012, 1245, 1245f.

[367] Vgl. Tz. 9 des Diskussionsentwurfs vom 6.6.2012.

[368] Vgl. Tz. 105 des Diskussionsentwurfs vom 6.6.2012 bzw. Tz. 51 des Diskussionsentwurfs vom 30.7.2013.

[369] Vgl. Tz. 12 des Diskussionsentwurfs vom 6.6.2012 bzw. Tz. 47 des Diskussionsentwurfs vom 30.7.2013.

[370] Vgl. Tz. 19 des Diskussionsentwurfs vom 6.6.2012 bzw. Tz. 57 des Diskussionsentwurfs vom 30.7.2013.

genswert gemeint ist.[371] Dies bedeutet, dass, soweit weder eine rechtliche noch eine praktische Möglichkeit zur Kontrolle besteht, bereits dem Grunde nach kein immaterieller Vermögenswert für Zwecke der grenzüberschreitenden Gewinnabgrenzung nach dem Separate Entity Approach vorliegen kann.

3.2.6.2.2 Goodwill und Ongoing Concern Value

Angesichts der ausdrücklichen Position der OECD, dass die Möglichkeit einer separaten Übertragbarkeit kein definierendes Merkmal immaterieller Vermögenswerte für Verrechnungspreiszwecke darstellt, umfasst die im vorstehenden Kapitel dargestellte abstrakte Definition auch den so genannten Goodwill bzw. Ongoing Concern Value.

Die OECD ist zunächst um eine terminologische Abgrenzung des Begriffs bemüht, wonach die Bezeichnungen Goodwill und Ongoing Concern Value meist verwendet werden, um einen signifikanten Anteil des Entgelts zu beschreiben, das für die Übertragung „aller oder eines Teils der Vermögenswerte eines operativen Geschäfts“[372] bezahlt werden. In Bezug auf die Frage, wann ein Goodwill oder Ongoing Concern Value tatsächlich mit anderen Vermögenswerten übertragen wird, verweisen die Diskussionsentwürfe vom 6.6.2012 sowie vom 30.7.2013 auf die Tz. 9.93-9.95 der OECD-Verechnungspreisrichtlinien 2010.[373] Tz. 9.93 sieht die Übertragung eines Ongoing Concern Values als gegeben an, wenn eine funktionierende, wirtschaftlich integrierte Geschäftseinheit im Sinne gebündelter Vermögenswerte, die eine bestimmte Funktion ausüben und ein bestimmtes Risiko tragen können, Gegenstand eines grenzüberschreitenden konzerninternen Transfers ist. Dem entsprechend führt die OECD aus, dass „allgemein anerkannt ist“[374], dass Goodwill und Ongoing Concern Value nicht getrennt von anderem Betriebsvermögen übertragen werden können. Um jedoch eine angemessene Berücksichtigung von Goodwill und Ongoing Concern Value bei der grenzüberschreitenden Gewinnabgrenzung sicherzustellen, sollen Goodwill und Ongoing Concern Value in Fällen der teilweisen oder vollständigen Übertragung eines „lebenden Geschäftsbetriebs“[375] als immaterielle Vermögenswerte im Sinne der allgemeinen Definition anzusehen sein.

---

[371] Vgl. *Wittendorf*, Tax Notes International 2012, 935, 939.

[372] Eigene Übersetzung des Originalwortlauts „some or all of the assets of an operating business“. Vgl. Tz. 22 des Diskussionsentwurfs vom 6.6.2012 bzw. Tz. 61 des Diskussionsentwurfs vom 30.7.2013.

[373] Vgl. Tz. 21 des Diskussionsentwurfs vom 6.6.2012 bzw. Tz. 60 des Diskussionsentwurfs vom 30.7.2013.

[374] Eigene Übersetzung des Originalwortlauts „it is generally recognized“. Vgl. Tz. 21 des Diskussionsentwurfs vom 6.6.2012 bzw. Tz. 60 des Diskussionsentwurfs vom 30.7.2013.

[375] Eigene Übersetzung des Originalwortlauts „operating business“. Vgl. Tz. 22 des Diskussionsentwurfs vom 6.6.2012 bzw. Tz. 61 des Diskussionsentwurfs vom 30.7.2013.

3.2.6.2.3 Negative Abgrenzung der Definition

Die OECD nimmt im Kontext der negativen Abgrenzung der Definition zu mehreren, für die grenzüberschreitende Gewinnabgrenzung multinationaler Unternehmen besonders bedeutsamen ökonomischen Phänomenen bzw. Werttreibern Stellung, die grundsätzlich nicht als immaterielle Vermögenswerte qualifizieren sollen. Dies sind Standortvorteile und andere Marktcharakteristika, die Belegschaft eines Unternehmens und Gruppensynergien. Im Unterschied zum Diskussionsentwurf vom 6.6.2012, der diese Aspekte im unmittelbaren Anschluss der Ausführungen zu Goodwill und Ongoing Concern Value behandelt und damit eine Aufnahme in Kapitel VI der OECD-Verrechnungspreisrichtlinien 2010 implizierte, sieht der Diskussionsentwurf vom 30.7.2013 insoweit eine wesentlich umfangreichere Ergänzung der Kapitel I bis III vor.[376]

3.2.6.2.4 Charakteristika bestimmter Märkte

Die OECD hält sowohl im Diskussionsentwurf vom 6.6.2012 als auch in dessen revidierter Fassung vom 30.7.2013 an der Auffassung fest, dass spezifische Marktcharakteristika, insbesondere „standortbezogene Kostenvorteile“[377], nicht als immaterielle Vermögenswerte anzusehen sind, da sich diese grundsätzlich nicht im Eigentum oder unter der faktischen Kontrolle eines Unternehmens befinden können. Ungeachtet dessen sind Marktcharakteristika Werttreiber, die sich unmittelbar auf die Preisbildung konzerninterner Transaktionen auswirken, Hinsichtlich der Aufteilung von standortbezogenen Kostenvorteilen oder anderer lokaler Marktcharakteristika zwischen nahe stehenden Transaktionspartnern wird daher auf die Tz. 9.148 bis 9.153 der OECD-Verrechnungspreisrichtlinien 2010 verwiesen. Auch über den Fall konzerninterner Umstrukturierungen hinaus, sollen standortbezogene Vorteile unter den Transaktionspartnern entsprechend den ausgeübten Funktionen und getragenen Risiken sowie ihrer Verhandlungsmacht aufgeteilt werden, wenn keine lokalen Fremdvergleichswerte verfügbar sind, die eine Aufteilung durch Herstellung eines Marktbezugs objektivieren könnten.[378]

---

376 Vgl. Tz. 23-26 des Diskussionsentwurfs vom 6.6.2012 bzw. Tz. 1-33 des Diskussionsentwurfs vom 30.7.2013.

377 Eigene Übersetzung des Originalwortlauts „location savings“. Vgl. Tz. 24 des Diskussionsentwurfs vom 6.6.2012 bzw. Tz. 64 des Diskussionsentwurfs vom 30.7.2013.

378 Vgl. Tz. 5 des Diskussionsentwurfs vom 30.7.2013.

3.2.6.2.5 Belegschaft eines Unternehmens

Auch für die Belegschaft eines Unternehmens vertritt die OECD die Auffassung, dass diese regelmäßig keinen immateriellen Vermögenswert darstellt.[379] Der Übergang einer eingearbeiteten Belegschaft kann jedoch zu einer Übertragung wertvollen Know-hows führen, die wiederum unter den Gesichtspunkten der abstrakten Definition immaterieller Vermögenswerte zu würdigen ist.[380] Eine weitere Präzisierung erfolgt durch den Diskussionsentwurf vom 30.7.2013 für besondere Fallkonstellationen wie etwa die Erbringung von Dienstleistungen im Zusammenhang mit vorher übertragenen immateriellen Vermögenswerten durch eine besonders qualifizierte Belegschaft. Die OECD weist darauf hin, dass in diesem Fall die besondere Qualifikation der Belegschaft bei der Vergütung dieser Dienstleistungen zu berücksichtigen ist.[381] Im Ergebnis lässt die OECD damit ihre Auffassung erkennen, dass die Belegschaft eines Unternehmens grundsätzlich nicht als immaterieller Vermögenswert im Sinne der Definition anzusehen ist, jedoch in bestimmten Situationen ein Übergang von Know-how durch den Transfer oder die Entsendung von einem oder mehreren Mitarbeitern ausgelöst werden kann. Der Diskussionsentwurf vom 30.7.2013 spezifiziert nicht näher, welche weiteren Voraussetzungen hierfür erfüllt sein müssen.[382]

3.2.6.2.6 Synergie- und Integrationseffekte

Die sich aus einem als operative Einheit agierenden multinationalen Unternehmen ergebenden Synergie- und Integrationseffekte[383] (z.B. Effizienz- und Einkaufsvorteile) sind nach der von der OECD vertretenen Auffassung nicht als immaterielle Vermögenswerte, sondern als Vergleichbarkeitsfaktoren zu behandeln, da sie nicht für kommerzielle Zwecke von einer einzigen Geschäftseinheit kontrolliert werden können, sondern aus dem Zusammenwirken als Verbund resultieren.[384] Wie *Wittendorf* zutreffend festellt, ergibt sich damit die Anforderung, diese Effekte zu identifizieren und den Transaktionspartnern zuzordnen.[385] Mit dem Diskussionsentwurf vom 30.7.2013 geht die OECD erstmals vertieft auf die Thematik der Synergie- und Integrationseffekte ein. Grundlegend ist insoweit die Differenzierung zwischen den Effekten, die sich aus der Zugehörigkeit zu einem multinationalen Unternehmen an sich ergeben und

---

379 Vgl. Tz. 25 des Diskussionsentwurfs vom 6.6.2012; Tz. 14 des Diskussionsentwurfs vom 30.7.2013.

380 Vgl. Tz. 26 des Diskussionsentwurfs vom 6.6.2012; Tz. 17 des Diskussionsentwurfs vom 30.7.2013.

381 Vgl. Tz. 17 i.V.m. Beispiel 18 des Diskussionsentwurfs vom 30.7.2013.

382 Kritisch hierzu *Bärsch/Quilitzsch/Schulz*, ISR 2013, 358, 360.

383 Die Bezeichnung im Diskussionsentwurf vom 30.7.2013 lautet „MNE group synergies". Vgl. zu Synergie- und Integrationseffekten auch Kapitel 2.2.

384 Vgl. Tz. 23 des Diskussionsentwurfs vom 6.6.2012; Tz. 20 des Diskussionsentwurfs vom 30.7.2013.

385 Vgl. *Wittendorf*, Tax Notes International 2013, 1325, 1327.

solchen Effekten, die aus dem willentlichen und abgestimmten Zusammenwirken verschiedener nahe stehender Geschäftseinheiten ergeben.[386] In letzterem Fall sieht die OECD eine Allokation der aus dem Zusammenwirken resultierenden Nutzenvorteile im Verhältnis der Beiträge der beteiligten Geschäftseinheiten vor.[387]

3.2.7 Zurechnung immaterieller Vermögenswerte

3.2.7.1 Sinn und Zweck von Zurechnungsregeln

Für Zwecke der Gewinnabgrenzung sind die immateriellen Vermögenswerte eines multinationalen Unternehmens seinen Geschäftseinheiten zuzuordnen. Nur soweit eine eindeutige Zurechnung aller Arten von immateriellen Vermögenswerten zu einer Geschäftseinheit erfolgt, kann eine angemessene Vergütung von Tätigkeiten anderer Geschäftseinheiten erfolgen, die zur Schaffung, Wertsteigerung oder dem Erhalt werthaltiger immaterieller Werte beigetragen haben. Dabei ist von grundsätzlicher Bedeutung, in welcher Form diese Tätigkeiten zu vergüten sind, etwa als Dienstleistungen oder durch Teilhabe an dem aus immateriellen Vermögenswerten generierten Einkommen. Darüber hinaus haben die Zurechnungsregeln zu bestimmen, inwieweit und unter Verwendung welcher Kriterien eine Beurteilung des ökonomischen Gehalts vertraglich vereinbarter Transaktionen erfolgt, etwa zur konzerninternen Übertragung des Eigentums an einem immateriellen Vermögenswert.

3.2.7.2 OECD-Verrechnungspreisrichtlinien 2010

Im Kontext der Abgrenzung von Marketing und Trade Intangibles differenzieren die OECD Verrechnungspreisrichtlinien 2010 zwischen rechtlichem und wirtschaftlichem Eigentum,[388] sodass von der impliziten Anerkennung einer wirtschaftlichen Betrachtungsweise auszugehen ist. Welche Kriterien für die Bestimmung eines wirtschaftlichen Eigentümers immaterieller Vermögenswerte ggf. zu prüfen sind, wird nicht weiter spezifiziert. Insbesondere erfolgt keine Klarstellung, welche Kriterien für die grundsätzliche Zurechnung nicht immaterialgüterrechtlich geschützter immaterieller Vermögenswerte zu einer Geschäftseinheit dem Grunde nach

---

[386] Vgl. Tz. 19 des Diskussionsentwurfs vom 30.7.2013.

[387] Vgl. Tz. 30 (Beispiel 4) des Diskussionsentwurfs vom 30.7.2013.

[388] Vgl. Tz. 6.3 der OECD-Verrechnungspreisrichtlinien 2010.

zu betrachten sind.[389] Daher ist lediglich bestimmt, dass durch das Immaterialgüterrecht definierte immaterielle Vermögenswerte dem rechtlichen Eigentümer zuzurechnen sind.

Zur Frage der Vergütung wertsteigernder Tätigkeiten wird im Kontext des Vertriebs von Markenprodukten durch Vertriebsunternehmen Stellung genommen.[390] Fraglich ist insoweit, ob ein Vertriebsunternehmen durch die von ihm durchgeführten Vertriebsanstrengungen und die hierbei getragenen Kosten wirtschaftliches Eigentum an den Markenrechten des Herstellerunternehmens im Sinne eines Anspruchs auf die den Markenrechten zuzurechnenden Erträge erlangen kann. Nach Auffassung der OECD ist eine zusätzliche Vergütung außerordentlicher Aufwendungen eines Vertriebsunternehmens, die ein fremdübliches Maß übersteigen, unter bestimmten Voraussetzungen angebracht. Dabei ist zunächst die rechtliche Position des Vertriebsunternehmens zu betrachten. Ist das Vertriebsunternehmen voraussichtlich in der Lage, seine ggf. auch außerordentlich hohen Investitionen für Marketing und Werbung aufgrund einer rechtlich abgesicherten langfristigen Vertriebsbeziehung zu amortisieren, ist eine Orientierung an der Vergütung unabhängiger Vertriebsunternehmen möglich. Ist es dem Vertriebsunternehmen jedoch in Ermangelung einer langfristig vereinbarten Vertriebsbeziehung nicht möglich, seine Ausgaben für Marketing und Werbung zu amortisieren, gebietet der Fremdvergleichsgrundsatz nach Auffassung der OECD eine Reduktion des Verrechnungspreises oder eines etwaigen Markenlizenzsatzes.[391] Hieraus kann geschlossen werden, dass die OECD zumindest für den Fall von Vertriebstätigkeiten durch auf eigene Rechnung handelnde Geschäftseinheiten unter bestimmten Umständen eine Vergütung konzerninterner Vertriebsunternehmen für deren Beiträge zur Wertsteigerung von Markenrechten der Herstellerunternehmen als notwendig erachtet,[392] wobei die Vergütung dem Wertschöpfungsbeitrag der Marketingsaktivitäten zum Vertriebserfolg entsprechen soll.[393]

Im Hinblick auf die Überprüfung des ökonomischen Gehalts konzerninterner Übertragungsvorgänge wird in deklaratorischer Weise erwähnt, dass immaterielle Vermögenswerte sowohl durch Lizenzierung als auch durch Eigentumsübertragung anderen Geschäftseinheiten zu-

---

389 *Rouenhoff* weist darauf hin, dass die OECD im Kontext der grenzüberschreitenden Gewinnabgrenzung zwischen Stammhaus und Betriebsstätte des Konzept der „Significant People Functions" verwendet, vgl. *Rouenhoff*, IStR 2012, 22, 22. Zum Konzept der „Significant People Functions" vgl. ausführlich *Kamphuis*, Tax Management Transfer Pricing Report 2008, 300, 300ff.

390 Vgl. Tz. 6.36 der OECD-Verrechnungspreisrichtlinien 2010.

391 Vgl. Tz. 6.38 der OECD-Verrechnungspreisrichtlinien 2010.

392 Vgl. *Przysuski/Lalapet/Swanevald,* Tax Notes International 2004, 285, 291f.

393 Vgl. Tz. 6.39 der OECD-Verrechnungspreisrichtlinien 2010.

gänglich gemacht werden können.[394] Daraus kann geschlossen werden, dass die OECD Verrechnungspreisrichtlinien 2010 grundsätzlich einer rechtlichen Betrachtungsweise bei der Zurechnung folgen. Allerdings sieht Kapitel I der OECD-Verrechnungspreisrichtlinien 2010 einen Vorbehalt der Anerkennung vertraglich vereinbarter Vorgänge dergestalt vor, dass diese auch von vernünftig handelnden fremden Dritten so durchgeführt worden wären.[395] Als Beispiel für eine nicht anzuerkennende, weil nicht fremdübliche Gestaltung wird der gegen Einmalzahlung durchgeführte Verkauf erst in Zukunft zu entwickelnder immaterieller Vermögenswerte genannt.[396]

3.2.7.3 OECD-Projekt Transfer Pricing Aspects of Intangibles

Mit dem Diskussionentwurf vom 6.6.2012 beabsichtigt die OECD, Zurechnungsregeln für immaterielle Vermögenswerte zu schaffen, welche „die ausgeübten Funktionen, die eingesetzten Mittel und die getragenen Risiken berücksichtigen“[397]. Hierfür wird ein konzeptioneller Ansatz vorgelegt, der die grundsätzliche Zurechnung, die Vergütung wertsteigernder Tätigkeiten und die Überprüfung des ökonomischen Gehalts konzerninterner Transaktionen miteinander verbindet. Hierfür wird zunächst das Einkommen aus einem immateriellen Vermögenswert, welches positiv, negativ oder null sein kann, definiert.[398] Danach ist vom Gesamtertrag des operativen Geschäftsbereichs, der den immateriellen Vermögenswert einsetzt eine fremdübliche Vergütung aller anderen eingesetzten Produktionsfaktoren in Abzug zu bringen. Der verbleibende Ertrag entspricht dem Einkommen aus dem betreffenden immateriellen Vermögenswert. Die Allokation des so definierten Einkommens aus einem immateriellen Vermögenswert soll unter Berücksichtigung der von den beteiligten verbundenen Unternehmen ausgeübten Funktionen, eingesetzten Mittel und getragenen Risiken erfolgen.[399] Hierfür wird im Diskussionsentwurf vom 6.6.2012 ein dreistufiger Ansatz vorgeschlagen, der sich in die Feststellung der rechtlichen Verhältnisse, dem Abgleich derselben mit der tatsächlichen Durchführung und der Überprüfung der fremdüblichen Vergütung von durch andere Geschäftseinheiten als dem „Eigentümer“ ausgeübten Tätigkeiten untergliedert.[400]

---

394 Vgl. Tz. 6.16 der OECD-Verrechnungspreisrichtlinien 2010.

395 Vgl. Tz. 1.64 der OECD-Verrechnungspreisrichtlinien 2010.

396 Vgl. Tz. 1.65 der OECD-Verrechnungspreisrichtlinien 2010.

397 Eigene Übersetzung des Originalwortlauts „reflect the functions performed, assets used, and risks assumed „. Vgl. Vorbemerkung zu Tz. 27ff. des Diskussionsentwurfs vom 6.6.2012.

398 Vgl. Tz. 28 des Diskussionsentwurfs vom 6.6.2012.

399 Vgl. Vorbemerkung zu Kapitel B. des Diskussionsentwurfs vom 6.6.2012.

400 Vgl. Tz. 26 des Diskussionsentwurfs vom 6.6.2012.

Als Ausgangspunkt der Analyse werden die rechtlichen Verhältnisse in Form von immaterialgüterrechtlichen Registrierungen, Ansprüchen aus Lizenzverträgen, Schutz durch wettbewerbsrechtliche Bestimmungen etc. betrachtet. Beim Fehlen schriftlicher Verträge wird aus der tatsächlichen Übung der Parteien auf das Bestehen von Verträgen geschlossen.[401] Die betreffenden immateriellen Vermögenswerte bzw. rechtlichen Ansprüche werden derjenigen Geschäftseinheit zugerechnet, die als rechtlicher Eigentümer, Schutzberechtigter oder Anspruchsinhaber anzusehen ist. Im Zusammenspiel mit der Definition, die auf rechtliches Eigentum oder faktische Kontrolle abstellt, sind auch immaterialgüterrechtlich nicht schützbare immaterielle Vermögenswerte der diese faktisch kontrollierenden Geschäftseinheit zuzurechnen. Die sich aus den rechtlichen Verhältnissen ergebenden Ansprüche auf das Einkommen aus immateriellen Vermögenswerten werden im zweiten Schritt mit der Ausübung der Funktionen, dem Einsatz der Mittel sowie der Tragung von Kosten und Risiken verglichen, die mit den betreffenden immateriellen Vermögenswerten zusammenhängen. Soweit die relevanten Funktionen wie Entwicklung, Erhalt und Schutz der immateriellen Vermögenswerte nicht selbst durch den rechtlichen Eigentümer ausgeübt werden, stellt der Diskussionsentwurf vom 6.6.2012 die Bedingung auf, dass dieser durch seine eigenen Mitarbeiter bestimmte als kritisch erachtete Kontrolltätigkeiten durchführen muss, für die *Wittendorf* den Begriff der „Super Functions“[402] geprägt hat. Als solche Super Functions werden insbesondere die Gestaltung und Überwachung von Entwicklungs- und Marketing-Konzepten, das Management und die Überwachung der Kosten, die Kontrolle der strategischen Entscheidungen über die Entwicklung, die Kontrolle wichtiger Entscheidungen über die Verteidigung und den Schutz immaterieller Vermögenswerte, die andauernde Überwachung über die Qualität der von unabhängigen oder verbundenen Unternehmen ausgeübten Funktionen angesehen.

Neben dem Umfang der Ausübung bzw. der Kontrolle über relevante Aktivitäten erfordert eine den rechtlichen Verhältnissen entsprechende Durchführung auch, dass das verbundene Unternehmen, welches auf rechtlicher Grundlage Anspruch auf das Einkommen aus einem immateriellen Vermögenswert erhebt, die mit der Entwicklung, Verbesserung, Erhaltung und dem Schutz derselben verbundenen Kosten und Risiken trägt.[403] Als spezifische Risiken werden insoweit exemplarisch das Entwicklungsrisiko, das Risiko der Veralterung durch die allgemeine technologische Weiterentwicklung, das Risiko der Verletzung immaterialgüterrecht-

[401] Vgl. Tz. 30-36 des Diskussionsentwurfs vom 6.6.2012.
[402] Vgl. *Wittendorf*, Tax Notes International 2012, 935, 945.
[403] Vgl. Tz. 37-41 des Diskussionsentwurfs vom 6.6.2012.

licher Ansprüche und Produkthaftungsrisiken genannt.[404] Die funktionalen Anforderungen des Diskussionsentwurfs vom 6.6.2012 hinsichtlich der Zurechnung immaterieller Vermögenswerte sind Gegenstand heftiger Kritik der Kommentatoren des Diskussionsentwurfs,[405] da der Umfang der Super Functions bzw. die fehlende Möglichkeit, diese durch fremde Dritte oder nahe stehende Personen ausführen zu lassen, als nicht mit dem Fremdvergleichsgrundsatz vereinbar betrachtet wird.[406]

Die zweite Stufe der Zurechnungsregeln des Diskussionsentwurfs vom 6.6.2012 erfordert im Ergebnis eine zusätzliche Analyse von Funktionen, Risiken und eingesetzten Mitteln und deren Abgleich mit den rechtlichen Verhältnissen in Bezug auf die eingesetzten immateriellen Vermögenswerte. Diese Analyse ist nicht zu verwechseln mit der transaktionsbezogenen Funktions- und Risikoanalyse, die für Zwecke der Vergleichbarkeitsanalyse und der Methodenwahl durchgeführt wird. Die Betrachtung der Super Functions wirkt sich damit potenziell insbesondere auch auf die Würdigung konzerninterner Übertragungsvorgänge aus, d.h. der Erwerber eines Vermögenswerts hat nicht nur das rechtliche Eigentum und hieraus folgend Nutzen und Lasten zu übernehmen, sondern muss auch mit eigenem Personal die Super Functions bezüglich der (Weiter-)Entwicklung, der Erhaltung und dem Schutz des Erwerbsobjekts wahrnehmen. Ist dies nicht der Fall, wird eine zivilrechtlich wirksame Eigentumsübertragung für Zwecke der grenzüberschreitenden Gewinnabgrenzung durch den Diskussionsentwurf vom 6.6.2012 im Ergebnis negiert.[407]

Soweit verbundene Unternehmen Funktionen in Bezug auf die Entwicklung, Verbesserung, den Erhalt und Schutz immaterieller Vermögenswerte ausüben, ist zu prüfen, ob diese für ihre Leistungen angemessen vergütet werden. Hierbei ist der Umfang der ausgeübten Aktivitäten im Verhältnis zu der ggf. geleisteten Vergütung des Eigentümers zu betrachten und ein Vergleich mit der unter fremden Dritten vereinbarten Vergütung vorzunehmen.[408] Der Ansatz des Diskussionsentwurfs vom 6.6.2012 differenziert zwischen rechtlichem Eigentum bzw. vertraglichen Ansprüchen und der ggf. erforderlichen Zurechnung von Einkommen aus immateriellen Vermögenswerten an andere Parteien als den rechtlichen Eigentümer bzw. vertraglich

---

404 Vgl. Tz. 43 des Diskussionsentwurfs vom 6.6.2012.

405 Vgl. hierzu *Bell*, Tax Management Transfer Pricing Report 2012, 610, 611ff. Die Kommentare zum Diskussionsentwurf der OECD vom 6.6.2012 wurden von der OECD im Internet veröffentlicht, vgl. OECD, comments received with respect to the discussion draft, http://www.oecd.org/ctp/transferpricing/Intangibles_Comments.pdf., abgerufen am 3.1.2013.

406 Vgl. hierzu Kapitel 4.3.2.2.2.

407 Vgl. Tz. 54 des Diskussionsentwurfs vom 6.6.2012.

408 Vgl. Tz. 48 des Diskussionsentwurfs vom 6.6.2012.

Berechtigten. Für den Fall, dass ein anderer als der rechtliche Eigentümer im vorstehend beschriebenen Sinne in Folge der Ausübung seiner Funktionen für Zwecke der Gewinnabgrenzung mit einem Teil des Einkommens zu vergüten ist, spezifiziert der Diskussionsentwurfvom 6.6.2012 nicht näher, wie eine ggf. vorzunehmende Zuweisung von Einkommen aus immateriellen Vermögenswerten methodisch durchzuführen ist. Mit dem Diskussionsentwurf vom 30.7.2013 hat die OECD eine konzeptionelle Überarbeitung der Zurechnungsregeln für immaterielle Vermögenswerte vorgenommen. Der überarbeitete Ansatz geht im ersten Schritt vom rechtlichen Eigentum an einem spezifischen immateriellen Vermögenswert aus („legal ownership test"[409]) und prüft im Anschluss hieran die fremdvergleichskonforme Vergütung jeglicher funktionaler Beiträge, die von anderen Geschäftseinheiten im Zusammenhang mit diesem immateriellen Vermögenswert ausgeübt werden („arm's length test of contributions"[410]).[411] Obgleich dieser Ansatz im Extremfall dazu führen kann, dass dem rechtlichen Eigentümer keine Erträge aus seinem immateriellen Vermögenswert verbleiben, stellt das neue Konzept eine Abkehr vom Gedanken des wirtschaftlichen Eigentums dar, bei dem die zunächst zu ermittelnden Erträge eines immateriellen Vermögenswertes ggf. einer anderen Geschäftseinheit als dem rechtlichen Eigentümer zugerechnet werden. Der Fokus der Zurechnungsregeln des Diskussionsentwurfs vom 30.7.2013 liegt – ausgehend von einer zunächst formalrechtlichen Zuordnung – bei der angemessenen Vergütung von Beiträgen anderer Geschäftseinheiten.

Soweit kein rechtlicher Eigentümer durch das Immaterialgüterrecht oder das Wettbewerbsrecht definiert ist, soll diejenige Geschäftseinheit als Eigentümer anzusehen sein, die in tatsächlicher Hinsicht die Entscheidungsgewalt über die Verwendung und Übertragung des immateriellen Vermögens besitzt und ggf. andere Geschäftseinheiten von einer Nutzung ausschließen kann.[412] Die OECD hält auch in der revidierten Version ihrer Zurechnungsregeln am Konzept der Super Functions fest, d.h. diese müssen durch eigenes Personal der als Eigentümer anzusehenden Geschäftseinheit ausgeübt werden.[413] Dies bedeutet, dass Kontrolle und Aufsicht über die Super Functions sowie die Tragung von Risiken alleine nicht hinreichend sind, wenn die tatsächliche Ausübung durch eine andere Geschäftseinheit als dem rechtlichen Eigentümer erfolgt. Werden die Super Functions hinsichtlich spezifischer einzigartiger imma-

---

409 *Wittendorf*, Tax Notes International 2013, 1325, 1330.
410 *Wittendorf*, Tax Notes International 2013, 1325, 1332.
411 Vgl. Tz. 66 des Diskussionsentwurfs vom 30.7.2013.
412 Vgl. Tz. 71 des Diskussionsentwurfs vom 30.7.2013.
413 Vgl. Tz 79f. des Diskussionsentwurfs vom 30.7.2013.

terieller Vermögenswerte von mehreren Geschäftseinheiten ausgeübt, ist dies im Rahmen der Methodenwahl zu berücksichtigen. Zu prüfen ist in diesen Fällen die Anwendung der Gewinnaufteilungs- oder einkommensbasierter Methoden.[414] Die Betonung der Bedeutung spezifischer Funktionen zu Ungunsten der rechtlichen Übernahme von Risiken und der Beaufsichtigung und Kontrolle der von anderen Geschäftseinheiten ausgeübten Funktionen stellt einen Paradigmenwechsel im Vergleich zu den OECD-Verrechnungspreisrichtlinien 2010 dar, die sich bis dato allein an einem hypothetischen Vergleich mit dem Verhalten fremder Dritter orientieren.[415] Die OECD beabsichtigt damit, rein künstlichen Risikoallokationen zwischen den Geschäftseinheiten eines multinationalen Unternehmens, die nicht durch eine entsprechende funktionale Ausgestaltung reflektiert werden, die Anerkennung zu versagen.

3.2.8 Verrechnungspreismethoden für immaterielle Vermögenswerte

3.2.8.1 Vorgaben zur Methodenwahl

Kapitel VI der OECD-Verrechnungspreisrichtlinien 2010 verweist in Bezug auf die Anwendung des Fremdvergleichsgrundsatzes auf die Kapitel I, II und III und lässt damit implizit alle von der OECD anerkannten Verrechnungspreismethoden auch für die Ermittlung von Verrechnungspreisen für immaterielle Vermögenswerte zu.[416] Im Diskussionsentwurf vom 6.6.2012 sowie auch vom 30.7.2013 wird hinsichtlich der Wahl einer geeigneten Verrechnungspreismethode auf die Tz. 2.1 bis 2.11 der OECD-Verrechnungspreisrichtlinien 2010 verwiesen, in denen die Grundsätze der Methodenwahl für alle OECD-Methoden beschrieben werden, sodass sich auch insoweit keine Einschränkung ergibt.[417] Die OECD unterscheidet zwischen traditionellen transaktionsbezogenen Methoden (fortan: „Standardmethoden") und transaktionsbezogenen Gewinnmethoden. Die Betonung des Transaktionsbezugs dient der Abgrenzung zu nicht vom Fremdvergleichsgrundsatz abgeleiteten Methoden, die eine formelbasierte Gewinnaufteilung des globalen Gesamtergebnisses eines multinationalen Unternehmens vorsehen und daher keinen Transaktionsbezug aufweisen.[418] Diese Methoden werden von der OECD strikt abgelehnt.[419] Die OECD-Verrechnungspreisrichtlinien 2010 gestatten

---

414 Vgl. Tz. 270-278 (Beispiele 13 und 14) des Diskussionsentwurfs vom 30.7.2013. Vgl. zu den Methoden näher die Kapitel 3.2.8.6 sowie 3.2.8.7.

415 *Wittendorf* vermutet insoweit den impliziten Wunsch der OECD einen Gleichklang zu den Zurechnungsregeln des Authorized OECD Approach für Betriebsstätten herzustellen, vgl. *Wittendorf*, Tax Notes International 2013, 1325, 1333.

416 Vgl. Tz. 6.13 der OECD-Verrechnungspreisrichtlinien 2010.

417 Vgl. Tz. 107 des Diskussionsentwurfs vom 6.6.2012; Tz. 149 des Diskussionsentwurfs vom 30.7.2013.

418 Vgl. hierzu Kapitel 5.2.

419 Vgl. Tz. 1.21ff. der OECD-Verrechnungspreisrichtlinien 2010.

ausdrücklich, dass auch andere als die in Kapitel II der OECD-Verrechnungspreisrichtlinien enthaltenen Methoden verwendet werden.[420] Der Einsatz anderer, unspezifizierter Methoden steht jedoch unter dem Vorbehalt, dass diese den von der OECD ausdrücklich autorisierten Methoden überlegen sind und der Steuerpflichtige erläutert, weshalb die OECD-Methoden nicht anwendbar sind oder zu unangemessenen Ergebnissen führen.[421] Im Ergebnis ist daher die am besten geeignete transaktionsbezogene Methode unter Berücksichtigung der besonderen Umstände des Einzelfalls zu wählen.[422] Dies bedeutet jedoch nicht, dass sämtliche Methoden einer vertieften Analyse oder gar einer Anwendung auf eine spezifische Transaktion bedürfen.[423]

Im Diskussionsentwurf vom 6.6.2012 sowie auch in seiner revidierten Fassung vom 30.7.2013 ergänzt die OECD in Bezug auf die Methodenwahl, dass bei Transaktionen mit immateriellen Vermögenswerten ein Verständnis des ökonomischen Gehalts der Transaktion als ausschlaggebend zu betrachten ist, d.h. dass Transaktionen, die auf der Basis der Funktionsanalyse[424] zu identischen ökonomischen Ergebnissen führen, z.B. die Übertragung von immateriellen Vermögenswerten im Rahmen von Dienstleistungen, unter denselben Methoden beurteilt werden sollten.[425]

Die OECD hat das „strenge Hierarchieverhältnis“[426] der Verrechnungspreismethoden, d.h. insbesondere die Einordnung der gewinnbezogenen Methoden als letzte und nachrangige Alternative, mit den OECD-Verrechnungspreisrichtlinien 2010 aufgegeben. Somit können in Abhängigkeit von den Umständen des betreffenden Falles auch verschiedene Ansätze der Gewinnaufteilungsmethode als am besten geeignete Methode anzusehen sein. Im Rahmen des OECD-Projekts „Transfer Pricing Aspects of Intangibles“ ist eine Öffnung gegenüber einkommensbasierten Methoden zur Verrechnungspreisermittlung ersichtlich, wobei diese nicht als eigene Methode, sondern als „Valuation Techniques“ bezeichnet werden.[427]

---

420 Vgl. Tz. 2.9 der OECD-Verrechnungspreisrichtlinien 2010.

421 Vgl. Tz. 2.9 der OECD-Verrechnungspreisrichtlinien 2010.

422 Vgl. Tz. 2.2 der OECD-Verrechnungspreisrichtlinien 2010.

423 Vgl. Tz. 2.8 der OECD-Verrechnungspreisrichtlinien 2010.

424 Vgl. hierzu Kapitel 3.2.5.3.

425 Vgl. Tz. 107 des Diskussionsentwurfs vom 6.6.2012; Tz. 150 des Diskussionsentwurfs vom 30.7.2013. Kritisch hierzu *Henshall/Smith*, Transfer Pricing International Journal 06/2012, 4, 9.

426 *Baumhoff*, in: Mössner, Steuerrecht, 2012, Rz. 3.220.

427 Vgl. Tz. 145ff. des Diskussionsentwurfs vom 6.6.2012: Tz. 171ff. des Diskussionsentwurfs vom 30.7.2013. Vgl. hierzu Kapitel 3.2.8.7.

3.2.8.2 Preisvergleichsmethode

Die Preisvergleichsmethode basiert auf dem im Rahmen der Grundlegung erläuterten Market Approach.[428] Sie leitet den angemessenen Verrechnungspreis aus den Entgelten ab, die unter vergleichbaren Umständen bei vergleichbaren Geschäften zwischen fremden Dritten vereinbart werden.[429] Die Preisvergleichsmethode stellt nach Auffassung der OECD den direktesten Ansatz zur Ermittlung eines Verrechnungspreises dar, da Preisdifferenzen des konzerninternen Geschäfts zum „Fremdgeschäft"[430] normalerweise auf die zwischen den verbundenen Unternehmen vereinbarten Bedingungen zurückzuführen sind.[431] Aufgrund der unmittelbar aus dem Fremdvergleichsgrundsatz abgeleiteten Methodik des Preisvergleichs genießt die Methode nach den allgemeinen Grundsätzen der OECD-Verrechnungspreisrichtlinien 2010 unter der Voraussetzung ihrer tatsächlichen Anwendbarkeit den Vorrang vor allen anderen Methoden.[432] Der Preisvergleich von konzerninternen und zwischen fremden Dritten abgeschlossenen Geschäften kann auf dem Wege des inneren Preisvergleichs aus Geschäften eines der konzernzugehörigen Unternehmen mit fremden Dritten oder durch äußeren Preisvergleich, d.h. aus Geschäften zwischen nicht konzernzugehörigen Unternehmen („markt- oder branchenübliche Preise"[433]) hergestellt werden. Da sich schon geringe Unterschiede der transaktionsgegenständlichen Leistungen in bedeutendem Umfang auf den vereinbarten Preis auswirken können, kommt der Vergleichbarkeit der Lieferungen bzw. Leistungen der konzerninternen und der Vergleichstransaktion damit eine entscheidende Bedeutung zu.[434] Vergleichbarkeit der konzerninternen und der Markttransaktion ist, wie im Rahmen der Ausführungen zur Vergleichbarkeitsanalye bereits erwähnt, dann gegeben, wenn sich keiner der ggf. im Rahmen der Vergleichbarkeitsanalyse[435] identifizierten Unterschiede zwischen den Transaktionen in einem wesentlichen Umfang auf die zwischen den Parteien vereinbarten Bedingungen auswirkt oder hinreichend genaue Anpassungen vorgenommen werden können, um bestehende Unterschiede zu beseitigen.[436]

---

428 Vgl. hierzu Kapitel 2.4.2.

429 Vgl. Tz. 2.13 der OECD-Verrechnungspreisrichtlinien 2010.

430 *Borstell*, in: Vögele/Borstell/Engler, Verrechnungspreise, 2011, Kapitel B, Rz. 80.

431 Vgl. Tz. 2.13 der OECD-Verrechnungspreisrichtlinien 2010.

432 Vgl. Tz. 2.3 der OECD-Verrechnungspreisrichtlinien 2010.

433 *Baumhoff*, in: Mössner, Steuerrecht, 2012, Rz. 3.174.

434 Vgl. *Markham*, Intangibles, 2005, 98; Tz. 137 des Diskussionsentwurfs vom 6.6.2012; Tz. 134 des Diskussionsentwurfs vom 30.7.2013.

435 Vgl. Kapitel 3.2.5.

436 Vgl. Tz. 2.14 der OECD-Verrechnungspreisrichtlinien 2010.

Auch im Rahmen des Projekts „Transfer Pricing Aspects of Intangibles“ wird die Preisvergleichsmethode weiterhin als konzeptionell geeignete Methode eingeordnet. Allerdings wird den Problemen ihrer praktischen Anwendbarkeit Rechnung getragen und die Gewinnaufteilungsmethode sowie einkommensbasierte Methoden als unter bestimmten Voraussetzungen besser geeignete Ansätze für die Preisermittlung der konzerninternen Übertragung oder Lizenzierung immaterieller Vermögenswerte qualifiziert.[437] Die OECD macht deutlich, dass es insbesondere bei Transaktionen mit immateriellen Vermögenswerten sehr schwierig sein kann, hinreichend genaue Anpassungen für Unterschiede zwischen den zu vergleichenden Transaktionen zu bestimmen und in Fällen, in denen sich ein relativ hoher Anpassungsbetrag ergibt, zu vermuten ist, dass es an der Vergleichbarkeit und damit der Anwendungsvoraussetzung der Preisvergleichsmethode fehlt.[438] In diesem Zusammenhang versucht die OECD, – überaus generische – Kriterien aufzustellen, die eine Unterscheidung zwischen marktgängigen und einzigartigen und daher regelmäßig nicht vergleichbaren immateriellen Vermögenswerten erleichtern sollen. Nach dem Diskussionsentwurf vom 6.6.2012 liegen immaterielle Vermögenswerte vor, für die zumindest von einer Notwendigkeit von Anpassungsrechnungen auszugehen ist, wenn der konzernintern überlassene oder übertragene immaterielle Vermögenswert als nicht gleichartig zu den immateriellen Vermögenswerten anzusehen ist, die von potenziellen Vergleichsunternehmen verwendet werden bzw. diesen zugänglich sind. Darüber hinaus muss der Einsatz des konzernintern überlassenen oder übertragenen immateriellen Vermögenswerts im Geschäftsbetrieb einen höheren zukünftigen ökonomischen Nutzen erwarten lassen im Vergleich zu einer Nichtverwendung, und die Überlassung oder Übertragung würde zwischen fremden Dritten vergütet.[439] Im Diskussionsentwurf vom 30.7.2013 wird die Definition einzigartiger und wertvoller immaterieller Vermögenswerte unverändert weiter verwendet.[440] Zusätzlich wird eine Definition des Begriff „Marketing intangible“ eingeführt, wonach es sich hierbei um immaterielle Vermögenswerte handelt, die in kundennahen Geschäftsbereichen eingesetzt werden.[441]

3.2.8.3 Wiederverkaufspreismethode

Die Wiederverkaufspreismethode geht von dem Preis aus, zu dem ein konzernintern eingekauftes Produkt bzw. eine konzernintern eingekaufte Leistung von einem verbundenen Unter-

---

437 Vgl. Tz. 136 des Diskussionsentwurfs vom 6.6.2012; Tz. 163 des Diskussionsentwurfs vom 30.7.2013.
438 Vgl. Tz. 103 des Diskussionsentwurfs vom 6.6.2012; Tz. 147 des Diskussionsentwurfs vom 30.7.2013.
439 Vgl. Tz. 105 in Verbindung mit Tz. 121 des Diskussionsentwurfs vom 6.6.2012.
440 Vgl. Tz. 51 des Diskussionsentwurfs vom 30.7.2013.
441 Vgl. Tz. 50 des Diskussionsentwurfs vom 30.7.2013.

nehmen zu Marktpreisen an fremde Dritte weiterveräußert werden kann. Der Wiederverkaufspreis wird um eine „marktübliche Bruttomarge bzw. Handelsspanne“[442] vermindert, die den Wiederverkäufer in angemessenem Umfang für die ausgeübten Funktionen und getragenen Risiken entschädigen, d.h. die Deckung seiner Vertriebs- und Verwaltungskosten und die Erzielung eines angemessenen Gewinns ermöglichen soll.[443] Der nach Abzug der Bruttomarge vom Verkaufserlös verbleibende Betrag kann, ggf. nach Anpassung um die Kosten der Beschaffung (z.B. Zollgebühren), als angemessener Verrechnungspreis für die konzerninternen Lieferungen oder Leistungen betrachtet werden.[444] Die Schwierigkeit der Wiederkaufspreismethode besteht nicht in der Bestimmung eines marktüblichen Absatzpreises für die Lieferungen oder Leistungen, sondern in der Ermittlung einer marktüblichen Handelsspanne.[445] Diese kann durch einen äußeren Betriebsvergleich (Handelsspannen branchenzugehöriger, konzernexterner Vergleichsunternehmen der gleichen Absatzstufe) oder einen inneren Betriebsvergleich (Handelsspannen konzerneigener Vertriebsunternehmen aus Vertriebstätigkeiten für fremde Dritte) ermittelt werden. Hieraus wird deutlich, dass die Wiederverkaufspreismethode typischerweise im Verhältnis zwischen Hersteller und Vertriebsunternehmen eingesetzt wird.[446] Die Verwendung der Wiederverkaufspreismethode setzt voraus, dass das Vertriebsunternehmen keine Veränderungen im Sinne einer signifikanten Wertschöpfung am zu vertreibenden Produkt vornimmt, die zu einem Verlust der ursprünglichen Identität des Produktes führen.[447]

Mit dem OECD-Projekt „Transfer Pricing Aspects of Intangibles“ lässt die OECD eine kritische Haltung gegenüber der Wiederverkaufspreismethode für immaterielle Vermögenswerte erkennen. Im Diskussionsentwurf vom 6.6.2012 sowie seiner revidierten Fassung vom 30.7.2013 wird die Methode als grundsätzlich nicht zuverlässiger Ansatz für die Bewertung von immateriellen Vermögenswerten qualifiziert.[448]

---

442 *Baumhoff*, in: Mössner, Steuerrecht, 2012, Rz. 3.180.
443 Vgl. Tz. 2.21 der OECD-Verrechnungspreisrichtlinien 2010.
444 Vgl. Tz. 2.21 der OECD-Verrechnungspreisrichtlinien 2010.
445 Vgl. *Vögele/Raab/Diessner*, in: Vögele/Borstell/Engler, Verrechnungspreise, 2011, Kapitel D, Rz. 106.
446 Vgl. Tz. 2.21 der OECD-Verrechnungspreisrichtlinien 2010.
447 Vgl. *Baumhoff*, in: F/W/B/S, Außensteuerrecht, 2012, § 1 AStG, Rz. 442; *Vögele/Raab/Diessner*, in: Vögele/Borstell/Engler, Verrechnungspreise, 2011, Kapitel D, Rz. 101.
448 Vgl. Tz. 135 des Diskussionsentwurfs vom 6.6.2012; Tz. 159 des Diskussionsentwurfs vom 30.7.2013.

3.2.8.4 Kostenaufschlagsmethode

Die Kostenaufschlagsmethode basiert auf dem im Rahmen der Grundlegung erläuterten Cost Approach.[449] Die Methode geht von den Kosten aus, die dem liefernden oder leistenden Unternehmen im Rahmen einer konzerninternen Transaktion entstanden sind und erhöht diese um einen als angemessenen zu betrachtenden Gewinnaufschlag.[450] Der Gewinnaufschlag auf die Kosten ist nach den OECD-Verrechnungspreisrichtlinien 2010 als angemessen anzusehen, wenn er die Funktionen des liefernden oder leistenden Unternehmens berücksichtigt und den Marktbedingungen Rechnung trägt.[451] Die OECD lässt eine Präferenz für eine Bestimmung des Gewinnaufschlags auf der Basis interner Vergleichstransaktionen, d.h. aus Lieferungen an fremde Dritte, erkennen.[452] Allerdings wird auch die Ableitung von marktüblichen Gewinnaufschlägen, d.h. zwischen Unternehmen, die nicht konzernzugehörig sind, anerkannt.[453] Die Kostenaufschlagsmethode stellt ebenso wie die Wiederverkaufspreismethode weniger auf die Vergleichbarkeit der Produkte oder Leistungen, sondern mehr auf die von dem liefernden oder leistenden Unternehmen ausgeübten Funktionen ab, d.h. der Vergleichbarkeit des Funktionsumfangs von konzerninterner und Vergleichstransaktion kommt eine entscheidende Bedeutung zu.[454] Neben der Bestimmung eines angemessenen Gewinnaufschlags ist auch die Ermittlung der Kostenbasis ausschlaggebend für die Fremdvergleichskonformität der Kostenaufschlagsmethode.[455] Insoweit zu beachten ist u.a. der verwendete Kostenbegriff, die Methodik der Ermittlung indirekter Kostenanteile, das verwendete Kostenrechnungssystem (z.B. Ist-, Normal- oder Plankostenrechnung)[456] sowie die Struktur des eingesetzten Betriebsvermögens.[457] Nur wenn die konzerninterne und die Vergleichstransaktion im Hinblick auf die wesentlichen Aspekte der Kostenermittlung gleichartig sind, kann ohne Durchführung von Anpassungsrechnungen von einer Vergleichbarkeit der Kostengrundlagen und damit auch der Gewinnaufschläge ausgegangen werden.

Die OECD nimmt im Diskussionsentwurf vom 6.6.2012 sowie seiner revidierten Fassung vom 30.7.2013 eine kritische Haltung gegenüber kostenbasierten Bewertungen für immateri-

---

[449] Vgl. hierzu Kapitel 2.4.3.
[450] Vgl. Tz. 2.39 der OECD-Verrechnungspreisrichtlinien 2010.
[451] Vgl. Tz. 2.39 der OECD-Verrechnungspreisrichtlinien 2010.
[452] Vgl. Tz. 2.40 der OECD-Verrechnungspreisrichtlinien 2010.
[453] Vgl. Tz. 2.40 der OECD-Verrechnungspreisrichtlinien 2010.
[454] Vgl. *Markham*, Intangibles, 2005, 102.
[455] Vgl. Tz. 2.44 der OECD-Verrechnungspreisrichtlinien 2010.
[456] Vgl. hierzu ausführlich *Vögele/Raab*, in: Vögele/Borstell/Engler, Verrechnungspreise, 2011, Kapitel D, Rz. 167ff.
[457] Vgl. Tz. 2.44 der OECD-Verrechnungspreisrichtlinien 2010.

elle Vermögenswerte ein, d.h. derartige Bewertungsansätze werden ausdrücklich als im Regelfall unzulässig betrachtet.[458] Der Einsatz kostenbasierter Bewertungsansätze (in Form der Reproduktions- oder Wiederbeschaffungskosten) wird im Kontext mit der Übertragung oder Überlassung immaterieller Vermögenswerte auf bestimmte Fälle marktgängiger Standardleistungen wie etwa betriebsinterne Software-Systeme beschränkt.[459]

3.2.8.5 Transaktionsbezogene Nettomargenmethode

Die transaktionsbezogene Nettomargenmethode (fortan: TNMM), die zu den gewinnorientierten Verrechnungspreismethoden zählt, stellt auf das Nettoergebnis ab, das ein verbundenes Unternehmen aus einer konzerninternen Transaktion im Verhältnis zu einer geeigneten Bezugsgröße (Kosten, Erlöse, Betriebsvermögen) realisiert.[460] Die so ermittelte Profitabilität des verbundenen Unternehmens aus der zu analysierenden Transaktion wird verglichen mit der Profitabilität, die das Unternehmen aus vergleichbaren Geschäften mit fremden Dritten realisiert, bzw. mit der Profitabilität konzernexterner Unternehmen aus vergleichbaren Geschäften. In dieser Betrachtung von „Sollgewinnen“[461] bestehen Parallelen zur Wiederverkaufspreis- und Kostenaufschlagsmethode, welche marktübliche Handelsspannen bzw. Kostenaufschläge heranziehen. Da sich funktionale Unterschiede des Vertriebsunternehmens in geringerem Umfang sowohl auf das Nettoergebnis als auch auf die Bruttomarge auswirken, gilt die TNMM als weniger anfällig für diesbezügliche Differenzen zwischen konzerninternen und zwischen fremden Dritten abgeschlossener Transaktionen.[462] Die TNMM ist eine einseitige Methode, bei der das Nettoergebnis desjenigen Transaktionspartners als Maßstab der Angemessenheit der Verrechnungspreisbildung verwendet wird, der im Rahmen der konzerninternen Transaktion so genannte Routineaktivitäten durchführt. Als Routineaktivitäten sind Leistungen zu sehen, die durch ihre Verbreitung den Charakter als handelsüblich anzusehen sind. Aufgrund des Vorhandenseins mehrerer Anbieter wirken die einem aktiven Markt[463] immanenten Mechanismen der Preisbildung. Im Gegensatz hierzu sind einzigartige und firmenspezifische Leistungen zu sehen, für die ein Vergleich mit marktgängigen Leistungen nicht adäquat ist.

Sowohl der Diskussionsentwurf vom 6.6.2012 als auch seine überarbeitete Fassung vom 30.7.2013 lassen eine kritische Haltung zu Methoden erkennen, welche die Profitabilität eines

---

458 Vgl. Tz. 112 des Diskussionsentwurfs vom 6.6.2012; Tz. 160 des Diskussionsentwurfs vom 30.7.2013.
459 Vgl. Tz. 113 des Diskussionsentwurfs vom 6.6.2012; Tz. 161 des Diskussionsentwurfs vom 30.7.2013.
460 Vgl. Tz. 2.44 der OECD-Verrechnungspreisrichtlinien 2010.
461 *Baumhoff*, in: Mössner, Steuerrecht, 2012, Rz. 3.229.
462 Vgl. Tz. 2.62 der OECD-Verrechnungspreisrichtlinien 2010.
463 Vgl. zum Begriff des aktiven Marktes Kapitel 2.4.2.

Transaktionspartners auf eine marktübliche Routinevergütung beschränken und den Residualgewinn dem anderen Transaktionspartner zuweisen. Insoweit wird die Bedeutung der Funktionsanalyse verdeutlicht, deren Zielsetzung eine umfassende qualitative Analyse der Wertschöpfungsbeiträge und des Einsatzes immaterieller Vermögenswerte durch beide Transaktionspartner ist. Dabei wird mit dem Diskussionsentwurf vom 30.7.2013 betont, dass auch ggf. auftretende Synergie- und Integrationseffekte durch die Funktionsanalyse zu erfassen sind.[464] Nur für den Fall, dass einer der Transaktionspartner ausschließlich marktgängige Leistungen ohne darüber hinausgehende firmenspezifische Wertschöpfungsbeiträge leistet, ist eine Begrenzung seines Ergebnisanteils auf Routinevergütungen nach Auffassung der OECD gerechtfertigt.[465] Aus der vorstehend erwähnten Berücksichtigung von Synergie- und Integrationseffekten folgt, dass auch bei Routinegesellschaften eine Anwendung der TNMM ausgeschlossen ist, wenn diese in einem wesentlichen Umfang derartige Effekte, z.B. Skalenerträge im Rahmen einer Einkaufstransaktion, zu einer bestimmten Transaktion beitragen.

3.2.8.6 Transaktionsbezogene Gewinnaufteilungsmethode

Die transaktionsbezogene Gewinnaufteilungsmethode (fortan: Gewinnaufteilungsmethode) unternimmt den Versuch, zum Zwecke der Verrechnungspreisermittlung das aus einer konzerninternen Transaktion resultierende Nettoergebnis entsprechend der Wertschöpfungsbeiträge der beteiligten verbundenen Unternehmen aufzuteilen, d.h. unter Berücksichtigung der ausgeübten Funktionen, getragenen Risiken und der eingesetzten Mittel.[466] Hierzu wird zunächst der Gesamterfolg[467] der Transaktion auf Basis einer zwei- bzw. mehrseitigen Betrachtung[468] ermittelt, d.h. die rechtliche Selbständigkeit der Geschäftseinheiten wird für Zwecke der Ermittlung des Transaktionserfolgs zu Gunsten einer konsolidierten Perspektive ignoriert.[469] In einem nächsten Schritt erfolgt eine Allokation des typischerweise[470] ex ante ermittelten Transaktionserfolgs zwischen den beteiligten verbundenen Unternehmen.[471] Die Ermittlung der Verrechnungspreise erfolgt retrograd auf Basis des wie vorstehend erläutert aufge-

---

464 Vgl. Tz. 151 des Diskussionsentwurfs vom 30.7.2013.

465 Vgl. Tz. 108 des Diskussionsentwurfs vom 6.6.2012; Tz. 151 und 159 des Diskussionsentwurfs vom 30.7.2013.

466 Vgl. *Jacobs*, Unternehmensbesteuerung, 2011, 593; *Higinbotham*, in: Cole, U.S. Transfer Pricing, 2011, 13-23.

467 Als Gesamterfolg sind für Zwecke der Methode sowohl Gewinne als auch Verluste anzusehen, vgl. Tz. 2.108 der OECD-Verrechnungspreisrichtlinien 2010.

468 Vgl. Tz. 2.128 der OECD-Verrechnungspreisrichtlinien 2010.

469 Vgl. Tz. 2.125 der OECD-Verrechnungspreisrichtlinien 2010.

470 Nach dem Wortlaut von Tz. 2.127 der OECD-Verrechnungspreisrichtlinien 2010 können sowohl erwartete als auch tatsächliche Gewinne zu Grunde gelegt werden.

471 Vgl. Tz. 2.108 der OECD-Verrechnungspreisrichtlinien 2010.

teilten Gesamterfolgs. Die Aufteilung soll nach der Vorstellung der OECD auf „ökonomisch valider Grundlage“[472] erfolgen und ein Ergebnis reflektieren, das auch zwischen fremden Dritten bei Durchführung einer vergleichbaren Transaktion zu stande gekommen wäre.[473] Die Gewinnaufteilungsmethode ist nach Auffassung der OECD insbesondere bei konzerninternen Transaktionen, die einen sehr hohen Integrationsgrad aufweisen und bei der beide Transaktionspartner einzigartige und wertvolle immaterielle Vermögenswerte einsetzen, als die am besten geeignete Methode anzusehen.[474] Unter welchen Umständen eine Transaktion einen hohen Integrationsgrad aufweist, wird in den OECD-Verrechnungspreisrichtlinien 2010 jedoch nicht näher erläutert. Nach der Definition von *Dawid/Dworaczek* ist von einem hohen Integrationsgrad auszugehen, „wenn zwischen den Geschäften eine sehr enge wechselseitige Beziehung dergestalt besteht, sodass eine gesonderte Beurteilung jedes einzelnen Geschäfts nicht möglich ist“[475]. Die OECD nennt das so genannte Global Trading, den globalen Handel mit Finanzinstrumenten, als Beispielsfall für die Verwendung der Gewinnaufteilungsmethode.[476]

Die OECD-Verrechnungspreisrichtlinien 2010 gehen auf zwei verschiedene Ansätze der Gewinnaufteilungsmethode näher ein. Dies sind die Beitragsmethode[477] (Contribution Analysis Profit Split) sowie die Restgewinnmethode[478] (Residual Profit Split). Erwähnt bzw. zumindest angedeutet werden ferner auch die Ansätze der vergleichbaren Gewinnaufteilung (Comparable Profit Split)[479] sowie die Methode des eingesetzten Kapitals (Capital Employed Profit Split)[480]. Bei der Beitragsmethode wird der erwartete Nettogesamterfolg aus der betreffenden Transaktion zwischen den beteiligten verbundenen Unternehmen entsprechend dem relativen Wert ihrer Leistungsbeiträge aufgeteilt.[481] Der Umfang der Beiträge der Transaktionspartner zum Gesamterfolg der Transaktion wird auf Basis einer zunächst qualitativen Analyse der von

---

472 Tz. 2.108 der OECD-Verrechnungspreisrichtlinien 2010.

473 Vgl. Tz. 2.116 der OECD-Verrechnungspreisrichtlinien 2010.

474 Vgl. Tz. 2.109 der OECD-Verrechnungspreisrichtlinien 2010.

475 *Dawid/Dworaczek*, in: Kroppen, Verrechnungspreise, 2012, Erläuterung OECD-Verrechnungspreisgrundsätze, III. Andere Methoden, Rz. 20 zu Tz. 3.5.

476 Vgl. Tz. 2.109 der OECD-Verrechnungspreisrichtlinien 2010.

477 Die Beitragsmethode wird auch als globale Gewinnaufteilungsmethode bezeichnet, vgl. etwa *Vögele/Fügemann*, Gewinnaufteilungsmethoden, in: Grotherr, Steuerplanung, 2011, 653, 656 sowie *Vögele/Raab/Diessner*, in: Vögele/Borstell/Engler, Verrechnungspreise, 2011, Kapitel D, Rz. 327. Zur Vermeidung von Verwechslungen mit der Methodik einer formelbasierten Gewinnaufteilung des globalen Gewinns eines multinationalen Unternehmens wird im Rahmen dieser Arbeit der Begriff Beitragsmethode verwendet.

478 Vgl. Tz. 2.118 der OECD-Verrechnungspreisrichtlinien 2010.

479 Vgl. Tz. 2.118 der OECD-Verrechnungspreisrichtlinien 2010.

480 Vgl. Tz. 2.145 der OECD-Verrechnungspreisrichtlinien 2010.

481 Vgl. *Vögele/Raab/Diessner*, in: Vögele/Borstell/Engler, Verrechnungspreise, 2011, Kapitel D, Rz. 327.

den Transaktionspartnern wahrgenommenen Funktionen und getragenen Risiken bestimmt,[482] die den Wertschöpfungsbeitrag zu der betreffenden Transaktion reflektieren und zu einer fremdüblichen Gewinnaufteilung führen sollen.[483] Eine Operationalisierung der qualitativen Analyse kann nach Auffassung der OECD durch die Heranziehung von Marktwerten für einzelne Funktionen wie dem Wert erbrachter Dienstleistungen oder auch mittels transaktionsbezogener Schlüsselgrößen erfolgen.[484] In der Praxis erfolgt die Aufteilung in Ermangelung von zum Vergleich heranziehbarer Transaktionen fremder Dritter regelmäßig mittels eines oder mehrerer Aufteilungsschlüssel, die ggf. gewichtet werden.[485] Als Aufteilungsschlüssel werden von der OECD das eingesetzte Vermögen (Umlauf- oder Anlagevermögen, immaterielle Vermögenswerte, Kapital), die aufgewendeten Kosten[486] (Ausgaben in Schlüsselbereichen wie Forschung und Entwicklung, Montage, Marketing) oder weitere fallspezifische Größen (zusätzliche Umsätze, Anzahl eingesetzter Mitarbeiter, anfallende Arbeitszeit spezifischer Personengruppen) zugelassen.[487] Aus der Methodik wird ersichtlich, dass hierdurch regelmäßig eine formelhafte Ergebnisaufteilung resultiert, die sich im Gegensatz zur indirekten Methode[488] jedoch nicht auf den Gesamterfolg des multinationalen Unternehmens erstreckt, sondern auf das jeweilige Transaktionsergebnis beschränkt ist.[489]

Bei der Restgewinnmethode (Residual Profit Split) wird nur der nach Vergütung der Routineaktivitäten verbleibende transaktionsbezogene Residualgewinn zwischen den beteiligten Konzernunternehmen aufgeteilt, d.h. die Verrechnungspreisermittlung wird über einen zweistufigen Aufteilungsprozess durchgeführt.[490] Auf der ersten Stufe werden Routineaktivitäten vergütet. Dies sind die Beiträge bzw. Aktivitäten der transaktionsbeteiligten verbundenen Unternehmen, die als „üblich, normal oder regelmäßig anfallend"[491] betrachtet werden können und für die daher marktübliche Vergütungen auf dem Wege des internen oder externen Fremdvergleichs ermittelt werden können. Den beteiligten Unternehmen wird somit für ihre Routineaktivitäten eine „Grundrendite"[492] zugestanden, die typischerweise durch die Anwendung der TNMM bestimmt wird. Der darüber hinaus verbleibende Rest des transaktionsbezogenen

---

482 Vgl. *Baumhoff*, in: Mössner, Steuerrecht, 2012, Rz. 3.226.
483 Vgl. Tz. 2.119 der OECD-Verrechnungspreisrichtlinien 2010.
484 Vgl. Tz. 2.120 der OECD-Verrechnungspreisrichtlinien 2010.
485 Vgl. Tz. 2.134 der OECD-Verrechnungspreisrichtlinien 2010.
486 Vgl. hierzu das Fallbeispiel von *Vögele/Fügemann*, in: Grotherr, Steuerplanung, 2011, 653, 656.
487 Vgl. Tz. 2.135 der OECD-Verrechnungspreisrichtlinien 2010.
488 Vgl. hierzu grundlegend *Carroll*, Columbia Law Review 1934, 473, 473ff.
489 Vgl. zur Abgrenzung zwischen formelhafter Gewinnaufteilung und indirekter Methode *Avi-Yonah*, World Tax Journal 2011, 371, 380.
490 Vgl. Tz. 2.121 der OECD-Verrechnungspreisrichtlinien 2010.
491 *Jacobs*, Unternehmensbesteuerung, 2011, 595.
492 *Baumhoff*, in: Mössner, Steuerrecht, 2012, Rz. 3.226.

Gewinns ist auf einzigartige firmenspezifische immaterielle Vermögenswerte, aber auch auf die Effekte der Integration und Koordination[493] multinationaler Konzernstrukturen zurückzuführen und zwischen den beteiligten Konzernunternehmen aufzuteilen.[494] Als Maßstab für die Aufteilung des Residualgewinns können die vorstehend bei der Beitragsmethode erwähnten Größen verwendet werden, aber auch der Marktwert der eingesetzten immateriellen Vermögenswerte oder die erwarteten Cash Flows.[495]

Bei der Methode der vergleichbaren Gewinnaufteilung (Comparable Profit Split) wird die Aufteilung des transaktionsbezogenen Gesamt- oder Residualgewinns entsprechend den Vereinbarungen und der Vorgehensweise fremder Dritter bei der Durchführung vergleichbarer Transaktionen vorgenommen. Dies setzt die Verfügbarkeit entsprechender Informationen voraus, z.B. aus der Errichtung eines Joint Venture zwischen einem konzernzugehörigen Unternehmen und einem fremden Dritten. Die OECD-Verrechnungspreisrichtlinien 2010 enthalten keine erläuternden Ausführungen zu den Anforderungen an die Vergleichbarkeit derartiger Vergleichstransaktionen. Als Beispiele für potentielle Anwendungsfälle der Methode der vergleichbaren Gewinnaufteilung werden gemeinsame Erschließungsvorhaben in der Öl- und Gasindustrie, Kooperationen in der pharmazeutischen Branche, in der Unterhaltungsindustrie und im Finanzsektor genannt.[496]

Bei der Methode des eingesetzten Kapitals (Capital Employed Profit Split) erfolgt die Verrechnungspreisbildung dergestalt, dass eine Aufteilung des erwarteten transaktionsbezogenen Gesamtgewinns umgesetzt wird, die zu einer identischen Rendite des von den Transaktionspartnern eingesetzten Kapitals führt.[497] Die mit dieser Methode verbundene implizite Annahme eines identischen unternehmerischen Risikos aller Transaktionspartner wird in den OECD-Verrechnungspreisrichtlinien 2010 jedoch als kritisch betrachtet, da sie unterschiedlichen Risikoprofilen der Transaktionspartner, die sich aus ihren Funktionen oder unterschiedlichen Marktbedingungen ergeben, möglicherweise nicht hinreichend Rechnung trägt.[498]

Die OECD-Verrechnungspreisrichtlinien 2010 betonen das Primat einer ex-ante Betrachtung bei der Beurteilung der Angemessenheit von Gewinnaufteilungsmethoden durch die beteilig-

---

493 Vgl. *Kleineidam*, IStR 2001, 724, 725; *Bauer*, IStR 2006, 320, 320.
494 Vgl. *Jacobs*, Unternehmensbesteuerung, 2011, 595.
495 Vgl. *Vögele/Raab/Diessner*, in: Vögele/Borstell/Engler, Verrechnungspreise, 2011, Kapitel D, Rz. 339ff.
496 Vgl. Tz. 2.133 der OECD-Verrechnungspreisrichtlinien 2010.
497 Vgl. Tz. 2.145 der OECD-Verrechnungspreisrichtlinien 2010.
498 Vgl. Tz. 2.145 der OECD-Verrechnungspreisrichtlinien 2010.

ten Finanzverwaltungen,[499] d.h. nicht das tatsächlich realisierte Ergebnis auf Basis besserer Erkenntnis, sondern die (tatsächliche oder hypothetische) Fremdüblichkeit der getroffenen Annahmen, die den im Vorhinein getroffenen Vereinbarungen der Transaktionspartner zu Grunde lagen, sind durch die Finanzverwaltungen zu überprüfen. Soweit die Erwartungen der Transaktionspartner aufgrund nicht vorhersehbarer Ereignisse nicht eingetreten sind, stellt eine Berücksichtigung solcher Entwicklungen zu Ungunsten oder zu Gunsten der Steuerpflichtigen nach Ansicht der OECD einen Verstoß gegen den Fremdvergleichsgrundsatz dar.

Die OECD bekräftigt im Rahmen des Projekts „Transfer Pricing Aspects of Intangibles" die grundsätzliche Eignung der Gewinnaufteilungsmethode für die Verrechnungspreisbildung immaterieller Vermögenswerte insbesondere in Fällen, in denen mangels Vergleichstransaktionen die Standardmethoden versagen.[500] Darüber hinaus nimmt die OECD im Kontext der Lizenzierung und der Eigentumsübertragung von vollständig oder teilweise fertig entwickelten immateriellen Vermögenswerten zur Anwendung der Gewinnaufteilungsmethode Stellung.[501]

3.2.8.7 Sonstige Methoden

Die von den OECD-Verrechnungspreisrichtlinien 2010 befürworteten Methoden zur Verrechnungspreisbildung beschränken sich grundsätzlich auf die vorstehend beschriebenen fünf Methoden. Die Verwendung methodischer Ansätze, die eine Verrechnungspreisbestimmung auf der Basis erwarteter Einkommensströme aus einer Transaktion vorsehen (Income Approach)[502], wird in den OECD-Verrechnungspreisrichtlinien 2010 nur in geringem Umfang thematisiert. Im Rahmen des Projekts „Transfer Pricing Aspects of Intangibles" geht die OECD hingegen detailliert auf die so genannten „Valuation Techniques"[503] ein. So wird eine Anwendung von Bewertungstechniken, die auf einer Diskontierung der zukünftig erwarteten Cash Flows, d.h. dem Income Approach beruhen, als Teil der OECD-Verrechnungspreismethoden bzw. als Methode zur Verrechnungspreisbestimmung selbst ausdrücklich zugelassen.[504] Dabei wird von der OECD die Bedeutung einer möglichst objektiven Bestim-

---

499 Vgl. Tz. 2.128. der OECD-Verrechnungspreisrichtlinien 2010; kritisch hierzu *Cole*, in: Cole, U.S. Transfer Pricing, 2011, 10-48f.

500 Vgl. Tz. 140ff. des Diskussionsentwurfs vom 6.6.2012; Tz. 166ff. des Diskussionsentwurfs vom 30.7.2013.

501 Die diesbezüglichen Inhalte werden in den nachfolgenden Kapiteln 3.2.9.4.3 und 3.2.9.5.3 diskutiert.

502 Vgl. zum Income Approach Kapitel 2.4.4.

503 Vgl. Tz. 109, 131, 145ff. des Diskussionsentwurfs vom 6.6.2012; Tz. 171ff. des Diskussionsentwurfs vom 30.7.2013.

504 Vgl. Tz. 109 und 148 des Diskussionsentwurfs vom 6.6.2012; Tz. 171f. des Diskussionsentwurfs vom 30.7.2013. *Wittendorf* spricht in diesem Zusammenhang von der „Geburt der einkommensbasierten Methoden", *Wittendorf*, Tax Notes International 2012, 935, 949.

mung der Bewertungsparameter sowie der diesen zu Grunde liegenden Annahmen betont[505] und auf die Notwendigkeit einer Anwendung von Valution Techniques im Einklang mit den Vorgaben der Kapitel I-III und IX OECD-Verrechnungpreisrichtlinien 2010 hingewiesen.[506] Die OECD stellt als Leitlinie für die Anwendung von Valuation Techniques auf allgemein anerkannte Bewertungspraktiken ab, ohne dabei einem bestimmten Bewertungsstandard den Vorzug geben zu wollen,[507] und geht im Folgenden näher auf die grundsätzliche Methodik des Income Approach in Form der Excess Earnings Method[508] ein.[509] Nach Auffassung der OECD hat die Ermittlung diskontierter erwarteter Einkommensströme in Abhängigkeit von den Umständen des Einzelfalles grundsätzlich aus der Sicht beider Transaktionspartner zu erfolgen.[510] Dies entspricht der oben erwähnten[511] und bereits in den OECD-Verrechnungspreisrichtlinien 2010[512] geäußerten Auffassung der OECD. Als Ergebnis einer beidseitigen Betrachtung ergibt sich eine Bandbreite von möglichen Werten, innerhalb der sich die Transaktionspartner einigen werden. Dabei wird seitens der OECD keine präjudizierende Vermutung aufgestellt, welcher Wert innerhalb dieses Verhandlungsrahmens der Transaktionspartner zu wählen ist.

Die OECD geht auf die als besonders kritisch betrachteten Aspekte des Income Approach ein, die von unmittelbarer Bedeutung für eine verlässliche und zielgenaue einkommensbasierte Verrechnungspreisbestimmung sind. So wird die Anfälligkeit des Income Approach für ggf. auch geringe Änderungen der Bewertungsparameter wie Diskontierungszinssätze, Wachstumsraten und die erwartete ökonomische Lebensdauer immaterieller Vermögenswerte hervorgehoben und die Notwendigkeit der fundierten Bestimmung und Dokumentation dieser Parameter betont. Darüber hinaus wird die Durchführung und Dokumentation einer Sensitivitätsanalyse bei der Bewertung von immateriellen Vermögenswerten und die Verprobung von für Verrechnungspreiszwecke vorgenommenen mit aus anderem Anlass durchgeführten Bewertungen vorgeschlagen.[513] Hinsichtlich der Bestimmung von Diskontierungszinssätzen lehnen beide Diskussionsentwürfe einen generellen Zwang zur Verwendung des WACC-

505 Vgl. Tz. 110 des Diskussionsentwurfs vom 6.6.2012; Tz. 173 des Diskussionsentwurfs vom 30.7.2013.
506 Vgl. Tz. 146 des Diskussionsentwurfs vom 6.6.2012; Tz. 172 des Diskussionsentwurfs vom 30.7.2013.
507 Vgl. Tz. 147 des Diskussionsentwurfs vom 6.6.2012; Tz. 174 des Diskussionsentwurfs vom 30.7.2013.
508 Vgl. zur Excess Earnings Method Kapitel 2.4.4.1.2.
509 Vgl. Tz. 148 des Diskussionsentwurfs vom 6.6.2012; Tz. 175 des Diskussionsentwurfs vom 30.7.2013.
510 Vgl. Tz. 148 des Diskussionsentwurfs vom 6.6.2012; Tz. 175 des Diskussionsentwurfs vom 30.7.2013.
511 Vgl. Kapitel 3.2.5.1.
512 Vgl. Tz. 6.14 der OECD-Verrechnungspreisrichtlinien 2010.
513 Vgl. Tz. 149-152 des Diskussionsentwurfs vom 6.6.2012; Tz. 176-178 des Diskussionsentwurfs vom 30.7.2013.

Ansatzes[514] ab und betonen die Notwendigkeit, die spezifische Risikosituation des konkreten Falles zu berücksichtigen, insbesondere in Situationen der Bewertung noch nicht vollständig entwickelter immaterieller Vermögenswerte.[515] Weitere klarstellende Ausführungen betreffen die Einschätzung des Bewertungszeitraums immaterieller Vermögenswerte. Grundsätzlich wird festgestellt, dass die ökonomische Lebensdauer von immateriellen Vermögenswerten regelmäßig durch den technologischen Wandel in der betreffenden Branche beeinflusst wird. Eine Einschränkung dieses Grundsatzes kann jedoch nach Auffassung der OECD erforderlich sein, soweit immaterielle Vermögenswerte auch nach Ablauf ihrer eigentlichen ökonomischen Nutzungsdauer als technologische Grundlage für die Weiterentwicklung zukünftiger Produkte dienen. In diesen Fällen kann eine Zuweisung von (regelmäßig auf ein marktübliches Niveau begrenzten) Cash Flows zu diesen Bewertungsobjekten ungeachtet ihrer eigentlichen Obsoleszenz gerechtfertigt sein.[516] Insoweit kann daher nach Auffassung der OECD die Verwendung eines Terminal Values[517] angebracht sein, wobei diese Annahme ausdrücklich sorgfältigster Begründung und Dokumentation bedarf.[518] Auch die Berücksichtigung von Steuereffekten wird von der OECD thematisiert. So sind bei der Bewertung immaterieller Vermögenswerte die Effekte von Ertragsteuern in fremdüblicher Art und Weise zu berücksichtigen, d.h. soweit ein konzernexterner Veräußerer oder Erwerber die ihm entstehenden Steuereffekte in seine Preisforderung, bzw. sein Preisangebot einpreisen würde, ist hiervon auch im konzerninternen Fall auszugehen.[519] Im Diskussionsentwurf vom 30.7.2013 wird ferner auch ausdrücklich die Notwendigkeit der Beachtung von Steuereffekten bei der Erstellung von Cash Flow-Prognosen erwähnt.[520] Entfallen ist hingegen im revidierten Diskussionsentwurf vom 30.7.2013 der in der Vorversion vom 6.6.2012 noch enthaltene Hinweis zu Steuereffekten bei der Berechnung von Diskontierungszinssätzen.[521]

Die OECD nimmt sich auch der Thematik des Umgangs mit Bewertungsunsicherheit an, wobei weiterhin am Maßstab des (ggf. hypothetischen) Fremdvergleichs festgehalten wird. Folgende grundsätzlich dispositive Maßnahmen werden zum fremdüblichen Umgang mit Bewertungsunsicherheit vorgeschlagen: Abschluss kurzfristiger vertraglicher Regelungen, Neuver-

---

514 Vgl. zum WACC-Ansatz Kapitel 2.4.4.3.
515 Vgl. Tz. 161 des Diskussionsentwurfs vom 6.6.2012; Tz. 189 des Diskussionsentwurfs vom 30.7.2013.
516 Vgl. Tz. 166 des Diskussionsentwurfs vom 6.6.2012; Tz. 194 des Diskussionsentwurfs vom 30.7.2013.
517 Vgl. zum Begriff des Terminal Value Kapitel 2.4.4.2.
518 Vgl. Tz. 167 des Diskussionsentwurfs vom 6.6.2012; Tz. 195 des Diskussionsentwurfs vom 30.7.2013.
519 Vgl. Tz. 170 des Diskussionsentwurfs vom 6.6.2012; Tz. 196 des Diskussionsentwurfs vom 30.7.2013.
520 Vgl. Tz. 196 des Diskussionsentwurfs vom 30.7.2013.
521 Vgl. Tz. 169 des Diskussionsentwurfs vom 6.6.2012. Kritisch hierzu *Wittendorf*, Tax Notes International 2013, 1325, 1334.

handlung bestehender vertraglicher Regelungen sowie Vereinbarung von Preisanpassungsregelungen. Als Beurteilungsmaßstab wird weiterhin das Verhalten fremder Dritter in vergleichbaren Situationen herangezogen, d.h. eine obligatorische (und wohl nicht generell fremdübliche) Vereinbarung von Preisanpassungsklauseln in bestimmten Fallkonstellationen ist nicht vorgesehen.[522] Allerdings ist in diesem Zusammenhang anzumerken, dass die OECD die Arbeiten zum Umgang mit Bewertungsunsicherheit noch nicht abgeschlossen hat, da dieser Aspekt aufgrund der inhaltlichen Überschneidung mit dem OECD-Projekt „Base Erosion and Profit Shifting" einer gesonderten Betrachtung im Rahmen dieses Vorhabens unterzogen wird.[523]

3.2.9 Allokations- und Nutzungsstrategien

3.2.9.1 Eigenentwicklung und -nutzung

Entwickelt ein Konzernunternehmen immaterielle Vermögenswerte (z.B. Patente oder ungeschütztes Know-how) und nutzt es diese selbst zur Herstellung von Produkten bzw. zur Erbringung von Dienstleistungen, enthalten die Preise für diese Produkte notwendigerweise Kalkulationsbestandteile für die immateriellen Komponenten, die in die Produkte oder Dienstleistungen eingeflossen sind. Vor diesem Hintergrund stellt sich die Frage, unter welchen Umständen beim konzerninternen Verkauf der Produkte bzw. der konzerninternen Leistungserbringung eine separat zu vergütende Überlassung dieser immateriellen Vermögenswerte erforderlich sein kann. Die Position der OECD-Verrechnungspreisrichtlinien 2010 ist insoweit nicht eindeutig. In Bezug auf die konzerninterne Lieferung von Markenprodukten für den Vertrieb an Endkunden wird ausgeführt, dass der von der Marke ausgehende zusätzliche Wert im Rahmen der Vergleichbarkeitsanalyse zu berücksichtigen ist.[524] Hieraus kann geschlossen werden, dass eine Abspaltung und separate Vergütung immaterieller Komponenten eines zum Weitervertrieb erworbenen Fertigprodukts nicht erforderlich ist, soweit die Vereinbarung eines einheitlichen Preises für die gelieferten Produkte im Einklang mit „gewöhnlichem Handelsbrauch"[525] steht. Dem steht auch das in den OECD-Verrechnungspreisrichtlinien 2010 enthaltene Beispiel nicht entgegen, wonach bei einem konzerninternen Verkauf halbfertiger Produkte zur Weiterverarbeitung und der gleichzeitigen Überlassung des für die Weiterverar-

---

522 Vgl. Tz. 171ff. des Diskussionsentwurfs vom 6.6.2012; Tz. 199ff. des Diskussionsentwurfs vom 30.7.2013.

523 Vgl. OECD, Action Plan on Base Erosion and Profit Shifting, http://www.oecd.org/ctp/BEPSActionPlan.pdf, 20, abgerufen am 8.3.2014.

524 Vgl. Tz. 6.25 der OECD-Verrechnungspreisrichtlinien 2010.

525 *Roeder*, in: Kroppen, Verrechnungspreise, 2012, Erläuterung OECD-Verrechnungspreisgrundsätze, VI. Immaterielle Wirtschaftsgüter, Rz. 6. zu Tz. 6.18.

beitung erforderlichen Know-hows an den Erwerber sowohl eine separate Vergütung in Form einer Know-how-Lizenz als auch die Vereinbarung eines einheitlichen Preises für materielle und immaterielle Komponenten in Frage kommen.[526] Im Hinblick auf die Abgrenzung von Dienstleistungen zur Übertragung von immateriellen Vermögenswerten lassen die OECD-Verrechnungspreisrichtlinien 2010 präzisierende Aussagen vermissen. So wird lediglich ausgeführt, dass die steuerliche Behandlung von Know-how-Verträgen und Dienstleistungsverträgen nach dem nationalen Recht verschiedener Staaten unterschiedlich erfolgt.[527]

Der Diskussionsentwurf vom 6.6.2012 sowie auch die revidierte Fassung vom 30.7.2013 sind in Bezug auf die Thematik der Abgrenzung von Warenlieferungen und Dienstleistungen zur Übertragung oder Überlassung immaterieller Vermögenswerte um Klarstellung bemüht. Danach wird grundsätzlich differenziert zwischen konzerninternen Transaktionen, in deren Zusammenhang immaterielle Vermögenswerte eingesetzt werden, bei denen aber keine Übertragung dieser immateriellen Vermögenswerte oder eines Rechts an diesen stattfindet,[528] und solchen Transaktionen, deren Gegenstand immaterielle Vermögenswerte selbst sind. Dabei kann sowohl eine Übertragung aller Rechte im Sinne eines Verkaufs als auch die Einräumung beschränkter Rechte im Sinne einer Lizenzierung gemeint sein.[529] In Bezug auf die erste Transaktionsart (Lieferungen und Dienstleistungen) stellt die OECD die Forderung nach einer präzisen Dokumentation auf, wobei insbesondere die eingesetzten immateriellen Vermögenswerte zu identifizieren und im Rahmen der Vergleichbarkeits- und Funktionsanalyse darzustellen sind. Zur Illustration dieser Grundsätze wird das Beispiel eines Automobilherstellers angeführt, der zur Produktion von Fertigprodukten wertvolle selbst entwickelte Patente nutzt. Diese sind bei der für die Methodenwahl durchzuführenden Vergleichbarkeitsanalyse einzubeziehen. Die Nutzung der Patente durch den Hersteller hat damit eine Auswirkung auf den Wert der Produkte, führt jedoch nicht zu einer Übertragung oder Überlassung der jeweiligen immateriellen Vermögenswerte an sich.[530] Daneben enthalten der Diskussionsentwurf vom 6.6.2012 sowie seine überarbeitete Fassung vom 30.7.2013 ein Beispiel für die Erbringung einer Dienstleistung, die unter Einsatz von spezifischem Know-how des Auftragnehmers erfolgt. Danach ist die vereinbarte Dienstleistungserbringung nicht in eine Übertragung immaterieller Vermögenswerte umzudeuten, wenn der Auftraggeber im Rahmen der Transaktion kei-

526 Vgl. Tz. 6.17 der OECD-Verrechnungspreisrichtlinien 2010.
527 Vgl. Tz. 6.19 der OECD-Verrechnungspreisrichtlinien 2010.
528 Vgl. Tz. 59 des Diskussionsentwurfs vom 6.6.2012; Tz. 122 des Diskussionsentwurfs vom 30.7.2013.
529 Vgl. Tz. 62 des Diskussionsentwurfs vom 6.6.2012; Tz. 106 des Diskussionsentwurfs vom 30.7.2013.
530 Vgl. Tz. 60 des Diskussionsentwurfs vom 6.6.2012; Tz. 123 des Diskussionsentwurfs vom 30.7.2013.

ne Rechte zur kommerziellen Verwertung des Know-hows des Dienstleisters erwirbt.[531] Die vorstehend erläuterte Abgrenzung bedeutet jedoch nicht, dass eine getrennte Betrachtung materieller und immaterieller Anteile einer konzerninternen Transaktion durch die Sichtweise der OECD ausgeschlossen wird. Vielmehr wird explizit klargestellt, dass eine Trennung materieller und immaterieller Bestandteile einer Lieferung oder Leistung unter bestimmten Voraussetzungen erforderlich sein kann.[532] Als Beispiel für eine derartige Transaktion, die aufgrund einer spezifischen und einzigartigen Kombination materieller und immaterieller Vermögenswerte eine Trennung der materiellen und immateriellen Komponenten für Zwecke der Verrrechnungspreisbildung gebieten kann, werden so genannte Franchise-Vereinbarungen genannt.[533] Im Ergebnis lässt die vorstehende Differenzierung, mit Ausnahme des Franchisingfalls, eine Orientierung an dem von *Roeder*[534] vorgeschlagenen gewöhnlichen Handelsbrauch erkennen, d.h. die OECD lehnt grundsätzlich eine künstliche Aufspaltung von zwischen fremden Dritten als einheitliche Leistung wahrgenommenen Transaktionen in ihre materiellen und immateriellen Komponenten ab.

Der in Kapitel 3.2.7.3 beschriebene dreistufige Ansatz der Zurechnungsregeln des Diskussionsentwurfs vom 6.6.2012 führt bei einer Anwendung auf Lieferungen von Markenprodukten an konzerninterne Vertriebseinheiten zu den im Folgenden erläuterten Ergebnissen. Die der Tätigkeit des verbundenen Unternehmens als Vertriebseinheit zu grunde liegende vertragliche Vereinbarung und die zivilrechtliche Eigentümerstellung der verbundenen Unternehmen an vertriebsrelevanten immateriellen Vermögenswerten (z.B. Markenrechten) ist vorbehaltlich der weiteren Prüfungsschritte anzuerkennen.

Im nächsten Schritt ist zu überpüfen, inwieweit sich die rechtlichen Verhältnisse im Einklang mit den tatsächlichen Gegebenheiten hinsichtlich der Ausübung von Funktionen und der Tragung von Risiken und Kosten befinden. Soweit das für einen Markt zuständige Vertriebsunternehmen auf eigene Rechnung Vertriebsfunktionen ausübt, die sich auf den Wert der Markenrechte auswirken, kann das Herstellerunternehmen die Erträge aus den Markenrechten nur für sich beanspruchen, wenn es mittels seiner eigenen Mitarbeiter die Super Functions[535] ausübt. Dies bedeutet, dass die Gestaltung und Überwachung von Marketing-Konzepten, Ma-

---

531 Vgl. Tz. 61 des Diskussionsentwurfs vom 6.6.2012; Tz. 124 des Diskussionsentwurfs vom 30.7.2013.

532 Vgl. Tz. 72 des Diskussionsentwurfs vom 6.6.2012; Tz. 116 des Diskussionsentwurfs vom 30.7.2013.

533 Vgl. Tz. 73 des Diskussionsentwurfs vom 6.6.2012; Tz. 118 des Diskussionsentwurfs vom 30.7.2013.

534 Vgl. *Roeder*, in: Kroppen, Verrechnungspreise, 2012, Erläuterung OECD-Verrechnungspreisgrundsätze, VI. Immaterielle Wirtschaftsgüter, Rz. 6 zu Tz. 6.18.

535 Vgl. zum Begriff der Super Functions Kapitel 3.2.7.3.

nagement und Überwachung von Marketingbudgets, Kontrolle der strategischen Entscheidungen über die Verteidigung und den Schutz der Markenrechte und die Überwachung aller anderen Tätigkeiten, die eine wesentliche Auswirkung auf den Wert der Markenrechte haben, grundsätzlich durch eigenes Personal der Herstellers bzw. Markeninhabers erfolgen muss.[536] Unklar ist insoweit, ob dabei eine differenzierte Betrachtung des operativen Bereichs, im vorliegenden Beispiel der operativen Vertriebstätigkeit im lokalen Markt, und einer strategischen Ebene, hier die globale Entwicklung und Positionierung der Marke, vorzunehmen ist. Soweit der vorangegangene Abgleich der rechtlichen und tatsächlichen Verhältnisse zu keiner abweichenden Zurechnung des Einkommens aus immateriellen Vermögenswerten geführt hat, ist in einem letzten Schritt die fremdvergleichskonforme Vergütung von Leistungen des Vertriebsunternehmens zu überprüfen, die zu einer Wertsteigerung der Markenrechte des Herstellerunternehmens führen. Die im Anhang zum Diskussionsentwurf vom 6.6.2012 aufgeführten Beispiele machen deutlich, dass dabei insbesondere auf den Umfang der Aufwendungen abgestellt wird, die für ein funktionsgleiches konzernexternes Unternehmen als branchenüblich anzusehen sind.[537] Dies bedeutet, dass hierfür eine Bestimmung und Überprüfung der als fremdüblich anzusehenden Aufwendungen durch einen so genannten „Bright Line-Test“[538] erfolgt.

Zur Bestimmung der Verrechnungspreise kommen für die Lieferung von Fertigprodukten grundsätzlich die für Warentransaktionen einschlägigen Methoden (Preisvergleichsmethode, Wiederverkaufspreismethode, TNMM oder Kostenaufschlagsmethode) zur Anwendung. Welche Methode als am besten geeignet anzusehen ist, ergibt sich aus der allgemeinen Funktions- und Risikoanalyse sowie der für Zwecke der Zurechungsregeln gesondert durchzuführenden, auf die eingesetzten immateriellen Vermögenswerte bezogenen Funktions- und Risikoanalyse. Neben den Standardmethoden sieht der Diskussionsentwurf vom 6.6.2012 im Beispielsfall zur Ermittlung von Einkommenskorrekturen in Folge der Zurechnung des Einkommens aus vertriebsbezogenen immateriellen Vermögenswerten u.a. auch die Möglichkeit der Restgewinnaufteilungsmethode vor, soweit ein Vertriebsunternternehmen über das übliche Maß hinaus Vertriebsaufwendungen getragen hat, die der Wertsteigerung der dem Herstellerunternehmen gehörenden Markenrechte gedient haben. Alternativ kommt nach Auffassung der OECD eine Preisreduktion für die Belieferung mit den Produkten des Herstellerunternehmens

536 Vgl. Tz. 40 des Diskussionsentwurfs vom 6.6.2012.
537 Vgl. Beispiele 3-8 (Tz. 187-212) des Anhangs zum Diskussionsentwurf vom 6.6.2012.
538 Vgl. zum Begriff *Ahuja*, Transfer Pricing International Journal 09/2011, 11, 11ff.

oder eine Erstattung von Vertriebsaufwendungen in Frage.[539] Ungeachtet der konzeptionellen Revision der Zurechnungsregeln schlägt der Diskussionsentwurf vom 30.7.2013 identische Maßnahmen zur Herstellung einer angemessenen Vergütung des Funktionsumfangs im Falle einer fremdunüblichen Funktionsausübung und Kostentragung bezüglich der Markenentwicklung durch das Vertriebsunternehmen vor.[540] Im Unterschied zum Diskussionsentwurf vom 6.6.2012 stellt die revidierte Fassung vom 30.7.2013 jedoch auf die angemessene Vergütung von Funktionen ab, die vom Vertriebsunternehmen ausgeübt werden, aber dem Herstellerunternehmen als Markeninhaber zu Gute kommen.

3.2.9.2 Auftragsfertigung

Die OECD-Verrechnungspreisrichtlinien 2010 gehen im Rahmen von Beispielen zu konzerninternen Dienstleistungen auf die Thematik der Auftragsfertigung ein.[541] Die konzerninterne Auftragsfertigung wird als Dienstleistung betrachtet, wenn der Auftragsfertiger typischerweise genaue Anweisungen über Art, Menge und Qualität des zu produzierenden Produktes erhält, und nur geringe wirtschaftliche Risiken aus seiner Tätigkeit trägt. So erhält der Auftragsfertiger meist eine Abnahmegarantie unter der Voraussetzung, dass die vereinbarten Qualitätsanforderungen erfüllt werden, d.h. der Auftragsfertiger trägt regelmäßig nur das Qualitätsrisiko in Bezug auf seinen Fertigungsoutput. Als Folge der Einordnung der Fertigungstätigkeit als Dienstleistung wird eine Vergütung des Auftragsfertigers mittels der Kostenaufschlagsmethode als zulässig angesehen.

Die OECD-Verrechnungspreisrichtlinien 2010 gehen im Kontext konzerninterner Umstrukturierungen auch auf die für Zwecke der Risikoallokation zum Auftraggeber notwendige Kontrolle über das einem Auftragsverhältnis immanente Risiko ein. Danach bedeutet Kontrolle die Kompetenz, zu entscheiden, ob ein bestimmtes Risiko getragen wird und wie das Risiko zu steuern ist, z.B. durch eigene Mitarbeiter oder durch einen konzerninternen oder konzernexternen Dienstleister.[542] Dabei ist es nicht erforderlich, dass die tagtäglichen Überwachungs- und Verwaltungsfunktionen vom Auftraggeber selbst ausgeübt werden. Allerdings muss der

539 Vgl. Tz. 200 (Beispiel 5) des Diskussionsentwurfs vom 6.6.2012.
540 Vgl. Tz. 250 (Beispiel 7) des Diskussionsentwurfs vom 30.7.2013.
541 Vgl. Tz. 7.40 der OECD-Verrechnungspreisrichtlinien 2010.
542 Vgl. Tz. 9.23 der OECD-Verrechnungspreisrichtlinien 2010.

Auftraggeber in der Lage sein, das Ergebnis der Überwachungs- und Verwaltungsfunktionen eines externen Dienstleisters einschätzen zu können.[543]

Weder die Preisvergleichsmethode noch die TNMM werden als alternative Methoden zur Kostenaufschlagsmethode ausdrücklich erwähnt, wobei deren Anwendbarkeit auf Dienstleistungen nach den einschlägigen Passagen der OECD-Verrechnungspreisrichtlinien unbestritten ist.[544] Die Qualifikation der Auftragsfertigung als Dienstleistung hat zur Folge, dass die Beauftragung eines Auftragsfertigers, auch soweit diesem das hierfür notwendige Know-how zur Verfügung gestellt wird, von den OECD-Verrechnungspreisrichtlinien 2010 nicht als grenzüberschreitender Transfer immaterieller Vermögenswerte qualifiziert wird. Der Diskussionsentwurf vom 6.6.2012 sowie auch seine revidierte Fassung vom 30.7.2013 folgen dieser Sichtweise im Grundsatz ohne Einschränkung.[545] Allerdings sind die Implikationen der vom Diskussionsentwurf vom 6.6.2012 sowie auch vom 30.7.2013 entwickelten bzw. überarbeiteten Zurechnungsregeln auf die Ausgestaltung von Auftragsfertigungsverhältnissen zu beachten, d.h. die für die (Weiter-)Entwicklung eingesetzter immaterieller Vermögenswerte relevanten Super Functions sind zwingend durch eigenes Personal des Auftraggebers auszuüben. Dies stellt eine Verschärfung der Anforderungen im Vergleich zu der vorstehend erläuterten Sichtweise in Bezug auf eine gezielte Allokation von Risiken in multinationalen Konzernstrukturen dar.

3.2.9.3 Auftragsforschung und -entwicklung

Die Durchführung von echten[546] Auftragsforschungs- und -entwicklungstätigkeiten zwischen verbundenen Unternehmen im Sinne von Art. 9 Abs. 1 OECD-MA wird von den OECD-Verrechnungspreisrichtlinien 2010 grundsätzlich als Erbringung einer konzerninternen Dienstleistung qualifiziert. Demnach wird die Allokation der aus den Forschungs- und Entwicklungsbemühungen resultierenden immateriellen Vermögenswerte beim Auftraggeber auch für Verrechnungspreiszwecke grundsätzlich anerkannt.[547] Unerheblich ist insoweit, ob der Auftragnehmer im Rahmen eines detaillierten Programms des Auftraggebers tätig wird oder ob er nach eigenem Ermessen innerhalb breit definierter Kategorien seiner Tätigkeit

543 Vgl. Tz. 9.24 der OECD-Verrechnungspreisrichtlinien 2010.
544 Vgl. Tz. 2.58 und Tz. 7.31 der OECD-Verrechnungspreisrichtlinien 2010.
545 Vgl. Tz. 255 (Beispiel 19) des Diskussionsentwurfs vom 6.6.2012; Tz. 316 (Beispiel 24) des Diskussionsentwurfs vom 30.7.2013.
546 Vgl. hierzu Kapitel 2.3.2.4.3.
547 Vgl. Tz. 7.41 der OECD-Verrechnungspreisrichtlinien 2010.

nachgehen darf. [548] Allerdings ist die Abschottung des Auftragnehmers von den Risiken des Fehlschlagens der Forschungs- und Entwicklungsbemühungen als notwendiges Merkmal eines solchen Dienstleistungsverhältnisses anzusehen.[549] Dies bedeutet, dass für die Beurteilung der ökonomischen Substanz der konzerninternen Beziehung die vertragliche Allokation des Risikos zum Auftraggeber und die tatsächliche Kontrolle über dasselbe in konsistenter Weise strukturiert und ausgeübt werden müssen.[550] Hinsichtlich der Kontrolle über das einem Auftragsforschungs- und -entwicklungsverhältnis immanente Risiko kann auf die vorstehenden Ausführungen zur Auftragsfertigung in Kapitel 3.2.9.2 verwiesen werden.

In Bezug auf Auftragsforschung und -entwicklung konkretisieren die OECD-Verrechnungspreisrichtlinien 2010 in Kapitel IX die vorstehend erläuterten Grundsätze exemplarisch. Danach hat der Auftraggeber zur Kontrolle seines Risikos zumindest die relevanten Entscheidungen in Bezug auf die vom Auftragnehmer ausgeübten Forschungs- und Entwicklungstätigkeiten zu treffen. Beispielhaft werden insoweit der Abschluss oder die Beendigung des Vertragsverhältnisses mit einem bestimmten Dienstleister, die Festlegung des Forschungs- bzw. Entwicklungsgebiets sowie der damit verbundenen Zielsetzung und die Bestimmung des für das Vorhaben zur Verfügung stehenden Budgets genannt.[551] Der Diskussionsentwurf vom 6.6.2012 sieht in Bezug auf die Anerkennung der Eigentümerstellung des Auftraggebers an den Forschungs- und Entwicklungsergebnissen eine bedeutende Verschärfung der Anforderungen vor. Nach dem bereits beschriebenen dreistufigen Ansatz der Zurechnungsregeln[552] wird die vertragliche Vereinbarung eines echten Auftragsforschungs- und Auftragsentwicklungsverhältnisses grundsätzlich auch für Zwecke der grenzüberschreitenden Gewinnabgrenzung respektiert. Die aus einer Anerkennung der rechtlichen Vereinbarungen hervorgehende Zurechnung der Entwicklungsergebnisse bzw. ihrer Verwertung steht jedoch unter dem Vorbehalt des Abgleichs der rechtlichen und tatsächlichen Verhältnisse. Dies erfordert neben der Kosten- und Risikotragung insbesondere, dass der Auftraggeber durch seine eigenen Mitarbeiter die Super Functions wie Management und Überwachung der Kosten, Kontrolle der strategischen Entscheidungen betreffend Entwicklung, Verteidigung und Schutz immaterieller Vermögenswerte sowie laufende Überwachung der Qualität wahrnimmt.[553] Ein Outsourcing der Super Functions auf konzernexterne Dienstleister ist grundsätzlich schädlich für die Aner-

548 Vgl. Tz. 7.41 der OECD-Verrechnungspreisrichtlinien 2010.
549 Vgl. Tz. 7.41 der OECD-Verrechnungspreisrichtlinien 2010.
550 Vgl. Tz. 1.49 der OECD-Verrechnungspreisrichtlinien 2010.
551 Vgl. Tz. 9.26 der OECD-Verrechnungspreisrichtlinien 2010.
552 Vgl. Kapitel 3.2.7.3.
553 Vgl. Tz. 40 des Diskussionsentwurfs vom 6.6.2012.

kennung als echte Auftragsforschung und -entwicklung, d.h. die Entwicklungsergebnisse werden nicht dem Auftraggeber zugerechnet.

Werden die Anforderungen des zweiten Prüfungsschritts erfüllt, ist die funktions- und risikoadäquate Vergütung des Auftragnehmers zu überprüfen. Soweit dieser nicht fremdvergleichskonform vergütet wird, ist eine Anpassung der Vergütung des Auftragnehmers vorzunehmen. Die revidierten Zurechnungsregeln des Diskussionsentwurfs vom 30.7.2013 stellen über die vom Auftraggeber selbst auszuübenden Super Functions letztlich gleich hohe funktionale Anforderungen auf. Allerdings wird die Durchsetzung derselben mit dem Fokus auf der – ggf. zusätzlichen – Vergütung von Funktionen betrieben, die vom Auftragnehmer über das vereinbarte und/oder fremdübliche Maß ausgeübt werden. Die Bedeutung der funktionalen Anforderungen an den rechtlichen Inhaber immaterieller Vermögenswerte wird durch die im Anhang des Diskussionsentwurfs vom 30.7.2013 enthaltenen erweiterten Beispielsfälle verdeutlicht und mit der Methodenwahl verknüpft. Dies hat zur Folge, dass die bei Dienstleistungsverhältnissen grundsätzlich als geeignet anzusehenden Verrechnungspreismethoden (Kostenaufschlagsmethode oder der Ansatz marktüblicher Preise[554]) u.U. nicht einschlägig sind. Üben beide an einem Auftragsentwicklungsverhältnis beteiligten Geschäftseinheiten Super Functions aus, wird für die Anwendung der Gewinnaufteilungs- oder einkommensbasierten Methoden plädiert, was eine Partizipation des Auftragnehmers an der Verwertung der Entwicklungsergebnisse zur Folge hat.[555] Soweit der Auftraggeber im Extremfall lediglich auf rechtlicher Ebene die mit der Forschung und Entwicklung verbundenen Risiken übernimmt und die erforderlichen Finanzmittel bereitstellt, in tatsächlicher Hinsicht jedoch keine Super Functions ausübt und damit auch keine Kontrolle über die Risiken wahrnehmen kann, steht ihm nach Auffassung der OECD eine risikoadäquate Verzinsung seiner investierten Mittel zur Verfügung.[556]

3.2.9.4 Lizenzierung

3.2.9.4.1 Grundlagen

Die Lizenzierung ist für Verrechnungspreiszwecke von der Erbringung von Dienstleistungen, insbesondere technischer Natur, zu unterscheiden. Die Abgrenzung erfolgt anhand der Art

554 Vgl. *Flick*, BB 1973, 286, 286; *Kaminski*, IStR 2001, 539, 543.
555 Vgl. Tz. 274 (Beispiel 13) sowie Tz. 278 (Beispiel 14) des Diskussionsentwurfs vom 30.7.2013.
556 Vgl. Tz. 84 des Diskussionsentwurfs vom 30.7.2013. *Wittendorf* sieht insoweit m.E. zu Recht eine inhaltliche Annäherung an das Investor-Modell der US-Cost Sharing Regulations, vgl. *Wittendorf*, Tax Notes International 2013, 1325, 1332. Vgl. hierzu ausführlich Kapitel 3.4.8.7.4.

und Weise der Nutzung des eingesetzen Wissens.[557] Danach liegt eine technische Dienstleistung vor, wenn ein Auftragnehmer (Dienstleister) eigenes Wissen und Erfahrungen im Rahmen seiner Tätigkeit anwendet und dieses dem Auftraggeber als Ergebnis seiner Beratungstätigkeit zur Verfügung stellt.[558] Im Unterschied hierzu liegt eine als Lizenzierung zu betrachtende Überlassung von Know-how vor, wenn eine Partei sich zur Überlassung ihres Wissens und ihrer Erfahrungen verpflichtet, um damit die andere Partei in die Lage zu versetzen, dieses Wissen ohne Mitwirkung der das Wissen überlassenden Partei für eigene Zwecke einzusetzen, und die das Wissen überlassende Partei nicht für den Erfolg der Nutzung desselben garantiert.[559] In Bezug auf die Gesamtheit der in einem multinationalen Unternehmen vorkommenden immateriellen Vermögenspositionen und sonstigen Vorteile ist ferner zu differenzieren zwischen den einer Lizenzierung zugänglichen immateriellen Vermögenswerten, wie etwa Patente, Markenrechte, Know-how und aus faktischen oder rechtlichen Gründen nicht lizenzierbaren immateriellen Vermögenspositionen. Eine Verunmöglichung der Lizenzierung aus faktischen Gründen ergibt sich etwa beim Geschäftswert, der nicht isoliert zur Nutzung überlassen werden kann, da er seinem Wesen nach nicht als Einzelheit greif- und nutzbar ist. Aus rechtlichen Gründen kann eine Lizenzierung insbesondere dann ausgeschlossen sein, wenn gesetzliche Vorschriften eine Lizenzierung verbieten oder der Lizenzgegenstand an die Person des Eigentümers oder Besitzers gebunden ist, etwa im Falle eines vertraglichen Ausschlusses der Unterlizenzierung.

3.2.9.4.2 Standardmethoden

Die OECD-Verrechnungspreisrichtlinien 2010 enthalten keine Einschränkungen der Methodenwahl zur Bestimmung von Lizenzsätzen. Sind potentielle interne oder externe Vergleichstransaktionen verfügbar, kann die Preisvergleichsmethode zum Einsatz gelangen. Als Quelle für externe Fremdvergleiche werden regelmäßig Datenbanken spezialisierter Anbieter verwendet.[560] Die Nutzung „branchenüblicher" Lizenzsätze, die aus einschlägigen Publikationen[561] entnommen werden können, eignet sich regelmäßig nicht zur Bestimmung von konzerninternen Lizenzsätzen auf dem Wege des Preisvergleichs, da die Informationen für eine Beurteilung der Vergleichbarkeit der zu Grunde liegenden Vereinbarungen nicht verfügbar sind. Hinsichtlich der Anforderungen der Vergleichbarkeitsanalyse kann auf die vorstehenden

557 Vgl. *Engler*, in: Vögele/Borstell/Engler, Verrechnungspreise, 2011, Kapitel N, Rz. 96.
558 Vgl. BFH, Urteil v. 16.12.1970, I R 44/67, BStBl. II 1971, 235.
559 Vgl. *Fischbach*, IWB Fach 8, Gr. 2, Land Brasilien, 127, 130f.
560 Vgl. hierzu ausführlich *Oestreicher*, StuW 2006, 243, 247.
561 Vgl. z.B. *Groß/Rohrer*, Lizenzgebühren, 2012.

Ausführungen verwiesen werden.[562] Hervorzuheben ist insoweit die Tatsache, dass der Aspekt des Vergleichs der finanziellen Nutzenpotenziale von konzerninterner und Vergleichstransaktion als zentrales Kriterium der Vergleichbarkeitsanalyse nunmehr durch den Diskussionsentwurf vom 6.6.2012 sowie auch seine revidierte Fassung vom 30.7.2013 ausdrücklich erwähnt wird.[563] Die Beurteilung des finanziellen Nutzenpotenzials kann auf direktem Wege, d.h. durch Ermittlung des Gegenwartswerts der erwarteten Nettoüberschusse der zu vergleichenden Lizenzvereinbarungen, oder auf indirektem Wege durch Gegenüberstellung aller relevanten Vergleichbarkeitskriterien[564] erfolgen. Ergibt die Suche nach Vergleichstransaktionen mehrere Vergleichswerte, sind zunächst die weniger vergleichbaren Werte zu eliminieren.[565] Mehrere verbleibende Werte bilden eine Bandbreite, die unter der Prämisse, dass weitere Schwächen bei der Vergleichbarkeit bestehen, mittels statistischer Methoden eingeengt werden kann.[566] Die OECD-Verrechnungspreisrichtlinien 2010 enthalten keine Klarstellungen zu der Frage, wann eine derartige Bandbreiteneinengung zu einer Erhöhung der Datenqualität in Bezug auf die Vergleichbarkeit führt. In der Praxis wird insbesondere die so genannte Interquartilsbandbreite durch Ausschluss des oberen und des unteren Quartils durchgeführt.[567] Hierbei wird eine Normalverteilung der Bandbreitenergebnisse und durch Ausschluss der Randquartile eine Entfernung von als Ausreissern anzusehenden Extremwerten unterstellt.[568] Ergibt sich aus der Vergleichbarkeitsanalyse, dass potenzielle Vergleichstransaktionen aufgrund bedeutender Unterschiede, die auch nicht verlässlich mittels Anpassungen eliminierbar sind, nicht verwendet werden können, scheidet die Preisvergleichsmethode zur Lizenzsatzbestimmung aus.

Im Unterschied zu den OECD-Verrechnungspreisrichtlinien 2010 stufen der Diskussionsentwurf vom 6.6.2012 sowie seine revidierte Fassung vom 30.7.2013 die Eignung der Wiederverkaufspreismethode für die Verrechnungspreisbestimmung für immaterielle Vermögenswerte als gering ein.[569] Die Nutzbarkeit der Wiederverkaufspreismethode zur Lizenzsatzbestimmung wird auf diejenigen Fälle beschränkt sein, bei denen ein verbundenes Unternehmen systematisch Lizenzvereinbarungen abschließt, um diese auf dem Wege der Unterlizenzierung an konzernexterne Unternehmen weiterzugeben, ohne die lizenzierten immateriellen Vermö-

562 Vgl. Kapitel 3.2.5.2.
563 Vgl. Tz. 101 des Diskussionsentwurfs vom 6.6.2012: Tz. 145 des Diskussionsentwurfs vom 30.7.2013.
564 Vgl. ausführlich hierzu Kapitel 3.2.5.2.
565 Vgl. Tz. 3.56 der OECD-Verrechnungspreisrichtlinien 2010.
566 Vgl. Tz. 3.57 der OECD-Verrechnungspreisrichtlinien 2010.
567 Vgl. *Feinschreiber/Kent*, Transfer Pricing, 2012, 199.
568 Kritisch zur Validität der Interquartilsmethode: *Werra*, IStR 2005, 19, 21; *Greinert*, Ubg 2010, 101, 105.
569 Vgl. Tz. 135 des Diskussionsentwurfs vom 6.6.2012; Tz. 159 des Diskussionsentwurfs vom 30.7.2013.

genswerte selbst für eigene Produktions- oder Vertriebszwecke zu nutzen. Eine derartige Vorgehensweise ist anzutreffen bei so genannten Patentverwertungsgesellschaften[570], deren Zweck die zentrale Verwaltung und Verwertung von Immaterialgüterrechten ist.[571] Eine im Sinne des Fremdvergleichs angemessene Lizenzgebühr kann in diesen Fällen retrograd aus den mit konzernexternen Unternehmen vereinbarten Lizenzgebühren abgeleitet werden. Indem diese um eine angemessene Gewinnmarge sowie die anteiligen Verwaltungs- und Vertriebskosten vermindert werden, kann eine fremdvergleichskonforme Lizenzgebühr ermittelt werden.[572]

Hinsichtlich der Kostenaufschlagsmethode bringt die OECD ihre bereits erwähnte Auffassung zum Ausdruck, dass der Einsatz kostenbasierter Bewertungsansätze (in Form der Reproduktions- oder Wiederbeschaffungskosten) im Kontext mit der Übertragung oder Überlassung immaterieller Vermögenswerte auf bestimmte Fälle nicht einzigartiger immaterieller Vermögenswerte, wie etwa betriebsinterne Software-Systeme, beschränkt ist.[573] Eine Verwendung der Kostenaufschlagsmethode für die Bestimmung von Lizenzsätzen für firmenspezifische immaterielle Vermögenswerte scheidet somit grundsätzlich aus.

3.2.9.4.3 Gewinnorientierte Methoden

Können die Standardmethoden, insbesondere die Preisvergleichsmethode, nicht eingesetzt werden, sind die gewinnorientierten Methoden zu prüfen. Wie bereits ausgeführt, kann die TNMM für die Ermittlung von Verrechnungspreisen grundsätzlich zur Anwendung gelangen, wenn nur ein verbundenes Unternehmen bei einer konzerninternen Transaktion wertvolle einzigartige immaterielle Vermögenswerte einsetzt und der Transaktionspartner (Lizenznehmer) lediglich marktübliche Routinetätigkeiten ausübt, die den Einsatz firmenspezifischer immaterieller Vermögenswerte nicht erfordern. Der Lizenzsatz kann durch die TNMM in diesem Fall so festgelegt werden, dass dem die Routinetätigkeiten ausführenden Lizenznehmer auf Basis der prognostizierten Einnahmen und Kosten nach Zahlung der Lizenz ein transaktionsbezogenes Nettoergebnis verbleibt, welches der Höhe nach dem Nettoergebnis vergleichbarer unverbundener Unternehmen entspricht, die lediglich marktgängige Leistungen ausführen. Dies führt dazu, dass der vollständige Gewinn aus dem Einsatz des Lizenzgegenstands dem Li-

---

570 Vgl. zu Gestaltungsmöglichkeiten der zentralisierten Lizenzierung im multinationalen Unternehmen *Walsh*, International Tax Review 2001, 23, 23ff.

571 Vgl. *Baumhoff*, in: Mössner, Steuerrecht, 2012, Rz. 3.296; *Jacobs*, Unternehmensbesteuerung, 2011, 814; *Kurzewitz*, Methodenwahl, 2009, 294f.

572 Vgl die Darstellung von *Baumhoff*, in: Mössner, Steuerrecht, 2012, Rz. 3.297.

573 Vgl. Tz. 113 des Diskussionsentwurfs vom 6.6.2012; Tz. 160 des Diskussionsentwurfs vom 30.7.2013.

zenzgeber zugewiesen wird. Weder die OECD-Verrechnungpreisrichtlinien 2010, noch die Diskussionsentwürfe vom 6.6.2012 sowie vom 30.7.2013 gehen explizit auf die Verwendung der TNMM als Verrechnungspreismethode für die Lizenzsatzbestimmung ein. Insbesondere wird nicht erläutert, ob eine Anwendung der TNMM für die Bestimmung eines Lizenzsatzes bei der Überlassung immaterieller Vermögenswerte an ein mit Routineaktivitäten befasstes verbundenes Unternehmen, analog zu der mit der TNMM eng verwandten Comparable Profits Method[574], in Frage kommt. Allerdings kann aus der bereits erwähnten ablehnenden Tendenz der OECD gegenüber einer „zu leichtfertigen Zuweisung von Residualgewinnen"[575] zu einem Transaktionspartner geschlossen werden, dass die Anwendung der TNMM zur Lizenzsatzbestimmung seitens des Diskussionsentwurfs vom 6.6.2012 äußerst kritisch betrachtet wird.[576] Auch im Diskussionsentwurf vom 30.7.2013 wird verdeutlicht, dass eine vollständige Allokation des über die Vergütung von Routinefunktionen hinausgehenden Transaktionseinkommens zum Eigentümer immaterieller Vermögenswerte regelmäßig unzutreffend ist, wenn hierdurch spezifische Aspekte der Transaktion wie Synergien, Marktcharateristika oder andere Werttreiber unberücksichtigt bleiben.[577]

Bei der Gewinnaufteilungsmethode erfolgt eine Aufteilung des erwarteten transaktionsbezogenen Gesamtgewinns der Transaktionspartner entsprechend den durch Funktionen, Risiken und Vermögenswerten repräsentierten Beiträgen der Transaktionspartner zur Wertschöpfung der betreffenden Transaktion.[578] Im Hinblick auf Lizenzverhältnisse bedeutet dies, dass die an den Lizenzgeber zu entrichtende Lizenzgebühr seinem durch Funktionen, Risiken und eingesetzten Mitteln repräsentierten Wertschöpfungsanteil am Transaktionsergebnis zu entsprechen hat.[579] Im Gegensatz zu den OECD-Verrechnungspreisrichtlinien 2010 nehmen der Diskussionsentwurf vom 6.6.2012 sowie auch die revidierte Fassung vom 30.7.2013 explizit Stellung zur Verwendung der Gewinnaufteilungsmethode für Lizenztransaktionen. Einer Verwendung der Methode wird für den Fall der Nichtanwendbarkeit der Standardmethoden bei der Lizenzermittlung vollständig entwickelter immaterieller Vermögenswerte ausdrücklich zuge-

574 Vgl. hierzu Kapitel 3.4.7.3.

575 Eigene sinngemäße Übersetzung des folgenden Originalwortlauts von Tz. 108 des Diskussionsentwurfs vom 6.6.2012: „...caution should be exercised in adopting a transfer pricing methodology that too readily assumes that all residual profit from transactions after routine functional returns should necessarily be allocated to the party entitled to intangible related returns.".

576 Gl. A. *Wittendorf*, Tax Notes International 2012, 935, 950.

577 Vgl. Tz. 151 sowie 159 des Diskussionsentwurfs vom 30.7.2013.

578 Vgl. zur Gewinnaufteilungsmethode in grundsätzlicher Hinsicht Kapitel 3.2.8.6.

579 Vgl. *Brändel*, Lizenzierung, 2010, 299.

stimmt.[580] Der als Ausgangsbasis für die Lizenzsatzbestimmung zu ermittelnde Transaktionsgesamterfolg umfasst demnach sowohl die Kosten des Lizenzgebers für die Entwicklung als auch die Einnahmen und Kosten des Lizenznehmers aus der Nutzung des transaktionsgegenständlichen immateriellen Vermögenswerts. Sowohl auf Seiten des Lizenzgebers als auch des Lizenznehmers sind alle zum Transaktionserfolg beitragenden Funktionen und Mittel (insbesondere auch andere immaterielle Vermögenswerte) in die Gewinnaufteilung einzubeziehen. Als besonders relevanter Aspekt wird insoweit auf Verbesserungen des Lizenzgegenstands durch den Lizenznehmer hingewiesen.[581] Soweit diese dem Lizenzgeber zugute kommen, sind sie im Rahmen der Preisbildung als den Lizenzsatz mindernde Wertschöpfungsbeiträge des Lizenznehmers zu beachten. Im Hinblick auf die Wahl des Grundansatzes (Beitrags- oder Restgewinnmethode)[582] geht die OECD in den Diskussionsentwürfen vom 6.6.2012 bzw. 30.7.2013 wohl implizit von der Restgewinnaufteilungsmethode (Residual Profit Split) aus, mittels derer es konzeptionell möglich ist, den transaktionsbezogenen Gesamtgewinn nach Vergütung von Routineaktivitäten[583] den eingesetzten immateriellen Vermögenswerten zuzuweisen. Die OECD macht auch im Kontext mit einer Verwendung der Gewinnaufteilungsmethode zur Lizenzsatzbestimmung nochmals deutlich, dass bei der Aufteilung des auf den Lizenzgegenstand entfallenden Restgewinns eine vollständige Allokation zum Lizenzgeber nicht als Regelfall betrachtet wird.[584] Die Diskussionsentwürfe vom 6.6.2012 sowie vom 30.7.2013 enthalten keine weiteren Ausführungen, nach welchen Maßstäben die Aufteilung eines auf den Lizenzgegenstand entfallenden Restgewinns erfolgen kann. Einer Anwendung pauschalierender „Praktikerregeln"[585] wie der Goldscheider-Rule oder der Knoppe-Formel steht die OECD ablehnend gegenüber,[586] sodass lediglich aus den Vorgaben des Fremdvergleichsgrundsatzes abgeleitet werden muss, dass die Aufteilung dem zu entsprechen hat, was fremde Dritte in einer vergleichbaren Situation vereinbaren würden. Vor diesem Hintergrund verbleibt, soweit die Umstände des Einzelfalls keine anderweitige Aufteilung als fremdüblich erscheinen lassen,[587] die Verwendung der von den OECD-Verrechnungspreisrichtlinien 2010

580 Vgl. Tz. 141 des Diskussionsentwurfs vom 6.6.2012; Tz. 170 des Diskussionsentwurfs vom 30.7.2013.
581 Vgl. Tz. 141 des Diskussionsentwurfs vom 6.6.2012; Tz. 170 des Diskussionsentwurfs vom 30.7.2013.
582 Vgl. hierzu die Erläuterungen in Kapitel 3.2.8.6.
583 Vgl. zum Begriff der Routineaktivität Kapitel 3.4.5.3.
584 Vgl. Tz. 141 des Diskussionsentwurfs vom 6.6.2012; Tz. 1701 des Diskussionsentwurfs vom 30.7.2013.
585 Vgl. hierzu auch Kapitel 2.4.4.1.1.
586 Vgl. Tz. 116 des Diskussionsentwurfs vom 6.6.2012; Tz. 162 des Dikussionsentwurfs vom 30.7.2013.
587 *Brändel* schlägt für den Fall der Lizenzierung von Markenrechten die Modifizierung der Restgewinnaufteilungsmethode dergestalt vor, dass nicht der von Lizenzgeber und Lizenznehmer erzielte markenbezogene Gewinn, sondern die markenbezogenen Einnahmen unter Abzug der dem Lizenznehmer entstehenden Ausgaben, die dem Lizenzgeber wirtschaftlich zu Gute kommen, aufgeteilt werden, vgl. *Brändel*, Lizenzierung,

vorgeschlagenen Aufteilungsschlüssel wie Entwicklungskosten, eingesetztes Kapital oder diskontierte erwartete Cash Flows. Dem Steuerpflichtigen obliegt es dabei, einen wirtschaftlichen Zusammenhang der resultierenden Aufteilung und dem den Transaktionspartnern jeweils zugewiesenen Anteil am Restgewinn darzulegen.

3.2.9.4.4 Einkommensbasierte Methoden

Wie in Kapitel 3.2.8.7 ausgeführt, lässt die OECD auch die „Schätzung“[588] von Verrechnungspreisen für immaterielle Vermögenswerte mittels Anwendung von Valuation Techniques zu. Der Diskussionsentwurf vom 6.6.2012 sowie seine revidierte Fassung vom 30.7.2013 gehen in Bezug auf die Ermittlung der Einkommensströme in allgemeiner Form, d.h. nicht spezifisch bezüglich Lizenztransaktionen, auf die Excess Earnings Method[589] ein.[590] Interessanterweise übergeht die OECD damit die nahe liegende Methode der Incremental Income Analysis, d.h. einer direkten Betrachtung des aus dem Einsatz des Lizenzgegenstands beim Lizenznehmer resultierenden Mehrergebnisses, welches den Mehrwert der Lizenzierung unmittelbar wiedergibt und damit ein direkter Indikator der maximalen Zahlungsbereitschaft eines Lizenznehmers ist. Die Einbeziehung der Perspektive beider Transaktionspartner, ihres Risikoprofils sowie ihrer realistischerweise verfügbaren Handlungsalternativen führt zu einer hypothetischen Verhandlungssituation, bei dem sich Lizenzgeber und Lizenznehmer als Verhandlungsparteien gegenüberstehen, die ihre Lizenzforderung bzw. ihre Zahlungsbereitschaft unter Beachtung ihrer subjektiven Ertragserwartungen und Handlungsalternativen ermittelt haben.

3.2.9.4.5 Umgang mit Bewertungsunsicherheit

Sowohl die OECD-Verrechnungspreisrichtlinien 2010 als auch die Diskussionsentwürfe vom 6.6.2012 und vom 30.7.2013 adressieren Situationen hoher Ungewissheit zum Zeitpunkt der Lizenzierung eines immateriellen Vermögenswerts. Hierzu werden verschiedene Handlungsalternativen zum Umgang mit Situationen hoher Bewertungsunsicherheit vorgeschlagen. So wird etwa die Betrachtung des erwarteten Nutzens unter Einbeziehung aller relevanten ökonomischen Faktoren vorgeschlagen, um der zukünftigen Entwicklung bei Preisbildung Rech-

---

2010, 299. Hierzu ist jedoch eine Analyse der ökonomischen Wirkungen der Beiträge von Lizenzgeber und Lizenznehmer, der Erfolgsfaktoren der Marke und der Wirkungen der Marke selbst erforderlich.

588 Vgl. Rz. 145 des Diskussionsentwurfs vom 6.6.2012; Tz. 175 des Diskussionsentwurfs vom 30.7.2013.

589 Vgl. hierzu Kapitel 2.4.4.1.2.

590 Vgl. Rz. 148 des Diskussionsentwurfs vom 6.6.2012; Tz. 175 des Diskussionsentwurfs vom 30.7.2013.

nung zu tragen.[591] Erscheint eine hinreichend verlässliche Prognose des zu erwartenden Nutzens als unplausibel, schlägt die OECD als weitere Möglichkeit den Abschluss nur kurzfristiger (Lizenz-)Vereinbarungen oder die Vereinbarung von Preisanpassungsklauseln vor.[592] Auch bei fehlender Vereinbarung einer Preisanpassungsklausel kann nach Auffassung der OECD eine entsprechende Regelung zwischen den Parteien im Rahmen der Beurteilung der Angemessenheit durch die Finanzverwaltung unterstellt werden, wenn fremde Dritte unter vergleichbaren Bedingungen der bestehenden Unsicherheit durch eine derartige vertragliche Regelung Rechnung getragen hätten.[593] Schließlich weist die OECD darauf hin, dass auch unter fremden Dritten die Neuverhandlung einer getroffenen Vereinbarung in gegenseitigem Einvernehmen vorkommt, wenn sich die bei Abschluss der Vereinbarung getroffenen Annahmen über die Profitabilität des Lizenzgegenstands aufgrund unerwarteter Entwicklungen als unrichtig erweisen.[594] Die OECD erteilt keine konkretisierenden Hinweise, welche der erwähnten Alternativen bei bestimmten Fallkonstellationen, wie etwa der Lizenzierung eines in der Entwicklung befindlichen immateriellen Vermögenswerts, als angemessen betrachtet wird, sondern verweist als Orientierungsgrundsatz auf das (hypothetische) Verhalten fremder Dritter in einer entsprechenden Situation.[595] Die OECD erkennt die Schwierigkeiten der Finanzverwaltungen und die sich hieraus ergebenden Einschränkungen der Rechtssicherheit, die bei einer nachträglichen Beurteilung bereits durchgeführter Verträge auf der Grundlage besserer Erkenntnis in Bezug auf die Fremdüblichkeit entstehen. Für die insoweit notwendige Einschätzung anhand des Maßstabs des hypothetischen Vorgehens fremder Dritter stellt die OECD insbesondere auf die Frage ab, ob die beteiligten verbundenen Unternehmen die vereinbarten Bedingungen mittels Prognosen der vorhersehbaren Entwicklungen und unter Berücksichtigung des Risikos unvorhersehbarer Ereignisse bestimmt haben.[596] Im Ergebnis implementiert damit die OECD keinen unmittelbaren Zwang zur Vereinbarung von Preisanpassungsregeln. Insbesondere wird – im Gegensatz zu den einschlägigen Bestimmungen des deutschen und des US-Steuerrechts – die Notwendigkeit einer Preisanpassungsregelung weder

---

591 Vgl. Tz. 6.30 der OECD-Verrechnungspreisrichtlinien 2010; Tz. 172 des Diskussionsentwurfs vom 6.6.2012; Tz. 200 des Diskussionsentwurfs vom 30.7.2013.

592 Vgl. Tz. 6.30 der OECD-Verrechnungspreisrichtlinien 2010; Tz. 173 des Diskussionsentwurfs vom 6.6.2012; Tz. 201 des Diskussionsentwurfs vom 30.7.2013.

593 Vgl. Tz. 6.34 der OECD-Verrechnungspreisrichtlinien 2010; Tz. 177 des Diskussionsentwurfs vom 6.6.2012; Tz. 205 des Diskussionsentwurfs vom 30.7.2013.

594 Vgl. Tz. 6.31 der OECD-Verrechnungspreisrichtlinien 2010 sowie Tz. 174 des Diskussionsentwurfs vom 6.6.2012: Tz. 202 des Diskussionsentwurfs vom 30.7.2013.

595 Vgl. Tz. 6.28, 9.27 der OECD-Verrechnungspreisrichtlinien 2010 sowie Tz. 171f. des Diskussionsentwurfs vom 6.6.2012; Tz. 199f. des Diskussionsentwurfs vom 30.7.2013.

596 Vgl. Tz. 6.33 der OECD-Verrechnungspreisrichtlinien 2010; Tz. 176 des Diskussionsentwurfs vom 6.6.2012; Tz. 204 des Diskussionsentwurfs vom 30.7.2013.

an eine quantitative Grenze der Abweichung der ex ante erstellten Prognosen der Gewinnentwicklung, noch an die Wahl der Verrechnungspreismethode gebunden, sondern ausschließlich an die hypothetische Einschätzung des Verhaltens fremder Dritter in vergleichbaren Situationen. Die Schwierigkeit der Beurteilung der ursprünglichen Intentionen nahe stehender Parteien bei der Bepreisung schwer zu bewertender immaterieller Vermögenswerte im Hinblick auf die Fremdüblichkeit des Vorgehens ist der OECD bewusst, weshalb dieser Aspekt auch Gegenstand des OECD-Projektes „Base Erosion und Profit Shifting“[597] ist. Vor diesem Hintergrund ist diesbezüglich eine weitere Anpassung der Regelungen des Diskussionsentwurfs vom 30.7.2013 zu erwarten. M.E. ist insoweit mit einer Einschränkung der Reichweite des Fremdvergleichsgrundsatzes zu rechnen, beispielsweise mit einer verpflichtenden Vereinbarung von Preisanpassungsregelungen in Fällen hoher Bewertungsunsicherheit.

3.2.9.5 Übertragung des Eigentums

3.2.9.5.1 Überprüfung des ökonomischen Gehalts

Das Eigentum an bestimmten immateriellen Vermögenswerten, insbesondere immaterialgüterrechtlich geschütztem geistigem Eigentum[598], kann zivilrechtlich durch Abschluss eines Kaufvertrags übertragen werden. Der Transfer des Eigentums im Sinne einer „endgültigen Rechtsübertragung“[599] der „Substanz“[600] eines immateriellen Vermögenswerts durch Veräußerung ist von der begrenzten Überlassung von Rechten zur Nutzung abzugrenzen. Die Unterscheidung ist für Zwecke der grenzüberschreitenden Gewinnabgrenzung grundsätzlich von Relevanz, da bei einer Übertragung im Gegensatz zu einer (eingeschränkten) Nutzungsüberlassung ein Veräußerungsvorgang vorliegt, was sich auf die (vollständige) Zurechnung des betreffenden immateriellen Vermögenswerts auswirken muss. Darüber hinaus ist die Differenzierung zwischen Verkauf und Nutzungsüberlassung auch von Relevanz für die Wahl der geeigneten Methode zur Verrechnungspreisbestimmung. Die OECD-Verrechnungspreisrichtlinien 2010 räumen vertraglichen Vereinbarungen einen hohen Stellenwert ein und lassen eine wirtschaftliche Betrachtungsweise grundsätzlich nur in Ausnahmefällen zu.[601]

---

[597] Vgl. *OECD*, Action Plan on Base Erosion and Profit Shifting, http://www.oecd.org/ctp/BEPSActionPlan.pdf, abgerufen am 8.3.2014.

[598] Z.B. Patente, Gebrauchsmuster, Geschmacksmuster, Urheberrechte. Eine Ausnahme bilden insoweit nach US-amerikanischem Recht Markenrechte, die nicht separat veräußerbar sind.

[599] *Baumhoff*, in: F/W/B/S, Außensteuerrecht, 2012, § 1 AStG, Rz. 700.

[600] *Pöllath/Lohbeck*, in: Vogel/Lehner, DBA, 2008, Art. 12 OECD-MA, Rz. 50.

[601] Vgl. Tz. 1.64-1.69 der OECD-Verrechnungspreisrichtlinien 2010.

Der Diskussionsentwurf vom 6.6.2012 differenziert ausdrücklich zwischen einem Verkauf immaterieller Vermögenswerte als Folge der Übertragung des Stammrechts und der Einräumung beschränkter Rechte in Form einer Lizenz oder ähnlichen Nutzungsüberlassung.[602] Dabei wird der Zahlungsmodus, d.h. als Einmalbetrag oder als ggf. erfolgsabhängige Ratenzahlung, nicht als ausschlaggebender Aspekt für die Differenzierung zwischen einer Lizenzierung oder Eigentumsübertragung betrachtet, soweit sich Form und Durchführung entsprechender vertraglicher Vereinbarungen im Einklang befinden.[603] Hierfür sind insbesondere die Super Functions zu prüfen, d.h. nur, soweit der Erwerber diese selbst ausübt, wird die geänderte rechtliche Zurechnung auch für Zwecke der Gewinnabgrenzung anerkannt, bzw. ist der Erwerber berechtigt, das gesamte mit seinem immateriellen Vermögen verbundene Einkommen in Anspruch zu nehmen. Neben dem Umfang der Ausübung bzw. der Kontrolle über die relevanten Tätigkeiten erfordert dies auch, dass das verbundene Unternehmen, welches auf rechtlicher Grundlage Anspruch auf das Einkommen aus einem immateriellen Vermögenswert erhebt, die mit der Entwicklung, Verbesserung, dem Erhalt und Schutz derselben verbundenen Kosten und Risiken trägt.[604] Als spezifische Risiken werden insoweit exemplarisch das Entwicklungsrisiko, das Risiko der Veralterung durch die allgemeine technologische Weiterentwicklung, das Risiko der Verletzung immaterialgüterrechtlicher Ansprüche und Produkthaftungsrisiken genannt.[605]

Die Zurechnungsregeln des Diskussionsentwurfs vom 6.6.2012 führen damit zu einer faktischen Einschränkung der vollständigen Anerkennung konzerninterner Übertragungsvorgänge, bei denen der Erwerber die Super Functions für den Erwerbsgegenstand nicht durch eigenes Personal ausübt. Fraglich ist die Rechtsfolge der Nichtanerkennung; m.E. kann, soweit der Erwerber den betreffenden immateriellen Vermögenswert tatsächlich nutzt, nur eine Umqualifizierung in ein Nutzungsüberlassungsverhältnis angenommen werden. Im Unterschied hierzu zielen die mit dem Diskussionsentwurf vom 30.7.2013 vorgesehenen Zurechnungsregeln auf eine angemessene Vergütung der Funktionen ab, die von anderen Geschäftseinheiten als dem Eigentümer bzw. Erwerber ausgeübt werden. Hierbei werden die Anforderungen an den rechtlichen Eigentümer mit den Rechtsfolgen der Vergütung relevanter Tätigkeiten verknüpft. Im Ergebnis kann sich hierdurch ebenfalls eine weitgehende Einschränkung der wirtschaftlichen Nutzung immaterieller Vermögenswerte durch ihren Eigentümer ergeben.

---

602 Vgl. Tz. 62 des Diskussionsentwurfs vom 6.6.2012; Tz. 106 des Diskussionsentwurfs vom 30.7.2013.
603 Vgl. Tz. 180 des Diskussionsentwurfs vom 6.6.2012; Tz. 198 des Diskussionsentwurfs vom 30.7.2013.
604 Vgl. Tz. 37-41 des Diskussionsentwurfs vom 6.6.2012; Tz. 73-89 des Diskussionsentwurfs vom 30.7.2013.
605 Vgl. Tz. 43 des Diskussionsentwurfs vom 6.6.2012; Tz. 87 des Diskussionsentwurfs vom 30.7.2013.

3.2.9.5.2 Standardmethoden

In Bezug auf die Preisvergleichsmethode kann grundsätzlich auf die vorstehenden Ausführungen zur Lizenzierung in Kapitel 3.2.9.4 verwiesen werden. Die Verfügbarkeit von Vergleichspreisen ist als sehr begrenzt zu betrachten, da ein immaterieller Vermögenswert – im Gegensatz zur Lizenzierung – in der Regel nur einmal veräußert werden kann und die Weiterveräußerung eines von einem fremden Dritten erworbenen immateriellen Vermögenswerts zwischen zwei konzerninternen Unternehmen (interner Preisvergleich) einen Ausnahmefall in der betrieblichen Praxis darstellt.[606] Auch soweit potenzielle externe Vergleichstransaktionen verfügbar sind, wird deren Beurteilung in Bezug auf ihre Vergleichbarkeit an der Tatsache scheitern, dass die Parteien in aller Regel die Kalkulationsgrundlagen für die Preisfindung nicht veröffentlichen.[607] Die Diskussionsentwürfe vom 6.6.2012 und vom 30.7.2013 weisen darauf hin, dass in Situationen, in denen immaterielle Vermögenswerte einzeln oder zusammen mit einer Sachgesamtheit von Dritten erworben und unmittelbar danach im Konzern übertragen werden, der Verrechnungspreis mittels der Preisvergleichsmethode abgeleitet werden kann.[608] Dieser Ansatz entspricht der so genannten Acquisition Price Method.[609]

Die Verwendung der Wiederverkaufspreismethode scheidet aus, soweit nicht ausnahmsweise eine konzerninterne Weiterveräußerung immaterieller Vermögenswerte stattfindet, z.B. der Sonderfall selbstentwickelter Standardsoftware, die von einer Konzernverwertungsgesellschaft auf eigene Rechnung an fremde Dritte vertrieben wird.[610] In Bezug auf die Kostenaufschlagsmethode kann auf die vorstehenden Äußerungen in Kapitel 3.2.9.4.2 im Zusammenhang mit der Lizenzierung verwiesen werden, d.h. die Methode kann aufgrund des meist nicht existenten Zusammenhangs zwischen Kosten und Wert nur in Ausnahmefällen einschlägig sein. Dem trägt die OECD in ausdrücklicher Form in den Diskussionsentwürfen vom 6.6.2012 und vom 30.7.2013 für die Übertragung von noch im Prozess der Entwicklung befindlichen immateriellen Vermögenswerten Rechnung. Eine auf den angefallenen Kosten beruhende Preisfindung wird in diesen Fällen abgelehnt.[611]

---

606 Vgl. *Kurzewitz*, Methodenwahl, 2009, 318.

607 Gl.A. *Baumhoff*, in: F/W/B/S, Außensteuerrecht, 2012, § 1 AStG, Rz. 700.2; *Kurzewitz*, Methodenwahl, 2009, 319.

608 Vgl. Tz. 138 des Diskussionsentwurfs vom 6.6.2012; Tz. 165 des Diskussionsentwurfs vom 30.7.2013.

609 Vgl. zur Acquisition Price Method Kapitel 3.4.8.7.5.3.

610 Vgl. *Baumhoff*, in: F/W/B/S, Außensteuerrecht, 2012, § 1 AStG, Rz. 17.

611 Vgl. Tz. 113 des Diskussionsentwurfs vom 6.6.2012; Tz. 161 des Diskussionsentwurfs vom 30.7.2013.

3.2.9.5.3 Gewinnorientierte und einkommensbasierte Methoden

Die Verwendung der TNMM scheidet m.E. in konzeptioneller Hinsicht aus, da die von der TNMM implizierte Allokation des Residualgewinns zum Veräußerer im Widerspruch zur vollständigen Übertragung des Eigentums auf den Erwerber steht.[612] Im Gegensatz zur TNMM wird die Gewinnaufteilungsmethode jedoch als anwendbar erachtet für die Verrechnungspreisbestimmung bei der Übertragung des Eigentums an einem immateriellen Vermögenswert.[613] Während die OECD-Verrechnungspreisrichtlinien 2010 nicht auf die Verwendung von Gewinnaufteilungsmethoden für die Bestimmung von Verkaufspreisen immaterieller Vermögenswerte eingehen, erwähnt der Diskussionsentwurf vom 6.6.2012 sowie auch seine revidierte Fassung vom 30.7.2013 ausdrücklich die Eignung von Gewinnaufteilungsmethoden für die Bestimmung fremdüblicher Vergütungen bei der Übertragung des Eigentums an immateriellen Vermögenswerten.[614] Die OECD geht jedoch nicht näher auf die Umsetzung der Gewinnaufteilungsmethode für die Ermittlung eines Kaufpreises ein, insbesondere wird nicht deutlich, welcher Ansatz der Methode seitens der OECD als geeignet betrachtet wird. Nach *Kurzewitz* ist die Preisermittlung mittels des Contribution Analysis Profit Splits möglich. Danach erfolgt zunächst die Ermittlung des gemeinsamen transaktionsbezogenen Nettoertrags von Veräußerer und Erwerber aus dem zu übertragenden immateriellen Vermögenswert. Auf Seiten des Veräußerers werden dabei die Aufwendungen der Entwicklung oder des Erwerbs mit einbezogen und auf Seiten des Erwerbers der zukünftig durch die Nutzung des erworbenen immateriellen Vermögenswerts resultierende Einkommensstrom unter Berücksichtigung der damit verbundenen Kosten. Aus einer Saldierung des Barwerts beider Größen resultiert der Nettoertrag, der nach Maßgabe des Umfangs der Leistungsbeiträge sowie nach Verhandlungsstärke von Veräußerer und Erwerber aufzuteilen ist, um einen Kaufpreis abzuleiten.[615] Die OECD weist in den Diskussionsentwürfen vom 6.6.2012 und vom 30.7.2013 ausdrücklich darauf hin, dass Gewinnaufteilungsmethoden für die Bestimmung von Vergütungen des Transfers erst teilweise entwickelter immaterieller Vermögenswerte als besonders problematisch anzusehen sind, da die Möglichkeit verlässlicher Prognosen in frühen Entwicklungsstadien nicht gegeben ist.[616]

---

612 Gl.A. *Kurzewitz*, Methodenwahl, 2009, 319.
613 Vgl. *Kurzewitz*, Methodenwahl, 2009, 320.
614 Vgl. Tz. 142 des Diskussionsentwurfs vom 6.6.2012; Tz. 167 des Diskussionsentwurfs vom 30.7.2013.
615 Vgl. *Kurzewitz*, Methodenwahl, 2009, 320.
616 Vgl. Tz. 143f. des Diskussionsentwurfs vom 6.6.2012; Tz. 170 des Diskussionsentwurfs vom 30.7.2013.

Hinsichtlich der im Diskussionsentwurf vom 6.6.2012 und vom 30.7.2013 getroffenen Aussagen zur Verwendung von Valuation Techniques bzw. einkommensorientierten Methoden kann auf die vorstehenden Ausführungen in Kapitel 3.2.9.4.4 verwiesen werden, da die OECD insoweit keine Differenzierung zwischen der Einräumung beschränkter Nutzungsrechte und der Übertragung des Eigentums vornimmt. Für die Ermittlung des dem Bewertungsobjekt zuzuweisenden Einkommensstroms kann trotz der bereits erwähnten Beschränkung der Diskussionsentwürfe vom 6.6.2012 und 30.7.2013 auf eine exemplarische Erläuterung der Excess Earnings Method neben der Incremental Income Analysis auch die Relief from Royalty Method Anwendung finden. Dies setzt jedoch die Verfügbarkeit von Fremdvergleichswerten in Form von Lizenzsätzen aus Lizenzverträgen voraus, die dem Lizenznehmer im Ergebnis eine eigentümerähnliche Stellung einräumen.[617]

3.2.9.5.4 Umgang mit Bewertungsunsicherheit

In Bezug auf den Umgang der OECD-Verrechnungspreisrichtlinien 2010 sowie des Diskussionsentwurfs vom 6.6.2012 mit Bewertungsunsicherheit kann auf die vorstehenden Ausführungen zur Lizenzierung in Kapitel 3.2.9.4.5 verwiesen werden.

3.2.9.6 Gemeinsame grenzüberschreitende Entwicklung und Nutzung

3.2.9.6.1 Grundlagen

Kapitel VIII der OECD-Verrechnungspreisrichtlinien 2010 befasst sich mit so genannten Kostenverteilungsverträgen (fortan: Cost Contribution Arrangements). Nach dem Verständnis der OECD handelt es sich bei Cost Contribution Arrangements um eine Vereinbarung, die zwischen Unternehmen mit dem Zweck abgeschlossen wird, um die Kosten und Risiken der Entwicklung, Herstellung oder des Erwerbs von Vermögenswerten, Dienstleistungen oder Rechten zu teilen sowie Art und Umfang der Teilhabe jedes Teilnehmers an diesen Vermögenswerten, Dienstleistungen oder Rechten zu regeln.[618] Zweck der OECD-Verrechnungspreisrichtlinien 2010 in Bezug auf Cost Contribution Arrangements ist nicht die Schaffung detaillierter Vorgaben für die Durchführung, sondern die Aufstellung allgemeiner Leitlinien in Bezug auf die Frage, ob die zwischen verbundenen Unternehmen vereinbarten Bedingungen eines Cost Contribution Arrangements als konsistent mit dem Fremdvergleichsgrundsatz

---

617 Vgl. zur Kritik an der Relief from Royalty Method aus bewertungstheoretischer Sicht Kapitel 2.4.4.1.1.
618 Vgl. Tz. 8.3 der OECD-Verrechnungspreisrichtlinien 2010.

angesehen werden können.[619] Die OECD nimmt ausdrücklich zur Kenntnis, dass diverse Formen von Cost Contribution Arrangements denkbar und auch üblich sind. Als gebräuchlichste Form werden Vereinbarungen angesehen, deren Gegenstand die gemeinsame Entwicklung von immateriellen Vermögenswerten ist, an denen jeder Teilnehmer eigene abgegrenzte Rechte an den Entwicklungsergebnissen erhält, z.B. in Bezug auf die Verwertung innerhalb bestimmter geographischer Gebiete oder für bestimmte Anwendungszwecke.[620] Dabei ist es nach Auffassung der OECD unerheblich, ob die durch Teilnahme an einem Cost Contribution Arrangement erlangten Rechte dem Status rechtlichen (Mit-)Eigentums entsprechen oder auf einem schuldrechtlichen Nutzungsrecht beruhen.[621]

3.2.9.6.2 Merkmale eines Cost Contribution Arrangements

Aus der weiten Definition des Cost Contribution Arrangements im Sinne von Kapitel VIII der OECD-Verrechnungspreisrichtlinien 2010 können mehrere Merkmale abgeleitet werden. Hiernach ist ein Cost Contribution Arrangement ein strukturiertes Rahmenwerk zur Regelung bestimmter Umstände und Tatsachen in Bezug auf das gemeinsame Vorhaben der Teilnehmer. Das Cost Contribution Arrangement stellt eine Vereinbarung unter den teilnehmenden Unternehmen dar, dessen essentieller Bestandteil die Teilung von Kosten und Tragung von Risiken in Bezug auf Vermögenswerte, Dienstleistungen oder Rechte darstellt. Zweck des Cost Contribution Arrangements ist es, Art und Umfang der Teilhabe aller Teilnehmer an den gemeinsam geschaffenen Vermögenswerten und Rechten oder erbrachten Dienstleistungen zu bestimmen.[622] Die OECD-Verrechnungspreisrichtlinien sehen Cost Contribution Arrangements als vertragliche Vereinbarung an, die nicht zur Schaffung einer eigenen rechtlichen Einheit oder der Begründung einer Betriebsstätte eines Teilnehmers führt.[623] Dementsprechend besitzt ein Cost Contribution Arrangement keine steuerlichen Anknüpfungspunkte wie insbesondere Sitz, Ort der Geschäftsleitung, Geschäftsadresse oder angestelltes Personal.[624]

---

[619] Vgl. Tz. 8.3 der OECD-Verrechnungspreisrichtlinien 2010. Dementsprechend weisen die OECD-Verrechnungspreisrichtlinien 2010 darauf hin, dass weitere Leitlinien insbesondere in folgenden Bereichen erforderlich sind: Wertfindung von Beiträgen der Teilnehmer zu Cost Contribution Arrangements, Auswirkungen von staatlichen Anreizsystemen, Behandlung von Einbringungen sowie Ein- und Austrittszahlungen, Durchführung der laufenden Abwicklung von Cost Contribution Arrangements (Vgl. Tz. 8.1 der OECD-Verrechnungspreisrichtlinien 2010).

[620] Vgl. Tz. 8.6 der OECD-Verrechnungspreisrichtlinien 2010. Für Zwecke der nachfolgenden Ausführungen erfolgt eine Betrachtung der OECD-Bestimmungen aus der Perspektive eines Kostenteilungsvertrags mit dem Ziel der gemeinsamen Entwicklung und separaten Verwertung immaterieller Vermögenswerte.

[621] Vgl. Tz. 8.6 der OECD-Verrechnungspreisrichtlinien 2010.

[622] Vgl. *Feinschreiber/Kent*, Transfer Pricing Handbook, 2012, 292.

[623] Vgl. *Feinschreiber/Kent*, Transfer Pricing Handbook, 2012, 292.

[624] Vgl. *Feinschreiber/Kent*, Transfer Pricing Handbook, 2012, 292.

Der Kreis der Teilnehmer ist von anderen Unternehmen abzugrenzen, die lediglich Leistungen an das Cost Contribution Arrangement erbringen. Merkmal eines Teilnehmers ist, dass er der Teilung von Kosten und Risiken durch das Cost Contribution Arrangement in der realistischen Erwartung zustimmt, eine Teilhabe an den Entwicklungsergebnissen zu erhalten und diese für eigene Zwecke verwerten zu können.[625] Dabei steht es dem Teilnehmer frei, ob er die Verwertung direkt, d.h. im Rahmen seines eigenen operativen Geschäftsbetriebs oder indirekt, d.h. durch Lizenzierung an andere Unternehmen durchführt.[626] Unbeachtlich ist ferner auch, ob sich die Erwartungen eines Teilnehmers an eine erfolgreiche Verwertung der resultierenden Ergebnisse in tatsächlicher Hinsicht erfüllen.[627]

3.2.9.6.3 Ermittlung und Aufteilung der Kosten

Die OECD-Verrechnungspreisrichtlinien 2010 weisen darauf hin, dass alle Leistungen der Teilnehmer an das Cost Contribution Arrangement, inklusive zur Verfügung gestellte Vermögenswerte und Dienstleistungen, als Beiträge zu berücksichtigen sind.[628] Eine weitergehende Erläuterung, welche Kostenarten und -bestandteile in die Kostenbasis mit aufzunehmen sind, sehen die einschlägigen Regelungen nicht vor. Als zu prüfende Frage wird etwa die Berücksichtigung von Vorteilen erwähnt, die einzelnen Teilnehmern aus der Inanspruchnahme von Subventionen und Steuervergünstigungen erwachsen. Denkbar ist insoweit eine Saldierung dieser Vorteile mit den Leistungen der Teilnehmer an das Cost Contribution Arrangement bei der Ermittlung der Beiträge.[629] Nicht adressiert wird ferner die durchaus bedeutsame[630] Frage der Einbeziehung von Kosten für anteilsbasierte Vergütungen der Mitarbeiter der an einem Cost Contribution Arrangement beteiligten Konzernunternehmen.[631] Als zentrale Anforderung an die Durchführung eines Cost Contribution Arrangements ergibt sich aus dem Fremdvergleichsgrundsatz, dass der Anteil jedes Teilnehmers an den gesamten Beiträgen zum Cost Contribution Arrangement seinem Anteil am gesamten erwarteten Nutzen entsprechen muss.[632] Hierfür ist es erforderlich, dass alle Teilnehmer ihre Nutzenerwartung aus der anteiligen, d.h. auf eigene Rechnung erfolgenden Verwertung ihrer Beteiligung am Cost Contribution Arrangement ermitteln und in einem nächsten Schritt die Aufteilung der Kosten unter Be-

---

625 Vgl. Tz. 8.10 der OECD-Verrechnungspreisrichtlinien 2010.
626 Vgl. *Wittendorf*, Transfer Pricing, 2010, 547.
627 Vgl. Tz. 8.11 der OECD-Verrechnungspreisrichtlinien 2010.
628 Vgl. Tz. 8.16 der OECD-Verrechnungspreisrichtlinien 2010.
629 Vgl. Tz. 8.17 der OECD-Verrechnungspreisrichtlinien 2010.
630 Vgl. hierzu die Ausführungen zu Cost Sharing Arrangements nach US-Steuerrecht in Kapitel 3.4.8.7.
631 Die Fragestellung wurde u.a. in einem von der OECD im Jahr 2004 veröffentlichten Report betrachtet, jedoch ohne insoweit zu einem Ergebnis zu gelangen, vgl. *OECD*, Employee Stock Option Plans, 2004.
632 Vgl. Tz. 8.9 und 8.26 der OECD-Verrechnungspreisrichtlinien 2010.

rücksichtigung der Beiträge aller Teilnehmer – inklusive Ausgleichszahlungen zwischen den Teilnehmern – erfolgt.[633] Die OECD-Verrechnungspreisrichtlinien 2010 sehen keine grundsätzlich vorrangige Vorgehensweise zur Bestimmung des erwarteten Nutzenanteils vor. Eine Schätzung auf der Basis der erwarteten zusätzlichen Einnahmen oder Kosteneinsparungen als Folge der Teilnahme am Cost Contribution Arrangement, d.h. die Anwendung des Income Approach, ist zulässig.[634] Daneben können jedoch auch Schlüsselgrößen wie etwa Umsatz, Anzahl Einheiten, Bruttogewinn, operatives Ergebnis, Anzahl Mitarbeiter, investiertes Kapitel oder auch andere angemessene Größen verwendet werden. Ein Aufteilungsschlüssel gilt als angemessen, wenn er den Zusammenhang zum erwarteten Nutzen angemessen reflektiert und eine konsistente Anwendung für alle Teilnehmer erfolgt. In Bezug auf Forschungs- und Entwicklungsleistungen erwähnen die OECD-Verrechnungspreisrichtlinien 2010 als Beispiel die Möglichkeit, den erwarteten Umsatz mit den aus der Entwicklungstätigkeit des Cost Contribution Arrangements resultierenden neuen Produkten als Schlüsselgröße zu verwenden.[635]

3.2.9.6.4 Behandlung von Beiträgen der Teilnehmer

Im Gegensatz zu den einschlägigen Bestimmungen des US-Steuerrechts[636] enthalten die OECD-Verrechnungspreisrichtlinien 2010 keine explizite Differenzierung in Bezug auf die Art der geleisteten Beiträge, sondern lediglich den allgemeinen Hinweis, dass der Wert aller Beiträge der Teilnehmer im Einklang mit dem Verhalten unabhängiger Unternehmen in einer vergleichbaren Situation zu bestimmen ist.[637] Die OECD-Verrechnungspreisrichtlinien 2010 unterscheiden nicht zwischen Beiträgen durch Tragung von Kosten bei der gemeinsamen Entwicklungstätigkeit und der Einbringung von materiellen und immateriellen Vermögenswerten in das Cost Contribution Arrangement. Dabei lässt die OECD eine ambivalente Haltung erkennen in Bezug auf die Frage, ob der Fremdvergleichsgrundsatz den Ansatz von Beiträgen der Teilnehmer lediglich mit den Kosten oder zu einem ggf. höheren (Markt-)Wert gebietet. Nach den einschlägigen Passagen der OECD-Verrechnungspreisrichtlinien 2010 kann eine allgemeingültige Aussage zum Wertansatz von Beiträgen der Teilnehmer nicht getroffen werden, weshalb nach Auffassung der OECD eine einzelfallbezogene Klärung im Einklang mit der grundsätzlichen Wirkungsweise des Fremdvergleichsgrundsatzes erforderlich ist.[638]

---

633 Vgl. Tz. 8.9 und 8.26 der OECD-Verrechnungspreisrichtlinien 2010.
634 Vgl. Tz. 8.19 der OECD-Verrechnungspreisrichtlinien 2010.
635 Vgl. Tz. 8.21 der OECD-Verrechnungspreisrichtlinien 2010.
636 Vgl. hierzu Kapitel 3.4.8.7.4.
637 Vgl. Tz. 8.14 der OECD-Verrechnungspreisrichtlinien 2010.
638 Vgl. Tz. 8.15 der OECD-Verrechnungspreisrichtlinien 2010.

Ursache für die fehlende inhaltliche Bestimmtheit der OECD-Verrechnungspreisrichtlinien hinsichtlich des Wertansatzes von Beiträgen ist nach Auffassung von *Wittendorf*[639] der fehlende Konsens der OECD-Mitgliedstaaten in dieser Frage. Im Ergebnis ist daher zu konstatieren, dass es den OECD-Verrechnungspreisrichtlinien 2010 an spezifischen Bestimmungen für die Bewertung von in ein Cost Contribution Agreement eingebrachten Beiträgen bzw. für die Ermittlung von Ausgleichszahlungen zwischen den Teilnehmern mangelt. Nach allgemeinen Grundsätzen der OECD zur Verrechnungspreisbestimmung sind grundsätzlich alle von der OECD anerkannten Standard- und gewinnorientierten Methoden, inklusive zweiseitige einkommensbasierte Ansätze, sowie ggf. auch andere Methoden anwendbar. Dies gilt analog für die Ermittlung von Ein- und Austrittszahlungen, die durch Änderungen im Bestand des Teilnehmerkreises eines Cost Contribution Arrangements veranlasst sind.[640]

3.2.9.6.5 Voraussetzungen für Einkommenskorrekturen

Wie bereits ausgeführt, betrachten die OECD-Verrechnungspreisrichtlinien 2010 ein Cost Contribution Arrangement als fremdvergleichskonform, wenn der Anteil jedes Teilnehmers an den gesamten Beiträgen seinem Anteil an dem gesamten erwarteten Nutzen entspricht. Soweit diese Voraussetzung nicht gegeben ist, erfordert ein den Anforderungen des Fremdvergleichsgrundsatzes entsprechendes Verhalten der Teilnehmer regelmäßig, dass diese eine Ausgleichszahlung an den oder die benachteiligten Teilnehmer des Cost Contribution Arrangements leisten, um eine Schlechterstellung zu beseitigen.[641] Nehmen die Teilnehmer keine Ausgleichszahlung vor, kann eine solche von der betreffenden Finanzbehörde des benachteiligten Teilnehmers zum Zwecke der Einkommenskorrektur unterstellt werden. In Bezug auf die Behandlung der Ausgleichszahlungen wird eine saldierte Betrachtung vorgenommen, d.h. die von den anderen Teilnehmern empfangene Ausgleichszahlung wird nicht deren Einkommen zugerechnet, sondern als Minderung ihrer Verpflichtung zur Leistung von Beiträgen betrachtet.[642] Eine weitere Korrekturmöglichkeit besteht in der Anpassung des für geleistete Beiträge angesetzten Werts, wenn dieser nicht im Einklang mit dem Anteil des Teilnehmers am gesamten erwarteten Nutzen aus dem Cost Contribution Arrangement steht.[643] Eine korrekturbedürftige Diskrepanz kann sich durch eine falsche Bestimmung des Werts geleisteter Beiträge in Form von Dienstleistungen oder Vermögenswerten ergeben oder durch inkorrekte

---

639 Vgl. *Wittendorf*, Transfer Pricing, 2010, 553.
640 Vgl. Tz. 8.31ff. der OECD-Verrechnungspreisrichtlinien 2010.
641 Vgl. Tz. 8.26 der OECD-Verrechnungspreisrichtlinien 2010.
642 Vgl. Tz. 8.25 der OECD-Verrechnungspreisrichtlinien 2010.
643 Vgl. Tz. 8.27 der OECD-Verrechnungspreisrichtlinien 2010.

Bestimmung des erwarteten Nutzens, etwa durch Verwendung eines unangemessenen Allokationsschlüssels.[644] Bei der Beurteilung der Angemessenheit ist jedoch nach Auffassung der OECD eine Mehrjahresbetrachtung vorzunehmen, soweit das Cost Contribution Arrangement ansonsten keinen Anlass bietet, von einer unangemessenen Durchführung auszugehen.[645] Darüber hinaus sehen die OECD-Verrechnungspreisrichtlinien 2010 auch die Möglichkeit der ganzen oder teilweisen Nichtanerkennung des Cost Contribution Arrangements vor, etwa wenn ersichtlich wird, dass ein oder mehrere Teilnehmer keinen Nutzen aus der Teilnahme erwarten können oder der erwartete Nutzen in einem krassen Missverhältnis zu den geleisteten Beiträgen steht.[646]

3.3 Deutschland

3.3.1 Historischer Hintergrund von § 1 AStG

Im deutschen Steuerrecht befanden sich bereits in § 33 EStG 1925[647] und seiner Nachfolgevorschrift § 30 EStG 1934 Vorschriften zur Verhinderung von „Gewinnverlagerungen in das Ausland“[648]. § 30 EStG 1934 ermächtigte das Landesfinanzamt zur Berichtigung der Einkünfte aus Land- und Forstwirtschaft, aus Gewerbebetrieb oder aus selbständiger Arbeit, wenn besondere Beziehungen eines inländischen Betriebs zu einer im Inland nicht oder nur beschränkt steuerpflichtigen Person eine Gewinnminderung im Inland ermöglichten. Nachdem der BFH § 30 EStG 1934 aufgrund Verstoß gegen Art. 3 GG mit Urteil v. 7.4.1959[649] für verfassungswidrig erklärte, versuchte die deutsche Finanzverwaltung in Tz. 1 des sog. Oasenerlasses[650], allerdings ohne eine entsprechende gesetzliche Grundlage, Gewinnverlagerungen in das Ausland zu unterbinden.[651]

Mit den Leitsätzen der Bundesregierung vom 17.12.1970 für ein Gesetz zur Wahrung der steuerlichen Gleichmäßigkeit bei Auslandsbeziehungen und zur Verbesserung der steuerlichen Wettbewerbslage bei Auslandsinvestitionen[652] wurde „eine erste Grundlage“[653] für § 1

644 Vgl. *Feinschreiber/Kent*, Transfer Pricing, 2012, 304.
645 Vgl. Tz. 8.28 der OECD-Verrechnungspreisrichtlinien 2010.
646 Vgl. Tz. 8.29 und 8.30 der OECD-Verrechnungspreisrichtlinien 2010.
647 Vgl. RT-Drs. III 1924/25 Nr. 795.
648 *Wassermeyer*, in: F/W/B/S, Außensteuerrecht, 2012, § 1 AStG, Rz. 17.
649 Vgl. BFH, Urteil v. 7.4.1959, I 2/58 S, BStBl. III 1959, 233.
650 Vgl. Gleichlautende Länderlasse v. 14.6.1965, BStBl. II 1965, 74.
651 Vgl. *Kraft*, in: Kraft, AStG, 2009, § 1, Rz. 1.
652 Vgl. DB 1971, 16. Der Gesetzesleitsatz in Bezug auf Gewinne international verflochtener Unternehmungen enthält insoweit das Gebot, „Einkünfte aus grenzüberschreitenden Geschäften mit nahestehenden Steuerausländern so zu berichtigen, wie sie zwischen Unabhängigen bei Vereinbarung der üblichen Bedingungen erzielt worden wären.“

AStG geschaffen. Mit der Einführung des Außensteuergesetzes als Art. 1 des Gesetzes zur Wahrung der steuerlichen Gleichmäßigkeit bei Auslandsbeziehungen und zur Verbesserung der steuerlichen Wettbewerbslage bei Auslandsinvestitionen[654] erlangte § 1 AStG grundsätzlich mit Wirkung zum Veranlagungszeitraum 1972 Rechtskraft. § 1 AStG wurde seither mehrmals geändert. So wurde u.a. mit Wirkung zum 1.1.1992 durch das Steueränderungsgesetz 1992[655] die Definition der Geschäftsbeziehung überarbeitet, die wiederum mit Wirkung zum Veranlagungszeitraum 2003 durch das Steuervergünstigungsabbaugesetz[656] präzisiert wurde. Eine grundlegende Revision erfuhr § 1 AStG im Rahmen der Unternehmensteuerreform 2008[657]. Neben diversen anderen Änderungen[658] wurden in § 1 Abs. 3 S. 5ff. AStG Vorgaben zur Durchführung des so genannten hypothetischen Fremdvergleichs geregelt, wonach in Ermangelung eingeschränkt vergleichbarer Fremdvergleichswerte zwingend sowohl die Perspektive des Leistenden als auch des Leistungsempfängers einzubeziehen sind und hieraus auf der Grundlage einer einkommensorientierten Bewertung ein Einigungsbereich abzuleiten ist. Im Falle der Verlagerung einer Funktion wurde in § 1 Abs. 3 S. 9 AStG ferner gesetzlich normiert, dass bei Anwendung des hypothetischen Fremdvergleichs eine so genannte Transferpaketbetrachtung, d.h. eine ertragsorientierte zweiseitige Bewertung der Funktion als Ganzes, vorzunehmen ist. Die Transferpaketbetrachtung dient der Erfassung eines ggf. über die Summe der Einzelwerte der in einer Funktion versammelten Wirtschaftsgüter hinausgehenden Werts, der sich aus dem Zusammenwirken der Bestandteile des Transferpakets ergeben kann. Darüber hinaus wurde in § 1 Abs. 3 S. 11 AStG bei der Übertragung von wesentlichen immateriellen Wirtschaftsgütern und Funktionsverlagerungen die widerlegbare Vermutung der Fremdüblichkeit der Vereinbarung einer Preisanpassungsklausel eingeführt.[659] Zur Konkretisierung der Bestimmungen zur Behandlung von Funktionsverlagerungen wurde in § 1 Abs. 3 S. 13 AStG eine Ermächtigung des Bundesministeriums der Finanzen zum Erlass einer entsprechenden Verordnung geregelt. Mit der noch im Jahre 2008 veröffentlichten Funktionsverlagerungsverordnung (fortan: „FVerlV“) hat die deutsche Finanzverwaltung von dieser Ermächtigung Gebrauch gemacht.[660] Mit dem Amtshilferichtlinien-Umsetzungsgesetz[661] wurde

---

653 *Wassermeyer*, in: F/W/B/S, Außensteuerrecht, 2012, § 1 AStG, Rz. 18.
654 Vgl. BGBl. I 1972, 1713.
655 Vgl. StÄndG 1992 v. 25.2.1992, BGBl. I 1992, 1713.
656 Vgl. StVergAbG v. 16.5.2003, BGBl. I 2003, 660.
657 Vgl. UntStRefG 2008 v. 14.8.2007, BGBl. I 2007, 1912.
658 Vgl. hierzu die Übersicht von *Kaminski*, in: Strunk/Kaminski/Köhler, AStG/DBA, 2011, § 1 AStG, Rz. 8.
659 Vgl. hierzu Kapitel 3.3.8.4.5.
660 Vgl. Verordnung zur Anwendung des Fremdvergleichsgrundsatzes nach § 1 Abs. 1 des Außensteuergesetzes in Fällen grenzüberschreitender Funktionsverlagerungen v. 12.8.2008, BGBl. I 2008, 1680.
661 Vgl. AmtshilfsRLUmsG v. 29.6.2013, BGBl. I 2013, 1809.

neben einer weiteren Überarbeitung des Begriffs der Geschäftsbeziehung die Anwendung des Fremdvergleichsgrundsatzes auch für die Gewinnabgrenzung zwischen Stammhaus und Betriebsstätte gesetzlich kodifiziert.

3.3.2 Tatbestandsvoraussetzungen und Rechtsfolgen von § 1 AStG

Das Regelungsziel des § 1 AStG ist die Korrektur einer Minderung der Einkünfte von im Inland steuerpflichtigen Personen zu Ungunsten des deutschen Steueraufkommens, die bei grenzüberschreitenden Geschäftsbeziehungen zwischen nahe stehenden Personen zu Stande gekommen ist. Maßstab der Einkünftekorrektur ist das Verhalten voneinander unabhängiger Dritter unter gleichen oder vergleichbaren Verhältnissen (Fremdvergleichsgrundsatz). Als Steuerpflichtige im Sinne der Vorschrift gelten alle sowohl unbeschränkt als auch beschränkt steuerpflichtigen natürlichen und juristischen Personen sowie auch Personengesellschaften. Eine Minderung der Einkünfte gilt als eingetreten, wenn nach dem Maßstab des Fremdvergleichs „die tatsächlich vereinbarten Bedingungen zu einer niedrigeren Ertragsbesteuerung im Inland führen"[662], als dies bei Vereinbarung fremdüblicher Bedingungen der Fall wäre. Dabei ist bei mehreren Einkunftsarten im Sinne von § 2 Abs. 1 EStG ggf. für jede Einkunftsart getrennt festzustellen, ob sich eine Einkünfteminderung ergibt.[663]

Geschäftsbeziehungen zum Ausland stellen nach § 1 Abs. 4 AStG wirtschaftliche Vorgänge zwischen einem Steuerpflichtigen und einer nahe stehenden Person dar, auf die die §§ 13, 15, 18 oder 21 EStG anzuwenden sind oder im Falle einer ausländischen Person anzuwenden wären, und denen keine gesellschaftsvertragliche Vereinbarung zu Grunde liegt. Mit dem Ausschluss gesellschaftsvertraglicher Beziehungen von der Definition der Geschäftsbeziehung beabsichtigt der Gesetzgeber aus der Gesellschafterstellung veranlasste schuldrechtliche Beziehungen, beispielsweise die Gewährung einer harten Patronatserklärung zur Sicherstellung der Erstkapitalausstattung einer Konzerngesellschaft durch ihre Gesellschafterin,[664] dem Anwendungsbereich von § 1 AStG zu unterwerfen.[665] Damit ist bei explizit gesellschaftsvertraglichen Maßnahmen die Erfüllung der einschlägigen Formvorschriften (beispielsweise die

---

662 *Kaminski*, in: Strunk/Kaminski/Köhler, AStG/DBA, 2011, § 1 AStG, Rz. 85.

663 Vgl. *Wassermeyer*, in: F/W/B/S, Außensteuerrecht, 2012, § 1 AStG, Rz. 252; *Kaminski*, in: Strunk/Kaminski/Köhler, AStG/DBA, 2011, § 1 AStG, Rz. 86.

664 Vgl. die zur Vorgängervorschrift ergangenen Urteile des BFH, Urteil v. 29.11.2000, I R 85/99, BStBl. II 2002, 720 sowie Urteil v. 27.8.2008, I R 28/07, BFH/NV 2009, 123.

665 Vgl. zur Vorgängervorschrift § 1 Abs. 5 AStG i.d.F. UntStRefG *Kraft*, in: Kraft, AStG, 2009, § 1, Rz. 630.

§§ 2ff., 53ff. GmbHG sowie §§ 23ff., 179ff. AktG) sicherzustellen,[666] da ansonsten eine Geschäftsbeziehung im Sinne von § 1 Abs. 4 AStG gegeben ist.

Aus dem Wortlaut der Definition der Geschäftsbeziehung ergibt sich keine Beschränkung des Gegenstands einer Geschäftsbeziehung im Sinne der Vorschrift auf die Übertragung oder Überlassung materieller oder immaterieller Wirtschaftsgüter im Sinne von § 5 Abs. 1 S. 2 EStG. Dies bedeutet, dass darüber hinaus grundsätzlich auch Zustände, Vorteile und Möglichkeiten umfasst sind, die nicht als Wirtschaftsgüter anzusehen sind,[667] soweit diese Gegenstand einer grenzüberschreitenden Transaktion sein können. Die grenzüberschreitende Geschäftsbeziehung muss ferner zwischen nahe stehenden Personen stattfinden, da bei fremden Dritten ein Interessensgegensatz besteht, der eine Vorteilsgewährung regelmäßig verhindert. Der Begriff der nahe stehenden Person ist in § 1 Abs. 2 AStG abschließend definiert.[668] „Kernstück"[669] der Tatbestandsvoraussetzungen des § 1 AStG ist die Abweichung von den Bedingungen, die voneinander unabhängige Dritte unter gleichen oder ähnlichen Verhältnissen vereinbart hätten, im Rahmen der grenzüberschreitenden Geschäftsbeziehung zwischen nahe stehenden Personen. Damit folgt der in § 1 AStG normierte Fremdvergleich insoweit dem in Art. 9 OECD-MA geregelten und international anerkannten Fremdvergleichsgrundsatz.[670]

Rechtsfolge der Erfüllung der Tatbestandsvoraussetzungen ist die Ermittlung eines Korrekturbetrags, der „dem Unterschiedsbetrag im Sinne von § 4 Abs. 1 S. 1 EStG auf der 2. Stufe der Gewinnermittlung"[671] außerbilanziell[672] hinzuzurechnen ist. Dies bedeutet, dass der Korrekturbetrag die bestehende Gewinnermittlung nicht dergestalt berührt, dass Betriebseinnahmen fingiert oder bestehende Bilanzposten einer Anpassung unterliegen.[673] Der Korrekturbetrag entspricht der Höhe nach der Differenz zwischen dem tatsächlich vereinbarten Entgelt und dem Entgelt, das voneinander unabhängige Dritte unter gleichen oder vergleichbaren Verhältnissen vereinbart hätten.[674] Liegt der tatsächlich vereinbarte Preis außerhalb einer

666 Vgl. *Vögele/Raab*, in: Vögele/Borstell/Engler, Verrechnungspreise, 2011, Kapitel A, Rz. 181.
667 Vgl. zum Begriff des (immateriellen) Wirtschaftsgutes die Ausführungen in Kapitel 3.3.5.2.
668 Vgl. im Einzelnen hierzu *Wassermeyer*, in: F/W/B/S, Außensteuerrecht, 2012, § 1 AStG, Rz. 826ff.
669 *Kraft*, in: Kraft, AStG, 2009, § 1, Rz. 83.
670 Vgl. *Kaminski*, in: Strunk/Kaminski/Köhler, AStG/DBA, 2011, § 1 AStG, Rz. 106.
671 *Wassermeyer*, in: F/W/B/S, Außensteuerrecht, 2012, § 1 AStG, Rz. 810.
672 Vgl. BFH, Urteil v. 30.5.1990, I R 97/88, BStBl. II 1990, 875.
673 Vgl. *Kraft*, in: Kraft, AStG, 2009, § 1, Rz. 150; *Wassermeyer*, in: F/W/B/S, Außensteuerrecht, 2012, § 1 AStG, Rz. 810.
674 Vgl. *Wassermeyer*, in: F/W/B/S, Außensteuerrecht, 2012, § 1 AStG, Rz. 810.

Bandbreite eingeschränkt vergleichbarer Fremdvergleichswerte, erfolgt nach § 1 Abs. 3 S. 4 AStG eine Korrektur auf den Median dieser Bandbreite.

3.3.3 Verhältnis von § 1 AStG zu anderen nationalen Korrekturnormen

§ 1 AStG ist als eigenständige Einkünftekorrekturvorschrift[675] bei grenzüberschreitenden Geschäftsbeziehungen mit nahe stehenden Personen ausgestaltet. Die Anwendung der Norm erfolgt nach § 1 Abs. 1 S. 1 AStG ausdrücklich unbeschadet anderer Vorschriften. Dies bedeutet, dass § 1 AStG andere Normen mit ähnlichen Tatbeständen nicht verdrängt, sondern gemäß Abs. 1 S. 3 der Vorschrift „neben den Rechtsfolgen der anderen Vorschriften anzuwenden ist, soweit er zu weitergehenden Berichtigungen führt"[676], etwa wenn § 1 AStG in einem höheren Korrekturbetrag resultiert.

Im Ergebnis wirkt § 1 AStG damit „einseitig fiskalisch"[677], da er lediglich zu einer – ggf. noch höheren – Korrektur zu Gunsten des inländischen Steueraufkommens führen kann, jedoch nicht zu einer Minderung der Einkünfte. Aus steuersystematischer Sicht ist hervorzuheben, dass § 1 AStG nicht mit Einkommensermittlungsvorschriften in ein Konkurrenzverhältnis treten kann, da die Vorschrift als Einkünftekorrekturvorschrift nicht im Rahmen der Ermittlung des Einkommens, sondern auf einer „zweiten Stufe"[678] außerhalb der Steuerbilanz bzw. Überschussrechnung für die Korrektur der vorläufig errechneten Einkünfte Anwendung findet.[679]

3.3.3.1 Verhältnis zur verdeckten Gewinnausschüttung

§ 8 Abs. 3 S. 2 KStG ist wie § 1 AStG auch als Einkünftekorrekturvorschrift ausgestaltet. Beide Vorschriften weisen jedoch sowohl auf der Tatbestands- als auch auf der Rechtsfolgenseite erhebliche Unterschiede auf. Während § 8 Abs. 3 S. 2 KStG nur auf Steuersubjekte im Sinne von § 1 KStG abstellt, findet § 1 AStG auf jede Person Anwendung, die im Inland steuerpflichtige Einkünfte erzielt.[680] Darüber hinaus erfordert § 8 Abs. 3 S. 2 KStG zwingend ein Beteiligungsverhältnis[681], wohingegen für § 1 AStG bereits das Bestehen eines nicht gesell-

---

[675] Vgl. *Wassermeyer*, in: F/W/B/S, Außensteuerrecht, 2012, § 1 AStG, Rz. 76ff.; *Kraft*, in: Kraft, AStG, 2009, § 1, Rz. 20.
[676] *Rengers*, in: Blümich, EStG/KStG/GewStG, 2012, § 8 KStG, Rz. 252.
[677] *Kraft*, in: Kraft, AStG, 2009, § 1, Rz. 12.
[678] *Wassermeyer*, in: F/W/B/S, Außensteuerrecht, 2012, § 1 AStG, Rz. 77.1.
[679] Vgl. *Wassermeyer*, in: F/W/B/S, Außensteuerrecht, 2012, § 1 AStG, Rz. 78.
[680] Vgl. *Wassermeyer*, in: F/W/B/S, Außensteuerrecht, 2012, § 1 AStG, Rz. 81.
[681] Vgl. *Kraft*, in: Kraft, AStG, 2009, § 1, Rz. 26.

schaftsrechtlich veranlassten beherrschenden Einflusses[682] oder gleichlaufender Interessen[683] ausreichend ist. Beide Vorschriften erfordern eine Minderung der Einkünfte, wobei diese bei § 1 AStG durch Geschäftsbeziehungen zum Ausland veranlasst sein muss; diese Einschränkung ist bei § 8 Abs. 3 S. 2 KStG nicht gegeben. Ferner ist auf der Tatbestandsseite der Maßstab der Einkünftekorrektur von § 1 AStG und § 8 Abs. 3 S. 2 KStG nicht vollständig deckungsgleich.[684] Nach § 1 AStG ist eine Vereinbarung von Bedingungen erforderlich, die von denen abweichen, die voneinander unabhängige Dritte unter gleichen oder vergleichbaren Bedingungen vereinbart hätten. Der für § 8 Abs. 3 S. 2 KStG anzuwendende Maßstab ist durch die Rechtsprechung mit dem Verhalten eines ordentlichen und gewissenhaften Geschäftsleiters definiert worden.[685] Auch in § 1 Abs. 1 S. 2 AStG wurde der Fremdvergleichsgrundsatz als das Handeln (doppelter) ordentlicher und gewissenhafter Geschäftsleiter konkretisiert, d.h. der Maßstab des ordentlichen und gewissenhaften Geschäftsleiters ist nach deutschem Verständnis ein „Unterfall"[686] des Fremdvergleichsgrundsatzes und steht insoweit nicht im Widerspruch zu Art. 9 OECD-MA. Dennoch kann die Auslegung von § 8 Abs. 3 S. 2 KStG und § 1 AStG zu unterschiedlichen Ergebnissen führen.[687] Dies ist u.a. darauf zurückzuführen, dass § 1 Abs. 1 S. 2 AStG im Gegensatz zu § 8 Abs. 3 S. 2 KStG die Fiktion der Kenntnis aller wesentlichen Umstände der Geschäftsbeziehung unterstellt.[688]

Hinsichtlich der Rechtsfolgen stellt § 8 Abs. 3 S. 2 KStG für die Höhe der Einkommenskorrektur auf den gemeinen Wert eines hingegebenen Wirtschaftsguts im Sinne von § 9 BewG ab,[689] wohingegen § 1 AStG an die Bedingungen anknüpft, wie sie zwischen fremden Dritten vereinbart worden wären. Dem insoweit bestehenden potenziellen Unterschied bei der Bewertung der Einkommenskorrektur steht jedoch eine Annäherung der Vergleichsmaßstäbe durch die Rechtsprechung entgegen, indem der BFH mit Urteil vom 17.10.2001[690] erstmals den Fremdvergleichspreis als Bewertungsmaßstab für § 8 Abs. 3 S. 2 KStG verwendet hat.[691]

---

682 Vgl. § 1 Abs. 2 Nr. 2 AStG.
683 Vgl. § 1 Abs. 2 Nr. 3 AStG.
684 Vgl. *Kraft*, in: Kraft, AStG, 2009, § 1, Rz. 26.
685 Vgl. BFH, Urteil v. 16.3.1967, I 261/63, BStBl. III 1967, 626.
686 BFH, Urteil v. 17.5.1995, I R 147/93, BStBl. II 1996, 204; Vgl. auch BFH, Urteil v. 6.12.1995, I R 88/94, BStBl. II 1996, 383; *Wassermeyer*, in: F/W/B/S, Außensteuerrecht, 2012, § 1 AStG, Rz. 82.
687 Vgl. *Kraft*, in: Kraft, AStG, 2009, § 1, Rz. 28.
688 Vgl. *Baumhoff*, in: Mössner, Steuerrecht, 2012, Rz. 3.54.
689 Vgl. BFH, Urteil v. 27.11.1974, I R 250/72, BStBl. II 1975, 306.
690 Vgl. BFH, Urteil v. 17.10.2001, I R 103/00, BFHE 197, 68.
691 Vgl. *Kraft*, in: Kraft, AStG, 2009, § 1, Rz. 29; *Wassermeyer*, in: F/W/B/S, Außensteuerrecht, 2012, § 1 AStG, Rz. 84.

3.3.3.2 Verhältnis zur verdeckten Einlage

Die verdeckte Einlage eines einlagefähigen Vermögensvorteils in das Vermögen einer Gesellschaft durch einen Gesellschafter erfolgt mit dem Ziel einer gewinnmindernden Erfassung des Rechtsgeschäfts beim Gesellschafter und einer entsprechenden Behandlung bei der Gesellschaft, die das Vermögen erhält.[692] Durch das Rechtsinstitut der verdeckten Einlage erfolgt eine Neutralisierung der verdeckten Vorteilszuwendung durch eine Erfassung als nachträgliche Anschaffungskosten der Beteiligung.[693] Aus der Sicht der den Vorteil empfangenden Gesellschaft kann die verdeckte Einlage damit niemals zu einer Minderung der Einkünfte führen, weshalb § 1 AStG in dieser Fallkonstellation nicht einschlägig ist.[694]

Bei einer Betrachtung aus der Perspektive des den Vorteil gewährenden Gesellschafters ist eine Minderung der Einkünfte gegeben, da der Gesellschafter keine fremdübliche Gegenleistung für seine Vorteilsgewährung erhält.[695] Das die verdeckte Einlage begründende Rechtsgeschäft stellt ferner die für § 1 AStG erforderliche Geschäftsbeziehung dar,[696] auch soweit eine gesellschaftsrechtliche Veranlassung bestehen mag. Aufgrund des in § 5 Abs. 6 EStG enthaltenen Gebots, verdeckte Einlagen „auch beim Gesellschafter wie Leistungen zu behandeln, die auf der Basis des Gesellschaftsverhältnisses erbracht werden“[697], ist jedoch von einem Vorrang der verdeckten Einlage vor § 1 AStG auszugehen. Da das Rechtsinstitut der verdeckten Einlage das betreffende Rechtsgeschäft in korrigierender Weise als gesellschaftsrechtlichen Vorgang betrachtet, kommt es zu einer „Negierung des die Einlage verdeckenden Rechtsgeschäfts“[698] und damit auch insoweit zu einer Nichtanwendbarkeit von § 1 AStG. Dies bedeutet, dass § 1 AStG nicht geeignet ist, die durch § 5 Abs. 6 EStG gebotene gesellschaftsrechtliche Betrachtungsweise der verdeckten Einlage in eine Geschäftsbeziehung umzuqualifizieren.[699] Eine Anwendung von § 1 AStG kommt jedoch bei der Gewährung nicht einlagefähiger Vermögensvorteile[700] wie insbesondere Nutzungsüberlassungen durch einen

---

692 Vgl. *Cortez*, in Wöhrle/Schelle/Gross, AStG, 2011, § 1 AStG, Rz. 31.
693 Vgl. *Kraft*, in: Kraft, AStG, 2009, § 1, Rz. 31.
694 Vgl. *Wassermeyer*, in: F/W/B/S, Außensteuerrecht, 2012, § 1 AStG, Rz. 90.
695 Vgl. *Wassermeyer*, in: F/W/B/S, Außensteuerrecht, 2012, § 1 AStG, Rz. 91; a.A. *Vögele/Raab*, in: Vögele/Borstell/Engler, Verrechnungspreise, 2011, Kapitel A, Rz. 280. Nach der von *Vögele/Raab* vertretenen Auffassung besteht beim vorteilsgewährenden Gesellschafter keine Einkommensminderung, da das Rechtsinstitut der verdeckten Einlage eine Aktivierung des Vorteils auf dem Beteiligungskonto des Gesellschafters herbeiführt.
696 Vgl. *Wassermeyer*, in: F/W/B/S, Außensteuerrecht, 2012, § 1 AStG, Rz. 91.
697 *Wassermeyer*, in: F/W/B/S, Außensteuerrecht, 2012, § 1 AStG, Rz. 91.
698 *Cortez*, in Wöhrle/Schelle/Gross, AStG, 2011, § 1, Rz. 32.
699 Vgl. *Wassermeyer*, in: F/W/B/S, Außensteuerrecht, 2012, § 1 AStG, Rz. 91f.
700 Vgl. ständige Rechtsprechung des BFH, vgl. zuletzt Urteil v. 26.10.1987, GrS 2/86, BStBl. II 1988, 348.

Gesellschafter in das Vermögen seiner Gesellschaft in Frage, da insoweit mangels Einschlägigkeit der verdeckten Einlage kein Vorrang des Rechtsinstituts der verdeckten Einlage bestehen kann.[701]

3.3.4 Grundlagen des Fremdvergleichs im Sinne von § 1 AStG

3.3.4.1 Konkretisierung des Fremdvergleichs

Der deutsche Gesetzgeber hat mit der Unternehmensteuerreform 2008[702] den Versuch unternommen, den in § 1 AStG verankerten Fremdvergleichsgrundsatz bzw. dessen Anwendung zu konkretisieren und hierfür zwei Aspekte in § 1 Abs. 1 S. 2 AStG aufgenommen, die in dieser Form weder in Art. 9 OECD-MA noch in § 482 IRC vorkommen. Danach ist für die Anwendung des Fremdvergleichsgrundsatzes davon auszugehen, dass die voneinander unabhängigen Dritten alle wesentlichen Umstände der Geschäftsbeziehung kennen und nach den Grundsätzen ordentlicher und gewissenhafter Geschäftsleiter handeln. Die durch die Annahme der Kenntnis aller wesentlichen Umstände implizierte Informationstransparenz soll ausweislich der Gesetzesbegründung dazu dienen, jene Markttransaktionen, die unter „irregulären Umständen" wie „mangelhafte Information oder Qualifikation" zu Stande gekommen sind, unberücksichtigt zu lassen.[703] Die Regelung wird in der Literatur kritisiert, da sie nicht im Einklang mit den tatsächlichen Verhältnissen der Preisbildung an unregulierten und aktiven Märkten steht und daher dem Fremdvergleichsgrundsatz fundamental widerspricht.[704] Der deutsche Gesetzgeber lässt damit bereits an dieser Stelle erkennen, dass er eine Einschränkung des Fremdvergleichsgrundsatzes für erforderlich erachtet, soweit dies erforderlich ist, um aus fiskalischer Sicht unbillige Ergebnisse zu verhindern.

Mit dem gesetzlich unterstellten Handeln nach den Grundsätzen ordentlicher und gewissenhafter Geschäftsleiter wurde eine Kodifizierung des von der deutschen Rechtsprechung entwickelten Verständnisses bestimmter Aspekte des Fremdvergleichsgrundsatzes vorgenommen. Die Rechtsfigur des ordentlichen und gewissenhaften Geschäftsleiters wurde durch Urteil des BFH v. 16.3.1967[705] in das deutsche Steuerrecht eingeführt.[706] In seinem Ursprung zu-

---

701 Vgl. *Kraft*, in: Kraft, AStG, 2009, § 1, Rz. 36; *Wassermeyer*, in: F/W/B/S, Außensteuerrecht, 2012, § 1 AStG, Rz. 92; *Cortez*, in Wöhrle/Schelle/Gross, AStG, 2011, § 1, Rz. 32; *Kaminski*, in: Strunk/Kaminski/Köhler, AStG/DBA, 2011, § 1 AStG, Rz. 26.

702 Vgl. UntStRefG 2008 v. 14.8.2007, BStBl. I 2007, 630.

703 Regierungsbegründung zum Entwurf eines Unternehmensteuerreformgesetzes 2008, BT-Drs. 16/4841, 85.

704 Vgl. *Wassermeyer*, DB 2007, 535, 536; *Kraft* in: Kraft, AStG, 2009, § 1, Rz. 125ff.; *Wittendorf*, Transfer Pricing, 2010, 309; *Kaminski*, in: Strunk/Kaminski/Köhler, AStG/DBA, 2011, § 1 AStG, Rz. 269f.

705 BFH, Urteil v. 16.3.1967, I 261/63, BStBl. III 1967, 626.

rückgehend auf § 43 GmbHG, der die Treuepflicht des GmbH-Geschäftsführers betrifft, hat der BFH mit dem Leitbild des ordentlichen und gewissenhaften Geschäftsleiters „versucht, das Problem bestehender Ermessensspielräume zu lösen“[707]. Der einem ordentlichen und gewissenhaften Geschäftsleiter zustehende Ermessensspielraum wird von dem Oberziel der Gewinnmaximierung geprägt[708], d.h. der Geschäftsleiter ist bestrebt, im Rahmen konzerninterner und mit fremden Dritten abgeschlossener Geschäfte den maximalen Vorteil für sein Unternehmen zu realisieren.[709] Kurzfristige Nachteile, z.B. in Form von verringerten Preisen im Rahmen einer Markteroberungsstrategie, werden daher in Kauf genommen, wenn sie der langfristigen Gewinnmaximierung dienen.[710] Die Verdoppelung des ordentlichen und gewissenhaften Geschäftsleiters in der Rechtsprechung[711] und letztlich auch im Wortlaut von § 1 Abs. 1 S. 2 AStG trägt der Tatsache Rechnung, dass sich bei der Beurteilung von Leistungsbeziehungen nach dem Fremdvergleichsgrundsatz stets zwei Parteien gegenüberstehen, die ihre eigenen Interessen vertreten. Damit findet der zwischen fremden Dritten regelmäßig vorhandene Interessengegensatz als steuerliche Fiktion Eingang in die Verrechnungspreisbildung.[712] Die Rechtsfigur des doppelten ordentlichen und gewissenhaften Geschäftsleiters wird im deutschen Schrifttum als im Einklang mit dem Fremdvergleichsgrundsatz und damit auch mit Art. 9 OECD-MA betrachtet.[713] Als Beleg kann insofern auch angeführt werden, dass sich der ordentliche und gewissenhafte Geschäftsleiter in den OECD-Verrechnungspreisrichtlinien 2010 im Zusammenhang mit Hinweisen zur Nachweisführung der Angemessenheit von Verrechnungspreisen wiederfindet und eine ablehnende Haltung der OECD somit nicht ersichtlich wird.[714] Auch die Einbeziehung der Perspektive beider Vertragspartner wird von der OECD ausdrücklich im Zusammenhang mit der Verrechnungspreisbildung für immaterielle Vermögenswerte und Dienstleistungen erwähnt,[715] sodass insoweit ebenfalls kein Dissens be-

---

706 Vgl. *Becker*, in: Knobbe-Keuk/Klein/Moxter, FS Döllerer, 1988, 17, 17.
707 *Kaminski*, in: Strunk/Kaminski/Köhler, AStG/DBA, 2011, § 1 AStG, Rz. 284.
708 Vgl. etwa BFH, Urteil v. 16.4.1980, I R 75/78, BStBl. II 1981, 492; Urteil v. 28.6.1989, I R 89/85, BStBl. II 1989, 854.
709 Vgl. *Kaminski*, in: Strunk/Kaminski/Köhler, AStG/DBA, 2011, § 1 AStG, Rz. 128.
710 Vgl. *Baumhoff*, in: F/W/B/S, Außensteuerrecht, 2012, § 1 AStG, Rz. 810.
711 Der BFH hat mit Urteil vom 17.5.1995 (I R 147/93, BStBl. II 1996, 204) erstmals ausdrücklich festgestellt, dass der Fremdvergleich die Einbeziehung beider Parteien erfordert. Vgl. zur Entwicklung der Rechtsprechung *Ditz*, Gewinnabgrenzung, 2004, 183ff.
712 Vgl. *Höppner*, StBp 1983, 121, 122; *Baumhoff*, in: Mössner, Steuerrecht, 2012, Rz. 3.147.
713 Vgl. *Borstell*, in: Vögele/Borstell/Engler, Verrechnungspreise, 2011, Kapitel C, Rz. 92ff.; *Kaminski*, in: Strunk/Kaminski/Köhler, AStG/DBA, 2011, § 1 AStG, Rz. 293.; *Baumhoff*, in: Mössner, Steuerrecht, 2012, Rz. 3.136.
714 Vgl. Tz. 5.6 der OECD-Verrechnungspreisrichtlinien 2010.
715 Vgl. Tz. 6.14 und 7.29 der OECD-Verrechnungspreisrichtlinien 2010; Tz. 81f. des Diskussionsentwurfs vom 6.6.2012; Tz. 130f. des Diskussionsentwurfs vom 30.7.2013.

steht.[716] Im deutschen Schrifttum wird eine Internationalisierung der Denkfigur des doppelten ordentlichen und gewissenhaften Geschäftsleiters gefordert.[717]

3.3.4.2 Vergleichbarkeitsanalyse

Der Fremdvergleichsgrundsatz geht in seiner Reinform von einer identischen Transaktion zwischen fremden Dritten aus, die unter identischen Umständen wie die konzerninterne Transaktion stattfindet und daher als direkter Maßstab für die Verrechnungspreisfindung dienen kann. § 1 Abs. 1 S. 1 AStG trägt der Tatsache Rechnung, dass absolut gleiche Verhältnisse nur in „sehr seltenen Ausnahmefällen“[718] gegeben sind und enthält die Formulierung „gleiche oder vergleichbare Verhältnisse“. Der BFH hat in seinem Urteil vom 6.4.2005[719] für die Anwendung der Preisvergleichsmethode verlangt, dass nur „im Wesentlichen identische Leistungsbeziehungen“ einer Anwendung der Preisvergleichsmethode zu Grunde gelegt werden dürfen. Das Urteil wurde in der Literatur in Bezug auf die Anforderungen an die Vergleichbarkeit kritisiert, da Vergleichbarkeit nicht identische (gleiche) Verhältnisse, sondern Ähnlichkeit in Bezug auf die für die betreffende Transaktion wesentlichen, d.h. wirtschaftlich bedeutsamen, Merkmale erfordere.[720] Hieraus wird ersichtlich, dass die für die Vergleichbarkeit wesentlichen Merkmale zu betrachten sind. Nach dem BMF-Schreiben vom 12.4.2005[721] (fortan: „Verwaltungsgrundsätze-Verfahren“) sind alle Faktoren zu berücksichtigen, die sich „auf die Preisgestaltung auswirken können“[722]. In Verbindung mit dem BMF-Schreiben vom 23.2.1983[723] (fortan: „Verwaltungsgrundsätze 1983“) ergibt sich eine nicht abschließende Grundgesamtheit von für die Vergleichbarkeit relevanten Faktoren (Vergleichbarkeitsfaktoren)[724], die sich weitgehend im Einklang mit den OECD-Verrechnungspreisrichtlinien 2010 befindet.[725] Zu nennen sind insoweit die Marktverhältnisse[726], einschließlich Faktoren der Preisbildung,[727] der Gegenstand der Geschäftsbeziehung (tatsächliche Verhältnisse nach ih-

---

716 Vgl. *Ditz*, Gewinnabgrenzung, 2004, 189.

717 Vgl. statt vieler *Baumhoff*, in: F/W/B/S, Außensteuerrecht, 2012, § 1 AStG, Rz. 131, m.w.N.

718 *Kaminski*, in: Strunk/Kaminski/Köhler, AStG/DBA, 2011, § 1 AStG, Rz. 137.

719 BFH, Urteil v. 6.4.2005, I R 22/04, BStBl. II 2007, 658.

720 Vgl. *Baumhoff/Ditz/Greinert*, IStR 2005, 592, 592; *Kaminski*, in: Strunk/Kaminski/Köhler, AStG/DBA, 2011, § 1 AStG, Rz. 128.

721 BMF-Schreiben v. 12.4.2005, IV B 4 – S 1341 – 1/05, BStBl. I 2005, 570.

722 Vgl. Tz. 3.4.12.7. des BMF-Schreibens v. 12.4.2005, IV B 4 – S 1341 – 1/05, BStBl. I 2005, 570.

723 BMF-Schreiben v. 23.2.1983, IV C 5 – S 1341 – 4/83, BStBl. I 1983, 218.

724 Vgl. Tz. 3.4.12.7 des BMF-Schreibens v. 12.4.2005, IV B 4 – S 1341 – 1/05, BStBl. I 2005, 570.

725 Vgl. zur Vergleichbarkeitsanalyse nach den OECD-Verrechnungspreisrichtlinien 2010 Kapitel 3.2.5.

726 Vgl. Tz. 2.1.1. des BMF-Schreibens v. 23.2.1983, IV C 5 – S 1341 – 4/83, BStBl. I 1983, 218.

727 Vgl. Tz. 2.1.5. der Verwaltungsgrundsätze 1983 sowie Tz. 3.4.12.7 des BMF-Schreibens v. 12.4.2005, IV B 4 – S 1341 – 1/05, BStBl. I 2005, 570.

rem wirtschaftlichen Gehalt),[728] die Merkmale und Besonderheiten der betreffenden Wirtschaftsgüter (z.B. physische Eigenschaften, Qualität, Art immaterieller Wirtschaftsgüter, Zuverlässigkeit, Verfügbarkeit, Liefermenge) und Dienstleistungen, die ausgeübten Funktionen und von den Transaktionspartnern getragenen Risiken sowie eingesetzten Mittel,[729] die vertraglichen Bedingungen,[730] die wirtschaftlichen Umstände in dem maßgeblichen Markt[731] sowie die Geschäftsstrategien der Transaktionspartner.[732] Die vorstehend aufgezählten einzelnen Aspekte der Vergleichbarkeitsanalyse werden in den Verwaltungsgrundsätzen-Verfahren teilweise noch weiter erläutert. In Bezug auf den Bereich der Forschung und Entwicklung sollen die eingesetzten Wirtschaftsgüter analysiert werden; als Beispiele werden Patente und Lizenzen genannt. Eine darüber hinausgehende Konkretisierung der relevanten Vergleichsbarkeitsfaktoren für spezifische Transaktionsarten wie insbesondere die grenzüberschreitende Überlassung oder Übertragung von immateriellen Vermögenswerten sehen die Verlautbarungen der deutschen Finanzverwaltung jedoch nicht vor. Uneingeschränkte Vergleichbarkeit ist nach den Verwaltungsgrundsätzen-Verfahren gegeben, wenn die Geschäftsbedingungen identisch sind, oder bestehende Unterschiede keine wesentliche Auswirkung auf die Preisgestaltung haben bzw. diese Unterschiede in den Geschäftsbedingungen durch hinreichend genaue Anpassungen beseitigt werden können. [733] Im Gegensatz hierzu ist Unvergleichbarkeit gegeben, wenn Unterschiede in den Geschäftsbedingungen so erheblich sind, dass diese nicht durch Anpassungsrechnungen beseitigt werden können. Nach Auffassung der deutschen Finanzverwaltung ist dies insbesondere der Fall, wenn „spezielle, besonders wertvolle immaterielle Wirtschaftsgüter von Bedeutung sind oder sich die maßgeblichen Funktionen und Risiken erheblich unterscheiden“[734]. Eingeschränkte Vergleichbarkeit wird in den Verwaltungsgrundsätzen-Verfahren im Umkehrschluss abgeleitet, wenn weder uneingeschränkte Vergleichbarkeit noch Unvergleichbarkeit gegeben sind.[735] Die Einschätzung der Vergleichbarkeit hat unmittelbare Auswirkung auf die Preisbildung, da bei uneingeschränkt vergleichbaren Fremdvergleichswerten alle Werte einer Bandbreite herangezogen werden können, wohinge-

[728] Vgl. Tz. 2.1.2. des BMF-Schreibens v. 23.2.1983, IV C 5 – S 1341 – 4/83, BStBl. I 1983, 218.
[729] Tz. 2.1.3. des BMF-Schreibens v. 23.2.1983, IV C 5 – S 1341 – 4/83, BStBl. I 1983, 218.
[730] Vgl. Tz. 3.4.12.7 des BMF-Schreibens v. 12.4.2005, IV B 4 – S 1341 – 1/05, BStBl. I 2005, 570.
[731] Vgl. Tz. 3.4.12.7 des BMF-Schreibens v. 12.4.2005, IV B 4 – S 1341 – 1/05, BStBl. I 2005, 570.
[732] Vgl. Tz. 3.4.12.7 des BMF-Schreibens v. 12.4.2005, IV B 4 – S 1341 – 1/05, BStBl. I 2005, 570.
[733] Vgl. Tz. 3.4.12.7 lit. a des BMF-Schreibens v. 12.4.2005, IV B 4 – S 1341 – 1/05, BStBl. I 2005, 570.
[734] Tz. 3.4.12.7 lit. b des BMF-Schreibens v. 12.4.2005, IV B 4 – S 1341 – 1/05, BStBl. I 2005, 570.
[735] Vgl. Tz. 3.4.12.7 lit. c des BMF-Schreibens v. 12.4.2005, IV B 4 – S 1341 – 1/05, BStBl. I 2005, 570.

gen eine Bandbreite eingeschränkt vergleichbarer Werte nach § 1 Abs. 3 S. 3 AStG einzuengen ist.[736]

3.3.4.3 Charakterisierung der Transaktionspartner

Hinsichtlich der transaktionsbezogenen Analyse der Funktionen und Risiken nehmen die Verwaltungsgrundsätze-Verfahren ausdrücklich Bezug auf Tz. 1.20 bis 1.35 der OECD-Verrechnungspreisrichtlinien 2010.[737] Im Unterschied zu den OECD-Verrechnungspreisrichtlinien 2010 wird explizit verlangt, dass das Ergebnis der Funktions- und Risikoanalyse in einer Unternehmenscharakterisierung zusammenzufassen ist.[738] Danach wird für Zwecke der Verrechnungspreisbildung zwischen den drei idealtypischen „Unternehmensformen"[739] des Routineunternehmens, des Strategieträgers bzw. Entrepreneurs sowie des Mittelunternehmens unterschieden. Als Routineunternehmen gilt ein Unternehmen, das lediglich Routinefunktionen durchführt, nur in geringem Umfang Wirtschaftsgüter einsetzt und hierbei nur geringe Risiken trägt, beispielsweise eine Erbringung von marktgängigen Dienstleistungen durch einen Lohnfertiger oder so genannten „low risk distributor"[740]. Als Entrepreneur bzw. Strategieträger wird ein Unternehmen angesehen, das über die zur Durchführung von Geschäften wesentlichen materiellen und immateriellen Wirtschaftsgüter verfügt, die wesentlichen, für den Unternehmenserfolg entscheidenden Funktionen ausübt und die wesentlichen Risiken übernimmt.[741] Dementsprechend ist ein Mittel- oder Hybridunternehmen ein Unternehmen, das unter Berücksichtigung der von ihm ausgeübten Funktionen, eingesetzten Wirtschaftsgüter und übernommenen Risiken weder als Routineunternehmen, noch als Entrepreneur anzusehen ist.[742] Die Verwaltungsgrundsätze-Verfahren knüpfen bestimmte Rechtsfolgen an die vorgenommene Charakterisierung, insbesondere in Bezug auf die Allokation des aus einer Transaktion generierten Residualergebnisses. So folgt aus der Rolle des Entrepreneurs bzw. Strategieträgers, der die erfolgskritischen Funktionen ausübt und die entsprechenden Risiken trägt, der Anspruch auf das Residualergebnis, wohingegen dem Routineunternehmen „regelmäßig geringe, aber stabile Gewinne"[743] zugesprochen werden.

---

[736] Vgl. zur Verrechnungspreisbildung bei der Betrachtung von Bandbreiten *Baumhoff*, in: F/W/B/S, Außensteuerrecht, 2012, § 1 AStG, Rz. 151ff.

[737] Vgl. Tz. 3.4.11.4 des BMF-Schreibens v. 12.4.2005, IV B 4 – S 1341 – 1/05, BStBl. I 2005, 570.

[738] Vgl. Tz. 3.4.10.2 des BMF-Schreibens v. 12.4.2005, IV B 4 – S 1341 – 1/05, BStBl. I 2005, 570.

[739] *Baumhoff*, in: Mössner, Steuerrecht, 2012, Rz. 3.147.

[740] Tz. 3.4.10.2 lit. a des BMF-Schreibens v. 12.4.2005, IV B 4 – S 1341 – 1/05, BStBl. I 2005, 570.

[741] Vgl. Tz. 3.4.10.2 lit. b des BMF-Schreibens v. 12.4.2005, IV B 4 – S 1341 – 1/05, BStBl. I 2005, 570.

[742] Vgl. Tz. 3.4.10.2 lit. c des BMF-Schreibens v. 12.4.2005, IV B 4 – S 1341 – 1/05, BStBl. I 2005, 570.

[743] Vgl. Tz. 3.4.10.2 lit. a des BMF-Schreibens v. 12.4.2005, IV B 4 – S 1341 – 1/05, BStBl. I 2005, 570.

Die Verwaltungsgrundsätze-Verfahren verlangen eine Darstellung der Wertschöpfungsbeiträge der beteiligten Steuerpflichtigen im Rahmen einer Wertschöpfungsbeitragsanalyse, wenn der Wertschöpfungsbeitrag eines Steuerpflichtigen nicht bereits „aus der Funktions- und Risikoanalyse und der dazugehörigen Angemessenheitsdokumentation ersichtlich ist“[744]. Dabei sind die einzelnen Geschäftsprozesse zu identifizieren und zu beschreiben, sodass ihre Bedeutung bei der Wertschöpfung für den Konzern ersichtlich wird. Schließlich ist darzustellen, welchen Beitrag die jeweilige Geschäftseinheit zu den Geschäftsprozessen „beisteuert“[745].

3.3.5 Definition immaterieller Vermögenswerte

3.3.5.1 Begriff des Wirtschaftsguts

Die steuerliche Gewinnermittlung ist in Deutschland durch den in § 5 Abs. 1 S. 1 EStG enthaltenen materiellen Maßgeblichkeitsgrundsatz geprägt, wonach bei der Ermittlung des Unterschiedsbetrags im Sinne von § 4 Abs. 1 S. 1 EStG für den Schluss des Wirtschaftsjahres das Betriebsvermögen anzusetzen ist, das nach den handelsrechtlichen Grundsätzen ordnungsmäßiger Buchführung[746] auszuweisen ist, es sei denn, im Rahmen der Ausübung eines steuerlichen Wahlrechts wird oder wurde ein anderer Ansatz gewählt. Im Hinblick auf den Maßgeblichkeitsgrundsatz hat der Große Senat des BFH mit Urteil vom 7.8.2000 eine inhaltliche Übereinstimmung der Begriffe „Vermögensgegenstand“ und „Wirtschaftsgut“ für einkommensteuerliche Zwecke determiniert.[747] In diesem Urteil hat der BFH ebenfalls festgestellt, dass der Begriff des Wirtschaftsguts neben Sachen und Rechten im Sinne des BGB auch tatsächliche Zustände und konkrete Möglichkeiten umfasst, d.h. „sämtliche Vorteile für den Betrieb, deren Erlangung sich der Kaufmann etwas kosten lässt“[748]. Ferner muss ein Wirtschaftsgut als Einzelheit ins Gewicht fallen[749], sodass es „nach der Verkehrsauffassung“[750] selbständig bewertbar ist,[751] und in der Regel einen Nutzen für mehrere Jahre erbringt.[752] Eine selbständige Bewertbarkeit beinhaltet die Möglichkeit, das Wirtschaftsgut von anderen Wirtschaftsgütern oder Vorteilen im vorstehend genannten Sinne abgrenzen zu kön-

---

744 Vgl. Tz. 3.4.11.5 des BMF-Schreibens v. 12.4.2005, IV B 4 – S 1341 – 1/05, BStBl. I 2005, 570.

745 Tz. 3.4.11.5 des BMF-Schreibens v. 12.4.2005, IV B 4 – S 1341 – 1/05, BStBl. I 2005, 570.

746 Vgl. zum Umfang des Verweises auf handelsrechtliche Grundsätze ordnungsmäßiger Buchführung durch § 5 Abs. 1 S. 1 EStG *Buciek*, in: Blümich, EStG/KStG/GewStG, § 5 EStG, Rz. 204ff.

747 Vgl. BFH, Urteil v. 7.8.2000, GrS 2/99, BStBl. II 2000, S. 635.

748 BFH, Urteil v. 7.8.2000, GrS 2/99, BStBl. II 2000, S. 635.

749 Vgl. BFH, Urteil v. 18.8.1975, I R 24/73, BStBl. II 1975, S. 809.

750 *Weber-Grellet*, in: Schmidt, EStG, 2012, § 5, Rz. 94.

751 Vgl. BFH, Urteil v. 24.7.1996, X R 139/93, DStRE 1997, 21; Urteil v. 20.4.1982, I R 41/82, BStBl. II 1998, 868.

752 Vgl. BFH, Urteil v. 24.7.1996, X R 139/93, DStRE 1997, 21.

nen[753]; dies umfasst jedoch nicht die Notwendigkeit, die Höhe des zukünftigen Nutzens prognostizieren zu können. Entscheidend für die gesonderte Bewertbarkeit ist, ob ein gedachter Erwerber des Betriebs im Rahmen des Gesamtkaufpreises für die betreffende Position ein ins Gewicht fallendes Entgelt ansetzen würde.[754] Nicht erforderlich für das Vorliegen eines Wirtschaftsgutes ist hingegen die Einzelveräußerbarkeit desselben, d.h. eine Übertragbarkeit zusammen mit dem Betrieb[755] oder wenigstens eine wirtschaftliche Verwertbarkeit mit dem Betrieb ist ausreichend.[756] Die einkommensteuerrechtliche Definition des Wirtschaftsguts ist dem eingangs erwähnten Zweck der Steuerbilanz entsprechend weit gefasst und orientiert sich weniger an zivilrechtlichen als vielmehr an wirtschaftlichen Gesichtspunkten,[757] d.h. auch soweit einem Wirtschaftsgut kein rechtlicher Schutz oder ein gesetzlich oder vertraglich geregelter Anspruch zu Grunde liegt, kann es aufgrund seines wirtschaftlichen Gehalts und seiner Auswirkung auf die wirtschaftliche Leistungsfähigkeit des Steuerpflichtigen für Zwecke der steuerlichen Gewinnermittlung als solches anzusehen sein.

3.3.5.2 Begriff des immateriellen Wirtschaftsguts

Das deutsche Einkommensteuerrecht folgt durch § 5 Abs. 2 EStG der Aktivierungspflicht entgeltlich erworbener immaterieller Wirtschaftsgüter im Sinne des Vollständigkeitsgebots des § 246 HGB sowie der durch § 266 Abs. 2 A. I. HGB vorgegebenen bilanziellen Gliederung immaterieller Wirtschaftsgüter des Anlagevermögens in der Steuerbilanz. Im Umkehrschluss ergibt sich ein Aktivierungsverbot für unentgeltlich erworbene oder selbst erstellte immaterielle Wirtschaftsgüter des Anlagevermögens.[758]

Der Begriff des immateriellen Wirtschaftsguts wird in den Steuergesetzen zwar genannt,[759] das deutsche Steuerrecht enthält jedoch keine Legaldefinition des immateriellen Wirtschaftsguts im Sinne einer „eindeutigen, allgemein gültigen Begriffsbestimmung“[760]. Die Einkommensteuer-Richtlinien führen in R 5.5 Abs. 1 eine beispielhafte Aufzählung an, wonach „Rechte, rechtsähnliche Werte und sonstige Vorteile“ als immaterielle Wirtschaftsgüter in Betracht kommen und nicht selbständig bewertbare geschäftswertbildende Faktoren keine imma-

---

753 Vgl. *Moxter*, BB 1987, 1846, 1848.
754 Vgl. BFH, Urteil v. 6.12.1978, I R 33/75, BStBl. II 1979, 259.
755 Vgl. BFH, Urteil v. 15.4.2004, IV R 51/02, BFH/NV 2004, 1393.
756 Vgl. *Weber-Grellet*, in: Schmidt, EStG, 2012, § 5, Rz. 95.
757 Vgl. *Weber-Grellet*, in: Schmidt, EStG, 2012, § 5, Rz. 94.
758 Vgl. *Weber-Grellet*, in: Schmidt, EStG, 2012, § 5, Rz. 161. Selbst geschaffene immaterielle Vermögenswerte des Umlaufvermögens sind hingegen stets zu aktivieren.
759 Vgl. etwa § 5 Abs. 2 EStG, § 1 Abs. 3 S. 10 AStG.
760 *Baumhoff*, in: F/W/B/S, Außensteuerrecht, 2012, § 1 AStG, Rz. 694; *Engler*, in: Vögele/Borstell/Engler, Verrechnungspreise, 2011, Kapitel N, Rz. 35.

teriellen Wirtschaftsgüter darstellen.[761] Auch die Verwaltungsgrundsätze 1983 sehen eine nicht abschließende Aufzählung von Beispielen immaterieller Wirtschaftsgüter vor. Diese umfasst gewerbliche Schutzrechte, Geschmacksmusterrechte, Urheberrechte, nicht geschützte Erfindungen, sonstige die Technik bereichernde Leistungen, Sortenschutzrechte, Geschäfts- oder Betriebsgeheimnisse sowie ahnliche Rechte oder Werte.[762] Die Rechtsprechung der Finanzgerichte hat sich nur in geringem Umfang in abstrakt definitorischer Art und Weise zum Begriff des immateriellen Wirtschaftguts geäußert. Nach dem Beschluss des Großen Senats vom 4.12.2006, der im Kontext der Einlage eines immateriellen Wirtschaftsguts in das Betriebsvermögen ergangen ist, hat der BFH immaterielle Wirtschaftsgüter wie folgt charakterisiert: „immaterielle Wirtschaftsgüter unterscheiden sich von den materiellen Wirtschaftsgütern durch ihre Unkörperlichkeit; es handelt sich zumeist um geistige Werte (z.B. Ideen) und Rechte (Berechtigungen). Immaterielle Wirtschaftsgüter sind z.B. Konzessionen, gewerbliche Schutzrechte, Urheberrechte, Lizenzrechte, aber auch ungeschützte Erfindungen, Know-how, Software, Rechte aus vertraglichen Wettbewerbsverboten, Belieferungsrechte, Kauf- und Verkaufsoptionen sowie der Geschäftswert."[763] Wie die beispielhafte Aufzählung des Großen Senats bereits andeutet, hat sich die Rechtsprechung in vielen Einzelfällen zur bilanzsteuerlichen Behandlung spezifischer Rechte, Werte und Vorteile im Hinblick auf deren Qualifizierung als immaterielles Wirtschaftsgut geäußert. Die nachfolgende tabellarische Darstellung enthält eine Übersicht der von Rechtsprechung, Finanzverwaltung und Literatur geäußerten Einschätzungen zu immateriellen Vermögenspositionen, die unter bestimmten Voraussetzungen als immaterielle Wirtschaftsgüter in der Steuerbilanz zu erfassen sind.

761 R 5.5 Abs. 1 S. 1-4 EStR 2012.

762 Vgl. Tz. 3.1.2.3 des BMF-Schreibens v. 23.2.1983, IV C 5 – S 1341 – 4/83, BStBl. I 1983, 218.

763 Vgl. BFH, Beschluss v. 4.12.2006, GrS 1/05, BStBl. II 2007, 508.

Immaterielle Vermögensposition	**Aktivierungsvoraussetzung**
Ungeschützte Erfindungen[764], Know-how[765], geheime Verfahren und Rezepturen[766]	▪ Entgeltlicher Erwerb eines Betriebs/ Teilbetriebs ▪ Abgrenzbarkeit vom Geschäftswert
Lieferantenkarteien, Kundenkarteien bzw. Kundenstamm[767]	▪ Entgeltlicher Erwerb ▪ Abgrenzbarkeit vom Geschäftswert ▪ Kundenstamm ist nicht an den ausscheidenden Unternehmer gebunden[768]
Aufragsbestände[769]	▪ Entgeltlicher Erwerb ▪ Abgrenzbarkeit vom Geschäftswert
Computerprogramme[770]	▪ Herstellung zum Verkauf oder entgeltlicher Erwerb ▪ Programm enthält nicht nur allgemein bekannte und für jedermann zugängliche Daten,[771] soweit nicht die besondere Zusammenstellung der Daten dem Programm einen besonderen wirtschaftlichen Vorteil verleiht[772]

764 Vgl. BFH, Urteil v. 2.6.1976, I R 20/74, BStBl. II 1976, 666; Urteil v. 10.9.2003, XI R 26/02, BStBl. II 2004, 218.

765 Vgl. BFH, Urteil v. 13.2.1970, III R 43/68, BStBl. II 1970, 373; sowie Urteil v. 22.5.1979, III R 129/74, BStBl. II 1979, 634; Urteil v. 15.7.1987, II R 249/83, BStBl. II 1987, 809; Urteil v. 23.11.1988, II R 209/82, BStBl. II 1989, 82 und Urteil v. 26.11.2009, III R 40/07, BFH/NV 2010, 721.

766 Vgl. *Engler*, in: Vögele/Borstell/Engler, Verrechnungspreise, 2011, Kapitel N, Rz. 32.

767 Vgl. BFH, Urteil v. 16.9.1970, I R 196/67, BStBl. II 1971, 175; Urteil v. 26.7.1989, I R 49/85, BFH/NV 1990, 442; Urteil v. 30.3.1994, I R 52/93, BStBl. II 1994, 903; Urteil v. 25.11.1981, I R 54/77, BStBl. II 1982, S. 189; Urteil v. 20.8.1986, I R 151/82, BFH/NV 1987, 468; Urteil v. 26.11.2009, III R 40/07, BFH/NV 2010, 721. Ablehnend zur Wirtschaftsguteigenschaft, soweit Kunden- oder Lieferantenbeziehungen betroffen sind, die nicht vertraglich fixiert sind sowie Rahmenverträge, die lediglich wiederkehrende Vertragsbedingungen wie Rabatte und Lieferzeiten enthalten: *Eisele*, Funktionsverlagerung, 2003, 215.

768 Vgl. BFH, Urteil v. 19.1.1960, I 213/59, DB 1960, 596; *Bauer*, DB 1989, 1051, 1053, m.w.N.

769 Vgl. BFH, Urteil v. 1.2.1989, VIII R 361/83, BFH/NV 1989, 778.

770 Vgl. BFH, Urteil v. 3.7.1987, III R 7/86, BStBl. II 1987, S. 728, sowie Urteil v. 28.7.1994, III R 47/92, BStBl. II 1994, S. 873.

771 Vgl. BFH, Urteil v. 3.7.1987, III R 7/86, BStBl. II 1987, 728.

772 Vgl. BFH, Urteil v. 5.2.1988, III R 49/83, BStBl. II 1988, 737.

Immaterielle Vermögensposition	**Aktivierungsvoraussetzung**
Geopunkte[773]	▪ Entgeltlicher Erwerb
Patente[774], Marken- und Urheberrechte[775], urheberrechtliche Leistungsschutzrechte[776], Verlagsrechte[777]	▪ Entgeltlicher Erwerb
Güterfernverkehrsgenehmigungen[778], Linienkonzessionen[779]	▪ Behördliche Zuteilung/ Entgeltlicher Erwerb
Emissionsberechtigungen[780]	▪ Behördliche Zuteilung/ Entgeltlicher Erwerb
Spielerlaubnis nach dem Lizenzspielerstatut des Deutschen Fußballbundes[781]	▪ Entgeltlicher Erwerb von Lizenzspielern
Eigenjagdrecht[782]	▪ Entgeltlicher Erwerb einer land-, forst- oder fischereiwirtschaftlich nutzbaren zusammenhängenden Fläche von mind. 75 Hektar
Kauf- und Verkaufsoptionen[783]	▪ Entgeltlicher Erwerb durch Optionsnehmer

773 Vgl. BFH, Urteil v. 30.10.2008, III R 82/06, BStBl. II 2009, 421.
774 Vgl. BFH, Urteil v. 2.6.1976, I R 20/74, BStBl. II 1976, 666.
775 Vgl. *Engler*, in: Vögele/Borstell/Engler, Verrechnungspreise, 2011, Kapitel N, Rz. 32.
776 Vgl. BFH, Urteil v. 20.9.1995, X R 225/93, DStR 1995, 1951.
777 Vgl. BFH, Urteil v. 14.3.1979, I R 37/75, BStBl. II 1979, 470.
778 Vgl. BFH, Urteil v. 10.8.1989, X R 176-177/87, BStBl. II 1990, 15 sowie Urteil v. 22.1.1992, I R 43/91, DStR 1992, 709.
779 Vgl. BFH, Urteil v. 15.12.1993, X R 102/92, BFH/NV 1994, 543.
780 Vgl. BMF-Schreiben v. 6.12.2005, IV B 2 – S 2134a – 42/05, BStBl. I 2005, 1047. Nach Rz. 8 des Schreibens sind Emissionsberechtigungen als immaterielle Wirtschaftsgüter im Umlaufvermögen zu aktivieren.
781 Vgl. BFH, Urteil v. 26.8.1992, I R 24/91, BStBl. II 1992, 977.
782 Vgl. BMF-Schreiben v. 23.6.1999, IV C 2 – S 2520 – 12-99, DStR 1999, 1358. Obgleich zivilrechtlich nach § 96 BGB Grundstücksbestandteil stellt das Eigenjagdrecht ertragsteuerlich ein selbständiges, nicht abnutzbares, immaterielles Wirtschaftsgut dar und ist bei entgeltlichem Erwerb durch einen land- und forstwirtschaftlichen Betrieb im Anlagevermögen zu aktivieren.
783 Vgl. BFH, Urteil v. 24.7.1996, X R 139/93, DStRE 1997, 21.

Immaterielle Vermögensposition	**Aktivierungsvoraussetzung**
Nutzungs-[784], Belieferungs-[785] und Alleinvertriebsrechte[786]	▪ Entgeltlicher Erwerb einer gesicherten Rechtsposition ▪ Nutzungsrecht darf nicht Gegenstand eines schwebenden Geschäfts sein[787]
Wettbewerbsverbote[788]	▪ Entgeltlicher Erwerb ▪ Wettbewerbsverbot ist nicht nur Nebenabrede sondern wesentliche Grundlage einer Geschäftsübernahme[789]
Geschäftschancen[790]	▪ Überlassung an nahe stehende Person ▪ Hinreichende Konkretisierung[791] ▪ Eigenständige Bewertbarkeit
Geschäftswert[792]	▪ Entgeltlicher Erwerb eines Betriebs/Teilbetriebs ▪ Soweit auf (unselbständige) geschäftswertbildende Faktoren entfallend

Tabelle 2: Immaterielle Wirtschaftsgüter im deutschen Bilanzsteuerrecht

784 Vgl. BFH, Urteil v. 14.3.2006, I R 109/04, BFH/NV 2006, 1812.

785 Vgl. BFH, Urteil v. 26.2.1975, I R 72/73, BStBl. II 1976, 13; Urteil v. 28.5.1998, IV R 48/97, BStBl. II 1998, 775; Urteil v. 15.4.2004, IV R 51/02, BFH/NV 2004, 1393.

786 Vgl. BFH, Urteil v. 27.7.1988, I R 130/84, BStBl. II 1989, 101.

787 Vgl. hierzu ausführlich *Kußmaul/Ollinger*, StuW 2011, 282, 289f. Noch nicht höchstrichterlich geklärt ist die Frage, ob Nutzungsrechte ungeachtet des Vorliegens eines Dauerschuldverhältnisses bei entgeltlichem Erwerb als immaterielle Wirtschaftsgüter zu aktivieren sind. *Weber-Grellet* spricht sich für eine Aktivierung entgeltlich erworbener Nutzungsrechte aus, vgl. *Weber-Grellet*, in: Schmidt, EStG, 2012, § 5, Rz. 176.

788 Vgl. BFH, Urteil v. 26.7.1972, I R 146/70, BStBl. II 1972, 937; Urteil v. 14.2.1973, I R 89/71, BStBl. II 1973, 580; Urteil v. 25.1.1979, IV R 21/75, BStBl. II 1979, 369.

789 Vgl. BFH, Urteil v. 14.2.1973, I R 89/71, BStBl. II 1973, 580.

790 Vgl. die weitergehenden Ausführungen in Kapitel 3.3.5.2.2.

791 Vgl. *Eisele*, Funktionsverlagerung, 2003, 224.

792 Vgl. BFH, Urteil v. 28.3.1966, IV 320/64, BStBl. III 1966, 456; Urteil v. 27.3.1996, I R 60/95, BStBl. II 1996, 576; Urteil v. 14.1.1998, X R 57/93, BFH/NV 1998, 1160; Beschluss v. 4.12.2006, GrS 1/05, BStBl. II 2007, 508; Urteil v. 26.11.2009, III R 40/07, BFH/NV 2010, 721. Vgl. auch die weitergehenden Ausführungen in Kapitel 3.3.5.2.1.

3.3.5.2.1 Geschäftswert

Der Geschäftswert, der als abnutzbares immaterielles Wirtschaftsgut gilt,[793] ist definiert als der „Mehrwert, der einem gewerblichen Unternehmen über den Substanzwert der einzelnen materiellen und immateriellen Wirtschaftsgüter abzüglich der Schulden hinaus innewohnt“[794]. Dieser Mehrwert wird durch den Käufer eines „lebenden“[795] Betriebs oder Teilbetriebs durch eine ensprechende „Mehrzahlung“[796] honoriert. Der Geschäftswert ist damit Ausdruck der Gewinnaussichten, „soweit diese nicht in einzelnen Wirtschaftsgütern verkörpert sind“[797], sondern „durch den Betrieb des lebenden Unternehmens gewährleistet scheinen“[798], d.h. die Aktivierung eines entgeltlich erworbenen Geschäftswerts ist nur geboten, soweit das Entgelt des Käufers eines Betriebs oder Teilbetriebs nachweisbar nicht auf bestimmte materielle oder immaterielle Einzelwirtschaftsgüter bzw. die stillen Reserven dieser Einzelwirtschaftsgüter entfällt.[799] Der Geschäftswert ist damit ein „Sammelbecken aller nicht bilanzierungsfähigen immateriellen Werte“[800], das „wichtige Werttreiber eines Unternehmens“[801] repräsentiert, die sich als ein „heterogenes, vielschichtiges Synergie- und Nutzenpotential darstellen“[802], weshalb der Geschäftswert „in seinem Kern bei bilanzieller Gewinnermittlung nicht aufgelöst werden kann“[803], da er sich aus einer Anzahl von im Einzelnen nicht messbaren und wenig greifbaren Vorteilen zusammensetzt.[804] Demnach werden als geschäftswertbildende Faktoren, die in dem durch entgeltliche Übertragung eines Betriebs/Teilbetriebs realisierten Geschäftswert aufgehen, insbesondere der Ruf des Unternehmens, das Recht zur Fortführung des Unternehmensnamens,[805] der Kundenkreis,[806] ein günstiger Zugang zum Arbeitsmarkt und/oder Einkaufs- oder Absatzmarkt,[807] die innere und äußere Organisation, schwebende Arbeitsverträge,[808] die Qualität des Managements,[809] der Standort, die Qualität der Ablaufprozesse, die

793 Vgl. BFH, Urteil v. 12.7.2007, X R 5/05, DStR 2007, 1809.
794 *Weber-Grellet*, in: Schmidt, EStG, 2012, § 5, Rz. 221; BFH, Urteil v. 27.3.2001, I R 42/00, BStBl. II 2001, 477.
795 *Weber-Grellet*, in: Schmidt, EStG, 2012, § 5, Rz. 222.
796 *Weber-Grellet*, in: Schmidt, EStG, 2012, § 5, Rz. 221.
797 BFH, Urteil v. 12.8.1982, IV R 43/79, BStBl. II 1982, 652.
798 BFH, Urteil v. 14.1.1998, X R 57/93, BFH/NV 1998, 1160.
799 Vgl. BFH, Urteil v. 25.11.1981, I R 54/77, BStBl. II 1982, 189.
800 *Stapf*, Immaterielle Anlagewerte, 1968, 8, zitiert nach: *Küting*, DStR 2008, 1795, 1801.
801 *Küting*, DStR 2008, 1795, 1801.
802 *Küting*, DStR 2008, 1795, 1801.
803 *Moxter*, BB 2000, 2143, 2145.
804 Vgl. *Buciek*, in: Blümich, EStG/KStG/GewStG, 2012, § 5 EStG, Rz. 615.
805 Vgl. *Weber-Grellet*, in: Schmidt, EStG, 2012, § 5, Rz. 223.
806 Vgl. aber zu Kundenstamm/Kundenkartei Kapitel 3.3.5.2.
807 Vgl. *Söffing*, in: Knobbe-Keuk/Klein/Moxter, FS Döllerer, 1988, 593, 594.
808 Vgl. BFH, Urteil v. 7.11.1985, IV R 7/83, BStBl. II 1986, 176. Der Fall betraf schwebende Arbeitsverträge eines Arbeitnehmerverleihunternehmens, die dem Geschäftswert zugewiesen wurden.

Beziehungen zu Verbänden, Vereinen und politischen Parteien,[810] und Geschäftschancen,[811] soweit sie nicht als Wirtschaftsgut zu betrachten sind, angesehen. Der Geschäftswert kann auch Komponenten beinhalten, die nicht originär im zu erwerbenden Betrieb begründet sind, sondern deren Realisierung erst mit dem Erwerb des Unternehmens oder eines Teilbetriebs durch einen Erwerber begründet wird, beispielsweise der Preisaufschlag, den ein Erwerber ggf. „a fonds perdu"[812] aus strategischen oder anderen Gründen bereit ist, zu zahlen, um einen bestimmten Betrieb erwerben zu können. Daneben kann sich für den Käufer ein erhoffter[813] Mehrwert aus zukünftig zu realisierenden Synergien („Synergien-Goodwill"[814]) durch die Integration in den Betrieb des Erwerbers sowie der geplanten Restrukturierung des Zielunternehmens („Restrukturierungs-Goodwill"[815]) ergeben. Diesbezüglich ist festzuhalten, dass der Geschäftswert insoweit nicht originär im Erwerbsobjekt begründet ist, jedoch trotzdem in der Lage ist, die Zahlungsbereitschaft eines gedachten Erwerbers zu erhöhen. Zwischen geschäftswertbildenden Faktoren und geschäftswertähnlichen Wirtschaftsgütern ergeben sich Überschneidungen. Welcher der beiden Gruppierungen ein immaterieller Vermögenswert zuzuordnen ist, hängt maßgeblich von den Umständen des Einzelfalles und den Vereinbarungen der Parteien im Rahmen der Preisfindung bei der entgeltlichen Übertragung eines Betriebs oder Teilbetriebs ab. Den Vereinbarungen der Parteien wird, z.B. in Form einer nachvollziehbaren Einzelbewertung bestimmter tatsächlicher oder rechtlicher Verhältnisse des Unternehmens, eine Indizwirkung beigemessen.[816]

Aus einkommensteuerlicher Sicht ist der Geschäftswert an einen Betrieb oder Teilbetrieb gebunden und keiner weiteren Aufteilung zugänglich. Dies hat zur Folge, dass eine Übertragung des Geschäftswerts nur möglich ist, soweit eine entsprechende Sachgesamtheit (Betrieb oder Teilbetrieb) übertragen wird, mit der ein Geschäftswert verbunden ist.[817] Inwieweit ein Geschäftswert speziell einer Funktion im Sinne von § 1 Abs. 1 FVerlV anhaften kann, ist noch nicht höchstrichterlich entschieden.[818] Es erscheint jedoch plausibel, dass geschäftswertbil-

---

809 Vgl. *Buciek*, in: Blümich, EStG/KStG/GewStG, 2012, § 5 EStG, Rz. 615.
810 Vgl. *Söffing*, in: Knobbe-Keuk/Klein/Moxter, FS Döllerer, 1988, 593, 595.
811 Vgl. zu Geschäftschancen Kapitel 3.3.5.2.2.
812 *Wöhe*, StuW 1980, 89, 99.
813 Vgl. *Söffing*, in: Knobbe-Keuk/Klein/Moxter, FS Döllerer, 1988, 593, 595.
814 *Sellhorn*, DB 2000, 885, 889.
815 *Urban*, in: Horváth, Controlling, 1990, 7, 32.
816 Vgl. BFH, Urteil v. 7.11.1985, IV R 7/83, BStBl. II 1986, 176.
817 Vgl. beispielsweise BFH, Urteil v. 26.11.2009, III R 40/07, BFH/NV 2010, 721.
818 Vgl. *Jacobs*, Unternehmensbesteuerung, 2011, 1095; zu Recht kritisch zur Frage der Übertragung eines anteiligen Geschäftswerts bei Funktionsverlagerungen im Sinne von § 1 Abs. 3 S. 9 AStG: *Blumers*, BB 2007, 1757, 1761; *Borstell/Wehnert*, in: Vögele/Borstell/Engler, Verrechnungspreise, 2011, Kapitel Q, Rz. 100; *Peter et al.*, IStR 2011, 180, 182ff.

dende Faktoren, die mit dem Gesamtunternehmen verbunden sind, nicht mit einer Funktion übertragen werden können.[819] Im Umkehrschluss hieraus ergibt sich, analog zum Übergang eines Betriebs,[820] dass mit der Verlagerung einer Sachgesamtheit, der nachweisbar bestimmte geschäftswertbildende Faktoren anhaften, auch ein Übergang eines (anteiligen) Geschäftswerts erfolgen kann, der im Kontext der grenzüberschreitenden Gewinnabgrenzung multinationaler Unternehmen für Zwecke der Bewertung im Rahmen eines Transferpakets im Sinne von § 1 Abs. 3 S. 9 AStG zu berücksichtigen ist. Nach dem Urteil des BFH vom 2.9.2008[821] kann ein Übergang von Geschäftswert nur unter der Voraussetzung erfolgen, dass die geschäftswertbildenden Faktoren der übergehenden Sachgesamtheit endgütig und nicht nur vorübergehend überlassen werden. Der BFH führt hierzu aus, dass das aufnehmende Unternehmen „die geschäftswertbildenden Faktoren auf der Grundlage einer verfestigten Rechtsposition dauerhaft nutzen“[822] können muss. Nicht ausreichend ist hingegen eine tatsächliche Nutzungsmöglichkeit, auch soweit diese aufgrund einer gewisse Nutzungsdauer als verfestigt betrachtet werden kann. Aus der Rechtsprechung des BFH kann m.E. abgeleitet werden, dass ein Übergang des Geschäftswerts möglich ist, soweit eine Sachgesamtheit verlagert wird, welcher geschäftswertbildende Faktoren mittels einer gesicherten Rechtsposition ohne Rückübertragungsanspruch anhaften.[823] Ungeachtet dessen ist festzuhalten, dass der Geschäftswert keiner separaten Nutzungsüberlassung oder Übertragung zugänglich ist und daher seinem Wesen nach kein Wirtschaftsgut im eigentlichen Sinne an sich darstellt.[824]

3.3.5.2.2 Geschäftschancen

Eine Geschäftschance kann allgemein definiert werden als eine „konkretisierte und bewertbare Möglichkeit, aus einem zukünftigen Geschäft Gewinne zu erzielen“[825], soweit sich diese Möglichkeit nicht aus anderen Vermögenswerten ergibt. Die Einordnung von Geschäftschancen als immaterielle Wirtschaftsgüter ist noch nicht abschließend von der Rechtsprechung geklärt.[826]

---

819 Gl.A. wohl *Jacobs*, Unternehmensbesteuerung, 2011, 1095.
820 Vgl. BFH, Urteil v. 27.3.2001, I R 42/00, BStBl. II 2001, 477.
821 BFH, Urteil v. 2.9.2008, X R 32/05, BStBl. II 2009, 634.
822 BFH, Urteil v. 2.9.2008, X R 32/05, BStBl. II 2009, 634.
823 Vgl. *Greinert*, Ubg 2010, 101, 109.
824 Ebenso m.E. zu Recht kritisch zur Einordnung des Geschäftswerts als immaterielles Wirtschaftsgut und für eine Qualifizierung als Ausgleichsposten argumentierend: *Weber-Grellet*, in: Schmidt, EStG, 2012, § 5, Rz. 222.
825 *Baumhoff/Bodenmüller*, in: Grotherr, Steuerplanung, 2011, 541, 584.
826 Der BFH hat diese Frage in seinem Urteil v. 6.12.1995 (I R 40/95, BStBl. II 1997, 118) ausdrücklich offen gelassen.

Wird eine Geschäftschance von einer Kapitalgesellschaft unentgeltlich oder gegen ein unangemessen niedriges Entgelt an ihren Gesellschafter oder eine diesem nahe stehende Person überlassen, ist nach der Rechtsprechung des BFH unter bestimmten Voraussetzungen eine Einkommenskorrektur in Form einer verdeckten Gewinnausschüttung im Sinne von § 8 Abs. 3 S. 2 KStG vorzunehmen. Die Geschäftschancenlehre des BFH war zunächst auf einer Verletzung der Treuepflichten des Gesellschafters gegenüber seiner Gesellschaft aufgebaut, d.h. dem Wettbewerbsverbot des Gesellschafters als Ausfluss seiner Treuepflicht gegenüber seiner Gesellschaft.[827] Im Rahmen späterer Rechtsprechung hat der BFH jedoch zur Würdigung der Überlassung von Geschäftschancen primär auf den Fremdvergleichsgrundsatz[828] abgestellt.[829] Die Überlassung einer Geschäftschance und hieraus folgend eine Einkünftekorrektur in Form einer verdeckten Gewinnausschüttung kann sich nach der Geschäftschancenlehre aus dem Verzicht auf einen zivilrechtlich besthenden Herausgabe- oder Schadensersatzanspruch oder aufgrund eines (anderen) Verstoßes gegen den Fremdvergleichsgrundsatz ergeben.[830] Der BFH ist vom Vorliegen von Geschäftschancen ausgegangen, die in der Möglichkeit bestanden, ein Grundstück zu erwerben, um es anschließend gewinnbringend zu veräußern,[831] Wissen kommerziell zu verwerten, das ein Geschäftsführer im Rahmen seiner Geschäftsführertätigkeit erlangt hat,[832] einzelne bereits akquirierte (Teil-)Aufträge auszuführen[833] und die zentralisierte Einkaufsfunktion für mehrere nahe stehende Gesellschaften zu übernehmen.[834]

In Bezug auf die Art der betreffenden Geschäftschancen kann unterschieden werden zwischen „singulären Geschäftschancen“[835], die sich auf ein einzelnes konkretisiertes und gewinnträchtiges Geschäft beziehen, und „unternehmerischen Geschäftschancen“[836], welche die Möglich-

---

827 Vgl. hierzu *Bodenmüller*, Funktionsverlagerungen, 2004, 292ff.

828 Vgl. zum Fremdvergleichsgrundsatz die Ausführungen in Kapitel 3.3.4 sowie zum Verhältnis zur verdeckten Gewinnausschüttung die Ausführungen in Kapitel 3.3.3.1.

829 Vgl. *Baumhoff/Bodenmüller*, in: Grotherr, Steuerplanung, 2011, 541, 583; *Baumhoff/Bodenmüller* gehen dabei m.E. zu Recht in Folge des Abstellens auf den Fremdvergleichsgrundsatz durch den BFH von einer Übertragbarkeit der Grundsätze der Geschäftschancenlehre auf § 1 AStG und das Rechtsinstitut der verdeckten Einlage aus.

830 Vgl. *Gosch*, DStR 1997, 442, 442ff.; *Rengers*, in: Blümich, EStG/KStG/GewStG, 2012, § 8 KStG, Rz. 776; vgl. zum Verhältnis zivilrechtlicher Schadenersatzansprüche und der Annahme verdeckter Gewinnausschüttungen: *Wassermeyer*, DStR 1997, 681, 681ff.

831 Vgl. BFH, Urteil v. 30.8.1995, I R 155/94, BFHE 178, 371; Urteil v. 22.11.1995, I R 45/95, BFH/NV 1996, 645; Urteil v. 12.6.1997, I R 14/96, DStR 1997, 1360.

832 Vgl. BFH, Urteil v. 11.6.1996, I R 97/95, DB 1996, 2366.

833 Vgl. BFH, Urteil v. 13.11.1996, I R 149/94, DStR 1997, 323; Urteil v. 18.12.1996, I R 26/95, DStR 1997, 575; Urteil v. 12.10.1995, I R 127/94, BFHE 179, 258.

834 Vgl. BFH, Urteil v. 6.12.1995, I R 40/95, BStBl. II 1997, 118.

835 *Serg*, DStR 2005, 1916, 1917; *Ditz*, DStR 2006, 1625, 1626.

836 *Baumhoff/Bodenmüller*, in: Grotherr, Steuerplanung, 2011, 541, 585. *Eisele* spricht in diesem Zusammenhang von dem durch das Urteil des BFH v. 6.12.1995 (I R 40/95, BStBl. II 1997, 118) geprägten Begriff der Marktchance, vgl. *Eisele*, Funktionsverlagerung, 2003, 300.

keit zur Übernahme einer betrieblichen Funktion und des damit verbundenen Gewinnpotenzials beinhalten. Nach den von der Rechtsprechung entwickelten Merkmalen einer (singulären)[837] Geschäftschance, muss die einer Gesellschaft zuzuordnende Geschäftschance einen gewissen Grad der Konkretisierung[838] aufweisen und daneben eine „vergleichsweise risikolose Gewinnerzielung“[839] ermöglichen, die den Inhaber der Geschäftschance in die Lage versetzt, mit gleichem Risiko und Mitteleinsatz einen höheren Gewinn zu erzielen als ein gedachter Konkurrent, der die betreffende Geschäftschance nicht nutzen kann.[840] Ferner muss es m.E. einer vergütungspflichtigen singulären Geschäftschance immanent sein, dass diese einer selbständigen Bewertbarkeit zugänglich ist, da bei fehlender Bewertbarkeit eine wie auch immer begründete Entgeltpflicht zu bezweifeln ist.[841] Vor dem Hintergrund der vorstehend erläuterten Merkmale der Geschäftschancen wird deutlich, dass eine singuläre Geschäftschance in Abhängigkeit der Umstände des Einzelfalles zumindest die Eignung besitzt, zu einem immateriellen Wirtschaftsgut zu erstarken.[842] Diese Auffassung wird auch von der Finanzverwaltung im BMF-Schreiben vom 13.10.2010[843] (fortan: „Verwaltungsgrundsätze-Funktionsverlagerung“) geteilt.

3.3.5.2.3 Andere Vermögenspositionen, Vorteile und Zustände

Ausgehend von der in Kapitel 3.3.5.2 beschriebenen ertragsteuerlichen Definition des (immateriellen) Wirtschaftsguts kann die Aufassung vertreten werden, dass nur die konzerninterne Überlassung oder Übertragung von immateriellen Vermögenspositionen, die als Wirtschaftsgut im vorstehend beschriebenen Sinne qualifizieren, einen ertragsteuerlich relevanten Vorgang darstellen und somit für die grenzüberschreitende Gewinnabgrenzung maßgeblich sein

---

837 Es erfolgt keine weitere Betrachtung unternehmerischer Geschäftschancen, da diese definitionsgemäß die Überlassung einer Funktion zum Gegenstand haben und dementsprechend dem Anwendungsbereich von § 1 Abs. 3 S. 9 AStG unterfallen. Bei einer Transferpaketbetrachtung, die in aller Regel eine Bewertung nach den Grundsätzen des hypothetischen Fremdvergleichs nach sich zieht, bleibt für die zusätzliche Anwendung der Geschäftschancenlehre m.E. kein Raum, gl.A. *Baumhoff/Bodenmüller*, in: Grotherr, Steuerplanung, 2011, 541, 584. Hierfür spricht auch, dass der Gesetzgeber mit der weiten Formulierung „Wirtschaftsgüter und sonstige Vorteile“ in § 1 Abs. 3 S. 9 AStG auch nicht zu einem Wirtschaftsgut erstarkte Geschäftschancen zusammen mit dem Transferpaket erfassen möchte, vgl. *Brüninghaus/Bodenmüller*, DStR 2009, 1285, 1288.

838 Vgl. *Bodenmüller*, Funktionsverlagerungen, 2004, 206; *Serg*, DStR 2005, 1916, 1916.

839 *Baumhoff/Bodenmüller*, in: Grotherr, Steuerplanung, 2011, 541, 585.

840 Vgl. Baumhoff, in: F/W/B/S, Außensteuerrecht, 2012, § 1 AStG, Rz. 595.3.

841 Gl.A. *Borstell*, in: Steuerberater-Jahrbuch 2001/2002, 201, 207; *Bodenmüller*, Funktionsverlagerungen, 2004, 290; *Serg*, DStR 2005, 1916, 1916f.; a.A. wohl *Wassermeyer*, GmbHR 1993, 329, 332.

842 Vgl. *Bodenmüller*, Funktionsverlagerungen, 2004, 322; *Serg*, DStR 2005, 1916, 1917. *Eisele* vertritt die Auffassung, dass Geschäftschancen nur in Ausnahmefällen zu Wirtschaftsgütern verdichten können, vgl. *Eisele*, Funktionsverlagerung, 2003, 225.

843 Vgl. Rz. 2.1.4.3 des BMF-Schreibens v. 13.10.2010, IV B 5 S - 1341/08/10003, BStBl. I 2010, 774.

können.[844] Allerdings stellen weder § 1 AStG noch § 8 Abs. 3 S. 2 KStG nach dem Wortlaut ihrer Tatbestandsvoraussetzungen auf den Einsatz, die Übertragung oder die Überlassung eines materiellen oder immateriellen Wirtschaftsguts ab. Relevant ist vielmehr für Zwecke des beiden Korrekturnormen immanenten Fremdvergleichsgedankens, welche Bedingungen fremde Dritte einer Transaktion zu Grunde gelegt hätten. Danach ist lediglich von Relevanz ob sich fremde Dritte angesichts des mittels einer konzerninternen Transaktion transferierten Nutzens auf eine Vergütung verständigt hätten. Diese Sichtweise lässt sich auch in der Rechtsprechung des BFH zur Geschäftschancenlehre erkennen, die ausdrücklich offen gelassen hat, ob eine Geschäftschance ein Wirtschaftsgut darstellt.[845] Weitere Hinweise einer fehlenden Beschränkung auf die Überlassung oder Nutzung eines Wirtschaftsguts lassen sich in § 1 Abs. 3 S. 11 AStG finden. Die Norm stellt die widerlegbare Vermutung der Fremdüblichkeit einer Preisanpassungsklausel bei Geschäftsbeziehungen auf, deren Gegenstand wesentliche immaterielle Wirtschaftsgüter und Vorteile sind. Die Formulierung des Gesetzeswortlauts ist insofern unklar, als nicht verständlich wird, ob impliziert werden soll, dass Vorteile in Abgrenzung zu immateriellen Wirtschaftsgütern selbständig zu erfassen sind, oder nur in Einheit mit immateriellen Wirtschaftsgütern. Die einschlägigen Passagen der Gesetzesbegründung lassen den Schluss zu, dass der deutsche Gesetzgeber keine Begrenzung der für Zwecke der grenzüberschreitenden Gewinnabgrenzung relevanten immateriellen Vermögenspositionen auf immaterielle Wirtschaftsgüter beabsichtigt hat. Die Begründung der Änderungen des UntStRefG 2008 bezieht sich auf eine Verlagerung „immaterieller Wirtschaftsgüter und Vorteile (Know-how, patentiertes oder nicht patentiertes technisches Wissen, Markenrechte und -namen, Kundenstamm usw.) ins Ausland“[846]. Den aufgezählten Beispielen ist gemeinsam, dass diese nicht zwingend als Wirtschaftsgut im einkommensteuerlichen Sinne anzusehen sind.

Allerdings ergibt sich m.E. aus dem Fremdvergleichsgrundsatz die Notwendigkeit einer gewissen Konkretisierung einer für Zwecke der grenzüberschreitenden Gewinnabgrenzung relevanten immateriellen Vermögensposition. Nicht hinreichend konkretisierte singuläre Möglichkeiten zur Gewinnerzielung sind, auch soweit sie im Vergleich mit anderen Marktteilnehmern überdurchschnittlich hoch sein mögen, der Sphäre der geschäftswertbildenden Faktoren zuzuordnen,[847] die nicht selbständig übertragbar sind. Eine Übertragung von geschäftswertbildenden Faktoren kommt m.E., wie vorstehend in Kapitel 3.3.5.2.1 ausgeführt, nur in

844 Diese Auffassung wird etwa von *Imhof* vertreten, vgl. *Imhof*, Business Restructuring, 2012, 72.
845 Vgl. BFH, Urteil v. 6.12.1995, I R 40/95, BStBl. II 1997, 118.
846 Regierungsbegründung zum Entwurf eines Unternehmensteuerreformgesetzes 2008, BT-Drs. 16/4841, 84.
847 Gl.A. *Imhof*, Business Restructuring, 2012, 78.

den Fällen in Frage, in denen eine über Geschäftsprozesse zusammenwirkende Sachgesamtheit aus materiellen und immateriellen Vermögenspositionen übertragen wird, welcher geschäftswertbildende Faktoren anhaften, die vom Erwerber aufgrund einer gesicherten Rechtsposition dauerhaft genutzt werden können.

3.3.6 Zurechnung immaterieller Wirtschaftsgüter

3.3.6.1 Identifizierung des Eigentümers

§ 39 AO regelt die Zurechnung von Wirtschaftsgütern. Mit Zurechnung ist dabei die steuerrechtliche Zurechnung in persönlicher Hinsicht gemeint.[848] Die Zurechnung soll dazu dienen, festzustellen, „bei welcher Person oder Personenvereinigung das Wirtschaftsgut zu erfassen ist, wer Schuldner bestimmter, in irgendeiner Form auf der Herrschaftsgewalt über das Wirtschaftsgut beruhender Steuern ist“[849]. Diese höchstrichterliche Definition der steuerlichen Zurechnung lässt erkennen, dass insoweit eine wirtschaftliche Betrachtungsweise Anwendung findet. Der Umfang der steuerlichen Zurechnung umfasst dabei nicht nur das aus einem Wirtschaftsgut erzielte Einkommen, sondern das Wirtschaftsgut an sich,[850] d.h. der wirtschaftliche Eigentümer ist auch berechtigt, durch das ihm zugerechnete Wirtschaftsgut veranlasste Aufwendungen geltend zu machen. Nach § 39 Abs. 1 AO werden Wirtschaftsgüter im Regelfall dem (rechtlichen) Eigentümer zugerechnet,[851] d.h. das Steuerrecht folgt insoweit der „privatrechtlichen Zurechnung“[852] bzw. der öffentlich-rechtlichen[853] Zurechnung. Immaterielle Wirtschaftsgüter sind dem Berechtigten zuzurechnen.[854] Dies bedeutet im Hinblick auf immaterialgüterrechtlich schützbare immaterielle Wirtschaftsgüter, dass dem Inhaber der durch den gewerblichen Rechtsschutz oder das Urheberrecht gewährten Ausschließlichkeitsrechte bzw. dem Inhaber einer behördlich genehmigten Konzession diese immateriellen Wirtschaftsgüter und das aus ihnen resultierende Einkommen auch für steuerliche Zwecke zugerechnet wer-

---

848 Vgl. BFH, Urteil v. 4.10.1990, X R 148/88, BStBl. II 1992, 211; Urteil v. 25.11.1997, VIII R 29/94, BStBl. II 1998, 257.

849 *Drüen*, in: Tipke/Kruse, AO/FGO, 2012, § 39 AO, Rz. 2; BVerfG, Urteil v. 16.12.1970, 1 BvR 210/68, NJW 1971, 747.

850 Vgl. *Rouenhoff*, IStR 2012, 22, 23.

851 Es ist in diesem Zusammenhang darauf hinzuweisen, dass zivilrechtlich nur Eigentum an Sachen und Tieren bestehen kann (§ 903 BGB), wohingegen der steuerrechtliche Begriff des Wirtschaftsgutes weiter gefasst ist. Die Vorschrift ist daher so auszulegen, dass „es auf die dem Eigentum entsprechende persönliche Zurechnung nach zivilrechtlichen Grundsätzen ankommt“, *Ratschow*, in: Klein, Abgabenordnung, 2012, § 39, Rz. 14.

852 *Drüen*, in: Tipke/Kruse, AO/FGO, 2012, § 39 AO, Rz. 3.

853 Eine Zurechnung auf der Basis öffentlichen Rechts kann sich etwa in Fällen der behördlichen Zuweisung immaterieller Wirtschaftsgüter wie Konzessionen zum Betrieb eines bestimmten Unternehmens ergeben, vgl. hierzu auch Kapitel 3.3.5.2.

854 Vgl. *Drüen*, in: Tipke/Kruse, AO/FGO, 2012, § 39 AO, Rz. 20.

den.[855] Keinen rechtlichen Eigentümer gibt es hingegen bei rechtlich ungeschützten immateriellen Wirtschaftsgütern wie beispielsweise nicht als Patent oder Gebrauchsmuster registrierten Erfindungen oder anderem Know-how,[856] d.h. eine Regelzurechnung auf der Basis des rechtlichen Eigentums ist insoweit nicht gegeben.

In § 39 Abs. 2 Nr. 1 AO sind Ausnahmen vom Grundsatz der privat- bzw. öffentlich-rechtlichen Zurechnung geregelt, in denen eine „Teile des Steuerrechts prägende"[857] wirtschaftliche Betrachtungsweise zum Ausdruck kommt. Die Idee der wirtschaftlichen Betrachtungsweise bei der Zurechnung von Wirtschaftsgütern geht auf das so genannte Leasing-Urteil des BFH[858] zurück und „knüpft an die tatsächliche Herrschaft über ein Wirtschaftsgut an"[859]. Hiernach wird ein Wirtschaftsgut abweichend vom Grundsatz der privat- bzw. öffentlich-rechtlichen Zurechnung dem wirtschaftlichen Eigentümer zugerechnet, wenn ein anderer als der rechtliche Eigentümer eines Wirtschaftsgutes diesen in Ausübung der tatsächlichen Herrschaft für die gewöhnliche Nutzungsdauer von der Einwirkung auf das Wirtschaftsgut wirtschaftlich ausschließen kann, sodass dem Eigentümer „kein oder ein wirtschaftlich bedeutungsloser Herausgabeanspruch"[860] zusteht oder wenn dieser seinerseits zur Herausgabe des Wirtschaftsguts verpflichtet ist.[861] Der Begriff des wirtschaftlichen Eigentümers darf nicht als Begründung eines eigenen steuerlichen Eigentumsbegriffs verstanden werden,[862] sondern als eine von dem vorstehend geschilderten Grundsatz der zivil- bzw. öffentlich-rechtlichen Zuordnung abweichende Zurechnung zu einem anderen Steuerpflichtigen. Die Betonung der wirtschaftlichen Betrachtungsweise darf ferner nicht darüber hinwegtäuschen, dass das wirtschaftliche Eigentum, d.h. die Ausübung der tatsächlichen Herrschaft über ein Wirtschaftsgut über seine wirtschaftliche Nutzungsdauer, zumeist auf der Basis „einer rechtlich abgesicherten Position"[863] erfolgt. Dies zeigen auch die in § 39 Abs. 2 Nr. 1 AO beispielhaft geregelten Fälle der Treuhand und der Sicherungsübereignung, die Ausdruck der in § 39 Abs. 2 Nr. 1 S. 1 AO niedergelegten wirtschaftlichen Betrachtungsweise sind.[864] Im Kontrast hierzu steht der Fall des Eigenbesitzers, dessen wirtschaftliches Eigentum auch auf der Grundlage eines Irr-

---

855 Vgl. *Koenig*, in: Pahlke/Koenig, AO, 2009, § 39, Rz. 10.
856 Vgl. *Wehnert*, IStR 2007, 558, 559.
857 *Ratschow*, in: Klein, Abgabenordnung, 2012, § 39, Rz. 1.
858 Vgl. BFH, Urteil v. 26.1.1970, IV R 144/66, BStBl. II 1970, 264.
859 *Ratschow*, in: Klein, Abgabenordnung, 2012, § 39, Rz. 18.
860 BFH, Urteil v. 20.9.1989, X R 140/87, BStBl. II 1990, 368.
861 Vgl. *Drüen*, in: Tipke/Kruse, AO/FGO, 2012, § 39 AO, Rz. 23.
862 Vgl. *Drüen*, in: Tipke/Kruse, AO/FGO, 2012, § 39 AO, Rz. 21f.
863 *Koenig*, in: Pahlke/Koenig, AO, 2009, § 39, Rz. 14.
864 Vgl. *Drüen*, in: Tipke/Kruse, AO/FGO, 2012, § 39 AO, Rz. 30. *Rouenhoff* betrachtet die Zurechnung des Treuguts zum Treugeber als Ergebnis einer funktionalen Betrachtungsweise, vgl. *Rouenhoff*, IStR 2012, 22, 25.

tums beruhen kann, oder in Kenntnis der abweichenden zivilrechtlichen Eigentumsverhältnisse,[865] z.B. der unerlaubte Eigenbesitz eines Diebes[866]. Ungeachtet dessen stellt der Kerngedanke des wirtschaftlichen Eigentums im Sinne von § 39 Abs. 2 Nr. 1 AO darauf ab, dass derjenige Steuerpflichtige, dem es aufgrund eines Anspruchs auf Nutzung oder durch faktische Verfügungsmacht möglich ist, das wirtschaftliche Nutzenpotenzial eines Wirtschaftsguts bis zu seinem Verbrauch weitestgehend für sich zu beanspruchen, ertragsteuerlich wie sein Eigentümer zu behandeln ist. Dies bedeutet, dass bei der Ermittlung des steuerlichen Einkommens des wirtschaftlichen Eigentümers sowohl Einnahmen aus als auch die Ausgaben für den betreffenden immateriellen Vermögenswert zu berücksichtigen sind. Für den Fall (immaterieller) Wirtschaftsgüter, die mehreren zur gesamten Hand[867] zustehen, sieht § 39 Abs. 2 Nr. 2 AO eine anteilige Zurechnung vor, soweit dies für die Besteuerung erforderlich ist. Die Zurechnung durch § 39 Abs. 2 Nr. 2 AO ist u.U. im Hinblick auf die Verrechnungspreisbildung bei immateriellen Wirtschaftsgütern bei Kostenumlageverträgen[868] nach dem Poolkonzept bzw. Cost Sharing Arrangements von Relevanz.

Wie die vorstehenden Ausführungen sowie die Entstehungsgeschichte der Vorschrift zeigen, ist § 39 Abs. 2 Nr. 1 AO zur Abgrenzung von Vorgängen der Überlassung eines Nutzungsrechts von der Übertragung des (wirtschaftlichen) Eigentums konzipiert. Das deutsche Steuerrecht enthält jedoch keine spezifischen Bestimmungen für die grenzüberschreitende Zurechnung immaterieller Vermögenspositionen in multinationalen Unternehmen im Sinne der Identifizierung des (wirtschaftlichen) Eigentümers, d.h. es ist nicht geregelt, welche Kriterien oder Aspekte für die Zurechnung von immateriellen Wirtschaftsgütern oder sonstigen Vorteilen und Zuständen zu verwenden sind, für die kein immaterialgüterrechtlicher Schutz oder ein vertraglicher Anspruch besteht.[869]

3.3.6.2 Vergütung wertsteigernder Tätigkeiten

Aus § 39 Abs. 2 Nr. 1 AO kann m.E. nicht unmittelbar abgeleitet werden, welche Folgen sich aus der wirtschaftlichen Betrachtungsweise im Kontext der grenzüberschreitenden Gewinnabgrenzung für wertsteigernde Tätigkeiten ergeben, die eine andere Geschäftseinheit als

---

[865] Vgl. *Ratschow*, in: Klein, Abgabenordnung, 2012, § 39, Rz. 72.

[866] Vgl. BFH, Urteil v. 4.12.1998, XI R 35/97, NJW 1998, 1975.

[867] Als Gesamthand im Sinne der Vorschrift gelten insbesondere die Personengesellschaften des Handelsrechts (OHG, KG, Partnerschaftsgesellschaft, EWIV) sowie die Gesellschaft bürgerlichen Rechts.

[868] Vgl. zu Kostenumlageverträgen nach deutschem Steuerrecht die Ausführungen in Kapitel 3.3.8.6.

[869] Weitergehende Überlegungen zur Anwendung der wirtschaftlichen Betrachtungsweise erfolgen im Rahmen der Betrachtung der Allokations- und Nutzungsstrategien.

der ebenfalls konzernzugehörige rechtliche Eigentümer durchführt. Bezüglich der Sonderthematik der Vergütung markenwertsteigernder Funktionen, die von einem Vertriebsunternehmen im Kontext des Vertriebs von Markenprodukten für ein konzerninternes Herstellerunternehmen ausgeübt werden, enthalten die deutschen Verrechnungspreisbestimmungen nur in geringfügigem Umfang klarstellende Ausführungen. Nach den Verwaltungsgrundsätzen 1983 können Kosten der Werbung, die vom Vertriebsunternehmen zu Gunsten des Herstellerunternehmens getragen werden, im Rahmen „der Preisvereinbarung beim Bezug der Ware"[870] oder alternativ durch „besondere Verrechnungsverträge"[871] ausgeglichen werden, wobei in letzterem Fall eine mittel- oder auch längerfristige Betrachtungsweise zugelassen wird.[872] Dies gilt auch für den besonderen Fall der Markterschließungskosten; der Grundtenor der Verwaltungsgrundsätze 1983 lässt insoweit eine langfristige Sichtweise erkennen, d.h. soweit sowohl Hersteller- als auch Vertriebsunternehmen im Durchschnitt eines Mehrjahreszeitraums eine angemessene Vergütung erzielen, besteht kein Anlass für eine Einkommenskorrektur.

Die Verwaltungsgrundsätze 1983 nehmen im vorstehend geschilderten Kontext keinen Bezug zur wirtschaftlichen Betrachtungsweise im Sinne von § 39 Abs. 2 Nr. 1 AO. Dies ist gerechtfertigt, als die Vorschrift implizit voraussetzt, dass ein Verbrauch des Lizenzgegenstands während der Dauer einer Nutzungsüberlassung stattfinden kann. Dies ist jedoch bei Markenrechten, die grundsätzlich unendlich verlängerbar sind, regelmäßig nicht der Fall. Es ist daher der Auffassung von *Jacobs*[873] zuzustimmen, dass das Konzept des wirtschaftlichen Eigentums im Sinne von § 39 Abs. 2 Nr. 1 AO zumindest hinsichtlich des Stammrechts an einer Marke nicht anwendbar ist. Inwieweit und unter welchen Voraussetzungen sich wirtschaftliches Eigentum nach den Grundsätzen von § 39 Abs. 2 Nr. 1 AO bei anderen immateriellen Wirtschaftsgütern oder Vermögenspositionen aufgrund von wertsteigernden Tätigkeiten konzernzugehöriger Geschäftseinheiten ergeben kann, ist weder höchstrichterlich, noch durch die einschlägigen Verlautbarungen der deutschen Finanzverwaltung geklärt.

3.3.6.3 Überprüfung des ökonomischen Gehalts

§ 39 Abs. 2 Nr. 1 AO kann für die Überprüfung des ökonomischen Gehalts konzerninterner Vorgänge dem Grunde nach Wirkung entfalten, wenn der Veräußerer ungeachtet eines zivilrechtlich wirksamen Übertragungsvorgangs weiterhin in tatsächlicher Hinsicht die Position

870 Tz. 3.3.2 des BMF-Schreibens v. 23.2.1983, IV C 5 – S 1341 – 4/83, BStBl. I 1983, 218.
871 Tz. 3.3.3 des BMF-Schreibens v. 23.2.1983, IV C 5 – S 1341 – 4/83, BStBl. I 1983, 218.
872 Vgl. Tz. 3.3.3 des BMF-Schreibens v. 23.2.1983, IV C 5 – S 1341 – 4/83, BStBl. I 1983, 218.
873 Vgl. *Jacobs*, Unternehmensbesteuerung, 2011, 823f.

eines wirtschaftlichen Eigentümers inne hat, da die vollständige wirtschaftliche Verwertungsmöglichkeit am Erwerbsobjekt nicht auf den Erwerber übergeht, sodass der Erwerber lediglich als Treuhänder anzusehen ist.[874] Darüber hinaus ist eine Überprüfung des ökonomischen Gehalts rechtlicher Gestaltungen im deutschen Steuerrecht durch den in § 42 AO normierten Missbrauchsvorbehalt geregelt. Nach § 42 AO liegt ein Missbrauch vor, wenn eine unangemessene rechtliche Gestaltung gewählt wird, die beim Steuerpflichtigen oder einem Dritten im Vergleich zu einer angemessenen Gestaltung zu einem gesetzlich nicht vorgesehenen Steuervorteil führt. Im Kontext multinationaler Unternehmensstrukturen kann sich eine Negierung einer zivilrechtlich vorgesehenen Zuordnung immaterieller Vermögenswerte ergeben, wenn ihr Eigentümer aus deutscher Sicht als so genannte Basisgesellschaft qualifiziert, für deren Einschaltung wirtschaftliche oder sonst beachtliche Gründe fehlen.[875] Indiz gegen das Fehlen legitimer Gründe für die Einschaltung einer ausländischen Gesellschaft stellt die Ausübung einer eigenen wirtschaftlichen Tätigkeit mittels eines „angemessenen Geschäftsapparats"[876] dar. Hierbei ist es unschädlich, wenn die ausländische Gesellschaft zur Abwicklung ihres Tagesgeschäfts kein eigenes Personal beschäftigt, sondern sich konzernexterner Dienstleister bedient.[877] § 42 AO stellt damit hohe Hürden auf für die Annahme eines Missbrauchs rechtlicher Gestaltungsmöglichkeiten und eine deshalb vorzunehmende Negierung zivilrechtlich wirksam durchgeführter Transaktion durch das Steuerrecht.[878]

3.3.7 Verrechnungspreismethoden für immaterielle Vermögenswerte

3.3.7.1 Vorgaben zur Methodenwahl

§ 1 Abs. 3 S. 1-5 AStG schreiben für alle Transaktionsarten bei der Bestimmung des fremdvergleichskonformen Verrechnungspreises ein „Stufenverhältnis"[879] vor, bei dem die Wahl der Verrechnungspreismethoden bzw. die Durchführung eines tatsächlichen oder hypothetischen Fremdvergleichs inhaltlich mit der Verfügbarkeit bzw. Qualität von Fremdvergleichswerten verknüpft wird. Der auf der ersten Stufe geregelte Vorrang der Standardmethoden bei Verfügbarkeit uneingeschränkt vergleichbarer Fremdvergleichswerte gilt als international an-

---

874 Vgl. *Protzen*, in: Kraft, AStG, 2009, § 7, Rz. 40; *Jacobs*, Unternehmensbesteuerung, 2011, 436.

875 Ständige Rechtsprechung des BFH, vgl. etwa BFH, Urteil v. 19.1.2000, I R 94/97, BStBl. II 2001, 222. Vgl. zu wirtschaftlichen oder sonst beachtlichen Gründen die Ausführungen von *Jacobs*, Unternehmensbesteuerung, 2011, 438.

876 Vgl. BFH, Beschluss v. 7.2.1975, VIII B 61-62/74, BStBl. II 1976, 608.

877 Vgl. BFH, Urteil v. 19.1.2000, I R 94/97, BStBl. II 2001, 222; BFH, Urteil v. 19.1.2000, I R 117/97, BFH/NV 2000, 824.

878 Vgl. *Jacobs*, Unternehmensbesteuerung, 2011, 438.

879 *Kroppen/Rasch/Eigelshoven*, IWB Fach 3, Gr. 1, 2201, 2209; *Wassermeyer*, DB 2007, 535, 536; *Jahndorf*, FR 2008, 101, 106f.

erkannt[880] und entspricht auch der von der OECD[881] vertretenen Sichtweise. Die Vorgabe zur Verwendung einer geeigneten Methode auf der zweiten Ebene des Stufenverhältnisses bei Verfügbarkeit eingeschränkt vergleichbarer Fremdvergleichswerte kann mit der von der OECD verwendeten Formulierung der am besten geeigneten Methode verglichen werden.[882] Auf der 3. Ebene des Stufenverhältnisses ist zwingend der hypothetische Fremdvergleich[883] im Sinne von § 1 Abs. 3 S. 5 AStG anzuwenden, wenn keine vergleichbaren Fremdvergleichswerte verfügbar sind. Der hypothetische Fremdvergleich stellt sich als gesetzlich geregelte zweiseitige einkommensbasierte Methode dar, die auf der Grundlage des Income Approach[884] einen Einigungsbereich bestimmt, für den zum Zwecke der Preisbildung eine widerlegbare Mittelwertvermutung gilt.

3.3.7.2 Preisvergleichsmethode

Die Preisvergleichsmethode wird in den Verwaltungsgrundsätzen 1983 als erste Standardmethode genannt.[885] Als Anhaltspunkte für die Verwendung der Preisvergleichsmethode, d.h. den Vergleich der konzernintern vereinbarten Preise mit den Preisen, die bei vergleichbaren Geschäften zwischen Fremden im Markt vereinbart worden sind, kommen nach den Verwaltungsgrundsätzen 1983 vor allem Börsen- und Marktpreise, Preise, die der Steuerpflichtige, nahe stehende Personen oder Dritte tatsächlich für entsprechende Lieferungen oder Leistungen auf dem maßgeblichen Markt vereinbart haben, sowie betriebswirtschaftliche Daten in Betracht.[886] Als betriebswirtschaftliche Daten werden Gewinnaufschläge, Kalkulationsverfahren oder sonstige betriebswirtschaftliche Grundlagen bezeichnet, die im freien Markt die Preisbildung beeinflussen.[887] Die Methode kann durch äußeren (Vergleich mit Marktpreisen) oder inneren Preisvergleich (Vergleich mit marktentstandenen Preisen des Steuerpflichtigen

---

880 Vgl. *Baumhoff/Ditz/Greinert*, DStR 2005, 1549, 1551.

881 Vgl. Tz. 2.3 der OECD-Verrechnungspreisrichtlinien 2010.

882 Vgl. Tz. 2.2 der OECD-Verrechnungspreisrichtlinien 2010. Im Gegensatz zur OECD hält der deutsche Gesetzgeber durch das normierte Stufenverhältnis jedoch an einer formalen Nachrangigkeit gewinnorientierter Methoden gegenüber den Standardmethoden fest. Insoweit ist allerdings festzuhalten, dass sich bei der Verfügbarkeit von Vergleichswerten hinreichender Qualität auch nach OECD-Grundsätzen regelmäßig ein faktischer Vorrang der Standardmethoden aus dem Kriterium der Wahl der am besten geeigneten Methode ergibt.

883 *Baumhoff* weist zutreffenderweise darauf hin, dass die Abgrenzung zwischen Standardmethoden einerseits und hypothetischem Fremdvergleich andererseits nicht trennscharf ist, da auch die Wiederverkaufspreis- und die Kostenaufschlagsmethode Wesenselemente eines hypothetischen Fremdvergleichs enthalten, vgl. *Baumhoff*, in: Mössner, Steuerrecht, 2012, Rz. 3.172.

884 Vgl. zum Income Approach Kapitel 2.4.4.

885 Vgl. Tz. 2.2 des BMF-Schreibens v. 23.2.1983, IV C 5 – S 1341 – 4/83, BStBl. I 1983, 218.

886 Vgl. Tz. 2.1.6 des BMF-Schreibens v. 23.2.1983, IV C 5 – S 1341 – 4/83, BStBl. I 1983, 218.

887 Vgl. Tz. 2.1.6 des BMF-Schreibens v. 23.2.1983, IV C 5 – S 1341 – 4/83, BStBl. I 1983, 218.

oder einer diesem nahe stehenden Person mit fremden Dritten) angewendet werden.[888] In Bezug auf die Vergleichbarkeit der Verhältnisse als zentraler Aspekt der Preisvergleichsmethode kann auf die vorstehenden Ausführungen zur Vergleichbarkeitsanalyse[889] verwiesen werden, die sich weitgehend an den OECD-Verrechnungspreisrichtlinien 2010 orientieren.

Liegen mehrere Fremdvergleichswerte (Preise) vor, bilden diese eine Bandbreite, die bei eingeschränkter Vergleichbarkeit gemäß § 1 Abs. 3 S. 3 AStG einzuengen ist. In diesem Zusammenhang ist darauf hinzuweisen, dass zunächst eingeschränkt vergleichbare Preise durch Anpassungsrechnungen (z.B. Beseitigung von Unterschieden infolge abweichender Lieferbedingungen) zu uneingeschränkt vergleichbaren Preisen im Sinne von § 1 Abs. 3 S. 1 AStG werden können.[890] Wann eingeschränkt oder ungeschränkt vergleichbare Preise vorliegen, wird jedoch weder vom Gesetzgeber noch der Finanzverwaltung näher definiert. *Kaminski*[891] vertritt die Auffassung, dass uneingeschränkte Vergleichbarkeit vorliegt, wenn keine wesentlichen Unterschiede in Bezug auf die ausgeübten Funktionen, eingesetzten Wirtschaftsgüter und die übernommenen Chancen und Risiken mehr bestehen, die fremde Dritte zu einer Preisdifferenzierung veranlasst hätten.

3.3.7.3 Wiederverkaufspreis- und Kostenaufschlagsmethode

Die Ausführungen der Verwaltungsgrundsätze 1983 zur Methodik der Wiederverkaufs- und der Kostenaufschlagsmethode entsprechen inhaltlich weitgehend den einschlägigen Passagen der OECD-Verrechnungspreisrichtlinien 2010.[892] Dementsprechend verweisen auch die Verwaltungsgrundsätze-Verfahren auf die OECD-Verrechnungspreisrichtlinien in Bezug auf die Wiederverkaufspreis- und Kostenaufschlagsmethode.[893] Im Ergebnis kann von einer mit den OECD-Verrechnungspreisrichtlinien 2010 konsistenten Auslegung und Anwendung der beiden Methoden ausgegangen werden, weshalb auf die vorstehenden Ausführungen in Kapitel 3.2.8.3 und Kapitel 3.2.8.4 verwiesen werden kann.

---

888 Vgl. Tz. 2.2.2 des BMF-Schreibens v. 23.2.1983, IV C 5 – S 1341 – 4/83, BStBl. I 1983, 218.
889 Vgl. Kapitel 3.3.4.2.
890 Vgl. *Kaminski*, in: Strunk/Kaminski/Köhler, AStG/DBA, 2011, § 1 AStG, Rz. 603.
891 Vgl. *Kaminski*, in: Strunk/Kaminski/Köhler, AStG/DBA, 2011, § 1 AStG, Rz. 605.
892 Vgl. Tz. 2.2.3 und Tz. 2.2.4 des BMF-Schreibens v. 23.2.1983, IV C 5 – S 1341 – 4/83, BStBl. I 1983, 218. bzw. Tz. 2.21 der OECD-Verrechnungspreisrichtlinien 2010.
893 Vgl. Tz. 3.4.10.3 des BMF-Schreibens v. 12.4.2005, IV B 4 – S 1341 – 1/05, BStBl. I 2005, 570.

3.3.7.4 Transaktionsbezogene Nettomargenmethode

Die TNMM wird im Rahmen des durch § 1 Abs. 3 AStG geregelten Stufenverhältnisses[894] nicht genannt. In den Verwaltungsgrundsätzen 1983 wird der Vergleich von Betriebsergebnissen mit Vergleichstransaktionen oder -unternehmen als Mittel zur Korrektur von Verrechnungspreisen genannt, wenn die Anwendung der Standardmethoden nicht zu sachgerechten Ergebnissen führt.[895] Die Verwaltungsgrundsätze-Verfahren enthalten hingegen konkrete Vorgaben zu den Anwendungsvoraussetzungen der Methode aus der Sicht der deutschen Finanzverwaltung. Danach darf auf die Methode nur zurückgegriffen werden, wenn die Standardmethoden wegen des Fehlens oder der qualitativen Mängel von Fremdvergleichsdaten nicht angewandt werden können. Die Methode ist ferner ausschließlich auf Routineunternehmen anwendbar, die nur eine Art von zusammenfassbaren Geschäftsvorfällen abwickeln. Darüber hinaus müssen die Vergleichsunternehmen ein vergleichbares Funktions- und Risikoprofil aufweisen, sodass deren Renditekennziffern zur Überprüfung der Fremdüblichkeit der Vergütung des betrachteten Konzernunternehmens geeignet sind. Der Nachweis der Vergleichbarkeit der herangezogenen konzernunabhängigen Unternehmen muss erbracht werden können.[896]

Ausdrücklich nicht anwendbar ist die TNMM nach Auffassung der deutschen Finanzverwaltung hingegen auf Mittel- oder Hybridunternehmen, da bei diesen Unternehmen, auch soweit ähnliche Unternehmen identifiziert werden können, keine Vergleichbarkeit besteht. Die Haltung der deutschen Finanzverwaltung weist damit inhaltliche Parallelen zur Position der OECD-Verrechnungspreisrichtlinien 2010 auf.[897]

3.3.7.5 Gewinnaufteilungsmethode

Auch die Gewinnaufteilungsmethode wird trotz der recht großen Regelungstiefe des § 1 Abs. 1-3 AStG in Bezug auf die Wahl einer geeigneten Verrechnungspreismethode nicht explizit in

---

894 Vgl. Kapitel 3.3.7.1.

895 Vgl. Tz. 2.4.5 des BMF-Schreibens v. 23.2.1983, IV C 5 – S 1341 – 4/83, BStBl. I 1983, 218.

896 Vgl. Tz. 3.4.10.3.b) des BMF-Schreibens v. 12.4.2005, IV B 4 – S 1341 – 1/05, BStBl. I 2005, 570.

897 Vgl. Tz. 2.59 der OECD-Verrechnungspreisrichtlinien 2010. Kurioserweise sehen jedoch die Verwaltungsgrundsätze-Verfahren eine grundsätzliche Ablehnung der „Comparable Profit Method“ vor (vgl. Tz. 3.4.10.3. lit. d des BMF-Schreibens v. 12.4.2005, IV B 4 – S 1341 – 1/05, BStBl. I 2005, 570). Dies wird begründet mit dem „nicht geschäftsvorfallbezogenen Ansatz“ und der Heranziehung von Nettogewinnen, die sich für eine Vergleichbarkeitsprüfung nicht eignen. Diese Ablehnung ist widersprüchlich, da die Comparable Profit Method[897] der US-Regulations zu § 482 IRC in methodischer Hinsicht der TNMM entspricht und ebenfalls den der TNMM eigenen Transaktionsbezug aufweist. Gl. A. *Nientimp/Eigelshoven*, DB 2005, 1184, 1186.

das Stufenverhältnis einbezogen. Sie kann damit allenfalls als geeignete Verrechnungspreismethode auf der 2. Ebene des in § 1 Abs. 3 AStG geregelten Stufenverhältnisses zur Anwendung gelangen, wenn keine uneingeschränkt vergleichbaren Fremdvergleichswerte verfügbar sind, die einen Vorrang der Standardmethoden begründen könnten. Dem entsprechen die Verwaltungsgrundsätze-Verfahren, nach denen die transaktionsbezogene Gewinnaufteilungsmethode eingesetzt werden darf, wenn sich die Standardmethoden nicht verlässlich anwenden lassen. Als Beispiel für einen potenziellen Anwendungsfall werden Geschäftsbeziehungen genannt, bei denen verbundene Unternehmen mit Entrepreneur-Funktion bei der Anbahnung, Abwicklung und dem Abschluss eines Geschäfts beteiligt sind und eine Abgrenzung der jeweiligen Einzelbeiträge nicht möglich ist.[898] In Bezug auf die denkbaren Ausprägungen der Gewinnaufteilungsmethode (z.B. Beitragsmethode und Restgewinnmethode) enthalten die Verwaltungsgrundsätze-Verfahren bis auf einen Verweis auf die OECD-Verrechnungspreisrichtlinien keine weiteren Ausführungen.[899] Die Gewinnaufteilungsmethode ist damit im deutschen Steuerrecht nicht näher konkretisiert, als dies im Rahmen der OECD-Verrechnungspreisrichtlinien 2010 der Fall ist.

3.3.7.6 Hypothetischer Fremdvergleich

3.3.7.6.1 Konzeption und Anwendungsbereich

Nach § 1 Abs. 3 S. 5 AStG gelangt der hypothetische Fremdvergleich zwingend zur Anwendung, wenn weder uneingeschränkt noch eingeschränkt vergleichbare Fremdvergleichswerte verfügbar sind. Die Bezeichnung als hypothetischer Fremdvergleich ist insoweit irreführend, als auch die Wiederverkaufspreis- und die Kostenaufschlagsmethode regelmäßig Elemente eines hypothetischen Fremdvergleichs aufweisen, der Gesetzeswortlaut jedoch eine Gleichsetzung der Standmethoden mit dem tatsächlichen Fremdvergleich impliziert.[900] Die Methode enthält ein hypothetisches Elemant, als sie die Preisbildung zwischen unabhängigen Dritten unter vergleichbaren Verhältnissen nach betriebswirtschaftlichen Grundsätzen simuliert.[901] § 1 Abs. 3 S. 5 AStG verweist für die Durchführung des hypothetischen Fremdvergleichs explizit auf die in § 1 Abs. 3 S. 2 AStG enthaltenen gesetzlichen Konkretisierungen des Fremd-

898 Vgl. Tz. 3.4.10.3.c) des BMF-Schreibens v. 12.4.2005, IV B 4 – S 1341 – 1/05, BStBl. I 2005, 570.

899 Vgl. Tz. 3.4.10.3.c) des BMF-Schreibens v. 12.4.2005, IV B 4 – S 1341 – 1/05, BStBl. I 2005, 570.

900 Vgl. *Baumhoff*, in: Mössner, Steuerrecht, 2012, Rz. 3.173. Eine Abgrenzung der durch § 1 Abs. 3 S. 5ff. AStG geregelten Methodik zu den Standardmethoden gelingt m.E. besser durch Umschreibung des hypothetischen Fremdvergleichs als zweiseitige einkommensbasierte Methode.

901 Vgl. auch Regierungsbegründung zum Entwurf eines Unternehmensteuerreformgesetzes 2008, BT-Drs. 16/4841, 85; *Wassermeyer/Baumhoff/Greinert*, in: F/W/B/S, Außensteuerrecht, 2012, § 1 AStG, Rz. V 55.

vergleichsgrundsatzes.[902] Dies bedeutet, dass die vom Gesetz fingierten Annahmen der Kenntnis aller wesentlicher Umstände der Geschäftsbeziehung sowie des Handelns nach den Grundsätzen doppelter ordentlicher Geschäftsleiter zu beachten sind. Die Fiktion doppelter ordentlicher Geschäftsleiter wird in den OECD-Verrechnungspreisrichtlinien 2010 in grundsätzlicher Hinsicht im Zusammenhang mit der Verrechnungspreisbildung für immaterielle Vermögenswerte[903] sowie im Rahmen des Projekts „Transfer Pricing Aspects of Intangibles" auch in Verbindung mit einkommensbasierten Methoden[904] anerkannt und ist daher als mit den OECD-Grundsätzen vereinbar zu betrachten.[905] Im Gegensatz hierzu steht die Annahme der „vollständigen Information und Markttransparenz"[906] nicht im Einklang mit den OECD-Verrechnungspreisrichtlinien oder anderen allgemein anerkannten Grundsätzen der Verrechnungspreisbildung nach dem Fremdvergleichsgrundsatz. Diese Unvereinbarkeit schlägt insoweit auch auf den hypothetischen Fremdvergleich durch, da dieser die Preisbildung zwischen fremden Dritten simulieren soll und die Fiktion der Informationstransparenz mit der Preisbildung auf aktiven Märkten in einem klaren Widerspruch steht,[907] da fremde Dritte aufgrund ihres Interessensgegensatzes regelmäßig nicht alle Informationen über die Eigenschaften des Transaktionsgegenstands oder ihre persönlichen Situation offenbaren, da sie hierdurch ihre Verhandlungsposition schwächen könnten.

Die Anwendung des hypothetischen Fremdvergleichs wird in § 1 Abs. 3 S. 6f. AStG konkretisiert. Nach § 1 Abs. 3 S. 6 AStG hat der Steuerpflichtige auf der Grundlage einer Funktionsanalyse und innerbetrieblicher Planrechnungen den Einigungsbereich zu ermitteln, der vom Mindestpreis des Leistenden und dem Höchstpreis des Leistungsempfängers begrenzt wird. Dies bedeutet, dass aus der Sicht beider Transaktionspartner jeweils eine Ertragsbewertung nach den Grundsätzen des Income Approach durchzuführen ist. Die Preisvorstellungen der Transaktionspartner im Sinne des Mindest- und Höchstpreises werden nach § 1 Abs. 3 S. 6 2. HS AStG von den jeweiligen Gewinnerwartungen der Transaktionspartner bestimmt. Die zur Ermittlung der Gewinnerwartungen zu bestimmenden Parameter werden in der FVerlV sowie dem BMF-Schreiben vom 13.10.2010[908] (fortan: Verwaltungsgrundsätze-Funktions-

902 Vgl. Kapitel 3.3.4.1.
903 Vgl. Tz. 6.14 der OECD-Verrechnungspreisrichtlinien 2010.
904 Vgl. Tz. 148 des Diskussionsentwurfs vom 6.6.2012; Tz. 172 des Diskussionsentwurfs vom 30.7.2013.
905 Gl.A. *Roeder*, in: Kroppen, Verrechnungspreise, 2012, Erläuterung OECD-Verrechnungspreisgrundsätze, VI. Immaterielle Wirtschaftsgüter, Rz. 1 zu Tz. 6.14; *Baumhoff*, in: Mössner, Steuerrecht, 2012, Rz. 3.154.
906 *Baumhoff*, in: Mössner, Steuerrecht, 2012, Rz. 3.155.
907 Gl. A. *Baumhoff*, in: Mössner, Steuerrecht, 2012, Rz. 3.156.
908 BMF-Schreiben v. 13.10.2010. IV B 5 – S 1341/08/10003, BStBl. I 2010, 774.

verlagerung) konkretisiert.[909] Bei der Durchführung der ertragsorientierten Bewertungen beider Transaktionspartner sind die mit dem Income Approach verbundenen und in Kapitel 2.4.4 aus bewertungstheoretischer Sicht diskutierten Fragestellungen zu bearbeiten. Dies sind die Quantifizierung des zukünftigen ökonomischen Nutzens, der aus dem Vermögenswert auf der Basis angemessener Prognosen erwartet werden kann, die Einschätzung des zeitlichen Verlaufs des zukünftigen ökonomischen Nutzens sowie die Annahmen zum Risiko, das mit der Realisierung des zukünftigen ökonomischen Nutzens in dem erwarteten Verlauf verbunden ist.[910] Hinsichtlich der Quantifizierung des zukünftigen ökonomischen Nutzens geht die deutsche Finanzverwaltung – zumindest im Zusammenhang mit der grenzüberschreitenden Verlagerung einer Funktion im Sinne von § 1 Abs. 1 FVlerV – wohl von der direkten Methode in Form der Incremental Income Analysis[911] aus. Diese Methode bedingt, dass dem Bewertungsobjekt unmittelbar ein Einkommensstrom zugeordnet werden kann. Alternativ wird auch die Anwendung einer „indirekten Methode" durch Bewertung der Unternehmen der Transaktionspartner vor und nach dem Verlagerungs- bzw. Übertragungsvorgang zugelassen.[912] Dieser Ansatz zeigt insoweit Parallelen zu der vom RFH entwickelten Differenzmethode[913], bei der eine Bewertung des Gesamtunternehmens mit und ohne das Bewertungsobjekt erfolgt. Dies stellt aus bewertungstheoretischer Sicht jedoch nur eine alternative Vorgehensweise im Rahmen der Incremental Income Analysis dar und darf insoweit nicht verwechselt werden mit indirekten Bewertungsansätzen wie insbesondere der Excess Earnings Method, bei denen eine Abschichtung des für das Gesamtunternehmen ermittelten Werts um alle anderen Vermögenspositionen außer dem Bewertungsobjekt erfolgt.[914] Vor diesem Hintergrund ist fraglich, ob die Verwendung einer Methodik, die zur Ermittlung von Gewinnerwartungen auf die indirekten Ansätze des Income Approach (Excess Earnings Method und Residual Value Method) zurückgreift, als hypothetischer Fremdvergleich im Sinne von § 1 Abs. 3 S. 5 AStG qualifiziert. Denkbar ist insoweit eine Verwendung dieser Ansätze beispielsweise für den Veräuße-

909 Zwar beziehen sich sowohl die FVerlV, als auch die Verwaltungsgrundsätze-Funktionsverlagerung ausschließlich auf die Verlagerung von Funktionen und nicht auf andere Anwendungsfälle des hypothetischen Fremdvergleichs; aufgrund der identischen Systematik der Preisermittlung sowie auch der Rechtsfolgen bei Abweichungen von der bei Geschäftsabschluss angenommenen Gewinnentwicklung gelten die dortigen Äußerungen des Gesetzgebers bzw. der Finanzverwaltung m.E. analog. Gründe, die für eine abweichende Auslegung des hypothetischen Fremdvergleichs bei Funktionsverlagerungen sprechen sollten, sind m.E. nicht ersichtlich.

910 *Baumhoff* kritisiert, dass die zwingende Durchführung einer doppelten Bewertung für Fälle außerhalb der Verlagerung einer Funktion einen hohen Aufwand darstellt, der nicht immer durch signifikant unterschiedliche Gewinnerwartungen der Transaktionspartner aufgrund von „Synergieeffekten, Standortvorteilen und strategischen Überlegungen" gerechtfertig ist, vgl. *Baumhoff*, in: Mössner, Steuerrecht, 2012, Rz. 3.159.

911 Vgl. hierzu ausführlicher Kapitel 2.4.4.1.

912 Vgl. Tz. 32 des BMF-Schreibens vom 13.10.2010, IV B 5 – S 1341/08/10003, BStBl. I 2010, 774.

913 Vgl. RFH, Urteil vom 14.12.1926 ,VI A 575/26, StuW 1927, Urteil Nr. 10.

914 Vgl. Kapitel 2.4.4.1.2.

rer eines immateriellen Vermögenswerts. Der Wortlaut von § 1 Abs. 3 S. 6 AStG, der die Verwendung innerbetrieblicher Planrechnungen und die Erstellung einer Funktionsanalyse vorschreibt, lässt keinen Ausschluss der indirekten Ansätze des Income Approach erkennen, sodass diese m.E. grundsätzlich zur Ermittlung des Einigungsbereichs verwendet werden können.

3.3.7.6.2 Preisbestimmung im Einigungsbereich

Innerhalb des Einigungsbereichs ist nach § 1 Abs. 3 S. 7 AStG der Preis für die konzerninterne Transaktion zu wählen, der dem Fremdvergleichsgrundsatz mit der höchsten Wahrscheinlichkeit entspricht. Wird kein anderer Wert glaubhaft gemacht, ist der Mittelwert[915] des Einigungsbereichs zu Grunde zu legen. Der Mittelwertansatz mittels widerlegbarer Vermutung ist allerdings nicht deckungsgleich mit der Haltung der OECD, wie aus den Diskussionsentwürfen vom 6.6.2012 und 30.7.2013 ersichtlich wird, in denen von einer Einigung an einem Punkt innerhalb des Einigungsbereichs ausgegangen wird.[916] Nach Auffassung der deutschen Finanzverwaltung sind unter Außerachtlassung der gesellschaftsrechtlichen Verbundenheit der Transaktionspartner die Umstände des Einzelfalls wie Marktposition der verbundenen Unternehmen, betriebliches Eigeninteresse an der Durchführung der Transaktion, das Angewiesensein des Transaktionspartners auf die betreffenden Wirtschaftsgüter, die Kapitalausstattung und Ertragslage der Transaktionspartner, die Entstehung von Synergieeffekten, Standortvorteile, die Höhe ersparter Kosten sowie bestehende Handlungsalternativen einzubeziehen.[917] *Looks/Köhler* schlagen im Kontext der Ableitung des Verhandlungsergebnisses mittels spieltheoretischer Modelle die Einbeziehung weiterer Faktoren wie Verhandlungsmacht, Verhandlungsabbruchwahrscheinlichkeit, Verhandlungskosten und Risikoaversion vor,[918] was zu einer umfassenden Beurteilung der hypothetischen Verhandlungssituation führt.

Wie bereits erwähnt, obliegt es dem Steuerpflichtigen, eine vom arithmetischen Mittel abweichende Aufteilung des Einigungsbereichs glaubhaft zu machen. Als glaubhaft wird eine Behauptung angesehen, wenn für die behauptete Tatsache eine überwiegende Wahrscheinlich-

---

915 Gemeint ist m.E. der arithmetische Mittelwert. *Greinert* weist zutreffend darauf hin, dass der Gesetzgeber dies nicht konkretisiert hat und daher auch geometrischer oder harmonischer Mittelwert gemeint sein könnten, vgl. *Greinert*, Ubg 2010, 101, 106.

916 Vgl. Tz. 258 (Beispiel 19) des Diskussionsentwurfs vom 6.6.2012; Tz. 319 (Beispiel 24) des Diskussionsentwurfs vom 30.7.2013.

917 Vgl. Tz. 128 des BMF-Schreibens vom 13.10.2010, IV B 5 – S 1341/08/10003, BStBl. I 2010, 774.

918 Vgl. *Looks/Köhler,* StB 2009, 317, 325.

keit gegeben ist.[919] Die vom Gesetzgeber gewählte Anforderung der Glaubhaftmachung spricht m.E. dafür, dass eine qualitative Argumentation für den Nachweis eines vom arithmetischen Mittelwert abweichenden Verhandlungsergebnisses als ausreichend erachtet wird. Insoweit bleibt allerdings anzumerken, dass eine qualitative Würdigung der Verhandlungssituation stets Ergebnis einer subjektiven Einschätzung ist, die nicht operationalisierbar ist und daher unweigerlich vom Ermessen des Bewerters beeinflusst wird.

3.3.7.6.3 Umgang mit Bewertungsunsicherheit

Sind wesentliche immaterielle Wirtschaftsgüter und Vorteile Gegenstand einer konzerninternen Transaktion, auf die der hypothetische Fremdvergleich Anwendung findet, wird im Falle einer erheblichen Abweichung der späteren Gewinnentwicklung von § 1 Abs. 3 S. 11 AStG die widerlegbare Vermutung aufgestellt, dass zum Zeitpunkt des Geschäftsabschlusses Unsicherheiten bestanden, die fremde Dritte zur Vereinbarung einer Preisanpassungsklausel veranlasst hätten. Die Vorschrift impliziert, dass Unsicherheiten stets zum Zeitpunkt des Geschäftsabschlusses wahrnehmbar sind, d.h. auch unvorhersehbare Ereignisse manifestieren sich nach der Gesetzeslogik vor ihrem Eintreten als wahrnehmbare Unsicherheit. Eine erhebliche Abweichung liegt nach § 10 FVerlV vor, wenn bei einer ex post-Betrachtung der tatsächlichen Gewinnentwicklung der Verrechnungspreis außerhalb des ursprünglichen Einigungsbereichs liegt. Nach § 1 Abs. 3 S. 12 AStG kann bei Eintreten einer erheblichen Abweichung und Fehlen einer Preisanpassungsklausel innerhalb von zehn Jahren nach Geschäftsabschluss eine einmalige Einkommenskorrektur durch den Fiskus in dem Jahr durchgeführt werden, das dem Jahr folgt, in dem die Abweichung eingetreten ist.[920] Die Rechtsfolge der Einkommenskorrektur kann nur vermieden werden, wenn der Steuerpflichtige die gesetzliche Vermutung des Bestehens von Unsicherheiten im Zeitpunkt des Geschäftsabschlusses widerlegen kann oder nach § 1 Abs. 3 S. 12 AStG eine sachgerechte Anpassungsregelung in Bezug auf den Verrechnungspreis vereinbart wurde. Fraglich ist, ob § 9 FVerlV auch für die Lizenzierung singulärer, d.h. nicht im Rahmen einer Funktionsverlagerung transferierter immaterieller Vermögenswerte eine Schutzwirkung vor § 1 Abs. 3 S. 12 AStG entfaltet. Die Verwaltungsgrundsät-

---

919 Vgl. Tz. 40 des BMF-Schreibens vom 13.10.2010, IV B 5 – S 1341/08/10003, BStBl. I 2010, 774. Die Kriterien werden im Zusammenhang mit Funktionsverlagerungen genannt, sind m.E. jedoch grundsätzlich auch in Bezug auf die Überlassung oder Übertragung einzelner oder mehrerer immaterieller Vermögenswerte anwendbar, die keine Funktion im Sinne von § 1 Abs. 1 FVerlV darstellen.

920 Vgl. zur Kritik an der Ausgestaltung der gesetzlichen Preisanpassungsklausel: *Oestreicher/Wilcke*, DB 2010, 1713, 1717f.

ze-Funktionsverlagerung geben insoweit keinen Aufschluss.[921] M.E. kann ausgehend vom fiskalischen Sinn und Zweck der Regelung davon ausgegangen werden, dass sie auch für singuläre immaterielle Vermögenswerte einschlägig ist. § 1 Abs. 3 S. 11 AStG stellt daher im Ergebnis für konzerninterne Übertragungen immaterieller Wirtschaftsgüter die gesetzliche Forderung nach einer Preisanpassungsklausel im Falle des Eintretens wesentlicher Abweichungen auf. Eine Nichtbeachtung der Regelung ist mit einem zehnjährigen Berichtigungszeitraum zu Gunsten der Finanzverwaltung sanktionsbewehrt. Die Vorschrift geht damit über das von der OECD geforderte Maß der Orientierung am fremdüblichen Verhalten hinaus, indem das Eintreten erheblicher Abweichungen mit der gesetzlichen Vermutung des Bestehens von Unsicherheiten und einer unterstellten fremdunüblichen Verhaltensweise (keine Vereinbarung einer Preisanpassungsklausel) verknüpft wird. Dabei legt der logische Bruch der Unterstellung der Wahrnehmbarkeit unvorhersehbarer Entwicklungen in Form von Unsicherheit nahe, dass der Gesetzgeber beabsichtigt, die gesetzliche Sanktionierung des Fehlens von Preisanpassungsklauseln als fremdüblich erscheinen zu lassen. Dies ist m.E. jedoch nicht der Fall. Insbesondere trifft der vom Gesetzgeber unterstellte Zweck von Preisanpassungsklauseln zur Eliminierung von Bewertungsunsicherheit nicht zu, da Preisanpassungsklauseln zwischen fremden Dritten i.d.R. dem Umgang mit Informationsasymmetrien zwischen Verkäufer und Käufer dienen.[922] Diese sind jedoch aufgrund der vom deutschen Gesetzgeber in § 1 Abs. 1 S. 2 AStG geregelten Fiktion der Informationstransparenz im Kontext nahe stehender Personen nicht gegeben. Die im Ergebnis eintretende Abweichung vom Fremdvergleichsgrundsatz führt zu einer faktischen Beweislastumkehr zu Ungunsten der Steuerpflichtigen, die den OECD-Verrechnungspreisrichtlinien 2010 nicht entnommen werden kann[923] und die im Widerspruch zu empirischen Belegen zur Üblichkeit und den Gründen von Preisanpassungsklauseln zwischen fremden Dritten steht.[924] Insoweit ist daher eine Einschränkung der Reichweite des Fremdvergleichsgrundsatzes zu Gunsten fiskalischer Interessen zu konstatieren.

---

921 Vgl. Tz. 135ff. des BMF-Schreibens vom 13.10.2010, IV B 5 – S 1341/08/10003, BStBl. I 2010, 774.

922 Vgl. *Datar/Frankel/Wolfson*, Journal of Law, Economics, and Organization 2001, 201, 207; *Scholz*, IStR 2007, 221, 224f.; *Oestreicher/Wilcke*, DB 2010, 1713, 1717; *Cain/Denis/Denis*, Earnouts, 2010, 2; *Engler*, in: Vögele/Borstell/Engler, Verrechnungspreise, 2011, Kapitel N, Rz. 558, m.w.N.

923 Vgl. *Kurzewitz*, Methodenwahl, 2009, 278f.

924 Vgl. zu empirischen Befunden zur Ausgestaltung von Preisanpassungsklauseln bei Unternehmensübernahmen: *Cain/Denis/Denis*, Earnouts, 2010, 2

3.3.8 Allokations- und Nutzungsstrategien

3.3.8.1 Eigenentwicklung und –nutzung

Werden Produkte oder Dienstleistungen unter Nutzung selbst entwickelter oder entgeltlich erworbener immaterieller Vermögenswerte hergestellt und konzernintern veräußert, z.B. zum Weitervertrieb an Endkunden, liegt nach Auffassung der deutschen Finanzverwaltung in der Regel hierin keine Nutzung der betreffenden immateriellen Wirtschaftsgüter durch den Erwerber.[925] Ausnahmsweise wird jedoch von einer Nutzung durch den Erwerber ausgegangen, wenn dieser auf andere Weise durch den Gebrauch der Produkte dazu befähigt wird, ein weitergehendes immaterielles Wirtschaftsgut (z.B. Patent) zu nutzen, die erworbenen Produkte für ein patentrechtlich geschütztes Verfahren einzusetzen oder aus den erworbenen Produkten ein anderes geschütztes Wirtschaftsgut herzustellen.[926] Aus den vorstehend aufgeführten Ausnahmefällen wird der Grundgedanke der deutschen Finanzverwaltung ersichtlich, dass eine separate Vergütung für die Überlassung und Übertragung immaterieller Bestandteile nicht erforderlich bzw. nicht zulässig ist, wenn fremde Dritte ein „Gesamtentgelt"[927] vereinbart hätten, da sie von einer Produktlieferung bzw. Dienstleistungserbringung ausgehen und nicht von einer expliziten Überlassung oder Übertragung immaterieller Vermögenswerte.[928]

Für die Verrechnungspreisbildung der Lieferungen oder Dienstleistungserbringung sind die eingesetzten immateriellen Vermögenswerte im Rahmen der Vergleichbarkeitsanalyse zu berücksichtigen und haben damit eine unmittelbare Auswirkung auf die Vergleichbarkeit von Markttransaktionen und auch auf die Wahl der Verrechnungspreismethode. Als geeignete Verrechnungspreismethoden sind die für Warenlieferungen und Dienstleistungen vorgesehenen Methoden zu betrachten.[929] Dabei kann nach dem in § 1 Abs. 3 AStG geregelten Stufenverhältnis auch der hypothetische Fremdvergleich in Betracht kommen; allerdings ist die durch § 1 Abs. 3 S. 11 AStG normierte gesetzliche Vermutung der Fremdüblichkeit der Vereinbarung einer Preisanpassungsklausel bei Warenlieferungen oder Dienstleistungen nicht einschlägig, da der Wortlaut der Vorschrift voraussetzt, dass immaterielle Wirtschaftsgüter Gegenstand der Geschäftsbeziehung sind.

---

925 Vgl. Tz. 3.1.2.3 des BMF-Schreibens v. 23.2.1983, IV C 5 – S 1341 – 4/83, BStBl. I 1983, 218.
926 Vgl. Tz. 3.1.2.3 des BMF-Schreibens v. 23.2.1983, IV C 5 – S 1341 – 4/83, BStBl. I 1983, 218.
927 *Baumhoff*, in: Mössner, Steuerrecht, 2012, Rz. 3.290.
928 Vgl. Tz. 5.1.2 des BMF-Schreibens v. 23.2.1983, IV C 5 – S 1341 – 4/83, BStBl. I 1983, 218.
929 Vgl. hierzu etwa *Borstell/Hülster*, in: Vögele/Borstell/Engler, Verrechnungspreise, 2011, Kapitel L, Rz. 4ff.; *Baumhoff*, in: Mössner, Steuerrecht, 2012, Rz. 3.239ff.; *Kurzewitz*, Methodenwahl, 2009, 144ff.

3.3.8.2 Auftragsfertigung

Die Anforderungen an das Vorliegen eines Auftragsfertigungsverhältnisses werden durch die deutsche Finanzverwaltung in den Verwaltungsgrundsätzen-Funktions-verlagerung[930] definiert. Danach trägt der Auftragsfertiger keine Produktionsrisiken, entwickelt keine Produkte selbst und besitzt und erwirbt kein Eigentum an den für die Produktion erforderlichen immateriellen Wirtschaftsgütern. Darüber hinaus nimmt er keine Vermarktungsfunktionen wahr und trägt keine Marktrisiken. Im Gegensatz zum Lohnfertiger ist jedoch die Beschaffung von Rohstoffen und Materialien auf eigene Rechnung des Auftragsfertigers unschädlich für seinen Status als funktions- und risikobegrenztes Unternehmen.[931] Dem Auftraggeber obliegt es, nachzuweisen, dass er das „Herstellungsgeschehen beherrscht“[932] indem er nicht nur den Auftrag zur Fertigung nach seinen Vorgaben erteilt, sondern auch die wichtigen Entscheidungen über die Durchführung der Fertigung trifft sowie die Einhaltung der Vorgaben an die Fertigungsqualität überprüft.

Der Auftragsfertiger kann mittels der Preisvergleichsmethode, der Kostenaufschlagsmethode[933] oder der TNMM[934] vergütet werden. Die Errichtung einer Auftragsfertigung wird durch das deutsche Steuerrecht für Zwecke der grenzüberschreitenden Gewinnabgrenzung nicht als Übergang von immateriellem Vermögen des Auftraggebers auf den Auftragsfertiger qualifiziert, da dieser weder die Chancen der erfolgreichen Vermarktung des Produktes nutzen kann, noch die damit verbunden Risiken trägt.

3.3.8.3 Auftragsforschung und -entwicklung

Der Abschluss und die Durchführung von Vereinbarungen über Auftragsforschung und -entwicklung wird von der deutschen Finanzverwaltung ausweislich Tz. 5.3 der Verwaltungsgrundsätze 1983 grundsätzlich anerkannt mit der Folge, dass die „Ergebnisse nicht dem forschenden, sondern dem auftraggebenden Unternehmen zugute“[935] kommen. Die Verwaltungsgrundsätze 1983 gehen nicht näher darauf ein, welche Anforderungen seitens der Finanzverwaltung an die Anerkennung gestellt werden und auf welchem Wege die Forschungs- und Entwicklungsergebnisse dem Auftraggeber „zugute kommen“ müssen. Fraglich ist inso-

---

930 Vgl. BMF-Schreiben v. 13.10.2010, IV B 5 – S 1341/08/10003, BStBl. I 2010, 774.
931 Vgl. Tz. 205 des BMF-Schreibens v. 13.10.2010, IV B 5 – S 1341/08/10003, BStBl. I 2010, 774.
932 FG Hamburg, Urteil v. 4.12.1989, II 208/87, EFG 1990, 463.
933 Vgl. Tz. 3.1.3, Beispiel 3 des BMF-Schreibens v. 23.2.1983, IV C 5 – S 1341 – 4/83, BStBl. I 1983, 218.
934 Vgl. Tz. 3.4.10.3. b) des BMF-Schreibens v. 12.4.2005, IV B 4 – S 1341 – 1/05, BStBl. I 2005, 570.
935 Vgl. BMF-Schreiben v. 23.2.1983, IV C 5 – S 1341 – 4/83, BStBl. I 1983, 218.

weit, unter welchen Voraussetzungen die vertraglich gewollte Zuordnung des rechtlichen Eigentums der Forschungs- und Entwicklungsergebnisse zum Auftraggeber durch die wirtschaftliche Betrachtungsweise im Sinne von § 39 Abs. 2 AO eingeschränkt werden kann.[936] Im Hinblick auf die Verteilung der Funktionen und Risiken der Parteien eines Auftragsforschungs und -entwicklungsverhältnisses ist von Relevanz, inwieweit der Auftraggeber selbst durch eigenes Personal in die Aktivitäten des Auftragnehmers involviert sein und hierfür eigene fachliche Kompetenzen aufweisen muss, damit das vereinbarte Leistungsverhältnis mit der Folge der steuerlichen Zurechnung der Entwicklungsergebnisse zum Auftraggeber resultiert.[937] Ein echtes Auftragsforschungs- und Entwicklungsverhältnis ist demnach in den Fällen gegeben, in denen das durch die vertragliche Vereinbarung gewährte rechtliche Eigentum an den Entwicklungsergebnissen und die in § 39 Abs. 2 AO niedergelegte wirtschaftliche Betrachtungsweise zu einer identischen Zurechnung führen. Nach den von *Wehnert* vorgeschlagenen Kriterien ist als wirtschaftlicher Eigentümer anzusehen, wer den Auftrag zur Entwicklung eines immateriellen Wirtschaftsguts oder sonstiger Vorteile erteilt, die Entscheidungshoheit über den Prozess der Entwicklung inne hat und alle im Zusammenhang mit der Entwicklung anfallenden Kosten und Risiken trägt.[938] Danach ist als wirtschaftlicher (und rechtlicher) Eigentümer zu betrachten, wer Inititative und Kontrolle über den Entwicklungsprozess ausübt sowie Kosten und Risiken der Entwicklung trägt. Gefordert wird somit, dass die Forschungs- und Entwicklungsaktivitäten nachweisbar auf Rechnung und Gefahr des Auftraggebers erfolgen und dass dieser das Geschehen dergestalt beherrscht, dass er u.a. alle wichtigen Entscheidungen über den Inhalt der Forschungs- und Entwicklungsaktivitäten trifft.[939] Die Kriterien sind von dem Gedanken geprägt, dass diejenige Konzerneinheit, die in Ausübung der tatsächlichen Herrschaft über ein Wirtschaftsgut den größten Anteil der wirtschaftlichen Lasten bei dessen Entstehung getragen hat, als wirtschaftlicher Eigentümer gelten soll.[940] Dies führt zu einer steuerlichen Zurechnung der Entwicklungsergebnisse zum wirtschaftlichen Eigentümer, auch soweit eine ausdrückliche vertragliche Ausgestaltung der Auftragsforschung und -entwicklung nicht vorliegt. Die vorstehenden Kriterien repräsentieren eine Auslegung von

---

936 Es besteht insoweit ein Unterschied zum Grundfall des § 39 Abs. 2 AO, bei dem die wirtschaftliche Betrachtungsweise eine vom rechtlichen Eigentum *abweichende* Zurechnung vornimmt, beispielsweise zum Leasingnehmer oder Eigenbesitzer, die eben nicht als rechtliche Eigentümer anzusehen sind. Vgl. hierzu Kapitel 3.3.6.

937 Vgl. *Engler*, in: Vögele/Borstell/Engler, Verrechnungspreise, 2011, Kapitel N, Rz. 112.

938 Vgl. *Wehnert*, in: Cahiers de droit fiscal international Volume 92a, 2007, 273, 283.

939 Vgl. *Jacobs*, Unternehmensbesteuerung, 2011, 811; *Engler*, in: Vögele/Borstell/Engler, Verrechnungspreise, 2011, Kapitel N, Rz. 112.

940 Vgl. *Przysuski/Lalapet/Swaneveld*, Tax Notes International 2004, 285, 290; *Przysuski*, Tax Notes International 2006, 1139, 1142; *Wehnert*, IStR 2007, 558, 559; *Wehnert*, in: Cahiers de droit fiscal international Volume 92a, 2007, 273, 283.

§ 39 Abs. 2 AO, die sich vom Wortlaut der Vorschrift löst und allenfalls aus einem weit gefassten Verständnis der wirtschaftlichen Betrachtungsweise abgeleitet kann. Im Falle eines echten Auftragsforschungs und –entwicklungsverhältnisses wird der Auftragnehmer aus deutscher Sicht im Rahmen eines Dienstleistungs-[941] oder Geschäftsbesorgungsvertrags[942] tätig. Die vom Auftragnehmer in Rechnung gestellten Vergütungen sind wie eigene Forschungs- und Entwicklungsaufwendungen des Auftraggebers zu behandeln,[943] d.h. es liegt eine eigene „Herstellung“ immaterieller Vermögenswerte des Auftraggebers vor.

Die Ermittlung der Vergütung bei einer echten Auftragsforschung und -entwicklung folgt der einseitigen Risikoallokation auf der Grundlage der für Dienstleistungen einschlägigen Verrechnungspreismethoden. Soweit uneingeschränkt oder eingeschränkt vergleichbare Fremdvergleichswerte verfügbar sind, können diese, ggf. nach Vornahme sachgerechter Anpassungen, der Verrechnungspreisbildung zu Grunde gelegt werden. Als Fremdvergleichswerte können beispielsweise von fremden Dritten wie etwa unabhängigen Forschungseinrichtungen am Markt angebotene Konditionen für Forschungs- und Entwicklungsleistungen herangezogen und die Preisvergleichsmethode angewendet werden.[944] Sind keine derartigen Marktpreise verfügbar, kommt als weitere Standardmethode in der Regel die Kostenaufschlagsmethode zur Anwendung.[945] In diesem Fall ist auf die direkten und indirekten Kosten der Leistungserbringung des Auftragnehmers ein angemessener Gewinnaufschlag anzusetzen, der einer Vergütung der unternehmerischen Risiken des Auftragsnehmers außerhalb des Auftragsverhältnisses Rechnung trägt[946] und diesem eine angemessene Verzinsung seines eingesetzten Kapitals ermöglicht.[947] Auf der zweiten Ebene des Stufenverhältnisses kommen TNMM, Gewinnaufteilungsmethode und der hypothetische Fremdvergleich als geeignete Methoden in Frage. Nur soweit keine uneingeschränkt oder eingeschränkt vergleichbaren Fremdvergleichswerte verfügbar sind, ist zwingend der hypothetische Fremdvergleich durchzuführen. Erfolgt in Abweichung zu den vorstehend erläuterten Grundsätzen eine Beteiligung des Auftragnehmers am Risiko des Fehlschlagens der Forschungs- und Entwicklungsbemühungen, etwa durch Vereinbarung einer erfolgsabhängigen Vergütung, liegt aus deutscher Sicht ein

---

941 Vgl. § 611 BGB.

942 Vgl. § 675 BGB.

943 Vgl. *Jacobs*, Unternehmensbesteuerung, 2011, 811; *Engler*, in: Vögele/Borstell/Engler, Verrechnungspreise, 2011, Kapitel N, Rz. 115.

944 Vgl. *Flick*, BB 1973, 286, 286; *Kaminski*, IStR 2001, 539, 543.

945 Vgl. Rz. 5.3 des BMF-Schreibens v. 23.2.1983, IV C 5 – S 1341 – 4/83, BStBl. I 1983, 218.

946 Vgl. *Baumhoff*, in: F/W/B/S, Außensteuerrecht, 2012, § 1 AStG, Rz. 718.3.

947 Vgl. *Kaminski*, IStR 2001, 539, 543.

Werkvertrag[948] vor, dem es im Gegensatz zum Dienstleistungsvertrag immanent ist, dass ein Erfolg vom Auftragnehmer geschuldet wird.[949] Es liegt keine echte Auftragsforschung im steuerlichen Sinne vor.[950] In diesem Fall der unechten Auftragsforschung findet eine Übertragung des rechtlichen Eigentums an dem entstandenen immateriellen Wirtschaftsgut statt, mit der Folge, dass die Grundsätze für die Übertragung von immateriellen Vermögenswerten Anwendung finden.[951]

3.3.8.4 Lizenzierung

3.3.8.4.1 Grundlagen

Der Lizenzvertrag ist aus der Sicht des deutschen Zivilrechts als ein Vertrag eigener Art anzusehen, der Elemente verschiedener gesetzlich normierter Vertragstypen enthält.[952] Besonderheiten können sich in Bezug auf Know-how ergeben, das beim Lizenznehmer im Rahmen des Lizenzverhältnisses durch Verbesserung des Lizenzgegenstands entsteht. Der Rückfluss dieses Know-hows an den Lizenzgeber ist entweder in der Bemessung der Lizenzgebühr bereits zu berücksichtigen, d.h. der Lizenznehmer wird zur Herausgabe solchen Know-hows verpflichtet, oder durch eine separate Lizenzvereinbarung als sog. Rücklizenz zu verrechnen.[953] Im deutschen Steuerrecht ergeben sich Besonderheiten für die Verrechnung von Lizenzen bei firmennamensgleichen Markenbezeichnungen. Nach der in den Verwaltungsgrundsätzen 1983 vertretenen Auffassung der deutschen Finanzverwaltung ist das Recht zur Führung des Firmennames eines Unternehmens als so genannter Rückhalt im Konzern zu betrachten und daher dem Grunde nach nicht verrechenbar.[954] Dies ist jedoch nach der Auffassung des BFH nicht der Fall, wenn die Firma markenrechtlichen Schutz genießt und den überlassenen Markenrechten ein eigenständiger Wert zukommt, indem diese geeignet sind, „tatsächlich zu einer Absatzsteigerung und/oder zu einer Erhöhung des Marktanteils“[955] zu führen.[956]

---

948 Vgl. § 631 BGB.
949 Vgl. *Busche*, in Säcker/Rixecker, BGB, 2012, § 631 BGB, Rz. 1.
950 Vgl. *Engler*, in: Vögele/Borstell/Engler, Verrechnungspreise, 2011, Kapitel N, Rz. 116.
951 Vgl. hierzu Kapitel 3.3.8.5.
952 Vgl. BGH, Urteil v. 3.11.1988, I ZR 242/86, „Präsentbücher“, GRUR 1989, 68.
953 Vgl. *Baumhoff*, in: F/W/B/S, Außensteuerrecht, 2012, § 1 AStG, Rz. 699.2; Rz. 5.1.3. des BMF-Schreibens v. 23.2.1983, IV C 5 – S 1341 – 4/83, BStBl. I 1983, 218.
954 Vgl. Tz. 6.3.2 des BMF-Schreibens v. 23.2.1983, IV C 5 – S 1341 – 4/83, BStBl. I 1983, 218.
955 BFH, Urteil v. 9.8.2000, I R 12/99, BStBl. II 2001, 140.
956 Vgl. zu den Besonderheiten der konzerninternen Lizenzierung von Markenrechten, die zugleich die Firma des Unternehmens darstellen, auch *Baumhoff*, in: Mössner, Steuerrecht, 2012, Rz. 3.291f.

3.3.8.4.2 Standardmethoden

Im Hinblick auf die anzuwendenden Methoden für die Bestimmung eines fremdvergleichskonformen Lizenzsatzes sind die Vorgaben des § 1 Abs. 3 S. 1 AStG zu beachten, d.h. soweit uneingeschränkt vergleichbare Fremdvergleichswerte ggf. nach Vornahme sachgerechter Anpassungen verfügbar sind, besteht ein Vorrang der Standardmethoden. In Frage kommen für den Fall der Lizenzierung nur die Preisvergleichs- und die Wiederverkaufspreismethode, wobei sich der Anwendungsbereich der letzteren Methode auf den speziellen Fall von Patentverwertungsgesellschaften beschränkt.[957] Die Kostenaufschlagsmethode leidet an dem bereits im Rahmen der Ausführungen zu den OECD-Verrechnungspreisrichtlinien 2010 erwähnten Mangel des in aller Regel fehlenden kausalen Zusammenhangs zwischen dem Wert und den für einen immateriellen Vermögenswert aufgewendeten Kosten. Dem trägt auch Rz. 5.2.4 der Verwaltungsgrundsätze 1983 Rechnung, wonach die Kostenaufschlagsmethode nur in Einzelfällen, insbesondere zur Verprobung von Lizenzgebühren verwendet werden darf.[958]

Im Hinblick auf die Preisvergleichsmethode ist eine Analyse der Vergleichbarkeit potenzieller Vergleichstransaktionen durchzuführen, um deren Eignung als Fremdvergleichswerte zu evaluieren. Insoweit kann auf die vorstehenden Ausführungen in Kapitel 3.3.4.2 zur Vergleichbarkeitsanalyse nach deutschem Steuerrecht verwiesen werden, die sich im Einklang mit den OECD-Verrechnungspreisrichtlinien 2010 befindet. Hervorzuheben ist insoweit, dass die Einschätzung des Ertragspotenzials der konzerninternen und der Vergleichstransaktionen als zentrales Kriterium der Vergleichbarkeit[959] auch im deutschen Steuerrecht nicht deutlich wird. Ergeben sich, ggf. nach Vornahme erforderlicher Anpassungen, mehrere uneingeschränkt vergleichbare Werte, können alle Werte innerhalb dieser Bandbreite als Vergleichswerte für die konzerninterne Lizenzierung verwendet werden.

3.3.8.4.3 Geeignete Methoden

Können die Anforderungen der Preisvergleichsmethode in Bezug auf die Vergleichbarkeit des Lizenzgegenstands nicht erfüllt werden, weil auch nach Vornahme von Anpassungen nur eingeschränkt vergleichbare Lizenzvereinbarungen vorliegen, und sind die anderen Standardmethoden ebenfalls nicht einschlägig, ist nach § 1 Abs. 3 S. 2 AStG auf der zweiten Ebene des in § 1 Abs. 3 S. 1-5 AStG geregelten Stufenverhältnisses eine „geeignete Verrechnungspreisme-

---

957 Vgl. Kapitel 3.2.9.4.2.
958 Vgl. BMF-Schreiben v. 23.2.1983, IV C 5 – S 1341 – 4/83, BStBl. I 1983, 218.
959 Vgl. *Jacobs*, Unternehmensbesteuerung 2011, 815.

thode“ anzuwenden. Das Kriterium der Geeignetheit der Methode ist weder legal noch auf dem Erlasswege definiert. Aus Sinn und Zweck von § 1 Abs. 3 AStG kann jedoch abgeleitet werden, dass diejenige Methode zu wählen ist, die am besten geeignet ist, mittels eingeschränkt vergleichbarer Informationen fremdvergleichskonforme Ergebnisse herbeizuführen. Zu prüfen sind insoweit die transaktionsbezogenen gewinnorientierten Methoden in Form der TNMM sowie die Gewinnaufteilungsmethode. Daneben ist auch eine Anwendung des hypothetischen Fremdvergleichs auf der zweiten Ebene möglich, da der hypothetische Fremdvergleich nach dem Gesetzeswortlaut von § 1 Abs. 3 AStG nicht zwingend auf die Fälle des Fehlens von Vergleichsdaten eingeschränkt ist. Bezüglich der Eignung der Gewinnaufteilungsmethoden für die Bestimmung von Lizenzsätzen für immaterielle Vermögenswerte ist in Ermangelung weitergehender Äußerungen der deutschen Finanzverwaltung oder Rechtsprechung auf die vorstehenden Ausführungen zu den OECD-Verrechnungspreisrichtlinien 2010 in Kapitel 3.2.9.4.3 zu verweisen.

Für die Anwendung der Gewinnaufteilungsmethode können eingeschränkt vergleichbare Fremdvergleichswerte aus der von fremden Dritten gewählten Aufteilung der aus dem Einsatz des Lizenzgegenstands resultierenden (Mehr-)Ergebnisse des Lizenznehmers abgeleitet werden. Dies entspricht der Methode der vergleichbaren Gewinnaufteilung, bzw. wenn eine Residualbetrachtung erfolgt, der Restgewinnmethode. Eine Aufteilung des auf den Lizenzgegenstand entfallenden Gewinns zwischen Lizenzgeber und Lizenznehmer mittels allgemeiner Erfahrungssätze wie der Goldscheider-Rule oder der Knoppe-Formel wird auch im deutschen Steuerrecht nicht als Verwendung eingeschränkt vergleichbarer Fremdvergleichswerte angesehen, sodass sich der Anwendungsbereich für diese Ansätze auf die Verprobung von Lizenzsätzen beschränkt.[960]

Auch bei der TNMM besteht in Ermangelung abweichender Verlautbarungen des deutschen Gesetzgebers über die Eignung der Methode für die Lizenzsatzbestimmung eine weitgehende Übereinstimmung mit den OECD-Verrechnungspreisrichtlinien 2010.

Wird der hypothetische Fremdvergleich eingesetzt, sind zur Festlegung des Einigungsbereichs Untergrenze des Lizenzgebers und Obergrenze des Lizenznehmers zu determinieren. Als absolute Untergrenze des Lizenzgebers kann eine Vergütung in Höhe der Kosten der Entwicklung und Pflege des Lizenzgegenstands angesehen werden, wobei jedoch auch Handlungsal-

[960] Gl.A. *Jacobs*, Unternehmensbesteuerung, 2011, 881f.; *Bernhardt/van der Ham/Kluge*, Ubg 2009, 244, 247; *Rasch*, ISR 2013, 31, 39.

ternativen wie die Verwendung des Lizenzgegenstands für eigene Zwecke durch den Lizenzgeber einzubeziehen sind.[961] Der Lizenznehmer, bzw. dessen ordentlicher und gewissenhafter Geschäftsleiter, wird die Obergrenze anhand seiner Gewinnerwartungen an der durch Einsatz des Lizenzgegenstands erwarteten Einkommenssteigerung orientieren, z.B. in Höhe der Mehreinnahmen durch den Einsatz von Markenrechten[962] oder Kostensenkungen durch ein effizienteres Produktionsverfahren. Dies bedeutet, dass der Lizenznehmer dem Einsatz des Lizenzgegenstands einen Einkommensstrom nach den Grundsätzen des Income Approach[963] zuordnen muss. Als Handlungsalternativen wird der Lizenznehmer in Abhängigkeit von den konkreten Umständen u.a. die selbständige Entwicklung eines gleichwertigen immateriellen Vermögenswerts in Betracht ziehen.[964] Für den resultierenden Einigungsbereich besteht nach § 1 Abs. 3 S. 7 AStG die widerlegbare gesetzliche Vermutung des Mittelwertansatzes. Nur soweit Lizenzgeber und Lizenznehmer einen anderen Wert innerhalb des Einigungsbereichs ansetzen möchten, sind weitere Nachweise erforderlich. Hierfür ist die Verteilung von Funktionen, Risiken und eingesetzten Mitteln zwischen Lizenzgeber und Lizenznehmer in Bezug auf die Nutzung und Weiterentwicklung des Lizenzgegenstands zu betrachten.

3.3.8.4.4 Hypothetischer Fremdvergleich

Sind keine eingeschränkt vergleichbaren Fremdvergleichswerte verfügbar, ist auf der dritten Ebene des Stufenverhältnisses nach § 1 Abs. 3 AStG zwingend der hypothetische Fremdvergleich im Sinne von § 1 Abs. 3 S. 5 AStG durchzuführen. In Bezug auf die methodische Umsetzung kann auf die Ausführungen bei Vorliegen eingeschränkt vergleichbarer Fremdvergleichswerte im vorstehenden Kapitel verwiesen werden.

3.3.8.4.5 Umgang mit Bewertungsunsicherheit

Wie im Rahmen der Betrachtung der Methoden in Kapitel 3.3.7.6.3 ausgeführt, wird bei Verwendung des hypothetischen Fremdvergleichs für „wesentliche immaterielle Wirtschaftsgüter und Vorteile" durch § 1 Abs. 3 S. 11 AStG die Vereinbarung einer Preisanpassungsklausel als fremdübliches Verhalten unterstellt für den Fall, dass die ex ante eintretenden Abweichungen

---

961 Vgl. *Bernhardt/van der Ham/Kluge*, Ubg 2009, 244, 248.
962 Vgl. *Brändel*, Lizenzierung, 2010, 63ff.
963 Vgl. Kapitel 2.4.4.
964 Die Lizenzierung anderer vergleichbarer immaterieller Vermögenswerte scheidet aus, wenn der hypothetische Fremdvergleich angewendet werden muss, da in diesem Fall davon auszugehen ist, dass keine Fremdvergleichswerte verfügbar sind. Soweit der hypothetische Fremdvergleich auf der zweiten Ebene des Stufenverhältnisses des § 1 Abs. 3 AStG als „geeignete Methode" angewendet wird, würde der Lizenznehmer auch alternative Einlizierungsmöglichkeiten in Betracht ziehen, die ggf. nicht nutzenäquivalent sind.

von der antizipierten Nutzenentwicklung dazu führen, dass bei einer Neuberechnung des Einigungsbereichs auf der Grundlage besserer Erkenntnis ein Lizenzsatz außerhalb des ursprünglichen Einigungsbereichs resultiert. Wird keine Preisanpassungsklausel vereinbart, sanktioniert § 1 Abs. 3 S. 12 AStG dieses nach Auffassung des Gesetzgebers unter vorstehend beschriebenen Umständen fremdunübliche Verhalten mit einem zehnjährigen Anpassungszeitraum zu Gunsten des Fiskus. Im Kontext mit der Verlagerung von Funktionen schließt § 9 FVerlV umsatz- oder gewinnbezogene Lizenzvereinbarungen für den Fall von Funktionsverlagerungen von der Rechtsfolge des § 1 Abs. 3 S. 12 AStG aus, da die Vorschrift in derartigen Lizenzvereinbarungen eine implizite Preisanpassung erkennt. Unklar ist jedoch, ob § 9 FVerlV auch außerhalb von Funktionsverlagerungen im Sinne von § 1 Abs. 3 S. 9 AStG auf Lizenzvereinbarungen mit singulären immateriellen Wirtschaftsgütern und sonstigen Vorteilen anwendbar ist. Die Verwaltungsgrundsätze-Funktionsverlagerung nehmen im Kontext von § 9 FVerlV ausschließlich auf die Verlagerung von Funktionen Bezug.[965]

3.3.8.5 Übertragung des Eigentums

3.3.8.5.1 Überprüfung des ökonomischen Gehalts

Über die rechtliche Einordnung einer Transaktion hinaus unterliegt das Ertragsteuerrecht einer wirtschaftlichen Betrachtungsweise im Sinne von § 39 Abs. 2 AO.[966] Dabei sind die rechtlichen Vereinbarungen zwischen den Transaktionsparteien im Rahmen einer Gesamtwürdigung aller Umstände zu berücksichtigen. Von einer Veräußerung kann ausgegangen werden, wenn das Recht zur Weiterveräußerung des immateriellen Wirtschaftsguts nicht ausgeschlossen wird, keine zeitliche Beschränkung der Nutzungsmöglichkeit für den Erwerber (abgesehen von gesetzlichen Befristungen[967]) vereinbart wird[968] und ein endgültiger Verbleib des Rechts beim Erwerber ohne zeitliche Begrenzung vorliegt.[969] Es ist das Verdienst von *Baumhoff/Greinert,* die folgenden Kriterien – im Kontext der Überlassung von Funktionen – entwickelt zu haben, die jedoch m.E. auch Gültigkeit für die Abgrenzung von Lizenzierung und Übertragung singulärer immaterieller Vermögenswerte besitzen. Danach sind die Laufzeit und Art des Lizenzvertrags, die Höhe der Lizenzentgelte über die Laufzeit des Vertrags im

---

965 Vgl. Tz. 135ff. des BMF-Schreibens vom 13.10.2010, IV B 5 – S 1341/08/10003, BStBl. I 2010, 774.

966 Vgl. zur wirtschaftlichen Betrachtungsweise Kapitel 3.3.6.

967 Nach der vom FG München vertretenen Auffassung steht die gesetzliche Befristung der aus gewerblichen Schutzrechten resultierenden Vermögensposition einer endgültigen Übertragung nicht entgegen, vgl. Urteil v. 24.11.1982, I 349/79, EFG 1983, 353.

968 Vgl. *Baumhoff,* in: F/W/B/S, Außensteuerrecht, 2012, § 1 AStG, Rz. 700.1; *Engler,* in: Vögele/Borstell/Engler, Verrechnungspreise, 2011, Kapitel N, Rz. 91f.

969 Vgl. BFH, Urteil v. 23.4.2003, IX R 57/99, BFH/NV 2003, 1311.

Verhältnis zum Wert des Lizenzgegenstands, das Recht zur Einräumung von Unterlizenzen, die Vertreilung von Chancen und Risiken in Bezug auf Wertveränderungen des Lizenzgegenstands, die Verteilung von Aufgaben und Übernahme von Kosten im Zusammenhang mit dem rechtlichen Schutz des Lizenzgegenstands, ordentliche und außerordentliche Kündigungsrechte des Lizenzgebers sowie Kauf- bzw. Andienungsrechte in die Würdigung einzubeziehen.[970] Ergänzend sollten m.E. auch die Rechte und Pflichten sowie entsprechende Vergütungsregelungen im Zusammenhang mit Weiterentwicklungen des Lizenzgegenstands betrachtet werden. Ergibt sich bei einer Gesamtwürdigung der vorstehend aufgeführten Kriterien, dass dem Lizenznehmer eine Rechtsstellung eingeräumt wird, die es ihm erlaubt, in Ausübung der tatsächlichen Herrschaft den Lizenzgeber für die gewöhnliche Nutzungsdauer von der Einwirkung auf das Wirtschaftsgut wirtschaftlich auszuschließen, sodass dem Lizenzgeber „kein oder ein wirtschaftlich bedeutungsloser Herausgabeanspruch“[971] zusteht oder wenn dieser seinerseits zur Herausgabe des Wirtschaftsguts verpflichtet ist,[972] wird der betreffende immaterielle Vermögenswert dem Lizenznehmer zuzurechnen sein. In diesem Fall liegt bei wirtschaftlicher Betrachtungsweise keine Lizenzierung im Sinne einer beschränkten Nutzungsüberlassung sondern eine Übertragung des Lizenzgegenstands, d.h. eine Veräußerung vor. Als Folge des Übergangs des wirtschaftlichen Eigentums ist die Höhe der Lizenzgebühr an der faktischen Übertragung der vollständigen wirtschaftlichen Nutzungsmöglichkeit zu messen. Beim „Lizenzgeber“ ergeben sich die Folgen einer Veräußerung des Lizenzgegenstands, wobei als Kaufpreis der Barwert der Summe aller zukünftigen Lizenzzahlungen anzunehmen ist. Angesichts der Vielzahl der für den Übergang des wirtschaftlichen Eigentums zu betrachtenden Parameter stellt sich eine Abgrenzung von Lizenzierung und Eigentumsübertragung jedoch regelmäßig als schwierig dar. Der deutsche Gesetzgeber hat diesem Umstand im Zusammenhang mit Funktionsverlagerungen durch Einräumung eines in § 4 Abs. 2 FVerlV geregelten Wahlrechts Rechnung getragen, bei Zweifeln in Bezug auf das Vorliegen einer Nutzungsüberlassung oder Übertragung auf Antrag des Steuerpflichtigen von einer Nutzungsüberlassung auszugehen. Der Wortlaut von § 4 Abs. 2 FVerlV, der auf Transferpakete oder einzelne Teile eines Transferpakets Bezug nimmt und damit von der Verlagerung einer Funktion im Sinne von § 1 Abs. 1 FVerlV ausgeht, spricht jedoch gegen eine Anwendbarkeit auf Fälle der Übertragung einzelner immaterieller Wirtschaftsgüter, die keine Funktion darstellen.

970 Vgl. *Baumhoff/Greinert*, Ubg 2009, 544, 545.
971 BFH, Urteil v. 20.9.1989, X R 140/87, BStBl. II 1990, 368.
972 Vgl. *Drüen*, in: Tipke/Kruse, AO/FGO, 2012, § 39 AO, Rz. 23.

3.3.8.5.2 Standardmethoden

Auch für eine Veräußerung im Sinne der vorstehenden Grundsätze ist der zwischen nahe stehenden Personen anzusetzende Verrechnungspreis nach Maßgabe des von § 1 Abs. 3 AStG normierten Stufenverhältnisses zu bestimmen. Soweit - ggf. nach Vornahme sachgerechter Anpassungen - uneingeschränkt vergleichbare Fremdvergleichswerte verfügbar sind, sieht § 1 Abs. 3 S. 1 AStG den Vorrang der Standardmethoden, d.h. der Preisvergleichs-, Wiederverkaufspreis- und der Kostenaufschlagsmethode vor. In Bezug auf deren Anwendbarkeit für den Fall der Veräußerung von immateriellen Vermögenswerten kann auf die vorstehenden Ausführungen zu den OECD-Verrechnungspreisrichtlinien 2010 bzw. dem Diskussionsentwurf der OECD vom 6.6.2012 bzw. vom 30.7.2013 verwiesen werden.[973] Es ergeben sich keine signifikanten Unterschiede bei der Auslegung der Standardmethoden durch das deutsche Steuerrecht.

3.3.8.5.3 Geeignete Methoden

Können die Standardmethoden in Ermangelung uneingeschränkt vergleichbarer Fremdvergleichswerte nicht zuverlässig angewendet werden, hat die Verrechnungspreisbestimmung nach § 1 Abs. 3 S. 2 AStG mittels geeigneter Verrechnungspreismethoden zu erfolgen. Die einschlägigen gesetzlichen Regelungen sowie die Erlasse der deutschen Finanzverwaltung enthalten keine weiterführenden Aussagen zur Anwendung geeigneter gewinnorientierter Methoden, sodass insoweit bezüglich der verwendbaren Ansätze der Gewinnaufteilungsmethoden auf die vorstehenden Ausführungen zu den OECD-Verrechnungspreisrichtlinien 2010 bzw. dem Diskussionsentwurf vom 6.6.2012 verwiesen werden kann. Wie bereits in Kapitel 3.2.9.5.3 dargestellt, scheidet die TNMM in konzeptioneller Hinsicht aus, da die Veräußerung eines Vermögenswerts an eine andere Geschäftseinheit im Widerspruch zur vollständigen Allokation des über eine Routinevergütung hinausgehenden Gewinns zum Veräußerer steht. Wie bereits in Bezug auf die Lizenzierung erwähnt, kann der hypothetische Fremdvergleich m.E. auch auf der zweiten Ebene des Stufenverhältnisses nach § 1 Abs. 3 AStG als geeignete Methode angewendet werden. Die Bestimmung des Einigungsbereichs erfolgt grundsätzlich analog zum Fall der Lizenzierung.[974] Allerdings wird der Veräußerer nicht nur auf die Kosten der Schaffung des immateriellen Vermögenswerts als absolute Untergrenze abstellen, sondern daneben auch den Barwert des ihm voraussichtlich entgehenden Einkommens einbeziehen,

---

973 Vgl. Kapitel 3.2.9.5.2.

974 Vgl. Kapitel 3.3.8.4.3.

das er bei der Handlungsalternative Nichtveräußerung hätte realisieren können. Als methodische Ansätze des Income Approach zur Ermittlung des erwarteten Einkommens aus immateriellen Vermögenswerten kommen neben der Incremental Income Analysis ebenso die indirekten Varianten in Frage, d.h. Relief from Royalty Method, die Excess Earnings Method und die Residual Value Method i.e.S.[975] Wie im Rahmen der Ausführungen zur Lizenzierung erwähnt, stellt m.E. auch eine Verwendung indirekter Formen des Income Approach zur Ermittlung des Einigungsbereichs einen hypothetischen Fremdvergleich dar, da auch für diese Ansätze interne Planungsrechnungen heranzuziehen sind und eine Funktionsanalyse durchzuführen ist.

3.3.8.5.4 Hypothetischer Fremdvergleich

Sind weder uneingeschränkt noch eingeschränkt vergleichbare Fremdvergleichswerte verfügbar, ist nach § 1 Abs. 3 S. 5 AStG ein hypothetischer Fremdvergleich durchzuführen. In Bezug auf die Durchführung sowie die Rechtsfolgen des hypothetischen Fremdvergleichs kann auf die Ausführungen im vorstehenden Kapitel verwiesen werden.

3.3.8.5.5 Umgang mit Bewertungsunsicherheit

Hinsichtlich der gesetztlichen Regelungen zum Umgang mit Bewertungsunsicherheit kann auf die vorstehenden Ausführungen in Kapitel 3.3.8.4.5 zum hypothetischen Fremdvergleich im Allgemeinen sowie zur Lizenzierung im Besonderen verwiesen werden. Im Unterschied zur Lizenzierung hat sich die deutsche Finanzverwaltung zur Ausgestaltung von Preisanpassungsklauseln im Zusammenhang mit Übertragungsvorgängen geäußert. Nach den Verwaltungsgrundsätzen-Funktionsverlagerung sind Preisanpassungsregelungen als fremdüblich anzusehen, wenn sie „einen betriebswirtschaftlich ausgewogenen Interessensausgleich" vorsehen, wobei u.U. auch kürzere Fristen als die in § 1 Abs. 3 S. 12 AStG enthaltene Zehnjahresfrist anerkannt werden.[976]

---

975 Vgl. zum Income Approach ausführlich Kapitel 2.4.4.

976 Vgl. Tz. 137 des BMF-Schreibens v. 13.10.2010, IV B 5 – S 1341/08/10003, BStBl. I 2010, 774.

3.3.8.6 Gemeinsame grenzüberschreitende Entwicklung und Nutzung

3.3.8.6.1 Grundlagen

Mit BMF-Schreiben vom 30.12.1999[977] hat die deutsche Finanzverwaltung ihre Grundsätze für die Prüfung der Einkunftsabgrenzung durch Umlageverträge zwischen international verbundenen Unternehmen (fortan: Verwaltungsgrundsätze-Umlageverträge) veröffentlicht. Als Umlagevertrag wird danach eine zwischen nahe stehenden Unternehmen im Sinne von § 1 Abs. 2 AStG abgeschlossene Vereinbarung angesehen, deren Zweck es ist, im gemeinsamen gleichgerichteten Interesse in einem längeren Zeitraum durch Zusammenwirken in einem „Pool" Leistungen zu erlangen und zu erbringen. Wesensmerkmal des eine Innengesellschaft bildenden Pools ist das Fehlen eines Leistungsaustausches zwischen den Poolmitgliedern aus ertragsteuerlicher Sicht.[978] Die Tätigkeiten des Pools können diverse Leistungskategorien umfassen, beispielsweise verwaltungsbezogene Leistungen und/oder den Erwerb von Wirtschaftsgütern, jedoch insbesondere auch Leistungen im Bereich Forschung und Entwicklung.[979] Die Kostenumlagevereinbarung ist abzugrenzen von so genannten Konzernumlagen, deren Zweck die vereinfachte Verrechnung von konzerinternen Dienstleistungen im Rahmen eines Leistungsaustausches ist.[980] Nachfolgende Ausführungen befassen sich ausschließlich mit einem Poolvertrag, dessen Zweck die gemeinsame grenzüberschreitende Durchführung von Forschungs- und Entwicklungstätigkeiten ist.

3.3.8.6.2 Merkmale einer Kostenumlagevereinbarung

Voraussetzung für das Vorliegen einer Kostenumlagevereinbarung nach dem Poolkonzept ist, dass die Teilnehmer einen Vorteil aus dem Zusammenwirken im Pool erwarten,[981] insbesondere durch die Nutzung und Verwertung der vom Pool geschaffenen Forschungs- und Entwicklungsergebnisse im Rahmen ihrer aktiven Geschäftstätigkeit.[982] Dabei ist es ausreichend, wenn Teilnehmer nur Beiträge in Form anteiliger Kostenübernahme leisten, die ihnen zustehenden Ergebnisse jedoch im vorgenannten Sinne selbst operativ nutzen. Im Gegensatz hierzu sind Unternehmen, die lediglich Leistungen an den Pool erbringen, ohne diese selbst aktiv zu verwerten, z.B. auf dem Wege der Auftragsforschung, sowie Unternehmen, die ledig-

---

977 BMF-Schreiben v. 30.12.1999, IV B 4 – S 1341 – 14/99, BStBl. I 1999, 1122.
978 Vgl. Tz. 1.1 des BMF-Schreibens v. 30.12.1999, IV B 4 – S 1341 – 14/99, BStBl. I 1999, 1122.
979 Vgl. Tz. 1.1 des BMF-Schreibens v. 30.12.1999, IV B 4 – S 1341 – 14/99, BStBl. I 1999, 1122.
980 Vgl. ausführlich zu Konzernumlagen: *Engler*, in: Vögele/Borstell/Engler, Verrechnungspreise, 2011, Kapitel M, Rz. 281ff.
981 Vgl. Tz. 1.2 des BMF-Schreibens v. 30.12.1999, IV B 4 – S 1341 – 14/99, BStBl. I 1999, 1122.
982 Vgl. *Baumhoff*, IStR 2000, 693, 698.

lich eine passive Verwertung als Holding- oder Patentverwertungsgesellschaften anstreben, vom Teilnehmerkreis augeschlossen. Die an den Pool erbrachten Leistungen der Teilnehmer, wie etwa die Mitwirkung an dem gemeinsamen Entwicklungsvorhaben durch eigenes Personal, dürfen nur so genannte Hilfsfunktionen der Teilnehmer darstellen.[983] Der Begriff der Hilfsfunktion impliziert eine Abgrenzung zur Hauptfunktion eines Teilnehmers. Die Verwaltungsgrundsätze-Umlageverträge lassen den Begriff der Hilfsfunktion jedoch undefiniert. *Engler* schlägt als Kriterien für die Abgrenzung von Haupt- zu Hilfsfunktionen den quantitativen Stellenwert der Leistung, gemessen an den Kosten oder den Umsätzen, oder die qualitative Wesentlichkeit, beurteilt anhand des Wertschöpfungsanteils, vor.[984] Der Begriff der Hilfsfunktion darf jedoch nicht darüber hinwegtäuschen, dass es sich bei Hilfsfunktionen um für den Unternehmenserfolg sehr bedeutende Funktionen handeln kann. Stellt beispielsweise die Herstellung und der Vertrieb von Automobilen die Hauptfunktion eines Unternehmens dar, wird der Bereich der Forschung und Entwicklung ungeachtet seines ggf. signifikanten Wertschöpfungsanteils als Hilfsfunktion im Sinne der Verwaltungsgrundsätze-Umlageverträge anzusehen sein.[985]

Resultieren aus den gemeinsamen Forschungs- und Entwicklungsbemühungen der Teilnehmer immaterielle Vermögenswerte, ist die Zuordnung der Eigentumsrechte zu klären. Ungeachtet der grundsätzlichen Bedeutung dieses Punktes enthalten die Verwaltungsgrundsätze-Umlageverträge insoweit keine klarstellenden Ausführungen. Nach der von *Engler/Freytag* vertretenen Auffassung erwirbt „das jeweilige forschende Unternehmen das rechtliche Alleineigentum, während die anderen Beteiligten des Poolvertrags für ihre Zahlungen das schuldrechtlich vereinbarte ungeschränkte Nutzungsrecht für ein bestimmtes Territorium erhalten“[986]. Vereinbaren die Teilnehmer von Poolverträgen territoriale Nutzungsrechte, die der wirtschaftlichen Nutzungsdauer der Entwicklungsergebnisse entsprechen, hat dies zur Folge, dass zumindest aus deutscher Sicht das wirtschaftliche Eigentum an den Entwicklungsergebnissen im Sinne von § 39 Abs. 2 AO[987] im Einklang mit der von den Teilnehmern gewollten Zuordnung ist. Im Unterschied zu *Engler/Freytag* gehen *Baumhoff*[988] und *Kuck-*

983 Vgl. Tz. 1.2 des BMF-Schreibens v. 30.12.1999, IV B 4 – S 1341 – 14/99, BStBl. I 1999, 1122.
984 Vgl. *Engler/Freytag*, in: Vögele/Borstell/Engler, Verrechnungspreise, 2011, Kapitel N, Rz. 181.
985 Gl.A. *Engler/Elbert*, in: Vögele/Borstell/Engler, Verrechnungspreise, 2011, Kapitel M, Rz. 418.
986 *Engler/Freytag*, in: Vögele/Borstell/Engler, Verrechnungspreise, 2011, Kapitel N, Rz. 230.
987 Vgl. Kapitel 3.3.6
988 Vgl. *Baumhoff*, in: F/W/B/S, Außensteuerrecht, 2012, § 1 AStG, Rz. 723.

hoff/Schreiber[989] wohl von gemeinschaftlichem Miteigentum aller Teilnehmer an den Entwicklungsergebnissen aus.[990]

3.3.8.6.3 Ermittlung und Aufteilung der Kosten

Die Basis für den umlagefähigen Betrag sind die „tatsächlichen direkten und indirekten Aufwendungen, die im Zusammenhang mit der erbrachten oder zu erbringenden Leistung stehen“[991]. Die Summe der Aufwendungen bzw. Kosten ist nach Auffassung der deutschen Finanzverwaltung ggf. um bestimmte Kosten und Einnahmen zu korrigieren, so etwa die Kosten für klar umrissene Einzelaufträge, die direkt abzurechnen sind, Erlöse aus dem Verkauf von Anlagevermögen, Einnahmen aus staatlichen Vergünstigungen (Zuschüsse, Zulagen, Sonderabschreibungen), die in einem unmittelbaren Zusammenhang mit dem Gegenstand des Pools stehen und insbesondere die Einkünfte aus der Lizenzierung durch den Pool geschaffener immaterieller Vermögenswerte an außerhalb des Pools stehende Unternehmen.[992]

Da die durch eine Kostenumlagevereinbarung nach dem Poolkonzept begründete Innengesellschaft zu keinem Leistungsaustausch der Teilnehmer untereinander führt, ist kein Gewinnaufschlag auf die nach den vorstehenden Grundsätzen ermittelte Kostenbasis zu erheben.[993] Dies bedeutet, dass eine Verteilung der Kostenbasis grundsätzlich nach Maßgabe des von den Teilnehmern erwarteten anteiligen Nutzens zu erfolgen hat.[994] Hierfür ist nach den Verwaltungsgrundsätzen auch die Verwendung „sachgerechter“[995] Schlüsselgrößen zulässig, die den Nutzen der Teilnehmer reflektieren, wobei eine Kombination und Gewichtung mehrerer Schlüssel zulässig ist. Beispielhaft werden die Einheiten eines Produkts oder einer Produktlinie, der Materialaufwand, die Maschinenstunden, die Anzahl der Arbeitnehmer, die Lohnsumme, die Wertschöpfung, das investierte Kapital, der Betriebsgewinn oder der Umsatz genannt.[996]

3.3.8.6.4 Behandlung von Beiträgen der Teilnehmer

Die Überlassung materieller und immaterieller Wirtschaftsgüter durch Teilnehmer des Pools für Zwecke der gemeinsamen Forschungs- und Entwicklungstätigkeit wird nicht als Übertra-

[989] Vgl. *Kuckhoff/Schreiber*, IStR 2000, 346, 348.
[990] Zur Ausgestaltung der Verwertung der Entwicklungsergebnisse durch eine treuhänderisch agierende Zentralgesellschaft vgl. *Jacobs*, Unternehmensbesteuerung 2011, 1154f.
[991] Tz. 2.1 des BMF-Schreibens v. 30.12.1999, IV B 4 – S 1341 – 14/99, BStBl. I 1999, 1122.
[992] Vgl. Tz. 2.1 des BMF-Schreibens v. 30.12.1999, IV B 4 – S 1341 – 14/99, BStBl. I 1999, 1122.
[993] Vgl. Tz. 2.2 des BMF-Schreibens v. 30.12.1999, IV B 4 – S 1341 – 14/99, BStBl. I 1999, 1122.
[994] Vgl. Tz. 3.1 des BMF-Schreibens v. 30.12.1999, IV B 4 – S 1341 – 14/99, BStBl. I 1999, 1122.
[995] Tz. 3.2 des BMF-Schreibens v. 30.12.1999, IV B 4 – S 1341 – 14/99, BStBl. I 1999, 1122.
[996] Vgl. Tz. 3.2 des BMF-Schreibens v. 30.12.1999, IV B 4 – S 1341 – 14/99, BStBl. I 1999, 1122.

gungsvorgang, sondern als beschränkte Nutzungsüberlassung qualifiziert, deren Wert nach den entstandenen Aufwendungen zu bemessen ist.[997] Bei immateriellen Wirtschaftsgütern ist es nach Auffassung der deutschen Finanzverwaltung nicht zu beanstanden, wenn der Aufwand anhand einer marktüblichen Lizenzgebühr bemessen wird, wobei diese Lizenzgebühr jedoch um den in ihr enthaltenen üblichen Gewinnanteil zu vermindern ist.[998] Die Verwaltungsgrundsätze enthalten keine weiteren Ausführungen, auf welchem Wege und unter Beachtung welcher Parameter eine solche Lizenzgebühr zu ermitteln ist, sodass hieraus nur geschlossen werden kann, dass auf die Grundsätze für die konzerninterne Lizenzierung immaterieller Vermögenswerte abzustellen ist,[999] wobei der Abzug um einen unternehmensspezifischen Gewinnanteil erfolgt. Dies bedeutet, dass der Zugang zu bereits bestehenden immateriellen Vermögenswerten eines Teilnehmers, z.B. der deutschen Konzernmuttergesellschaft, für den Zweck der Weiterentwicklung zu Kosten und damit regelmäßig unterhalb des Marktwerts möglich ist. Die Haltung der deutschen Finanzverwaltung in Bezug auf die Überlassung immaterieller Wirtschaftsgüter zur Weiterentwicklung ist insofern überraschend, als der deutsche Fiskus – wie die Betrachtung der einschlägigen Bestimmungen zur Lizenzierung und Eigentumsübertragung zeigt – eine Zugänglichmachung von in der deutschen Steuerhoheit entstandenen immateriellen Vermögenswerten zu einem nicht fremdüblichen Preis strikt zu verhindern sucht und hierbei auch partielle Einschränkungen des Fremdvergleichsgrundsatzes in Kauf nimmt. Hierfür spricht auch die Tatsache, dass in Fällen des späteren Eintritts neuer Teilnehmer in den gemeinsamen Entwicklungspool die Verwaltungsgrundsätze-Umlageverträge eine „nach den Grundsätzen des Fremdvergleichs zu bestimmende Eintrittszahlung“[1000] vorsehen, für den Fall, dass die bisherigen Teilnehmer dem Eintretenden materielle und immaterielle Ergebnisse zugänglich machen bzw. überlassen. Die Verwaltungsgrundsätze-Umlageverträge sehen von einer Vergütungspflicht ab, wenn der „Eintretende einen annähernd gleichen Wissensstand wie die bisherigen Poolmitglieder“[1001] einbringt.

3.3.8.6.5 Voraussetzungen für Einkommenskorrekturen

Die Verwaltungsgrundsätze-Umlageverträge unterstellen, dass fremde Dritte die Übereinstimmung von erwartetem Nutzen und tatsächlich eingetretenem Nutzen nach Ablauf eines angemessenen Zeitraums überprüfen und bei Feststellung einer bedeutenden Abweichung den

---

997 Vgl. Tz. 2.1 des BMF-Schreibens v. 30.12.1999, IV B 4 – S 1341 – 14/99, BStBl. I 1999, 1122.
998 Vgl. Tz. 2.1 des BMF-Schreibens v. 30.12.1999, IV B 4 – S 1341 – 14/99, BStBl. I 1999, 1122.
999 Vgl. hierzu Kapitel 3.3.8.4.
1000 Tz. 4.1 des BMF-Schreibens v. 30.12.1999, IV B 4 – S 1341 – 14/99, BStBl. I 1999, 1122.
1001 Tz. 4.1 des BMF-Schreibens v. 30.12.1999, IV B 4 – S 1341 – 14/99, BStBl. I 1999, 1122.

Umlageschlüssel für die Zukunft überprüfen würden.[1002] Wird diese von der Finanzverwaltung als fremdüblich erachtete Vorgehensweise nicht beachtet oder weist die Kostenumlagevereinbarung sowie deren Dokumentation andere erhebliche Mängel auf, kann der Betriebsausgabenabzug der an den Pool geleisteten Zahlungen ganz oder teilweise versagt werden.[1003]

3.4 USA

3.4.1 Rechtliche Grundlagen

Das US-amerikanische Rechtssystem hat sich aus der englischen Rechtstradition entwickelt und ist daher der Familie des Common Law zuzuordnen.[1004] Im Common Law ist das Fallrecht traditionell die wichtigste Quelle des Rechts.[1005] Das Fallrecht ist durch die so genannte „Stare-Decisis-Doktrin“[1006] geprägt, bei der sich eine Bindung des entscheidenden Gerichts an frühere Entscheidungen ergibt. Das jeweils höchste Gericht des Bundesstaates oder des Bundes kann von dem bestehenden Präjudiz abweichen und hierdurch mit Wirkung für die Zukunft neues Recht schöpfen.[1007] Unerwünschte oder nicht mehr zeitgemäße Rechtsentwicklungen des Fallrechts können durch den Gesetzgeber korrigiert oder klargestellt werden. Andererseits ist das gesetzlich geregelte Recht wiederum Gegenstand der Auslegung durch die Gerichte, sodass sich die Rechtsfortbildung aus einem Zusammenspiel von Gesetzgebung und Rechtsprechung ergibt.[1008] Dies gilt im US-Recht grundsätzlich auch für das US-Steuerrecht, welches neben dem Fallrecht jedoch auch in erheblichem Umfang durch die vom Internal Revenue Service (IRS) erlassenen Richtlinien (Treasury Regulations) geregelt wird. § 7805(a) des Internal Revenue Code (IRC) ermächtigt den Finanzminister zum Erlass aller erforderlichen Regelungen und Richtlinien (Rules and Regulations), die zum Vollzug der Steuergesetze erforderlich sind. Das Finanzministerium hat die Kompetenz zum Erlass von Regulations in Verbindung mit einem Zustimmungsvorbehalt an den IRS delegiert.

3.4.2 Historischer Hintergrund von § 482 IRC

Der Gedanke des Fremdvergleichsgrundsatzes ist seit 1954 in § 482 IRC gesetzlich verankert. Das US-Steuerrecht enthielt jedoch weitaus früher Regelungen zur Korrektur des Einkom-

1002 Vgl. Tz. 3.3 des BMF-Schreibens v. 30.12.1999, IV B 4 – S 1341 – 14/99, BStBl. I 1999, 1122.
1003 Vgl. Tz. 6 des BMF-Schreibens v. 30.12.1999, IV B 4 – S 1341 – 14/99, BStBl. I 1999, 1122.
1004 Vgl. *Hay*, US Recht, 2011, 1.
1005 Vgl. *Elsing/Van Alstine*, Handels- und Wirtschaftsrecht, 1999, Rz. 55.
1006 *Blumenwitz*, US-Recht, 1998, 24.
1007 Vgl. *Hay*, US-Recht, 2011, 8.
1008 Vgl. *Hay*, US-Recht, 2011, 9.

mens aus konzerninternen Transaktionen. Nach dem Revenue Act von 1917 konnte die Steuerbehörde verbundene Unternehmen dazu verpflichten, konsolidierte Steuererklärungen abzugeben, soweit dies erforderlich war, um das investierte Kapital oder das steuerliche Einkommen gerecht (equitably) zu bestimmen.[1009] Direkte Vorläufer von § 482 IRC war § 240(d) des Revenue Acts von 1921 sowie § 45 des Revenue Acts von 1928.[1010] Der Wortlaut von § 482 IRC blieb zwischen den Jahren 1928 und 1986 bis auf klarstellende redaktionelle Überarbeitungen weitgehend unverändert.[1011]

§ 482 IRC ist als Korrekturvorschrift ausgestaltet, deren Ziel es ist, das steuerliche Einkommen von und zwischen verbundenen Unternehmen dem Fremdvergleichsgrundsatz entsprechend wiederzugeben und Steuerumgehungen zu verhindern.[1012] Um diesen Regelungszweck zu erreichen, ermächtigt § 482 S. 1 IRC den IRS die Einnahmen, Aufwendungen, Anrechnungsbeträge, Guthaben und Freibeträge zwischen oder unter diesen verbundenen Unternehmen dem Fremdvergleichsgrundsatz entsprechend zuzuweisen, zu verteilen oder aufzuteilen. Eine weit reichende Ergänzung erfuhr § 482 IRC durch die Hinzufügung des so genannten Commensurate with Income Standard (CWI-Standard) in Satz 2 der Vorschrift im Jahr 1988. Nach dem CWI-Standard muss der Verrechnungspreis für die Lizenzierung oder Übertragung eines in § 936(h)(3)(B) IRC definierten immateriellen Vermögenswerts das mit diesem Vermögenswert verbundene Einkommenspotenzial in angemessenem Umfang berücksichtigen.[1013] § 482 IRC enthält bis auf den Verweis auf § 936(h)(3)(B) IRC für Zwecke der Definition immaterieller Vermögenswerte keine weiteren Definitionen der für eine Einkommenskorrektur notwendigen Tatbestandsvoraussetzungen. Als Rechtsquellen für die Auslegung von § 482 IRC sind neben der einschlägigen Rechtsprechung vor allem die umfangreichen Regulations zu § 482 IRC heranzuziehen.

3.4.3 Tatbestandsvoraussetzungen und Rechtsfolgen von § 482 IRC

Weder § 482 IRC noch seine Vorgängervorschriften weisen in ihrem Wortlaut eine explizite Erwähnung des Fremdvergleichsgrundsatzes auf. Der Vergleichsmaßstab in der Form des

---

1009 Vgl. *Avi-Yonah*, Public Law and Legal Theory Working Paper Series No. 92, 2007, 4.

1010 Vgl. ausführlich hierzu *Wittendorf*, Transfer Pricing, 2010, 31ff.; vgl. zum Ursprung des Begriffs „dealing at arm's length" die Ausführungen in Kapitel 3.2.1.

1011 Vgl. *Eden*, Multinationals, 1998, 386.

1012 Vgl. *Levey/Wrappe*, Transfer Pricing, 2010, Tz. 120.

1013 Eigene Übersetzung des folgenden Originalwortlauts: „In the case of any transfer (or license) of intangible property (within the meaning of section 936 (h)(3)(B)), the income with respect to such transfer or license shall be commensurate with the income attributable to the intangible." Vgl. im Einzelnen zum CWI-Standard Kapitel 3.4.8.5.3.

Handelns eines unabhängigen Dritten, der „at arm's length" handelt, wird in § 1.482-1(a)(1) der Regulations aufgestellt.

Als verbundene Unternehmen im Sinne der Vorschrift, die den Fremdvergleichsgrundsatz zu beachten haben, gelten jegliche Organisationen, Handelsgeschäfte oder andere Gewerbebetriebe, die direkt oder indirekt unter gemeinsamer Kontrolle stehen, unabhängig davon, ob diese Kontrolle rechtlich durchsetzbar ist oder nicht.[1014] Dabei sind sowohl Einzelunternehmen, Personengesellschaften, Stiftungen, Kapitalgesellschaften als auch weitere Rechtsformen dem Anwendungsbereich von § 482 IRC unterstellt.[1015] Maßgebend ist insoweit alleine das tatsächliche Bestehen einer Kontrolle zur Verfolgung eines gemeinsamen Zwecks. Der Begriff der gemeinsamen Kontrolle wird zur Verhinderung von Gestaltungen zur Umgehung von § 482 IRC sehr weit ausgelegt;[1016] beispielsweise wird auch das tatsächliche Zusammenwirken mehrerer nicht-kontrollierender Anteilseigner zu einem gemeinsamen Zweck als Kontrolle im Sinne der Vorschrift angesehen.[1017] Als Transaktion im Sinne von § 482 IRC gilt nach § 1.482-1 der Regulations jegliche Form von Verkauf, Übertragung, Miete, Lizenz, Darlehen, Vorauszahlung, Beitrag oder andere Übertragung eines Anteils an oder das Recht zur Benutzung eines Gegenstands. Dabei ist unbeachtlich, ob der Gegenstand der Transaktion materieller, immaterieller oder monetärer Art ist oder eine Dienstleistung darstellt. Rein gesellschaftsrechtliche Vorgänge sind dagegen außerhalb des Anwendungsbereichs von § 482 IRC.[1018]

Bei Erfüllung der Tatbestandsvoraussetzungen ist der Anwendungsbereich von § 482 IRC grundsätzlich[1019] unabhängig vom Grund der nicht fremdvergleichskonformen Einkommensentstehung eröffnet, d.h. auch soweit der Steuerpflichtige gutgläubig[1020] oder aufgrund legitimer Unternehmenszwecke[1021] gehandelt hat, besteht kein Schutz vor einer Einkommenskorrektur. Daher ist die Anwendung von § 482 IRC nicht auf Fälle fehlerhafter Preisermitt-

1014 Vgl. § 1.482-1(i)(5) der Regulations.

1015 Vgl. § 1.482-1(i)(1) der Regulations.

1016 Kritisch hierzu *Warner*, Tax Management International Journal 1999, 403, 403ff.

1017 Vgl. *Levey/Wrappe*, Transfer Pricing, 2010, Tz. 130.02.

1018 Vgl. *Wittendorf*, Transfer Pricing, 2010, 67.

1019 Eine bedeutende Ausnahme von diesem Grundsatz ist in Situationen gegeben, in denen der Steuerpflichtige aufgrund rechtlicher Restriktionen des in- oder ausländischen Rechts an einer fremdvergleichskonformen Verrechnungspreisgestaltung gehindert ist, vgl. *Cole*, in: Cole, U.S. Transfer Pricing, 2011, 2-10.

1020 Vgl. *Levey/Wrappe*, Transfer Pricing, 2010, Tz. 130.03.

1021 Vgl. U.S. Claims Court, Urteil in der Rechtssache *Ruddick Corp. versus United States*, 643 F.2d 747 (1981).

lung, Steuerumgehung oder Steuerhinterziehung begrenzt.[1022] Dabei findet § 482 IRC sowohl auf grenzüberschreitende als auch auf rein nationale Sachverhalte Anwendung.[1023] Die Vorschrift dient als Generalnorm für die Korrektur des Einkommens zwischen verbundenen Unternehmen und steht insoweit nicht in Konkurrenz mit anderen Normen oder Rechtsinstituten.

3.4.4 Grundlagen des Fremdvergleichs im Sinne von § 482 IRC

3.4.4.1 Historische Entwicklung der Regulations zu § 482 IRC

Wie bereits erwähnt, wird die Konkretisierung des Fremdvergleichsgrundsatzes im US-Steuerrecht neben dem Fallrecht insbesondere durch die Treasury Regulations zu § 482 IRC umgesetzt, weshalb ihre Fortentwicklung unmittelbar die Problemstellungen in der Anwendung des Fremdvergleichsgrundsatzes, insbesondere auch im Hinblick auf immaterielle Vermögenswerte reflektiert. Die Historie der Treasury Regulations[1024] im Kontext des Fremdvergleichsgrundsatzes beginnt mit den Regulations zu § 45 des Revenue Act von 1934 („1935 Regulations")[1025], die bereits einige grundlegende Regelungen zur Verrechnungspreisbestimmung von Darlehen, Dienstleistungen und Warentransaktionen enthielten. Ein bedeutende Weiterentwicklung der Regulations wurde durch die Veröffentlichung der überarbeiteten und erweiterten Regulations zu § 482 IRC in 1968 eingeleitet („1968 Regulations")[1026], die auch Bestimmungen für immaterielle Vermögenswerte vorsahen. Die 1968 Regulations stellten in § 1.482-2(e) eine Hierarchie von vier Methoden für die Ermittlung von Verrechnungspreisen für den Verkauf materieller Vermögenswerte auf. Dies waren die Preisvergleichsmethode, Wiederverkaufspreismethode, Kostenaufschlagsmethode sowie andere Methoden. Bei der Anwendung der ersten drei Methoden sollte auf die Verfügbarkeit von Vergleichsdaten abgestellt werden. Nur soweit keine derartigen Vergleichsdaten verfügbar waren, sollte auf andere Methoden, wie etwa Gewinnaufteilungsansätze zurückgegriffen werden. Auch für immaterielle Vermögenswerte enthielten die 1968 Regulations in unmittelbarer Anknüpfung an den Fremdvergleichsgrundsatz das Erfordernis der Vereinbarung eines fremdüblichen Preises für

---

1022 Vgl. § 1.482-1(f)(1)(i) der Regulations. Vgl. ausführlich zum Hintergrund *Cole*, in: Cole, U.S. Transfer Pricing, 2011, 2-11.

1023 Vgl. *Anderson/Pope/Kramer*, Taxation, 2008, Rz. 16-30.

1024 Für Zwecke der nachfolgenden Ausführungen werden die Treasury Regulations, soweit dies für die Differenzierung verschiedener Fassungen erforderlich ist, mit einer vorangestellten Jahresziffer bezeichnet. Erfolgt keine Bezeichnung mit einer Jahresziffer, sind die Regulations im Allgemeinen oder die aktuellste Version der jeweiligen Regulations gemeint.

1025 Regulations 86 zu § 45 des Revenue Act von 1935, zitiert nach: *Wittendorf*, Transfer Pricing, 2010, 32.

1026 TD 6952, 1968-1 C.B. 218.

die Übertragung oder Nutzung.[1027] Zur Durchsetzung des Fremdvergleichsgrundsatzes sahen die 1968 Regulations mehrere Ansätze zur Korrektur des Einkommens vor, z.B. den Ansatz fiktiver entgangener Lizenzen oder eines Einmalbetrags für die Nutzung oder Übertragung immateriellen Vermögens.[1028] Über diese eher deklaratorischen Regelungsinhalte hinaus enthielten die 1968 Regulations einen Katalog von 13 Kriterien als Leitlinien für die Bestimmung eines fremdüblichen Entgelts bzw. einer entsprechenden Korrektur im Zusammenhang mit immateriellen Vermögenswerten, soweit eine Ableitung aus Markttransaktionen zwischen fremden Dritten sich als nicht möglich erwies. Der Katalog sah beispielsweise die in der Branche üblichen Lizenzsätze, die vereinbarten Modalitäten für die Nutzung immateriellen Vermögens, Angebote zwischen fremden Dritten über den Kauf oder die Lizenzierung vergleichbarer immaterieller Vermögenswerte, die Einzigartigkeit des betreffenden immateriellen Vermögenswerts, Grad und Dauer eines ggf. vorhandenen rechtlichen Schutzes als relevante Beurteilungsparameter vor.[1029] Aus den gewählten Kriterien ist ersichtlich, dass die 1968 Regulations einen starken Bezug zu der Verwendung von Vergleichspreisen aus Markttransaktionen mit immateriellen Vermögenswerten aufwiesen bzw. von dem Grundgedanken geprägt waren, dass Verrechnungspreise auch für immaterielle Vermögenswerte aus Markttransaktionen abgeleitet werden können. Die 1968 Regulations enthielten darüber hinaus auch erstmals Ausführungen zur gemeinsamen Entwicklung immaterieller Vermögenswerte zwischen verbundenen Unternehmen im Rahmen von so genannten Cost Sharing Arrangements.[1030]

Ab dem Beginn der 1960er Jahre wurde die Verlagerung wertvoller unternehmensspezifischer immaterieller Vermögenswerte, insbesondere im Bereich pharmazeutischer Erzeugnisse, aus den USA in Niedrigsteuergebiete zu einer Bedrohung des US-Steueraufkommens.[1031] Für den zunehmenden Umfang dieser Gestaltungen waren mehrere Gründe ursächlich, deren Hintergründe steuerpolitischer Natur waren. Nach § 351 IRC konnten US-Gesellschaften materielles und immaterielles Betriebsvermögen unter bestimmten Voraussetzungen steuerfrei gegen Gewährung von Gesellschaftsrechten auf ausländische Tochtergesellschaften übertragen.[1032] Darüber hinaus gewährte der US-Fiskus zur Förderung der wirtschaftlichen Entwicklung der „U.S. Possession" Puerto Rico nach § 936 IRC unter bestimmten Voraussetzungen eine Frei-

1027 Vgl. § 1.482-2(d)(1)(i) der 1968 Regulations.
1028 Vgl. § 1.482-2(d)(2)(i) 1968 Regulations.
1029 Vgl. § 1.482-2(d)(2)(iii) 1968 der Regulations.
1030 Vgl. § 1.482-2(d)(4) 1968 der Regulations.
1031 Vgl. *Eden*, Multinationals, 1998, 398; *Maruca/Warner*, Transfer Pricing, 2012, II.F.4.b.(1)(f).
1032 Vgl. *Levey/Wrappe*, Transfer Pricing, 2010, Tz. 160.01.

stellung der Gewinnausschüttungen von in Puerto Rico ansässigen Tochtergesellschaften bei der US-Muttergesellschaft.[1033] Puerto Rico gewährte ferner Steuervergünstigungen für ausländische Investoren in Form von Steuerbefreiungen für lokale Gesellschaften von 10 bis 25 Jahren.[1034] Als exemplarisch für die unter der Bezeichnung „Roundtrip Transactions"[1035] bekannt gewordenen Steuergestaltungen kann die vom United States Court of Appeals für die Steuerjahre 1971-1973 entschiedene Rechtssache *Eli Lilly*[1036] angesehen werden. Der US-Steuerpflichtige hatte die mit der Herstellung eines so genannten Blockbuster-Medikaments[1037] verbundenen immateriellen Vermögenswerte nach § 351 IRC[1038] steuerfrei auf eine in Puerto Rico ansässige produzierende Tochtergesellschaft übertragen, die das Fertigprodukt zur Vermarktung an den US-Steuerpflichtigen zurück veräußerte. Während der IRS den Gewinn des in Puerto Rico ansässigen Fertigungsunternehmens auf der Basis von § 482 IRC der Höhe nach auf den Gewinn eines Auftragsfertigers[1039] begrenzen wollte, sah sich das entscheidende Gericht nicht in der Lage, eine Anpassung des Einkommens vorzunehmen, soweit dieses auf die nach Puerto Rico steuerbegünstigt verlagerten fertigungsbezogenen immateriellen Vermögenswerte entfiel. Das Gericht nahm eine Einkommenskorrektur nur insoweit vor, als es den nach seiner Auffassung auf die Vermarktung und die damit verbundenen, dem US-Steuerpflichtigen gehörenden, vertriebsbezogenen immateriellen Vermögenswerte entfallenden Gewinnanteil korrigierte. Im Ergebnis wurden jedoch die fertigungsbezogenen immateriellen Vermögenswerte, bei deren Entstehung die Tochtergesellschaft in Puerto Rico weder Funktionen ausgeübt noch Risiken oder Kosten getragen hatte, der US-Steuerhoheit ohne Endversteuerung entzogen. Im Jahr 1984 wurde als Gegenmaßnahme zum Schutz des US-Steueraufkommens § 367 IRC in Absatz (d) um eine Regelung ergänzt, wonach die Übertragung immaterieller Vermögenswerte nach § 351 IRC gegen Gewährung von Anteilen als hypothetischer[1040] Verkauf gegen die Vereinbarung einer erfolgsabhängigen Vergütung anzusehen ist. Im Jahr 1986 wurde auch § 482 IRC um den bereits erwähnten CWI-Standard ergänzt, nach dem der Verrechnungspreis für die Übertragung oder Lizenzierung eines immateriellen Vermögenswerts das mit diesem verbundene Einkommenspotenzial in an-

---

1033 Vgl. *Eden*, Tax Notes International 1994, 37, 37ff.

1034 Vgl. *Wittendorf*, Transfer Pricing, 2010, 35; *Eden*, Multinationals, 1998, 397ff.

1035 Vgl. *Andrus*, in: Cahiers de droit fiscal international Volume 92a, 2007, 629, 639.

1036 Vgl. U.S. Court of Appeals, Urteil in der Rechtssache *Eli Lilly & Co. versus Commissioner*, 856 F.2d 855 (1988).

1037 Als Blockbuster wird ein besonders erfolgreiches Medikament bezeichnet, welches i.d.R. ein Umsatzvolumen von mindestens USD 1 Mrd. erzielt, vgl. *Verlinden/Smits*, Intellectual Property, 2009, 155.

1038 Vgl. zu § 351 IRC auch die Ausführungen in Kapitel 3.4.8.4.

1039 Vgl. zur Ausgestaltung von Auftragsfertigungsverhältnissen Kapitel 2.3.2.4.2.

1040 Vgl. *Maruca/Warner*, Transfer Pricing, 2012, II.F.4.b.(1)(e).

gemessenem Umfang zu berücksichtigen hat. Die Einführung des CWI-Standards war Gegenstand heftiger Kritik[1041], insbesondere wird die Regelung aufgrund ihrer ex post-Perspektive als Abkehr vom Fremdvergleichsgrundsatz im Sinne von Art. 9 des OECD-Musterabkommens angesehen.[1042] Bis dahin hatte aufgrund der einschlägigen Rechtsprechung[1043] der Grundsatz gegolten, dass eine Anpassung von Verrechnungspreisen auf der Basis späterer Erkenntnis nicht zulässig ist, wenn im Zeitpunkt des Abschlusses der Vereinbarung von einer fremdvergleichskonformen Ausgestaltung auszugehen war.[1044]

Der US-Kongress beauftrage das Finanzministerium bzw. den IRS mit der Erarbeitung von Vorschlägen zur Integration des CWI-Standards in die Regulations zu § 482 IRC. Der IRS veröffentlichte daraufhin in 1988 das so genannte White Paper.[1045] Kerngehalt des White Papers war die Vorstellung einer Hierarchie von Methoden für die Bepreisung der grenzüberschreitenden Übertragung von immateriellen Vermögenswerten innerhalb eines multinationalen Unternehmens in Übereinstimmung mit dem CWI-Standard. Danach waren auf Markttransaktionen zwischen fremden Dritten beruhende Vergleichswerte als vorrangig anzusehen. Soweit keine Vergleichsdaten verfügbar waren, wurde die Verwendung des Income Approach[1046] in Form der Basic Arm's Length Return Method (BALRM) vorgeschlagen, ggf. auch in Verbindung mit einer Gewinnaufteilung (Profit Split).[1047] Der methodische Grundgedanke des BALRM-Ansatzes entspricht einer Anwendung des Excess-Earnings-Ansatzes[1048] für Verrechnungspreiszwecke, d.h. alle bewertbaren Vermögenswerte bzw. die damit verbundenen Funktionen und Risiken werden zunächst bewertet und der residuale Wert den nicht direkt bewertbaren Vermögenswerten und den mit diesen verbundenen Funktionen und Risiken zugeordnet. Das verbleibende Einkommen wird auf dem Wege einer „Super Royalty"[1049] den werthaltigen unternehmensspezifischen immateriellen Vermögenswerten zugewiesen. Wenn beide an der Transaktion beteiligten Unternehmen derartige spezifische, nicht marktgängige immaterielle Vermögenswerte mit „Non Routine-Charakter" einsetzen, wird die Super Royalty zwischen den beiden Unternehmen auf der Basis der relativen Werte der eingesetzten immateriellen Vermögenswerte aufgeteilt. Die durch das White Paper eingetretene Hinwendung

[1041] Vgl. *Eden*, Multinationals, 1998, 415f.
[1042] Vgl. *Bischel*, Tax Notes 1988, 1097, 1097ff.
[1043] Vgl. Urteil des U.S. Tax Court in der Rechtssache *R.T. French Co. versus Commissioner*, 60 T.C. 836 (1973).
[1044] Vgl. *Levey/Wrappe*, Transfer Pricing, 2010, Tz. 450.01.
[1045] IRS, Notice 88-123 v. 18.10.1988, 1988-2 C.B. 485.
[1046] Vgl. zum Income Approach die Ausführungen in Kapitel 2.4.4.
[1047] Vgl. ausführlich *Eden*, Multinationals, 1998, 413f.
[1048] Vgl. zum Excess Earnings Approach die Ausführungen in Kapitel 2.4.4.1.2.
[1049] Vgl. *Eden*, Multinationals, 1998, 412.

zum Income Approach bzw. zu gewinnorientierten Methoden als Auffangmethodik bei Fehlen von Vergleichspreisen kann als Wendepunkt in der Entwicklung bzw. Auslegung des Fremdvergleichsgrundsatzes betrachtet werden.[1050] Eine weitere Evolutionsphase der US-Regulations wurde im Jahr 1992 mit der Veröffentlichung der Proposed Regulations[1051] zu § 482 IRC eingeleitet, die unter bestimmten Voraussetzungen eine periodische Anpassung der Verrechnungspreise nach dem CWI-Standard und spezifische Verrechnungspreismethoden für immaterielle Vermögenswerte vorsahen.

Im Jahr 1993 veröffentlichte der IRS Temporary Regulations[1052], die eine Betonung der Vergleichbarkeitsanalyse, Funktionsanalyse und der Dokumentation von Verrechnungspreissachverhalten vorsahen.[1053] Die 1993 Temporary Regulations enthielten in § 1.482-4T(c) auch eine Definition immaterieller Vermögenswerte für Zwecke der Anwendung von § 482 IRC. Mit der Veröffentlichung der Final Regulations zu § 482 in 1994[1054] („1994 Regulations") wurden schließlich verbindliche Grundsätze[1055] für die Anwendung des CWI-Standards im Zusammenhang mit der Übertragung oder Lizenzierung immaterieller Vermögenswerte geschaffen.

Im Jahr 2009 veröffentliche der IRS Final Regulations („2009 Final Services Regulations") in Bezug auf die Erbringung von Dienstleistungen zwischen verbundenen Unternehmen.[1056] Im Zuge dieser Ergänzung der Treasury Regulations erfolgte auch eine Revision des Eigentumsbegriffs für immaterielle Vermögenswerte.[1057]

Auch die Entwicklung der Regulations zu § 482 IRC im Bereich der gemeinsamen grenzüberschreitenden Entwicklung immaterieller Vermögenswerte im Rahmen so genannter Cost Sharing Arrangements zeigt das Bemühen des IRS, die US-Steuerhoheit vor einem Transfer immaterieller Vermögenswerte zu einem unter dem Fremdvergleichspreis liegenden Wert in das Ausland zu schützen. Erste Regelungen zu Cost Sharing Arrangements in den 1968 Regulations waren vom Gedanken einer „Safe Haven-Regelung"[1058] getragen, die sich auf die Über-

1050 Vgl. *Wittendorf*, Transfer Pricing, 2010, 45.
1051 INTL-372-88 sowie INTL-401-88, IRB 1992-8.
1052 TD 8470 und INTL-401-88, IRB 1993-10.
1053 Vgl. *Wittendorf*, Transfer Pricing, 2010, 145.
1054 TD 8552, IRB 1994-31.
1055 Vgl. hierzu Kapitel 3.4.8.5.3.
1056 TD 9456, IRB 2009-33. Vgl. zur historischen Entwicklung der Services Regulations, welche die 2003 Proposed Regulations – Services sowie die 2006 Temporary and Proposed Services Regulations umfasst, *Levey/Wrappe*, Transfer Pricing, 2010, Tz. 160.09ff.
1057 Vgl. hierzu Kapitel 3.4.6.2.
1058 Vgl. *Oates/O'Brien*, International Tax Journal 2009, 07-08/2009, 11, 15; *Wittendorf*, Transfer Pricing, 2010, 538.

prüfung des Vorliegens eines in Treu und Glauben mit dem Ziel einer fremdüblichen Kostenaufteilung abgeschlossenen Cost Sharing Arrangements („Bona Fide"-Cost Sharing Arrangement) beschränkten.[1059] Eine Evolution der Regulations im Bereich des Cost Sharings fand mit den 1992 Proposed Regulations statt, die den CWI-Standard im Bereich des Cost Sharings implementierten. Mit den 1995 Final Cost Sharing Regulations[1060], die weitgehend dem Ansatz der 1992 Proposed Regulations folgten,[1061] fand in § 1.482-7 eine bedeutende Ausweitung der Bestimmungen der Cost Sharing Regulations statt. In 2003 ergänzte der IRS die Cost Sharing Regulations in Bezug auf die Einbeziehung von Kosten für anteilsbasierte Vergütungen in die Kostenbasis eines Cost Sharing Arrangements.[1062] Mit den 2005 Proposed Cost Sharing Regulations[1063] führte der IRS eine grundlegende konzeptionelle und terminologische Umstellung durch Einführung des so genannten Investor Models ein. Grundgedanke des Investor Models ist, dass jeder Teilnehmer eines Cost Sharing Arrangements für die aggregierten Investitionen in das gemeinsame Entwicklungsvorhaben einen risikoadäquaten Ertrag aus der Verwertung der entwickelten immateriellen Vermögenswerte erwarten darf.[1064] Ungeachtet der Kritik[1065] an den 2005 proposed Regulations ist das Investor Model in grundsätzlicher Form auch in den 2008 Temporary[1066] sowie den 2011 Final Cost Sharing Regulations enthalten.[1067]

3.4.4.2 Vergleichbarkeitsanalyse

Da bei der praktischen Anwendung des Fremdvergleichsgrundsatzes nur äußerst selten eine vollständige Vergleichbarkeit gegeben ist,[1068] erlauben es die Regulations, die Verrechnungspreisbildung auf der Basis vergleichbarer Transaktionen unter Verwendung von so genannten Inexact Comparables durchzuführen.[1069] Die Einschätzung der Verwendbarkeit potenzieller Vergleichstransaktionen obliegt dem Steuerpflichtigen anhand der von den Regulations defi-

---

1059 Vgl. § 1.482-2(d)(4) 1968 Regulations.
1060 TD 8632, 60 FR 244.
1061 Vgl. *Cole*, in: Cole, U.S. Transfer Pricing, 2011, 13-23.
1062 TD 9088, IRB 2003-42.
1063 REG-144615-02, 70 FR 166.
1064 Vgl. *Solomon et al.*, Tax Management Transfer Pricing Report 2012, 780; *Levey/Wrappe*, Transfer Pricing, 2010, Tz. 160.10; *Chandler/Cope/Zollo*, Taxes 2005, 19, 22.
1065 Vgl. *Moses*, Tax Management Transfer Pricing Report 2005, 331, 331 ff.; *Wills/Brist*, Tax Management Transfer Pricing Report 2006, 402, 402ff. *Morgan* hält das Investor Model für geeignet, kritisiert jedoch die inkonsistente Anwendung der Methoden, die vom IRS für die Ermittlung des Werts von Platform Contributions vorgeschrieben werden, vgl. *Morgan*, Tax Management Transfer Pricing Report 2006, 1006, 1007ff.
1066 TD 9441, 74 FR 340.
1067 Vgl. zu Cost Sharing Arrangements im Einzelnen Kapitel 3.4.8.7.2.
1068 Vgl. *Feinschreiber*, Transfer Pricing Methods, 2004, 41.
1069 Vgl. § 1.482-1(c)(2)(i) der Regulations.

nierten Kriterien des Grades der Vergleichbarkeit[1070] und der Qualität der vorliegenden Informationen und des Umfangs ggf. zu treffender Annahmen[1071]. Für die Prüfung der Qualität der vorhandenen Informationen sind nach den Regulations die Aspekte der Datenqualität wie die Vollständigkeit und Exaktheit der Informationen, die Verlässlichkeit der getroffenen Annahmen sowie die Sensitivität der Ergebnisse in Bezug auf Qualitätsdefizite der verwendeten Informationen und getroffenen Annahmen zu prüfen.[1072] Die Hauptaspekte der eigentlichen Vergleichbarkeitsanalyse werden durch die Regulations in weitgehender Übereinstimmung mit den OECD-Verrechnungspreisrichtlinien 2010 definiert.[1073] Ergibt die Analyse der Vergleichbarkeit signifikante Unterschiede, wirkt sich Art und Umfang der soweit möglich durchzuführenden Anpassungen zur Beseitigung dieser Unterschiede unterschiedlich stark auf die Verlässlichkeit der verschiedenen Verrechnungspreismethoden aus.[1074] Insbesondere die als CUT-Methode[1075] bezeichnete Preisvergleichsmethode erfordert eine hohe Vergleichbarkeit der Transaktionen, um als am besten geeignete Methode im Sinne der Best Method Rule zu qualifizieren.[1076] Soweit eine Vergleichstransaktion wesentliche Unterschiede aufweist, sind Anpassungen vorzunehmen, wenn diese in verlässlicher Art und Weise vorgenommen werden können. Anpassungen können nach den Regulations auf der Basis von Erfahrungswerten aus gängigen Handelspraktiken, unter Bezugnahme auf ökonomische Prinzipien sowie mittels statistischer Analysen erfolgen.[1077] Kann eine vollständig vergleichbare Transaktion zwischen fremden Dritten identifiziert werden, ist diese unmittelbar als Maßstab der Verrechnungspreisbildung heranzuziehen. Sind mehrere Vergleichstransaktionen verfügbar, ergibt sich regelmäßig eine Bandbreite von Vergleichswerten. Die Regulations erlauben unter mehreren kumulativ zu erfüllenden Voraussetzungen die Verwendung der vollen Bandbreite dieser Vergleichswerte. Danach ist es erforderlich, dass für die Vergleichstransaktion alle erforderlichen Informationen in hinreichender Vollständigkeit ermittelt sowie alle wesentlichen Unterschiede identifiziert werden können, für jeden Unterschied die Auswirkung auf die Preisbildung eindeutig und hinreichend genau feststellbar ist und der so ermittelte Unterschied

1070 Vgl. § 1.482-1(c)(2) der Regulations.
1071 Vgl. § 1.482-1(c)(2) der Regulations.
1072 Vgl. § 1.482-1(c)(2)(ii) der Regulations.
1073 Vgl. § 1.482-1(d)(1) der Regulations. Vgl. zu den Aspekten der Vergleichbarkeitsanalyse nach den OECD-Verrechnungspreisrichtlinien Kapitel 3.2.5
1074 Vgl. *Feinschreiber*, Transfer Pricing Methods, 2004, 43.
1075 CUT steht für Comparable Uncontrolled Transaction.
1076 Vgl. *Levey/Wrappe*, Transfer Pricing, 2010, Tz. 220.02. Vgl. zur Konkretisierung der Vergleichbarkeit für Zwecke der Preisvergleichsmethode Kapitel 3.4.7.2.
1077 Vgl. § 1.482-1(d)(2) der Regulations.

durch die Vornahme von Anpassungen eliminiert werden kann.[1078] Sind die vorstehend aufgeführten Voraussetzungen nicht gegeben, ist vom Steuerpflichtigen eine eingeengte Bandbreite zu verwenden, d.h. durch entsprechende statistische Verfahren sind die Vergleichswerte am oberen und unteren Rand der Bandbreite zu eliminieren. Hierfür kann sowohl die Interquartilsbandbreite ermittelt oder auf andere statistische Verfahren zur Einengung der Bandbreite zurückgegriffen werden.[1079]

3.4.5 Definition immaterieller Vermögenswerte

3.4.5.1 Begriff des Intangible Asset

§ 482 IRC definiert den Begriff der immateriellen Vermögenswerte für Zwecke der Anwendung des CWI-Standards durch einen Verweis auf § 936(h)(3)(B) IRC[1080]. Dementsprechend enthält § 1.482-4(b) der Regulations eine zu § 936(h)(3)(B) IRC identische Definition, die einen Katalog von Begriffen vorsieht, welche, falls ihnen unabhängig von den Dienstleistungen eines Individuums ein erheblicher Wert zukommt, als immaterielle Vermögenswerte gelten, bei deren Übertragung oder Lizenzierung der CWI-Standard zu beachten ist. § 1.482-4(b) der Regulations listet folgende Objekte als immaterielle Vermögenswerte auf:

(1) Patente, Erfindungen, Formeln, Prozesse, Designs, Muster, Know-how;
(2) Urheberrechte und literarische, musikalische oder künstlerische Kompositionen;
(3) Warenzeichen, Handelsnamen, Marken;
(4) Franchises, Lizenzen oder Verträge;
(5) Methoden, Programme, Systeme, Verfahren, Kampagnen, Umfragen, Studien, Prognosen, Schätzungen, Kundenlisten, technische Daten;
(6) jeder ähnliche Vermögenswert, der einem unter (1) bis (5) genannten Vermögenswert als ähnlich betrachtet werden kann und seinen Wert nicht von seinen physischen Eigenschaften, sondern seinem geistigen Gehalt oder anderen immateriellen Eigenschaften unabhängig von den Dienstleistungen eines Individuums ableitet.

Im Unterschied zu der vorstehenden Definition der aktuellen Regulations enthielten die 1993 Temporary Regulations in § 1.482-4T(c) noch eine weitere explizite Tatbestandsvoraussetzung, nach der ein immaterieller Vermögenswert nur vorliegt, soweit dieser auch separat wirt-

---

1078 Vgl. § 1.482-1(e)(2)(ii) der Regulations.
1079 Vgl. § 1.482-1(e)(2)(iii) der Regulations.
1080 Vgl. zur US-amerikanischen Steuersystematik der Übertragung immaterieller Vermögenswerte in U.S. Possessions oder ausländische Steuerhoheiten die Ausführungen in Kapitel 3.4.8.4.

schaftlich verwertbar („commercially transferable") ist, d.h. durch Lizenzierung oder Verkauf im Rahmen einer Markttransaktion einer gewerblichen Verwertung zugänglich gemacht werden kann.[1081] Dieses Tatbestandsmerkmal war Ausfluss des Urteils des U.S. Claims Court in der Rechtssache *Merck*[1082]. In dem Urteil hatte das entscheidende Gericht nicht die Ansicht des IRS geteilt, dass die Organisationsstruktur, das konzernspezifische Preissystem und der konzernweite Planungsprozess eines multinationalen Unternehmens immaterielle Vermögenswerte darstellen, deren Nutzung mittels einer unterstellten Lizenz zu vergüten sind. Das Gericht begründete seine ablehnende Haltung mit der Aussage, dass es den vorgenannten synergistischen Aspekten eines vertikal integrierten Unternehmens an einer separaten wirtschaftlichen Verwertbarkeit in dem Sinne fehle, dass fremde Dritte diesen – abgesehen vom Fall des Kaufs oder Verkaufs des gesamten Unternehmens – einen Wert beimessen würden. Ausweislich der Präambel zu den Final 1994 Regulations wurde die Tatbestandsvoraussetzung der separaten wirtschaftlichen Verwertbarkeit jedoch nicht in die 1994 Regulations mit aufgenommen, da nach Auffassung des IRS ohnehin nur separat verwertbare immaterielle Werte Gegenstand einer Transaktion zwischen verbundenen Unternehmen sein können und daher keine Notwendigkeit für diese deklaratorische Tatbestandsvoraussetzung bestehe.[1083] Ungeachtet der insoweit fehlenden definitorischen Klarheit der Regulations folgte die Rechtsprechung in der Rechtssache *Perkin-Elmer*[1084] der eingeschlagenen Richtung, wonach nicht konkret identifizierbare und einzeln verwertbare Wertelemente wie erfahrenes Technikpersonal oder eine vertikal integrierte Wertschöpfungskette nicht als immaterielle Vermögenswerte im Sinne von § 482 IRC zu betrachten sind. Dem widerspricht auch nicht das bereits 1983 ergangene Urteil in der Rechtssache *Hospital Corporation of America*[1085], bei dem das entscheidende Gericht das an eine ausländische Tochtergesellschaft des US-Steuerpflichtigen überlassene Managementsystem als immateriellen Vermögenswert im Sinne von § 482 IRC angesehen hatte. Diese Entscheidung ist vor dem Hintergrund zu sehen, dass mittels der Überlassung des Managementsystems an die ausländischen Tochtergesellschaften diese erst in die Lage versetzt wurde, diese Leistungen unmittelbar auch an einen fremden Dritten zu erbringen.[1086] Folgt man der vorstehend beschriebenen Auffassung, dass die mit der Rechtssache *Merck* eingeführte Tatbestandsvoraussetzung der separaten wirtschaftlichen Verwertbarkeit

---

1081 Vgl. *Wittendorf*, Transfer Pricing, 2010, 598; *Mogle*, in: Cole, U.S. Transfer Pricing, 2011, 8-9.

1082 Vgl. U.S. Claims Court, Urteil in der Rechtssache *Merck & Co. versus United States*, 24 Cl. Ct. 73 (1991).

1083 Zu Recht kritisch hierzu *Mogle,* Tax Management Transfer Pricing Report 3/1997, Special Report, 1ff.

1084 Vgl. U.S. Tax Court, Urteil in der Rechtssache *Perkin-Elmer versus Commissioner,* T.C. M. 1993-414.

1085 Vgl. U.S. Tax Court, Urteil in der Rechtsache *Hospital Corp. of America versus Commissioner*, 81 T.C. 520 (1983).

1086 Vgl. *Mogle*, in: Cole, U.S. Transfer Pricing, 2011, 8-11.

weiterhin impliziter Bestandteil der Definition im Sinne von § 482 IRC bzw. § 367(d) IRC ist, sind so genannte „Soft Intangibles“[1087] wie Goodwill bzw. Geschäftswert, eine qualifizierte und erfahrene Belegschaft, der sich aus der Fortführungsperspektive eines Unternehmens ergebende Going Concern Value sowie Synergie- und Integrationsvorteile einer integrierten Konzernstruktur de lege lata[1088] nicht als immaterielle Vermögenswerte anzusehen, obgleich sie unter den Wortlaut des Auffangtatbestands nach § 1.482-4(b)(6) der Regulations („jeder ähnliche Vermögenswert“) gefasst werden könnten.[1089]

3.4.5.2 Geschäftschancen und andere immaterielle Werte

Die Anbahnung eines Geschäfts durch eine US-Muttergesellschaft und die Überlassung der hieraus resultierenden Geschäftschance an eine ausländische Tochtergesellschaft wurde in der Rechtssache *Hospital Corporation of America*[1090] nicht als immaterieller Vermögenswert, sondern als zu vergütende Dienstleistung angesehen. Hieraus kann geschlossen werden, dass Geschäftschancen de lege lata nicht als immaterielle Vermögenswerte im Sinne von § 482 IRC anzusehen sind.[1091] Dies gilt auch für so genannte Standortvorteile eines Unternehmens, da es ihnen – obgleich ihrem Wesen nach nicht materieller Natur - bereits an dem Tatbestandsmerkmal der Ableitung ihres Werts aus ihrem geistigen Gehalt oder anderer immaterieller Eigenschaften mangelt.

3.4.5.3 Differenzierung zwischen Routine- und Non-Routine-Intangibles

Im US-Steuerrecht wird zwischen immateriellen Vermögenswerten mit Routine- und Non-Routine-Charakter unterschieden. Die Differenzierung wurde erstmals mit dem White Paper[1092] eingeführt, um jene immateriellen Vermögenswerte mit Routine-Charakter zu erfassen, für die aufgrund ihrer nicht firmenspezifischen Ausprägung und des sich hieraus ergebenden Wettbewerbs verschiedener Anbieter dieser Standardleistung marktübliche Vergleichswerte verfügbar sein sollten. Die Differenzierung zwischen Routine- und Non-Routine-Intangibles

---

[1087] *Andrus*, in: Cahiers de droit fiscal international Volume 92a, 2007, 629, 633.

[1088] Unter Bill No. S. 2075 wurde ein Gesetzgebungsverfahren zur Klarstellung der Definition immaterieller Vermögenswerte nach § 482 IRC initiiert. Zur Gesetzgebungshistorie vgl. *Angus et al.*, Tax Management International Journal 2012, 528, 528ff. Die Gesetzesänderung wurde nicht umgesetzt.

[1089] Gl. A. *Zollo*, Tax Management International Journal 2010, 71, 71ff.; *Bowen*, Tax Management International Journal 2008, 3, 3ff.

[1090] Vgl. U.S. Tax Court, Urteil in der Rechtssache *Hospital Corp. of America versus Commissioner*, 81 T.C. 520 (1983).

[1091] Vgl. *Andrus*, in: Cahiers de droit fiscal international Volume 92a, 2007, 629, 634; *Wittendorf*, Transfer Pricing, 2010, 609.

[1092] Vgl. *IRS*, Notice 88-123 v. 18.8.1988, 11.C.1.c, 1988-2 C.B. 485. Vgl. zur Historie des White-Papers Kapitel 3.4.4.1.

wurde in den 1993 Temporary Regulations aufgegriffen, jedoch in späteren Versionen der Regulations aufgrund der Schwierigkeiten einer präzisen Abgrenzung von Routine-Charakter und Non-Routine-Charakter wieder fallen gelassen[1093] und durch den Begriff der wertvollen immateriellen Vermögenswerte (Valuable Intangibles) ersetzt.[1094] Der Gedanke einer Abgrenzung zwischen marktüblichen Routine-Intangibles und firmenspezifischen Non-Routine-Intangibles ist jedoch auch in den 2009 Regulations im Kontext der Residual Profit Split-Method[1095] und den 2011 Final Cost Sharing Regulations[1096] noch enthalten. Danach sind Routine-Beiträge als jene Aktivitäten definiert, für die sich Marktrenditen ermitteln lassen.[1097] Im Umkehrschluss hierzu sind Non-Routine-Beiträge definiert als diejenigen Aktivitäten, die sich nicht als Routine-Beiträge darstellen lassen,[1098] da sie firmenspezifisch sind. *Wittendorf* weist darauf hin, dass immaterielle Vermögenswerte mit Routine-Charakter nicht zwingend auf die Erwirtschaftung geringer Wertschöpfungsbeiträge beschränkt sein müssen.[1099]

3.4.5.4 Zusammenfassung

Die weite[1100] Definition der Regulations umfasst sowohl durch den gewerblichen Rechtsschutz, das Urheberrecht oder das Recht der Geschäftsgeheimnisse geschützte bzw. schützbare immaterielle Vermögenswerte als auch durch vertragliche Vereinbarungen gesicherte Vorteile wie beispielsweise vorteilhafte Einkaufsverträge[1101]. Darüber hinaus sind auch immaterielle Vermögenspositionen, denen kein rechtlicher oder vertraglicher Schutz zukommt, als immaterielle Vermögenswerte im Sinne der Definition anzusehen, wenn diesen ein erheblicher und von der Erbringung von Dienstleistungen unabhängiger Wert zukommt und sie einer separaten wirtschaftlichen Verwertbarkeit zugänglich sind. In diesem Zusammenhang ist jedoch anzumerken, dass hinsichtlich des nur durch die Rechtsprechung entwickelten Definitionsmerkmals der separaten wirtschaftlichen Verwertbarkeit keine eindeutige Rechtslage gegeben ist, da der IRS die Tendenz zeigt, seine frühere bereits vor den Rechtssache *Merck* und *Perkin-Elmer* vertretene Auffassung, der Nichtbeachtung der separaten Verwertbarkeit weiterhin anwenden zu wollen.[1102] Der Wunsch des IRS auch nicht separat wirtschaftlich ver-

---

1093 Vgl. *Cole*, in: Cole, U.S. Transfer Pricing, 2011, 8-14; *Wittendorf*, Transfer Pricing, 2010, 600.
1094 Vgl. § 1.482-1(d)(3)(i) der Regulations
1095 Vgl. hierzu Kapitel 3.4.7.4.2.
1096 Vgl. § 1.482-7 der Regulations.
1097 Vgl. § 1.482-6(c)(3)(i)(A) der Regulations.
1098 Vgl. § 1.482-6(c)(3)(i)(B)(1) der Regulations.
1099 Vgl. *Wittendorf*, Transfer Pricing, 2010, 601.
1100 Vgl. *Engler*, in: Vögele/Borstell/Engler, Verrechnungspreise, 2011, Kapitel N, Rz. 41.
1101 Vgl. *Andrus*, in: Cahiers de droit fiscal international Volume 92a, 2007, 629, 633.
1102 Vgl. *Mogle*, in: Cole, U.S. Transfer Pricing, 2011, 8-13.

wertbare immaterielle Vermögenspositionen unter den Tatbestand der Definition des immateriellen Vermögenswerts im Sinne von § 936 IRC zu fassen, rührt aus dem Umstand, dass das US-Steuerrecht keinen gesetzlichen Tatbestand enthält, der eine zusammenfassende Bewertung von Sachgesamtheiten unter Einschluss von diesen ggf. anhaftenden geschäftswertbildenden Faktoren ermöglicht.

Rechtsfolge der Erfüllung der Definition nach § 1.482-4(b) der Regulations ist, dass die für die Übertragung oder Überlassung immaterieller Vermögenswerte spezifischen Bestimmungen in § 1.482-4 der Regulations bezüglich der Methodenwahl[1103] sowie der CWI-Standard Anwendung finden.[1104]

3.4.6 Zurechnung immaterieller Vermögenswerte

3.4.6.1 Grundlagen

Die Regulations zu § 482 IRC enthalten ein dezidiertes Regelwerk zur Zurechnung von immateriellen Vermögenswerten, welches die Aspekte der Identifizierung der als Eigentümer anzusehenden Geschäftseinheit, der Vergütung wertsteigernder Tätigkeiten sowie der grundsätzlichen Anerkennung konzerninterner Übertragungsvorgänge miteinander verbindet.[1105] Dabei werden ausdrücklich sowohl immaterialgüterrechtlich oder vertraglich geschützte immaterielle Vermögenswerte als auch rechtlich ungeschützte immaterielle Vermögenswerte einbezogen.

3.4.6.2 Identifizierung des Eigentümers

3.4.6.2.1 Rechtlich geschützte immaterielle Vermögenswerte

In Bezug auf immaterialgüterrechtlich oder auf vertraglicher Basis geschützte immaterielle Vermögenswerte wird der rechtliche Eigentümer, etwa der im Markenregister eingetragene Inhaber eines Markenrechts, auch als Eigentümer für Zwecke von § 482 IRC angesehen. Der Inhaber eines vertraglich gesicherten (Nutzungs-)Rechts an einem immateriellen Vermögenswert, beispielsweise das durch Lizenzvertrag gesicherte Recht zur kommerziellen Nutzung eines Patents, wird als Eigentümer eines separaten immateriellen Vermögenswerts qualifiziert, d.h. die vertragliche Vereinbarung eines beschränkten Nutzungsrechts führt für Zwe-

---

1103 Vgl. § 1.482-4 (c) und § 1.482-4(d) der Regulations.
1104 Vgl. *Wittendorf*, Transfer Pricing, 2010, 597.
1105 Vgl. § 1.482-4(f)(3)-(4) der Regulations.

cke der Gewinnabgrenzung zur Schaffung eines weiteren separat zu betrachtenden immateriellen Vermögenswerts. *Mogle* spricht in diesem Zusammenhang treffend vom „Multiple Intangible Concept“ der Regulations, das eine Aufgabe des vormaligen „Multiple Owner Concept“ bedeutet.[1106] Von Bedeutung ist insoweit die Erkenntnis, dass mit den Grundsätzen der 2009 Regulations grundsätzlich kein wirtschaftliches Eigentum (Multiple Owner) an einem immateriellen Vermögenswert aufgrund geleisteter Beiträge zu dessen Wertsteigerung angenommen wird.[1107] Eine Entschädigung von verbundenen Unternehmen, die Beiträge zur Schaffung oder Wertsteigerung eines im Eigentum eines anderen Konzernunternehmens befindlichen immateriellen Vermögenswerts geleistet haben, erfolgt nicht durch unmittelbare Zurechnung von Teilen des Einkommens aus diesem, sondern durch fremdvergleichskonforme Vergütung der geleisteten Tätigkeit, beispielsweise mittels der Kostenaufschlags- oder der Gewinnaufteilungsmethode.[1108]

3.4.6.2.2 Rechtlich ungeschützte immaterielle Vermögenswerte

Soweit kein rechtlicher Eigentümer eines immateriellen Vermögenswerts auf der Basis des Immaterialgüterrechts oder vertraglicher Vereinbarungen ersichtlich ist, wird dasjenige verbundene Unternehmen als Eigentümer angesehen, welches in tatsächlicher Hinsicht die Kontrolle über den betreffenden immateriellen Vermögenswert ausübt. Beispielsweise wird ein Kundenstamm derjenigen Partei zugerechnet, die in direktem Kontakt mit den Kunden steht.[1109] Analog zu immaterialgüterrechtlich oder vertraglich zugeordneten immateriellen Vermögenswerten ist ein verbundenes Unternehmen, welches nicht als Eigentümer eines immateriellen Vermögenswerts in diesem Sinne anzusehen ist, jedoch zur Wertsteigerung dieses immateriellen Vermögenswerts beiträgt, für seine Leistungen in fremdvergleichskonfomer Art und Weise zu entschädigen.[1110] Das mit den Final 2009 Regulations eingeführte Kriterium der Kontrolle stellt eine Abkehr von dem in den Final 1994 Regulations noch vorgesehenen Assistor-Developer-Konzept[1111] dar, nach dem regelmäßig demjenigen verbundenen Unternehmen das wirtschaftliche Eigentum zuzurechnen war, welches den größten Anteil der Kosten

1106 *Mogle*, in: Cole, U.S. Transfer Pricing, 2011, 8-23f.

1107 Vgl. zu der abweichenden Konzeption früherer Fassungen der Regulations: *Mogle*, in: Cole, U.S. Transfer Pricing, 2011, 8-15ff.

1108 Vgl. zum Fall des konzerninternen Vertriebs von Markenprodukten Kapitel 3.4.6.3.

1109 Vgl. § 1.482-4(f)(3)(ii) Beispiel 2 der 2009 Regulations.

1110 Vgl. § 1.482-4(f)(4) der 2009 Regulations.

1111 Vgl. *Levey/Wrappe*, Transfer Pricing, 2010, Tz. 420.01.

der Entwicklung des immateriellen Vermögenswerts getragen hatte.[1112] Die einschlägigen 2009 Regulations räumen dem Abschluss und der Durchführung vertraglicher Vereinbarungen zwischen den verbundenen Unternehmen und deren zeitnaher Dokumentation einen hohen Stellenwert ein.[1113] Dies bedeutet, dass, soweit Leistungen im Zusammenhang mit immateriellen Vermögenswerten durch vertragliche Vereinbarungen, etwa eine Vertriebsvereinbarung, eine (zusätzliche) Dienstleistungsvereinbarung oder einen Lizenzvertrag, geregelt sind, deren Inhalt mit der tatsächlichen Durchführung korrespondiert,[1114] eine Vermutung für die Anerkennung dieser separaten Transaktionen besteht. Das Multiple Intangible Concept geht daher prima facie von einer rechtlichen Beurteilung aus, deren angemessene Ausgestaltung aus Verrechnungspreissicht im zweiten Schritt überprüft wird.

3.4.6.3 Vergütung wertsteigernder Tätigkeiten

Das Mulitple Intangible Concept verpflichtet die Steuerpflichtigen zu prüfen, ob der Wertschöpfungsbeitrag des Nicht-Eigentümers immaterieller Vermögenswerte und seine damit verbundenen Aufgaben angemessen vergütet wurden. Soweit dies nicht der Fall ist, wird durch eine entsprechende Methodenwahl eine angemessene Vergütung von Beiträgen anderer Geschäftseinheiten sichergestellt. Die Regulations tragen der besonderen Bedeutung von so genannten Embedded Intangibles im Bereich des Vertriebs von Markenprodukten durch Beispielsfälle Rechnung. Trägt etwa ein Vertriebsunternehmen über mehrere Jahre Vertriebs- und Werbeaufwendungen für den Hersteller und Eigentümer der Markenrechte, die über ein fremdübliches Maß hinausgehen, schlagen die Regulations verschiedene Möglichkeiten zur Herstellung einer angemessenen Gewinnabgrenzung zwischen Hersteller- und Vertriebsunternehmen vor. So kann der IRS einen Dienstleistungsvertrag annehmen, der dem Vertriebsunternehmen eine nach den Umständen des Einzelfalles adäquate Vergütung für die Zusatztätigkeiten zusichert. Alternativ kann der IRS eine langfristige Vertriebsvereinbarung unterstellen, die es dem Vertriebsunternehmen erlaubt, von den getragenen höheren Aufwendungen in späteren Jahren zu profitieren oder eine Einkommenskorrektur in Form einer Ausgleichszahlung im Falle einer tatsächlichen Beendigung der Vertriebsvereinbarung vornehmen.[1115]

[1112] Vgl. § 1.482-4(f)(3)(ii)(B) der 1994 Regulations. vgl. auch U.S. Tax Court, Urteil in der Rechtssache *Medieval Attractions N.V. versus Commissioner*, T.C. M. 1996-455 sowie U.S. Tax Court, Urteil in der Rechtssache *Ciba-Geigy versus Commissioner*, 85 T.C. 172 (1985).

[1113] Vgl. *Maruca/Warner*, Transfer Pricing, 2012, II.F.4.c.(5).

[1114] Vgl. zur Prüfung der Anerkennung vertraglicher Vereinbarungen die Ausführungen in Kapitel 3.4.6.4.

[1115] Vgl. § 1.482-4(f)(4) Beispiele 1 bis 6 der Regulations.

Vor diesem Hintergrund ist zu prüfen, welcher Umfang von Leistungen des Nicht-Eigentümers eines immateriellen Vermögenswerts als üblich im Sinne eines Routinebeitrags[1116] angesehen werden kann, damit ein Prüfungsmaßstab für Zwecke der Gewinnabgrenzung verfügbar ist. Als wesentlicher Indikator für Vertriebsunternehmen wird die Höhe der Ausgaben für Reklame, Marketing- und Werbemaßnahmen angesehen, die am branchenüblichen Umfang auszurichten sind.[1117] Darüber hinaus ist zu prüfen, ob die Leistungen des Vertriebsunternehmens derart spezifisches Know-how erfordern, das ein konzernfremdes Unternehmen die Vertriebsaufgaben nicht ohne Weiteres übernehmen könnte. Sind die Leistungen des Nicht-Eigentümers durch die vertraglichen Vereinbarungen mit dem Eigentümer abgedeckt und entsprechen diese dem verkehrsüblichen Umfang, wird keine Veranlassung für eine Einkommenskorrektur unter § 482 IRC gesehen.[1118] Im Ergebnis sehen die US-Regulations für Vertriebstätigkeiten damit einen „Bright Line-Test“[1119] vor, d.h. es erfolgt bezüglich der Höhe der vom Vertriebsunternehmen zu tragenden Aufwendungen für Reklame, Marketing und Werbemaßnahmen eine Orientierung an dem als branchenüblich anzusehenden Umfang.

3.4.6.4 Überprüfung des ökonomischen Gehalts

Die vorstehend beschriebenen Regelungen zum Eigentum an immateriellen Vermögenswerten stehen unter dem Vorbehalt, dass die festgestellten Eigentumsverhältnisse nicht im Widerspruch zum ökonomischen Gehalt der betreffenden Transaktionen stehen. Bei der Beurteilung des ökonomischen Gehalts wird auf die tatsächliche Durchführung[1120] der Transaktion, die Tragung der Risiken und das Vorhandensein der entsprechenden finanziellen Ressourcen für deren Übernahme[1121] sowie die tatsächliche Möglichkeit zum Management[1122] der betreffenden Risiken durch das als Eigentümer identifizierte verbundene Unternehmen abgestellt. Dies hat zur Folge, dass eine zivilrechtlich wirksame Übertragung des Eigentums an einem immateriellen Vermögenswert für Zwecke der grenzüberschreitenden Gewinnabgrenzung als unbeachtlich qualifiziert werden kann, wenn der Erwerber weder die finanziellen Ressourcen zur Risikoübernahme noch die tatsächlichen Möglichkeiten zum Management des übernommenen Risikos aufweist.

[1116] Vgl. *Wittendorf*, Transfer Pricing, 2010, 639.
[1117] Vgl. *Levey/Wrappe*, Transfer Pricing, 2010, Tz. 420.04.
[1118] Vgl. § 1.482-4(f)(4) Beispiel 2 der 2009 Regulations.
[1119] Vgl. *Levey/Wrappe*, Transfer Pricing, 2010, Tz. 430.03.
[1120] Vgl. § 1.482-1(d)(3)(iii)(B)(1) der Regulations.
[1121] Vgl. § 1.482-1(d)(3)(iii)(B)(2) der Regulations.
[1122] Vgl. § 1.482-1(d)(3)(iii)(B)(3) der Regulations.

3.4.7 Verrechnungspreismethoden für immaterielle Vermögenswerte

3.4.7.1 Vorgaben zur Methodenwahl

Im Unterschied zu den OECD-Verrechnungspreisrichtlinien 2010 sowie den einschlägigen Bestimmungen des deutschen Steuerrechts nehmen die US-Regulations spezifisch zu den für immaterielle Vermögenswerte zulässigen Verrechnungspreismethoden Stellung. Nach den einschlägigen Passagen der Regulations können im Zusammenhang mit der Übertragung oder Überlassung[1123] immaterieller Vermögenswerte zwischen verbundenen Unternehmen die Comparable Uncontrolled Transaction Method[1124], die Comparable Profits Method[1125] und die Profit Split Method[1126] verwendet werden. Für die Bewertung von Beiträgen zur gemeinsamen Entwicklung und Nutzung[1127] immaterieller Vermögenswerte werden darüber hinaus die Income Method[1128], die Acquisition Price Method[1129], die Market Capitalization Method[1130] sowie undefinierte Methoden[1131] zugelassen. Die Wahl der Methode durch den Steuerpflichtigen und ggf. deren Überprüfung durch den IRS hat nach der so genannten Best Method Rule[1132] zu erfolgen, nach der diejenige Methode zu wählen ist, die unter Berücksichtigung der konkreten Umstände des Einzelfalles als das zuverlässigste Mittel zur Erzielung eines fremdvergleichskonformen Ergebnisses anzusehen ist. Dies bedeutet, dass nicht nur die Wahl der verwendeten Methode zu begründen ist, sondern auch, weshalb andere grundsätzlich zur Verfügung stehenden Methoden für den betreffenden Sachverhalt weniger geeignet sind. Die dabei angestellten Überlegungen sind vom Steuerpflichtigen zu dokumentieren und unterliegen ggf. der Überprüfung durch den IRS.

1123 Die Regulations zu § 482 IRC differenzieren für Zwecke der Überprüfung des Fremdvergleichsgrundsatzes nicht zwischen einem Verkauf immaterieller Vermögenswerte oder der Einräumung eines vollumfänglichen oder beschränkten Nutzungsrechts an einem immateriellen Vermögenswert, vgl. *Levey/Wrappe*, Transfer Pricing, 2010, Tz. 430.

1124 Vgl. § 1.482-4(c) der Regulations.

1125 Vgl. § 1.482-5 der Regulations.

1126 Vgl. § 1.482-6 und § 1.482-7(g)(7) der Regulations.

1127 Die Betrachtung der durch die Cost Sharing Regulations spezifizierten Methoden für die Bewertung von Platform Contribution Transactions erfolgt im Rahmen der Analyse von Cost Sharing Arrangements als Allokations- und Nutzungsstrategie in Kapitel 3.4.8.7.5.

1128 Vgl. § 1.482-7(g)(4) der Regulations.

1129 Vgl. § 1.482-7(g)(5) der Regulations.

1130 Vgl. § 1.482-7(g)(6) der Regulations.

1131 Vgl. § 1.482-3(e)(1) und § 1.482-7(g)(8) der Regulations.

1132 Vgl. § 1.482-1(c)(1) der Regulations.

3.4.7.2 Comparable Uncontrolled Transaction Method

Soweit identische oder weitgehend identische immaterielle Vermögenswerte unter identischen oder weitgehend identischen Umständen übertragen oder überlassen werden oder bestehende Unterschiede vergleichbarer immaterieller Vermögenswerte verlässlich durch Anpassungen im Rahmen der Vergleichbarkeitsanalyse eliminiert werden können, bietet die CUT-Method auch nach der Diktion des US-Steuerrechts unter allen Methoden den direktesten Vergleich im Sinne des Fremdvergleichsgrundsatzes.[1133] Im Unterschied zu den einschlägigen Bestimmungen der OECD-Verrechnungspreisrichtlinien 2010 sowie des deutschen Steuerrechts enthalten die Regulations dezidierte Regelungen bezüglich der Vergleichbarkeit von immateriellen Vermögenswerten, die dadurch gekennzeichnet sind, dass das Gewinnpotenzial eines immateriellen Vermögenswerts als übergeordnetes Kriterium der Vergleichbarkeit hervorgehoben wird. Nach dem so genannten Industry or Market Test müssen sowohl die immateriellen Vermögenswerte der Vergleichstransaktion als auch der konzerninternen Transaktion in Verbindung mit ähnlichen Produkten oder Prozessen innerhalb der gleichen Branche oder dem gleichen Markt eingesetzt werden.[1134] Darüber hinaus müssen beide Transaktionen nach dem Profit Potential Test ein ähnlich hohes Gewinnpotenzial aufweisen.[1135] Das Gewinnpotenzial ist dabei im Form des Gegenwartswerts des durch den Einsatz des immateriellen Vermögenswerts erwarteten zukünftigen ökonomischen Nutzens zu ermitteln.[1136] Hierbei sind die getätigten Kosten zur Schaffung des immateriellen Vermögenswerts, die dabei getragenen Risiken sowie ggf. weitere relevante Aspekte zu beachten. Die Notwendigkeit einer verlässlichen Ermittlung des Gewinnpotenzials für Zwecke der Vergleichbarkeitsanalyse besteht nach den Regulations insbesondere bei allen immateriellen Vermögenswerten, die ein hohes absolutes Gewinnpotiential oder eine hohe relative Profitabilität aufweisen. Nur unter bestimmten Voraussetzungen sehen die Regulations auch die Möglichkeit eines indirekten qualitativen Vergleichs des Gewinnpotenzials der konzerninternen und der Vergleichstransaktion vor,[1137] d.h. ohne direkte Ermittlung des zukünftigen Gewinnpotenzials in Form eines monetären Betrags. Allerdings ist die indirekte Einschätzung des Gewinnpotenzials nur zulässig, wenn der erwartete Gewinn bzw. die erwartete Rendite aus dem immateriellen Vermögenswert relativ gering ist.[1138] Hierzu sind über die allgemeinen Aspekte der Vergleichbarkeitsanalyse der US-

---

1133 Vgl. *Levey/Wrappe*, Transfer Pricing, 2010, Tz. 440.01.
1134 Vgl. § 1.482-4(c)(2)(iii)(B)(1)(i) der Regulations.
1135 Vgl. § 1.482-4(c)(2)(iii)(B)(1)(ii) der Regulations.
1136 Vgl. § 1.482-4(c)(2)(iii)(B)(1)(ii) der Regulations.
1137 Vgl. *Feinschreiber*, Transfer Pricing, 2004, 102.
1138 Vgl. § 1.482-4(c)(2)(iii)(B)(1)(ii) der Regulations; *Mogle*, in: Cole, U.S. Transfer Pricing, 2011, 8-70.

Regulations hinaus,[1139] die diesbezüglich weitgehend den einschlägigen Passagen der OECD-Verrechnungspreisrichtlinien 2010[1140] entsprechen, zusätzliche spezifische Kriterien zur Evaluierung der Vergleichbarkeit von Transaktionen zur Übertragung oder Nutzungsüberlassung von immateriellen Vermögenswerten im Rahmen der CUT-Method geregelt.[1141]

3.4.7.3 Comparable Profits Method

Die auf den BALRM-Ansatz des White Papers[1142] zurückgehende CPM prüft die Fremdvergleichskonformität einer Transaktion zwischen verbundenen Unternehmen durch den Vergleich von Profitabilitätskennziffern (Profit Level Indicators), die aus den Jahresabschlüssen unverbundener Unternehmen abgeleitet werden, die ähnliche Geschäftsaktivitäten unter ähnlichen Umständen ausüben, mit der Profitabilitätskennziffer eines der beiden in der konzerninternen Transaktion involvierten verbundenen Unternehmen.[1143] Im Unterschied zur CUT-Method fokussiert die CPM nicht unmittelbar auf den zwischen fremden Dritten vereinbarten Preis, sondern vergleicht die aus einer konzerninternen Transaktion resultierenden Nettoergebnisse[1144] mit den Nettoergebnissen unverbundener Unternehmen, die eine vergleichbare Geschäftsaktivität mit Routinecharakter ausüben. Unter der CPM erfolgt die Ermittlung des fremdvergleichskonformen Verrechnungspreises durch Ableitung von der gewählten Profitabilitätskennziffer, wie z.B. der Nettoumsatzrendite. Hierzu sind u.U. Annahmen in Bezug auf die Erlöse und Kosten eines der verbundenen Unternehmens (Tested Party) zu verwenden, das dem Vergleich mit den selektierten unverbundenen Unternehmen unterzogen wird. Als Tested Party wird dasjenige verbundene Unternehmen ausgewählt, dessen Betriebsergebnis aus der konzerninternen Transaktion hinreichend verlässlich ermittelt werden kann.[1145] Nach den einschlägigen Bestimmungen der Regulations wird daher i.d.R. das verbundene Unternehmen als Tested Party ausgewählt, das selbst keine wertvollen immateriellen Vermögenswerte besitzt (Less Complex Entity), die zwangsläufig zu einer Unvergleichbarkeit mit unverbundenen Vergleichsunternehmen führen würden.[1146] Übt die Tested Party mehrere Geschäftsaktivitäten aus oder unterhält sie mehrere Geschäftsbereiche, sind die Erlöse und Kosten des relevanten Bereichs zu isolieren. Bei der Auswahl der Vergleichsunternehmen sind die Anforderungen

---

1139 Vgl. § 1.482-1(d)(3) der Regulations.
1140 Vgl. hierzu Kapitel 3.2.5.2.
1141 Vgl. § 1.482-4(c)(2)(iii)(B)(2)(i)-(viii) der Regulations. Vgl. hierzu im Einzelnen Kapitel 3.4.8.5.1.
1142 Vgl. hierzu Kapitel 3.4.4.1.
1143 Vgl. § 1.482-5(a) der Regulations.
1144 Vgl. ausführlich *Horst*, in: Cole, U.S. Transfer Pricing, 2011, 9-29; *Feinschreiber*, Transfer Pricing, 2004, 85.
1145 Vgl. *Feinschreiber*, Transfer Pricing, 2004, 85.
1146 Vgl. § 1.482-5(b)(2)(i) der Regulations.

der Regulations in Bezug auf die Vergleichbarkeit dieser Unternehmen zu beachten. Während die CPM Unterschiede bei der Vergleichbarkeit des Transaktionsgegenstandes zulässt, werden neben den allgemeinen Faktoren der Vergleichbarkeitsanalyse vor allem folgende Faktoren für die Vergleichbarkeit hervorgehoben, denen ein Einfluss auf die Profitabilität unterstellt wird. Dies sind insbesondere der Umfang des Geschäftsbetriebs, die Branchenzugehörigkeit, die betroffenen Produkt- und Dienstleistungsmärkte, die Zusammensetzung des Betriebsvermögens in materielle und immaterielle Vermögenswerte sowie der Lebenszyklus des Produktes und Betriebs.[1147] Im Rahmen der Vergleichbarkeitsanalyse identifizierte wesentliche Unterschiede sind ggf. durch Anpassungsrechnungen zu eliminieren. Dabei kann sowohl eine Anpassung des Betriebsergebnisses der Tested Party als auch der Vergleichsunternehmen in Frage kommen.[1148] Als Beispiele sind Anpassungen für unterschiedliche Rechnungslegungsstandards, Abweichungen der Anlagenintensität und weitere wirtschaftliche Aspekte, wie etwa Wechselkurseffekte, Produkteinführungskosten und Marktunterschiede zu nennen.[1149] Die Wahl der geeigneten Profitabilitätskennziffer richtet sich nach der Art der zu untersuchenden Geschäftsaktivitäten und der Verfügbarkeit der betreffenden Informationen von Vergleichsunternehmen.[1150] In den Regulations werden die Kennzahlen Return on Capital Employed (ROCE), Nettoumsatzrendite und Berry Ratio explizit genannt;[1151] es ist jedoch auch die Verwendung anderer Kennziffern erlaubt, wenn diese verlässliche Messgrößen für das Ergebnis der Tested Party unter der Annahme fremdvergleichskonformen Verhaltens darstellen. Nachdem die vorstehend erläuterten Schritte durchgeführt wurden, erlaubt der Vergleich mit der Bandbreite der Profitabilitätskennziffern der Vergleichsunternehmen die Bestimmung des Anteils des Nettoergebnisses der Tested Party, das auf Routineaktivitäten entfällt. Hierdurch kann ein Verrechnungspreis, beispielsweise ein Lizenzsatz, abgeleitet werden, der zu einer Allokation des Gewinnanteils beim Lizenzgeber führt, der über die Vergütung der vom Lizenznehmer ausgeübten Funktionen hinausgeht. Die CPM besitzt damit eine gewisse konzeptionelle Ähnlichkeit mit der Excess Earnings Method, die ebenfalls Routineaktivitäten marktüblich vergütet und darüber hinausgehende Profitabilität den vorhandenen immateriellen Vermögenswerten zuschreibt.[1152]

1147 Vgl. § 1.482-5(c)(2)(i) der Regulations.

1148 Vgl. *Feinschreiber*, Transfer Pricing, 2004, 89.

1149 Vgl. *Horst*, in: Cole, U.S. Transfer Pricing, 2011, 9-35ff.

1150 Vgl. § 1.482-5(c)(4) der Regulations.

1151 Vgl. § 1.482-5(c)(4)(i)-(iii) der Regulations.

1152 Vgl. *Wittendorf*, International Transfer Pricing Journal 2010, 323, 328. Vgl. zur Excess Earnings Method auch die Ausführungen in Kapitel 2.4.4.1.2.

3.4.7.4 Profit Split Method

Die PSM, die der transaktionsbezogenen Gewinnaufteilungsmethode der OECD-Verrechnungspreisrichtlinien 2010 entspricht, vergleicht die Allokation des aus einer konzerninternen Transaktion resultierenden Ergebnisses mit dem relativen Wert der Beiträge der beteiligten verbundenen Unternehmen zu diesem.[1153] Die Regulations unterscheiden zwischen zwei Ausprägungen, nämlich der Comparable Profit Split Method (CPSM) und der Residual Profit Split Method (RSPM).

3.4.7.4.1 Comparable Profit Split Method

Bei der CPSM soll die Aufteilung des gesamten operativen Ergebnisses einer konzerninternen Transaktion analog zur Vorgehensweise vergleichbarer unverbundener Unternehmen in ähnlichen Transaktionen erfolgen.[1154] Hierfür ist es erforderlich, Informationen über vergleichbare Transaktionen zwischen fremden Dritten und die aus diesen resultierende Ergebnisaufteilung zu erhalten.[1155] Die von den Regulations stipulierten Anforderungen an die Vergleichbarkeit dieser Markttransaktion sind hoch, d.h. die zwischen fremden Dritten vereinbarte Gewinnaufteilung muss bei vergleichbaren vertraglichen Bedingungen und resultierender Verteilung von Funktionen und Risiken sowie eingesetzter immaterieller Vermögenswerte zu Stande gekommen sein, um als Vergleichstransaktion zu qualifizieren.[1156] Darüber hinaus darf das aggregierte Ergebnis der konzerninternen Transaktion als Prozentsatz der von den Transaktionspartnern eingesetzten Vermögenswerte nicht wesentlich von demjenigen der Vergleichstransaktion abweichen.[1157] Die Summe dieser Anforderungen an Umfang und Qualität der Informationen zu Vergleichstransaktionen erschweren den Einsatz der CPSM in der Praxis erheblich, sodass sie nur selten verwendet werden kann.[1158] Die Einsatzmöglichkeiten der CPSM beschränkt sich auf bestimmte Situationen wie etwa das Vorhandensein interner Vergleichstransaktionen aus Joint-Ventures[1159], die u.U. nach Durchführung von Anpassungen als Ver-

---

1153 Vgl. § 1.482-6(a) der Regulations.

1154 Vgl. § 1.482-6(c)(2)(i) der Regulations.

1155 Vgl. *Levey/Wrappe*, Transfer Pricing, 2010, Tz. 350.02.

1156 Vgl. § 1.482-6(c)(2)(ii) der Regulations.

1157 Vgl. § 1.482-6(c)(2)(ii)(B)(i) der Regulations.

1158 Vgl. *Sherwood/Larson*, International Tax Planning Review 10/1994, 3, 14; *Feinschreiber*, Transfer Pricing, 2004, 89; *Markham*, Intangibles, 2005, 132; *Levey/Wrappe*, Transfer Pricing, 2010, Tz. 350.02; *Wittendorf*, International Transfer Pricing Journal 2010, 323, 334. A.A. *Rozek/Korenko,* die die CPSM für die Verrechnungspreisfindung bei der Überlassung immaterieller Vermögenswerte bzw. Produkte mit außerordentlich hohem Gewinnpotenzial befürworten, da in diesen Fällen die CUT-Method regelmäßig nicht zu einem fremdvergleichskonformen Ergebnis führe, vgl. *Rozek/Korenko*, Tax Notes International 1999, 1553, 1553ff.

1159 Vgl. *Higinbotham*, in: Cole, U.S. Transfer Pricing, 2011, 10-50.

gleichstransaktionen verwendet werden können. Die Verlässlichkeit der Analyse wird jedoch durch den Umfang der erforderlichen Anpassungsrechnungen naturgemäß gemindert.

3.4.7.4.2 Residual Profit Split Method

Die RPSM entspricht konzeptionell der Restgewinnaufteilungsmethode der OECD-Verrechnungspreisrichtlinien 2010. In einem ersten Schritt werden die Routineaktivitäten[1160] der verbundenen Unternehmen im Rahmen der zu bepreisenden konzerninternen Transaktion vergütet, d.h. ein Anteil des aus der Transaktion resultierenden operativen Ergebnisses wird den Transaktionspartnern in Form von marktgerechten Vergütungen für ihre Routinetätigkeiten zugewiesen.[1161] Die Höhe dieser Vergütungen wird über interne oder externe Vergleichswerte ermittelt, beispielsweise durch Anwendung der CPM oder der CUT-Method.[1162] Beispiele für Routineaktivitäten sind Herstellung, Vertrieb, Marketing, Dienstleistungen oder der Einsatz von immateriellen Vermögenswerten mit Routine-Charakter,[1163] d.h. jegliche Tätigkeiten, für die nach den Umständen des vorliegenden Falles Vergleichswerte verfügbar sind.

Im zweiten Schritt erfolgt die Allokation des residualen Ergebnisses (Residual Profit) zu den Transaktionspartnern auf der Grundlage des relativen Werts ihrer Aktivitäten bzw. der Beiträge mit Non-Routine-Charakter. Hierbei handelt es sich regelmäßig um firmenspezifische einzigartige immaterielle Vermögenswerte. Der relative Wert dieser Beiträge soll dergestalt ermittelt werden, dass er den Wertschöpfungsanteil an der Transaktion möglichst verlässlich reflektiert.[1164] Die einschlägigen Bestimmungen der Regulations legen keine spezielle Methodik zur Allokation des residualen Ergebnisses fest, enthalten jedoch Ausführungen zu drei verschiedenen Möglichkeiten. So kann der relative Wertbeitrag der eingesetzten spezifischen immateriellen Vermögenswerte durch externe marktbezogene Referenzgrößen (Market Benchmarks) reflektiert werden. Die Regulations enthalten jedoch keine Ausführungen, was unter Market Benchmarks zu verstehen ist. Der relative Wertbeitrag der eingesetzten spezifischen immateriellen Vermögenswerte kann auch durch Schätzung der gesamten kapitalisierten Kosten der Entwicklung, zuzüglich Kosten der Verbesserung und Aktualisierung, abzüglich Abschreibungen unter Berücksichtigung der ökonomischen Nutzungsdauer der betreffenden immateriellen Vermögenswerte ermittelt werden. Falls sich die Ausgaben der Transakti-

---

1160 Vgl. zum Begriff der Routineaktivität die Ausführungen in Kapitel 3.4.5.3.

1161 Vgl. § 1.482-6(c)(3)(i)(A) der Regulations.

1162 Vgl. zu CPM und CUT-Method Kapitel 3.4.7.3 und 3.4.7.2.

1163 Vgl. *Levey/Wrappe*, Transfer Pricing, 2010, Tz. 350.03.

1164 Vgl. § 1.482-6(c)(3)(i)(B) der Regulations.

onspartner für Forschung und Entwicklung relativ konstant verhalten und die ökonomische Nutzungsdauer aller Transaktionspartner ungefähr gleich ist, können die tatsächlichen Ausgaben während vergangener Jahre als Aufteilungsmaßstab verwendet werden.[1165]

Die RPSM kann nur unter Beachtung der Best Method Rule Anwendung finden, d.h. wenn eine Analyse des Steuerpflichtigen ergibt, dass die RPSM im betreffenden Fall als die verlässlichste Methode zur Realisierung eines fremdvergleichskonformen Ergebnisses anzusehen ist. Dies wird regelmäßig beim Versagen der transaktionsbezogenen Standardmethoden sowie auch der CPSM in Verbindung mit dem Einsatz einzigartiger immaterieller Vermögenswerte durch beide Parteien der konzerninternen Transaktion der Fall sein. Allerdings ist darüber hinaus erforderlich, dass die vorstehend genannten Voraussetzungen für die Zuweisung des Residual Profits erfüllt werden können, insbesondere die Möglichkeit die Kosten der Entwicklung der relevanten immateriellen Vermögenswerte zu ermitteln.[1166]

3.4.7.5 Undefinierte Methoden

Neben CUT-Method, CPM und PSM als durch die Regulations definierte Methoden (Specified Methods) wird auch die Verwendung so genannter undefinierter d.h. nicht in den Regulations näher spezifizierter Methoden (Unspecified Methods) zugelassen.[1167] Die Verwendung einer undefinierten Methode setzt jedoch wiederum die Beachtung der Best Method Rule voraus,[1168] d.h. die dokumentierte Glaubhaftmachung durch den Steuerpflichtigen, dass die definierten Methoden im betreffenden Fall weniger gut für eine fremdvergleichskonforme Verrechnungpreisbestimmung geeignet sind. Als Beispiel führen die Regulations die Verwendung eines gutgläubig abgegebenen Angebots eines fremden Dritten zur Erbringung einer zur konzerninternen Transaktion identischen Leistung an.[1169] Als undefinierte Methode wird grundsätzlich auch die einseitige Income Method angesehen, die in den Regulations nur im Zusammenhang mit der Bepreisung von Beiträgen zu Cost Sharing Arrangements gewürdigt wird.[1170] *Mogle* spricht sich daneben für die Verwendung der Economic Return Method, einer zweiseitigen Ausprägung der Income Method, aus.[1171] Die Economic Return Method betrachtet die Perspektive beider Transaktionspartner und leitet aus dem Gegenwartswert der Er-

1165 Vgl. § 1.482-6(c)(3)(i)(B) der Regulations.
1166 Vgl. § 1.482-8, Beispiel 8 der Regulations.
1167 Vgl. § 1.482-3(e)(1) der Regulations.
1168 Vgl. § 1.482-3(e)(1) der Regulations.
1169 Vgl. § 1.482-3(e)(2) der Regulations.
1170 Vgl. hierzu die Ausführungen in Kapitel 3.4.8.7.5.2.
1171 Vgl. *Mogle*, in: Cole, U.S. Transfer Pricing, 2011, 8-79ff.

tragserwartungen beider Parteien einen Einigungsbereich ab. Die von *Mogle* weiterentwickelte Economic Return Method weist im Ergebnis große Ähnlichkeit zum hypothetischen Fremdvergleich[1172] der deutschen Verrechnungspreisbestimmungen auf.

3.4.8 Allokations- und Nutzungsstrategien

3.4.8.1 Eigenentwicklung und -nutzung

Die Nutzung selbst entwickelter immaterieller Vermögenswerte für die Herstellung von Produkten führt auch im US-Steuerrecht grundsätzlich nicht zu einer über die Warenlieferung hinaus relevanten Überlassung oder Übertragung immaterieller Vermögenswerte, soweit ein verbundenes Unternehmen als Erwerber der Waren kein Recht bzw. nicht die Möglichkeit erhält, über den Vertrieb der Produkte hinaus den immateriellen Vermögenswert gewerblich zu verwerten.[1173] Die Regulations enthalten in § 1.482-3(f) das Beispiel des Verkaufs einer Maschine in Verbindung mit dem Recht, den in der Maschine verkörperten Produktionsprozess zu nutzen. Nach der Auffassung des IRS ist in diesem Fall eine separate Betrachtung von Warenlieferung und Nutzung eines immateriellen Vermögenswerts geboten und ggf. eine separate Lizenzvereinbarung zu treffen.[1174] Dies gilt nach § 1.482-9(m) der 2009 Final Services Regulations grundsätzlich in analoger Weise für die Erbringung von Dienstleistungen an verbundene Unternehmen unter Nutzung selbst entwickelter immaterieller Vermögenswerte, d.h. soweit kein Recht oder die Möglichkeit zur eigenständigen gewerblichen Nutzung immaterieller Vermögenswerte über den Bezug der Dienstleistung hinaus besteht, erfolgt keine gesonderte Betrachtung und Bepreisung der enthaltenen immateriellen Vermögenswerte.[1175] Die in dem Produkt oder der Dienstleistung verköperten immateriellen Vermögenswerte („Embedded Intangibles“[1176]) sind jedoch bei der Analyse der Vergleichbarkeit von Transaktionen zwischen fremden Dritten, die als Vergleichstransaktionen für die Verrechnungspreisbestimmung herangezogen werden, sowie bei der Überprüfung der Angemessenheit der Verrechnungspreise der Leistungsbeziehungen zwischen Hersteller und Abnehmer zu beachten.

Für die Verrechnungspreisbildung der Warenlieferungen oder Dienstleistungen unter Nutzung selbst entwickelter immaterieller Vermögenswerte kommen grundsätzlich im Ergebnis nicht

[1172] Vgl. zum hypothetischen Fremdvergleich Kapitel 3.3.7.6.
[1173] Vgl. *Levey/Wrappe*, Transfer Pricing, 2010, Tz. 430.01.
[1174] Vgl. *Bonano*, Pillsbury International Tax Bulletin, February 1999, 1, 2.
[1175] Vgl. *Mogle*, in: Cole, U.S. Transfer Pricing, 2011, 8-35.
[1176] Vgl. *Mogle*, in: Cole, U.S. Transfer Pricing, 2011, 8-29ff.; *Levey/Wrappe*, Transfer Pricing, 2010, Tz. 430.01.

die spezifischen Methoden und Bestimmungen für immaterielle Vermögenswerte zur Anwendung, sondern die für Warenlieferungen und Dienstleistungen einschlägigen Methoden und Regelungen. Insbesondere findet der CWI-Standard keine Anwendung auf Warenlieferungen oder Dienstleistungserbringungen, auch wenn diese unter Nutzung wertvoller immaterieller Vermögenswerte des Herstellers oder Dienstleisters produziert bzw. erbracht werden.

3.4.8.2 Auftragsfertigung

Die Merkmale einer Auftragsfertigung sind in den US Regulations nicht ausdrücklich geregelt, sondern wurden durch die Rechtsprechung, insbesondere mit den Entscheidungen in den Rechtssachen *Bausch & Lomb*[1177] und *Sundstrand*[1178], definiert. Aus den vorbenannten Urteilen ergibt sich, dass ein Auftragsverhältnis im Sinne der in Kapitel 2.3.2.4.2 beschriebenen Auftragsfertigung gegeben ist, wenn sich der Auftraggeber zur Abnahme garantierter Mengen zu definierten Preisen verpflichtet, sodass sich für den Auftragsfertiger kein Risiko hinsichtlich der Preise oder Absatzmengen ergibt.[1179] Hinsichtlich der Risikoübernahme gilt der bereits im Kontext der Zurechnungsregeln geschilderte Vorbehalt der Überprüfung des ökonomischen Gehalts, d.h. der Auftraggeber muss über die rechtliche Risikoübernahme hinaus tatsächlich zum Management des Riskos in der Lage sein und über die finanziellen Ressourcen zur Risikotragung verfügen. Das US-Steuerrecht qualifiziert eine Auftragsfertigung im vorstehend beschriebenen Sinne als Dienstleistung, weshalb für die Vergütung des Auftragsfertigers die 2009 Final Services Regulations[1180] zu beachten sind. Die Wahl der für die Vergütung des Auftragsfertigers zur Anwendung gelangenden Methoden unterliegt der Best Method Rule[1181] und umfasst daher grundsätzlich alle von den 2009 Final Service Regulations vorgesehenen Methoden für Dienstleistungen.[1182] Dies sind die Comparable Uncontrolled Services Price Method[1183], die Gross Services Margin Method[1184], die Cost of Services Plus Meth-

---

1177 Vgl. U.S. Court of Appeals, Urteil in der Rechtssache *Bausch & Lomb*, 933 F.2d 1084 (1991).
1178 Vgl. U.S. Tax Court, Urteil in der Rechtssache *Sundstrand*, 96 T.C. 226 (1991).
1179 Vgl. *Engler*, in: Vögele/Borstell/Engler, Verrechnungspreise, 2011, Kapitel M, Rz. 447.
1180 TD 9456, IRB 2009-33.
1181 Vgl. hierzu die Ausführungen in Kapitel 3.4.7.1.
1182 Vgl. *Levey/Wrappe*, Transfer Pricing, 2010, Tz. 430.03.
1183 Vgl. § 1.482-9(c) der 2009 Final Services Regulations.
1184 Vgl. § 1.482-9(d) der 2009 Final Services Regulations.

od[1185], die Comparable Profits Method[1186], die Profit Split Method[1187], die Services Cost Method[1188] sowie nicht durch die Regulations definierte Methoden (Unspecified Methods)[1189].

Soweit keine zwischen fremden Dritten vereinbarten Marktpreise für die Erbringung vergleichbarer Leistungen verfügbar sind, kommen für die Vergütung von Auftragsfertigern die Cost of Services Plus Method[1190] sowie die CPM in Frage. Die Cost of Services Plus Method entspricht konzeptionell der Kostenaufschlagsmethode, wird jedoch durch die 2009 Final Services Regulations dienstleistungsspezifisch konkretisiert.[1191] Dies gilt auch für die Anwendung der CPM[1192] für Zwecke der Verrechnung von Dienstleistungen. Im Unterschied hierzu sieht die Services Cost Method für bestimmte Dienstleistungen eine Verrechnung zu Kosten, d.h. ohne Gewinnaufschlag vor. Die Herstellung von Erzeugnissen wird von den 2009 Final Services Regulations für Zwecke der Services Cost Method jedoch als „excluded service" qualifziert, d.h. die Services Cost Method kann nicht für die Vergütung konzerninterner Auftragsfertiger verwendet werden. [1193]

3.4.8.3 Auftragsforschung und –entwicklung

Die schriftliche[1194] Vereinbarung und tatsächliche Durchführung eines Auftragsforschungs- und -entwicklungsverhältnisses[1195] wird als Dienstleistung betrachtet, soweit der Steuerpflichtige darlegen kann, dass der Auftragnehmer von dem Risiko des Fehlschlagens der Forschungs- und Entwicklungsbemühungen geschützt ist und für seine Leistungen in fremdvergleichskonformer Art und Weise vergütet wird.[1196] Die Beweislast für die Darlegung eines diesen Anforderungen entsprechenden Auftragsverhältnisses liegt beim Steuerpflichtigen.[1197]

[1185] Vgl. § 1.482-9(e)(1) der 2009 Final Services Regulations.

[1186] Vgl. § 1.482-9(f) der 2009 Final Services Regulations.

[1187] Vgl. § 1.482-9(g) der 2009 Final Services Regulations.

[1188] Vgl. § 1.482-9(b) der 2009 Final Services Regulations.

[1189] Vgl. § 1.482-9(h) der 2009 Final Services Regulations.

[1190] Vgl. hierzu ausführlich *Aud/Merwin*, in: Cole, U.S. Transfer Pricing, 2011, 7-15ff.

[1191] Vgl. z.B. § 1.482-9(e)(2)(iii) der 2009 Final Services Regulations bezüglich der Kostenbasis sowie § 1.482-9(e)(3)(ii) der 2009 Final Services Regulations bezüglich der Vergleichbarkeit von Dienstleistungen.

[1192] Als Profit Level Indicator für die Profitabilität des Auftragsfertigers wird bei der TNMM regelmäßig die Kennziffer „Mark-up Over Cost" verwendet, die einem Gewinnaufschlag bei der Kostenaufschlagsmethode weitgehend entspricht. Vgl. *Engler*, in: Vögele/Borstell/Engler, Verrechnungspreise, 2011, Kapitel M, Rz. 453.

[1193] Vgl. § 1.482-9(b)(4)(i) und (ii) der 2009 Final Services Regulations.

[1194] Beim Fehlen einer schriftlichen Vereinbarung ist der IRS nach § 1.482-1(d)(3)(ii)(B)(2) der Regulations ermächtigt eine solche auf der Grundlage der tatsächlichen Durchführung der beteiligten verbundenen Unternehmen zu stipulieren.

[1195] Vgl. zur grundsätzlichen Ausgestaltung von Auftragsforschung und –entwicklung die Ausführungen in Kapitel 2.3.2.4.3.

[1196] Vgl. *Mogle*, in: Cole, U.S. Transfer Pricing, 2011, 8-27.

[1197] Vgl. *Mogle*, in: Cole, U.S. Transfer Pricing, 2011, 8-27.

Wiederum muss der Auftraggeber hinsichtlich des übernomenen Risikos in der Lage sein, dieses nicht nur rechtlich zu tragen, sondern auch in tatsächlicher Hinsicht die Kapazitäten für ein effektives Management desselben aufweisen und aus finanzieller Perspektive einen Eintritt des Risikos bewältigen können. Bei echten Auftragsforschungs- und -entwicklungsverhältnissen findet unter Beachtung der Best Method Rule analog zum Fall der Auftragsfertigung i.d.R. die Cost of Services Plus Method oder die Comparable Profits Method Anwendung. Insbesondere kommt eine Verrechnung der Kosten ohne Gewinnaufschlag nach der Services Cost Method nicht in Frage, da Forschungs-, Entwicklungs- und experimentelle Tätigkeiten als „excluded services" für Zwecke der Services Cost Method gelten.[1198] Eine Begrenzung der Vergütung des Auftragnehmers mittels der Cost of Services Plus Method oder der Comparable Profits Method ist nicht zulässig, wenn der Auftragsfertiger das Risiko des Eintritts bestimmter definierter Ereignisse trägt. Wird etwa die erfolgreiche Entwicklung eines Patents und dessen Anwendung in marktgängigen Produkten als Voraussetzung für eine Vergütung des Auftragnehmers vorgesehen, unterstellen die 2009 Final Services Regulations das Vorliegen einer Lizenzvereinbarung, die den Auftragnehmer am Vermarktungserfolg des Auftraggebers beteiligt.[1199] Von grundlegender Bedeutung für die Anerkennung eines echten Auftragsforschungs- und -entwicklungsverhältnisses ist daher die exakte vertragliche Definition der Rechte und Pflichten der Vertragsparteien, insbesondere im Hinblick auf die Tragung der Risiken, das Eigentum an den Ergebnissen der Bemühung und die erfolgsunabhängige Vergütung des Auftragnehmers.[1200] Ist eine Risikobeteiligung des Auftragnehmers vorgesehen, wird eine erfolgsabhängige Vergütung von Dienstleistungen verlangt und anerkannt, wenn mehrere kumulativ zu erfüllende Voraussetzungen gegeben sind. So müssen die verbundenen Unternehmen im Vorhinein oder zumindest zeitnah mit dem Beginn der Leistungserbringung einen schriftlichen Vertrag abgeschlossen haben, in dem eindeutig geregelt ist, dass die Vergütung des Auftragnehmers vollständig oder in Teilen kausal vom Eintritt eines definierten Ereignisses abhängt, welches in einem unmittelbaren Zusammenhang mit den Leistungen des Auftragnehmers steht. Darüber hinaus muss die in der vertraglichen Vereinbarung vorgesehene Vergütungsregelung eine angemessene Vergütung unter Berücksichtigung des Nutzens des Auftraggebers und den vom Auftragnehmer erbrachten Leistungen und getragenen Risiken vorsehen.[1201] Die US-Regulations stellen damit im Ergebnis sowohl für die Erbringung risikobegrenzter Routinedienstleistungen als auch für erfolgsabhängige Leistun-

[1198] Vgl. § 1.482-9(b)(4)(vi) der 2009 Final Servies Regulations.
[1199] Vgl. § 1.482-9(i)(5) Example 3 der 2009 Final Services Regulations.
[1200] Vgl. *Mogle*, in: Cole, U.S. Transfer Pricing, 2011, 8-27.
[1201] Vgl. § 1.482-9(i)(2)(i) der 2009 Final Services Regulations.

gen des Auftragnehmers Vergütungskonzepte zur Verfügung, die als fremdvergleichskonform angesehen werden.

3.4.8.4 Überlassung und Übertragung des Eigentums

Ein US-Steuerpflichtiger kann einer ausländischen verbundenen Geschäftseinheit den Zugang zu seinen bestehenden immateriellen Vermögenswerten auf verschiedenen Wegen ermöglichen. Dies sind die Einräumung eines beschränkten Nutzungsrechts durch Lizenzierung, der Verkauf des immateriellen Vermögenswerts an sich (Übertragung des Eigentums), der Abschluss einer Kostenumlagevereinbarung sowie die Übertragung gegen Gewährung von Gesellschaftsrechten oder auf dem Wege einer anderen Umstrukturierung im Sinne des US-Steuerrechts.[1202] Während § 482 IRC unmittelbar Lizenzierung, Verkauf und Kostenumlagevereinbarung erfasst, wird der Ansatz von Betriebsvermögen beim Übergang auf eine ausländische Kapitalgesellschaft im Rahmen einer Einbringung gegen Gewährung von Gesellschaftsrechten im Sinne von § 351 IRC oder einer Umstrukturierung im Sinne von § 361 IRC grundsätzlich von § 367 IRC erfasst.[1203] § 367(a)(3) IRC statuiert die Möglichkeit eines ertragsteuerneutralen Transfers von Vermögenswerten auf eine ausländische Kapitalgesellschaft für die Verwendung in einem aktiven Geschäftsbetrieb, wenn die Voraussetzungen der §§ 351 und 361 IRC erfüllt sind. § 367(d) fingiert als (Rück-)Ausnahme zum ertragsteuerneutralen Transfer, dass im Rahmen einer solchen Umstrukturierung (mit) übergehende immaterielle Vermögenswerte im Sinne von § 936(h)(3)(B) IRC als entgeltlich und unter Vereinbarung einer erfolgsabhängigen[1204] Vergütung als an den ausländischen Übernehmer veräußert gelten. Dies bedeutet, dass eine ertragsteuerfreie Entstrickung von immateriellen Vermögenswerten nicht (mehr) zugelassen wird. Der Anwendungsbereich von § 367(d) IRC war ursprünglich auf Einbringungen in und Umstrukturierungen mit Tochtergesellschaften in den U.S. Possessions begrenzt, woraus der Verweis auf § 936 IRC (Puerto Rico and Possessions Tax Credit)[1205] resultiert. Im Jahre 1984 wurde der Anwendungsbereich von § 367(d) IRC jedoch auf

---

1202 Vgl. *Zollo*, Tax Management International Journal 2010, 71,71.

1203 Vgl. *Zollo*, Tax Management International Journal 2010, 71,71; nach der Auffassung von *Immerman* ist auf der Basis der einschlägigen Rechtsprechung nicht eindeutig geklärt, dass § 482 IRC bei Transaktionen, die § 351 IRC unterfallen, nicht anwendbar ist, da es sich bei diesen Transaktionen stets auch um Vorgänge zwischen verbundenen Unternehmen im Sinne von § 482 IRC handelt, vgl. *Immerman*, in: Cole, U.S. Transfer Pricing, 2011, 24-12.

1204 Es wird hierbei die identische Formulierung zu § 482 S. 2 IRC verwendet: „Commensurate With Income".

1205 § 936 IRC regelte die Gewährung von Steuervergünstigungen für Tochterkapitalgesellschaften in Puerto Rico. Die Vorschrift ist für kalendergleiche Steuerjahre ab dem 31.12.2005 ausgelaufen; vgl. hierzu *Immerman*, in: Cole, U.S. Transfer Pricing, 2011, § 482 IRC, 24-43 sowie *Eden*, Tax Notes International 1994, 37, 37ff.

sämtliche Vorgänge nach den §§ 351 und 361 IRC erweitert.[1206] Sowohl § 367(d) als auch § 482 IRC dienen damit der Verhinderung der steuerfreien Entstrickung immaterieller Vermögenswerte aus der US-Steuerhoheit und verweisen für die Definition immaterieller Vermögenswerte auf § 936(h)(3)(B) IRC.

3.4.8.5 Lizenzierung

3.4.8.5.1 Standardmethoden

Wie bereits im Rahmen der Erläuterung der Vergleichbarkeitsanalyse ausgeführt, hängt die Anwendung der CUT-Method ganz wesentlich von der Vergleichbarkeit der konzerninternen und zwischen fremden Dritten abgeschlossenen Vergleichstransaktionen ab. Die Regulations sehen in Bezug auf die Vergleichbarkeit eines immateriellen Vermögenswerts den Industry or Market Test sowie den Profit Potential Test vor.[1207] Aufgrund der Schwierigkeiten, die regelmäßig mit einer quantitativen Bestimmung des Gewinnpotenzials des in der Vergleichstransaktion eingesetzten immateriellen Vermögenswerts verbunden sind, wird, wenn sowohl das erwartete Gewinnpotenzial als auch die erwartete Rendite relativ gering sind, eine qualitative Bestimmung des Gewinnpotenzials zugelassen, die sich auf eine Betrachtung der Umstände der Vergleichstransaktion stützt.[1208] Hierzu werden über die in § 1.482-1(d)(3) der Regulations[1209] genannten Aspekte der Vergleichbarkeit hinaus die Kriterien wie Umfang und Exklusivität der gewährten Nutzungsrechte, Entwicklungsstand, Rechte zu Partizipation an Verbesserungen, Einzigartigkeit des Lizenzgegenstands etc. exemplarisch aufgeführt.[1210] Der große Umfang der in den Regulations aufgelisteten Kriterien macht deutlich, dass viele Aspekte die Profitabilität, bzw. den Wert eines immateriellen Vermögenswerts signifikant beeinflussen können. Vor diesem Hintergrund überrascht es nicht, dass die Bestimmung von fremdvergleichskonformen Lizenzsätzen unter der CUT-Method die einschlägige Rechtsprechung in den vergangenen Jahrzehnten vor große Herausforderungen gestellt hat.[1211] Ungeachtet der bedeutenden Anzahl von Entscheidungen[1212] zur Lizenzierung von immateriellen Vermö-

---

1206 Vgl. *Zollo*, Tax Management International Journal 2010, 71, 72.
1207 Vgl. hierzu Kapitel 3.4.7.2.
1208 Vgl. *Mogle*, in: Cole, U.S. Transfer Pricing, 2011, 8-68.
1209 Vgl. hierzu Kapitel 3.4.4.2.
1210 Vgl. § 1.482-4(c)(2)(iii)(B)(2) der Regulations.
1211 Vgl. hierzu ausführlich *Maruca/Warner*, Transfer Pricing, 2012, II.F.4.b.(1)(d)-(i) sowie *Mogle,* Taxes 1991, 961, 961ff.
1212 Vgl. U.S. Tax Court, Urteil in der Rechtssache *Ciba-Geigy versus Commissioner*, 85 T.C. 172 (1985); U.S. Court of Appeals, Urteil in der Rechtssache *Bausch & Lomb*, 933 F.2d 1084 (1991); U.S. Tax Court, Urteil in der Rechtssache *Sundstrand*, 96 T.C. 226 (1991); U.S. Tax Court, Urteil in der Rechtssache *Perkin-Elmer versus Commissioner,* T.C. Memo 1993-414; U.S. Tax Court, Urteil in der Rechtssache *Seagate*

genswerten, in denen interne oder externe Vergleichstransaktionen zur Verrechnungspreisbildung vom IRS oder den Steuerpflichtigen herangezogen wurden, ist es der Rechtsprechung nur ansatzweise gelungen, branchenspezifische Standards der Anforderungen an die qualitative Vergleichbarkeit von Transaktionen zwischen fremden Dritten mit konzerninternen Transaktionen herauszuarbeiten.[1213] Lediglich im Kontext immaterieller Vermögenswerte in Bezug auf Produkte der pharmazeutischen Industrie lassen die einschlägigen Beispiele der Regulations[1214] exemplarische branchenspezifische Kriterien erkennen. [1215] Die erwähnten Schwierigkeiten der US-Rechtsprechung, ein konsistentes Muster der relevanten Aspekte für die Vergleichbarkeit bzw. das Gewinnpotenzial immaterieller Vermögenswerte zu entwickeln, zeigt die begrenzte Eignung der Preisvergleichsmethode und damit auch des Fremdvergleichsgrundsatzes an sich zur Bestimmung von Lizenzsätzen für unternehmensspezifische immaterielle Vermögenswerte.

3.4.8.5.2 Gewinnorientierte Methoden

Auch die CPM wird zur Bestimmung von Lizenzsätzen von den Regulations zugelassen.[1216] Die Anwendung der gewinnorientierten CPM als alternative Methode wird von den Regulations jedoch mit Restriktionen verbunden, d.h. die CPM darf nur unter der Bedingung verwendet werden, dass der Lizenznehmer lediglich Routinefunktionen ausübt, für die marktübliche Renditen fremder Dritter identifiziert werden können. In diesem Fall wird der Lizenzsatz, analog zur TNMM der OECD-Verrechnungspreisrichtlinien 2010, so bestimmt, dass dem Lizenznehmer nach Zahlung der Lizenz lediglich der auf seine Routineaktivitäten entfallende Gewinn aus den mit der Lizenzierung zusammenhängenden Geschäftsaktivitäten verbleibt. Die Methode setzt eine detaillierte Analyse der im Zusammenhang mit der Transaktion ausgeübten Funktionen und Risiken beider Transaktionspartner voraus, um das Vorliegen von Routinefunktionen und ggf. darüber hinausgehenden spezifischen Tätigkeiten und Risiken auf Seiten des Lizenznehmers zu überprüfen und festzustellen, wie die Risiken zwischen Lizenznehmer und Lizenzgeber verteilt sind.[1217] Sowohl ausgeübte Funktionen als auch übernom-

---

Technology Inc. versus Commissioner, 102 T.C. 149 (1994); U.S. Court of Appeals, Urteil in der Rechtssache *DHL Corp. versus Commissioner*, 285 F.3d 1210 (2002).

1213 Vgl. *Mogle*, in: Cole, U.S. Transfer Pricing, 2011, 8-50.

1214 Vgl. § 1.482-4(c)(4) Example 1 und 2 der Regulations.

1215 Vgl. *Maruca/Warner*, Transfer Pricing, 2012, II.F.4.c.(6)(a).

1216 Vgl. § 1.482-4(a)(2) der Regulations. Kritisch zur Eignung der CPM zur Lizenzsatzbestimmung: *Mogle*, in: Cole, U.S. Transfer Pricing, 2011, 8-75f.

1217 Vgl. *Andrus*, in: Cahiers de droit fiscal international Volume 92a, 2007, 629, 644; *Barbera*, Tax Management Transfer Pricing Report 2003, 71, 71f.; *Becker*, Tax Management Transfer Pricing Report 2008, 461, 463.

mene Risiken (Nachfragerisiko, Kostenrisiko) sind von grundlegender Relevanz in Bezug auf die Allokation des über den Routinegewinn hinausgehenden Gewinnanteils, da sie in einer gedachten Verhandlung des Lizenzsatzes dem Lizenznehmer eine bessere Position verleihen.[1218] Eine entsprechende Argumentation kann dem Urteil des U.S. Court of Appeals entnommen werden, das in der Rechtssache *Bausch & Lomb* der Tatsache, dass der Lizenznehmer im Wesentlichen nur Kapital und darüber hinaus keine spezifischen immateriellen Vermögenswerte wie etwa Know-how zur Herstellung des lizensierten Produkts einbrachte, besondere Beachtung schenkte und die von der Vorinstanz entschiedene Anpassung des Lizenzsatzes von 5% auf 20% bestätigte.[1219] Im Gegensatz zur CPM ist die PSM auch in Fällen anwendbar, in denen sowohl Lizenzgeber als auch Lizenznehmer im Rahmen der betreffenden konzerninternen Transaktion immaterielle Vermögenswerte mit Non-Routine-Charakter einsetzen, da die zweiseitige Methode zumindest auf konzeptioneller Ebene die spezifischen Beiträge beider Transaktionspartner berücksichtigt.[1220]

Im Rahmen der Anwendung des RPSM-Ansatzes[1221] im Einklang mit den Vorgaben der Regulations wird es in Ermangelung von Informationen zu Vergleichstransaktionen regelmäßig erforderlich sein, auf die Kosten der Transaktionspartner als Maßstab der Allokation des Residual Profits abzustellen. Die damit einhergehende Verminderung der Verlässlichkeit der Verrechnungspreisermittlung wird auch von den Regulations zur Kenntnis genommen,[1222] etwa wenn eine Korrelation zwischen den aufgewendeten Kosten und dem Erfolgsbeitrag der betreffenden immateriellen Vermögenswerte zweifelhaft ist und somit eine mehr oder weniger zufällige Allokation des Residualgewinns eintritt. Dennoch wird die Verwendung der Kosten als Aufteilungsmaßstab im Sinne der Verfügbarkeit einer messbaren Allokationsbasis nicht abgelehnt.

3.4.8.5.3 Umgang mit Bewertungsunsicherheit

Wenn und soweit ein oder mehrere immaterielle Vermögenswerte im Sinne von § 936(h)(3)(B) IRC unter einer Lizenvereinbarung zur Nutzung überlassen werden, die einen Zeitraum von mehr als einem Jahr betrifft, unterliegt die Überprüfung der fremdvergleichskonformen Ausgestaltung dieser Vereinbarung grundsätzlich dem Anwendungsbereich des

1218 Vgl. *Wittendorf*, International Transfer Pricing Journal 2010, 323, 330.
1219 Vgl. U.S. Court of Appeals, Urteil in der Rechtssache *Bausch & Lomb*, 933 F.2d 1084 (1991).
1220 Vgl. § 1.482-6(c)(3)(i)(B) der Regulations.
1221 Vgl. hierzu die Ausführungen in Kapitel 3.4.7.4.2. Auf die CPSM wird aufgrund der geringen praktischen Relevanz nicht näher eingegangen.
1222 Vgl. Präambel zu § 1.482-6, IRB 1994-31.

CWI-Standards nach § 482 S. 2 IRC. Die gesetzestechnische Ausgestaltung des CWI-Standards[1223] ist in § 1.482-4(f)(2) der Regulations konkretisiert. Grundregel des CWI-Standards ist, dass die für jedes Jahr des betreffenden Zeitraums vereinbarte Vergütung ex post im Rahmen so genannter Periodic Adjustments in Bezug auf ihre Angemessenheit überprüft und ggf. angepasst werden kann. Dabei besteht grundsätzlich keine gesetzliche Beschränkung des Zeitraums, innerhalb dessen nachträgliche Anpassungen durch den Fiskus vorgenommen werden können. Die Einschätzung der Notwendigkeit und ggf. Höhe einer Einkommenskorrektur zur Realisierung eines Lizenzsatzes im Einklang mit dem hypothetischen Verhalten fremder Dritter obliegt dem Ermessen des IRS. Insoweit ist lediglich geregelt, dass der IRS alle relevanten Tatsachen und Umstände über den Zeitraum der Nutzung des betreffenden immateriellen Vermögenswerts bei seiner Sachverhaltswürdigung einbeziehen muss.[1224] Die Regulations bestimmen ferner ausdrücklich, dass auch, soweit einzelne Veranlagungszeiträume der Nutzung des betreffenden immateriellen Vermögenswerts bereits aufgrund Ablauf der Verjährungsfristen keiner Einkommenskorrektur mehr zugänglich sind, hierdurch kein Ausschluss einer Anpassung in einem späteren Jahr eintritt. [1225]

Die Anwendung des CWI-Standards ist ausgeschlossen, wenn die Tatbestandsvoraussetzungen einer der fünf ausdrücklich geregelten Ausnahmetatbestände erfüllt sind.[1226] Zwei der Ausnahmetatbestände setzen die Preisbestimmung mittels der CUT-Method voraus. Bei einer Verwendung identischer Vergleichswerte, die zu im Wesentlichen gleichen Bedingungen auf einen fremden Dritten übertragen bzw. an diesen lizenziert wurden und mittels derer ein fremdvergleichskonformer Preis im Jahr der Übertragung auf das verbundene Unternehmen abgeleitet wurde, tritt der Ausschluss des CWI-Standards ein. Auch bei eingeschränkt vergleichbaren Comparables tritt bei kumulativer Erfüllung von sechs weiteren formalen und materiellen Bedingungen die Nichtanwendbarkeit des CWI-Standards als Rechtsfolge ein. Unter diesen Voraussetzungen ist die so genannte „Safe-Harbour-Rule“[1227], ein Abweichungskorridor, hervorzuheben. Die Safe-Harbour-Rule ist erfüllt, wenn die tatsächlichen Einnahmen oder Kostenersparungen, die aus der Nutzung des immateriellen Vermögenswerts resultieren,

1223 Zur gesetzgeberischen Historie des CWI-Standards vgl. Kapitel 3.4.4.1.
1224 § 1.482-4(f)(2)(i)) der Regulations.
1225 § 1.482-4(f)(2)(i)) der Regulations.
1226 § 1.482-4(f)(ii)(A)-(D) der Regulations.
1227 *Mogle*, in: Cole, U.S. Transfer Pricing, 2011, 8-99.

weder unterhalb von 80% noch oberhalb von 120% der im Zeitpunkt des Abschlusses des Vertrags vorhersehbaren Beträge liegen.[1228]

Nach dem dritten Ausnahmetatbestand unterbleibt eine nachträgliche Anpassung auch bei der Anwendung anderer Verrechnungspreismethoden als der CUT-Method, wenn neben bestimmten formalen Anforderungen die vereinbarte Vergütung für das erste Jahr der tatsächlichen Durchführung der Transaktion als fremdvergleichskonform anzusehen ist, keine wesentlichen Änderungen im Umfang der vom Erwerber/Lizenznehmer ausgeübten Funktionen eingetreten sind und wiederum die Safe-Harbour-Rule erfüllt ist.

Von einer nachträglichen Anpassung der Vergütung wird nach dem vierten Ausnahmetatbestand ferner abgesehen, wenn zwar eine Verletzung der Safe-Harbour-Rule eingetreten ist, diese jedoch aufgrund von unvorhersehbaren Ereignissen ausgelöst wurde, die nicht von den Steuerpflichtigen beeinflussbar waren. Was als außerordentliches Ereignis in diesem Sinne anzusehen ist, wird nicht näher definiert. Die Regulations erwähnen insoweit beispielhaft Naturereignisse wie Erdbeben, die zu einer bedeutenden Unterschreitung der erwarteten Umsätze des Lizenznehmers führen.[1229] Die unerwartet schlechte Entwicklung eines Absatzgebiets wird jedoch nicht als unvorhersehbares Ereignis angesehen.[1230] Es wird somit ersichtlich, dass der IRS relativ hohe Hürden für das Vorliegen eines unvorhersehbaren Ereignisses ansetzen möchte. Ferner unterbleibt eine nachträgliche Anpassung für alle Folgejahre (fünfter Ausnahmetatbestand), wenn die retrospektive Überprüfung der ersten fünf Jahre zu keiner Berichtigung aufgrund nicht fremdvergleichskonformer Vertragsbedingungen geführt hat. Die Betrachtung der Ausnahmetatbestände macht deutlich, dass die Rechtsfolgen des CWI-Standards für die Steuerpflichtigen abgesehen von Fällen der Preisbestimmung mittels der CUT-Method nur dann planbar sind, wenn im Rahmen der vertraglichen Ausgestaltung des Lizenzsatzes Regelungen vorgesehen werden, die eine Anpassung der Lizenz im Falle der Überschreitung des Abweichungskorridors der Safe-Harbour-Rule von 80% bzw. 120% bestimmen. Auch wird eine variable Lizenzsatzbestimmung mittels der CPM (soweit deren Anwendungsvoraussetzungen[1231] gegeben sind) als Schutz gegen CWI-Standard betrachtet.[1232] Im Ergebnis ist festzustellen, dass mittels des CWI-Standards ein Anreiz zur Vereinbarung von Preisanpassungsregelungen zwischen verbundenen Unternehmen zur Einhaltung der Safe-Habour-Rule

---

1228 Vgl. § 1.482-4(f)(2)(ii)(B) der Regulations.

1229 Vgl. § 1.482-4(f)(2)(iii) Example 3 der Regulations.

1230 Vgl. *Bonano*, Pillsbury International Tax Bulletin February 1999, 1, 6.

1231 Vgl. hierzu Kapitel 3.4.7.3.

1232 Vgl. *Mogle*, in: Cole, U.S. Transfer Pricing, 2011, 8-98; *Wittendorf*, Transfer Pricing, 2010, 681.

geschaffen wurde, da sich die Steuerpflichtigen ansonsten dem Ermessen des IRS bei der späteren Beurteilung verwirklichter Sachverhalte auf der Grundlage der besseren Erkenntnis ausgesetzt sehen.

3.4.8.6 Übertragung des Eigentums

3.4.8.6.1 Überprüfung des ökonomischen Gehalts

Bei der Ausgestaltung der Vergütung für die grenzüberschreitende Nutzung immaterieller Vermögenswerte sind die Geschäftseinheiten eines multinationalen Unternehmens grundsätzlich nicht an steuerliche Verrechnungspreisvorschriften gebunden, soweit die gewählte Vergütung dem Verhalten fremder Dritter entspricht.[1233] Behält sich allerdings der Eigentümer ein wesentliches Recht an dem immateriellen Vermögenswert vor, sehen die Regulations als übliche Vergütungsform grundsätzlich die Vereinbarung einer Lizenz vor.[1234] Die Regulations enthalten keine weiteren Ausführungen zur Abgrenzung zwischen Lizenzierung und Veräußerung, da Übertragungen gegen eine Einmalzahlung für Zwecke der Überprüfung ihrer Angemessenheit in einen barwertäquivalenten Zahlungsstrom umgewandelt werden und somit einer Lizenzierung unbeschränkter Nutzungsrechte gleichgestellt werden. Allerdings wird die durch Kaufvertrag vorgenommene geänderte rechtliche Zuordnung eines konzerninternen immateriellen Vermögenswerts zum Erwerber durch die Regulations auch für Zwecke der grenzüberschreitenden Gewinnabgrenzung nur unter der Voraussetzung anerkannt, dass der Erwerber in der Lage ist, die mit dem betreffenden immateriellen Vermögenswert verbundenen Risiken finanziell tragen und faktisch kontrollieren zu können.[1235]

3.4.8.6.2 Umgang mit Bewertungsunsicherheit

Die Übertragung des Eigentums an einem immateriellen Vermögenswert durch Abschluss eines Kaufvertrags wird nach den US-Regulations analog zu den für die Lizenzierung einschlägigen Grundsätzen beurteilt. Das heißt insbesondere, dass die Angemessenheit des vereinbarten Kaufpreises mittels des CWI-Standards überprüft wird.[1236] Der konzerninterne Verkauf gegen Zahlung eines festen Entgelts in Form eines Einmalbetrags wird für Zwecke der Beurteilung der Angemessenheit in eine barwertäquivalente Lizenz umgewandelt, indem der Einmalbetrag als Vorauszahlung einer Reihe von Lizenzzahlungen über die Nutzungsdauer des

---

[1233] Vgl. *Mogle*, in: Cole, U.S. Transfer Pricing, 2011, 8-50.
[1234] § 1.482-4(f)(1) der Regulations.
[1235] Vgl. hierzu auch Kapitel 3.4.6.4.
[1236] Vgl. *Markham*, Intangibles, 2005, 68.

immateriellen Vermögenswerts angesehen wird.[1237] Die Ermittlung des Prozentsatzes der Lizenz erfolgt unter Verwendung der bei der Verrechnungspreisermittlung antizipierten erwarteten zukünftigen Einnahmen mit dem immateriellen Vermögenswert bzw. dem betreffenden Produkt.[1238] Die Regulations verwenden somit den Income Approach zur ex post durchgeführten Überprüfung der Angemessenheit eines Transfers immaterieller Vermögenswerte. Im Hinblick auf den CWI-Standard sowie die einschlägigen Verrechnungspreismethoden für die fremdvergleichskonforme Bestimmung des Verrechnungspreises für die konzerninterne Übertragung immaterieller Vermögenswerte kann im Weiteren auf die vorstehenden Ausführungen zur Bestimmung von Lizenzsätzen verwiesen werden.[1239]

3.4.8.7 Gemeinsame grenzüberschreitende Entwicklung und Nutzung

3.4.8.7.1 Grundlagen

Die Regulations definieren Cost Sharing Arrangements als eine Vereinbarung, mittels derer verbundene Unternehmen die Kosten und Risiken der Entwicklung neuer immaterieller Vermögenswerte im Verhältnis des hieraus für jede Partei bei realistischer Beurteilung zu erwartenden Nutzenanteils (Reasonably Anticipated Benefit Share) teilen.[1240] Alle teilnehmenden Parteien eines solchen Cost Sharing Arrangements werden originäre Eigentümer der aus den gemeinsamen Bemühungen resultierenden Entwicklungsergebnisse (Cost Shared Intangibles) für ihre anteilige Verwertungsmöglichkeit (Divisional Interest). Ein grenzüberschreitender Transfer immaterieller Vermögenswerte auf dem Wege eines Verkaufs oder einer Lizenzierung zwischen verschiedenen nationalen Steuerhoheiten kann daher durch die Vereinbarung eines Cost Sharing Arrangements insoweit vermieden werden. Cost Sharing Arrangements verknüpfen somit die Allokation und Nutzung immaterieller Vermögenswerte in einem einheitlichen Konzept.

Der IRS hat am 16.12.2011 die Final Cost Sharing Regulations erlassen, die am 19.12.2011 durch weitere Temporary[1241] und Proposed[1242] Cost Sharing Regulations in spezifischen Detailpunkten ergänzt wurden. Mit den 2011 Final Cost Sharing Regulations findet die Histo-

---

1237 Vgl. § 1.482-4(f)(6)(i) der Regulations.
1238 Vgl. § 1.482-4(f)(6)(iii) der Regulations.
1239 Vgl. hierzu Kapitel 3.4.8.5.
1240 Vgl. § 1.482-7(b) der Regulations.
1241 TD 9569, 76 FR 247.
1242 REG-145474-11, 76 FR 247.

rie[1243] der Entwicklung detaillierter und hoch komplexer Regelwerke zu Cost Sharing Arrangements im US-Steuerrecht, die mit den 1968 Regulations begann, einen vorläufigen Höhepunkt. Der IRS verfolgt mit den 2011 Cost Sharing Regulations insbesondere das Ziel der Verhinderung der auch als „Cherry Picking“[1244] bezeichneten Entstrickung wertvoller immaterieller Vermögenswerte aus der US-Steuerhoheit zu nicht fremdvergleichskonformen Werten durch Kostenumlagevereinbarungen. Dementsprechend sehen die Regulations sehr dezidierte Bestimmungen zur Bewertung der Einbringung bestehender immaterieller Vermögenswerte zur Förderung des gemeinsamen Entwicklungsvorhabens (Platform Contributions Transactions) durch die Teilnehmer eines Cost Sharing Arrangements vor. Dies bedeutet, dass das Cost Sharing im engeren Sinne als Aufteilung der Kosten eines gemeinsamen Entwicklungsvorhabens in seiner fiskalischen Bedeutung hinter der Bestimmung des Werts von Platform Contribution Transactions zurücktritt.[1245]

3.4.8.7.2 Merkmale eines Cost Sharing Arrangements

Der Vorteil einer unmittelbaren Verknüpfung von Schaffung und Nutzung immaterieller Vermögenswerte ist an die Erfüllung der konstituierenden Merkmale eines Cost Sharing Arrangements geknüpft. Die materiellen[1246] Anforderungen an das Vorhandensein eines Cost Sharing Arrangements sind in § 1.482-7(b)(1)-(4) der Regulations definiert. Danach müssen alle verbundenen Unternehmen, die als Teilnehmer vorgesehen sind, durch entsprechende Zahlungen an Cost Sharing Transactions partizipieren, sodass in jedem Steuerjahr der Anteil der getragenen Kosten (Intangible Development Cost) dem erwarteten Nutzenanteil des betreffenden Teilnehmers entspricht. Soweit Teilnehmer des Cost Sharing Arrangements bestehende immaterielle Vermögenswerte einbringen, nehmen alle Parteien des Cost Sharing Arrangements an Platform Contribution Transactions teil, d.h. alle anderen Teilnehmer sind zur Vornahme fremdvergleichskonformer Ausgleichszahlungen (Platform Contribution Transaction Payments) im Einklang mit den hierzu in § 1.482-7(g) enthaltenen Bestimmungen verpflichtet.

1243 Vgl. hierzu Kapitel 3.4.4.1.

1244 Vgl. *Levey/Wrappe*, Transfer Pricing, 2010, Tz. 460.01.

1245 Vgl. *Cole*, in: Cole, U.S. Transfer Pricing, 2011, 13-13.

1246 Auf die formalen Anforderungen in Bezug auf die vertragliche Ausgestaltung, Dokumentation, Rechnungslegung und Berichtspflichten, die in § 1.482.7(k) der Regulations geregelt sind, wird im Rahmen der Darstellung der Cost Sharing Regulations nicht näher eingegangen, vgl. hierzu auch *Cole*, in: Cole, U.S. Transfer Pricing, 2011, 13-91ff.

Jeder Teilnehmer des Cost Sharing Arrangements muss ferner für seine immateriellen, finanziellen oder operativen Beiträge einen abgegrenzten Anteil (Non-Divisional Interest) an den Ergebnissen des gemeinsamen Entwicklungsprojekts erhalten. Als Teilnehmer (Controlled Participant) gilt ein verbundenes Unternehmen im Sinne von § 482 IRC, das Vertragspartei des Cost Sharing Arrangements ist und bei realistischer Beurteilung einen wirtschaftlichen Nutzen aus der Verwertung der resultierenden immateriellen Vermögenswerte erwarten kann.[1247] Dies bedeutet, dass ein Teilnehmer eines Cost Sharing Arrangements seinen Anteil am resultierenden immateriellen Vermögenswert nicht zwingend im Rahmen eines aktiven Geschäftsbetriebs, z.B. bei der Herstellung von Produkten, nutzen muss sondern diesen auch durch eine passive Verwertung, wie etwa die Vergabe von Lizenzen nutzen kann. Von Relevanz ist die Definition des Controlled Participants auch im Hinblick auf Leistungen außerhalb des Cost Sharing Arrangements stehender verbundener Unternehmen an die durch das Cost Sharing Arrangement zusammenwirkenden Parteien. Derartige Leistungen sind nach den allgemeinen Grundsätzen für die Vergütung wertsteigernder Tätigkeiten zu behandeln.[1248]

3.4.8.7.3 Ermittlung und Aufteilung der Kosten

Auch zum Umfang der Kosten (Intangible Development Costs), die unter den Teilnehmern nach Maßgabe des zu erwartenen Nutzenanteils aufzuteilen sind, enthalten die 2011 Cost Sharing Regulations detaillierte Regelungen. Alle Aufwendungen, die in monetärer Form oder als Sachmittel nach Errichtung des Cost Sharing Arrangements direkt oder indirekt im Zusammenhang mit den Aktivitäten zur Entwicklung von immateriellen Vermögenswerten durch das Cost Sharing Arrangement anfallen, inklusive Aufwendungen für anteilsbasierte Vergütungen an die Mitarbeiter der teilnehmenden verbundenen Unternehmen, sind als Intangible Development Costs anzusehen.[1249]

Die Bedeutung der Einbeziehung von Kosten für anteilsbasierte Vergütungen geht weit über deren eigentliche materielle Relevanz für die Kostenbasis hinaus, und betrifft unmittelbar das Verhältnis der Cost Sharing Regulations (§ 1.482-7) zum Fremdvergleichsgrundsatz, wie er in § 1.482-1 der Regulations niedergelegt ist. Die Frage der Einbeziehung von anteilsbasierten Vergütungen in die Kostenbasis eines Cost Sharing Arrangements war zentraler Streitpunkt

1247 Vgl. § 1.482-7(j)(i) der Regulations.
1248 Vgl. hierzu Kapitel 3.4.6.3.
1249 Vgl. § 1.482-7(d)(iii) der Regulations.

zwischen dem Steuerpflichtigen und dem IRS in der Rechtssache *Xilinx*[1250]. Da die für die Streitjahre 1996-1999 einschlägigen 1995 Final Cost Sharing Regulations die Einbeziehung „aller im Zusammenhang mit dem Cost Sharing Arrangement entstehenden Kosten" vorschrieben, vertrat der IRS die Auffassung, dass dementsprechend auch Kosten für anteilsbasierte Vergütungen zu berücksichtigen sind.[1251] Da der Steuerpflichtige jedoch unstreitig nachweisen konnte, dass bei vergleichbaren Cost Sharing Arrangements zwischen fremden Dritten kein Einbezug von Kosten für anteilsbasierte Vergütungen erfolgt, war zu klären, ob die Cost Sharing Regulations als speziellere und spätere Vorschrift den allgemeinen Grundsätzen in § 1.482-1 der Regulations vorgehen oder ob der Fremdvergleichsgrundsatz als grundlegendes Prinzip des § 482 IRC vorrangig zu den spezielleren Regelungen der Cost Sharing Regulations ist. Der in zweiter Instanz entscheidende U.S Court of Appeals hat dem Ergebnis der erstinstanzlichen Entscheidung des U.S. Tax Court durch Widerruf des im Sinne des IRS ergangenen eigenen Revisionsurteils und Veröffentlichung eines neuen Urteils zugestimmt und damit letztlich zu Gunsten des Steuerpflichtigen entschieden, dass der Fremdvergleichsgrundsatz auch im Bereich der Cost Sharing Arrangements unmittelbar Anwendung findet und insoweit Vorrang vor fremdunüblichen Bestimmungen der Cost Sharing Regulations hat. Der IRS hat die Entscheidung des U.S. Court of Appeals bestandskräftig werden lassen, diese jedoch mit einem Nichtanwendungerlass (Action on Decision)[1252] verbunden. Der IRS hat diesen Schritt mit der begrenzten Bedeutung der Rechtssache begründet, da sich die Streitfrage nach Auffassung des IRS mit den in 2003 erfolgten klarstellenden Änderungen[1253] der Cost Sharing Regulations erledigt habe. Die 2011 Final Cost Sharing Regulations sehen eine ausdrückliche Pflicht zur Einbeziehung der Kosten für anteilsbasierte Vergütungen vor.

Wie eingangs bereits erwähnt, hat die Aufteilung der Kosten (Cost Contributions) auf die Teilnehmer des Cost Sharing Arrangements auf der Grundlage der von den Teilnehmern zu erwartenden Nutzenanteile aus den zu entwickelnden immateriellen Vermögenswerten zu erfolgen.[1254] Der Reasonably Anticipated Benefit (RAB) eines Teilnehmers entspricht seinem aggregierten erwarteten zukünftigen Nutzen aus dem zu entwickelnden immateriellen Vermögenswert, der sich z.B. in erhöhten Produktpreisen, Absatzsteigerungen oder Kosteneinspa-

1250 Vgl. U.S. Tax Court, Urteil in der Rechtssache *Xilinx Inc. versus Commissioner*, 125 T.C. 4 (2005); Revision durch Urteil des U.S. Court of Appeals, 567 F.3d 482 (2009); Widerruf der Revision durch U.S. Court of Appeals am 13.1.2010 und neue Beurteilung durch den U.S. Court of Appeals, 598 F.3d 1191 (2010).

1251 Vgl. *Moses*, Tax Management Transfer Pricing Report 2010, 1161, 1161.

1252 Vgl. IRS, Action on Decision v. 16.8.2010, IRB 2010-33.

1253 Vgl. hierzu die Ausführungen in Kapitel 3.4.4.1.

1254 Vgl. § 1.482-7(a)(1) der Regulations.

rungen ausdrücken kann. Dies bedeutet, dass der RAB jedes Teilnehmers über den gesamten Zeitraum der Entwicklung und Nutzung zu schätzen ist. Dabei hat eine Aktualisierung der Schätzung zu erfolgen, soweit sich Erkenntnisse für eine bessere Schätzung für zukünftige Zeiträume ergeben. Die Ermittlung der RAB hat in konsistenter Weise für alle Teilnehmer des Cost Sharing Arrangements zu erfolgen; sie kann sowohl auf direktem als auch auf indirektem Wege erfolgen. Als indirekte Maßstäbe schlagen die Regulations die Menge an verwendeten, produzierten oder verkauften Einheiten oder das Betriebsergebnis je Teilnehmer vor.[1255] Es ist der verlässlichste Maßstab auszuwählen. Beispielsweise ist der von den Teilnehmern getätigte Umsatz nicht als verlässlicher Maßstab anzusehen, wenn diese das Produkt auf verschiedenen Absatzstufen vertreiben.[1256]

3.4.8.7.4 Behandlung von Beiträgen der Teilnehmer

Von zentraler Bedeutung für die Gewinnabgrenzung bei der gemeinsamen grenzüberschreitenden Schaffung und Nutzung immaterieller Vermögenswerte sind die steuerlichen Folgen bei Einbringung von Beiträgen durch die Teilnehmer, insbesondere wenn diese in Form von immateriellen Vermögenswerten erfolgen, die als Grundlage für eine gemeinsame Weiterentwicklung dienen sollen. Im Unterschied zu den einschlägigen Regelungen der OECD-Verrechnungspreisrichtlinien 2010 und des deutschen Steuerrechts enthalten die 2011 Final Cost Sharing Regulations dezidierte Bestimmungen zur Bewertung von Platform Contributions, die eine Entstrickung wertvoller immaterieller Vermögenswerte aus der US-Steuerhoheit verhindern sollen. Bringt ein Teilnehmer einen oder mehrere bereits fertig entwickelte oder noch im Entwicklungsprozess befindliche immaterielle Vermögenswerte im Einklang mit der definierten Zielsetzung des Cost Sharing Arrangements zur Entwicklung neuer immaterieller Vermögenswerte in dieses ein, ist er für diese Platform Contribution in fremdvergleichskonformer Höhe zu vergüten.[1257] Dies bedeutet, dass die Regulations den grenzüberschreitenden Zugang zu immateriellen Vermögenswerten zu einem „Cost Only"-Ansatz[1258] auf die Entwicklungsleistungen des Cost Sharing Arrangements beschränken, woraus sich überaus schwierige Abgrenzungs- und Bewertungsfragen ergeben. Vor diesem Hintergrund ist eine genaue Unterscheidung erforderlich, einerseits zwischen (1) als Platform Contributions geltenden eingebrachten immateriellen Vermögenswerten und der Überlassung anderer Werte

[1255] Vgl. § 1.482-7(e)(2)(ii)(A) und (B) der Regulations.
[1256] Vgl. § 1.482-7(e)(2)(ii)(E), Beispiel 7 der Regulations.
[1257] Vgl. § 1.482-7(b)(1)(ii) der Regulations.
[1258] Vgl. *Wittendorf*, Transfer Pricing, 2010, 548.

oder Leistungen an das Cost Sharing Arrangement, die nicht als Platform Contributions qualifizieren und anderseits (2) von einem Teilnehmer eingebrachten Platform Contributions und solchen immateriellen Vermögenswerten, die als gemeinsame Entwicklungsergebnisse des Cost Sharing Arrangements gelten. Im Hinblick auf die Definition von Platform Contributions sehen die 2011 Final Cost Sharing Regulations, abgesehen von der Ausklammerung so genannter Make-or-Sell Rights,[1259] ein extrem weit gefasstes Begriffsverständnis vor, das über die Definition immaterieller Vermögenswerte nach § 1.482-4(b) der Regulations bzw. § 936(h)(3)(B) IRC[1260] hinausgeht. Danach ist eine Platform Contribution definiert als „jede Ressource, Fähigkeit oder jedes Recht, das ein Teilnehmer am Cost Sharing Arrangement entwickelt, erhalten oder erworben hat und von dem bei realistischer Betrachtung erwartet werden kann, dass es zur Entwicklung immaterieller Vermögenswerte (Cost Shared Intangibles) durch das Cost Sharing Arrangement beitragen kann“[1261].

Die aus der Sicht des IRS bestehende Notwendigkeit einer weit gefassten Definition potenzieller Platform Contributions wird in der Präambel der 2011 Final Cost Sharing Regulations bekräftigt. Während der IRS noch im Coordinated Issue Paper vom 27.9.2007[1262] die Ansicht vertrat, dass immaterielle Vorteile wie Goodwill[1263] sowie der Zugang zu einem Forschungs- und Entwicklungsteam[1264] unter den Auffangtatbestand der „other similar items“ nach § 1.482-4(b)(6) der Regulations einzuordnen sind, und damit als immaterielle Vermögenswerte im Sinne von § 936(h)(3)(B) IRC qualifizieren, kommt es nach den 2011 Final Cost Sharing Regulations im Kontext von Platform Contributions hierauf nicht (mehr) an.[1265] Dies zeigt sich auch in der offiziellen Rücknahme des Coordinated Issue Paper vom 27.9.2007 durch den IRS mit Wirkung zum 26.6.2012.[1266] Zur Verdeutlichung dieses extrem weiten

---

1259 Vgl. § 1.482-7(c)(4)(i) der Regulations. Als Make-or-Sell Right wird das von einem Teilnehmer an einen anderen Teilnehmer desselben Cost Sharing Arrangements gewährte Recht bezeichnet, ein bereits vorhandenes Produkt ohne Weiterentwicklung desselben herzustellen, zu lizenzieren oder zu vertreiben.

1260 Die beiden Definitionen sind identisch. Vgl. hierzu die Ausführungen in Kapitel 3.4.5.1.

1261 Eigene Übersetzung des folgenden Originalwortlauts nach § 1.482-7(c)(1) der 2011 Final Cost Sharing Regulations: „A platform contribution is any resource, capability, or right that a controlled participant has developed, maintained, or acquired externally to the intangible development activity (whether prior to or during the course of the CSA) that is reasonably anticipated to contribute to developing cost shared intangibles.“

1262 Vgl. *IRS*, U.S. Coordinated Issue Paper on Cost-Sharing Arrangement Buy-In Adjustments vom 27.9.2007, LMSB-04-0907-62, Tax Management Transfer Pricing Report 2007, 386, 386ff.

1263 Vgl. *IRS*, U.S. Coordinated Issue Paper on Cost-Sharing Arrangement Buy-In Adjustments vom 27.9.2007, III.E.1.f.

1264 Vgl. *IRS*, U.S. Coordinated Issue Paper on Cost-Sharing Arrangement Buy-In Adjustments vom 27.9.2007, III.E.3.

1265 Vgl. zur Zusammensetzung der Definition des Intangible Assets des US-Steuerrechts für Zwecke der grenzüberschreitenden Gewinnabgrenzung Kapitel 3.4.5.1.

1266 Vgl. BNA Tax Management Weekly Report v. 6.8.2012.

Verständnisses der Platform Contributions wird der Zugang zur Erfahrung und Expertise eines Forschungs- und Entwicklungsteams beispielhaft als Platform Contribution qualifiziert und daneben auch „unternehmerische Kernfunktionen" (Core Entrepreneurial Functions) wie Produktauswahl, Forschungs- und Entwicklungsstrategie, Risikoeinschätzung und -management. Auch ist weder ein unmittelbarer Transfer der als Platform Contribution definierten Werte oder Gegenstände erforderlich; ausreichend ist vielmehr, dass der einbringende Teilnehmer dem Cost Sharing Arrangement Beiträge in beliebiger Art und Weise widmet und hierdurch die anderen Teilnehmer die Möglichkeit erhalten, diese zu ihrem Vorteil zu nutzen.[1267]

Im Ergebnis zielt die mit den 2011 Final Cost Sharing Regulations neu geschaffene Definition der Platform Contribution darauf ab, über die eigentliche Definition immaterieller Vermögenswerte im Sinne von § 936(h)(3)(B) IRC bzw. § 1.482-4(b) der Regulations hinaus jegliche Form immaterieller Vermögenspositionen für Zwecke der Bewertung einer Platform Contribution zu erfassen.[1268] Dabei kommt sowohl eine Aggregierung mehrerer zeitnah erfolgender separater Platform Contribution Transactions in Frage, als auch die Zusammenfassung von Platform Contributions mit Transaktionen, die nach anderen Vorschriften außerhalb des Anwendungsbereichs der Cost Sharing Regulations durchgeführt werden, wie insbesondere eine Einbringung nach den §§ 351 oder 361 IRC. Der Ansatz drückt damit implizit die bereits im Verfahren zur Rechtssache *Veritas*[1269] gezeigte Sichtweise des IRS aus, eine Ausweitung der Definition immaterieller Vermögenswerte im Kontext von Platform Contributions in Verbindung mit einer Paketbetrachtung mehrerer Platform Contribution Transactions und/oder anderer Übertragungsvorgänge herbeiführen zu wollen. Damit zielt der IRS letztlich auf die Erfassung von Gewinnpotenzialen ab, die sich noch nicht hinreichend in Form immaterieller Vermögenswerte konkretisiert haben, jedoch Platform Contributions unter bestimmten Umständen anhaften können. In der Rechtssache *Veritas*[1270] wendete der IRS für Zwecke der Bewertung eine aggregierte Betrachtungsweise an. Ziel der Aggregierung mehrerer immaterieller Vermögenswerte bei der Bewertung war in diesem Fall die Betrachtung als ein Paket, dessen Wert aufgrund des Zusammenwirkens seiner Bestandteile die Summe der Einzelwerte

---

1267 Vgl. § 1.482-7 der Regulations, Explanation of Provisions, A. Overview.

1268 Vgl. § 1.482-7(g)(2)(iv) der Regulations.

1269 Vgl. U.S. Tax Court, Urteil in der Rechtssache *Veritas Software Corp. versus Commissioner*, 133 T.C. 14 (2009).

1270 Vgl. U.S. Tax Court, Urteil in der Rechtssache *Veritas Software Corp. versus Commissioner*, 133 T.C. 14 (2009).

seiner Komponenten übersteigt. Dieser als „Akin to a Sale“[1271] bezeichneten Theorie, die für Zwecke der Bewertung den Verkauf eines gesamten Geschäftsbetriebs unterstellte, wurde vom entscheidenden U.S. Tax Court nicht gefolgt. So wurde die fehlende Abgrenzung zwischen bereits bestehenden und zukünftig zu entwickelnden immateriellen Vermögenswerten, die fälschliche Einbeziehung nicht als immaterielle Vermögenswerte anzusehender werterhöhender Faktoren sowie die Annahme einer unbegrenzten Lebensdauer für die eingebrachten Platform Contributions vom entscheidenden Gericht bemängelt.[1272] Obgleich der IRS keine Revision angestrebt hat, wurde auch dieses Urteil mit einem Nichtanwendungserlass belegt, d.h. der IRS folgt der vom U.S. Tax Court geäußerten Rechtsauffassung nicht und erkennt dem Urteil keine Präzedenzwirkung über den entschiedenen Einzelfall hinaus zu.[1273] Es scheint zweifelhaft, ob der IRS die extrem weit gefasste Definition der Platform Contributions sowie die in den 2011 Final Cost Sharing Regulations nur unzureichend tatbestandsseitig konkretisierte aggregierte Betrachtung mehrerer Platform Contributions vor dem Hintergrund der Gesetzgebungshistorie[1274] der §§ 367 und 482 IRC und der einschlägigen Rechtsprechung[1275] zu § 482 IRC erfolgreich aufrecht erhalten kann.[1276] Ungeachtet der ablehenden Haltung des IRS zur Präzedenzwirkung des *Veritas*-Urteils für die später ergangenen 2011 Final Cost Sharing Regulations gebietet die Stare-Decisis-Doktrin[1277] des US-Steuerrechts die Beachtung dieser Rechtsprechung im Rahmen ähnlich gelagerter späterer Gerichtsverfahren.[1278]

Neben der Definition von Platform Contributions stellt das bereits erwähnte Investor Model einen weiteren inhaltlichen Kernpunkt der 2011 Final Cost Sharing Regulations dar. Mit dem Investor Model sollen die Interessen der wertvolle Platform Contributions einbringenden Teilnehmer eines Cost Sharing Arrangements geschützt werden, indem die Ausgleichszahlungen (Platform Contribution Transaction Payments) derjenigen Teilnehmer, die ausschließlich Kapital oder Routinebeiträge in das gemeinsame Entwicklungsvorhaben investieren, so hoch angesetzt werden, dass diesen keine unternehmerische Erfolgsbeteiligung, sondern le-

---

1271 Vgl. auch *Cole*, in: Cole, U.S. Transfer Pricing, 2011, 13-54ff.

1272 Vgl. *Lin/Wright*, International Transfer Pricing Journal 2010, 147, 148. In diesem Kontext ist auch anzumerken, dass es dem US-Steuerrecht – im Gegensatz zum deutschen Steuerrecht - schlicht an einer gesetzlichen Grundlage für eine „Transferpaketbetrachtung“ fehlt.

1273 Vgl. IRS, Action on Decision v. 6.12.2010, IRB 2010-33.

1274 Vgl. *Zollo*, Tax Management International Journal 2010, 71, 71ff.; *Bowen*, Tax Management International Journal 2008, 3, 6ff.

1275 Vgl. U.S. Tax Court, Urteil in der Rechtssache *Veritas Software Corp. versus Commissioner*, 133 T.C. 14 (2009).

1276 Gl.A. *Levey/Wrappe*, Transfer Pricing, 2010, Tz. 460.07.

1277 Vgl. zum Begriff der Stare-Decisis-Doktrin die Ausführungen in Kapitel 3.4.1.

1278 Vgl. *Oates/O'Brien*, International Tax Journal 01-02/2011, 9, 12.

diglich eine risikoadäquate Kapitalverzinsung verbleibt. Das Investor Model geht implizit davon aus, dass die Platform Contributions mit Non-Routine Charakter ganz wesentlich für den wirtschaftlichen Erfolg des gemeinsamen Entwicklungsvorhabens sind und im Umkehrschluss die gemeinsame Entwicklungsleistung nur eine untergeordnete Bedeutung hat.[1279] Hierzu wird die Annahme getroffen, dass jeder Teilnehmer von den aggregierten Investitionen in Form von Platform Contributions, Operating Contributions[1280], Operating Cost Contributions[1281] und Cost Contributions in das Cost Sharing Arrangement eine realistische Rendite erwartet, die dem risikoadäquaten Diskontierungszinssatz des Teilnehmers über die gesamte Zeitdauer seiner Teilnahme am Cost Sharing Arrangement entspricht.[1282] Im Hinblick auf diejenigen Teilnehmer am Cost Sharing Arrangement, die keine Platform Contribution im Sinne spezifischer immaterieller Vermögenswerte einbringen, da sie nur Beiträge mit Routinecharakter oder finanzielle Beiträge leisten, hat dies zur Folge, dass diese zu einer Eintrittszahlung verpflichtet werden, deren Höhe ihre Rendite (abgesehen von Operating Contributions) auf den risikoadjustierten Diskontierungszinssatz des Investments begrenzt. Da der Ermittlung der Diskontierungszinssätze der Teilnehmer vor diesem Hintergrund große Bedeutung zukommt,[1283] enthalten die Regulations dezidierte Ausführungen zur Bestimmung derselben, soweit eine Umwandlung zukünftiger Zahlungsflüsse in Gegenwartswerte erforderlich ist. Neben allgemeinen Ausführungen zur Vorzugswürdigkeit einer Bestimmung des Diskontierungszinssatzes auf der Grundlage marktkorrelierter Risikoeinschätzungen wird darauf hingewiesen, dass eine differenzierte Betrachtung der betreffenden Transaktionen oder Aktivitä-

---

1279 Kritisch zu diesen Annahmen, die nachhaltige überdurchschnittliche Gewinne ausschließlich auf das Vorhandensein von firmenspezifischen immateriellen Vermögenswerten zurückführen, äußern sich *Wills/Brist,* da sich nach ihrer Auffassung nachhaltige überdurchschnittliche Gewinne auch durch branchenspezifische Gründe erklären lassen, vgl. *Wills/Brist*, Tax Management Transfer Pricing Report 2006, 402, 402ff.

1280 Bei Operating Contributions handelt es sich um jegliche Ressourcen, Fähigkeiten oder Rechte eines Teilnehmers, die keine Platform Contribution darstellen, von denen jedoch bei realistischer Betrachtung ein Beitrag zu den kommerziellen Aktivitäten des Cost Sharing Arrangements innerhalb des eigenen Geschäftsbereichs des betreffenden Teilnehmers erwartet wird, vgl. § 1.482-7(j) der Regulations. Als Beispiel können Kundenbeziehungen eines Teilnehmers genannt werden, welche die Vermarktung der auf Basis des Cost Sharing Arrangements neu entstandenen Produkte innerhalb des Geschäftsbereichs des betreffenden Teilnehmers ermöglichen.

1281 Bei Operating Cost Contributions handelt es sich um alle Kosten, die ein Teilnehmer im Rahmen seiner normalen Geschäftstätigkeit für die Entwicklung von Ressourcen, Fähigkeiten oder Rechten im Zusammenhang mit den Aktivitäten des Cost Sharing Arrangements (abgesehen von der Entwicklung immaterieller Vermögenswerte) innerhalb seines eigenen Geschäftsbereichs trägt.

1282 Vgl. § 1.482-7(g)(2)(ii)(A) der Regulations.

1283 Vgl. *Cole*, in: Cole, U.S. Transfer Pricing, 2011, 13-57f.; *Wittendorf* weist in diesem Zusammenhang zu Recht darauf hin, dass der Diskontierungszinssatz damit zu einem zentralen Streitpunkt zwischen Steuerpflichtigen und IRS im Rahmen der ex post-Überprüfung von Cost Sharing Arrangements werden kann, soweit die dem Investor Model zu Grunde liegende Annahme nicht erfüllt ist; *Wittendorf*, Transfer Pricing, 2010, 574.

ten vorgenommen werden muss.[1284] Insbesondere können sich Abweichungen des Zinssatzes ergeben bei im Rahmen der Best Method Rule zwingend vorzunehmender Betrachtung verschiedener Handlungsalternativen[1285] der Teilnehmer am Cost Sharing Arrangement oder auch zwischen verschiedenen Zahlungsformen wie Einmalzahlung oder Lizenzierung. Die Betrachtung von Handlungsalternativen dient der Überprüfung der Konsistenz der Bewertungsergebnisse und führt i.d.R. zur Ableitung einer Mindestrendite für den eine Platform Contribution leistenden Zahlungsempfänger.[1286]

3.4.8.7.5 Methoden für die Bewertung von Beiträgen

Zur Ermittlung des Werts von Platform Contributions stellen die 2011 Final Cost Sharing Regulations fünf definierte Methoden[1287] sowie die grundsätzliche Möglichkeit der Verwendung undefinierter Methoden bereit. Die Anwendung jeder Methode unterliegt nach § 1.482-7(g)(1)(2)(i) der Regulations den allgemeinen Grundsätzen in Bezug auf die Best Method Rule, die Vergleichbarkeitsanalyse[1288] und die Arm's Length Range[1289]. Es ist diejenige Methode zu wählen, die nach Durchführung der Vergleichbarkeitsanalyse erwarten lässt, dass sie mit der höchsten Verlässlichkeit zu einem fremdvergleichskonformen Ergebnis bei der Bewertung der Platform Contribution führt. Die Regulations heben jedoch hervor, dass die gewählte Methode bei der Wertbestimmung in konsistenter Weise einen Bezug zum künftigen Einkommen aus dem vom Cost Sharing Arrangement entwickelten Cost Shared Intangible aufweisen muss.[1290]

3.4.8.7.5.1 CUT-Method

Die CUT-Method bzw. die für Dienstleistungen einschlägige Comparable Uncontrolled Services Price Method[1291] (CUSP-Method) kann verwendet werden, um den fremdvergleichskonformen Wert einer Platform Contribution aus zwischen fremden Dritten vereinbarten Transaktionen zu ermitteln.[1292] Wenn es sich hierbei um den Gesamtwert der Platform Contribution handelt, ist dieser Wert mit dem bei realistischer Beurteilung zu erwartenden Nutzenanteil der

---

1284 Vgl. § 1.482-7(g)(2)(v) der Regulations.
1285 Vgl. § 1.482-7(g)(2)(iii)(A) der Regulations.
1286 Vgl. *Reams et al.*, Tax Notes International 2005, 269, 272f.
1287 CUT-Method, RPSM, Income Method, Acquisition Price Method, Market Capitalization Method, Undefinierte Methoden.
1288 Vgl. § 1.482-1(d) der Regulations.
1289 Vgl. § 1.482-1(e) der Regulations.
1290 Vgl. § 1.482-7(g)(1) der Regulations.
1291 Vgl. § 1.482-9(c) der Regulations. Die CUSP-Method leitet den Preis für eine konzerninterne Dienstleistung von dem zwischen fremden Dritten für eine vergleichbare Dienstleistung vereinbarten Preis ab.
1292 Vgl. § 1.482-7(g)(3) der Regulations.

die Ausgleichszahlung leistenden Teilnehmer an dem betreffenden Cost Sharing Arrangement zu multiplizieren.[1293] Die Regulations stellen hohe Anforderungen an die Vergleichbarkeit der zwischen fremden Dritten durchgeführten Transaktion, die als Vergleichsmaßstab für das Cost Sharing Arrangement dienen soll. Unter anderem werden weitgehend identische vertragliche Vereinbarungen der Vergleichstransaktion gefordert, die sich in einer ähnlich langen vertraglichen Bindungsdauer in Bezug auf die gemeinsame Tragung der Entwicklungsrisiken niederschlagen, und darüber hinaus ein ähnlicher Vertragsgegenstand und ein ähnliches Gewinnpotenzial verlangt. Dies führt dazu, dass wohl nur im seltenen Fall des Abschlusses von einem Cost Sharing Arrangement stark angenäherten Vereinbarungen mit fremden Dritten die Verwendung der CUT-Method in Frage kommt.[1294] Insbesondere werden Vergleichstransaktionen mit fremden Dritten regelmäßig nur in Form von Lizenzvereinbarungen zur Herstellung und dem Vertrieb von Produkten vorhanden sein, die vom IRS als nicht vergleichbare Make-or-Sell rights qualifiziert werden dürften.[1295] In diesem Zusammenhang ist jedoch darauf hinzuweisen, dass der U.S. Tax Court der Unterscheidung des IRS in Make-or-Sell Rights und Platform Contributions in der Rechtssache *Veritas*[1296] nicht gefolgt ist und auf der Basis von internen Vergleichstransaktionen die Anwendung der CUT-Method als Grundansatz zugelassen hat. Inwieweit dies angesichts des eindeutigen Wortlauts der 2011 Cost Sharing Regulations in zukünftigen Klageverfahren der Fall sein wird, ist ungewiss. Dem Grundtenor der 2011 Cost Sharing Regulations kann jedoch entnommen werden, dass der IRS einer Verwendung der CUT-Method für die Preisfindung von Platform Contributions äußerst kritisch gegenübersteht.

3.4.8.7.5.2 Income-Method

Die Income-Method beurteilt die Angemessenheit der für eine Platform Transaction zwischen verbundenen Unternehmen geleisteten Vergütung durch Vergleich mit der besten realistischen Alternative zum Eintritt in das Cost Sharing.[1297] Die Anwendung der Income Method ist grundsätzlich auf Konstellationen beschränkt, in denen nur ein Teilnehmer des Cost Sharing Arrangements eine Platform Contribution leistet.[1298] Leisten mehrere Teilnehmer Platform

---

1293 Vgl. § 1.482-7(g)(3) der Regulations.

1294 Gl.A.: *Cole*, in: Cole, U.S. Transfer Pricing, 2011, 13-69.

1295 Vgl. *Wittendorf*, Transfer Pricing, 2010, 576.

1296 Vgl. U.S. Tax Court, Urteil in der Rechtssache *Veritas Software Corp. versus Commissioner*, 133 T.C. 14 (2009).

1297 Vgl. § 1.482-7(g)(4)(i) der Regulations.

1298 Vgl. § 1.482-7(g)(4)(i)(D) der Regulations.

Contributions oder Operating Contributions mit Non-Routine Charakter[1299], ist die RPSM[1300] regelmäßig als beste Methode anzusehen.[1301] Als fremdvergleichskonformer Preis für eine Eintrittszahlung zur Vergütung von Platform Contributions gilt diejenige Vergütungshöhe, deren Gegenwartswert der besten realistischen Alternative des für Zwecke der Bewertung betrachteten Teilnehmers entspricht.[1302] Als beste Alternative des die Eintrittszahlung leistenden Teilnehmers gilt grundsätzlich der Abschluss eines Lizenzverhältnisses mit einem unverbundenen Lizenzgeber, der sich zur Entwicklung desjenigen immateriellen Vermögenswerts bereit erklärt, der ansonsten im Rahmen des Cost Sharing Arrangements entwickelt worden wäre (Einlizenzierungsalternative)[1303]. Für den die Platform Contribution empfangenden Teilnehmer wird grundsätzlich die Entwicklung des betreffenden immateriellen Vermögenswerts auf eigenes Risiko und die anschließende Lizenzierung an einen unverbundenen Lizenznehmer als beste Alternative betrachtet (Auslizenzierungsalternative)[1304]. Sowohl bei der Einlizenzierungs- als auch der Auslizenzierungsalternative ist der Gegenwartswert der Teilnahme am Cost Sharing mit dem Gegenwartswert der Ein- bzw. Auslizenzierung zu vergleichen, d.h. es sind die entsprechenden prognostizierten Zahlungsströme nach den Grundsätzen des Income Approach zu ermitteln und gegenüberzustellen. Regelmäßig wird die Einlizenzierungsvariante gewählt, d.h. die Betrachtung aus der Perspektive des Teilnehmers, welcher die Eintrittszahlung für die Platform Contribution leistet, da diese Partei regelmäßig die Less Complex Entity[1305] darstellt. Die Auslizenzierungsalternative kommt insbesondere in Betracht, wenn der Empfänger der Eintrittszahlung Vereinbarungen mit fremden Dritten abgeschlossen

[1299] Als Beispiel für Operating Contributions mit Non-Routine-Charakter können immaterielle Vermögenswerte im Bereich des Vertriebs wie etwa Kundenbeziehungen oder Vertriebskonzepte genannt werden, die von Relevanz für den Vertrieb der Produkte sind, die auf den Entwicklungen des Cost Sharing Arrangements beruhen.

[1300] Vgl. zur RPSM im Kontext von Cost Sharing Arrangements Kapitel 3.4.8.7.5.5.

[1301] Vgl. *Cole*, in: Cole, U.S. Transfer Pricing, 2011, 13-69.

[1302] § 1.482-7(g)(4)(v)(i)(A) der Regulations. In bestimmten Fallkonstellationen kann sich der angemessene Preis für eine Eintrittszahlung auch aus der Differenz des Gegenwartswerts des zusätzlichen Einkommens des potenziellen Zahlers einer Eintrittszahlung für die Teilnahme am Cost Sharing im Vergleich mit der besten realistischen Alternative (Lizenzierung eines vergleichbaren immateriellen Vermögenswerts) ergeben (sog. Differential Income Stream Analysis). Diese Konstellation ist insbesondere im Fall eines Unternehmens gegeben, welches keine Operating Cost Contributions zum Cost Sharing Arrangement leistet und dessen Aktivitäten sich in reinen Routinetätigkeiten zur Auswertung des vom Cost Sharing Arrangement entwickelten immateriellen Vermögens erschöpft, vgl. Präambel zu den 2011 Proposed Cost Sharing Regulations, REG-145474-11, 76 FR 247.

[1303] Vgl. *Cole*, in: Cole, U.S. Transfer Pricing, 2011, 13-70.

[1304] Vgl. *Cole*, in: Cole, U.S. Transfer Pricing, 2011, 13-70.

[1305] Als Less Complex Entity wird diejenige Transaktionspartei bezeichnet, die Routinefunktionen ausübt, d.h. solche Funktionen, für die marktübliche Vergütungen ermittelt werden können. Vgl. hierzu auch Kapitel 3.4.7.4.1.

hat, die eine Nutzung der in der Platform Contribution verkörperten immateriellen Vermögenswerte vorsehen und so ein Lizenzsatz abgeleitet werden kann.[1306]

Der Nettogegenwartswert der Alternative „Teilnahme am Cost Sharing“ wird bei der Einlizenzierungsalternative durch Prognose der Überschüsse ermittelt, die sich aus der Verwertung der im Rahmen des Cost Sharings entwickelten immateriellen Vermögenswerte bei dem betreffenden Teilnehmer unter Abzug der Zahlungen und Beiträge an das Cost Sharing Arrangement über die gesamte Zeitdauer des Bestehens ergeben.[1307] Der voraussichtliche Gewinn der Teilnehmers aus der Verwertung der Entwicklungsergebnisse wird um seine Operating Cost Contributions, Cost Contributions zu den Entwicklungsaktivitäten des Cost Sharing Arrangements und den Zahlungen für Platform Contributions anderer Teilnehmer gemindert, um den Nettogegenwartswert der Handlungsalternative Cost Sharing zu erhalten. Bei der Einlizenzierungsalternative ist eine Funktions- und Risikoanalyse auf der Grundlage des Cost Sharings durchzuführen, wobei das Risiko des Fehlschlagens der Entwicklung der angestrebten immateriellen Vermögenswerte dem hypothetischen Lizenzgeber zugewiesen wird.[1308] Darüber hinaus sind mit dem Cost Sharing Arrangement vergleichbare vertragliche Bedingungen zu Grunde zu legen, d.h. insbesondere die Erlangung eines anteiligen Verwertungsrechts auf eigene Rechnung für die entwickelten immateriellen Vermögenswerte, z.B. in Form der unbeschränkten Nutzung für eine bestimmte geographische Region. Der Gegenwartswert der Einlizenzierung kann durch Anwendung der CUT-Method oder der CPM bestimmt werden. Sind geeignete Vergleichslizenztransaktionen durch die CUT-Method ermittelbar, kann der Nettogegenwartswert der Alternative „Einlizenzierung“ durch Verminderung des erwarteten Gewinns des Teilnehmers aus der anteiligen Verwertung der Entwicklungsergebnisse auf eigene Rechnung durch Abzug seiner Operating Cost Contributions sowie der durch Fremdvergleich ermittelten Lizenzzahlungen an den Entwickler der benötigten immateriellen Vermögenswerte berechnet werden. Aufgrund der vorstehend beschriebenen hohen Anforderungen an die Vergleichbarkeit der vertraglichen Bedingungen wird es regelmäßig nicht möglich sein, den hypothetischen Lizenzstrom der Einlizenzierung auf der Basis der CUT-Method, d.h. durch die Analyse vergleichbarer vertraglicher Vereinbarungen zwischen fremden Dritten, zu ermitteln, weshalb bei der Einlizenzierungsalternative in diesen Fällen die CPM Anwendung fin-

---

[1306] Diese Vorgehensweise wurde in der Rechtssache *Veritas* vom U.S. Tax Court dem Grunde nach akzeptiert, vgl. U.S. Tax Court, Urteil in der Rechtssache *Veritas Software Corp. versus Commissioner*, 133 T.C. 14 (2009).

[1307] Vgl. § 1.482-7(g)(4)(ii) der Regulations.

[1308] Vgl. § 1.482-7(g)(4)(i)(C) der Regulations.

det.[1309] Hierbei wird der Gegenwartswert der alternativen Einlizenzierung der betreffenden immateriellen Vermögenswerte analog zu der vorstehend beschriebenen Vorgehensweise bestimmt. Allerdings erfolgt die Ermittlung der Lizenzzahlungen nicht unmittelbar über Vergleichstransaktionen, sondern indem die Höhe der Lizenzzahlungen an den hypothetischen Lizenzgeber mit dem nach Abzug von Operating Cost Contributions und Vergütung der Routinefunktionen verbleibenden Residualgewinn gleichgesetzt wird.

Die im Rahmen der Berechnung von Gegenwartswerten anzuwendenden Diskontierungszinssätze haben die unterschiedlichen Risikoprofile der Handlungsoptionen Teilnahme an einem Cost Sharing Arrangement, der vollständigen Eigenentwicklung oder der Lizenzierung von immateriellen Vermögenswerten zu berücksichtigen. Bei einer Teilnahme an einem Cost Sharing Arrangement oder sogar einer vollständigen Eigenentwicklung muss das betreffende Unternehmen ein höheres Risiko tragen, beispielsweise das Risiko ausbleibenden Entwicklungserfolgs oder des Anfalls höherer als der bei einer Einlizenzierung geplanten Entwicklungskosten. Der Diskontierungszinssatz für diese Konstellationen, der einen Risikozuschlag enthält, wird daher höher sein als der für die Ermittlung eines Stroms an Lizenzzahlungen anzuwendende Diskontierungszinssatz. Nach Auffassung des IRS ergibt sich jedoch aufgrund der beiden Szenarien unterliegenden identischen Planungen in Bezug auf die Verwertung vergleichbarer immaterieller Vermögenswerte eine enge Verknüpfung, die nur geringe Unterschiede der Diskontierungszinssätze zulässt.[1310]

Ein weiterer fundamentaler Aspekt bei der Bewertung von Eintrittszahlungen unter der Income Method im Sinne der Cost Sharing Regulations besteht in der Festlegung des Bewertungszeitraums für die im Rahmen einer Platform Contribution Transaction eingebrachten immateriellen Vermögenswerte. Damit verbunden ist die Frage, wie lange die in der Platform Contribution enthaltenen immateriellen Vermögenswerte einen Beitrag zur Wertschöpfung des vom Cost Sharing Arrangement unternommenen Entwicklungsvorhabens leisten, d.h. ob und ggf. ab welchem Zeitpunkt die Platform Contributions aufgrund des Ablaufs ihrer ökonomischen Nutzbarkeit wirtschaftlich verbraucht sind. Der IRS vertritt insoweit die Auffassung, dass sich die Wirkung der Platform Contributions im Sinne einer Basistechnologie regelmäßig zeitlich unbegrenzt, d.h. zumindest über die Dauer des geplanten Cost Sharing Arrangements, fort-

1309 Vgl. *Cole*, in: Cole, U.S. Transfer Pricing, 2011, 13-69.
1310 Vgl. § 1.482-7(g)(4)(vi)(F)(1) der Regulations.

setzt.[1311] Dies bedeutet, dass der Wert einer Platform Contribution eine Funktion der ökonomischen Nutzungsdauer der zu entwickelnden immateriellen Vermögenswerte darstellt.[1312] Geht man dementgegen von einer über den Zeitablauf verschwindenen Bedeutung der Basistechnologie und der zunehmenden Bedeutung der Weiterentwicklung aus, ergibt sich regelmäßig ein deutlich geringerer Wertansatz für die Platform Contribution. Die Sichtweise des IRS schätzt die Wertschöpfung der Platform Contributions damit höher ein als die Weiterentwicklung durch das Cost Sharing Arrangement selbst.[1313] In diesem Kontext ist ferner auch die Frage der Zusammenfassung ggf. mehrerer immaterieller Vermögenswerte als eine einzige Platform Contribution für Bewertungszwecke zu betrachten. Der IRS vertritt wie bereits in Kapitel 3.4.8.7.4 erläutert die Auffassung, dass unter bestimmten Umständen, wie auch im Streitfall *Veritas*[1314], eine Aggregierung erforderlich ist,[1315] ohne die Kriterien für eine solche Zusammenfassung über einen Verweis auf die allgemeinen Grundsätze zur Zusammenfassung von Transaktionen[1316] hinaus zu spezifizieren. Damit ist festzuhalten, dass das US-Steuerrecht auch im Kontext von Cost Sharing Arrangements keine spezifischen Tatbestandsvoraussetzungen bereit hält, unter welchen Umständen die grenzüberschreitende Übertragung oder Überlassung mehrerer immaterielle Vermögenswerte und -positionen unter einer zusammenfassenden ertragsorientierten „Transferpaketbetrachtung"[1317] durchzuführen ist.

3.4.8.7.5.3 Acquisition Price Method

Die Acquisition Price Method stellt eine Abwandlung der CUT-Method zur Ermittlung einer Vergütung für die Platform Contribution dar, indem sie Bezug nimmt auf den Kaufpreis für den Erwerb eines Teils oder aller Anteile (Share Deal) bzw. des Betriebsvermögens (Asset Deal) eines Unternehmens.[1318] Die Methode findet typischerweise Anwendung in Fällen, in denen der Teilnehmer an einem Cost Sharing Arrangement die Anteile oder das Betriebsvermögen eines Zielunternehmens erwirbt und die gesamten unternehmensspezifischen Entwicklungsaktivitäten des Erwerbsobjekts in ein Cost Sharing Arrangement einbringt.[1319] Die Be-

---

1311 Vgl. Argumentation des IRS in der Rechtsache *Veritas*, vgl. U.S. Tax Court, Urteil in der Rechtssache *Veritas Software Corp. versus Commissioner*, 133 T.C. 14 (2009) sowie Präambel zu § 1.482-7 der Regulations, A. Overview.

1312 Vgl. *Cole*, in: Cole, U.S. Transfer Pricing, 2011, 13-79.

1313 Vgl. *Keats/Muylle/Wright*, International Transfer Pricing Journal 2009, 166, 170.

1314 Vgl. U.S. Tax Court, Urteil in der Rechtssache *Veritas Software Corp. versus Commissioner*, 133 T.C. 14 (2009).

1315 Vgl. § 1.482-7(g)(2)(iv) der Regulations; vgl. auch *Martin*, Tax Notes International 2012, 443, 443.

1316 Vgl. § 1.482-1(f)(2)(i) der Regulations.

1317 Vgl. zum Begriff des Transferpakets Kapitel 3.3.5.2.1.

1318 Vgl. § 1.482-7(g)(5) der Regulations.

1319 Vgl. *Cole*, in: Cole, U.S. Transfer Pricing, 2011, 13-80.

wertung der Einbringung dieser Aktivitäten des Zielunternehmens in das Cost Sharing Arrangement erfolgt durch Ableitung von dem mit einem fremden Dritten vereinbarten Kaufpreis und anschließender Anpassungen. Der so ermittelte Wert wird mit dem RAB-Anteil der die Ausgleichszahlung leistenden anderen Teilnehmer am Cost Sharing Arrangement multipliziert und so die Höhe der Vergütung für die Platform Contribution ermittelt. Die erforderlichen Anpassungen des Kaufpreises werden durch die Regulations weiter spezifiziert.[1320] Eine verlässliche Anwendung der Acquisition Price Method ist vor allem vom Umfang der nicht in das Cost Sharing Arrangement eingebrachten Aktivitäten des Zielunternehmens mit Non-Routine-Charakter und der Zeitdauer zwischen Erwerb des Zielunternehmens und Einbringung in das Cost Sharing Arrangement abhängig.[1321]

3.4.8.7.5.4 Market Capitalization Method

Die Market Capitalization Method ermittelt die Ausgangsgröße für die Vergütung für eine oder mehrere Platform Contributions durch Ableitung von der adjustierten durchschnittlichen Marktkapitalisierung des Vergütungsempfängers. Die Methode setzt damit voraus, dass die Anteile des eine Platform Contribution leistenden Vergütungsempfängers an einem regulären Wertpapiermarkt gehandelt werden[1322] und seine gesamten Aktivitäten und immateriellen Werte mit Non-Routine-Charakter Gegenstand der Einbringung in das Cost Sharing Arrangement sind.[1323] Um eine Auswirkung von Volatilitäten an den Wertpapiermärkten zu vermindern, wird ein Durchschnitt der Marktkapitalisierung ermittelt.[1324] Nach den Regulations ist der Durchschnitt der täglichen Marktkapitalisierung während eines Zeitraums von 60 Tagen bis zu dem Tag der Einbringung der Platform Contribution zu verwenden.[1325] Die so berechnete Marktkapitalisierung wird um die Verbindlichkeiten des die Platform Contribution leistenden Teilnehmers erhöht und um die materiellen Vermögenswerte sowie jegliche anderen Ressourcen, Fähigkeiten oder Rechte verringert, die nicht in das Cost Sharing Arrangement eingebracht werden.[1326] Der resultierende Gesamtwert der spezifischen immateriellen Vermögenswerte des einbringenden Teilnehmers wird mit dem bei realistischer Beurteilung zu erwartenden Nutzenanteil der die Ausgleichszahlung leistenden Teilnehmer an dem betreffenden Cost Sharing Arrangement multipliziert, um so die zu leistende Vergütung für die

---

1320 Vgl. § 1.482-7(g)(5)(iii) der Regulations.
1321 Vgl. *Cole*, in: Cole, U.S. Transfer Pricing, 2011, 13-80f.
1322 Vgl. *Cole*, in: Cole, U.S. Transfer Pricing, 2011, 13-81.
1323 Vgl. § 1.482-7(g)(6)(i) der Regulations.
1324 Vgl. *Wittendorf*, Transfer Pricing, 2010, 583.
1325 Vgl. § 1.482-7(g)(6)(iii) der Regulations.
1326 Vgl. § 1.482-7(g)(6)(iv) der Regulations.

Platform Contribution zu ermitteln. In einem letzten[1327] Schritt muss ggf. noch eine Anpassung für ertragsteuerliche Effekte erfolgen, um eine Erhöhung der Steuerlast beim Zahlungsempfänger bzw. eine Verminderung der Steuerlast bei den die Ausgleichszahlung leistenden Teilnehmern zu berücksichtigten.[1328]

Eine verlässliche Anwendung der Market Capitalization Method ist vor allem im Falle wesentlicher Unterschiede zwischen der Marktkapitalisierung und dem für die Platform Contribution zu bewertenden Vermögen sowie im Falle der nicht vollständigen Einbringung des über die Marktkapitalisierung bewerteten Unternehmens in das Cost Sharing Arrangement fraglich.[1329] In beiden Fällen sind ggf. Anpassungsrechnungen vorzunehmen, welche die Genauigkeit der Wertbestimmung im Sinne der Ableitung von einem durch die Marktkapitalisierung repräsentierten objektivierten Wert erheblich reduzieren können.

3.4.8.7.5.5 Residual Profit Split Method

Die RPSM kann insbesondere zur Anwendung gelangen wenn mehrere Teilnehmer Platform Contributions und/oder Operating Contributions mit Non-Routine Charakter einbringen und daher Vergütungen für diese Leistungen nicht nur einem Teilnehmer des Cost Sharing Arrangements zustehen.[1330] Die RPSM wird durch die Regulations an die spezifischen Anforderungen von Cost Sharing Arrangements angepasst.[1331] Die für die Platform Contribution zu leistende Vergütung wird aus den geschätzten relativen Wertverhältnissen der Platform und Operating Contributions mehrerer Teilnehmer zum Zeitpunkt der Einbringung derselben in das Cost Sharing Arrangement ermittelt. Hierzu wird der Gegenwartswert des zukünftig zu erwartenden anteiligen Einkommensstroms der Teilnehmer, die Platform Contributions mit Non-Routine-Charakter leisten, über die voraussichtliche Dauer des Cost Sharing Arrangements unter Verwendung eines risikoadäquaten Diskontierungszinssatzes mittels des Income Approach geschätzt. Von den voraussichtlich zu erzielenden Gewinnen der Teilnehmer aus der anteiligen Verwertung der Entwicklungsergebnisse auf eigene Rechnung werden jeweils teilnehmerspezifisch marktkonforme Vergütungen für Beiträge mit Routinecharakter[1332], Opera-

---

1327 *Morgan* spricht sich darüber hinaus auch für eine weitere Anpassung in Form eines Gross-Up aus, da sich Marktkapitalisierungen für die Investoren als Nachsteuerwerte darstellen, weil die betreffenden Unternehmen nur Gewinnausschüttungen nach Unternehmenssteuern auszahlen können. Vgl. *Morgan,* Tax Management Transfer Pricing Report 2006, 1006, 1009.

1328 Vgl. *Cole*, in: Cole, U.S. Transfer Pricing, 2011, 13-81.

1329 Vgl. § 1.482-7(g)(6)(v) der Regulations.

1330 Vgl. *Cole*, in: Cole, U.S. Transfer Pricing, 2011, 13-83.

1331 Vgl. § 1.482-7(g)(7)(i) der Regulations.

1332 Diese Vergütungen werden typischerweise durch Anwendung der CPM ermittelt, vgl. hierzu auch Kapitel 3.4.7.3.

ting Cost Contributions[1333] und Cost Contributions[1334] in Abzug gebracht, um zum anteiligen Residual Profit der Teilnehmer zu gelangen. Das so ermittelte residuale anteilige Ergebnis (Residual Divisional Profit or Loss) ist auf Ressourcen, Fähigkeiten und Rechte, d.h. immaterielle Vermögenswerte im weitesten Sinne mit Non-Routine-Charakter zurückzuführen. Dieses Ergebnis wird in einem nächsten Schritt den Wertrelationen der Beiträge der Teilnehmer mit Non-Routine-Charakter entsprechend aufgeteilt.[1335] Die Wertrelationen der Beiträge können ausweislich der Regulations anhand von so genannten Market Benchmarks ermittelt werden, die den Fair Market Value der Beiträge reflektieren.[1336] Die Regulations enthalten keine weiteren Ausführungen, welche Größen in diesem Zusammenhang als Market Benchmarks anzusehen sind. Alternativ zur Verwendung von Market Benchmarks wird eine Aufteilung der jeweiligen residualen anteiligen Ergebnisse auf der Basis der zum Gegenwartswert ermittelten angefallenen Kosten zur Entwicklung und Aktualisierung der Beiträge mit Non-Routine-Charakter der betreffenden Teilnehmer zugelassen. Mittels der beschriebenen Methodik wird das residuale anteilige Ergebnis jedes Teilnehmers, der Beiträge mit Non-Routine-Charakter geleistet hat, aufgeteilt in einen Anteil, der auf die eigenen Non-Routine-Beiträge des Teilnehmers zurückzuführen ist und in einen Anteil, der auf die Non-Routine-Beiträge des oder der anderen Teilnehmer zurückzuführen ist. Letzterer Anteil stellt die Höhe der Zahlungsverpflichtung für die Platform Contribution dar, der als Saldo der jeweils zwischen diesen Teilnehmern bestehenden Ansprüche ermittelt wird.[1337]

3.4.8.7.5.6 Undefinierte Methoden

Die Steuerpflichtigen sind auch zur Verwendung undefinierter, d.h. nicht in den Regulations geregelter Methoden ermächtigt.[1338] Dabei sind die allgemeinen Anforderungen der Best Method Rule, der Verbleichbarkeitsanalyse und insbesondere des Investor Models zu beachten. Die Regulations heben in diesem Zusammenhang hervor, dass es dem Steuerpflichtigen obliegt, nachzuweisen, dass in dem betreffenden Fall die undefinierte Methode mit der größten Verlässlichkeit zu einem fremdvergleichskonformen Ergebnis führt. Darüber hinaus wird von einer undefinierten Methode zur Ermittlung einer Vergütung für eine Platform Contribution verlangt, dass die undefinierte Methode darüber Auskunft erteilt, welche Preise und Gewinne

[1333] Beispiel einer Operating Cost Contribution sind Vertriebsleistungen eines Teilnehmers. Vgl. zum Begriff der Operating Cost Contribution auch Kapitel 3.4.8.7.4.
[1334] Vgl. zum Begriff der Cost Contribution Kapitel 3.4.8.7.4.
[1335] Vgl. § 1.482-7(g)(7)(iii)(C)(1) der Regulations.
[1336] Vgl. § 1.482-7(g)(7)(iii)(C)(2) der Regulations.
[1337] Vgl. hierzu das illustrative Beispiel von *Cole,* in: Cole, U.S. Transfer Pricing, 2011, 13-83ff.
[1338] Vgl. § 1.482-7(g)(8) der Regulations.

ein Steuerpflichtiger bei Umsetzung der ihm zur Verfügung stehenden Alternativen zur Teilnahme am Cost Sharing Arrangement erwartungsgemäß hätte realisieren können.[1339]

3.4.8.7.6 Vorraussetzungen für Einkommenskorrekturen

Dem IRS stehen nach den einschlägigen Bestimmungen der Regulations weitgehende und umfassend geregelte Möglichkeiten zur Anpassung aller relevanten Parameter eines Cost Sharing Arrangements zur Verfügung.[1340] Dies betrifft etwa die Aufteilung der Kosten unter den Teilnehmern, die Ermittlung der Kostenbasis, die Anpassung der erwarteten Nutzenanteile aus der anteiligen Verwertung der Ergebnisse und deren Teilparameter wie erwartete Einnahmen und Kosten der Verwertung. Die Befugnis zur Anpassung von Eintrittszahlungen für Platform Contributions (sog. Periodic Adjustments) steht unter dem Vorbehalt, dass ein definiertes auslösendes Ereignis (Periodic Trigger)[1341] eintritt und keine der Ausnahmeregelungen erfüllt sind, die eine Anpassung ausschließen. Als auslösendes Ereignis gilt aus der Sicht des die Vergütung für eine Platform Contribution zahlenden Teilnehmers die Unter- oder Überschreitung bestimmter Renditegrenzen, d.h. es erfolgt eine Überprüfung, ob die tatsächlich realisierte Rendite (Actually Experienced Return Rate)[1342] sich innerhalb eines vordefinierten Renditekorridors (Periodic Return Ratio Range)[1343] von 0,667 bis 1,5 befindet. Soweit die Teilnehmer an dem betreffenden Cost Sharing Arrangement die umfangreichen Dokumentationsanforderungen der Regulations nicht beachten, wird der Renditekorridor auf eine Bandbreite von 0,8 bis 1,25 eingeengt.[1344] Die Ausnahmeregelungen,[1345] nach denen ungeachtet des Auslösens eines Periodic Triggers von einer Anpassung abzusehen ist, weisen eine konzeptionelle Ähnlichkeit mit der Ausgestaltung des CWI-Standards auf. Danach unterbleibt eine Anpassung etwa, wenn die Bewertung der Platform Contribution mittels der CUT-Method erfolgt ist und weitere Voraussetzungen erfüllt werden[1346] oder die Abweichungen zwischen tatsächlich realisierter und erwarteter Rendite aufgrund unvorhersehbarer Ereignisse eingetreten ist.[1347] Darüber hinaus tritt eine Begrenzung des Korrekturzeitraums auf zehn Jahre bzw. fünf Jahre ein, wenn die tatsächliche Rendite innerhalb von zehn Jahren nach Beginn der

---

1339 Vgl. § 1.482-7(g)(8) der Regulations.

1340 Vgl. § 1.482-7(i) der Regulations.

1341 Vgl. § 1.482-7(i)(6)(i) der Regulations.

1342 Vgl. § 1.482-7(i)(6)(iii) der Regulations. Die Actually Experienced Return Rate ist definiert als Gegenwartswert der Summe der Gewinne geteilt durch den Gegenwartswert der Summe aller Investitionen in das Cost Sharing Arrangement.

1343 Vgl. § 1.482-7(i)(6)(ii) der Regulations.

1344 Vgl. § 1.482-7(i)(6)(ii) der Regulations.

1345 Vgl. § 1.482-7(i)(6)(vi) der Regulations.

1346 Vgl. § 1.482-7(i)(6)(vi)(A)(1) der Regulations.

1347 Vgl. § 1.482-7(i)(6)(vi)(A)(2) der Regulations.

Verwertung der Entwicklungsergebnisse stets innerhalb des vordefinierten Renditekorridors liegt.[1348]

3.5 Zusammenfassung und Vergleich

Die in Kapitel 3 untersuchten Kernaspekte der Verrechnungspreisbildung für immaterielle Vermögenswerte (Definition, Zurechnung, Methoden) sowie die einschlägigen rechtlichen Rahmenbedingungen für die bestehenden Allokations- und Nutzungsstrategien werden nachfolgend einer zusammenfassenden Vergleichsbetrachtung unterzogen

3.5.1 Definition immaterieller Vermögenswerte

Mit dem Projekt „Transfer Pricing Aspects of Intangibles" hat die OECD den Schritt zur Schaffung einer auf abstrakten Merkmalen beruhenden Definition immaterieller Vermögenswerte für Zwecke der grenzüberschreitenden Gewinnabgrenzung vollzogen. Im gleichen Zuge hat die OECD zu grundlegenden Abgrenzungsfragen im Hinblick auf immaterielle Vermögenspositionen und Vorteile Stellung genommen, die nicht in den Anwendungsbereich der Definition fallen, jedoch ungeachtet dessen einer Beschränkung der Vergütung von Geschäftseinheiten auf einen Routinegewinn entgegenstehen können. Dies betrifft insbesondere Standortvorteile sowie Integrations- und Synergieeffekte multinationaler Unternehmen. Angesichts des erkennbar am Fremdvergleichsgrundsatz orientierten Begriffsverständnisses des immateriellen Vermögenswerts überrascht die Auffassung der OECD, dass der Geschäftswert, obgleich im Unterschied zu allen anderen immateriellen Vermögenswerten nicht separat übertragbar, ausdrücklich von der neuen zweckspezifischen Definition umfasst sein soll. Insoweit kann nur der Absicht der OECD zur Verhinderung fiskalisch unbilliger Ergebnisse im Falle des grenzüberschreitenden Transfers geschäftswertbildender Faktoren zusammen mit einem Bündel an Vermögenswerten als Erklärungsansatz dienen. Angesichts der Tatsache, dass diese Thematik durch Kapitel IX der OECD-Verrechnungspreisrichtlinien adressiert wird, entsteht der Eindruck, dass die OECD ihren Regelungen zum Umgang mit grenzüberschreitenden Umstrukturierungen nicht die erwünschte Wirkung zutraut. Dem grundlegenden Aspekt der Vergleichbarkeit konzerneigener immaterieller Vermögenswerte mit Markttransaktionen trägt die OECD anhand exemplarischer Vergleichbarkeitskriterien Rechnung, wobei die übergeordnete Bedeutung des einem immateriellen Vermögenswerts innewohnenden Gewinnpo-

[1348] Vgl. § 1.482-7(i)(6)(vi)(B)(1) bzw. § 1.482-7(i)(6)(vi)(B)(2) der Regulations.

tenzials im Hinblick auf die Verwendbarkeit von Markttransaktionen als Benchmarks nunmehr klarer wird.

Im Unterschied hierzu stellt das deutsche Steuerrecht keine abstrakte Definition immaterieller Vermögenswerte für Verrechnungspreiszwecke bereit, sodass soweit § 1 AStG bzw. die FVerlV den Begriff des immateriellen Wirtschaftsguts verwenden, nur auf die kasuistische bilanzsteuerrechtliche Finanzrechtsprechung zum Begriff des immateriellen Wirtschaftsguts zurückgegriffen werden kann. Der Begriff der sonstigen Vorteile bleibt hingegen weitgehend unbestimmt. Allerdings hat es der deutsche Gesetzgeber nicht unterlassen, mit der Einführung der Transferpaketbetrachtung Rechtsgrundlagen zu schaffen, die regeln unter welchen Voraussetzungen bei der Übertragung oder Überlassung eines Bündels von Vermögenswerten zwingend eine zweiseitige ertragsorientierte Bewertung erforderlich ist, die ggf. auch den Geschäftswert mit umfasst.

Das US-Steuerrecht sieht im Vergleich zu den einschlägigen Regelungen der OECD und des deutschen Steuerrechts die umfassendsten und detailliertesten Bestimmungen zur Verrechnungspreisbildung für immaterielle Vermögenswerte vor. Diese beinhalten insbesondere eine auf abstrakten Kriterien aufbauende Definition, die de lege lata den Geschäftswert in Ermangelung einer separaten Übertragbarkeit konsequenterweise nicht mit umfasst. Auch hinsichtlich der Vergleichbarkeit immaterieller Vermögenswerte stellen die US-Regulations dezidierte Kriterien auf, die u.a. explizit das Gewinnpotential eines immateriellen Vermögenswerts als Fundamentalkriterium enthalten und die Verwendbarkeit der Preisvergleichsmethode entsprechend einschränken. Angesichts der Tatsache, dass die US-Regulations in allen anderen Aspekten der Verrechnungspreisbildung im Vergleich zu den OECD-Verrechnungspreisrichtlinien 2010 und dem deutschen Steuerrecht weiter entwickelt sind, überrascht das Fehlen einer zweiseitigen einkommensorientierten Methodik im US-Steuerrecht. Des Weiteren enthalten die US-Regulations keine spezifischen Bestimmungen, welche für den Fall der Übertragung oder Überlassung von Sachgesamtheiten eine aggregierte Bewertung vorschreiben, bzw. die Tatbestandsvoraussetzungen hierfür regeln.

3.5.2 Zurechnung immaterieller Vermögenswerte

Die OECD hat im Rahmen des Projekts „Transfer Pricing Aspects of Intangible Assets“ erstmals dezidierte Regeln zur Zurechnung immaterieller Vermögenswerte vorgelegt. Während der Diskussionsentwurf vom 6.6.2012 noch vom Konzept der Zurechnung des einem immateriellen Vermögenswert zuzuweisenden Einkommens zu einem oder mehreren rechtlichen und/oder wirtschaftlichen Eigentümern geprägt war, ist mit dem Diskussionsentwurf vom 30.7.2013 eine inhaltliche Hinwendung zum Multiple Intangible Concept der US-Regulations eingetreten. Nach diesem Ansatz wird grundsätzlich der rechtlichen Zuordnung bzw. faktischen Kontrolle gefolgt, jedoch in einem nächsten Schritt die funktions- und risikoadäquate Vergütung von Tätigkeiten anderer Geschäftseinheiten, die werterhaltender oder wertsteigernder Natur sind, sichergestellt. Dabei kann insbesondere über die Gewinnaufteilungsmethode auch eine Beteiligung anderer Geschäftseinheiten als dem rechtlichen Eigentümer bzw. dem Besitzer am Einkommen des immateriellen Vermögens in Frage kommen.

Hinsichtlich der Anerkennung der rechtlichen oder faktischen Zuordnung nimmt die OECD im Unterschied zum US-Steuerrecht jedoch eine Hinwendung zu einer Betonung spezifischer Funktionen vor, d.h. die gezielte schuldrechtliche Zuordnung immaterieller Vermögenswerte in multinationalen Unternehmen steht unter dem Vorbehalt, dass bestimmte Super Functions vom rechtlichen Eigentümer durch eigenes Personal ausgeübt werden. Damit wird den Funktionen eine höhere Bedeutung zugemessen und im gleichen Zuge die gezielte rechtliche Allokation von Risiken zwischen den Geschäftseinheiten eines multinationalen Unternehmens zu Gunsten der tatsächlichen Funktionsausübung unter den Vorbehalt der entsprechenden funktionalen Nachweise gestellt.

Dem deutschen Steuerrecht fehlt es an spezifischen Rechtsgrundlagen für die grenzüberschreitende Zurechnung immaterieller Vermögenswerte in multinationalen Unternehmen. Ein Rückgriff auf § 39 Abs. 2 Nr. 1 AO scheitert an der regelmäßig fehlenden Eignung der Norm für immaterielle Vermögenswerte, die auf einem wirtschaftlichen Eigentumsbegriff aufbaut. Aufgrund der spezifischen Eigenschaften immaterieller Vermögenswerte ist die in § 39 Abs. 2 Nr. 1 AO niedergelegte wirtschaftliche Betrachtungsweise jedoch nur bedingt als Zurechnungsnorm geeignet.

3.5.3 Verrechnungspreismethoden

Die OECD hält weiterhin an der Preisvergleichsmethode als geeignete Verrechnungspreismethode auch für immaterielle Vermögenswerte fest. Der Versuch der OECD, im Diskussionsentwurf vom 6.6.2012 bzw. 30.7.2013 Kriterien für die Unterscheidung zwischen marktgängigen und unternehmensspezifischen immateriellen Vermögenswerten bereitzustellen zeigt jedoch, dass der OECD die Schwierigkeiten in Bezug auf eine verlässliche und zielgenaue

Anwendung der Preisvergleichsmethode bei immateriellen Vermögenswerten bewusst sind und eine Verbesserung der inhaltlichen Tatbestandsbestimmtheit insoweit als erforderlich betrachtet wird. Neben der Preisvergleichsmethode wird im Rahmen des OECD-Projektes „Transfer Pricing Aspects of Intangibles" die Eignung der Gewinnaufteilungsmethode sowie der als Valuation Techniques bezeichneten zweiseitigen einkommensbasierten Methoden betont, während die TNMM aufgrund der vollständigen Allokation des Residualergebnisses zum Eigentümer immaterieller Vermögenswerte kritisch betrachtet wird.

Der Umfang und Detaillierungsgrad der Ausführungen zu den Valuation Techniques lassen erkennen, dass der unabwendbaren Zunahme der Bedeutung einkommensbasierter Methoden Rechnung getragen und ihrer Anwendung angesichts des Versagens des tatsächlichen Fremdvergleichs für unternehmensspezifische immaterielle Vermögenswerte zugestimmt wird.[1349] Offenbar betrachtet die OECD zweiseitige einkommensbasierte Methoden, ungeachtet der Tatsache, dass diese keinen tatsächlichen, sondern einen lediglich auf unternehmensinternen Planungsdaten beruhenden hypothetischen Fremdvergleich darstellen, als mit dem Fremdvergleichsgrundsatz im Sinne von Art. 9 OECD-MA vereinbar. Im Unterschied hierzu bleibt die Gelegenheit, die Gewinnaufteilungsmethode im Zuge des OECD-Projekts „Transfer Pricing Aspect of Intangibles" weiterzuentwickeln und zu konkretisieren sowie gegebenenfalls Konventionen für eine einheitliche Anwendung der Methode zu entwickeln, jedoch ungenutzt.

Hinsichtlich des Umgangs mit Bewertungsunsicherheit hält die OECD auch im Rahmen des Projekts „Transfer Pricing Aspects of Intangibles" am hypothetischen Verhalten fremder Dritter fest, d.h. die OECD möchte weder einen Safe-Harbour-Korridor in Bezug auf Abweichungen der tatsächlichen von der hypothetischen Entwicklung (wie im US-Steuerrecht), noch die Vereinbarung von Preisanpassungsregelungen (wie im deutschen Steuerrecht) vorsehen. Eine abschließende Beurteilung dieser Frage wurde jedoch dem ebenfalls noch nicht abgeschlossenen OECD-Projekt „Base Erosion and Profit Shifting" vorbehalten, sodass insoweit m.E. mit einer Verpflichtung zur Vereinbarung von Preisanpassungsregelungen zumindest im Falle hoher Bewertungsunsicherheit zu rechnen ist.

Auch der deutsche Gesetzgeber hat seit dem Jahr 2008 eine Hinwendung zum hypothetischen Fremdvergleich, bzw. zu zweiseitigen einkommensbasierten Methoden vollzogen. Mittels des

---

[1349] Die Betonung und umfangreiche technische Würdigung von Valuation Techniques bezeichnet *Wittendorf* treffend als „Geburt der einkommensbasierten Methode" (Birth of the Income-Based Method"); vgl. *Wittendorf*, Tax Notes International 2012, 935, 949.

hypothetischen Fremdvergleichs im Sinne von § 1 Abs. 3 S. 5 AStG, der als Auffangmethodik bei Versagen der Standardmethoden konzipiert ist, soll insbesondere eine steuergünstige Entstrickung hochwertiger unternehmensspezifischer immaterieller Vermögenswerte verhindert und die Erfassung des gesamten Gewinnpotenzials, im Falle von Funktionen ggf. inklusive Geschäftswert, sichergestellt werden.[1350] Eine Weiterentwicklung oder Konkretisierung der als geeignet anzusehenden Methoden im Sinne von § 1 Abs. 3 S. 2 AStG, insbesondere der Gewinnaufteilungsmethode, ist jedoch auch im deutschen Steuerrecht nicht erfolgt. Die Annahme der Informationstransparenz nach § 1 Abs. 1 S. 2 AStG sowie die von § 1 Abs. 3 S. 11 AStG unterstellte Antizipierbarkeit ggf. unvorhersehbarer Entwicklungen in Form von „Unsicherheiten" zeigt, dass sich die Verrechnungspreisgesetzgebung zu einer zunehmenden Abwendung vom Fremdvergleichsgrundsatz im Sinne einer Orientierung am tatsächlichen Verhalten fremder Dritter gezwungen sieht, um fiskalisch unerwünschte Ergebnisse zu verhindern. Im Ergebnis werden so die Grenzen der Eignung des Fremdvergleichsgrundsatzes zur Verrechnungspreisbildung für immaterielle Vermögenswerte offenkundig.

Im Unterschied zu den OECD-Verrechnungspreisrichtlinien 2010 und dem deutschen Steuerrecht beschränken die US-Regulations die Gesamtheit der grundsätzlich für die Verrechnungspreisbildung immaterieller Vermögenswerte zur Verfügung stehenden Methoden grundsätzlich auf CUT-Method, CPM und Profit Split. Für den Fall von Cost Sharing Arrangements werden weitere Methoden durch die 2011 Cost Sharing Regulations spezifiziert. Alle grundsätzlich zulässigen Methoden werden hinsichtlich ihrer Anwendung spezifisch für immaterielle Vermögenswerte näher konkretisiert. Dies betrifft insbesondere die Restgewinnaufteilungsmethode, bei der unter bestimmten Voraussetzungen für die Aufteilung des Residual Profits auf die Kosten als Maßstab abgestellt werden darf. Dies zeigt, dass auch im US-Steuerrecht nicht mit dem Fremdvergleichsgrundsatz überein stimmende Vorgehensweisen und Konventionen akzeptiert werden, wenn eine Verrechnungspreisbestimmung auf anderem Wege scheitert oder fiskalisch unbillige Ergebnisse zu befürchten sind. Eine wesentliche Einschränkung des Fremdvergleichsgrundsatzes stellt insoweit der zum Schutz des US-Steueraufkommens eingeführte CWI-Standard dar, der die Entstrickung immaterieller Vermögenswerte zu einem fremdunüblich niedrigen Wert verhindern soll. Es ist deutlich hervorzuheben, dass damit ebenfalls eine Einschränkung der Reichweite des Fremdvergleichsgrundsatzes im Kontext des Umgangs mit Bewertungsunsicherheit eingetreten ist.

[1350] Vgl. Regierungsbegründung zum Entwurf eines Unternehmensteuerreformgesetzes 2008, BT-Drs. 16/4841, 84.

3.5.4 Allokations- und Nutzungsstrategien

Im Bereich der Eigenentwicklung und -nutzung immaterieller Vermögenswerte weisen die betrachteten Rechtsordnungen keine wesentlichen Abweichungen auf. Eine Ausnahme stellt insoweit der Fall des Vertriebs von Markenprodukten dar. Insoweit erfordern sowohl die US-Regulations als auch die OECD grundsätzlich eine fremdübliche Tragung von Kosten zur Markenentwicklung und -pflege durch das Vertriebsunternehmen, wobei die OECD durch den Diskussionsentwurf vom 30.7.2013 die Ausübung der Super Functions durch eigenes Personal des Markeninhabers postuliert. Das deutsche Steuerrecht enthält keine spezifischen Regelungen in Bezug auf diese Thematik. Ferner sind die Zurechnungsregeln des deutschen Steuerrechts insbesondere für Markenrechte ungeeignet. Auch insoweit muss daher dem deutschen Steuerrecht ein Mangel an konkretisierenden Rechtsvorschriften attestiert werden, der im Widerspruch zur ökonomischen Bedeutung immaterieller Vermögenswerte steht.

Hinsichtlich der grundsätzlichen Anerkennung von Auftragsfertigungs- und Auftragsentwicklungsverhältnissen besteht kein Dissenz zwischen den betrachteten Rechtsordnungen. Sowohl die OECD, als auch das deutsche und US-amerikanische Steuerrecht erkennen grundsätzlich eine rechtliche Risikoallokation zwischen den Geschäftseinheiten eines multinationalen Unternehmens an. Allerdings gehen die Anforderungen der OECD in funktionaler Hinsicht weiter; während der US-Fiskus die Möglichkeit zur faktischen Kontrolle und die finanzielle Kapazität zur Tragung des rechtlich übernommenen Risikos verlangt, stellt die OECD die Anerkennung der vertraglichen Risikoallokation unter den Vorbehalt der Ausübung der Super Functions durch den Auftraggeber. Wiederum mangelt es dem deutschen Steuerrecht an einer diesbezüglichen Konkretisierung der aus dem Fremdvergleichsgrundsatz folgenden Anforderungen an ein Auftragsfertigungs- oder Auftragsentwicklungsverhältnis.

Im Bereich der Lizenzierung und Eigentumsübertragung immaterieller Vermögenswerte ergeben sich bedeutende Unterschiede bei den betrachteten Rechtsordnungen. Hinsichtlich der Methodenwahl hat in Bezug auf zweiseitige einkommensbasierte Methoden eine Annäherung zwischen dem Status quo des deutschen Steuerrechts und der mit dem Projekt „Transfer Pricing Aspects of Intangibles" zu erwartenden Weiterentwicklung der OECD-Verrechnungspreisrichtlinien stattgefunden. Wie bereits ausgeführt, sind dem Methodenkanon des US-Steuerrechts derartige Ansätze fremd, d.h. eine Lizenzsatz- oder Kaufpreisbestimmung mittels des hypothetischen Fremdvergleichs ist allenfalls als unspezifizierte Methode unter Beachtung der Best Method Rule zulässig. Darüber hinaus zeigen sich weitere Differenzen in Bezug auf den Umgang mit Bewertungsunsicherheit. Während die OECD auch im Kontext mit einkommensbasierten Methoden zumindest bislang[1351] am hypothetischen Verhalten fremder Dritter festhält, unterstellt das deutsche Steuerrecht, dass sich tatsächliche Abweichungen zu einer erwarteten Entwicklung bereits zum Transaktionszeitpunkt als „Unsicherheiten im Hinblick auf die Preisvereinbarung“[1352] manifestiert hätten, die fremde Dritte zu einer „sachgerechten Anpassungsregelung“[1353] veranlasst hätten.[1354] Im Unterschied hierzu stellt das US-Steuerrecht bei der Anwendung des CWI-Standards ganz wesentlich auf den Nachweis der Fremdüblichkeit der Lizenzsatz- oder Kaufpreisbestimmung im Transaktionszeitpunkt ab, setzt mittels der Safe-Harbour-Rule jedoch einen starken Anreiz zur Vereinbarung von Anpassungsregelungen, die eine variable Preissetzung innerhalb des Abweichungskorridors von 80% bzw. 120% zur Folge haben. Der US-Gesetzgeber hat angesichts der fiskalisch leidvollen, jedoch teilweise steuerpolitisch verursachten Entstrickung von immateriellen Vermögenswerten aus der US-Steuerhoheit mit dem CWI-Standard eine unilaterale Maßnahme zum Schutz seines Steueraufkommens getroffen.

Im Bereich der gemeinsamen Schaffung und Nutzung von immateriellen Vermögenswerten ergeben sich weitere bedeutende Unterschiede zwischen den betrachteten Verrechnungspreisregimes. Das deutsche Steuerrecht schließt im Gegensatz zur OECD und den US-Regulations diejenigen Geschäftseinheiten von einer Teilnahme aus, die lediglich eine passive Verwertung der Entwicklungsergebnisse anstreben und bei denen die Aktivität des Pools nicht lediglich eine Hilfstätigkeit darstellt. Weitere bedeutende Differenzen setzen sich in Bezug auf die Behandlung von Beiträgen von Teilnehmern an das Cost Sharing Arrangement fort. Dies betrifft insbesondere die Definition und Bewertung von Beiträgen der Teilnehmer an ein Cost Sharing Arrangement. Die OECD-Verrechnungspreisrichtlinien 2010 lassen eine klare Position zum Wertansatz von Beiträgen der Teilnehmer an einem Cost Sharing Arrangement vermissen. Das deutsche Steuerrecht scheint eine Bewertung derartiger Beiträge zu Kosten zu gewähren, fordert jedoch beim Eintritt neuer Teilnehmer u.U. die Leistung einer Eintrittszahlung. Nach den in großer Detailtiefe verfassten 2011 Cost Sharing Regulations erfolgt die Bewertung von Beiträgen unter Heranziehung dezidierter Methoden sowie unter Beachtung

1351 Abzuwarten bleibt insoweit das Ergebnis des OECD-Projekts Base Erosion and Profit Shifting, vgl. hierzu Kapitel 3.2.9.4.5.

1352 § 1 Abs. 3 S. 11 AStG.

1353 § 1 Abs. 3 S. 11 AStG.

1354 Hierbei ergibt sich das paradoxe Ergebnis, dass die Vereinbarung einer Lizenz im Sinne eines umsatz- oder gewinnabhängigen Zahlungsmodus für den Fall der Übertragung einer Funktion als implizite Anpassungsregelung betrachtet wird, wohingegen dies bei einer umsatz- oder gewinnbezogenen Lizenzierung singulärer immaterieller Vermögenswerte wohl nicht der Fall ist.

des Investor Models, welches weder im deutschen Steuerrecht noch in den OECD-Verrechnungspreisrichtlinien 2010 enthalten ist. Die 2011 Cost Sharing Regulations sehen ferner in Abkehr vom Fremdvergleichsgrundsatz so genannte Periodic Adjustments vor, die eine Entstrickung wertvoller immaterieller Vermögenswerte aus der US-Steuerhoheit verhindern sollen. Weder das deutsche Steuerrecht noch die OECD-Verrechnungspreisrichtlinien 2010 enthalten vergleichbare Bestimmungen. Damit ist der US-Gesetzgeber auch im Hinblick auf fiskalische Maßnahmen gegen eine steuerplanerische Nutzung von Cost Sharing Arrangements zum steuergünstigen Transfer von US-Grundlagentechnologie in ausländische Steuerhoheiten den OECD-Verrechnungspreisrichtlinien 2010 sowie dem deutschen Steuerrecht voraus. Die diesbezügliche Entwicklung des US-Steuerrechts scheint indessen noch nicht abgeschlossen, als die Bewertung von Platform Contributions ungeachtet der bestehenden Methodenvielfalt und Regelungstiefe einen Streitpunkt zwischen dem IRS und den Steuerpflichtigen darstellt, dessen Ursache der u.a. der bereits erwähnte Mangel eines Tatbestands für die Bewertung von Bündeln von Vermögenswerten ist, denen geschäftswertbildende Faktoren anhaften.

4 Beurteilung der geltenden Verrechnungspreisbestimmungen

4.1 Einleitung

Die Zielsetzung der vorliegenden Arbeit besteht in der Entwicklung von Reformvorschlägen zur Verbesserung der grenzüberschreitenden Gewinnabgrenzung für die Schaffung und Nutzung immaterieller Vermögenswerte multinationaler Unternehmen in Bezug auf die betrachteten Aspekte der individuellen Steuergerechtigkeit, der zwischenstaatlichen Verteilungsgerechtigkeit, der Praktikabilität und der Rechtssicherheit. Die im nachfolgenden Kapitel 4 durchgeführte vergleichende Beurteilung der bestehenden Regelwerke der OECD sowie des deutschen und des US-amerikanischen Steuerrechts dient der Identifizierung von Ansatzpunkten für Reformüberlegungen.

4.2 Entwicklung des Beurteilungsrahmens

Der für die Analyse des bestehenden Regelwerks zu verwendende Beurteilungsrahmen richtet sich an den zu Beginn dieser Arbeit aufgestellten Kriterien aus. Der Beurteilungsrahmen ist nachfolgend in Bezug auf die Gewinnabgrenzung rechtlich selbständiger Geschäftseinheiten multinationaler Unternehmen und unter besonderer Würdigung der spezifischen Eigenschaften immaterieller Vermögenswerte zu entwickeln.

4.2.1 Gerechtigkeit der Besteuerung

4.2.1.1 Individuelle Steuergerechtigkeit

Die Belastung des Steuerpflichtigen mit Steuern ist an die Anforderung einer gerechten Besteuerung geknüpft, die als erfüllt angesehen wird, wenn diese dem Leistungsfähigkeitsprinzip als „Fundamentalprinzip des Steuerrechts"[1355] folgt.[1356] Die wirtschaftliche Fähigkeit des Steuerpflichtigen zur Erbringung von Zahlungen wird als Maßstab der Leistungsfähigkeit herangezogen,[1357] d.h. die einkommensteuerliche Bemessungsgrundlage hat als Messgröße der wirtschaftlichen Leistungsfähigkeit zu fungieren.[1358] Für eine Besteuerung nach der wirt-

---

1355 Vgl. *Hey*, Unternehmensbesteuerung, 1997, 114, m.w.N.
1356 *Windisch/Blankenburg*, in: Ahlheim/Wenzel/Wiegard, FS Rose, 2003, 211, 211.
1357 Vgl. *Schäfer*, International Taxation, 2006, 78.
1358 Vgl. *Teschke*, Netzwerke Nahestehender, 2009, 30.

schaftlichen Leistungsfähigkeit ist demnach die Bestimmung der Leistungsfähigkeit des einzelnen Steuerpflichtigen erforderlich.[1359]

Das Leistungsfähigkeitsprinzip erfährt eine Konkretisierung durch das Prinzip der Individualbesteuerung,[1360] was eine zeitliche und sachliche Zurechnung der zu besteuernden Einkünfte zum jeweiligen Steuersubjekt erforderlich macht.[1361] Dabei kann als Steuersubjekt das multinationale Unternehmen an sich als gesellschaftsrechtlich verflochtene, unter einheitlicher Leitung stehende und daher wirtschaftlich kooperierende Einheit rechtlich selbständiger Geschäftseinheiten angesehen werden.[1362] Alternativ kann eine Qualifikation jeder einzelnen Geschäftseinheit als eigenständiges Steuersubjekt erfolgen, wie dies beim Separate Entity Approach grundsätzlich[1363] der Fall ist. Im Hinblick auf den grenzüberschreitenden Leistungsaustausch innerhalb eines multinationalen Unternehmens erfordert das Leistungsfähigkeitsprinzip das mit einer grenzüberschreitenden Transaktion realisierten Einkommen dergestalt zu erfassen, dass der in Folge der Transaktion tatsächlich grenzüberschreitend transferierte ökonomische Nutzen der Höhe nach zutreffend durch Eingang in die Bemessungsgrundlage reflektiert wird. Ausfluss des Leistungsfähigkeitsprinzips ist die Gleichmäßigkeit der Besteuerung im Sinne der horizontalen Steuergerechtigkeit, d.h. die Anwendung der Besteuerungsregeln muss zur Folge haben, dass Gleichheit im Belastungserfolg eintritt.[1364] Diese ist gegeben, wenn Steuerpflichtige, die einen identischen Tatbestand realisieren auch in gleichem Umfang zur Ertragsbesteuerung herangezogen werden und somit eine „Selbsteinsteuerung“ [1365] verhindert wird. Aus der Anforderung der individuellen Steuergerechtigkeit folgt ferner, dass das von einem multinationalen Unternehmen realisierte Einkommen der Besteuerung genau einmal zu unterwerfen ist, d.h. eine Doppel- oder Minderbesteuerung als Folge der geschäftlichen Tätigkeit in mehreren steuerlichen Jurisdiktionen ist zu vermeiden. Für den Begriff der Doppelbesteuerung existiert keine einheitliche Definition.[1366] Im vorliegenden Kontext eines multinationalen Unternehmens liegt eine Doppelbesteuerung vor, wenn mehr als das gesamte Einkommen eines multinationalen Unternehmens der Besteuerung im In- und Ausland unter-

---

1359 Vgl. *Teschke*, Netzwerke Nahestehender, 2009, 34f.

1360 Vgl. *Stadie*, Zurechnung, 1983, 13.

1361 Vgl. hierzu ausführlich *Ditz*, Gewinnabgrenzung, 2004, 73ff.

1362 Vgl. zur einheitlichen Betrachtung eines multinationalen Unternehmens für Zwecke der Ertragsbesteuerung *Sommer*, Unitary Apportionment, 2010, 44f.

1363 Als Ausnahme von diesem Grundsatz ist die Zusammenfassung mehrerer rechtlich selbständiger Geschäftseinheiten im Rahmen einer Gruppenbesteuerung zu sehen.

1364 BVerfG, Urteil v. 27.6.1991, 2 BvR 1493/89, BStBl. II 1991, 654 sowie BVerfG, Urteil v. 9.4.2004, 2 BvL 17/02, BVerfGE 110, 94.

1365 Vgl. *Schreiber*, Besteuerung, 2008, 7.

1366 Vgl. *Vogel*, in: Vogel/Lehner, DBA, 2009, Einleitung des OECD-MA, Rz. 5; vgl. die Übersicht bei *Schaumburg*, Steuerrecht, 1998, 585ff.

worfen wird.[1367] Dies ist der Fall, wenn die Summe der Bemessungsgrundlagen der rechtlich selbständigen verbundenen Geschäftseinheiten 100% des Einkommens des Gesamtunternehmens übersteigt, weil die den einzelnen rechtlichen Einheiten zugewiesenen Einkünfte höher sind als das Gesamteinkommen.[1368] Eine Nicht- oder Minderbesteuerung liegt dementsprechend vor, wenn weniger als das von einem multinationalen Unternehmen erwirtschaftete Gesamteinkommen der Besteuerung im In- und Ausland unterliegt. Die Entstehung einer Doppel- oder Minderbesteuerung wird als problematisch betrachtet, da sie neben einem Verstoß gegen das Gebot der Besteuerung nach der wirtschaftlichen Leistungsfähigkeit zu betriebs- und volkswirtschaftlichen Nachteilen führt, wie insbesondere die Behinderung des freien Kapitalverkehrs und die Verzerrung des Wettbewerbs.[1369] In Bezug auf die Verrechnungspreisbildung im hier betrachteten Kontext ist daher sicherzustellen, dass die auf immaterielle Vermögenswerte als Produktionsfaktor im grenzüberschreitenden Leistungsaustausch der Geschäftseinheiten eines multinationalen Unternehmens entfallende Einkommen genau einmal der Ertragsbesteuerung unterworfen werden.[1370] Ein Verstoß gegen die Anforderung der Vermeidung der Doppelbesteuerung liegt vor, wenn das multinationale Unternehmen trotz ordnungsgemäßer Befolgung der einschlägigen Bestimmungen der Gewinnabgrenzung das Risiko einer mehrfachen Besteuerung seines Einkommens aufgrund divergierender Rechtsauslegung und -anwendung der involvierten Steuerhoheiten tragen muss. Umgekehrt wird gegen die Anforderung der Vermeidung einer Minderbesteuerung verstoßen, wenn ein Teil des im grenzüberschreitenden Leistungsaustausch realisierten Einkommens eines multinationalen Unternehmens unbesteuert bleibt.

4.2.1.2 Zwischenstaatliche Verteilungsgerechtigkeit

Ausgehend von dem Paradigma der Verwendung des Einkommens eines multinationalen Unternehmens als Maßgröße für seine wirtschaftliche Leistungsfähgkeit erfordert die grenzüberschreitende Geschäftstätigkeit eines multinationalen Unternehmens eine Abgrenzung der steuerlichen Bemessungsgrundlage zwischen den involvierten Steuerhoheiten.[1371] Der Anspruch der nationalen Steuerhoheiten, für die Bereitstellung öffentlicher Güter wie beispielsweise Infrastruktur und Sicherheit Steuern auf das Einkommen der in ihrem Hoheitsgebiet tä-

---

[1367] Vgl. *Ditz*, Gewinnabgrenzung, 2004, 99f.
[1368] Vgl. *Tiemann*, Gewinnabgrenzung, 2007, 11.
[1369] Vgl. hierzu im Einzelnen *Jacobs*, Unternehmensbesteuerung, 2011, 4f.
[1370] Analog auf der Ebene einer Gesamtkonzeption der Besteuerung Nahestehender *Teschke*, Netzwerke Nahestehender, 2009, 33.
[1371] Vgl. *Ditz*, Gewinnabgrenzung, 2004, 100.

tigen multinationalen Unternehmen zu erheben, kann aus „nutzentheoretischen Aspekten der Äquivalenztheorie“[1372] abgeleitet werden.[1373] Die Beachtung des Äquivalenzprinzips erfordert eine sachgerechte Aufteilung des von den Geschäftseinheiten eines multinationalen Unternehmens erwirtschafteten Einkommens zwischen den beteiligten Steuerhoheiten,[1374] d.h. es ist dem Erfordernis der zwischenstaatlichen Verteilungsgerechtigkeit zwischen den Steuerhoheiten zu entsprechen.[1375] Die Aufteilung des Einkommens eines multinationalen Unternehmens bedingt, dass die im Territorialitätsprinzip zur Geltung kommende Befugnis der beteiligten Nationalstaaten zur Ausübung der steuerlichen Gesetzgebung innerhalb ihres Hoheitsbereichs einer Abgrenzung im Sinne einer Beschränkung und Zuordnung bedarf.[1376] Dies bedingt die Notwendigkeit einer zwischenstaatlichen Abstimmung über einen Maßstab der Gewinnabgrenzung[1377] bzw. Gewinnallokation.

Aus der Bezugnahme auf das Einkommen als Maßstab für die wirtschaftliche Leistungsfähigkeit eines multinationalen Unternehmens bzw. seiner rechtlich selbständigen Geschäftseinheiten ergibt sich die Anknüpfung der Besteuerungsrechte der Nationalstaaten an die „Erfolgsquellen“[1378], die in ihrem Hoheitsgebiet verortet sind. Insoweit stehen sich zwei differierende Ansätze in Form des Supply-Approach und des Supply-Demand-Approach gegenüber.[1379] Beim Supply-Approach wird die Quelle des Einkommens des Unternehmens am Einsatzort der Produktionsfaktoren angesiedelt.[1380] Im Unterschied hierzu liegt die Quelle des Einkommens beim Supply-Demand-Approach sowohl am Einsatzort der Produktionsfaktoren als auch am Ort des Absatzes der Leistungen.[1381] Die im OECD-Musterabkommen zur Vermeidung der Doppelbesteuerung vorgesehene Systematik der Abgrenzung der Besteuerungsrechte für grenzüberschreitende unternehmerische Tätigkeiten kann als Mischform von Supply-Approach und Supply-Demand-Approach gesehen werden. Gewinne, die ein Unternehmen durch seine wirtschaftliche Tätigkeit in einem anderen Staat erwirtschaftet, dürfen nach Art. 7 Abs. 1 OECD-MA grundsätzlich nur in seinem Ansässigkeitsstaat besteuert werden. Dieser Grundsatz wird jedoch durchbrochen, wenn durch die geschäftliche Betätigung im ausländi-

---

1372 *Ditz*, Gewinnabgrenzung, 2004, 101, m.w.N.
1373 Vgl. *Jacobs/Spengel/Schäfer*, Intertax 2004, 268, 270, m.w.N.
1374 Vgl. *Teschke*, Netzwerke Nahestehender, 2009, 38f.
1375 Vgl. *Vogel*, in: Kirchhof/Offerhaus/Schöberle, FS Klein, 1994, 361, 372; *Fohr*, Holdinggesellschaften, 2001, 74; *Flick*, FR 1961, 171, 172ff.
1376 Vgl. *Lehner*, in: Gocke/Gosch/Lang, FS Wassermeyer, 2005, 241, 245.
1377 Vgl. *Tiemann*, Gewinnabgrenzung, 2007, 14; *Ditz*, Gewinnabgrenzung, 2004, 94.
1378 *Oestreicher*, Konzerngewinnabgrenzung, 2000, 179.
1379 Vgl. *Musgrave*, in: McLure, Income Tax, 1984, 228, 234.
1380 Vgl. *Oestreicher*, Konzerngewinnabgrenzung, 2000, 179.
1381 Vgl. *Oestreicher*, Konzerngewinnabgrenzung, 2000, 179.

schen Staat ein definierter Umfang wirtschaftlicher Betätigung überschritten und hierdurch der steuerliche Nexus einer Betriebsstätte entsteht. Die Gründung einer rechtlich selbständigen Geschäftsinheit in einem ausländischen Staat führt ebenso zur lokalen Steuerpflicht, da die Steuerhoheiten in aller Regel an Sitz und/oder Geschäftsleitung einer Gesellschaft anknüpfen und die Geschäftseinheit als eigenständiges Unternehmen im Sinne von Art. 7 Abs. 1 OECD-MA qualifiziert.

Aus der Anerkennung der rechtlichen Selbständigkeit einer unter Oberleitung der Konzernmuttergesellschaft stehenden Geschäftseinheit beim Separate Entity Approach folgt das Erfordernis eines Maßstabs zur steuerlichen Behandlung des konzerninternen Leistungsaustauschs. Dabei ist dem Umstand Rechnung zu tragen, dass zwischen den Geschäftseinheiten eines multinationalen Unternehmens kein grundsätzlicher Interessengegensatz besteht, was eine Inkaufnahme von Nachteilen (z.B. überhöhte Verrechnungspreise) durch einzelne Konzerneinheiten zu Gunsten des Gesamtunternehmens, etwa zum Zweck der Reduzierung der Konzernsteuerquote, ermöglicht.[1382] Dem trägt der in Art. 9 Abs. 1 OECD-MA verankerte Fremdvergleichsgrundsatz durch die Fiktion des Dealing at Arm's Length[1383] Rechnung, indem er den Geschäftseinheiten auferlegt, Konditionen zu vereinbaren, die denen entsprechen, die bei einer Transaktion zwischen fremden Dritten vereinbart würden. Dem Fremdvergleichsgrundsatz liegt die implizite Annahme zu Grunde, dass durch die Bezugnahme auf die Konditionen, zu denen fremde Dritte auf aktiven Märkten in Transaktionen eintreten, auch im multinationalen Unternehmen eine Allokation der Bemessungsgrundlage resultiert, die dem Wertschöpfungsbeitrag der einzelnen Geschäftseinheiten zum Gesamtergebnis entspricht, d.h. das Wirken der Marktkräfte wird als sachgerechter ökonomischer Maßstab der Ergebnisallokation angesehen. Durch die Analyse der jeweils ausgeübten Funktionen, getragenen Risiken und eingesetzten Mitteln wird versucht, eine den Marktgesetzen entsprechende Verrechnungspreisfindung zu ermöglichen, die den Wertschöpfungsbeiträgen der Transaktionspartner entspricht und somit das von einer einzelnen Geschäftseinheit realisierte steuerliche Einkommen reflektiert.

Die Möglichkeiten der grenzüberschreitenden Zusammenarbeit unter Einsatz digitaler Informationstechnologie haben eine verminderte Bedeutung formalrechtlicher und organisatorischer Grenzen zur Folge und erschweren eine Bestimmung des Beitrags einzelner rechtlicher

1382 Vgl. *Andresen*, Konzernverrechnungspreise, 1999, 206.
1383 Vgl. zur historischen Entwicklung des Begriffs Kapitel 3.2.1.

Einheiten zur Gesamtwertschöpfung einer grenzüberschreitenden Transaktion.[1384] Dies gilt insbesondere für immaterielle Vermögenswerte, die in digitalisierter Form ortsungebunden und jederzeit verfügbar gemacht werden können. Die sachliche Zuordnung der Einkünfte zu einer einzelnen Geschäftseinheit nach dem Fremdvergleichsgrundsatz stellt sich daher umso schwieriger dar, je mehr die Leistungserstellung eines multinationalen Unternehmens durch einen integrierten Wertschöpfungsprozess erfolgt, der eine Abgrenzung der Wertschöpfungsbeiträge der beteiligten Geschäftseinheiten erschwert und zu Integrations- und Synergieeffekten[1385] im Vergleich zum Leistungsaustausch unverbundener Unternehmen auf aktiven Märkten führt. Vor dem Hintergrund der Schwierigkeiten einer Verrechnungspreisbildung für immaterielle Vermögenswerte ist die Gewinnabgrenzung multinationaler Unternehmen in den Fokus der steuerpolitischen Diskussion gerückt.[1386] Die von der OECD und der EU in Erwägung gezogenen Reformüberlegungen sollen u.a. zu einer Einschränkung der insbesondere mit immateriellen Vermögenswerten bestehenden Möglichkeiten zur „aggressiven Steuerplanung“[1387] bzw. von „Steuerbetrug und Steuerhinterziehung“[1388] führen.[1389] Im Zuge dieser Reformüberlegungen soll die Beibehaltung der rechtlichen Selbständigkeit der Geschäftseinheiten eines multinationalen Unternehmens nach dem Separate Entity Approach jedoch nicht grundlegend in Frage gestellt werden.

Im Gegensatz zur OECD, die den Separate Entity Approach durch Einführung einer Selbständigkeitsfiktion auch für die Gewinnabgrenzung zwischen Stammhaus und Betriebsstätten weiter gestärkt hat,[1390] sind seitens der EU aktuell jedoch auch weiterführende Überlegungen im Sinne der Einführung einer EU-weiten Unitary Taxation zu berücksichtigen, wie sich im Vorschlag der EU-Kommission für eine Richtlinie über eine Gemeinsame Konsolidierte Körperschafteuer-Bemessungsgrundlage zeigt.[1391]

Der Beurteilung der zwischenstaatlichen Verteilungsgerechtigkeit ist daher die Fragestellung zu Grunde zu legen, inwieweit der Fremdvergleichsgrundsatz als Maßstab zur Erfassung des Transfers eines der Besteuerung zu Grunde zu legenden ökonomischen Nutzens aus immate-

---

1384 Vgl. *Schäfer/Spengel*, ZEW Discussion Paper No. 03-53, 2003, 30f.; *Jacobs/Spengel/Schäfer*, Intertax 2004, 268, 269.

1385 Vgl. hierzu *Kleineidam*, IStR 2001, 724, 725; *Bauer*, IStR 2006, 320, 320.

1386 Vgl. Kapitel 1.1.

1387 *OECD*, Action Plan on Base Erosion and Profit Shifting, http://www.oecd.org/ctp/BEPSActionPlan.pdf, abgerufen am 8.3.2014.

1388 *EU-Kommission*, Aktionsplan, COM(2012), 722.

1389 Vgl. zur Problemstellung und Reformoptionen ausführlich *Fuest et al.*, ZEW Discussion Paper No. 13-044, 2013.

1390 Vgl. *OECD*, Attribution of Profits, 2010.

1391 Vgl. *EU-Kommission*, GKKB-Vorschlag, KOM (2011) 121 endgültig.

riellen Vermögenspositionen zwischen verschiedenen Steuerhoheiten im Sinne der zwischenstaatlichen Verteilungsgerechtigkeit tauglich ist.

4.2.2 Praktikabilität der Besteuerung

Eng mit dem Leistungsfähigkeitsprinzip verwandt ist die Forderung nach nicht nur theoretisch konzeptionell fundierten, sondern auch praktisch umsetzbaren Besteuerungsregeln, die weder den Steuerpflichtigen noch die Finanzverwaltungen mit einer unverhältnismäßig hohen Ressourcenbindung belasten.[1392] Dies bedingt eine Kenntnis des aus der Verrechnungspreisermittlung, deren Dokumentation und der steuerlichen Deklaration resultierenden Aufwands, die zu einer „betriebswirtschaftlichen Planungssicherheit"[1393] für die Steuerpflichtigen führt. Während auf Seiten der Steuerpflichtigen die Kosten der Befolgung der Regelungen zur grenzüberschreitenden Gewinnabgrenzung (z.B. Dokumentationsvorschriften, Kosten von Rechtsbehelfsverfahren, Verständigungsverfahren) anfallen, sind auf Seiten der Finanzverwaltungen die Kosten der Überprüfung der Verrechnungspreisbildung im Besteuerungsverfahren von Relevanz. Dem in diversen Jurisdiktionen tätigen multinationalen Unternehmen muss es möglich sein, durch eine sorgfältige Planung und Durchführung der Gewinnabgrenzung steuerliche Risiken im Zusammenhang mit der grenzüberschreitenden Schaffung und Nutzung immaterieller Vermögenswerte auf ein angemessenes, d.h. verhältnismäßiges Niveau zu beschränken. Eine praktikable Besteuerung soll daher insbesondere verständlich, praktisch umsetzbar, zielgenau und verlässlich sein.[1394] Dabei ist auch zu beachten, dass die einschlägigen Bestimmungen eine gewissse Flexibilität in Bezug auf Veränderungen der Rahmenbedingungen durch konjunkturelle oder technologische Entwicklungen aufweisen sollten, die sich auf die Organisation und Abwicklung unternehmensinterner Prozesse auswirken.[1395]

4.2.3 Rechtssicherheit der Besteuerung

Eine rechtsstaatlichen Prinzipien folgende Besteuerung hat auch die grenzüberschreitende Gewinnabgrenzung am Grundsatz der Rechtssicherheit auszurichten.[1396] Das Gebot der Rechtssicherheit bedeutet für den Fall eines multinationalen Unternehmens, dass die rechtlich

1392 Vgl. *Arndt*, Praktikabilität, 1983, 7ff.; *Andresen*, Konzernverrechnungspreise, 1999, 223; *Ditz*, Gewinnabgrenzung, 2004, 103; *Spengel/Wendt*, ZEW Discussion Paper No. 07-043, 2007, 5, m.w.N.

1393 Vgl. *Teschke*, Netzwerke Nahestehender, 2009, 55f.

1394 Vgl. *Herzig*, BB 2000, 1863, 1864.

1395 Vgl. zu den Auswirkungen der Informationstechnologie auf die Organisation von Unternehmensprozessen: *Jacobs/Spengel/Schäfer*, Intertax 2003, 214, 214; *Abdallah/Murtuza*, International Tax Journal Spring 2006, 5, 5.

1396 *Ditz*, Gewinnabgrenzung, 2004, 102.

selbständigen Geschäftseinheiten in die Lage versetzt werden müssen, die Tatbestandsvoraussetzungen und steuerlichen Folgen ihrer unternehmerischen Tätigkeit abschätzen zu können[1397], d.h. die steuerlichen Vorschriften haben der Anforderung der Tatbestandsmäßigkeit der Besteuerung zu entsprechen.[1398] *Ditz* weist m.E. zutreffenderweise darauf hin, dass insoweit keine präzise Bestimmung der Steuerschuld ex ante gemeint sein kann, sondern die Ausrichtung steuerlicher Tatbestände an „intersubjektiv nachvollziehbaren Gegebenheiten"[1399] im Sinne einer „Objektivierung der steuerlichen Bemessungsgrundlagen"[1400]. Im Kontext der grenzüberschreitenden Gewinnabgrenzung für immaterielle Vermögenswerte bedeutet dies, dass die Tatbestände der steuerlichen Einkommensermittlungs-, bzw. Korrekturvorschriften dergestalt konkretisiert sein müssen, dass es dem Steuerpflichtigen möglich ist, die Verrechnungspreise für immaterielle Vermögenswerte mit hinreichender Verlässlichkeit bestimmen und dokumentieren zu können, ohne in der Folge steuerliche Nachteile in Form von Einkommenskorrekturen und/oder Strafzuschlägen befürchten zu müssen.

4.3 Anwendung des Beurteilungsrahmens

Der Beurteilungsrahmen wird nachfolgend auf die in Kapitel 3 der Arbeit untersuchten Aspekte der Verrechnungspreisbildung sowie die zur Verfügung stehenden Allokations- und Nutzungsstrategien für immaterielle Vermögenswerte angewendet. Die Beurteilungskriterien werden hierfür jeweils zunächst in Bezug auf die verschiedenen untersuchten Aspekte konkretisiert.

4.3.1 Definition immaterieller Vermögenswerte

4.3.1.1 Konkretisierung der Beurteilungskriterien

Vor dem Hintergrund der ökonomischen und damit auch fiskalischen Bedeutung immaterieller Vermögenswerte ist die Notwendigkeit einer praktisch umsetzbaren, verlässlichen, zielgenauen und inhaltlich bestimmten Definition des Begriffs für Zwecke der grenzüberschreitenden Gewinnabgrenzung evident. Die Definition als Anknüpfungspunkt dem Grunde nach für das Vorliegen eines für die grenzüberschreitende Gewinnabgrenzung eigenständigen immateriellen Vermögenswerts ist sowohl für die individuelle Steuergerechtigkeit der Gewinnab-

---

[1397] Vgl. *Andresen*, Konzernverrechnungspreise, 1999, 51; *Tipke*, Steuerrechtsordnung, Band 1, 2000, 138; *Goebel/Eilinghoff*, DStZ 2008, 311, 314.

[1398] Vgl. *Tipke*, Steuerrechtsordnung, Band 1, 2000, 120.

[1399] *Ditz*, Gewinnabgrenzung, 2004, 103.

[1400] *Ditz*, Gewinnabgrenzung, 2004, 103.

grenzung, als auch für die zwischenstaatliche Verteilungsgerechtigkeit sowie für die Praktikabilität und Rechtssicherheit von großer Relevanz. Nur soweit es dem Steuerpflichtigen möglich ist, das Vorliegen bzw. Nichtvorliegen eines transaktionsgegenständlichen immateriellen Vermögenswerts dem Grunde nach zu erkennen, kann das mit einem immateriellen Vermögenswert verbundene Einkommen dem Grunde und der Höhe nach angemessen bestimmt werden. Von einer die Gerechtigkeitsanforderungen erfüllenden Definition ist auszugehen, wenn diese dem Kerninhalt des Fremdvergleichs folgend alle immateriellen Vermögenspositionen erfasst, deren Übertragung oder Überlassung zwischen fremden Dritten aufgrund des mit einer Transaktion transferierten ökonomischen Nutzens vergütet worden wäre. Eine einheitliche Anwendung der Definition sichert gleichermaßen die Gleichmäßigkeit der Besteuerung, wie auch die zwischenstaatliche Verteilungsgerechtigkeit durch Erfassung genzüberschreitender ökonomischer Transfers.

Im Hinblick auf das Kriterium der Praktikabilität und Rechtssicherheit muss es die Definition dem Steuerpflichtigen ermöglichen, bei sorgfältiger Planung und Durchführung der konzerninternen grenzüberschreitenden Leistungsbeziehungen zu einer verlässlichen Einschätzung über das Vorliegen eines immateriellen Vermögenswerts dem Grunde nach zu gelangen. Dabei sind abstrakte Definitionskriterien einer beispielhaften Aufzählung im Hinblick auf die Zielgenauigkeit der Anwendung überlegen. Ferner führt erst eine hinreichend klare negative Abgrenzung zu außerhalb der Definition befindlichen immateriellen Vermögenspositionen, Zuständen und Vorteilen zu der erforderlichen inhaltlichen Tatbestandsbestimmtheit. Die zwischenstaatliche Verteilungsgerechtigkeit erfordert darüber hinaus auch Wertungsaussagen zu den Auswirkungen von außerhalb der Definition befindlichen immateriellen Phänomenen auf die grenzüberschreitende Gewinnabgrenzung. Eine international konsistente Ausgestaltung und Anwendung der Definition vermindert schließlich das Risiko einer Doppel- oder Minderbesteuerung, welches aus internationalen Qualifikationskonflikten[1401] resultieren kann.

Im Kontext der Bestimmungen zur Definition immaterieller Vermögenswerte für Zwecke der grenzüberschreitenden Gewinnabgrenzung sind auch tatbestandsmäßig klare Regelungen erforderlich, die festlegen, unter welchen Voraussetzungen bei der Übertragung oder Überlassung einer Sachgesamtheit von mehreren materiellen und immateriellen Vermögenswerten grundsätzlich von einer aggregierten Bewertung derselben auszugehen ist und eine Vergütung von Einzelbestandteilen ausgeschlossen wird, da diese den mit der Transaktion transferierten

[1401] Vgl. zum Begriff des Qualifikationskonflikts: *Vogel*, in: Vogel/Lehner, DBA, 2009, Einleitung des OECD-MA, Rz. 150ff.

ökonomischen Nutzen aufgrund des potenziellen Übergangs geschäftswertbildender Faktoren nicht angemessen reflektieren würden.

4.3.1.2 Beurteilung der OECD

4.3.1.2.1 OECD-Verrechnungspreisrichtlinien 2010

Der in Kapitel VI der OECD-Verrechnungspreisrichtlinien 2010 enthaltenen Aufzählung von Beispielen fehlt es an der erforderlichen definitorischen Kraft und inhaltlichen Konsistenz. Die Unterteilung in Trade Intangibles und Marketing Intangibles[1402] sowie die erläuternden Ausführungen zu Patenten und Warenzeichen[1403] sind nur eingeschränkt geeignet, die notwendige Präzisierung der Definition herbeizuführen. Den Ausführungen der OECD-Verrechnungspreisrichtlinien 2010 kann aus definitorischer Perspektive lediglich entnommen werden, dass sowohl immaterialgüterrechtlich geschützte immaterielle Vermögenswerte als auch Geschäftsgeheimnisse und geheimes Know-how als immaterielle Vermögenswerte für Zwecke der grenzüberschreitenden Gewinnabgrenzung anzusehen sind. Der Definition mangelt es jedoch an einer negativen Abgrenzung zu für die grenzüberschreitende Gewinnabgrenzung nicht relevanten immateriellen Vermögenspositionen, die ggf. für Zwecke der Vergleichbarkeitsanalyse von Relevanz sind.

Hinsichtlich der Voraussetzungen für eine aggregierte Bewertung der Übertragung von Sachgesamtheiten ist die Festellung in Tz. 9.93 der OECD-Verrechnungspreisrichtlinien 2010, dass nur ein Transfer eines Bündels von Vermögenswerten in Verbindung mit der Fähigkeit zur Ausführung von Funktionen und der Tragung von Risiken für eine agreggierte Betrachtung in Frage kommen kann, von fundamentaler Bedeutung. Sie dient unmittelbar der zwischenstaatlichen Verteilungsgerechtigkeit und Praktikabilität der Gewinnabgrenzung und mittelbar auch der Rechtssicherheit, da die Grundvoraussetzung für eine Zusammenfassung mehrerer Vermögenswerte, nämlich deren Zusammenwirken durch Geschäftsprozesse und die damit verbundene Möglichkeit der Ausführung von Geschäftsaktivitäten, die bisher von der übertragenden oder überlassenden Geschäftseinheit ausgeübt wurden, verdeutlicht wird. Allerdings lassen die Ausführungen der OECD die gebotene Zielgenauigkeit hinsichtlich der Tatbestandsvoraussetzungen einer solchen Sachgesamtheit und insbesondere einer Funktion vermissen, sodass insoweit eine erhebliche Rechtsunsicherheit besteht.

1402 Vgl. hierzu ausführlicher Kapitel 4.3.1.2.1.

1403 Vgl. Tz. 6.8ff. der OECD-Verrechnungspreisrichtlinien 2010.

4.3.1.2.2 OECD-Projekt „Transfer Pricing Aspects of Intangibles“

Mit dem Diskussionsentwurf der OECD vom 6.6.2012 zur Überarbeitung der OECD-Verrechnungspreisrichtlinien 2010 werden erstmals abstrakte Definitionskriterien (nicht physischer oder monetärer Charakter, Eigentum oder Kontrolle, Verwendung zu kommerziellen Zwecken) eingeführt. M.E. kann man mit *Wittendorf*[1404] davon ausgehen, dass im Hinblick auf Eigentum oder Kontrolle die rechtliche oder faktische Ausschließbarkeit Dritter gemeint ist. Der Diskussionsentwurf vom 6.6.2012 enthält eine erläuternde Abgrenzung von immateriellen Vermögenswerten, die mit einiger Spezifität im Rahmen der Funktionsanalyse identifizierbar sind, zu Werttreibern, die dadurch gekennzeichnet sind, dass sie sich nicht im Eigentum eines Unternehmens befinden oder kontrolliert werden können. In der Folge sind bestimmte immaterielle Vermögenspositionen im Bereich des Location Capitals, Investor Capitals und Human Capitals[1405], die die vorgenannten abstrakten Definitionskriterien nicht erfüllen, grundsätzlich aus dem Anwendungsbereich der Definition ausgeschlossen. Dies betrifft auch Synergie- und Integrationsvorteile, die aus dem integrierten Geschäftsmodell eines multinationalen Unternehmens resultieren, da ein fremder Dritter grundsätzlich weder rechtlich noch faktisch an der Imitation eines Geschäftsmodells und der Generierung derartiger Vorteile gehindert werden kann. Eine verbleibende Unterschärfe besteht jedoch im Hinblick auf den Transfer von Mitarbeitern, die nach der Auffassung der OECD in bestimmten Situationen zu einem Übergang von immateriellen Vermögenswerten führen können.[1406] Die OECD unterlässt es jedoch, diese generische Aussage näher zu spezifieren, d.h. welche weiteren Umstände erfüllt sein müssen, damit der konzerninterne Transfer von Mitarbeitern zur Übertragung von immateriellen Vermögenswerten führt. Ungeachtet dieses punktuellen Mangels ist die insgesamt resultierende schärfere Konturierung der Definition im Hinblick auf die Verständlichkeit und Zielgenauigkeit der Definition zu begrüßen. Dies gilt m.E. ebenso für die Beibehaltung der Position der OECD, dass eine rein immaterialgüterrechtliche Definition nicht zielführend ist für Zwecke der grenzüberschreitenden Gewinnabgrenzung nach dem Separate Entity Approach. Allerdings ist das Fehlen dezidierter Ausführungen zu den ggf. bestehenden Auswirkungen außerhalb der Definition befindlicher immaterieller Vermögenspositionen auf die grenzüberschreitende Gewinnabgrenzung sowohl in Bezug auf die zwischenstaatliche Verteilungsgerechtigkeit als auch die Praktikabilität und Rechtssicherheit zu kritisieren.

1404 Vgl. *Wittendorf*, Tax Notes International 2012, 935, 939.
1405 Vgl. hierzu Kapitel 2.3.2.1.
1406 Gl.A. *Bärsch/Quilitzsch/Schulz*, ISR 2013, 358, 360.

Bezüglich der Behandlung von Goodwill als immateriellen Vermögenswert stellt der Diskussionsentwurf fest, dass Goodwill und Ongoing Concern Value als immaterielle Vermögenswerte im Sinne der Definition zu betrachten sind.[1407] Ferner wird ausgeführt, dass Goodwill und Ongoing Concern Value nicht separat von anderen Vermögenswerten übertragen werden können.[1408] Allerdings bleibt unklar, unter welchen Voraussetzungen eine Übertragung von Goodwill und Ongoing Concern Value zusammen mit anderen Vermögenswerten eintreten kann.[1409] Der Verweis auf Tz. 9.93-9.95[1410] der OECD-Verrechnungspreisrichtlinien 2010 vermag insoweit keine hinreichende Klärung herbeizuführen, als nicht deutlich wird, unter welchen Umständen von einem grenzüberschreitenden Transfer geschäftswertbildender Faktoren zusammen mit einem Bündel von Vermögenswerten ausgegangen werden kann. Die beispielhafte Erwähnung der in einer Trademark symbolisierten Unternehmensreputation[1411] lässt ferner offen, ob der auf die Reputation entfallende Wert nach Auffassung der OECD als separater immaterieller Vermögenswert oder als wertbildendes Element der Trademark einzupreisen ist.[1412] Geht man wie *Eigelshoven/Ebering/Schmidtke*[1413] von Letzterem aus, lässt sich aus dem Beispiel, abgesehen von der Tatsache, dass geschäftswertbildende Faktoren mit immateriellen Vermögenswerten verbunden sein können, keine zusätzliche Erkenntnis gewinnen. Fragwürdig ist m.E. ebenfalls die im Diskussionsentwurf vom 6.6.2012 zum Ausdruck gelangende grundsätzliche Ablehnung von anderen als zur steuerlichen Gewinnermittlung/Gewinnabgrenzung durchgeführten Bewertungen eines Unternehmens oder Unternehmensteils. Die Finanzberichterstattung für Unternehmenszusammenschlüsse nach den Grundsätzen von IFRS 3 bzw. SFAS 141 erfolgt unter Beachtung dezidierter Vorgaben zur Identifizierung und zum Ansatz immaterieller Vermögenswerte, deren Ziel eine Minimierung des auf den Goodwill entfallenden Residualbetrags ist.[1414] Vor diesem Hintergrund erscheint die kategorische Ablehnung von zu Rechnungslegungszwecken erstellten Purchase Price Allocations zumindest hinsichtlich ihrer Eignung für eine Identifizierung erworbener immateri-

1407 Vgl. Tz. 21 des Diskussionsentwurfs vom 6.6.2012.
1408 Vgl. Tz. 21 des Diskussionsentwurfs vom 6.6.2012.
1409 Gl.A. *Herbert/Luckhaupt*, Ubg 2012, 672, 673.
1410 In Tz. 9.93-9.95 wird ein Beispiel der Übertragung einer Herstellungsfunktion, inklusive Betriebs- und Geschäftsausstattung, Maschinen, Vorräten, Patenten, Herstellungsprozessen, Know-how sowie Belieferungs- und Einkaufsverträgen angeführt.
1411 Vgl. Tz. 22 des Diskussionsentwurfs vom 6.6.2012.
1412 Vgl. *Eigelshoven/Ebering/Schmidtke*, IWB 2012, 487, 489.
1413 Vgl. *Eigelshoven/Ebering/Schmidtke*, IWB 2012, 487, 489.
1414 Vgl. hierzu etwa *Zelger*, in: Ballwieser/Beyer/Zelger, Unternehmenskauf, 2008, 101, 135ff.

eller Vermögenswerte dem Grunde nach[1415] nicht gerechtfertigt.[1416] Daher kann aus den Ausführungen des Diskussionsentwurfs vom 6.6.2012 zu Goodwill und Ongoing Concern Value die im Hinblick auf Rechtssicherheit und Praktikabilität zweifelhafte Auffassung der OECD abgeleitet werden, dass die separate Übertragbarkeit einer immateriellen Vermögensposition keine Voraussetzung für eine Qualifizierung als immaterieller Vermögenswert im Sinne der Definition darstellt.[1417] Damit wird deutlich, dass wohl lediglich die Übertragbarkeit an sich – einzeln oder zusammen mit anderen Vermögenswerten – als notwendiges Merkmal eines immateriellen Vermögenswerts für Zwecke der grenzüberschreitenden Gewinnabgrenzung angesehen wird. Denkbar wäre allerdings auch, dass die Übertragbarkeit ein alternatives Kriterium zu Eigentum bzw. Kontrolle darstellt. Dem Diskussionsentwurf vom 6.6.2012 fehlt es insoweit an inhaltlicher Trennschärfe und damit an Zielgenauigkeit.[1418] Dieser Mangel rührt m.E. aus der Einbeziehung von Goodwill und Ongoing Concern Value in die Definition des immateriellen Vermögenswerts her.

Die aus der Ausweitung ihres Inhalts resultierende mangelnde Präzision der Definition des Diskussionsentwurfs vom 6.6.2012 führt zu einer verminderten Rechtssicherheit bei der grenzüberschreitenden Gewinnabgrenzung und ist darüber hinaus in Bezug auf die individuelle und zwischenstaatliche Gerechtigkeit der Gewinnabgrenzung zu beanstanden, soweit ein Ansatz von Goodwill bei der Übertragung oder Überlassung immaterieller Vermögenswerte erfolgt, denen in tatsächlicher Hinsicht keine geschäftswertbildenden Faktoren anhaften. Eine Übertragung von Goodwill kann jedoch denklogisch nur in denjenigen Sachverhaltskonstellationen erfolgen, in denen eine Sachgesamtheit materieller und/oder immaterieller Vermögenswerte transferiert wird, der geschäftswertbildende Faktoren anhaften, da diese in einer Art und Weise nachhaltig aufgrund einer gesicherten Rechtsposition zusammenwirken, dass ihr Wert die Summe der Einzelwerte übersteigt.

Im Ergebnis resultiert aus dem Diskussionsentwurf vom 6.6.2012 aufgrund der Verwendung sachgerechter abstrakter Definitionsmerkmale zwar eine Präzisierung des Begriffs des immateriellen Vermögenswerts im Vergleich zu den OECD-Verrechnungspreisrichtlinien 2010, die sich positiv auf die inhaltliche Tatbestandsbestimmtheit auswirkt. Allerdings mangelt es der

1415 In Bezug auf die angesetzten Werte muss aufgrund der abweichenden objektivierenden Bewertungsprämissen des Fair Value und der subjektiven Betrachtung des Fremdvergleichs von einer fehlenden Übereinstimmung ausgegangen werden.

1416 Gl.A. *Gomes*, Transfer Pricing International Journal 11/12 2012, 10, 13.

1417 Vgl. Tz. 7 des Diskussionsentwurfs vom 6.6.2012.

1418 Vgl. *Ghosh/Wells/Wolosoff*, International Tax Review 2012, Supplement Intangibles, 13, 16.

Definition des Diskussionsentwurfs vom 6.6.2012 und ihrer Auslegung noch an inhaltlicher Konsistenz und Trennschärfe hinsichtlich der Einordnung des Goodwills und des konzerninternen Transfer von Mitarbeitern als immaterieller Vermögenswert.[1419] Diese Mängel sind geeignet, die individuelle und zwischenstaatliche Gerechtigkeit zu verletzen und haben ferner eine reduzierte Verlässlichkeit und Zielgenauigkeit der Definition zur Folge. Das mit dem Diskussionsentwurf vom 30.7.2013 eingeführte zusätzliche Tatbestandsmerkmal der hypothethischen Vergütung eines immateriellen Vermögenswerts zwischen fremden Dritten führt zu keiner Präzisierung der Definition, da insoweit lediglich ein Ausschluss von immateriellen Vermögenswerten von unbedeutendem ökonomischen Wert eintritt. Die Vermischung der Definition des immateriellen Vermögenswerts dem Grunde nach mit Aspekten des Werts der Höhe nach vermindert m.E. die inhaltliche Konsistenz der Definition zusätzlich und ist daher der Tatbestandsbestimmtheit abträglich.[1420]

In Bezug auf die negative Abgrenzung der Definition ist der OECD mit dem Diskussionsentwurf vom 30.7.2013 jedoch eine Präzisierung betreffend bestimmter immaterieller Wertreiber gelungen. Dies betrifft Integrations- und Synergieeffekte sowie standortbezogene Kostenvorteile, für deren Behandlung im Rahmen der grenzüberschreitenden Gewinnabgrenzung erstmals konzeptionelle Regeln aufgestellt werden. Diese Klarstellung ist sowohl im Hinblick auf die individuelle Steuergerechtigkeit als auch die zwischenstaatliche Verteilungsgerechtigkeit und die Rechtssicherheit zu begrüßen.

4.3.1.3 Beurteilung des deutschen Steuerrechts

Wie bereits erläutert,[1421] enthält das deutsche Steuerrecht keine abstrakte Definition des Begriffs des immateriellen Vermögenswerts bzw. des immateriellen Wirtschaftsguts für Zwecke der grenzüberschreitenden Gewinnabgrenzung. Aus der exemplarischen Aufzählung in den Verwaltungsgrundsätzen 1983[1422], dem Gesetzeswortlaut von § 1 Abs. 3 AStG sowie der dazu ergangenen Gesetzesbegründung wird deutlich, dass nicht nur immaterielle Wirtschaftsgüter im einkommensteuerrechtlichen Sinne, sondern grundsätzlich auch nicht zu einem Wirtschaftsgut erstarkte Vorteile im Kontext konzerninterner Leistungsbeziehungen erfasst wer-

---

1419 Ebenfalls ablehnend zur Einordnung des Geschäftswerts als immaterieller Vermögenswert, vgl. *Bärsch/Luckhaupt/Schulz*, Ubg 2014, 37, 38.

1420 Gl.A. *Schmidtke/Tillmann*, IWB 2013, 712, 713.

1421 Vgl. hierzu Kapitel 3.3.5.

1422 Vgl. Tz. 3.1.2.3 sowie Tz. 5.1.3 des BMF-Schreibens vom 23.2.1983, IV C 5 – S 1341 – 4/83, BStBl. I 1983, S. 218..

den sollen.[1423] Darüber hinaus können nach der einschlägigen Rechtsprechung auch Geschäftschancen – ungeachtet ihrer Einordnung als immaterielles Wirtschaftsgut – eine Vergütungspflicht zwischen verschiedenen Geschäftseinheiten eines multinationalen Unternehmens begründen. Hieraus ergibt sich ein ebenso weit gefasstes wie diffuses Verständnis derjenigen immateriellen Vermögenspositionen, die für Zwecke der grenzüberschreitenden Gewinnabgrenzung von Relevanz sind. Erfasst werden soll insbesondere auch der Geschäftswert, wobei die aus einkommensteuerlicher Sicht bestehende Bindung des Geschäftswerts an einen Betrieb oder Teilbetrieb[1424] für Zwecke der grenzüberschreitenden Gewinnabgrenzung ignoriert und der Übergang des Geschäftswerts bzw. von Anteilen an diesem im Zusammenhang mit der grenzüberschreitenden Verlagerung von Funktionen im Sinne von § 1 Abs. 1 FVerlV unterstellt wird.

Da der deutsche Gesetzgeber offensichtlich von einem spezifischen Verständnis immaterieller Vermögenswerte für Zwecke der grenzüberschreitenden Gewinnabgrenzung ausgeht, das im Vergleich mit innerstaatlichen Vorgängen deutlich strengere Maßstäbe anlegt,[1425] kollidiert das Fehlen einer spezifischen abstrakten Definition immaterieller Vermögenswerte im Kontext der grenzüberschreitenden Gewinnabgrenzung in mehrfacher Hinsicht mit den zu Grunde gelegten Beurteilungskriterien. So sind in Ermangelung einer klar konturierten Definition sowohl die praktische Umsetzbarkeit, die Zielgenauigkeit als auch die Verlässlichkeit der grenzüberschreitenden Gewinnabgrenzung als Ausprägungen der Praktikabilität in Frage gestellt. Ferner führt die mangelnde Tatbestandsbestimmtheit des Begriffs der Funktion[1426] sowie auch des immateriellen Wirtschaftsgutes an sich,[1427] die durch die bestehende Unklarheit der Einordnung von Geschäftschancen als immaterielle Wirtschaftsgüter verstärkt wird, zu einem erhöhten Risiko der Doppelbesteuerung, soweit andere Staaten keinen oder einen abweichenden Begriff der Funktion bzw. des immateriellen Vermögenswerts einsetzen. Hieraus kann eine Verletzung der zwischenstaatlichen Verteilungsgerechtigkeit folgen, wenn der vom deutschen Fiskus geforderte Wertansatz für den Transfer einer oder mehrerer immaterieller Vermögenspositionen den vom aufnehmenden Staat akzeptierten Wert überschreitet.

[1423] Vgl. hierzu Kapitel 3.3.2.

[1424] Vgl. BFH, Urteil v. 30.3.1994, I R 52/93, BStBl. II 1994, 903; *Weber-Grellet*, in: Schmidt, EStG, 2012, § 5, Rz. 221.

[1425] Zur EU-rechtlichen Problematik der „schärferen" Besteuerung grenzüberschreitender Leistungsbeziehungen im Vergleich zu innerstaatlichen Sachverhalten vgl. *Wassermeyer*, IStR 2001, 113, 113 sowie *Wassermeyer*, in: F/W/B/S, Außensteuerrecht, 2012, § 1 AStG, Rz. 816.1.

[1426] Vgl. hierzu etwa *Borstell/Schäperclaus*, IStR 2008, 275, 284.

[1427] Vgl. hierzu Kapitel 3.3.5.2.

4.3.1.4 Beurteilung des US-Steuerrechts

Die in § 1.482-4(b) der Regulations enthaltene, verrechnungspreisspezifische Definition setzt sich aus einer exemplarischen Aufzählung inklusive eines Auffangtatbestands sowie dem Tatbestandsmerkmal des Bestehens eines ökonomischen Werts unabhängig von den Dienstleistungen eines Individuums zusammen.[1428] Das zusätzliche, durch die Rechtsprechung des U.S Claims Court eingeführte Tatbestandsmerkmal der separaten wirtschaftlichen Verwertbarkeit führt zu einer Präzisierung der gesetzlichen Definition der Regulations dergestalt, dass insbesondere der Geschäftswert bzw. der Ongoing Concern Value sowie die in ihm gebundenen geschäftswertsbildenden Faktoren de lege lata[1429] nicht Bestandteil der Definition im Sinne von § 1.482-4(b) der Regulations sind.[1430] Dies betrifft ferner auch andere immaterielle Werte im Bereich des Human Capitals oder des Location Capitals (u.a. Standortvorteile) sowie Synergievorteile, die aus dem Zusammenwirken eines Konzernverbunds resultieren und in Ermangelung einer Kontrollierbarkeit keiner isolierten wirtschaftlichen Verwertbarkeit zugänglich sind.

Hieraus resultiert eine Definition, die aufgrund ihrer praktischen Umsetzbarkeit, Zielgenauigkeit und Verlässlichkeit als praktikabel anzusehen ist. Allerdings führt die unklare Rechtslage zum Definitionskriterium der separaten wirtschaftlichen Verwertbarkeit als zentraler Bestandteil des Begriffstatbestands zu einer hohen Rechtsunsicherheit, die wohl erst durch eine klarstellende Änderung des US-Gesetzgebers oder eine Bestätigung durch die Rechtsprechung beseitigt werden kann. Für eine weitere Einschränkung der Rechtssicherheit sorgt darüber hinaus die Loslösung von der vorstehend diskutierten Definition und deren Ausweitung durch den IRS für Zwecke der Bewertung von Platform Contribution Transactions beim Cost Sharing.[1431] Der IRS hat damit eine extrem weite Cost Sharing-spezifische Definition von Platform Contributions geschaffen, die nicht im Einklang mit der Definition in § 1.482-4(b) der

---

[1428] Vgl. auch Kapitel 3.4.5.1.

[1429] Unter Bill No. S. 2075 wurde ein Gesetzgebungsverfahren zur „Klarstellung" der Definition immaterieller Vermögenswerte nach § 482 IRC initiiert. Zur Gesetzgebungshistorie vgl. *Angus et al.*, Tax Management International Journal 2012, 528, 528ff. Die Gesetzesänderung wurde nicht umgesetzt.

[1430] Diese Auffassung mag insbesondere aus der Sicht der US-Steuerverwaltung strittig sein, da der IRS zumindest in der Vergangenheit eine Einordnung des Geschäftswerts unter den Auffangtatbestand nach § 1.482-4(b)(6) der Regulations vertreten hat. Eine abschließende Beurteilung, ob der IRS diese Auffassung aufgegeben hat, ist derzeit nicht möglich. Vgl. hierzu Kapitel 3.4.5. sowie *Gomes*, Transfer Pricing International Journal 11/12 2012, 10, 11.

[1431] Nach der in den Final 2011 Cost Sharing Regulations enthaltenen Definition ist jede Ressource, Fähigkeit oder jedes Recht, das ein Teilnehmer am Cost Sharing Arrangement entwickelt, erhalten oder erworben hat, unter bestimmten Voraussetzungen als immaterieller Vermögenswert anzusehen, der von den anderen Teilnehmern des Cost Sharing Arrangements mittels eines Buy-in Payments zu vergüten ist. Vgl. hierzu Kapitel 3.4.8.7.4.

Regulations steht und in ihrer fiskalisch motivierten Ausgestaltung die inhaltliche Konsistenz der US-Verrechnungspreisbestimmungen aushöhlt. Die damit verbundene Rechtsunsicherheit wird weiter verstärkt aufgrund der Tatsache, dass das US-Steuerrecht keine gesetzlichen Tatbestandsmerkmale für eine zusammenfassende Bewertung eines Bündels mehrerer Vermögenswerte oder Transaktionen bereitstellt,[1432] der IRS jedoch ungeachtet dessen versucht, eine aggregierte Betrachtung im Kontext von Cost Sharing Arrangements durchzusetzen.[1433]

4.3.2 Zurechnung immaterieller Vermögenswerte

4.3.2.1 Konkretisierung der Beurteilungskriterien

Gegenstand der vorstehenden Ausführungen ist die Definition immaterieller Vermögenswerte dem Grunde nach mit dem Ziel der Identifizierung der für Zwecke der grenzüberschreitenden Gewinnabgrenzung relevanten immateriellen Besteuerungsobjekte. Voraussetzung für eine gerechte, praktikable und rechtssichere Besteuerung ist darüber hinaus das Vorhandensein von Regeln für die Zurechnung immaterieller Vermögenswerte bzw. die Allokation ihres Einkommens zu den an einer grenzüberschreitenden konzerninternen Transaktion beteiligten Geschäftseinheiten.

Die Zurechnungsregeln haben eine eindeutige Zuordnung aller von der zweckspezifischen Definition umfassten Arten immaterieller Vermögenspositionen zu einer Geschäftseinheit dem Grunde nach zu ermöglichen. Darüber hinaus haben die Zurechnungsregeln die Konsequenzen von Tätigkeiten einer anderen Geschäftseinheit, die zur Schaffung, zur Wertsteigerung oder dem Erhalt von immateriellen Vermögenswerten zu Gunsten des Eigentümers beitragen, zu adressieren. Dabei ist zu regeln, ob in Folge derartiger Tätigkeiten eine unmittelbare Zurechnung des Einkommens aus einem immateriellen Vermögenswert zur leistungserbringenden Geschäftseinheit erfolgt oder eine angemessene Gewinnabgrenzung auf anderem Wege erreicht wird. Hierbei ist die Konsistenz mit dem Fremdvergleichsgrundsatz sicherzustellen, die eine gleichmäßige Besteuerung im Einklang mit der individuellen Steuergerechtigkeit gewähreistet. Dabei müssen die Zurechnungsregeln klare Kriterien für die Überprüfung des ökonomischen Gehalts konzerninterner Transaktionen aufweisen, d.h. ob insoweit ausschließlich auf eine rechtliche Betrachtungsweise abgestellt wird oder welche Kriterien ggf. im Rahmen einer wirtschaftlichen Betrachtungsweise in funktionaler Hinsicht für die Zu-

---

[1432] Vgl. *Imhof*, Business Restructuring, 2012, 376f.

[1433] Vgl. hierzu die Ausführungen zur Rechtssache *Veritas* in Kapitel 3.4.8.7.4.

rechnungsregeln zugrunde zu legen sind. Angesichts der spezifischen Eigenschaften immaterieller Vermögenswerte,[1434] insbesondere deren fehlendem physischem Charakter und der damit verbundenen fehlenden Visibilität sowie ihrer uneingeschränkten Mobilität, kommt dabei dem Kriterium der praktischen Umsetzbarkeit und der Verlässlichkeit eine vorrangige Bedeutung zu. Die Anforderungen an die Praktikabilität haben unmittelbare Auswirkung auf die Rechtssicherheit, da nur tatbestandlich klare und praktisch umsetzbare Regelungen in der Lage sind, zu eindeutigen Zurechnungs- und Vergütungsergebnissen zu führen. Dabei können nur international vereinheitlichte Zurechnungsregeln Doppel- oder Minderbesteuerungen vermeiden.

4.3.2.2 Beurteilung der OECD

4.3.2.2.1 OECD-Verrechnungspreisrichtlinien 2010

Das Fehlen eines klaren Konzepts für die grundsätzliche Zurechnung aller Arten immaterieller Vermögenswerte in den OECD-Verrechnungspreisrichtlinien 2010 ist im Hinblick auf die Gerechtigkeits- und Praktikabilitätsanforderungen zu bemängeln. Da viele Staaten ihre nationalen Verrechnungspreisregelungen an den OECD-Verrechnungspreisrichtlinien orientieren, ist dieser Umstand der Rechtssicherheit abträglich. Während die Ausführungen zur Vergütung wertsteigernder Tätigkeiten für den Fall des Vertriebs von Markenprodukten der Rechtssicherheit dienen, da sie Richtlinien für einen Umgang mit entsprechenden Sachverhaltskonstellationen bereitstellen, ist die allgemein gehaltene Formulierung der einschlägigen Passagen für eine Überprüfung des ökonomischen Gehalts von Transaktionen, die einen Transfer immaterieller Vermögenswerte zum Gegenstand haben, kritikwürdig. Den einschlägigen Bestimmungen der OECD-Verrechnungspreisrichtlinien 2010 kann, abgesehen von einer grundsätzlichen Anerkennung rechtlich gültiger Vereinbarungen, lediglich entnommen werden, dass eine wirtschaftliche Betrachtungsweise auf dem Maßstab der Fremdüblichkeit konzerninterner Vereinbarungen aufbaut. Aus der fehlenden inhaltlichen Bestimmtheit der einschlägigen Regelungen resultiert das Risiko abweichender Zurechnungen immaterieller Vermögenswerte durch die den OECD-Verrechnungspreisrichtlinien 2010 folgenden Staaten und damit ein Mangel an Rechtssicherheit und eine potenzielle Verletzung der individuellen Steuergerechtigkeit sowie der zwischenstaatlichen Verteilungsgerechtigkeit.

[1434] Vgl. hierzu im Einzelnen Kapitel 1.1.

4.3.2.2.2 OECD-Projekt „Transfer Pricing Aspects of Intangibles"

Wie in Kapitel 3.2.7.3 dargestellt, werden die Zurechnungsregeln im Diskussionsentwurf vom 6.6.2012 mit einer Definition des Einkommens aus immateriellen Vermögenswerten verbunden. Es ist jedoch nicht ersichtlich, weshalb dabei eine Beschränkung auf den in Tz. 28 des Diskussionsentwurfs vom 6.6.2012 enthaltenen indirekten Ansatz einer Residualbetrachtung[1435] sachgerecht sein soll. Die Vergütung von Tätigkeiten anderer Geschäftseinheiten als dem Eigentümer hat sich vielmehr an den Umständen des betreffenden Einzelfalls zu orientieren, d.h. es ist diejenige Methode zu wählen, die der Erfassung des Transaktionsergebnisses und den Funktionen und Risiken der beteiligten Geschäftseinheiten im Sinne der individuellen Steuergerechtigkeit und der zwischenstaatlichen Verteilungsgerechtigkeit am besten gerecht wird. Im Hinblick auf die grundsätzliche Zurechnung immaterieller Vermögenswerte zu spezifischen Geschäftseinheiten ist die Ausweitung der Betrachtung auf immaterialgüterrechtlich nicht geschützte Vermögenswerte als eine Verbesserung der inhaltlichen Tatbestandsbestimmtheit anzusehen. Darüber hinaus dient die grundsätzliche Einbeziehung aller relevanten immateriellen Vermögenswerte unmittelbar der individuellen und zwischenstaatlichen Gerechtigkeit, indem sämtliche immateriellen Vermögenspositionen, die nach der zu Grunde liegenden Definition im Kontext einer konzerninternen Transaktion eine Einkommensrealisation zur Folge haben, in die Zurechnungsregeln einbezogen werden.

Der im zweiten Schritt der Zurechnungsregeln zum Zwecke der Überprüfung des ökonomischen Gehalts durchzuführende Vergleich der rechtlichen und tatsächlichen Verhältnisse begegnet erheblichen Bedenken in der Literatur.[1436] Die Zurechnung zu einer Geschäftseinheit steht unter dem Vorbehalt der Ausübung der Super Functions durch eigenes Personal der betreffenden Gesellschaft. Werden die Super Functions durch mehrere Geschäftseinheiten ausgeübt, führt dies in Verbindung mit der eingangs erwähnten Residualbetrachtung zu nicht eindeutigen Zurechnungsergebnissen, da insoweit keine methodische Leitlinie für derartige Konstellationen zur Verfügung gestellt wird. Damit ist die zwischenstaatliche Verteilungsgerechtigkeit einer hieraus ggf. resultierenden Einkommensallokation zwischen zwei oder mehreren beteiligten verbundenen Unternehmen in Frage gestellt, da der Diskussionsentwurf vom

---

1435 Vgl. zu den Ansätzen des Income Approach für die Ermittlung des Einkommens aus einem immateriellen Vermögenswert Kapitel 2.4.4.1.

1436 Vgl. *Henshall/Smith*, Transfer Pricing International Journal 6/2012, 4, 6; *Eigelshoven/Ebering/Schmidtke*, IWB 2012, 487, 490f.; *Wittendorf*, Tax Notes International 2012, 935, 946ff.; *Shapiro et al.*, Tax Notes International 2012, 1245, 1246f.; *Ghosh/Wells/Wolosoff*, International Tax Review 2012, 13, 16f.; *Verlinden/Junzho Ong*, Tax Notes International 2012, 880, 881.

6.6.2012 keine methodischen Ansätze bereitstellt, wie eine derartige Zurechnung des wie eingangs erläutert ermittelten Einkommens auf mehrere Geschäftseinheiten erfolgen soll.

Mit dem Diskussionsentwurf vom 30.7.2013 ist die OECD der in der Literatur geäußerten Kritik teilweise gefolgt. Durch die konzeptionelle Umstellung der Zurechnungsregeln, die sich dem US-Modell des Multiple Intangible Concepts[1437] annähern, wird eine methodische Verknüpfung der Zurechungsregeln mit der Vergütung wertsteigernder oder werterhaltender Tätigkeiten erreicht, die eine u.U. mit hoher Bewertungsunsicherheit verbundene unmittelbare Zurechnung von Anteilen aus dem Einkommen eines immateriellen Vermögenswerts zu mehreren Geschäftseinheiten vermeidet. Dies führt auf konzeptioneller Ebene zu einer Verbesserung der steuersystematischen Konsistenz der einschlägigen Regelungen mit der Gewinnabgrenzung nach dem Fremdvergleichsgrundsatz und damit auch der zwischenstaatlichen Verteilungsgerechtigkeit, Praktikabilität und Rechtssicherheit. Hinsichtlich des auch im Diskussionsentwurf vom 30.7.2013 unveränderten Umfangs der zwingend von Eigentümer eines immateriellen Vermögenswerts auszuübenden Super Functions ist festzuhalten, dass die von der OECD definierten Funktionen als Kernfunktionen anzusehen sind, die in aller Regel vom Eigentümer ausgeübt werden und daher aus der Sicht des Fremdvergleichs nicht zu beanstanden sind.[1438] Während eine Präzisierung des vom Eigentümer wahrzunehmenden Funktionsumfangs aus der Perspektive der individuellen Steuergerechtigkeit unzweifelhaft geboten ist, erscheint jedoch die pauschale Festlegung bestimmter Funktionen ohne die Möglichkeit eines Gegenbeweises durch Fremdvergleich willkürlich. Das in diesem Punkt festzustellende Abweichen der OECD vom Fremdvergleich als Grundparadigma der Gewinnabgrenzung ist insoweit erstaunlich, als die OECD an einer anderen Stelle fundamentaler Bedeutung, nämlich dem Umgang mit Bewertungsunsicherheit und der damit verbundenen Frage einer verpflichtenden Vereinbarung von Preisanpassungsregeln – zumindest bislang – am Maßstab des Fremdvergleichs festhält. Vor diesem Hintergrund ist zu vermuten, dass hinsichtlich der funktionalen Kriterien ein Gleichklang mit dem Konzept der Significant People Functions des Authorized OECD Approach bei der Gewinnabgrenzung von Betriebsstätten hergestellt werden soll.[1439] M.E. ist diese Vorgehensweise im Hinblick auf die zwischenstaatliche Verteilungsge-

1437 Vgl. insoweit Kapitel 3.4.6.2.

1438 A.A. *Bärsch/Quilitzsch/Schulz*, die die Allokationsregeln als überzogen strikt betrachten, da sie Prinzipalgesellschaften, welche die funktionalen Anforderungen nicht erfüllen keine vollständige Vereinnahmung des Residualergebnisses mehr ermöglichen. Vgl. *Bärsch/Quilitzsch/Schulz,* ISR 2013, 358. 359f. M.E. ist dieses Ergebnis jedoch hinzunehmen, soweit eine Prinzipalgesellschaft die konsistent zu konkretisierenden fremdüblichen funktionalen Anforderungen nicht erfüllt. Vgl. hierzu Kapitel 5.2.4.

1439 Vgl. *Broemel*, IStR 2013, 249, 255; *Wittendorf*, Tax Notes International 2013, 1325, 1333.

rechtigkeit als kritisch zu sehen, soweit deswegen die funktionalen Anforderungen der Super Functions an den Eigentümer über ein zwischen fremden Dritten übliches Maß hinausgehen und ein Gegenbeweis durch Fremdvergleich nicht zugelassen wird. Soll am Paradigma des Fremdvergleichs grundsätzlich festgehalten werden, ist die Reichweite des Fremdvergleichsgrundsatzes m.E. bei denjenigen Aspekten der Gewinnabgrenzung einzuschränken, bei denen aufgrund der spezifischen Besonderheiten immaterieller Vermögenswerte ein Versagen dieses Konzepts erkennbar wird. Aus Gründen der höchstmöglichen Konsistenz der Vorschriften zur grenzüberschreitenden Gewinnabgrenzung sollte m.E. einer für die verschiedenen Allokations- und Nutzungsstrategien spezifischen Konkretisierung der funktionalen Anforderungen an den Eigentümer in Verbindung mit der Möglichkeit eines Gegenbeweises der fremdüblichen Funktionsausübung der Vorzug gegenüber einer pauschalen Definition der Super Functions eingeräumt werden.[1440] Hierbei ist dem auch von der OECD postulierten Ziel[1441] der Kongruenz zwischen Verrechnungspreisbildung und Wertschöpfung bzw. Einkommensentstehung zu entsprechen.

4.3.2.3 Beurteilung des deutschen Steuerrechts

Konzeptioneller Kerngedanke des wirtschaftlichen Eigentums im Sinne von § 39 Abs. 2 Nr. 1 AO ist, dass ein anderer Steuerpflichtiger den rechtlichen Eigentümer für die Dauer der wirtschaftlichen Nutzbarkeit eines Wirtschaftsguts von einer Nutzung desselben ausschließen kann.[1442] Dabei kann der Ausschluss der Einwirkung des rechtlichen Eigentümers auf der Grundlage eines rechtlichen Anspruchs (z.B. eine durch Leasingvertrag vereinbarte Nutzung) oder durch faktischen Eigenbesitz des so genannten wirtschaftlichen Eigentümers erfolgen. Der Aspekt des Ausschlusses des rechtlichen Eigentümers von der Nutzung bedingt denklogisch das Vorhandensein eines rechtlichen Eigentümers sowie eine Rivalität der Nutzung dergestalt, dass nur eine Partei das Wirtschaftsgut zur gleichen Zeit nutzen kann. Der Aspekt des wirtschaftlichen Verbrauchs während der Dauer der Nutzung durch den wirtschaftlichen Eigentümer impliziert darüber hinaus grundsätzlich eine Abnutzbarkeit des betreffenden Wirtschaftsguts bzw. einen Anspruch auf eine zeitlich unbegrenzte Nutzung bei nicht abnutzbaren

---

1440 Vgl. hierzu Kapitel 5.2.2 sowie 5.2.4.

1441 Vgl. Action 8 des Action Plan on Base Erosion and Profit Shifting, http://www.oecd.org/ctp/BEPSActionPlan.pdf, abgerufen am 9.3.2014.

1442 *Rouenhoff* bezeichnet dieses Konzept m.E. zutreffend als „engen, tradierten Begriff des wirtschaftlichen Eigentums", sieht jedoch die Möglichkeit der Erweiterung durch die Annahme eines Treuhandverhältnisses in geeigneten Sachverhaltskonstellationen, vgl. *Rouenhoff*, IStR 2012, 22, 25. M.E. ist eine derartige Vorgehensweise im Hinblick auf die Rechtssicherheit und praktische Umsetzbarkeit der Anerkennung eines unterstellten Treuhandverhältnisses als problematisch anzusehen und birgt damit bedeutende Risiken der Doppelbesteuerung in Folge differierender Rechtsanwendung im internationalen Kontext.

immateriellen Vermögenswerten. Während diese Kriterien für materielle Wirtschaftsgüter grundsätzlich geeignet sind, den rechtlichen Eigentümer vom in tatsächlicher Hinsicht wirtschaftlich Nutzenden zu unterscheiden, ist dies für immaterielle Wirtschaftsgüter und andere immaterielle Vermögenspositionen u.U. nur eingeschränkt der Fall.[1443] Dies ist durch die Ubiquität und die in bestimmten Fällen unbegrenzte Lebensdauer bestimmter immaterieller Vermögenswerte bedingt. Die in der Literatur unter Auslegung der in § 39 Abs. 2 Nr. 1 AO verankerten wirtschaftlichen Betrachtungsweise entwickelten Kriterien zur Bestimmung des wirtschaftlichen Eigentümers[1444] bei der Entwicklung und Nutzung immaterieller Vermögenswerte führen regelmäßig nicht zu eindeutigen Ergebnissen der Zurechnung. Der Anwendungsbereich von § 39 Abs. 2 Nr. 1 AO beschränkt sich grundsätzlich auf die Abgrenzung von Nutzungsüberlassungs- zu Veräußerungsvorgängen eines eingeschränkten Kreises immaterieller Vermögenswerte, die Gegenstand einer expliziten vertraglichen Vereinbarung sind, und ist daher nicht geeignet, als Zurechnungsregel im Sinne der vorstehend definierten Anforderungen zu fungieren. Das Fehlen jeglicher Verlautbarungen zur Auslegung von § 39 Abs. 2 Nr. 1 AO durch den deutschen Gesetzgeber oder die deutsche Finanzverwaltung im Hinblick auf immaterielle Vermögenswerte führt zu einem Mangel an inhaltlicher Tatbestandsbestimmtheit und einer hohen Rechtsunsicherheit bezüglich der Zurechnung immaterieller Vermögenswerte in multinationalen Unternehmensstrukturen. Das in § 39 Abs. 2 Nr. 1 AO verankerte Konzept des wirtschaftlichen Eigentums führt daher nicht zu gerechten, praktikablen und rechtssicheren Ergebnissen in Bezug auf die relevanten Aspekte der Zurechnung immaterieller Vermögenswerte sowie der aus ihnen erzielbaren Einkünfte.

Hinsichtlich der Überprüfung des ökonomischen Gehalts konzerninterner Vereinbarungen für die Schaffung, Nutzung oder Übertragung immaterieller Vermögenswerte stellt das deutsche Steuerrecht keine spezifischen Beurteilungsmaßstäbe bereit. Die durch § 42 AO und die hierzu ergangene Rechtsprechung aufgestellten Grundsätze hinsichtlich des Missbrauchs rechtlicher Gestaltungsmöglichkeiten zielen allgemein auf rein künstliche Gestaltungen ab, deren alleiniger Zweck die Realisierung einer Steuerersparnis darstellt.[1445] Vor diesem Hintergrund stellten die „hohen Anforderungen an die Annahme eines Rechtsmissbrauchs“[1446] keine Hür-

[1443] Vgl. für den Fall von Markenrechten *van der Ham/Feldtkeller/Voll*, IWB 2013, 245, 247. *Jacobs* vertritt die Auffassung, dass § 39 Abs. 2 Nr. 1 AO für Markenrechte nicht anwendbar ist; vgl. *Jacobs*, Unternehmensbesteuerung, 2011, 823f.

[1444] Vgl. hierzu Kapitel 3.3.8.3 bezüglich der Entwicklung und Kapitel 3.3.8.5.1 bezüglich des Transfers immaterieller Vermögenswerte.

[1445] Vgl. hierzu Kapitel 3.3.6.3.

[1446] Vgl. *Jacobs*, Unternehmensbesteuerung, 2011, 438.

den für eine fremdunübliche Schaffung und den Transfer immaterieller Vermögenswerte in multinationalen Unternehmen zu operativen Zwecken dar, da derartige Transaktionen in aller Regel mit der Ausübung einer wirtschaftlichen Tätigkeit verbunden sind.

4.3.2.4 Beurteilung des US-Steuerrechts

Mit dem durch die 2009 Regulations eingeführten Multiple Intangible Concept hat die US-Steuerverwaltung eine Verbesserung der Praktikabilität der einschlägigen Bestimmungen zum Eigentum und der Zurechnung des Einkommens aus immateriellen Vermögenswerten angestrebt.[1447] Eine Vereinfachung wurde in der Tat dergestalt erreicht, als durch die alternativen Kriterien des rechtlichen Eigentums, des Bestehens vertraglicher Ansprüche oder der faktischen Kontrolle stets eine eindeutige Zurechnung aller Arten immaterieller Vermögenswerte zu genau einem Steuersubjekt realisiert werden kann. Darüber hinaus integrieren die Zurechnungsregeln der US-Regulations die Vergütung der von anderen Geschäftseinheiten ausgeübten Tätigkeiten, die sich zu Gunsten der als Eigentümer anzusehenden Geschäftseinheit ausgewirkt haben. Für die aus Sicht der zwischenstaatlichen Verteilungsgerechtigkeit notwendige Verknüpfung der Zurechnungsergebnisse mit dem ökonomischen Gehalt der Transaktion ist das Abstellen auf die vertragliche Übernahme der mit einem immateriellen Vermögenswert verbundenen Risiken (rechtliche Perspektive), die tatsächliche Möglichkeit zum Management (funktionale Perspektive) sowie das Vorhandensein der finanziellen Ressourcen zur Tragung der Risiken (finanzielle Perspektive) eine sachgerechte Leitlinie, da eine Geschäftseinheit, die den vorgenannten Kriterien entspricht, auch die tatsächliche Kontrolle über einen Vermögenswert innehat. Im Sinne der inhaltlichen Tatbestandsbestimmtheit erscheint es jedoch geboten, den Aspekt der funktionalen Anforderungen in Bezug auf die verschiedenen Allokations- und Nutzungsstrategien für immaterielle Vermögenswerte zu konkretisieren. Der insoweit bestehende Mangel der US-Regulations schränkt in Folge der fehlenden inhaltlichen Tatbestandsbestimmtheit die Rechtssicherheit ein.

Darüber hinaus erfordert die Umsetzung der durch die 2009 Regulations eingeführten Zurechnungsregeln eine detaillierte Erfassung der rechtlichen bzw. vertraglichen Zuordnung von Stamm- und Nutzungsrechten an bzw. der Kontrolle über sämtliche immaterielle Vermögenswerte eines multinationalen Unternehmens. Dies führt u.U. zu erheblichen Befolgungs-

---

[1447] Als exemplarisch hierzu kann die einschlägige Rechtsprechung in den Fällen *GlaxoSmithKline* (T.C. Docket 5740-04 und 6959-09 – Beilegung durch Vergleich) und *DHL* (Urteil des U.S. Court of Appeals in der Rechtssache *DHL Corp. versus Commissioner*, 285 F.3d 1210) angesehen werden.

kosten für die Steuerpflichtigen, die m.E. jedoch als dem Separate Entity Approach immanenter Nachteil der transaktionsbezogenen Betrachtungsweise in Kauf genommen werden muss und daher nicht der Ausgestaltung der Zurechnungsregeln angelastet werden können.

4.3.3 Verrechnungspreismethoden für immaterielle Vermögenswerte

4.3.3.1 Konkretisierung der Beurteilungskriterien

Im Rahmen der nachfolgenden Ausführungen werden die in den Kapiteln 3.2.8, 3.3.7 und 3.4.7 im Kontext der Verrechnungspreisbestimmungen der OECD, Deutschlands und den USA dargestellten Methoden beurteilt.[1448] Die Anforderungen an die individuelle Steuergerechtigkeit sind erfüllt, wenn die Anwendung einer Methode in einer Preissetzung resultiert, die das durch eine grenzüberschreitende Transaktion realisierte Einkommen in Form des transferierten ökonomischen Nutzens reflektiert. Dabei ist im Hinblick auf die Gleichmäßigkeit der Besteuerung von besonderer Bedeutung, dass die Methoden hinsichtlich ihrer Anwendung dergestalt konkretisiert sind, dass Ermessensspielräume und Unschärfen bei ihrer Anwendung auf ein Maß reduziert werden, welches eine gleichmäßige Verrechnungspreisbestimmung im Sinne der individuellen Steuergerechtigkeit zur Folge hat und eine Selbsteinsteuerung wirkungsvoll verhindert. Da die Verrechnungspreismethoden die Vorgehensweisen für die Preisermittlung bei konzerninternen grenzüberschreitenden Transaktionen bereitstellen, kommt ihnen auch unmittelbare Bedeutung für die zwischenstaatliche Verteilungsgerechtigkeit zu. Die zwischenstaatliche Verteilungsgerechtigkeit erfordert eine Allokation des transaktionsbezogenen Einkommens zwischen den beteiligten Geschäftseinheiten, die das grenzüberschreitend transferierte Transaktionseinkommen in zutreffender Höhe reflektiert. Hierbei sind die in Kapitel 2.3.2.3 dargestellten Grenzen der Machbarkeit einer objektivierbaren Allokation des auf immaterielle Vermögenswerte entfallenden Gewinns zu den einzelnen Geschäftseinheiten eines multinationalen Unternehmens zu beachten.

Neben der Gerechtigkeit der Gewinnabgrenzung sollen die Verrechnungspreismethoden auch den Aspekt der Praktikabilität beachten, d.h. sie sollen verständlich, praktisch umsetzbar und verlässlich im Sinne einer Nachprüfbarkeit der Verrechnungspreisermittlung sein. Die praktische Umsetzung soll dabei mit akzeptablen Kosten der Befolgung durchgeführt werden kön-

[1448] Auf die Wiederverkaufspreismethode wird aufgrund ihres auf Ausnahmefälle beschränkten Anwendungsbereichs nicht eingegangen. Die in den US-Regulations spezifisch für die Bewertung von Buy In-Payments vorgesehenen Methoden werden im Zusammenhang mit Betrachtung der einschlägigen Bestimmungen zur gemeinsamen Entwicklung in Kapitel 4.3.4.6.4 gewürdigt.

nen, d.h. die Kosten müssen sich als verhältnismäßig zur monetären Bedeutung der Transaktion darstellen und die Bepreisung der Transaktion darf nicht mit weniger belastenden Methoden hinsichtlich des Aufwands der Preisermittlung durchführbar sein.

Die Rechtssicherheit ist gewährleistet, wenn sowohl die Wahl der geeigneten Methode(n) als auch deren Anwendung im Kontext der Allokation und Nutzung[1449] immaterieller Vermögenswerte derart konkretisiert sind, dass die Geschäftseinheiten eines multinationalen Unternehmens die Folgen ihrer Methodenwahl und deren Auswirkungen auf das steuerliche Einkommen mit einiger Bestimmtheit einschätzen können. Dabei ist eine international einheitliche Ausgestaltung der Regelungen zur Methodenwahl und deren Anwendung als Voraussetzung für die Vermeidung der Doppel- oder Minderbesteuerung anzusehen.

4.3.3.2 Preisvergleichsmethode

Aufgrund ihrer direkten Bezugnahme auf die Preisbildung zwischen fremden Dritten wird die Preisvergleichsmethode grundsätzlich als vorrangig gegenüber allen anderen Methoden zur Verrechnungspreisermittlung betrachtet.[1450] Die auf dem Market Approach basierende Methode verwendet den Marktpreis als Konstrukt für den in Folge der grenzüberschreitenden Leistungsbeziehung zwischen den Transaktionspartnern transferierten monetären Nutzen bzw. das realisierte Einkommen. Hierdurch gelingt es der Preisvergleichsmethode, den innerhalb eines multinationalen Unternehmens grundsätzlich fehlenden Interessengegensatz zu eliminieren, da fremde Dritte einen Preis vereinbaren, der ihrer tatsächlichen Zahlungsbereitschaft unter Berücksichtigung ihrer Nutzenerwartung entspricht und somit das Zusammenspiel von Angebot und Nachfrage reflektiert. Unter den Prämissen des Market Approach wird damit mit einer grenzüberschreitenden Transaktion ein Einkommen zugewiesen, das dem realisierten ökonomischen Nutzen entspricht. Mittels der Orientierung am Markt kann ferner eine Objektivierung der Preisbildung erreicht werden. Allerdings ist zu bedenken, dass die kooperative Ausgestaltung grenzüberschreitender konzerninterner Wertschöpfungsprozesse innerhalb eines multinationalen Unternehmens in aller Regel Integrations- und Synergievorteile schafft, die zwischen fremden Dritten nicht vorhanden sind.[1451] Diese werden bei einer Verwendung von Marktpreisen für den internalisierten Leistungsaustausch willkürlich zwischen den Steu-

---

1449 Vgl. zur Beurteilung der Allokations- und Nutzungsstrategien Kapitel 4.3.4.

1450 Vgl. zu empirischen Befunden zur Häufigkeit der Nutzung verschiedener Methoden für die Verrechnungspreisbildung immaterieller Vermögenswerte Kapitel 5.2.3.2.

1451 *Luckhaupt/Overesch/Schreiber*, in: Schön/Konrad, Fundamentals of Transfer Pricing, 2012, 91, 100. Vgl. auch Kapitel 2.2.

erhoheiten aufgeteilt, da ein Marktpreis die auf Seiten eines oder beider konzerninterner Transaktionspartner bestehenden Integrations- und Synergievorteile per Definition nicht reflektieren kann. Aus diesem Grunde sind sowohl die individuelle Steuergerechtigkeit als auch die zwischenstaatliche Verteilungsgerechtigkeit durch die Preisvergleichsmethode insoweit verletzt.[1452]

Hinsichtlich der praktischen Umsetzbarkeit der Preisvergleichsmethode ist zunächst festzuhalten, dass unternehmensspezifische einzigartige immaterielle Vermögenswerte einer der wesentlichen Treiber für das Entstehen multinationaler Unternehmensstrukturen an sich darstellen, wie im Rahmen der in Kapitel 2.2 dargestellten Überlegungen zur Theorie der multinationalen Unternehmung gezeigt werden konnte. Insoweit ist das Vorhandensein aktiver Märkte für unternehmensspezifische immaterielle Vermögenswerte als Grundprämisse der direkten Anwendung des Market Approach meist nicht gegeben.[1453] Können Preisvergleichswerte für eine indirekte Anwendung des Market Approach nach der Analogiemethode durch Ableitung von Marktpreisen ermittelt werden, müssen die sehr hohen Anforderungen an die Vergleichbarkeit beachtet werden, da sich gerade bei immateriellen Vermögenswerten bereits geringe Unterschiede signifikant auf den Wert eines immateriellen Vermögenswerts auswirken können. Vergleichbarkeit ist daher in diesem Fall nur gegeben, wenn das Gewinnpotenzial der konzerninternen und der Markttransaktion vergleichbar hoch ist, da das einem immateriellen Vermögenswert inhärente Gewinnpotenzial die Zahlungsbereitschaft eines Erwerbers oder Lizenznehmers bestimmt und damit das durch die konzerninterne Transaktion realisierte und transferierte Einkommen reflektieren kann. Fehlen die zur quantitativen Einschätzung des Gewinnpotenzials erforderlichen Informationen, ist eine Anwendung der Preisvergleichsme-

---

1452 Gl.A. *Sommer,* der davon ausgeht, dass Zusatzeinkommen, welches ein multinationales Unternehmen aufgrund seiner Integration generieren kann, bei der Preisvergleichsmethode gänzlich unbesteuert bleibt, vgl. *Sommer*, Unitary Apportionment, 2011, 87, verweisend auf *Eden*, Transnational Corporations Journal 02/2005, 1, 27f. *Luckhaupt/Overesch/Schreiber* vertreten hingegen die Auffassung, dass bei der Verwendung von tatsächlich vergleichbaren Preisvergleichswerten das multinationale Unternehmen keine Integrationsvorteile realisiert, da es sich nicht wie ein integriertes Unternehmen verhält. Vgl. *Luckhaupt/Overesch/Schreiber*, in: Schön/Konrad, Fundamentals of Transfer Pricing, 2012, 91, 107. M.E. sind die vorgenannten Auffassungen nicht zutreffend, wenn man davon ausgeht, dass beide konzerninternen Transaktionspartner einer Ertragsbesteuerung in ihrem Sitzstaat unterliegen. Die Verwendung von Marktpreisen führt in diesem Fall dazu, dass einem multinationalen Unternehmen zugängliche Vorteile der Integration durch einen der beiden Transaktionspartner realisiert werden und dort der Besteuerung unterliegen, da die konzerninterne Transaktion letztlich immer nur Inputfaktor für den Leistungsaustausch mit fremden Dritten sein kann. Hieraus resultiert m.E. die Schlussfolgerung, dass durch die Verwendung von (gemessen an den konzerninternen Kostenstrukturen und Absatzchancen) zu hohen oder zu niedrigen Marktpreisen eine willkürliche Allokation der Integrationsvorteile bei einem der beiden Transaktionspartner erfolgt.

1453 Vgl. *Berry/Bradford/Hines*, CESifo Working Paper No. 11, 1991, 9, zitiert nach: *Sommer*, Unitary Apportionment, 2011, 90; vgl. auch *Kurzewitz*, Methodenwahl, 2009, 293f.

thode nicht hinreichend präzise im Sinne der zwischenstaatlichen Verteilungsgerechtigkeit.[1454] Die Vornahme pauschaler Zu- oder Abschläge auf den Verrechnungspreis auf der Grundlage der subjektiven Einschätzung des Rechtsanwenders reduziert die Zielgenauigkeit und Zuverlässigkeit der Methode signifikant und verletzt damit auch die individuelle Steuergerechtigkeit, da eine Gleichmäßigkeit der Besteuerung aufgrund der weitgehenden Ermessensspielräume bei der Vergleichbarkeitsanalyse und der Durchführung von Anpassungen nicht gegeben sein kann.

Die vorstehend dargestellten Grundüberlegungen zur Verwendung der Preisvergleichsmethode für immaterielle Vermögenswerte in Bezug auf die Differenzierung zwischen der Vergleichbarkeitsanalyse auf direktem und indirektem Wege und die Erfassung des Gewinnpotenzials als übergeordnetes Vergleichbarkeitskriterium, werden von den betrachteten Verrechnungspreisregimes lediglich durch die US-Regulations mit ausreichender Klarheit adressiert. Allerdings ist die Tatbestandsvoraussetzung, wonach nur immaterielle Vermögenswerte mit relativ geringem Gewinnpotenzial bzw. geringer Rendite für die indirekte Vergleichsanalyse herangezogen werden dürfen, nicht hinreichend zielgenau ausgestaltet, da insoweit ein weiter Ermessensspielraum bei der Einschätzung von Gewinnpotenzial und Profitabilität besteht.

Sowohl die OECD-Verrechnungspreisrichtlinien 2010 als auch die einschlägigen Bestimmungen des deutschen Steuerrechts zählen zwar diverse Vergleichbarkeitsfaktoren auf, die nicht objektivierbare Indikatoren des Gewinnpotenzials darstellen, weshalb deren Vergleich allenfalls zufällig zur Verwendung adäquater Fremdvergleichswerte führen kann. Die Anwendung der Preisvergleichsmethode stellt in diesen Fällen potenziell einen Verstoß gegen die individuelle Steuergerechtigkeit und die zwischenstaatliche Verteilungsgerechtigkeit dar, da die Vergleichbarkeitsanalyse große Ermessensspielräume einräumt. Den einschlägigen Bestimmungen der OECD-Verrechnungspreisrichtlinien 2010 und des deutschen Steuerrechts fehlt insoweit die erforderliche Tatbestandsbestimmtheit als Grundvoraussetzung für eine rechtssichere Regelung, was in einer mangelnden Zielgenauigkeit und Verlässlichkeit der Methode resultiert.

Als Vorteil der Preisvergleichsmethode ist die ungeachtet der vorstehend erläuterten Mängel bestehende internationale Akzeptanz der Methode in den meisten Steuerrechtsordnungen anzusehen. Sind demnach im Einzelfall tatsächlich belastbare Fremdvergleichspreise verfügbar,

---

[1454] *Mogle*, in: Cole, U.S. Transfer Pricing, 2011, 8-69.

besteht nur ein geringes Risiko der Doppelbesteuerung in Folge einer Einkommenskorrektur durch eine der betroffenen Steuerhoheiten. Im Ergebnis ist jedoch insbesondere im Hinblick auf immaterielle Vermögenswerte als zentrale Problematik der Preisvergleichsmethode die Vernachlässigung konzerninterner Synergien und Integrationsvorteile sowie die praktische Umsetzbarkeit und im Falle der Analogiemethode die mangelnde Objektivierbarkeit hervorzuheben.

4.3.3.3 Kostenaufschlagsmethode

Die Verwendung der Kostenaufschlagsmethode ist bei der Verrechnungspreisbildung für die Überlassung oder Übertragung immaterieller Vermögenswerte bezüglich ihrer Eignung, eine richtige Bemessung der Leistungsfähigkeit im Sinne der individuellen Steuergerechtigkeit und der zwischenstaatlichen Verteilungsgerechtigkeit herbeizuführen, als kritisch zu betrachten,[1455] da ein Zusammenhang zwischen Kosten und Marktwert oftmals nicht besteht.[1456] Lediglich für den Fall von Auftragsverhältnissen, die durch eine Risikoallokation zwischen den Transaktionspartnern dergestalt charakterisiert sind, dass eine Partei durch Deckung ihrer Kosten zuzüglich eines Gewinnaufschlags weitgehend risikolos gestellt wird und der anderen Partei im Gegenzug zur Risikoübernahme unmittelbar die Chancen der Leistungsbeziehung zufallen, ist eine kostenbasierte Vergütung dem Grunde nach sachgerecht. Der Höhe nach führt die Orientierung an marktüblichen Gewinnaufschlagssätzen jedoch zur Zuweisung von Marktrenditen an das als Routinedienstleister qualifizierte Konzernunternehmen, weshalb die konzernimmanenten Synergien und Integrationsvorteile dem Auftraggeber zugewiesen werden. Hierin ist u.U. ein Verstoß gegen die zwischenstaatliche Verteilungsgerechtigkeit zu sehen. Ein Verstoß gegen die zwischenstaatliche Verteilungsgerechtigkeit liegt ferner auch in denjenigen Fällen vor,[1457] wenn die von der Kostenaufschlagsmethode unterstellte vertragliche Risikoallokation zu einer Transaktionspartei in tatsächlicher Hinsicht nicht durch die Funktionsausübung reflektiert wird.[1458]

1455 Nach der Auffassung von *Kurzewitz* ist die Kostenaufschlagsmethode in Sonderfällen, wie etwa der konzerninternen Entwicklung von Standardsoftware, deren Entwicklungskosten bekannt sind und die kein hochprofitables immaterielles Wirtschaftsgut darstellen, anwendbar, vgl. *Kurzewitz*, Methodenwahl, 2009, 297.

1456 Vgl. hierzu auch die Ausführungen zum Cost Approach in Kapitel 2.4.3 sowie im Kontext der Verrechnungspreisbildung: *Portner*, in: Schaumburg/Baumhoff, Verrechnungspreise, 1994, 78, 95; *Kurzewitz*, Methodenwahl, 2009, 296; *Greinert*, Ubg 2010, 101, 104; *Baumhoff*, in: Mössner, Steuerrecht, 2012, Rz. 3.297.

1457 Ein Beispiel hierfür stellt die in Kapitel 2.3.2.4.3 erläuterte echte Auftragsforschung dar.

1458 Vgl. zu den insoweit differierenden Anforderungen der OECD und des US-Steuerrechts Kapitel 4.3.2.2 und Kapitel 4.3.2.4.

Hinsichtlich ihrer Praktikabilität wird die Kostenaufschlagsmethode den Anforderungen der Verständlichkeit, der praktischen Umsetzbarkeit und der Zielgenauigkeit gerecht, da sie bezüglich der Kostenbasis allein auf internen Kosteninformationen aufbaut. Dies setzt allerdings in praktischer Hinsicht die Nachvollziehbarkeit, adäquate Dokumentation der Leistungserstellung und die zuverlässige Ermittlung der angefallenen Vollkosten voraus.[1459] Einschränkungen der Zielgenauigkeit können insbesondere hinsichtlich der Zuweisung indirekter Kosten zur transaktionsbezogenen Vollkostenbasis gegeben sein. Die Überprüfung der Kostenbasis muss sich insoweit auf die Frage beschränken, ob eine fremdübliche Vorgehensweise hinsichtlich der Bestimmung der Kostenbasis bzw. deren Abgrenzung zu anderen Kosten des Leistungserbringers gewählt wurde. Insoweit bestehen ebenfalls Ermessensspielräume, die eine objektivierbare Anwendung der Methode einschränken. Über die Bestimmung der Kostenbasis hinaus erfordert die Kostenaufschlagsmethode die Verfügbarkeit von Fremdvergleichswerten hinsichtlich des auf die Kostenbasis anzuwendenden Gewinnaufschlagssatzes. Sind diese Voraussetzungen gegeben, ist die Methode zielgenau umsetzbar und genügt damit dem Kriterium der Praktikabilität. Darüber hinaus ist die Kostenaufschlagsmethode bezüglich ihrer praktischen Anwendung hinreichend konkretisiert und bietet damit die für den Rechtsanwender erforderliche betriebswirtschaftliche Planungssicherheit.

Im Ergebnis ist die Kostenaufschlagsmethode als eine praktikable und rechtssichere Methode anzusehen, deren Anwendungsbereich aus der Perspektive der Gerechtigkeitsanforderungen jedoch auf wenige Fallkonstellationen einer einseitigen vertraglichen Risikoallokation beschränkt ist, deren funktionale Anforderungen einer Konkretisierung bedürfen. Risiken hinsichtlich der Rechtssicherheit können sich aus der Bestimmung der Kostenbasis und der Ermittlung eines fremdüblichen Gewinnaufschlagssatzes ergeben.

4.3.3.4 Transaktionsbezogene Nettomargenmethode

Die nachfolgende Beurteilung erfolgt einheitlich für die TNMM und die CPM, da beide Methoden, wie in Kapitel 3.4.7.3 erläutert, aufgrund ihrer konzeptionellen Übereinstimmung bei richtiger Anwendung zu identischen Ergebnissen führen.[1460] Beide Methoden setzen für die Verrechnungspreisbestimmung voraus, dass einer der Transaktionspartner ausschließlich Routineaufgaben ausübt, die einen Einsatz unternehmensspezifischer immaterieller Vermögenswerte ausschließen und für die daher eine marktübliche Rendite ermittelt werden kann,

[1459] Vgl. *Kurzewitz*, Methodenwahl, 2009, 297.
[1460] Gl.A. *Sommer*, Unitary Apportionment, 2011, 77.

weshalb das transaktionsbezogene Nettoergebnis der Routineeinheit auf dem Wege der Verrechnungspreisbildung der Höhe nach auf die marktübliche Rendite begrenzt werden kann. Ein darüber hinausgehendes transaktionsbezogenes Einkommen wird dem Eigentümer des oder der transaktionsgegenständlichen immateriellen Vermögenswerte zugewiesen.

Die TNMM/CPM ist in mehrfacher Hinsicht kritikwürdig in Bezug auf ihre methodische Eignung, eine Gewinnabgrenzung im Einklang mit der individuellen Steuergerechtigkeit und der zwischenstaatlichen Verteilungsgerechtigkeit herbeizuführen. So ist festzustellen, dass der kausale Zusammenhang zwischen der Profitabilität einer Geschäftseinheit und den vereinbarten Verrechnungspreisen durch diverse andere Einflussfaktoren wie beispielsweise die Fähigkeiten des Managements, die Wettbewerbsposition des Unternehmens und die Höhe der Betriebs- und Finanzierungskosten[1461] überlagert werden kann, sodass der von der TNMM/CPM implizit getroffene Rückschluss zwischen Nettoergebnis und transaktionsbezogener Verrechnungspreisbildung u.U. unzutreffend ist.[1462] Vor diesem Hintergrund ist es fraglich, ob die TNMM/CPM in der Lage ist, das mit der Transaktion verbundene Einkommen zutreffend zu ermitteln, was der individuellen Steuergerechtigkeit widerspricht. Die Notwendigkeit der Unterscheidung zwischen der Vergütung von Routineaktivitäten und unternehmensspezifischen Aufgaben stellt einen weiteren Kritikpunkt dar. Problematisch ist insoweit die Abgrenzung von Routineaufgaben, die keinen Einsatz spezifischer Vermögenswerte erfordern, zu unternehmensspezifischen, nicht marktgängigen Leistungen, die eine Partizipation beider Transaktionspartner an dem transaktionsgegenständlichen immateriellen Vermögen rechtfertigen und damit eine Anwendung der TNMM/CPM ausschließen.[1463] Auch wenn eine weitreichende Begrenzung der Gewinnallokation zur als Routineunternehmen charakterisierten Geschäftseinheit in Konstellationen einer entsprechenden schuldrechtlichen Risikoallokation und tatsächlichen Funktionsverteilung fremdüblich sein mag, etwa im Falle der Auftragsfertigung durch ein ausschließlich Kapital einbringendes Fertigungsunternehmen,[1464] ist bei konzerninternen Transaktionen die vollständige Allokation des Residualergebnisses ggf. vorhandener Integrations- und Synergievorteile zum Nicht-Routineunternehmen zu beanstanden soweit diese Vorteile durch die wirtschaftliche Kooperation beider Parteien generiert werden.[1465] In

---

1461 Vgl. *Werra*, IStR 1995, 457, 463.

1462 Vgl. *Markham*, Intangibles, 2005, 109 sowie Tz. 2.64 der OECD-Verrechnungspreisrichtlinien 2010.

1463 Vgl. *Markham*, Intangibles, 2005, 109, m.w.N.

1464 Diese Konstellation war sachverhaltsseitig in der Rechtssache *Bausch & Lomb* gegeben, vgl. Kapitel 3.4.8.5.2.

1465 Vgl. *Wittendorf*, International Transfer Pricing Journal 2010, 323, 332; im Ergebnis ebenso *McInnes*, Tax Management Transfer Pricing Report 2005, 173, 173ff.; spezifisch zur Bestimmung von Lizenzsätzen

Gewinnsituationen kann dieser Umstand sowie die Nichtberücksichtigung von Erfolgsfaktoren auf der Seite des Routineunternehmens zu einer überhöhten Vergütung der Nicht-Routineaktivitäten bzw. einer Untervergütung der als Routineunternehmen qualifizierten Geschäftseinheit führen.[1466] Die der TNMM/CPM inhärente Zuweisung eines festen Soll-Ergebnisses kann ferner zur Folge haben, dass das Risikoprofil der beteiligten Unternehmen nur unzureichend berücksichtigt wird,[1467] insbesondere in Situationen eines Verlusts aus der Gesamttransaktion. Insoweit liegt ein Verstoß gegen die individuelle Steuergerechtigkeit als auch die zwischenstaatliche Verteilungsgerechtigkeit vor.

Zweifel hinsichtlich der Praktikabilität der TNMM/CPM ergeben sich in Bezug auf die Verfügbarkeit tatsächlich mit der Tested Party vergleichbarer Routineunternehmen, die regelmäßig nur unter Inkaufnahme verringerter Anforderungen an die Vergleichbarkeit derselben zum konzerninternen Routineunternehmen gegeben ist.[1468] Damit wird die Fähigkeit der Methode, tatsächliche Vergleichbarkeit zwischen der Tested Party und den Vergleichsunternehmen herstellen zu können, auch insoweit in Frage gestellt.[1469]

Ungeachtet der Tatsache, dass die TNMM/CPM in Bezug auf ihre Anwendung zumindest durch die OECD-Verrechnungspreisrichtlinien 2010[1470] sowie die US-Regulations[1471] hinreichend konkretisiert ist, bietet die methodische Vorgehensweise der TNMM/CPM, welche diverse Arbeitsschritte von der Selektion der Tested Party über die Ermittlung der Profitabilität der konzerninternen Transaktion, der Auswahl von Vergleichsunternehmen bis zur Vornahme von Anpassungsrechnungen mit sich bringt, diverse Ermessensspielräume[1472], was die Zielgenauigkeit und Verlässlichkeit der Methode schmälert und damit neben der Praktikabilität auch die Gleichmäßigkeit der Besteuerung und damit die individuelle Steuergerechtigkeit beeinträchtigt. Die vorstehend erläuterten Punkte lassen den Schluss zu, dass die TNMM/CPM sowohl in konzeptionell-theoretischer Hinsicht als auch bezüglich ihrer Praktikabilität erhebli-

---

durch die CPM: *Mogle*, in: Cole, U.S. Transfer Pricing, 2011, 8-63. Der Aspekt der Integrations- und Synergievorteile wird nunmehr auch durch den revidierten Diskussionsentwurf der OECD vom 30.7.2013 behandelt; vgl. hierzu Kapitel 4.3.1.2.2.

1466 Vgl. *Markham*, Intangibles, 2005, 109; *Wittendorf*, International Transfer Pricing Journal 2010, 323, 333.

1467 Vgl. *Jacobs*, Unternehmensbesteuerung, 2011, 593; *Baumhoff*, in: Mössner, Steuerrecht, 2012, Rz. 3.232.

1468 *Avi-Yonah* bezeichnet die Qualifizierung der CPM als fremdvergleichskonforme Methode durch den IRS als Lippenbekenntnis, das lediglich der Eignung der CPM als Ausweichmethode beim Versagen der Standardmethoden geschuldet ist, vgl. *Avi-Yonah*, Public Law and Legal Theory Working Paper Series No. 92, 2007, 24.

1469 Diesen Schluss lassen auch die Ergebnisse der umfassenden Analyse von *Peter* zu, Vgl. *Peter*, Margenvergleiche, 2008, 443f.

1470 Vgl. hierzu Kapitel 3.2.8.5.

1471 Vgl. § 1.482-5 der Regulations, vgl. auch Kapitel 3.4.7.3.

1472 Vgl. *Horst*, in: Cole, U.S. Transfer Pricing, 2011, 9-6.

che Mängel aufweist, die in einem Widerspruch zu den Anforderungen an eine gerechte und praktikable Gewinnabgrenzung stehen.

Die Rechtssicherheit der TNMM/CPM ist aufgrund der unklaren Haltung der OECD der Methode gegenüber beeinträchtigt. Während sich die OECD mit den OECD-Verrechnungspreisrichtlinien 1995 von ihrer bis dahin grundsätzlich bestehenden Ablehnung gewinnorientierter Methoden löste[1473] und mit den Verrechnungspreisrichtlinien 2010 sogar die bisherige Hierarchie zwischen Standard- und gewinnorientierten Methoden aufgab,[1474] wird im Rahmen des Projekts „Transfer Pricing Aspects of Intangibles" wiederum eine lediglich implizite Abwendung von der TNMM für immaterielle Vermögenswerte erkennbar.[1475]

Die mit dem Diskussionsentwurf vom 30.7.2013 erkennbar werdende Auffassung der OECD, dass Synergien und Integrationsvorteile, ungeachtet ihres Ausschlusses von der Definition des immateriellen Vermögenswerts, als Aspekte der Vergleichbarkeit zu betrachten sind, die ggf. eine Nichtanwendbarkeit der TNMM auch für den Fall der Vergütung einer Routineeinheit zur Folge haben, ist von fundamentaler Bedeutung für die zwischenstaatliche Verteilungsgerechtigkeit und zugleich der Rechtssicherheit zuträglich. Eine klare inhaltliche Position in dieser bedeutenden Frage ist weder dem deutschen Steuerrecht, noch den US-Regulations zu entnehmen, was wiederum einen Verstoß gegen die individuelle Steuergerechtigkeit und die zwischenstaatliche Verteilungsgerechtigkeit darstellt.

4.3.3.5 Gewinnaufteilungsmethode

Die Gewinnaufteilungsmethode wird von den betrachteten Verrechnungspreisregimes übereinstimmend als beste Methode für diejenigen grenzüberschreitenden Sachverhalte angesehen, die durch eine hohe Integration des Wertschöpfungsprozesses und den Einsatz einzigartiger und wertvoller immaterieller Vermögenswerte durch beide Transaktionspartner gekennzeichnet ist.[1476] Die Gewinnaufteilungsmethode ist zumindest auf konzeptioneller Ebene in der Lage, im Sinne der individuellen Steuergerechtigkeit und der zwischenstaatlichen Verteilungsgerechtigkeit typische und wesentliche Merkmale spezifischer konzerninterner Transaktionen zu berücksichtigen. Allen Ansätzen der Gewinnaufteilungsmethode ist gemeinsam, dass die Verrechnungspreisbestimmung auf dem ex ante geschätzten oder tatsächlich reali-

---

[1473] Vgl. hierzu Kapitel 3.2.2.
[1474] Vgl. hierzu Kapitel 3.2.8.1.
[1475] Vgl. hierzu Kapitel 3.2.8.5.
[1476] Vgl. Tz. 2.109 der OECD-Verrechnungspreisrichtlinien 2010; *Higinbotham*, in: Cole, U.S. Transfer Pricing, 2011, 10-9ff. sowie Kapitel 3.2.8.6 und Kapitel 3.4.7.4.

sierten Transaktionsgesamtgewinn beruht, der zwischen den Transaktionspartnern aufzuteilen ist, um hieraus einen angemessenen Verrechnungspreis abzuleiten. Wesentlicher Vorteil der hiermit einhergehenden zweiseitigen Perspektive ist, dass auf dieser Stufe der Verrechnungspreisbestimmung grundsätzlich eine Einbeziehung konzernspezifischer Synergie- und Integrationsvorteile in den Transaktionsgesamtgewinn erfolgt, da das grenzüberschreitende operative Zusammenwirken der konzernzugehörigen Geschäftseinheiten in die Verrechnungspreisbestimmung einfließt.[1477] Die Gewinnaufteilungsmethode ist somit hinsichtlich der individuellen Steuergerechtigkeit im Vorteil gegenüber allen Standardmethoden.

Für die weitere Beurteilung der Gewinnaufteilungsmethode ist zwischen den verschiedenen Ansätzen zu differenzieren, die sich in Comparable Profit Split, Capital Employed Profit Split, Contribution Analysis Profit Split und Residual Profit Split unterteilen.[1478] Beim Comparable Profit Split soll sich die Gewinnaufteilung unmittelbar am Verhalten fremder Dritter bei einer vergleichbaren Transaktion orientieren. Liegt eine derartige Vergleichstransaktion vor, kann von einer richtigen Bemessung der Leistungsfähigkeit ausgegangen werden, da die herbeigeführte Verrechnungspreisbildung das vom Gegensatz der Interessen geprägte Verhalten fremder Dritter reflektiert. Vor dem Hintergrund der oben aufgeführten Anwendungsvoraussetzungen der Gewinnaufteilungsmethode wird jedoch deutlich, dass eine unmittelbare Bezugnahme auf die Gewinnaufteilung fremder Dritter nur möglich sein wird, wenn nahezu identische interne Vergleichstransaktionen einer Geschäftseinheit mit fremden Dritten vorliegen, auf die zurückgegriffen werden kann. Die Verfügbarkeit derartiger Vergleichstransaktionen ist jedoch gerade aufgrund der in Kapitel 2.2.2 erläuterten Anreize zur Internalisierung firmenspezifischer und strategisch bedeutsamer Leistungsbeziehungen als äußerst unwahrscheinlich anzusehen. Auch soweit eine hoch integrierte Kooperation unter Einsatz firmenspezifischer immaterieller Vermögenswerte mit fremden Dritten erfolgt, beispielsweise im Rahmen eines Joint-Ventures, ist die Vergleichbarkeit der betreffenden Transaktion mit einem konzerninternen Vorfall wohl nur in Ausnahmefällen gegeben. Damit kann davon ausgegangen werden, dass die Comparable Profit Split Method im Regelfall als nicht praktisch umsetzbar anzusehen ist.

Im Unterschied hierzu fehlt es dem Capital Employed Profit Split an einer ökonomischen Fundierung für die mit diesem Ansatz untrennbar verbundene Annahme des identischen Risikoprofils der Transaktionspartner. Diese Annahme ist unter den Prämissen des Separate Enti-

---

1477 Vgl. *Wittendorf*, International Transfer Pricing Journal 2010, 323, 334.
1478 Vgl. hierzu Kapitel 3.2.8.6.

ty Approach[1479] bereits aufgrund der in verschiedenen Märkten tätigen und mit verschiedenen Funktionen befassten Transaktionspartner als nicht valide zu betrachten. Damit ist der Capital Employed Profit Split nicht geeignet, eine im Sinne der zwischenstaatlichen Verteilungsgerechtigkeit adäquate grenzüberschreitende Gewinnabgrenzung unter Geltung des Fremdvergleichsgrundsatzes herbeizuführen.

Die Gewinnaufteilungsmethode in der Ausprägung des Contribution Analysis Profit Split versucht, Marktwerte der von den Transaktionspartnern übernommenen Funktionen und Risiken zu ermitteln und deren Relationen für eine Ableitung von Aufteilungsschlüsseln für den Transaktionsgesamtgewinn zu verwenden. Auch soweit eine Bestimmung derartiger Marktwerte tatsächlich möglich sein sollte, bringt diese Vorgehensweise den Nachteil mit sich, dass die Gewichtung derartiger Marktwerte die Integration der konzerninternen Leistungsbeziehungen und den Einsatz unternehmensspezifischer immaterieller Vermögenswerte außer Acht lassen, d.h. es erfolgt eine künstliche Zerlegung einer hoch integrierten Transaktion in einzelne Komponenten zur Bestimmung ihrer Marktwerte. Ungewiss ist ferner, inwieweit die Relationen der Marktwerte den Beitrag der verschiedenen Komponenten zur Wertschöpfung der Transaktion wiederspiegeln, da ihre Interaktion nicht durch die Höhe der Marktwerte gemessen werden kann. Damit ist zweifelhaft, ob eine derartige Methodik in einer Gewinnaufteilung resultiert, die den ökonomischen Gehalt der betreffenden konzerninternen Transaktion, der ganz wesentlich durch den hohen Integrationsgrad geprägt ist, angemessen reflektiert und hieraus eine Gewinnaufteilung ableitet, die das mit der Transaktion verbundene Einkommen im Sinne der individuellen Steuergerechtigkeit zutreffend erfasst und einer der zwischenstaatlichen Verteilungsgerechtigkeit entsprechenden Allokation zuführt.

Die vom Residual Profit Split eingesetzte zweistufige Methodik der Vergütung marktüblicher Routineaufgaben und anschließenden Aufteilung des Residualgewinns ist der Residual Value Method[1480] des Income Approach nachempfunden und birgt daher auch das Risiko einer Vernachlässigung nicht identifizierter transaktionsbezogener immaterieller Vermögenswerte bei der Festlegung des Aufteilungsschlüssels.[1481] Darüber hinaus führt die dem Residual Profit Split inhärente Betrachtungsweise zu einer Aufteilung des Residual Profits nach Maßgabe der

---

[1479] Ein identisches Risikoprofil kann nur unter der Voraussetzung einer aggregierten Betrachtung multinationaler Unternehmen als wirtschaftliche Einheit angenommen werden. Dies steht jedoch im Widerspruch zum Separate Entity Approach, der die rechtliche Selbständigkeit der Konzerngesellschaften für Zwecke der grenzüberschreitenden Gewinnabgrenzung aufrecht erhält.

[1480] Vgl. hierzu Kapitel 2.4.4.1.3.

[1481] Vgl. hierzu Kapitel 2.4.4.1.2.

unmittelbar in der Transaktion eingesetzten Vermögenswerte und ignoriert hierbei u.U. mittelbar signifikant zur Wertschöpfung beitragende Vermögenswerte auf der Ebene der Gesamtorganisation des multinationalen Unternehmens.[1482] Die von der OECD[1483] vorgeschlagenen Aufteilungsmaßstäbe können allenfalls als Näherungsgrößen für eine angemessene Aufteilung des Residualgewinns bezeichnet werden. Darüber hinaus besteht zu den von den US-Regulations[1484] explizit zugelassenen Aufteilungsmaßstäben der Market Benchmarks oder der Entwicklungskosten eine differierende Rechtslage zwischen den OECD-Verrechnungspreisrichtlinien 2010 und den US-Regulations, die der Rechtssicherheit abträglich ist.[1485]

Wie an anderer Stelle bereits ausgeführt,[1486] weisen die Kosten der Entwicklung nicht zwingend einen Zusammenhang mit dem tatsächlichen Wert eines immateriellen Vermögenswerts auf;[1487] dies gilt insbesondere in Fällen risikoreicher Entwicklungstätigkeiten, deren Erfolgsaussicht ungewiss ist. Im Umkehrschluss kann eine Anwendung des Residual Profit Splits in den Fällen aus ökonomischer Perspektive sachgerecht sein, für die nachgewiesen werden kann, dass ein kausaler Zusammenhang zwischen Entwicklungsaufwand und Entwicklungserfolg besteht, der sich wiederum im Wert des Resultats reflektiert. Nach der Auffassung von *Higinbotham* ist dies etwa bei der Automobil- und Elektronikbranche aufgrund des spezifischen Verlaufs des Produktlebenszyklus und der damit verbundenen Entwicklungsanstrengungen der Fall.[1488] Auch soweit die Residual Profit Split Method in diesen Fällen Anwendung finden könnte, bestehen Unsicherheiten aufgrund der notwendigen Erfassung der Entwicklungskosten und deren Abgrenzung zu den Gemeinkosten des Unternehmens, was die Zielgenauigkeit und Verlässlichkeit der Methode reduziert.

Es ist daher im Einklang mit den Schlussfolgerungen zum Management immaterieller Vermögenswerte in Kapitel 2.3.3 zu konstatieren, dass keine der Höhe nach objektivierbaren Maßstäbe für eine Quantifizierung des Residual Profit Splits verfügbar sind, sondern der Aufteilungsmaßstab stets auf qualitativen und damit zwangsläufig subjektiven Einschätzungen des Rechtsanwenders oder auf der Schaffung von Konventionen in Bezug auf global akzeptierte Allokationsgrößen beruhen muss. Der Residual Profit Spilt kann daher regelmäßig nicht als fremdvergleichskonforme Verrechnungspreismethode angesehen werden, da bei einer

---

[1482] Vgl. *Li*, Canadian Tax Journal 2002, 823, 834; *Sommer*, Unitary Apportionment, 2011, 87.
[1483] Vgl. Tz. 2.134ff. der OECD-Verrechnungspreisrichtlinien 2010 sowie Kapitel 3.2.8.6.
[1484] Vgl. § 1.482-6(c)(3)(i)(B) der Regulations.
[1485] Gl.A. *Avi-Yonah*, World Tax Journal 2010, 3, 16.
[1486] Vgl. Kapitel 2.4.3.
[1487] Vgl. *Feinschreiber*, Transfer Pricing, 2004, 194.
[1488] Vgl. *Higinbotham*, in: Cole, U.S. Transfer Pricing, 2011, 10-47.

Aufteilung auf Basis der Kosten kein Bezug zum Verhalten fremder Dritter in einer vergleichbaren Situation vorhanden ist.[1489] Die Methode stellt sich im Ergebnis als Kombination einer am Fremdvergleichsgrundsatz orientierten Vergütung von Routinefunktionen dar, für deren Beurteilung auf die Ausführungen zur TNMM/CPM in Kapitel 3.2.8.5 verwiesen werden kann, auf die in einem zweiten Schritt eine formelhafte Allokation des transaktionsbezogenen Residualgewinns anhand von Indikatorgrößen folgt. Die Verwendung von unternehmensintern herleitbaren Vergleichsgrößen muss daher als Konvention einer Annäherung an eine gerechte zwischenstaatliche Einkommensallokation angesichts des Versagens des Fremdvergleichsgrundsatzes für hoch integrierte konzerninterne Transaktionen betrachtet werden.[1490]

Hinsichtlich ihrer Praktikabilität bietet die Residual Profit Split Method den Vorteil der praktischen Umsetzbarkeit bei hoch integrierten grenzüberschreitenden Wertschöpfungsprozessen und unternehmensspezifischen immateriellen Vermögenswerten, auch soweit marktbezogene Vergleichsgrößen für die Allokation des Residual Profits nicht verfügbar sind. Darüber hinaus kann die Methode auch für mehr als zwei Transaktionspartner eingesetzt werden. Im Gegenzug zur praktischen Umsetzbarkeit der Methode muss der erhebliche Aufwand der Verrechnungspreisermittlung mittels des Residual Profit Splits in Kauf genommen werden, der nur bei quantitativ bedeutenden konzerninternen Transaktionen als verhältnismäßig anzusehen ist.

Eine rechtssichere Anwendung der Gewinnaufteilungsmethode, die das Risiko von Doppel- oder Minderbesteuerung minimiert, wird durch die unzureichende Tatbestandsbestimmtheit der OECD-Verrechnungspreisrichtlinien 2010 hinsichtlich der für die Aufteilung des Residual Profits einsetzbaren Bezugsgrößen sowie dem hiervon abweichenden Regelungsinhalt der US-Regulations[1491] verhindert. Die Rechtssicherheit der Methode leidet ferner unter der Notwendigkeit der ex post durchzuführenden Überprüfung der zum Zeitpunkt der Verrechnungspreisermittlung erwarteten Gewinnentwicklung, wenn der Transaktionsgesamtgewinn mittels einer Schätzung ex ante bestimmt wurde. Soweit sich signifikante Abweichungen der tatsächlichen von der erwarteten Entwicklung zeigen, stellt sich die Problematik des Nachweises der hierfür verantwortlichen Ursachen. Regelmäßig bereitet insoweit die Abgrenzung unvorhersehbarer Entwicklungen zu einer fahrlässig oder vorsätzlich vom Steuerpflichtigen verursachten steuerplanerisch motivierten Gewinnschätzung Probleme in der Rechtsanwendung.

[1489] Vgl. *Markham*, Intangibles, 2005, 120.
[1490] Vgl. zu den hieraus zu ziehenden Schlussfolgerungen für Reformüberlegungen Kapitel 5.2.3.4.
[1491] Vgl. hierzu Kapitel 3.4.7.4.2.

4.3.3.6 Zweiseitige einkommensbasierte Methoden

Wie in Kapitel 3.2.8.7 ausgeführt, haben zweiseitige einkommensbasierte Methoden mit dem Diskussionsentwurf vom 6.6.2012 bzw. vom 30.7.2013 als „Valuation Techniques“[1492] auch bei der OECD Anerkennung erlangt. Im deutschen Steuerrecht steht mit dem hypothetischen Fremdvergleich im Sinne von § 1 Abs. 3 S. 5 AStG eine gesetzlich und auf dem Erlasswege detailliert geregelte zweiseitige einkommensbasierte Methode zur Verfügung. Im US-Steuerrecht sind zweiseitige einkommensbasierte Methoden, wie etwa die von *Mogle* vorgeschlagene Economic Return Method[1493], nur als so genannte undefinierte Methoden[1494] einsetzbar. Dieser der Rechtssicherheit abträgliche Umstand überrascht umso mehr, als der CWI-Standard im Sinne von § 482 S. 2 IRC für die Überprüfung der Angemessenheit auf eine einkommensbasierte Betrachtung abstellt.[1495]

Im Unterschied zu Gewinnaufteilungsmethoden führen zweiseitige einkommensbasierte Methoden nicht den transaktionsbezogenen Gesamtgewinn aller Transaktionspartner einer Aufteilung zu, sondern ermitteln den jeweils erwarteten Gewinn der beteiligten Geschäftseinheiten auf getrenntem Wege und unter Einbeziehung der individuellen Perspektive der Transaktionspartner unter Berücksichtigung der zur Verfügung stehenden Handlungsalternativen. Hierdurch gelingt eine objektivierende Simulation des Preisbildungsprozesses zwischen fremden Dritten, wobei der Verhandlungsrahmen der sich gegenüberstehenden Parteien in quantitativer Hinsicht auch die Synergie- und Integrationsvorteile eines multinationalen Unternehmens einbezieht. Dies verbindet die Aspekte der individuellen Steuergerechtigkeit und der zwischenstaatlichen Verteilungsgerechtigkeit, da die tatsächliche Leistungsfähigkeit eines multinationalen Unternehmens als integrierte und synergistisch wirkende Einheit bei der Preisfindung Berücksichtigung findet und die individuellen Nutzenerwartungen der Transaktionspartner einbezogen werden. Darüber hinaus bieten zweiseitige einkommensbasierte Methoden den Vorteil der praktischen Umsetzbarkeit, auch soweit empirische Marktpreisinformationen aus internen oder externen Vergleichstransaktionen fehlen. Die Zielgenauigkeit und Verlässlichkeit der Verrechnungspreisermittlung mittels zweiseitiger einkommensorientierter Methoden ist jedoch durch die dem Income Approach immanente Bewertungsmethodik ein-

---

1492 Vgl. Tz. 146ff. des Diskussionsentwurfs vom 6.6.2012; Tz. 171ff. des Diskussionsentwurfs vom 30.7.2013.

1493 *Mogle*, in: Cole, U.S. Transfer Pricing, 2011, 8-79ff.

1494 Vgl. Kapitel 3.4.7.5.

1495 Die nachfolgende Beurteilung beschränkt sich daher auf die einschlägigen Regelungen des deutschen Steuerrechts sowie der OECD-Verrechnungspreisrichtlinien, einschließlich des Diskussionsentwurfs vom 6.6.2012.

geschränkt. Dies betrifft insbesondere die Isolierung eines transaktionsbezogenen Stroms von Einnahmen und Ausgaben sowie die Einschätzung des zeitlichen Verlaufs dieses Einkommensstroms in der Zukunft sowie die Berechnung von Gegenwartswerten, welche die Bestimmung von Zinssätzen zur Diskontierung erfordern. Die zur Verfügung stehenden Ansätze, auf direktem oder indirektem Wege das Einkommen aus einem immateriellen Vermögenswert zu ermitteln, sind von hoher Komplexität der Methodik, der Vielzahl der zu determinierenden Bewertungsparameter und der grundlegenden Unsicherheit einer zukunftsgerichteten Bewertung und einer dementsprechenden Volatilität der Bewertungsergebnisse geprägt.[1496] Die Regelungen zur Verrechnungspreisbildung sehen sich damit in besonderem Maße vor die Aufgabe gestellt, die Problematik der Bewertungsunsicherheit zu adressieren, bzw. die hieraus entstehenden Ermessensspielräume des Bewerters einzuschränken, die zu einer ungleichmäßigen Besteuerung führen können.

Das deutsche Steuerrecht sieht in § 1 Abs. 3 S. 12 AStG einen zehnjährigen Korrekturzeitraum zu Gunsten des Fiskus vor, soweit die Transaktionspartner keine sachgerechte Preisanpassungsklausel vereinbart haben. Die Regelung, deren Ziel die Schaffung eines Anreizes zur Vereinbarung einer Preisanpassungsregelung bei konzerninternen Transaktionen darstellt, leidet unter ihrer mangelnden inhaltlichen Tatbestandsbestimmtheit, da nicht deutlich wird, was als sachgerechte Preisanpassungsregelung zu betrachten ist und darüber hinaus dem Steuerpflichtigen die Beweislast für die Unvorhersehbarkeit tatsächlich eingetretener Abweichungen von der ursprünglichen Schätzung von Einnahmen und Ausgaben auferlegt wird. Die Möglichkeit, die gesetzliche Vermutung einer im Zeitpunkt des Vertragsabschlusses bestehenden Bewertungsunsicherheit zu widerlegen (§ 1 Abs. 3 S. 11 AStG), stellt für den Steuerpflichtigen eine mit Rechtsunsicherheit behaftete Option dar, da die ex post durchzuführende Beurteilung der Frage, ob fremde Dritte bei einer vergleichbaren Situation aufgrund von Bewertungsunsicherheit eine Preisanpassungsklausel vereinbart hätten, einer subjektiven und durch die spätere Erkenntnis geprägten Einschätzung unterliegt. Die vom deutschen Gesetzgeber gewählte Kombination der Annahme vollständiger Informationstransparenz und der fingierten Fremdüblichkeit von Preisanpassungsklauseln in Situationen hoher Bewertungsunsicherheit, bzw. die vom Gesetzgeber unterstellte und in denklogischer Hinsicht problematische Antizipierbarkeit von Bewertungsunsicherheit manifestieren die Grenzen des Fremdvergleichsgrundsatzes im Kontext der grenzüberschreitenden Gewinnabgrenzung. Der Fremdvergleichsgrundsatz scheitert insoweit an der Unmöglichkeit, die Abweichung einer einkom-

[1496] Vgl. hierzu Kapitel 2.4.4 zum Income Approach.

mensbasierten Bewertung von der tatsächlichen Entwicklung des Werts eines immateriellen Vermögenswerts kausal einer vorsätzlichen oder fahrlässigen Fehlbewertung des Steuerpflichtigen oder einer nicht vorhersehbaren Entwicklung der äußeren Umstände zuzuschreiben. Der hypothetische Fremdvergleich in Form zweiseitiger einkommensbasierter Methoden stößt damit an die Grenzen seiner Eignung, eine gerechte Gewinnabgrenzung sicherzustellen und muss sich zwangsläufig vom tatsächlichen Verhalten Dritter in vergleichbaren Situationen lösen. Dies zeigt sich auch in der Tatsache, dass fremde Dritte, wie bereits in Kapitel 3.3.7.6.3 ausgeführt, Preisanpassungsklauseln vor allem zur Verringerung von Informationsasymmetrien und nicht – wie vom deutschen Gesetzgeber unterstellt – lediglich zur Eliminierung von Bewertungsunsicherheit vereinbaren.

Auch die Sichtweise der OECD-Verrechnungspreisrichtlinien 2010 sowie des Diskussionsentwurfs vom 6.6.2012 bzw. 30.7.2013 zum Umgang mit Bewertungsunsicherheit stellen auf das hypothetischen Verhalten fremder Dritter ab, d.h. die Vereinbarung einer Preisanpassungsklausel wird als erforderlich angesehen, wenn fremde Dritte dies getan hätten. Ungeachtet ihrer offensichtlichen Ausrichtung am Fremdvergleichsgrundsatz führt eine derartige vollumfänglich durch freies Ermessen der Rechtsanwender determinierte Regelung im Falle signifikanter Abweichungen von der erwarteten Entwicklung zwangsläufig zu einer Verminderung der Rechtssicherheit und dem Risiko der Doppelbesteuerung, da die ex post-Überprüfung der Fremdüblichkeit einer im Transaktionszeitpunkt erstellten Bewertung regelmäßig durch die bessere Erkenntnis der tatsächlichen Entwicklung beeinflusst ist. Dies führt zwangsläufig zu Kontroversen zwischen Steuerpflichtigen und den involvierten Steuerverwaltungen.

Eine weitere Unschärfe zweiseitiger einkommensbasierter Methoden ergibt sich aus der Wahl des Werts innerhalb des durch die Preisermittlung ggf. eröffneten Einigungsbereichs der Transaktionspartner. Insoweit ist festzuhalten, dass keine einfach umsetzbare und operationalisierbare Methodik zur Bestimmung des innerhalb der Bandbreite zu wählenden Wertes, beispielsweise auf Basis des Parameters der Verhandlungsmacht, zur Verfügung steht. Für die durch das deutsche Steuerrecht gewählte „Arbitriumwertlösung“[1497] des Mittelwerts des Einigungsbereichs in Fällen, in denen keine Anhaltspunkte für einen anderen Wert innerhalb der Bandbreite vorhanden sind, spricht seine intuitive[1498] und analytische[1499] Nachvollziehbarkeit,

---

1497 Vgl. *Baumhoff*, in: Mössner, Steuerrecht, 2012, Rz. 3.162; ausführlich: *Baumhoff*, in: FS Wassermeyer, 2005, 347, 353f.

1498 Vgl. *Baumhoff*, in: Mössner, Steuerrecht, 2012, Rz. 3.162.

die gleichzeitig die Zielgenauigkeit und Verlässlichkeit erhöht und damit zu praktikablen Ergebnissen führt.[1500] Im Unterschied zum deutschen Steuerrecht lässt die OECD keine Präferenz für eine Mittelwertvermutung oder einen anderen Ansatz zur Wahl eines geeigneten Wertes innerhalb einer Bandbreite erkennen, woraus ein Mangel an inhaltlicher Tatbestandsbestimmtheit resultiert.

Im Ergebnis ist festzuhalten, dass zweiseitige einkommensbasierte Methoden hinsichtlich ihrer Fähigkeit, den Ablauf einer hypothetischen Preisfindung unter fremden Dritten nachzubilden, eine als sachgerecht zu bezeichnende Weiterentwicklung der Verrechnungspreisermittlung darstellen, da sie der gerade bei immateriellen Vermögenswerten regelmäßig fehlenden Verfügbarkeit von Preisvergleichsdaten bzw. der Nichtanwendbarkeit der Standardmethoden Rechnung tragen. Allerdings können auch zweiseitige einkommensbasierte Methoden nur eine Annäherung an die bestehende Problematik der Zuweisung eines Einkommensstroms zu einzelnen oder mehreren immateriellen Vermögenswerten bieten, die durch die isolierte Besteuerung der Geschäftseinheiten eines in wirtschaftlicher Hinsicht einheitlich agierenden Unternehmens sowie die Untrennbarkeit materieller und immaterieller Bestandteile des Wertschöpfungsprozesses verursacht wird.[1501] Ungeachtet dessen ist darauf hinzuweisen, dass eine quasi-obligatorische Verpflichtung zur Vereinbarung von Preisanpassungsregelungen und deren Einordnung als fremdübliche Vorgehensweise, wie dies der deutsche Gesetzgeber getan hat, die inhaltliche Konsistenz der Einkommenskorrekturnormen und deren Übereinstimmung mit dem Schutz von Art. 9 OECD-MA in Frage stellt. Die Durchführung und Dokumentation einer doppelten bzw. vierfachen Bewertung nach den Grundsätzen des Income Approach ist darüber hinaus mit einem sehr hohen Aufwand und entsprechenden Befolgungskosten verbunden.

1499 Vgl. *Looks/Köhler* zeigen dies anhand des Nash-Verhandlungsmodells, vgl. *Looks/Köhler*, StB 2009, 317, 319f.

1500 *Greinert* (Ubg 2010, 101, 106) weist zu Recht auf die missverständliche Verwendung des Begriffs der Wahrscheinlichkeit in § 1 Abs. 3 S. 7 AStG hin: eine statistische Bestimmung der Wahrscheinlichkeit des Werts im Einigungsbereich, der mit der höchsten Wahrscheinlichkeit dem Fremdvergleichsgrundsatz entspricht, erfordert die Beobachtung des wiederholbaren Auftretens bestimmter Vorgänge, sodass eine Häufung um einen bestimmten Wert beobachtet werden kann. Versteht man den Ausdruck der Wahrscheinlichkeit im Kontext des Einigungsbereichs hingegen als qualitative Würdigung der Verhandlungssituation, stellt sich die Frage, welche Kriterien im Hinblick auf den fingierten Verhandlungsvorgang für eine Operationalisierung zu betrachten sind.

1501 Vgl. für eine Betrachtung der Wirkungsweise immaterieller Vermögenswerte im Wertschöpfungsprozess Kapitel 2.3.2.2.

4.3.4 Allokations- und Nutzungsstrategien

Nachfolgend werden die in Kapitel 3 ausführlich dargestellten einschlägigen Bestimmungen der betrachteten Verrechnungspreisregimes der OECD, Deutschlands und der USA zu den verschiedenen Möglichkeiten der grenzüberschreitenden Allokation und Nutzung immaterieller Vermögenswerte einer kritischen Würdigung unterzogen. Neben den Aspekten der individuellen Steuergerechtigkeit, der zwischenstaatlichen Verteilungsgerechtigkeit und der Praktikabilität der Gewinnabgrenzung, die sich wesentlich aus dem Zusammenspiel von Definition, Zurechnungsregeln und zulässigen Verrechnungspreismethoden ergeben, ist neben spezifischen Aspekten der einzelnen Allokations- und Nutzungsstrategien insbesondere das Kriterium der Rechtssicherheit von Bedeutung. An die Verrechnungspreisvorschriften ist insoweit die Anforderung zu stellen, dass inhaltlich hinreichend bestimmte Regelungen zu einer einheitlichen und konsistenten Auslegung des Fremdvergleichsgrundsatzes bei den verschiedenen Arten der Schaffung und Nutzung immaterieller Vermögenswerte innerhalb eines multinationalen Unternehmens führen.

4.3.4.1 Eigenentwicklung und -nutzung

4.3.4.1.1 Konkretisierung der Beurteilungskriterien

Die Beurteilung der als Eigenentwicklung und -nutzung immaterieller Vermögenswerte bezeichneten Allokations- und Nutzungsstrategie betrifft die Abgrenzung der Eigennutzung selbst entwickelter immaterieller Vermögenswerte zum Zwecke der Herstellung von Produkten bzw. der Erbringung von Dienstleistungen von der Überlassung (Lizenzierung) oder Übertragung der hierfür genutzten immateriellen Vermögenswerte zur Nutzung durch andere Konzernunternehmen. Insoweit sind am fremdüblichen Verhalten orientierte, praktisch umsetzbare und inhaltlich klare Leitlinien erforderlich, die eine praktikable und rechtssichere Eigennutzung selbst entwickelter immaterieller Vermögenswerte im Rahmen konzerninterner Leistungsbeziehungen sicherstellen.

4.3.4.1.2 Beurteilung

Die in den Verrechnungspreisrichtlinien 2010 vertretene und in den Diskussionsentwürfen vom 6.6.2012 sowie vom 30.7.2013 auch auf Dienstleistungen ausgeweitete Orientierung am

„gewöhnlichen Handelsbrauch"[1502] zur Abgrenzung von Eigennutzung zur Überlassung bzw. Übertragung von immateriellen Vermögenswerten stellt eine sachgerechte Leitlinie dar, die als praktisch umsetzbar und inhaltlich klar anzusehen ist, zumindest soweit handelsübliche Fertigprodukte und Dienstleistungen Gegenstand der Transaktion sind. Eine Ausnahme stellt der Fall des Franchisings dar, bei dem beide Diskussionsentwürfe der OECD u.U. eine Aufteilung der verschiedenen Leistungskomponenten eines Franchisingsystems als erforderlich erachten.[1503] Da Franchising eine marktgängige Form des Leistungsaustausches darstellt, steht die von der OECD vertretene Auffassung nicht im Einklang mit dem Grundsatz der Orientierung am gewöhnlichen Handelsbrauch und ist daher auch nicht konform mit dem Fremdvergleichsgrundsatz.[1504] Soweit sich ein Franchisingkonzept als ein einheitliches Bündel aus einem integrierten Geschäftsmodell und damit verbundender Dienstleistungen darstellt, das in seiner Gesamtheit grenzüberschreitend zur Nutzung überlassen wird, führt eine künstliche Aufspaltung desselben zu einer Verrechnungspreissetzung, die nicht im Einklang mit der individuellen Steuergerechtigkeit und der zwischenstaatlichen Verteilungsgerechtigkeit steht.

Die auch vom deutschen Steuerrecht abgelehnte Aufspaltung eines Gesamtentgelts in mehrere materielle und immaterielle Komponenten, soweit fremde Dritte von einer einheitlichen Leistung ausgehen, stellt eine mit der Auffassung der OECD konforme Sichtweise dar, weshalb für deren Beurteilung auf die vorstehenden Ausführungen verwiesen werden kann.

Das vom US-Steuerrecht für „Embedded Intangibles"[1505] verwendete Abgrenzungskriterium der separaten Verwertungsmöglichkeit für eigene kommerzielle Zwecke stellt eine praktisch umsetzbare und verlässliche Trennlinie dar, welche zu Auslegungsergebnissen führt, die weitgehend zu den OECD-Verrechnungspreisrichtlinien 2010 kongruent sind. Die Konkretisierung der Grundsätze durch das in § 1.482-3(f) der Regulations enthaltene einschlägige Beispiel des Verkaufs einer Maschine führt zu einer Verbesserung der inhaltlichen Tatbestandsbestimmtheit.

Ein weiterer bedeutender Aspekt im Kontext der Eigenentwicklung und -nutzung immaterieller Vermögenswerte stellt der grenzüberschreitende Vertrieb von Markenprodukten dar. Die Schwierigkeiten der Gewinnabgrenzung bei Markenprodukten rühren aus dem Umstand, dass

---

[1502] *Roeder*, in: Kroppen, Verrechnungspreise, 2012, Erläuterung OECD-Verrechnungspreisgrundsätze, VI. Immaterielle Wirtschaftsgüter, Rz. 6. zu Tz. 6.18.

[1503] Vgl. Tz. 73 des Diskussionsentwurfs vom 6.6.2012; Tz. 118 des Diskussionsentwurfs vom 30.7.2013.

[1504] Gl.A. *Eigelshoven/Ebering/Schmidtke*, IWB 2012, 487, 492; *Henshall/Smith*, Transfer Pricing International Journal 6/2012, 4, 8.

[1505] *Mogle*, in: Cole, U.S. Transfer Pricing, 2011, 8-29ff.; *Levey/Wrappe*, Transfer Pricing, 2010, Tz. 430.01.

sich der Wert einer Marke aus vielen verschiedenen Aspekten speisen kann, wie etwa den Produkteigenschaften an sich, aber auch der für Markenprodukte besonders wichtigen Marketing- und Werbestrategie. Da sich die vorgenannten Aspekte in den Verantwortungssphären von Hersteller und Vertriebseinheit vermischen, ist die grenzüberschreitende Gewinnabgrenzung vor die besondere Aufgabe gestellt, eine Trennlinie im Hinblick auf die Kostentragung für die Entwicklung des Markenwerts zu definieren.

Im Hinblick auf die Gewinnabgrenzung zwischen Hersteller- oder Vertriebsunternehmen kann den einschlägigen Bestimmungen des deutschen Steuerrechts lediglich entnommen werden, dass die mittel- bis langfristige Profitabilität des Vertriebsunternehmens einem fremdüblichen Niveau entsprechen muss. Das Fehlen konkretisierender Ausführungen in Bezug auf die Thematik des Vertriebs von Markenprodukten und der in diesem Zusammenhang von Vertriebsunternehmen ggf. zu tragenden Aufwendungen zur Wertsteigerung der Marke zugunsten des Markeninhabers und dessen Implikationen hinsichtlich § 39 Abs. 2 AO führen aufgrund mangelnder inhaltlicher Tatbestandsbestimmtheit zu einer der Rechtssicherheit abträglichen Rechtslage.

Die OECD stellt für Zwecke der Überprüfung der angemessenen Vergütung wertsteigernder Tätigkeiten von Vertriebsunternehmen für Markenprodukte auf einen „Bright Line-Test“[1506] ab, d.h. eine Orientierung an dem als branchenüblich anzusehenden Umfang von Werbe- und Marketingaufwendungen. Der Natur einer Vertriebstätigkeit entsprechend können derartige Aufwendungen jedoch in Abhängigkeit vom Produkt, dessen Lebenszyklus sowie der Strategie des Unternehmens stark variieren,[1507] sodass eine solche Überprüfung Bedenken bezüglich ihrer Praktikabilität im Sinne einer verlässlichen und zielgenauen Umsetzbarkeit begegnet. Der Versuch einer Orientierung an branchenüblichen Werbe- und Marketingaufwendungen ist m.E. nur für eine Verprobung der Größenordnung über eine Mehrjahresperiode geeignet und kann somit indikative Aussagekraft entfalten, soweit hinreichend detaillierte Vergleichsdaten verfügbar sind.

Für die Überprüfung der Angemessenheit der von einem Vertriebsunternehmen getragenen Kosten stellen die US-Regulations ebenfalls auf einen „Bright Line-Test“[1508] ab. Hinsichtlich

1506 Vgl. hierzu *Ahuja*, Transfer Pricing International Journal 09/2011, 11, 12; *Levey/Wrappe*, Transfer Pricing, 2010, Tz. 430.03.

1507 Vgl. *Levey/Wrappe*, Transfer Pricing, 2010, Tz. 430.01.

1508 Vgl. hierzu *Ahuja*, Transfer Pricing International Journal 09/2011, 11, 12; *Levey/Wrappe*, Transfer Pricing, 2010, Tz. 430.03.

der insoweit bestehenden Bedenken bezüglich ihrer verlässlichen und zielgenauen Umsetzbarkeit kann auf die vorstehenden Ausführungen zu den einschlägigen Bestimmungen der OECD verwiesen werden.

In Bezug auf die für die Verrechnungspreisbildung für Lieferungen und Dienstleistungen zulässigen Methoden ergeben sich Unterschiede lediglich im Bereich der Erbringung bestimmter Dienstleistungen, für die das US-Steuerrecht unter bestimmten Umständen eine Verrechnung zu Kosten erlaubt. Die Tragweite dieser abweichenden Rechtsauffassung, und damit ihre Implikationen für die Rechtssicherheit, ist jedoch aufgrund der Beschränkung auf bestimmte Dienstleistungskategorien als begrenzt einzuschätzen.

4.3.4.2 Auftragsfertigung

4.3.4.2.1 Konrektisierung der Beurteilungskriterien

Auftragsfertigungsverhältnisse werden für Zwecke der grenzüberschreitenden Gewinnabgrenzung unter bestimmten Voraussetzungen wie die Erbringung einer konzerninternen Dienstleistung qualifiziert, d.h. durch das Auftragsfertigungsverhältnis wird kein ertragsteuerlich relevanter Transfer immaterieller Vermögenswerte fingiert, auch soweit der Auftraggeber dem Auftragsfertiger sein spezifisches und wertvolles Know-how für die Dienstleistungserbringung zur Verfügung stellt. Diese Würdigung wird von den betrachteten Verrechnungspreisregimes im Hinblick auf die individuelle Steuergerechtigkeit und die zwischenstaatliche Verteilungsgerechtigkeit als gerechtfertigt betrachtet, wenn dem Auftragsfertiger auf schuldrechtlicher Basis zwar das Gewinnpotenzial aus den eingesetzten fertigungsbezogenen immateriellen Vermögenswerten vorenthalten wird, jedoch im Gegenzug auch ein Mindestgewinn seitens des Auftraggebers zugesichert wird und damit in tatsächlicher Hinsicht die wirtschaftlichen Risiken der Fertigung vom Auftraggeber übernommen werden. Fraglich ist insoweit, welche Anforderungen seitens der Verrechnungspreisregimes in funktionaler Hinsicht an den Auftraggeber für eine rein rechtliche Übernahme der Risiken zwischen den Geschäftseinheiten eines multinationalen Unternehmens zu stellen sind, und mittels welcher Kriterien der Nachweis einer fremdüblichen Ausgestaltung zu erfolgen hat. Über die Frage der funktionalen Anforderungen an den Auftraggeber hinaus erfordert eine praktikable und rechtssichere Nutzung der Auftragsfertigung, dass für die Vergütung des Auftragsfertigers diejenigen Methoden als zulässig erachtet werden, deren einheitliche Anwendung eine zielgenau und verlässliche Verrechnungspreisbestimmung sicherstellt.

4.3.4.2.2 Beurteilung

Für die Ausgestaltung des Funktions- und Risikoprofils eines als Auftragsfertigung anzuerkennenden Leistungsaustausches besteht grundsätzlich eine weitgehende Übereinstimmung zwischen den betrachteten Verrechnungspreisregimes, wonach der Auftragsfertiger keine Tätigkeiten der Entwicklung von immateriellen Vermögenswerten auf eigene Rechnung ausführen und keine Absatzrisiken für die von ihm gefertigten Produkte tragen darf. Die Qualifizierung als Dienstleistungserbringung ist unter diesen Prämissen gerechtfertigt, da der Auftragsfertiger in diesem Fall lediglich seiner Fertigungskapazität zur Verfügung stellt und seine Verpflichtung auf die Fertigung der vereinbarten Produktionsmengen in der geforderten Qualität beschränkt ist.

Für den Auftraggeber ergibt sich aus der Auslagerung seiner Fertigung auf ein anderes Unternehmen die Notwendigkeit die mit der Fertigung verbundenen Risiken effektiv zu kontrollieren. Dies ist insoweit Ausfluss des Fremdvergleichs, weil ein fremder Dritter kein Risiko übernehmen würde, über dessen Eintrittswahrscheinlichkeit er keine faktische Kontrolle im Sinne eine Beaufsichtigung und Einflussnahme ausüben kann. Hinsichtlich der Anforderungen an den Umfang nachweisbarer Kontrolle besteht inhaltliche Kongruenz zwischen den von der OECD und dem US-Steuerrecht vertretenen Rechtsauffassungen. Die Kontrolle lässt sich funktional unter dem Gesichtspunkt eines effektiven Managements der unmittelbar mit der Fertigungstätigkeit verbundenen Risiken zusammenfassen.[1509]

Dem deutschen Steuerrecht fehlt es insoweit an einer Klarstellung des Begriffsinhalts der Risikotragung durch den Auftraggeber in funktionaler Hinsicht, was einen Mangel an inhaltlicher Tatbestandsbestimmtheit erkennen lässt. Geht man jedoch von einer impliziten Anerkennung des Standards der OECD-Verrechnungspreisrichtlinien 2010 aus, besteht im Ergebnis insoweit keine abweichende Rechtsauffassung.

Die durch die Diskussionsentwürfe vom 6.6.2012 sowie vom 30.7.2013 definierten Super Functions zur Überprüfung des ökonomischen Gehalts haben für den Fall der Auftragsfertigung wohl nur geringe Auswirkungen zur Folge, als die Super Functions für die fertigungsbezogenen immateriellen Vermögenswerte faktisch regelmäßig ohnehin beim Auftraggeber angesiedelt sein dürften, d.h. die Anforderungen an die Ausübung der Super Functions beim

[1509] Für den Fall des US-Steuerrechts ergibt sich die Klarstellung bezüglich der Kontrolle eines Risikos aus den Zurechnungsregeln für immaterielle Vermögenswerte. Vgl. hierzu Kapitel 3.4.6.4.

Auftraggeber entsprechen einer fremdüblichen Vorgehensweise. Unterschiede ergeben sich allerdings im Falle des Outsourcings von Super Functions durch den Auftraggeber. Während die OECD nunmehr implizit die Auffassung vertritt, dass ein Outsourcing dieser Funktionen als schädlich für die Anerkennung einer vertraglichen konzerninternen Risikoallokation anzusehen ist, lassen die US-Regulations ein Outsourcing unter dem Vorbehalt des effektiven Risikomanagements im vorstehend erläuterten Sinne zu. Die insoweit entstehende Differenz zwischen den betrachteten Verrechnungspreisregimes der OECD und des US-Steuerrechts führt zu einer Verminderung der Rechtssicherheit.

Für die Vergütung eines dem Grunde nach anzuerkennenden Auftragsfertigungsverhältnisses ist eine einheitliche Rechtslage zwischen den betrachteten Verrechnungspreisregimes ersichtlich, wonach die für eine Vergütung von Routinedienstleistern einschlägigen Methoden (Preisvergleichs-, Kostenaufschlagsmethode oder TNMM bzw. CPM) verwendet werden können.[1510] Bei einer fremdüblichen Allokation der wesentlichen Risiken der Auftragsfertigung zum Auftraggeber führt die Verwendung dieser für Dienstleistungen einschlägigen Methoden zu einer der individuellen Steuergerechtigkeit und zwischenstaatlichen Verteilungsgerechtigkeit entsprechenden Gewinnabgrenzung. Der Dienstleister wird hierdurch weitgehend von den wirtschaftlichen Risiken seiner Fertigungstätigkeit freigestellt, partizipiert jedoch auch nicht an den Gewinnchancen der kommerziellen Verwendung seiner Erzeugnisse. Insoweit besteht hinsichtlich der Vergütung von Auftragsfertigern kein signifikantes Risiko der Verursachung einer Doppelbesteuerung aus einer uneinheitlichen Rechtsanwendung der betrachteten Verrechnungspreisregimes.

4.3.4.3 Auftragsforschung und -entwicklung

4.3.4.3.1 Konkretisierung der Beurteilungskriterien

Die echte Auftragsforschung und -entwicklung bietet die Möglichkeit der gezielten grenzüberschreitenden Allokation immaterieller Vermögenswerte unter Nutzung des innerhalb einer spezifischen Geschäftseinheit vorhandenen Forschungs- und Entwicklungs-Know-hows. Die Qualifizierung eines echten Auftragsforschungs- und -entwicklungsverhältnisses für Zwecke der grenzüberschreitenden Gewinnabgrenzung als Erbringung einer technischen Dienstleistung und die unmittelbare Zurechnung der Ergebnisse der Forschungs- und Entwicklungstätigkeit zum Auftraggeber steht im Einklang mit den Anforderungen an eine

---

[1510] Vgl. zur Beurteilung der Methoden selbst Kapitel 4.3.3.2, Kapitel 4.3.3.3 und Kapitel 4.3.3.4.

fremdübliche Gewinnabgrenzung, wenn die schuldrechtliche Ausgestaltung des Auftragsverhältnisses dem Auftraggeber alle wesentlichen Risiken der Entwicklungstätigkeit auferlegt und dieser in tatsächlicher Hinsicht die Kontrolle über die Risiken ausübt. Als zentrales Risiko ist die Gefahr eines Fehlschlagens der Entwicklung durch den Auftraggeber anzusehen. Darüber hinaus bergen Entwicklungstätigkeiten regelmäßig ganz erhebliche Kostenrisiken, d.h. die erfolgreiche Entwicklung erfordert erheblich höhere Kosten als mit einer kommerziellen Verwertung der Ergebnisse erwirtschaftet werden kann. Aus dem Fremdvergleichsgrundsatz kann abgeleitet werden, dass ein fremder Dritter ein Risiko nur dann trägt, wenn er in tatsächlicher Hinsicht die Aufsicht über die mit dem Entwicklungsauftrag verbundenen Tätigkeiten ausübt, um den Eintritt der übernommenen Risiken zu seinen Gunsten beeinflussen zu können. An die einschlägigen Verrechnungspreisbestimmungen ergibt sich hieraus die Anforderung, tatbestandsseitig bestimmte und verständliche Leitlinien zur Verfügung zu stellen, unter welchen Voraussetzungen in tatsächlicher Hinsicht von einer fremdüblichen Risikotragung durch den konzerninternen Auftraggeber mit der Folge einer originären Zurechnung der Entwicklungsergebnisse ausgegangen wird, d.h. welche Planungs- und Kontrollaktivitäten hierfür vom Auftraggeber ggf. durch eigenes Personal auszuüben sind.

Eine Vermeidung von Doppel- und Minderbesteuerung kann realisiert werden, wenn die vom Auftraggeber wahrzunehmenden Aktivitäten von den involvierten Steuerhoheiten einheitlich und inhaltlich bestimmt definiert werden. Über die Frage der funktionalen Anforderungen an den Auftraggeber hinaus erfordert eine praktikable und rechtssichere Nutzung der Auftragsforschung und -entwicklung, dass für die Vergütung des Auftragnehmers die gleichen Methoden als zulässig erachtet werden, deren einheitliche Anwendung eine praktikable und rechtssichere Verrechnungspreisbestimmung sicherstellt.

4.3.4.3.2 Beurteilung

Die OECD-Verrechnungspreisrichtlinien 2010 enthalten in beschränktem Umfang Ausführungen zu der Frage, welche Anforderungen über die Kostentragung und schuldrechtliche Risikoübernahme hinaus in funktionaler Hinsicht an den Auftraggeber zu stellen sind. Während die grundlegenden Entscheidungen wie insbesondere die Festlegung der Entwicklungsziele und des Budgets durch eigenes Personal des Auftraggebers erfolgen müssen, wird ein Outsourcing von Überwachungs- und Verwaltungsfunktionen als unschädlich angesehen, soweit der Auftraggeber in der Lage ist, die Ergebnisse der von externen Dienstleistern ausgeübten Funktionen zu evaluieren. Der erkennbare Leitgedanke der Unterscheidung von strategisch/taktischer und operativer Ebene ist m.E. als sachgerechter Maßstab zu betrachten. Allerdings ist m.E. angesichts der steuerplanerischen Effektivität und fiskalischen Bedeutung der Auftragsforschung und -entwicklung eine weitergehende Konkretisierung der Anforderungen an die tatsächliche Funktionsverteilung angebracht. Das Fehlen derartiger weitergehender Hinweise führt zu einem Mangel an inhaltlicher Tatbestandsbestimmtheit der OECD-Verrechnungspreisrichtlinien 2010.

Mit dem Projekt „Transfer Pricing Aspects of Intangibles" versucht die OECD, diese Lücke durch Definition des Umfangs der zwingend durch eigenes Personal eines Eigentümers immaterieller Vermögenswerte auszuübenden Super Functions zu schließen. Allerdings wird hierbei ein fremdüblicher Rahmen überschritten, d.h. die Anforderungen an die durch eigenes Personal des Auftraggebers wahrzunehmenden Funktionen übersteigt u.U. den bei Beauftragung unverbundener Auftragnehmer notwendigen und üblichen Umfang. Dies betrifft insbesondere die fehlende Möglichkeit, operative Aufgaben durch externe Dienstleister ausführen zu lassen. Auch soweit man die Auffassung vertritt, dass u.U. auch über die Fremdüblichkeit hinausgehende funktionale Anforderungen gerechtfertigt sind, da es sich bei konzerninternen Auftragsverhältnissen um rein künstliche Risikoallokationen innerhalb eines einheitlichen Unternehmens handelt, da das Risiko der geschäftlichen Betätigung eines multinationalen Unternehmens letztlich durch dessen Gesellschafter und Gläubiger getragen wird, sollten die diesbezüglichen Bestimmungen m.E. mit der Möglichkeit eines einzelfallbezogenen Gegenbeweises durch tatsächlichen Fremdvergleich mit Leistungsbeziehungen zu fremden dritten Auftragnehmern versehen werden. Eine derartige Ergänzung ist auch im Sinne der Konsistenz zu Kapitel IX der OECD Verrechnungspreisrichtlinien 2010 geboten.[1511]

Das deutsche Steuerrecht qualifziert im Einklang mit den OECD-Verrechnungspreisrichtlinien 2010 die Errichtung einer echten Auftragsforschung und -entwicklung für Zwecke der grenzüberschreitenden Gewinnabgrenzung ebenfalls als die Erbringung einer technischen Dienstleistung.[1512] Angesichts der fiskalischen Bedeutung und steuerplanerischen Effektivität der Auftragsforschung und -entwicklung stellt das Fehlen einer Konkretisierung der funktionalen Anforderungen an den Auftraggeber seitens des deutschen Gesetzgebers, zumindest in der Form eines ausdrücklichen Verweises auf die einschlägigen Grundsätze der OECD-Verrechnungspreisrichtlinien 2010, einen Mangel an inhaltlicher Tatbestandsbestimmtheit der

[1511] Vgl. *Eigelshoven/Ebering/Schmidtke*, IWB 2012, 487, 490 f.; *Wittendorf*, Tax Notes International 2012, 935, 945.

[1512] Vgl. Kapitel 3.3.8.3.

deutschen Verrechnungspreisregelungen dar. Das Gebot einer gerechten und rechtssicheren Besteuerung erfordert m.E. eine spezifische Auslegung und Konkretisierung des Fremdvergleichsgrundsatzes im Hinblick auf die echte Auftragsforschung und -entwicklung auf dem Verordnungs- oder Erlasswege.

Auch die ansonsten detailreichen US-Regulations sehen keine klarstellenden Ausführungen zu dem vom Auftraggeber erwarteten Umfang der durch eigene Mitarbeiter auszuübenden Funktionalitäten vor. Als Leitlinie kann insoweit die im Rahmen der Zurechnungsregeln erfolgende Definition der Kontrolle über ein Risiko herangezogen werden. Hiernach ist die Kontrolle über ein Risiko gegeben, wenn die Möglichkeit zum Management der betreffenden Risiken in tatsächlicher Hinsicht besteht und die erforderlichen finanziellen Ressourcen vorhanden sind. Eine weitere transaktionsspezifische Konkretisierung dieser Leitlinien erfolgt jedoch nicht. Die insoweit fehlende Klarheit der US-Regulations stellt sich bezüglich der Tatbestandsbestimmtheit und hieraus folgend der Rechtssicherheit als nachteilig dar. Ungeachtet dessen sind die darüber hinausgehende explizite Abgrenzung zwischen der echten und unechten Auftragsforschung und -entwicklung und die hieraus zu ziehenden Konsequenzen für die Vergütung des Aufragnehmers durch die 2009 Final Service Regulations aufgrund der Abgrenzung zur echten Auftragsforschung als Verbesserung der Tatbestandsbestimmheit zu bewerten.

In Bezug auf die Verrechnungspreismethoden, die von den betrachteten Verrechnungspreisregimes als zulässig erachtet werden, besteht kein signifikanter Dissens. Es kann insoweit auf die vorstehenden Ausführungen in Kapitel 4.3.4.2.2 verwiesen werden.

4.3.4.4 Lizenzierung

4.3.4.4.1 Konkretisierung der Beurteilungskriterien

Die Lizenzierung bietet die Möglichkeit der Einräumung beschränkter Nutzungsrechte an unternehmenseigenen immateriellen Vermögenswerten, die zur Durchführung der Geschäftstätigkeit in ausländischen Märkten benötigt werden, ohne hierdurch einen Transfer des Stammrechts zur nutzenden Geschäftseinheit auszulösen. Die individuelle Steuergerechtigkeit erfordert, dass durch die grenzüberschreitende Lizenzierung der Höhe nach ein Einkommen realisiert wird, welches dem ökonomischen Nutzen des Lizenzgegenstands entspricht. Ist dies der Fall, wird auch der zwischenstaatlichen Verteilungsgerechtigkeit entsprochen, da unter diesen

Bedingungen eine unangemessene Verschiebung steuerlichen Substrats zwischen verschiedenen Steuerhoheiten ausgeschlossen wird.

Für die grenzüberschreitende Gewinnabgrenzung bei der Lizenzierung immaterieller Vermögenswerte besteht aus Sicht der Praktikabilität die Anforderung, praktisch umsetzbare, verständliche und zielgenaue Methoden zur Preisbildung zwischen Lizenzgeber und Lizenznehmer bereitzustellen. Dies gilt insbesondere auch in Fällen der Nutzungsüberlassung unternehmensspezifischer immaterieller Vermögenswerte, für die kein aktiver Markt existiert. Dies erfordert verständliche und verlässliche Kriterien zur Klärung der Frage unter welchen Umständen von einer hinreichenden Vergleichbarkeit auszugehen ist, sodass die Preisvergleichsmethode verlässlich und zielgenau angewendet werden kann. Hinsichtlich der weiteren zur Verfügung stehenden Methoden ist von Bedeutung, dass auch beim Fehlen von Vergleichspreisen eine umsetzbare, verständliche und zielgenaue Lizenzsatzermittlung im Einklang mit den eingangs erläuterten Gerechtigkeitsanforderungen ermöglicht wird. Dabei sind eine international einheitliche Grundgesamtheit von Methoden sowie kongruente Grundsätze zur Methodenwahl Grundvoraussetzungen für eine rechtssichere grenzüberschreitende Lizenzierung. Hierbei haben die einschlägigen Bestimmungen den Aspekt des Umgangs mit Bewertungsunsicherheit zu adressieren. Insbesondere ist diesbezüglich zu bestimmen, ob ein Abstellen auf das hypothetische Verhalten fremder Dritter als ausreichend erachtet wird oder ob und ggf. unter welchen Umständen die Vereinbarung von Preisanpassungsregelungen als obligatorisch betrachtet wird.

4.3.4.4.2 Beurteilung

Wie in Kapitel 3.2.9.4 gezeigt wurde, gehen die OECD-Verrechnungspreisrichtlinien 2010 nur in geringem Umfang explizit auf die Frage der Methodenwahl bei der grenzüberschreitenden Nutzungsüberlassung von immateriellen Vermögenswerten ein. Im Unterschied hierzu nimmt die OECD im Rahmen des Projekts „Transfer Pricing Aspects of Intangibles“ ausführlich Stellung zu den überaus bedeutsamen Aspekten der Wahl der am besten geeigneten Verrechnungspreismethode. Bezüglich der Preisvergleichsmethode trägt der Versuch, sowohl im Diskussionsentwurf vom 6.6.2012 als auch in seiner revidierten Fassung vom 30.7.2013 eine Präzisierung des Begriffs der Spezifität bzw. Einzigartigkeit immaterieller Vermögenswerte herbeizuführen, aufgrund seiner geringen Unterscheidungskraft jedoch nicht zu einer Erhöhung der Tatbestandsbestimmtheit bei. Positiv zu würdigen im Hinblick auf die individuelle Steuergerechtigkeit und die zwischenstaatliche Verteilungsgerechtigkeit ist jedoch die Tatsache, dass die OECD in beiden Diskussionsentwürfen im Rahmen der Ausführungen zur Vergleichbarkeitsanalyse zum Ausdruck bringt, dass diese letztlich darauf abzustellen hat, ob eine vergleichbare wirtschaftliche Nutzenerwartung zwischen konzerninternem Geschäft und der Vergleichstransaktion vorliegt.[1513] Nur im Falle vergleichbarer Gewinnpotenziale des konzerninternen und des durch Fremdvergleich ermittelten immateriellen Vermögenswerts kann die Preisvergleichsmethode der individuellen Steuergerechtigkeit und der zwischenstaatlichen Verteilungsgerechtigkeit entsprechen. Die hiermit einhergehende Einschränkung der Nutzbarkeit der Preisvergleichsmethode zur Lizenzsatzbestimmung ist hinsichtlich der individuellen Steuergerechtigkeit und der zwischenstaatlichen Verteilungsgerechtigkeit zu begrüßen.

Hinsichtlich der Kostenaufschlagsmethode ist die kritische Haltung der OECD[1514] angesichts der auf Ausnahmefälle beschränkten Eignung[1515] der Methode, eine der individuellen Steuergerechtigkeit und der zwischenstaatlichen Verteilungsgerechtigkeit entsprechende Gewinnabgrenzung für Lizenzverhältnisse herbeizuführen, positiv zu würdigen, da die Kostenaufschlagsmethode in aller Regel nicht für eine gerechte Lizenzsatzbestimmung geeignet ist. Auch die im Diskussionsentwurf vom 6.6.2012 bzw. seiner revidierten Fassung vom 30.7.2013 erkennbare Tendenz der OECD, die TNMM für die Lizenzsatzbestimmung abzulehnen, stellt sich in Bezug auf die Gerechtigkeitsanforderungen als positiv dar.[1516] Innerhalb eines multinationalen Unternehmens kann die von der TNMM herbeigeführte Beschränkung des Lizenznehmers auf den Routinegewinn nur für den Fall eines so genannten Stripped Licensee in Frage kommen, der weder einzigartige Vermögenswerte besitzt und einsetzt, noch signifikante Risiken übernimmt.[1517] Außerhalb dieser Konstellation, deren Feststellung hinsichtlich des Vorliegens einzigartiger immaterieller Vermögenswerte einer nicht objektivierbaren Einschätzung der Rechtsanwender unterliegt, bestehen m.E. erhebliche Zweifel an der Eignung der Methode zur Bestimmung eines Lizenzsatzes, der den Anforderungen an eine fremdübliche Verrechnungspreisbildung entspricht.[1518] Vielmehr steht die Lizenzierung eines immateriellen Vermögenswerts zu einem Lizenzsatz, der das mit dem Lizenzgegenstand ver-

---

1513 Vgl. Tz. 101 des Diskussionsentwurfs vom 6.6.2012; Tz. 145 des Diskussionsentwurfs vom 30.7.2013.

1514 Vgl. Tz. 2.43 der OECD-Verrechnungspreisrichtlinien 2010; Tz. 112 des Diskussionsentwurfs vom 6.6.2012; Tz. 160 des Diskussionsentwurfs vom 30.7.2013.

1515 Gl.A. *Portner*, in: Schaumburg/Baumhoff, Verrechnungspreise, 1994, 78, 95; *Greinert*, Ubg 2010, 101, 104; *Baumhoff*, in: Mössner, Steuerrecht, 2012, Rz. 3.297.

1516 Vgl. zur grundsätzlichen Beurteilung der TNMM Kapitel 4.3.3.4.

1517 Gl. A. *Wittendorf*, International Transfer Pricing Journal 2010, 323, 330ff.

1518 Für den Bereich der Lizenzierung immaterialgüterrechtlich geschützter Vermögenswerte zeigen empirische Untersuchungen, dass bei einer Durchschnittsbetrachtung die Gewinnallokation regelmäßig zu Gunsten des Lizenznehmers überwiegt. Vgl. hierzu insbesondere *Goldscheider/Jarosz/Mulhern*, Les Nouvelles 2002, 123, 123ff.; *Baumhoff/Greinert*, Ubg 2009, 544, 547f.

bundene Einkommen vollständig dem Lizenzgeber zuweist, regelmäßig im Widerspruch zum theoretischen Sinn und Zweck einer Lizenzierung sowie zur tatsächlichen Einkommensallokation zwischen fremden Dritten bei Lizenzverhältnissen.

Vor dem Hintergrund der eingeschränkten praktischen Umsetzbarkeit der Standardmethoden und der Bedenken zur Eignung der TNMM ist die ausdrückliche Befürwortung der Gewinnaufteilungsmethode für die Lizenzsatzbestimmung im Diskussionsentwurf vom 6.6.2012 bzw. vom 30.7.2013 im Sinne der Verfügbarkeit praktisch umsetzbarer Methoden positiv zu würdigen.[1519] Angesichts der Bedeutung von Lizenztransaktionen für die grenzüberschreitende Gewinnabgrenzung und der zunehmenden Integration der Wertschöpfungsprozesse und dem sich hieraus ergebenden Anwendungspotenzial der Gewinnaufteilungsmethode ist allerdings der geringe Umfang und Detaillierungsgrad der Ausführungen zur praktischen Umsetzung im Hinblick auf die Tatbestandsbestimmtheit zu kritisieren. Die OECD vergibt insoweit die Gelegenheit, die Weiterentwicklung und Konkretisierung der Gewinnaufteilungsmethode voranzutreiben.

Im Gegensatz hierzu enthält der Diskussionsentwurf vom 6.6.2012 wie auch seine revidierte Fassung vom 30.7.2013 umfangreiche spezifische Ausführungen zu den relevanten Parametern der Bewertung bei der Verwendung zweiseitiger einkommensbasierter Methoden (Valuation Techniques), wie insbesondere die Quantifizierung der erwarteten Einkommensströme, die Nutzungsdauer immaterieller Vermögenswerte und die Berechnung von Gegenwartswerten. Diese Konkretisierungen durch die OECD stellen einen bedeutenden Beitrag zu einer praktikablen und rechtssicheren Gewinnabgrenzung dar, der auch der individuellen Steuergerechtigkeit und der zwischenstaatlichen Verteilungsgerechtigkeit dient.[1520] Die ausdrückliche Öffnung der OECD gegenüber zweiseitigen einkommensbasierten Methoden für immaterielle Vermögenswerte ist als wichtiger Schritt für die Weiterentwicklung der Verrechnungspreisbildung zu betrachten, welcher der eingangs geforderten Verfügbarkeit praktisch umsetzbarer Methoden zur Lizenzsatzbestimmung auch bei unternehmensspezifischen immateriellen Vermögenswerten entspricht.

Hinsichtlich des Umgangs mit Bewertungsunsicherheit hält die OECD auch im Rahmen des Projekts „Transfer Pricing Aspects of Intangibles“ am Fremdvergleichsgrundsatz fest, indem

[1519] Vgl. Tz. 141 des Diskussionsentwurfs vom 6.6.2012; Tz. 170 des Diskussionsentwurfs vom 30.7.2013.

[1520] Vgl. zur Beurteilung zweiseitiger einkommensorientierter Methoden aus der Sicht der individuellen Steuergerechtigkeit und der zwischenstaatlichen Verteilungsgerechtigkeit Kapitel 4.3.3.6.

sie bezüglich Maßnahmen wie Preisanpassungsklauseln, variablen Lizenzsätzen oder der Neuverhandlung von Lizenzverträgen auf den Maßstab des hypothetischen Verhaltens fremder Dritter in vergleichbaren Situation verweist.[1521] Problematisch ist insoweit die fehlende inhaltliche Tatbestandsbestimmtheit und Verlässlichkeit dieses hypothetischen Fremdvergleichs mit dem Verhalten fremder Dritter. Die Beurteilung der Frage, ob fremde Dritte sich in einer spezifischen Situation auf die Vereinbarung einer Preisanpassungsklausel verständigt hätten, unterliegt einer subjektiven Einschätzung, die naturgemäß durch die Perspektive und Zielsetzung des jeweiligen Rechtsanwenders geprägt wird. Aus dem fehlenden Interessengegensatz im Kontext der Lizenzierung zwischen nahe stehenden Personen ergibt sich die Problematik, dass lediglich aufgrund äußerer Tatsachen und Merkmale eine subjektive Würdigung der Fremdüblichkeit einer konzerninternen Lizenzvereinbarung zum Zeitpunkt des Transaktionsabschlusses getroffen werden kann. Dies bedingt u.a. die Schwierigkeit zu beurteilen, ob eine wesentliche Abweichung zwischen erwarteter und tatsächlicher Entwicklung der Bewertungsparameter vorsätzlich oder fahrlässig von den Parteien herbeigeführt worden ist oder durch äußere Umstände verursacht wurde und daher nicht zu einer Einkommenskorrektur führen sollte, da fremde Dritte an ihre vertraglichen Pflichten gebunden sind. Aus der Beurteilung dieser schwer ermittelbaren Aspekte ergeben sich zwangsläufig abweichende Einschätzungen von Bewerter und Finanzverwaltung, wobei letztere den Vorteil der besseren Erkenntnis besitzt, der naturgemäß die subjektive Würdigung beeinflussen kann. Die fehlende Objektivierbarkeit der OECD-Auffassung in diesem Punkt führt zu einem erhöhten Risiko der Doppelbesteuerung von Lizenzzahlungen aufgrund divergierender Einschätzung der Erforderlichkeit von Preisanpassungsregelungen durch die Ansässigkeitsstaaten von Lizenzgeber und Lizenznehmer, da der Fremdvergleichsgrundsatz in diesen Fällen an die Grenzen seiner praktischen Nutzbarkeit gelangt. Abzuwarten bleibt insoweit, ob das ebenfalls noch nicht abgeschlossene OECD-Projekt „Base Erosion and Profit Shifting“ insoweit zu einer Klarstellung des Umgangs mit Bewertungsunsicherheit zumindest für bestimmte „hard-to-value-intangibles“[1522] führt.

Das deutsche Steuerrecht stellt grundsätzlich dieselbe Grundgesamtheit an Methoden zur Lizenzsatzermittlung zur Verfügung. Allerdings ist ein Mangel konkretisierender Ausführungen in Bezug auf die Auslegung der in § 1 Abs. 3 S. 1-5 AStG gesetzlich kodifizierten Metho-

---

[1521] Vgl. Tz. 171 ff. des Diskussionsentwurfs vom 6.6.2012; Tz. 199 ff. des Diskussionsentwurfs vom 30.7.2013.

[1522] Vgl. Action 8, des Action Plan on Base Erosion and Profit Shifting, http://www.oecd.org/ctp/BEPSActionPlan.pdf, abgerufen am 9.3.2014.

denwahl zu beanstanden. So fehlt es hinsichtlich der Preisvergleichsmethode an inhaltlich hinreichend bestimmten Leitlinien, welche Anforderungen an einen als vergleichbar zu betrachtenden immateriellen Vermögenswert zu stellen sind, damit eine verlässliche und zielgenaue Anwendung der Methode gegeben ist, bzw. unter welchen Umständen auf andere Methoden, insbesondere den hypothetischen Fremdvergleich, auszuweichen ist. Trotz des Versuchs des Gesetzgebers, eine gesetzliche Klarstellung zur Methodenwahl herbeizuführen, ist somit eine mangelnde Tatbestandsbestimmtheit bezüglich der vom Gesetzeswortlaut verwendeten unbestimmten Rechtsbegriffe der uneingeschränkten und eingeschränkten Vergleichbarkeit festzustellen. Dies führt zu einer inkonsistenten Methodenwahl für Lizenztransaktionen aufgrund der bestehenden Ermessensspielräume bei der Einschätzung der Vergleichbarkeit und damit zu einem Verstoß gegen die individuelle Steuergerechtigkeit und die zwischenstaatliche Verteilungsgerechtigkeit. Hieraus ergeben sich ferner Risiken der Doppelbesteuerung genzüberschreitender Lizenztransaktionen. Im Gegensatz hierzu vermag die ausdrückliche Ablehnung der Kostenaufschlagsmethode zur Lizenzsatzbestimmung in den Verwaltungsgrundsätzen 1983[1523] die Rechtssicherheit zu erhöhen. Dies gilt auch für die in den Verwaltungsgrundsätze-Verfahren[1524] enthaltene Verlautbarung, dass die Verwendung der TNMM auf die Verrechnungspreisbildung im Verhältnis zu Routineunternehmen beschränkt ist.[1525]

Im Unterschied hierzu enthalten die deutschen Verrechnungspreisbestimmungen keine Konkretisierung zur Anwendung der Gewinnaufteilungsmethode zur Lizenzsatzbestimmung, da die Verwaltungsgrundsätze-Verfahren insoweit lediglich auf die OECD-Verrechnungspreisrichtlinien 2010 Bezug nehmen, die keine hinreichenden Anwendungshinweise im Kontext der Lizenzierung enthalten.[1526]

Der hypothetische Fremdvergleich[1527] im Sinne von § 1 Abs. 3 S. 5 AStG trägt der begrenzten Anwendbarkeit der Standardmethoden wie insbesondere der Nutzungsüberlassung oder Übertragung unternehmensspezifischer immaterieller Vermögenswerte durch Schaffung einer unabhängig von der Verfügbarkeit von Fremdvergleichswerten einsetzbaren Auffangmethode Rechnung und ist somit im Hinblick auf die praktische Umsetzbarkeit einer Lizenzsatzbe-

---

[1523] Vgl. Rz. 5.2.4. des BMF-Schreiben v. 23.2.1983, IV C 5 – S 1341 – 4/83, BStBl. I 1983, 218.
[1524] Vgl. Rz. 3.4.10.3 lit. b des BMF-Schreibens v. 12.4.2005, IV B 4 – S 1341 – 1/05, BStBl. I 2005, 570.
[1525] Vgl. zu den Vorbehalten hinsichtlich der Feststellung, ob ein Routineunternehmen gegeben ist Kapitel 4.3.3.4.
[1526] Vgl. Rz. 3.4.10.3 lit. c des BMF-Schreibens v. 12.4.2005, IV B 4 – S 1341 – 1/05, BStBl. I 2005, 570.
[1527] Vgl. Kapitel 4.3.3.6 zur Beurteilung des hypothetischen Fremdvergleichs als Verrechnungspreismethode.

stimmung auch für unternehmensspezifische immaterielle Vermögenswerte zu begrüßen. Mit dem hypothetischen Fremdvergleich steht eine gesetzlich und auf dem Erlasswege konkretisierte Methodik zur Bestimmung von Lizenzsätzen zur Verfügung wenn die Preisvergleichsmethode, die TNMM und die Gewinnaufteilungsmethode nicht einschlägig sind. Mittels der direkten oder indirekten Ansätze des Income Approach zur Zuweisung eines Einkommensstroms zu immateriellen Bewertungsobjekten[1528] ist eine Werteinschätzung ohne Durchführung eines tatsächlichen Fremdvergleichs möglich. Dem allen einkommensbasierten Methoden wie dem hypothetischen Fremdvergleich inhärenten Problem der Bewertungsunsicherheit trägt der deutsche Gesetzgeber durch die widerlegbare gesetzliche Vermutung der Fremdüblichkeit von Preisanpassungsklauseln im Falle ex post eintretender wesentlicher Abweichungen von den ursprünglichen Bewertungsannahmen Rechnung. Mit dieser – von der Literatur als Fehlkonzeption entlarvten[1529] – Maßnahme versucht der deutsche Gesetzgeber, die Schaffung eines gesetzlichen Anreizes zum Abschluss von Preisanpassungsregelungen als fremdvergleichskonform darzustellen. M.E. ist § 1 Abs. 3 S. 11f. AStG jedoch aufgrund seiner pauschalierenden Wirkungsweise nicht als fremdvergleichskonform anzusehen[1530] und hat, ungeachtet seiner grundsätzlichen Eignung das Problem der Bewertungsunsicherheit zu adressieren, ein erhöhtes Risiko der Doppelbesteuerung von Lizenzverhältnissen aufgrund differierender Regelungen ausländischer Staaten zum Umgang mit Bewertungsunsicherheit zur Folge. Insoweit wird die Notwendigkeit eines global einheitlichen Umgangs mit Bewertungsunsicherheit deutlich.

Im Zusammenhang mit der Lizenzierung führt ferner die im deutschen Steuerrecht fehlende Klarstellung der Frage, ob die abstrakte Aktivierungsfähigkeit einer immateriellen Vermögensposition als Voraussetzung für das Vorliegen eines Lizenzverhältnisses anzusehen ist, zu einer mangelnden Tatbestandsbestimmtheit. Obgleich die explizite Bezugnahme auf „immaterielle Wirtschaftsgüter" in den Verwaltungsgrundsätzen 1983[1531] im Kontext der Verrechnungspreisbestimmung für Lizenzverhältnisse als Hinweis für abstrakt aktivierungsfähige immaterielle Vermögenspositionen als Lizenzobjekt gesehen werden kann, besteht insoweit keine hinreichende Rechtssicherheit. Die Fragestellung ist insbesondere im Zusammenhang mit der konzerninternen Überlassung von selbst geschaffenem Know-how von praktischer Bedeutung. *Ditz* geht davon aus, dass unter fremden Dritten nur Know-how, das aufgrund ei-

---

1528 Vgl. hierzu Kapitel 2.4.4.1.
1529 Vgl. *Scholz*, IStR 2007, 521, 523f.; *Oestreicher/Wilcke*, DB 2010, 1713, 1717.
1530 Gl.A. *Peter/Spohn/Hogg*, IStR 2008, 864, 869.
1531 Vgl. Rz. 5.2.1. des BMF-Schreibens v. 23.2.1983, IV C 5 – S 1341 – 4/83, BStBl. I 1983, 218.

nes gewissen Konkretisierungsgrades als Wirtschaftsgut[1532] anzusehen ist, durch Lizenzierung überlassen werden kann und ansonsten eine Dienstleistungserbringung oder Arbeitnehmerentsendung[1533] vorliegt.[1534] Die Frage hat damit gleichzeitig Relevanz für die bereits in Kapitel 3.3.8.1 diskutierte Abgrenzung von Dienstleistungsüberlassung und Transfer immaterieller Vermögenswerte. M.E. ist der Auffassung von *Ditz* insoweit zu folgen, als nur die Nutzungsüberlassung von immateriellen Vermögenspositionen, welche die Tatbestandsmerkmale der für Zwecke der grenzüberschreitenden Besteuerung zu schaffenden Definition des immateriellen Vermögenswerts erfüllen, als Lizenzierung qualifizieren sollten. Insoweit ist daher die Notwendigkeit einer zweckspezifischen Definition immaterieller Vermögenswerte zu betonen.[1535]

Aus den US-Regulations ergibt sich im Unterschied zu den OECD-Verrechnungspreisrichtlinien 2010 und dem deutschen Steuerrecht unmittelbar, welche Methoden zur Bestimmung von Lizenzsätzen grundsätzlich als geeignet betrachtet werden. Neben der Preisvergleichsmethode sind dies die CPM, die Gewinnaufteilungsmethode und ggf. auch unspezifizierte Methoden. Die Verwendung zweiseitiger einkommensbasierter Methoden ist damit nur als undefinierte Methode im Rahmen der Vorgaben der Best Method Rule möglich. In Bezug auf die Verwendung der Preisvergleichsmethode sehen die US-Regulations durch das Gewinnpotenzial als Fundamentalkriterium der Vergleichbarkeit grundsätzlich verständliche und zielgenaue Vorgaben bezüglich der Vergleichbarkeit immaterieller Vermögenswerte vor,[1536] die eine der inhaltlichen Tatbestandsbestimmtheit sowie auch der individuellen Steuergerechtigkeit und zwischenstaatlichen Verteilungsgerechtigkeit zuträgliche Konkretisierung darstellen. Eine Ausnahme stellt allerdings die Beschränkung der Zulässigkeit einer indirekten Vergleichbarkeitsanalyse auf unwesentliche immaterielle Vermögenswerte dar. Der verwendete unbestimmte Rechtsbegriff erschwert die verlässliche Abgrenzung der zulässigen Varianten der Vergleichbarkeitsanalyse (quantitative Ermittlung des Gewinnpotenzials bzw. indirekter qualitativer Vergleich mittels diverser Vergleichbarkeitsfaktoren, die sich auf das Gewinnpotenzial auswirken). Ungeachtet der Zweifel an der Eignung der CPM zur Bestimmung von Lizenzsätzen enthalten die US-Regulations ein Anwendungsbeispiel zur Verwendung der Me-

---

[1532] Vgl. zur abstrakten Aktivierungsfähigkeit als Voraussetzung der Wirtschaftsguteigenschaft Kapitel 3.3.5.1.

[1533] Vgl. zum Begriff der Arbeitnehmerentsendung Tz. 2.1 des BMF-Schreibens vom 9.11.2001 (IV B 4 – S 1341 – 20/01, BStBl. I 2001, 796) sowie *Borstell,* in: Vögele/Borstell/Engler, Verrechnungspreise, 2011, Kapitel P, Rz. 14; *Jacobs*, Unternehmensbesteuerung, 2011, 1328ff.; *Kaminski*, in: Strunk/Kaminski/Köhler, AStG/DBA, 2011, § 1 AStG, Rz. 1196ff.

[1534] Vgl. *Ditz*, IStR 2009, 421, 423.

[1535] Vgl. zu Reformvorschlägen zur Schaffung einer Definition Kapitel 5.2.1.

[1536] Vgl. Kapitel 3.4.8.5.1.

thode bei konzerninterner Lizenzierung, was für eine grundsätzliche Befürwortung der CPM seitens des IRS im Kontext der Lizenzsatzbestimmung spricht.[1537] Für die Beurteilung der CPM ist auf die grundsätzliche Kritik an ihrer Eignung zur Bestimmung von Verrechnungspreisen für immaterielle Vermögenswerte zu verweisen.[1538] Die Haltung der US-Regulations, die sich auch in der expliziten Aufnahme der CPM in den Kanon der für immaterielle Vermögenswerte als zulässig erachteten Methoden zeigt, ist damit hinsichtlich der individuellen Steuergerechtigkeit, der zwischenstaatlichen Verteilungsgerechtigkeit und der Rechtssicherheit zu kritisieren. Wie eingangs bereits erwähnt, ist die Verwendung einer dem hypothetischen Fremdvergleich entsprechenden zweiseitigen einkommensbasierten Methodik zur Lizenzsatzbestimmung, die auch eine Berücksichtigung ggf. bestehender Handlungsalternativen vorsieht, nach den US-Regulations nur als undefinierte Methode zulässig. Zwar erscheint die Verwendung einer zweiseitigen einkommensbasierten Methode zur Lizenzsatzbestimmung in Situationen, in denen weder die Standardmethoden noch die gewinnorientierten Methoden zuverlässig anwendbar sind, auch unter Berücksichtigung der einschlägigen Rechtsprechung[1539] mit dem US-Recht vereinbar; dennoch ergibt sich für den Steuerpflichtigen eine erhöhte Rechtsunsicherheit bezüglich der Anerkennung eines so ermittelten Lizenzsatzes durch den IRS, da die Methodik nicht ausdrücklich in den Regulations behandelt wird und daher die Beweislast für die Wahl der Best Method in Form zweiseitiger einkommensbasierter Methoden beim Steuerpflichtigen liegt.

Hinsichtlich des Umgangs mit Bewertungsunsicherheit ist auf den für die Lizenzierung von immateriellen Vermögenswerten einschlägigen CWI-Standard einzugehen. Die Vorschrift versucht, wie auch § 1 Abs. 3 S. 11f. AStG einen gesetzlichen Anreiz zum Abschluss von Preisanpassungsregelungen zu schaffen. Dabei ist grundsätzlich keine Begrenzung des gesetzlichen Korrekturzeitraums vorgesehen, was einen Verstoß gegen das Gebot einer rechtssicheren Besteuerung darstellt. Eine Vermeidung von Rechtsunsicherheit kann, abgesehen vom Fall des Preisvergleichs mittels uneingeschränkt vergleichbarer Marktpreise, nur durch Vereinbarung von Preisanpassungsklauseln erreicht werden, mittels der eine Überschreitung des durch den CWI-Standard definierten Abweichungskorridors verhindert wird. Der CWI-Standard stellt damit ebenfalls eine Abkehr vom Fremdvergleichsgrundsatz dar, die vom US-

[1537] Vgl. § 1.482-5(e) Example 4 der Regulations.
[1538] Vgl. Kapitel 4.3.3.4.
[1539] Vgl. etwa das in Kapitel 3.4.8.5.2 bereits erwähnte Urteil des U.S. Court of Appeals in der Rechtssache *Bausch & Lomb*, 933 F.2d 1084 (1991).

Gesetzgeber zum Schutz des US-Steueraufkommens eingeführt wurde.[1540] Während die Einschränkung der Reichweite des Fremdvergleichsgrundsatzes bei Bewertungsunsicherheit m.E. grundsätzlich für den Fall der Lizenzierung unternehmensspezifischer Lizenzsätze gerechtfertigt ist,[1541] stellt die einseitige unilaterale Ausgestaltung der Norm zu Gunsten des US-Steueraufkommens eine Verletzung der zwischenstaatlichen Verteilungsgerechtigkeit dar.

4.3.4.5 Übertragung des Eigentums

4.3.4.5.1 Konkretisierung der Beurteilungskriterien

Für die Beurteilung der Angemessenheit von konzerninternen Eigentumsübertragungen der Höhe nach sind dieselben Anforderungen zu stellen wie für den Fall der beschränkten Nutzungsüberlassung. Insoweit kann daher grundsätzlich auf die vorstehenden Ausführungen in Kapitel 4.3.4.4 verwiesen werden. Im Kontext der Eigentumsübertragung an immateriellen Vermögenswerten werden jedoch darüber hinaus Leitlinien benötigt, die klarstellen, wie eine Abgrenzung von Veräußerungs- und Lizenzierungsvorgängen für Zwecke der grenzüberschreitenden Gewinnabgrenzung erfolgt. Dem Rechtsanwender muss eine verlässliche Einschätzung ermöglicht werden, ob die Anerkennung einer rechtlichen Gestaltung zur Übertragung des Eigentums dem Grunde nach unter dem Vorbehalt einer wirtschaftlichen Betrachtungsweise steht und welche Kriterien insoweit maßgeblich sind, um eine verlässliche Einschätzung hinsichtlich der steuerlichen Folgen von Vorgängen zur Übertragung des Eigentums zu gewährleisten.

4.3.4.5.2 Beurteilung

Wie bereits in Kapitel 3.2.9.5.1 ausgeführt, weisen die OECD-Verrechnungspreisrichtlinien 2010 keine inhaltlich bestimmten Regelungen auf, die eine Abgrenzung von Veräußerung und Nutzungsüberlassung ermöglichen, bzw. eine Einschätzung ermöglichen, welche Anforderungen an einen für Zwecke der grenzüberschreitenden Gewinnabgrenzung anzuerkennenden Vorgang dem Grunde nach zu stellen sind. Lediglich in exemplarischer Weise wird auf den Maßstab des Verhaltens fremder Dritter verwiesen. Der diesbezüglich bestehende Mangel an inhaltlicher Tatbestandsbestimmheit führt zu Rechtsunsicherheit und potenzieller Doppelbesteuerung von Übertragungsvorgängen, soweit die involvierten Steuerhoheiten unterschiedliche Anforderungen an die Anerkennung einer konzerninternen Übertragung stellen.

[1540] Dies zeigt auch die in Kapitel 3.4.4.1 erläuterte gesetzgeberische Historie der Regelung.
[1541] Vgl. zu den Reformüberlegungen hierzu Kapitel 5.2.3.5.

Mit dem Diskussionsentwurf vom 6.6.2012 hat die OECD ein Konzept zur Zurechnung immaterieller Vermögenswerte eingeführt, welches funktionale Anforderungen an die als rechtlichen oder faktischen Eigentümer anzusehenden Geschäftseinheiten definiert. Im Kontext der Eigentumsübertragung führt dies dazu, dass eine zivilrechtlich wirksame Eigentumsübertragung immaterieller Vermögenswerte für Zwecke der grenzüberschreitenden Gewinnabgrenzung übereinstimmend gewürdigt wird, dass der Erwerber die Super Functions für den erworbenen immateriellen Vermögenswert durch eigenes Personal ausübt. Die mangelnde Klarheit hinsichtlich der Rechtsfolgen, d.h. wie das dem übertragenen Vermögenswert zuzurechnende Einkommen auf die beteiligten Geschäftseinheiten ggf. zu allozieren ist, trägt indes nicht zu einer Verbesserung der Situation in Bezug auf die definierten Beurteilungskriterien der Gerechtigkeit, Praktikabiliät und Rechtssicherheit bei. Die überarbeiteten Zurechnungsregeln des Diskussionsentwurfs vom 30.7.2013 stellen eine wesentliche Verbesserung in Bezug auf die Praktikabiltität, aber auch der individuellen Steuergerechtigkeit und zwischenstaatlichen Verteilungsgerechtigkeit auf konzeptioneller Ebene dar, als die Vergütung wertsteigernder oder -erhaltender Funktionen durch andere Geschäftseinheiten als den Erwerber mit der Funktionsverteilung zwischen den involvierten Parteien und der hieraus resultierenden Methodenwahl verknüpft wird. So werden als Dienstleistung anzusehende Funktionen typischerweise durch die Kostenaufschlagsmethode vergütet, wohingegen eine weitergehende Mitwirkung an der Entwicklung unter Ausübung von Super Functions die Verwendung der Gewinnaufteilungsmethode oder einkommensorientierte Ansätze nach sich zieht.[1542] Damit erfolgt eine Verbindung von rechtlicher Betrachtungsweise und hieraus folgender klarer Zuordnung immaterieller Vermögenswerte und funktional geprägter Vergütung tatsächlich ausgeübter Funktionen, was zu einer praktikablen und verlässlichen Methodik führt. Hinsichtlich der Beurteilung des in beiden Diskussionsentwürfen identischen Umfangs der Super Functions kann auf die vorstehenden Ausführungen in Kapitel 4.3.2.2.2 verwiesen werden.

Das im deutschen Steuerrecht verankerte Konzept des wirtschaftlichen Eigentums im Sinne von § 39 Abs. 2 Nr. 1 AO kann grundsätzlich verwendet werden, um Nutzungsüberlassungen dem Grunde nach von Vorgängen abzugrenzen, die einen Übergang der vollständigen wirtschaftlichen Verwertungsbefugnis zur Folge haben, wie etwa typischerweise eine Eigentumsübertragung. Hierbei ist jedoch vorauszusetzen, dass ein Verbrauch des Lizenzgegenstands während der Dauer einer Nutzungsüberlassung stattfinden kann. Dies ist jedoch bei Markenrechten, die grundsätzlich unendlich verlängerbar sind, regelmäßig nicht der Fall. Es ist daher

1542 Vgl. Tz. 270ff. (Beispiel 13) des Diskussionsentwurfs vom 30.7.2013.

der Auffassung von *Jacobs*[1543] zuzustimmen, dass das Konzept des wirtschaftlichen Eigentums im Sinne von § 39 Abs. 2 Nr. 1 AO zumindest hinsichtlich des Stammrechts an einer Marke nicht anwendbar ist. Auch soweit § 39 Abs. 2 Nr. 1 AO im Einzelfall zur Abgrenzung von begrenzten Nutzungsüberlassungen zur Übertragung des wirtschaftlichen Eigentums geeignet ist, erschwert die Vielzahl der gewählten Kriterien eine einheitliche ertragsteuerliche Zuordnung eines immateriellen Vermögenswerts regelmäßig erheblich.[1544] Es kann daher nicht von einer rechtssicheren Differenzierung von Lizenzierungs- und Veräußerungsvorgängen mittels der in § 39 Abs. 2 Nr. 1 AO verankerten wirtschaftlichen Betrachtungsweise ausgegangen werden, da die Regelung keine verlässliche und zielgenaue Anwendung sicherstellt.[1545] Eine Auslegung von § 39 Abs. 2 Nr. 1 AO auf einem weiten – vom Wortlaut abweichenden – Verständnis einer wirtschaftlichen Betrachtungsweise birgt die Gefahr großer Rechtsunsicherheit und führt damit im grenzüberschreitenden Kontext zwangsläufig zu einem erhöhten Risiko der Doppelbesteuerung. Das Beispiel der Markenrechte verdeutlicht das Erfordernis zweckspezifischer Regelungen für die grenzüberschreitende Gewinnabgrenzung.

Das US-Steuerrecht stellt die Anerkennung einer Übertragung des Eigentums an immateriellen Vermögenswerten dem Grunde nach unter den Vorbehalt, dass der Erwerber die Möglichkeiten zur finanziellen Übernahme und zum tatsächlichen Management des mit dem Vermögenswert verbundenen Risikos vorweisen kann. Dies stellt m.E. eine sachgerechte, weil am fremdüblichen Verhalten orientierte Leitlinie dar, die überdies verständlich, praktisch umsetzbar und verlässlich ist. Für die Beurteilung der Angemessenheit der angesetzten Vergütung der Höhe nach differenziert das US-Steuerrecht nicht zwischen der Übertragung des Eigentums und der Lizenzierung. Dies ist in grundsätzlicher Hinsicht aus dem Blickwinkel der individuellen Steuergerechtigkeit und der zwischenstaatlichen Verteilungsgerechtigkeit nicht zu beanstanden, soweit der Erwerb der vollständigen wirtschaftlichen Verwertungsmöglichkeit nicht mit der Lizenzierung eines eingeschränkten Nutzungsrechts verglichen wird, etwa bei Verwendung der Relief from Royalty Method unter Heranziehung von Vergleichswerten aus Lizenzverträgen, deren Gegenstand die Einräumung beschränkter Nutzungsrechte ist.

1543 *Jacobs*, Unternehmensbesteuerung, 2011, 823f.

1544 Gl.A. *Baumhoff/Greinert*, Ubg 2009, 544, 545.

1545 Vgl. zur grundsätzlichen, d.h. transaktionsunabhängigen Beurteilung von § 39 Abs 2 Nr. 1 AO Kapitel 4.3.2.3.

4.3.4.6 Gemeinsame grenzüberschreitende Entwicklung und Nutzung

4.3.4.6.1 Konkretisierung der Beurteilungskriterien

Wie bereits erwähnt,[1546] ist Sinn und Zweck der Beteiligung mehrerer Geschäftseinheiten an der gemeinsamen grenzüberschreitenden Entwicklung von immateriellen Vermögenswerten in erster Linie die Bündelung von Know-how und anderer Ressourcen zur Nutzung der im Konzernverbund vorhandenen Synergien und Integrationsvorteile, insbesondere wenn diese aufgrund der globalen Tätigkeit eines multinationalen Unternehmens über verschiedene Steuerhoheiten verteilt sind. Soweit die Geschäftseinheiten tatsächlich in funktionaler Hinsicht an einem gemeinsamen Entwicklungsvorhaben partizipieren, dass sie für ihre Geschäftstätigkeit einzusetzen beabsichtigen, erscheint die unmittelbare Allokation der Entwicklungsergebnisse auch aus Sicht der individuellen Steuergerechtigkeit gerechtfertigt, da insoweit die Unterstellung eines Transfers immaterieller Vermögenswerte nicht sachgerecht erscheint. Dies kann mit der offensichtlichen Parallele zur Eigenentwicklung begründet werden, die naturgemäßg ebenfalls keinen Realisationstatbestand an sich darstellt, da eine Geschäftseinheit unter Einsatz ihrer eigenen Ressourcen immaterielles Vermögen entwickelt. Unter diesen Voraussetzungen kann ein ggf. steuerpflichtiger grenzüberschreitender Transfer spezifischer immaterieller Vermögenswerte vermieden werden, da Schaffung und Allokation unmittelbar zusammenfallen und gleichzeitig die eingangs erwähnten Vorteile der Bündelung von Ressourcen genutzt werden können.

Die Bestimmungen zur grenzüberschreitenden Gewinnabgrenzung für die gemeinsame Entwicklung und Nutzung von immateriellen Vermögenswerten genügen den Anforderungen an die zwischenstaatliche Verteilungsgerechtigkeit wenn die Vorgaben zur Aufteilung der Entwicklungskosten sowohl den Nettonutzen der als Teilnehmer zugelassenen Geschäftseinheiten aus dem Einsatz der angestrebten Entwicklungsergebnisse als auch deren Beiträge zur Schaffung derselben im Einklang mit dem Fremdvergleichsgrundsatz berücksichtigen. Die zwischenstaatliche Verteilungsgerechtigkeit im Sinne einer konsistenten grenzüberschreitenden Gewinnabgrenzung gebietet es m.E. hierbei, dass bei der Begründung einer gemeinsamen Entwicklung und dem Eintritt neuer Teilnehmer kein unvergüteter Zugang zu immateriellen Vermögenswerten gewährt wird, die im Rahmen anderer Allokations- und Nutzungsstrategien den Ansatz von Marktpreisen erfordern würde. Trotz der ggf. hiermit verbundenen Bewertungsproblematik, insbesondere im Falle der Einbringung von teilentwickelten immateriellen

[1546] Vgl. Kapitel 2.3.2.4.6.

Vermögenswerten, sollen die einschlägigen Regelungen mit verhältnismäßigen Befolgungskosten praktisch umsetzbar sein und hierbei eine hinreichend zielgenaue Kostenermittlung, Kostenaufteilung und Bewertung von Beiträgen ermöglichen, die das Risiko der Entstehung einer Doppelbesteuerung minimieren. Das Gebot der individuellen Steuergerechtigkeit und der Rechtssicherheit gebietet international einheitliche und konsistente Regeln für die gemeinsame grenzüberschreitende Schaffung und Verwertung unternehmensspezifischer immaterieller Vermögenswerte.

4.3.4.6.2 Beurteilung der OECD

Kapitel VIII der OECD-Verrechnungspreisrichtlinien 2010 stellt einen allgemein gehaltenen Rahmen zur Einordnung von Cost Contribution Arrangements auf. Den einschlägigen Passagen kann entnommen werden, dass die OECD auch im Bereich der Cost Contribution Arrangements den Fremdvergleichsgrundsatz als uneingeschränkt anwendbar erachtet, d.h. es soll auch im Rahmen von Cost Contribution Arrangements keine spezifische, vom Verhalten fremder Dritter abweichende Beurteilung stattfinden dürfen. Hieraus kann m.E. die der Rechtssicherheit dienliche Erkenntnis abgeleitet werden, dass die für alle anderen Allokations- und Nutzungsstrategien einschlägige Definition immaterieller Vermögenswerte nach Auffassung der OECD auch für Cost Contribution Arrangements einschlägig ist. Ferner kann aus der Geltung des Fremdvergleichsgrundsatzes auch abgeleitet werden, dass Aspekte eines Cost Contribution Arrangements, wie die in die Kostenbasis einzubeziehenden Kostenbestandteile, die Bewertung von Beiträgen und die Aufteilung der Kosten durch Bezugnahme auf interne oder externe Vergleichstransaktionen verteidigt werden können, soweit diesbezügliche Vergleichsinformationen verfügbar sind. Allerdings führt die fehlende Positionierung bzw. Konkretisierung von Kapitel VIII der OECD-Verrechnungspreisrichtlinien 2010 in anderen bedeutsamen Aspekten von Cost Contribution Arrangements wie dem Wertansatz von Beiträgen der Teilnehmer oder die Behandlung von staatlichen Vergünstigungen bei der Ermittlung der Kostenbasis zu einem bedeutenden Mangel an inhaltlicher Tatbestandsbestimmtheit. Die Tatsache, dass in Bezug auf den Wertansatz von Beiträgen der Teilnehmer auf OECD-Ebene kein Konsens zwischen den Mitgliedstaaten besteht,[1547] verdeutlicht, dass insoweit ein bedeutendes Risiko der Entstehung von Doppel- oder Minderbesteuerungen aufgrund divergierender Rechtsauffassungen nationaler Steuerhoheiten gegeben ist.

[1547] Vgl. *Wittendorf*, Transfer Pricing, 2010, 553 mit Verweis auf Tz. 8.1 sowie 8.15 der OECD-Verrechnungspreisrichtlinien 2010.

Im Ergebnis erschöpft sich der Regelungsinhalt von Kapitel VIII der OECD-Verrechnungspreisrichtlinien 2010 auf die Zurverfügungstellung eines am Fremdvergleichsgrundsatz ausgerichteten Orientierungsrahmens, der jedoch in bedeutenden Punkten eine klare Haltung der OECD vermissen lässt. Eine Steigerung der Rechtssicherheit ist durch Kapitel VIII der OECD-Verrechnungspreisrichtlinien 2010 daher nur in Ansätzen gegeben. Die Entstehung von Doppelbesteuerungen aufgrund uneinheitlicher Rechtsanwendung durch involvierte OECD-Staaten verstößt gegen die individuelle Steuergerechtigkeit. Angesichts der mit den jüngsten OECD-Projekten[1548] angestrebten Weiterentwicklung der grenzüberschreitenden Gewinnabgrenzung für immaterielle Vermögenswerte tritt die Notwendigkeit einer entsprechenden Überarbeitung von Kapitel VIII mit aller Deutlichkeit zu Tage. Die Notwendigkeit der Weiterentwicklung von Kapitel VIII der OECD-Verrechnungspreisrichtlinien 2010 wird von der OECD auch im Rahmen des Projekts „Base Erosion and Profit Shifting" ausdrücklich zur Kenntnis genommen.[1549]

4.3.4.6.3 Beurteilung des deutschen Steuerrechts

Die deutsche Finanzverwaltung beschränkt den Teilnehmerkreis von Kostenumlageverträgen auf operative Gesellschaften, deren Ziel die gemeinsame Risikotragung einer Entwicklung immaterieller Vermögenswerte sowie ihrer anteiligen Verwertung durch die Teilnehmer ist. Diese Einschränkung ist m.E. vor dem Hintergrund von Sinn und Zweck der gemeinsamen Entwicklung immaterieller Vermögenswerte in multinationalen Unternehmen gerechtfertigt, da die Vergünstigung der unmittelbaren grenzüberschreitenden Allokation der Entwicklungsergebnisse zu den Teilnehmern sachlogisch an die operative Mitwirkung derselben am Entwicklungsvorgang anknüpft. Im Ausschluss nicht qualifizierender Konzerneinheiten und damit der Verweigerung des Privilegs, zu Kosten das Eigentum an den Entwicklungsergebnissen zu erwerben, wird m.E. kein Verstoß gegen die individuelle Steuergerechtigkeit begründet, da auch mit fremden Dritten wohl keine Vereinbarung abgeschlossen würde die diesen für die Bereitstellung finanzieller Mittel Zugang zu unternehmens- und erfolgskritischen immateriellen Vermögenswerten zum Zwecke der kommerziellen Verwertung gewährt.

Ein Mangel an inhaltlicher Tatbestandsbestimmtheit ist allerdings bezüglich der Eigentümerstellung an den Entwicklungsergebnissen festzustellen, zu der die Verwaltungsgrundsätze-

---

1548 „Transfer Pricing Aspects of Intangibles" und „Base Erosion and Profit Shifting".

1549 Vgl. *OECD*, Action Plan on Base Erosion and Profit Shifting, http://www.oecd.org/ctp/BEPSActionPlan.pdf, abgerufen am 8.3.2014.

Umlageverträge ungeachtet der überaus großen Bedeutung dieses Aspekts keine klarstellenden Ausführungen enthalten. Der Fokus der deutschen Finanzverwaltung liegt auf der Ermittlung und Aufteilung der durch die Aktivitäten eines Pools verursachten Kosten auf die Teilnehmer. Die von der Finanzverwaltung gewählte Formulierung hinsichtlich der Definition der Kostenbasis ist unklar, da der verwendete Begriff der Aufwendungen der Finanzbuchhaltung bzw. dem externen Rechnungswesen entspringt, wohingegen der Fremdvergleichsgrundsatz m.E. eine den betriebswirtschaftlichen Grundsätzen entsprechende Orientierung an der Kostenrechnung gebietet.[1550] Ungeachtet dessen nehmen die Verwaltungsgrundsätze-Verfahren ausdrücklich Bezug auf die Rechnungslegungsvorschriften des Sitzstaates der ggf. Leistungen an den Pool erbringenden Gesellschaften.[1551] Zumindest lässt die ausdrückliche Einbeziehung direkter und indirekter Aufwendungen darauf schließen, dass wohl eine Vollkostenbetrachtung gemeint ist. Die Ermittlung der Kostenbasis ist im Ergebnis jedoch nicht mit der gebotenen Tatbestandsbestimmtheit geregelt.

Der von den Verwaltungsgrundsätze-Umlageverträge zugelassene Ansatz von Beiträgen an den Pool zu Kosten, wie insbesondere bestehende immaterielle Vermögenswerte bzw. hilfsweise die Verrechnung einer um eine Gewinnkomponente verminderten Lizenz, wirkt sich positiv auf die Praktikabilität der Regelung aus, indem eine praktisch umsetzbare, zielgenaue und verlässliche Bewertung von Beiträgen der Teilnehmer ermöglicht wird. Die Zulässigkeit der Leistung von Beiträgen zu Kosten stellt jedoch einen Verstoß gegen die individuelle Steuergerechtigkeit dar, da der mit diesen Beiträgen transferierte ökonomische Nutzen, insbesondere im Falle so genannter Plattformtechnologie, die hierfür aufgewendeten Kosten regelmäßig weit übersteigen dürfte.

Die im Kontext des Eintritts neuer Teilnehmer einschlägige Regelung der Verwaltungsgrundsätze-Umlageverträge, dass bei Vorhandensein „eines annähernd gleichen Wissensstandes“[1552] des neuen Poolteilnehmers von Ausgleichszahlungen abgesehen werden kann, stellt zwar eine der praktischen Umsetzbarkeit dienliche Vereinfachung dar, da in diesen Fällen eine quantitive Einschätzung des zu erwartenden Nutzens aller Teilnehmer durch die Gewinnaufteilungsmethode oder den hypothetischen Fremdvergleich unterbleiben kann. Aufgrund des unbestimmten Rechtsbegriffs des annähernd gleichen Wissensstands geht diese

1550 Gl.A. *Baumhoff*, IStR 2000, 693, 700f.; *Engler/Freytag*, in: Vögele/Borstell/Engler, Verrechnungspreise, 2011, Kapitel N, Rz. 204.
1551 Vgl. Tz. 2.1 des BMF-Schreibens v. 30.12.1999, IV B 4 – S 1341 – 14/99, BStBl. I 1999, 1122.
1552 Vgl. Tz. 4.1 des BMF-Schreibens v. 30.12.1999, IV B 4 – S 1341 – 14/99, BStBl. I 1999, 1122.

Vereinfachung jedoch mit einem Mangel an inhaltlicher Tatbestandsbestimmtheit einher und ist überdies geeignet, die individuelle Steuergerechtigkeit durch eine bei der Gewinnabgrenzung nicht berücksichtigte Zugänglichmachung immaterieller Vermögenswerte zu verletzen. Darüber hinaus enthalten die Verwaltungsgrundsätze-Umlageverträge keine den Fremdvergleichsgrundsatz konkretisierenden Regelungen für Fälle, in denen qualifizierende Konzerneinheiten eintreten, die keinen einheitlichen Wissensstand aufweisen und daher den Zugang zum Know-how anderer Konzerneinheiten vergüten müssten. In diesen Fällen kann eine Vergütung für Beiträge nur unter Rückgriff auf allgemeine Prinzipien des Fremdvergleichsgrundsatzes ermittelt werden. Insoweit wird ein inhaltlicher Widerspruch zur Vergütung von Beiträgen der Teilnehmer zu Kosten ersichtlich.

Im Ergebnis hat die kostenbasierte Betrachtung der Verwaltungsgrundsätze-Umlageverträge hinsichtlich der Vergütung von Beiträgen sowie der Zulässigkeit des Eintritts neuer Teilnehmer mit einem gleichen Wissensstand ohne Eintrittszahlung eine hohe praktische Umsetzbarkeit zur Folge. Eine zielgenaue und verlässliche Anwendung sowie die Rechtssicherheit der Regelungen ist jedoch fraglich angesichts der fehlenden Tatbestandsbestimmtheit bedeutender Aspekte wie die Natur der Eigentümerstellung an den Entwicklungsergebnissen und das Vorliegen eines annähernd gleichen Wissenstands. Die individuelle Steuergerechtigkeit wird ferner durch den Mangel an inhaltlicher Konsistenz im Hinblick auf den Ansatz von Beiträgen und den Eintritt neuer Teilnehmer vermindert.

4.3.4.6.4 Beurteilung des US-Steuerrechts

4.3.4.6.4.1 Definition des Teilnehmerkreises

Die Final 2011 Cost Sharing Regulations lassen nicht nur aktiv durch eigene Entwicklungsressourcen am gemeinsamen Vorhaben mitwirkende Konzerngesellschaften, sondern auch lediglich kapitalgebende Geschäftseinheiten als qualifizierende Teilnehmer zu. Dies scheint im Hinblick auf den Sinn und Zweck des Cost Sharing, nämlich die Bündelung geographisch verstreuter Entwicklungsressourcen eines multinationalen Unternehmens, zweifelhaft. Die resultierenden überaus großen Know-how-Unterschiede erfordern ggf. die Bestimmung sehr hoher Buy In-Payments, um dem Investor Model folgend die Rendite der lediglich als Kapitalgeber fungierenden Teilnehmer auf eine risikoadäquate Verzinsung zu begrenzen. Hieraus entsteht ein hohes Risiko der Doppelbesteuerung aufgrund der Nichtakzeptanz der Höhe von

Platform Contributions durch die Sitzstaaten der kapitalgebenden Teilnehmer am Cost Sharing Arrangement.

4.3.4.6.4.2 Ermittlung und Aufteilung der Kostenbasis

Mit dem Investor Model sehen die Final 2011 Cost Sharing Regulations einen konzeptionellen Ansatz für die Auseinandersetzung der Teilnehmer eines Cost Sharing Arrangements vor, dessen Perspektive über die Aufteilung der Kosten hinausreicht und neben den erwarteten Einnahmen jedes Teilnehmers aus der anteiligen Verwertung auch die Risikoeinschätzung sowie die jedem Teilnehmer zur Verfügung stehenden Handlungsalternativen integriert. Das Investor Model ist in konzeptioneller Hinsicht geeignet, die individuelle Steuergerechtigkeit und die zwischenstaatliche Verteilungsgerechtigkeit sicherzustellen, da die ökonomische Nutzenerwartung aus der Perspektive jedes Teilnehmers am Cost Sharing Arrangement in ein valides ökonomisches Konzept eingebettet wird.

4.3.4.6.4.3 Behandlung von Beiträgen der Teilnehmer

Im Unterschied zu den OECD-Verrechnungspreisrichtlinien 2010 und den einschlägigen deutschen Bestimmungen nehmen die US-Regulations zu Methoden für die Bewertung von Platform Contributions bzw. die Ermittlung von Buy In-Payments ausführlich Stellung. Geprägt durch den historischen Hintergrund der Nutzung von Cost Sharing Arrangements durch US-Konzerne zu Lasten des US-Steueraufkommens[1553] lassen die 2011 Final Cost Sharing Regulations hierbei ein extrem weites Verständnis einer vergütungspflichtigen Platform Contribution Transaction erkennen. Bevor eine Beurteilung der Methoden im Einzelnen erfolgt,[1554] ist zunächst auf grundsätzliche Aspekte der Bewertung von Platform Contributions einzugehen.

Die in den Cost Sharing Regulations vorgenommene Loslösung von der gesetzlichen Definition immaterieller Vermögenswerte im Sinne von § 936 IRC mit dem Ziel einer Ausweitung des Begriffs der Platform Contribution stellt einen Verstoß gegen die individuelle Steuergerechtigkeit und die zwischenstaatliche Verteilungsgerechtigkeit dar, indem im Kontext von Platform Contributions immaterielle Vermögenspositionen als vergütungspflichtig qualifiziert

[1553] Vgl. hierzu Kapitel 3.4.8.7.1.

[1554] Die nachfolgenden Ausführungen beschränken sich auf die Income Method, Market Capitalization und Acquisition Price Method. Hinsichtlich der CUT-Method sowie der Residual Profit Split Method kann auf die Ausführungen bei der Beurteilung der Methoden in den Kapiteln 4.3.3.2 und 4.3.3.5 verwiesen werden.

werden, welche die Tatbestandsvoraussetzungen der für Verrechnungspreiszwecke geschaffenen Definition eines immateriellen Vermögenswerts nicht erfüllen.

Die Bewertungsprämisse des IRS, die eine zeitlich unbegrenzte Werthaltigkeit der von einem Teilnehmer eingebrachten Grundlagentechnologie unterstellt[1555], steht ferner im Widerspruch zu in Kapitel 2.4.4.2 dargestellten anerkannten Grundsätzen der finanziellen Bewertung von immateriellen Vermögenswerten, wonach technologiebezogene immaterielle Vermögenswerte in aller Regel eine begrenzte ökonomische Lebensdauer aufweisen. Auch soweit eine Grundlagentechnologie für die Erzeugung von Folgeprodukten nutzenbringend ist und insoweit fortwirkt, ist grundsätzlich davon auszugehen, dass sich ihr Wert aufgrund des technologischen Fortschritts im Zeitablauf verbraucht, da sie nunmehr dem technischen Standard entspricht. Durch die Nichtberücksichtigung dieser ökonomischen Gesetzmäßigkeit entsteht eine Überbewertung von Platform Contributions unter gleichzeitiger Unterbewertung des Nutzens der gemeinsamen Weiterentwicklung. Hierdurch werden sowohl die individuelle Steuergerechtigkeit als auch die zwischenstaatliche Verteilungsgerechtigkeit verletzt und die Rechtssicherheit beeinträchtigt. Darüber hinaus möchte der IRS unter bestimmten Umständen, wie auch im Streitfall *Veritas*[1556], eine aggregierte Betrachtung mehrerer Platform Contributions für Zwecke der Bewertung vornehmen,[1557] ohne die Kriterien für eine solche Zusammenfassung über den Verweis auf allgemeine Grundsätze zur Zusammenfassung von Transaktionen[1558] hinaus zu spezifizieren. Obgleich eine aggregierte Bewertung eines Bündels von Vermögenswerten unter bestimmten Voraussetzungen für Zwecke der individuellen Steuergerechtigkeit und der zwischenstaatlichen Verteilungsgerechtigkeit durchaus geboten sein kann, muss hinsichtlich der vom IRS vertretenen Akin to a Sale-Theorie ein vollständiges Fehlen an inhaltlicher Tatbestandsbestimmtheit festgestellt werden. Es ist für den Steuerpflichtigen nicht klar und nachvollziehbar geregelt, unter welchen Voraussetzungen eine aggregierte Betrachtung mehrerer Platform Contributions zu erfolgen hat. Das Fehlen inhaltlicher Tatbestandsbestimmtheit führt gleichzeitig zu einer verminderten Praktikabilität und Rechtssicherheit.

1555 Vgl. Argumentation des IRS in der Rechtssache *Veritas*, vgl. U.S. Tax Court, Urteil in der Rechtssache *Veritas Software Corp. versus Commissioner*, 133 T.C. 14 (2009) sowie Präambel zu § 1.482-7 der Regulations, A. Overview.

1556 Vgl. U.S. Tax Court, Urteil in der Rechtssache *Veritas Software Corp. versus Commissioner*, 133 T.C. 14 (2009).

1557 Vgl. § 1.482-7(g)(2)(iv) der Regulations; vgl. auch *Martin*, Tax Notes International 2012, 443, 443.

1558 Vgl. § 1.482-1(f)(2)(i) der Regulations.

4.3.4.6.4.4 Income Method

Die Income Method nimmt grundsätzlich eine einseitige Betrachtungsweise ein, die als Vergleichsmaßstab die Alternative der Ein- oder Auslizenzierung verwendet.[1559] Die Income Method stellt eine Kombination aus einer einseitigen einkommensbasierten Betrachtung und der CUT-Method bzw. der CPM dar. Hinsichtlich der gewählten Beurteilungskriterien gelten damit die Kritikpunkte für einkommensbasierte Methoden sowie für die CUT-Method bzw. CPM analog.[1560] Das Erfordernis, die Entwicklungkosten sowie die Einnahmen aus der Verwertung eines noch nicht existierenden immateriellen Vermögenswerts zu prognostizieren, hat jedoch eine zusätzliche Erhöhung der Bewertungsunsicherheit im Vergleich zur Schätzung des Einkommens aus dem Einsatz eines bereits vorhandenen immateriellen Vermögenswerts zur Folge. Damit ist die Zielgenauigkeit der Methode und damit die Möglichkeit eine richtige Bemessung der wirtschaftlichen Leistungsfähigkeit herbeizuführen ebenfalls als weiter reduziert zu betrachten. Die extreme Komplexität der Methode, die ungeachtet des Umfangs und der Detailtiefe der 2011 Final Cost Sharing Regulations eine verlässliche und zielgenaue Anwendung der Income Method sehr stark in Frage stellt, reduziert die Praktikabilität der Bewertung.

4.3.4.6.4.5 Market Capitalization Method

Der Market Capitalization Method ist eine Tendenz zur Überbewertung immaterieller Vermögenswerte immanent.[1561] Betrachtet man die Marktkapitalisierung als Summe der zukünftigen Gewinnerwartungen eines Unternehmens, enthält ein mittels der Marktkapitalisierung ermittelter Wert Elemente, die über die betreffenden in das Cost Sharing Arrangement einzubringenden immateriellen Vermögenswerte hinausgehen und sich aus dem Goodwill zuzuordnenden Elementen[1562] speisen, die nicht den Wert der Platform Contribution reflektieren oder dieser ggf. sogar inhaltlich entgegenstehen. Der grundsätzliche Zusammenhang zwischen dem Wert eines Unternehmens und seiner Marktkapitalisierung kann ferner durch exogene Einflüsse auf die Wertpapiermärkte gestört sein, sodass die Annahme eines funktionierenden Marktes unzutreffend sein kann. Beide vorgenannten Aspekte können zu einer Verletzung der

---

1559 Vgl. hierzu im Einzelnen Kapitel 3.4.8.7.5.2.

1560 Vgl. hierzu Kapitel 4.3.3.

1561 Vgl. *Faiferlick et al.*, Tax Management Transfer Pricing Report 2001, 753, 758; *Levey/Wrappe*, Transfer Pricing, 2010, Tz. 460.07; *Cole*, in: Cole, U.S. Transfer Pricing, 2011, 13-82; a.A. *Becker*, Tax Management Transfer Pricing Report 2001, 195, 197, der die Market Capitalization Method für eine geeignete Bewertungsmethode hält.

1562 Vgl. zur Unterteilung des Goodwills Kapitel 3.3.5.2.1.

individuellen Steuergerechtigkeit sowie der zwischenstaatlichen Verteilungsgerechtigkeit führen.

Werden bei der Verwendung der Market Capitalization Method Wertabschläge vorgenommen, um eine Bereinigung der Marktkapitalisierung um diejenigen Wertkomponenten zu realisieren, die nicht mit der in das Cost Sharing Arrangement eingebrachten Platform Contribution verbunden sind, führt das Fehlen einer operationalisierbaren Methodik hierfür zu einem erhöhten Risiko der Nichtanerkennung durch den IRS im Falle des Vorliegens eines Periodic Triggers.[1563] Hieraus kann eine Doppelbesteuerung entstehen, soweit der Sitzstaat des die Platform Contribution vergütenden Teilnehmers am Cost Sharing Arrangement eine resultierende Anpassung nicht zum Abzug als Betriebsausgabe zulässt. Die Rechtssicherheit bei der Nutzung von Cost Sharing Arrangements unter Teilnahme von US-amerikanischen Geschäftseinheiten ist damit in Frage gestellt.

4.3.4.6.4.6 Acquisition Price Method

Wie im Rahmen der Ausführungen zur Bewertung immaterieller Vermögenswerte in Kapitel 2.4.4 erläutert, ist der Wert eines Objekts im Kontext der Bewertungsprämissen zu betrachten. Für die Acquisition Price Method folgt m.E. aus dieser Grundprämisse der finanziellen Bewertung, dass die Ableitung eines Verrechnungspreises für einen immateriellen Vermögenswert aus dem Akquisitionspreis für eine Sachgesamtheit nur unter der Voraussetzung als adäquat betrachtet werden kann, dass die Akquisition mit der Absicht einer identischen oder ähnlichen Verwendung erfolgt ist, die auch dem Bewertungsanlass für die grenzüberschreitende Gewinnabgrenzung zu Grunde liegt. Dies bedeutet im Hinblick auf Cost Sharing Arrangements, dass die Wertermittlung mittels der Acquisition Price Method neben einer grundsätzlich geeigneten Sachverhaltskonstellation voraussetzt, dass der Erwerb des Unternehmens oder Unternehmensteils mit der Absicht erfolgt ist, die miterworbenen immateriellen Vermögenswerte in ein Cost Sharing Arrangement einzubringen. War der Erwerbspreis hingegen durch andere Prämissen beeinflusst, etwa weil eine Stilllegung oder ein Weiterverkauf des Erwerbsobjekts beabsichtigt war, kann die Verwendung der Acquisition Price Method die individuelle Steuergerechtigkeit und die zwischenstaatliche Verteilungsgerechtigkeit verletzen. Ungeachtet der in ihrer konzeptionell einfachen Ausgestaltung liegenden zielgenauen Umsetzbarkeit und der zumindest im US-Steuerrecht durch die Regulations gegebenen inhaltlichen Tatbestandsbestimmtheit ist der Anwendungsbereich der Acquisition Price Method da-

[1563] Vgl. zur Definition des Periodic Triggers Kapitel 3.4.8.7.6.

mit auf jene Sachverhaltskonstellationen beschränkt, bei denen Erwerbsabsicht und spätere Verwendung der immateriellen Vermögenswerte eine ausreichende inhaltliche Kongruenz aufweisen.

4.4 Zwischenergebnis zur Beurteilung

Aus der in Kapitel 4 vorgenommenen Beurteilung der relevanten Aspekte der grenzüberschreitenden Gewinnabgrenzung für immaterielle Vermögenswerte werden die positiven Aspekte und Defizite der einschlägigen Bestimmungen vergleichend zusammengefasst und die Grundlagen für Reformüberlegungen abgeleitet.

4.4.1 Definition

Die betrachteten Definitionsansätze der OECD, des deutschen sowie des US-Steuerrechts sind unterschiedlich weit entwickelt. Sowohl den OECD-Verrechnungspreisrichtlinien 2010 als auch dem deutschen Steuerrecht fehlt es an einer Definition durch abstrakte Kriterien bzw. Tatbestandsmerkmale, sodass letztlich nur ein gleichermaßen weites wie diffuses Definitionsverständnis ersichtlich wird, dem es insbesondere auch aufgrund der verwendeten Auffangtatbestände an einer negativen Abgrenzung zu außerhalb der Definition befindlichen Tatbeständen mangelt.

Mit dem Projekt „Transfer Pricing Aspects of Intangibles" hat die OECD eine grundlegende Weiterentwicklung eingeleitet, deren Ergebnis eine auf abstrakten Tatbestandsmerkmalen beruhende zweckspezifische Definition immaterieller Vermögenswerte ist. Während die negative Abgrenzung zu bestimmten immateriellen Vermögenspositionen, insbesondere Synergie- und Integrationseffekte eines multinationalen Unternehmens, positiv zu würdigen ist, lässt der Mangel an inhaltlicher Konsistenz im Hinblick auf die Auslegung der Definitionskriterien, der aus der Einbeziehung des Geschäftswerts resultiert sowie die unklare Behandlung des Transfers von Mitarbeitern, weiteren Reformbedarf erkennen.

Die Situation immaterieller Vermögenswerte im US-Steuerrecht im Umfeld der Verrechnungspreisbildung ist aufgrund der nachhaltigen Bemühungen des IRS eine Ausweitung der Definition herbeizuführen, und die hieraus resultierenden Kontroversen mit den Steuerpflichtigen geprägt, sodass ein erheblicher Mangel an Rechtssicherheit besteht. Hierzu trägt auch die inkonsistente Auslegung durch den IRS in Form der extrem weiten Definition von Platform Contributions für Cost Sharing Arrangements bei. Hieraus wird ersichtlich, dass es dem

US-Steuerrecht an gesetzlichen Regelungen fehlt, unter welchen Voraussetzungen die individuelle Steuergerechtigkeit sowie die zwischenstaatliche Verteilungsgerechtigkeit eine aggregierte Bewertung von mehreren Transaktionen oder eines Bündels von Vermögenswerten im Sinne einer Paketbetrachtung erfordern. Hieraus folgt ferner für das US-Steuerrecht die Notwendigkeit, zweiseitige einkommensorientierte Methoden explizit in den Kreis der für immaterielle Vermögenswerte als geeignet anzusehenden Verrechnungspreismethoden aufzunehmen.

Vor dem Hintergrund der festgestellten Defizite wird der Bedarf einer global einheitlichen und inhaltlich konsistenten Definition immaterieller Vermögenswerte für Zwecke der grenzüberschreitenden Gewinnabgrenzung deutlich. Die Definition muss auf abstrakten Tatbestandsmerkmalen aufbauen, die die Praktikabilität sicherstellen und eine einheitliche Anwendung der Definition im Sinne der individuellen Steuergerechtigkeit gewährleisten. Dabei ist von grundlegender Bedeutung, dass nur diejenigen immateriellen Vermögenspositionen von der Definition erfasst werden, die als greifbare „Einzelheit“[1564] einer separaten Bewertbarkeit zugänglich sind, wohingegen andere immateriellen Wertaspekte, wie insbesondere geschäftswertbildende Faktoren sowie Integrations- und Synergieeffekte, für Zwecke der Vergleichbarkeitsanalyse zu würdigen sind.

Darüber hinaus sind einheitliche Leitlinien erforderlich, die mittels inhaltlich hinreichend bestimmter Tatbestandsvoraussetzungen definieren, unter welchen Voraussetzungen aus Gründen der individuellen Steuergerechtigkeit und der zwischenstaatlichen Verteilungsgerechtigkeit einer zusammenfassenden Bewertung von Bündeln aus Vermögenswerten zwingend der Vorrang vor einer Einzelbewertung zu geben ist.

4.4.2 Zurechnung

Mit der Fassung des Diskussionsentwurfs vom 30.7.2013 hat sich die mit der Vorversion vom 6.6.2012 begonnene konzeptionelle Annäherung der Zurechungsregeln der OECD an das US-Steuerrecht durch Einführung eines Multiple Intangible Concepts fortgesetzt. Allerdings stellt die OECD mit der Definition der Super Functions hohe und nicht transaktionsspezifisch konkretisierte funktionale Anforderungen an die Eigentümer bzw. Besitzer immaterieller Vermögenswerte auf, ohne einen Gegenbeweises durch Fremdvergleich zuzulassen.

[1564] *Bärsch/Luckhaupt/Schulz*, Ubg 2014, 37, 38.

Die in den US-Regulations verankerte Überprüfung des ökonomischen Gehalts, die auf die Fähigkeit zum effektiven Management und der wirtschaftlichen Tragung übernommener Risiken abstellt, ist geeignet, sowohl der zwischenstaatlichen Verteilungsgerechtigkeit als auch der Praktikabilität zu genügen und hierbei eine in diesem Punkt nicht zwingend erforderliche Abweichung vom Fremdvergleichsgrundsatz zu vermeiden. Die inhaltliche Tatbestandsbestimmtheit dieser Leitlinie leidet allerdings an einem Mangel an Konkretisierung in Bezug auf die verschiedenen Allokations- und Nutzungsstrategien für immaterielle Vermögenswerte.

Im Unterschied hierzu ist der Begriff des wirtschaftlichen Eigentums im Sinne von § 39 Abs. 2 AO nur sehr eingeschränkt für eine grundsätzliche Zurechnung immaterieller Vermögenswerte und Vergütung wertsteigernder Tätigkeiten in multinationalen Unternehmensstrukturen geeignet. Die im Vergleich zu den US-Bestimmungen und den Diskussionsentwürfen der OECD abweichende konzeptionelle Ausgestaltung und fehlende inhaltliche Konkretisierung führen zu einem Mangel an Rechtssicherheit in Folge des Risikos einer uneinheitlichen und mit anderen Staaten inkongruenten Rechtsanwendung.

Die Beurteilung der Zurechnungsregeln zeigt die Notwendigkeit global einheitlicher Maßstäbe für die Zurechnung immaterieller Vermögenswerte, wobei eine konzeptionelle Verknüpfung der Zurechnung mit der Methodik der Vergütung von wertsteigernder oder werterhaltender Tätigkeiten durch andere Geschäftseinheiten als den rechtlichen oder faktischen Eigentümer unabdingbar ist. Dabei ist dem Grundparadigma des Separate Entity Approach, nämlich der Ausrichtung der grenzüberschreitenden Gewinnabgrenzung am Umfang des Beitrags der einzelnen Geschäftseinheiten zum Konzernergebnis, Rechnung zu tragen. Das heisst, dass der Mindestumfang an funktionalen Anforderungen zu definieren ist, die im Falle einer vertraglichen Allokation von Risiken zwischen nahe stehenden Geschäftseinheiten vom Eigentümer grundsätzlich durch eigenes Personal auszuüben ist.

4.4.3 Methoden

4.4.3.1 Preisvergleichsmethode

Sieht man vom Mangel der willkürlichen Zuweisung von Synergie- und Integrationsvorteilen ab, ist zu Gunsten der Preisvergleichsmethode der Vorteil der Objektivierung der Preisbildung mittels Orientierung am Marktgeschehen anzuführen. Allerdings ist aufgrund der Spezifität konzenintern genutzter immaterieller Vermögenswerte regelmäßig kein aktiver Markt gegeben bzw. fehlt es an der Möglichkeit, in objektivierbarer Weise die tatsächliche Vergleichbarkeit zwischen konzernintern genutzten und am Markt verfügbaren immateriellen Vermögenswerten sicherzustellen. In diesen Fällen muss ein Scheitern des tatsächlichen Fremdvergleichs aufgrund einer ungleichmäßigen Rechtsanwendung konstatiert werden, was einen Verstoß gegen die individuelle Steuergerechtigkeit darstellt. Daneben wird die zwischenstaatliche Verteilungsgerechtigkeit durch die willkürliche Allokation von Integrations- und Synergieeffekten verletzt, da derartige Vorteile durch zwischen fremden Dritten vereinbarte Preise nicht reflektiert werden.

Im Ergebnis zeigt sich die Notwendigkeit einer Klarstellung und Vereinheitlichung der Anwendungsvoraussetzungen der Preisvergleichsmethode, um die Nutzung der Methode auf diejenigen Fälle zu beschränken, in denen die Voraussetzungen für eine zielgenaue und verlässliche Preisbildung mit den erwähnten Einschränkungen tatsächlich gegeben sind.

4.4.3.2 Kostenaufschlagsmethode

Die Kostenaufschlagsmethode kann den wesentlichen Vorteil einer leicht verständlichen, zielgenauen und verlässlichen Anwendung anführen, leidet jedoch unter der grundsätzlich fehlenden Kausalität zwischen den Kosten und dem Wert eines immateriellen Vermögenswerts. Eine Nutzung oder Übertragung immaterieller Vermögenswerte zu Kosten stellt in aller Regel eine Verletzung der Anforderung der individuellen Steuergerechtigkeit und der zwischenstaatlichen Verteilungsgerechtigkeit dar.

Der Anwendungsbereich der Methode ist daher auf spezifische Sachverhaltskonstellationen einer vertraglichen Risikoallokation wie z.B. Auftragsentwicklung beschränkt. Zwar genießt die Methode in diesem Zusammenhang dem Grunde nach eine hohe internationale Akzeptanz; aufgrund der uneinheitlichen Rechtslage in Bezug auf die funktionalen Anforderungen rechtlicher Risikoallokation zwischen nahe stehenden Geschäftseinheiten kann dennoch nicht von einer rechtssicheren Anwendung der Methode ausgegangen werden. Die von der OECD befürwortete Verschärfung in Form der zwingend vom Eigentümer immaterieller Vermögenswerte durch eigenes Personal auszuübenden Super Functions[1565] geht über die von den US-Regulations geforderten Funktionen für die Kontrolle und Tragung von Risiken hinaus. Vor diesem Hintergrund wird die Bedeutung der bereits in Kapitel 4.4.2 erwähnten Vereinheitli-

---

[1565] Vgl. zum Begriff der Super Functions Kapitel 3.2.7.3 sowie *Wittendorf*, Tax Notes International 2012, 935, 945; *Wittendorf*, Tax Notes International 2013, 1325, 1332.

chung der funktionalen Mindestanforderungen an den Eigentümer immaterieller Vermögenswerte in Verbindung mit der Möglichkeit eines Gegenbeweises evident.

4.4.3.3 Transaktionsbezogene Nettomargenmethode

Die Eignung der TNMM/CPM, eine gerechte Gewinnaufteilung herbeizuführen, ist in mehrfacher Hinsicht fraglich. So begegnet der von der Methode unterstellte kausale Zusammenhang zwischen Nettoprofitabilität der Tested Party und der Verrechnungspreisbildung berechtigten Zweifeln in Bezug auf die individuelle Steuergerechtigkeit. Die zwischenstaatliche Verteilungsgerechtigkeit kann durch die einseitige Allokation des Transaktionsergebnisses verletzt werden, indem von der Tested Party eingebrachte spezifische Leistungen unbeachtet bleiben, bzw. ihr ein positives Nettoergebnis auch im Verlustfall zugewiesen wird. Darüber hinaus werden Integrations- und Synergievorteile stets dem Eigentümer immaterieller Vermögenswerte zugewiesen, was einen Verstoß gegen die zwischenstaatliche Verteilungsgerechtigkeit darstellt, wenn die als Routineeinheit qualifizierte andere Transaktionspartei signifikant zur Entstehung von Integrations- und Synergieeffekten beiträgt. Die Praktikabilität der TNMM/CPM im Sinne einer verlässlichen und zielgenauen Anwendung wird trotz der konkretisierenden Anwendungshinweise durch die US-Regulations und die OECD-Verrechnungspreisrichtlinien 2010 durch die hohe Komplexität des Selektionsprozesses und die fehlende Objektivierbarkeit der Vergleichsanalyse unabhängiger Vergleichsunternehmen geschmälert.

Der Anwendungsbereich der Methode ist analog zur Kostenaufschlagsmethode auf spezifische Sachverhaltskonstellationen zu beschränken, in denen die Begrenzung der Tested Party auf eine Routinevergütung gerechtfertigt sein mag. Dies ist insbesondere im Kontext der Residual Profit Split Method der Fall, bei welcher das über Routinevergütungen hinausgehende Residualergebnis einer Allokation zwischen den Transaktionspartnern zugeführt wird.

4.4.3.4 Gewinnaufteilungsmethode

Allen Ansätzen der Gewinnaufteilungsmethode ist der in Bezug auf die individuelle Steuergerechtigkeit positiv zu würdigende Aspekt immanent, dass die Verrechnungspreisbildung auf einer Ermittlung des erwarteten Transaktionsergebnisses aufbaut und daher die Synergie- und Integrationsvorteile eines multinationalen Unternehmens implizit in die Verrechnungspreisbildung einbezogen werden. Als weiterer Vorteil ist, zumindest für den Fall des Residual Profit Splits, die Unabhängigkeit von der Verfügbarkeit von Fremdvergleichswerten für die Allokation des Residual Profits anzuführen, was der Praktikabilität im Sinne einer praktischen Umsetzbarkeit zu Gute kommt.

Allerdings leidet die zwischenstaatliche Verteilungsgerechtigkeit unter der fehlenden Kausalität zwischen den für die Aufteilung des Residual Profits verwendeten Maßstäben und den tatsächlichen Wertschöpfungsbeiträgen der Transaktionspartner. Insoweit liegt ein Verstoß gegen die zwischenstaatliche Verteilungsgerechtigkeit vor, da eine Objektivierung der Aufteilung des erwarteten oder tatsächlichen Residual Profits in Ermangelung von ökonomisch validen Indikatorgrößen für den Erfolgsbeitrag der Transaktionspartner nicht möglich ist. Werden die Aufteilungsmaßstäbe, insbesondere die Kosten der Entwicklung, jedoch als Konvention für Indikatorgrößen zur Allokation des Residual Profits betrachtet, ermöglicht die Residual Profit Split Method eine verlässliche und zielgenau umsetzbare Verrechnungspreisbildung auch bei hoch integrierten und firmenspezifischen Sachverhaltskonstellationen. Ausgehend von der in den US-Regulations unter bestimmten Voraussetzungen zulässigen Verwendung der Kosten als Allokationsfaktor für den Residualgewinn ist eine international akzeptierte Konvention in Bezug auf eine transaktionsbezogene formelhafte Aufteilung des Residualgewinns zu schaffen, die als akzeptable Annäherung an die Wertschöpfungsbeiträge der Transaktionspartner verstanden wird. Die insoweit eintretende punktuelle Abweichung vom Fremdvergleichsgrundsatz ist zu Gunsten einer gleichmäßigen und rechtssicheren grenzüberschreitenden Gewinnabgrenzung hinzunehmen.

4.4.3.5 Zweiseitige einkommensbasierte Methoden

Zweiseitige einkommensbasierte Methoden sind in konzeptioneller Hinsicht aufgrund der ihnen inhärenten hypothetischen Verhandlungssituation und der Unabhängigkeit von marktbezogenen Vergleichsgrößen am besten für eine Erfassung des durch eine grenzüberschreitende Transaktion realisierten Einkommens aus immateriellen Vermögenswerten geeignet. Der individuellen Steuergerechtigkeit kommt auch die Erfassung von Synergie- und Integrationsvorteilen aufgrund der zweiseitigen Perspektive im Rahmen der Bewertung zugute.

Als wesentlicher Vorteil zweiseitiger einkommensorientierter Methoden ist ihre praktische Umsetzbarkeit auch im Falle hoch integrierter und unternehmensspezifischer Transaktionen anzuführen, d.h. eine zweiseitige Bewertung mittels des Income Approach kann auch beim Fehlen jeglicher externer Vergleichswerte alleine aufgrund interner Unternehmensinformationen umgesetzt werden. Die Einigung der Parteien innerhalb des durch einkommensorientierte

Bewertung hergeleiteten Preisrahmens ist jedoch nicht operationalisierbar, was die zwischenstaatliche Verteilungsgerechtigkeit in Frage stellt. Der einkommensbasierten Methoden zu Grunde liegende Income Approach ist ferner mit dem Nachteil hoher Bewertungsunsicherheit in Bezug auf das in Folge der Durchführung der Transaktion realisierte Einkommen verbunden, was unmittelbar die individuelle Steuergerechtigkeit betrifft, da das durch die Transaktion realisierte Einkommen u.U. nicht zuverlässig erfasst wird.

In Bezug auf den Umgang mit Bewertungsunsicherheit sind international differierende Regelungen erkennbar. Während die OECD zumindest im Rahmen des Projekts „Transfer Pricing Aspects of Intangibles“ noch am hypothetischen Verhalten fremder Dritter festhält, haben sowohl das deutsche als auch das US-amerikanische Steuerrecht, welches die Methodik nur als unspezifizierte Methode zulässt, vom Fremdvergleichsgrundsatz abweichende Regelungen geschaffen, die einen Anreiz zur Vereinbarung von Preisanpassungsregelungen bieten. Diese Bestimmungen sollen für den Fall signifikanter tatsächlicher Abweichungen von der im Transaktionszeitpunkt antizipierten Bewertung eine Entstrickung immaterieller Vermögenswerte zu einem fremdunüblich niedrigen Wert verhindern. Die insoweit international uneinheitliche Rechtslage vermindert die rechtssichere Anwendung einkommensbasierter Methoden.

Die vorstehenden Ausführungen verdeutlichen die Ansatzpunkte für eine global einheitliche und daher rechtssichere Beseitigung der Schwachpunkte der dem Grunde nach geeigneten einkommensbasierten Methoden. Diese betreffen die Aufteilung des Einigungsbereichs sowie die Schaffung von Regelungen im Falle wesentlicher Abweichungen von erwarteter und tatsächlicher Entwicklung der Bewertungsparameter. Von grundlegender Bedeutung ist insoweit die Frage, ob die Fiktion hypothetischen fremdüblichen Verhaltens ausreicht oder eine punktuelle Einschränkung der Reichweite des Fremdvergleichsgrundsatzes erforderlich ist. M.E. ist eine einheitliche Regelung zur verbindlichen Vereinbarung von Preisanpassungsregelungen zielführend, wenn ein zu definierender Abweichungskorridor bei einer ex ante-Überprüfung des Verrechnungspreises festgestellt wird. Die insoweit bestehende Einschränkung der Reichweite des Fremdvergleichsgrundsatzes ist auch in Art. 9 OECD-MA durch eine zielgenaue Öffnungsklausel zu berücksichtigen.

4.4.4 Allokations- und Nutzungsstrategien

4.4.4.1 Eigenentwicklung und Nutzung

Die einschlägigen Bestimmungen des deutschen Steuerrechts und der US-Regulations in Bezug auf die grundsätzliche Abgrenzung von Warenlieferungen bzw. Dienstleistungserbringung zur Überlassung oder Übertragung immaterieller Vermögenswerte befinden sich weitgehend im Einklang mit den OECD-Verrechnungspreisrichtlinien 2010 bzw. deren Präzisierung im Rahmen des Projekts „Transfer Pricing Aspects of Intangibles“. Insoweit ist daher nicht von einem Risiko der Doppel- oder Minderbesteuerung aufgrund einer uneinheitlichen Rechtsauslegung des Fremdvergleichsgrundsatzes auszugehen. Bedeutende Unterschiede ergeben sich allerdings in Bezug auf den spezifischen Fall des Vertriebs von Markenprodukten. Der im Diskussionsentwurf der OECD vom 6.6.2012 vorgeschlagene dreistufige Ansatz für eine Systematik der Zurechnung des Einkommens aus immateriellen Vermögenswerten sieht auf der zweiten Stufe (Abgleich der rechtlichen und tatsächlichen Verhältnisse) eine Betonung der Super Functions vor, die sich nicht im Einklang mit den US-Regulations befindet, deren Zurechungskonzept einer zivilrechtlichen Betrachtungsweise unter dem Vorbehalt der rechtlichen Tragung und faktischen Kontrolle der Risiken den Vorrang einräumt.[1566] Ungeachtet der im Rahmen des Diskussionsentwurfs vom 30.7.2013 vorgenommenen konzeptionellen Annäherung der OECD an das Multiple Intangible Concept der US-Regulations führt der Umfang der Super Functions zu potenziell differierenden Anforderungsprofilen der beiden Verrechnungsregime. Weitere Rechtsunsicherheit wird durch das Zurechnungskonzept des deutschen Steuerrechts erzeugt, dessen Anwendbarkeit und ggf. eintretende Rechtsfolgen für den Fall von Markenprodukten unklar ist. Auch der Aspekt des Umfangs der üblicherweise zu tragenden Marketing- und Vertriebsaufwendungen eines Vertriebsunternehmens ist uneinheitlich geregelt. Insoweit stellen sowohl die OECD-Bestimmungen als auch das US-Steuerrecht zur Beurteilung der Fremdüblichkeit in letzter Konsequenz auf einen Bright Line-Test ab, wohingegen das deutsche Steuerrecht nur inhaltlich unbestimmte Verlautbarungen der Finanzverwaltung zur Höhe angemessener Vertriebsaufwendungen im Allgemeinen vorsieht. Insoweit sehen sich multinationale Unternehmen als Steuerpflichtige mit dem Risiko der Doppelbesteuerung von Einkünften aus dem Vertrieb von Markenprodukten konfrontiert. Der Sonderfall des Vertriebs von Markenprodukten bedarf der Vereinheitlichung und Konkretisierung. Unter der Prämisse einer vollständigen Inanspruchnahme des aus seinen Marken-

[1566] Vgl. *Wittendorf*, Tax Notes International 2012, 935, 946.

rechten resultierenden Einkommens sind die vom Eigentümer der Markenrechte zwingend auszuübenden Funktionen, zu tragenden Risken und Kosten zu definieren. Hinsichtlich der Kosten für die Schaffung und den Erhalt des Markenwerts ist eine praktikable Trennline zwischen den vom rechtlichen Eigentümer und den vom Nutzer zu tragenden Kosten zu entwickeln.

4.4.4.2 Auftragsfertigung

Bei der Qualifikation von Auftragsfertigungsverhältnissen als Dienstleistung und der Wahl einer geeigneten Methode für die Ermittlung der Vergütung des Auftragsfertigers besteht ein weitgehender Konsens unter den betrachteten Verrechnungspreisregimes, was der Rechtssicherheit der Gewinnabgrenzung unmittelbar zugute kommt. Die Auftragsfertigung ermöglicht damit grundsätzlich eine praktikable internationale Arbeitsteilung in multinationalen Unternehmen unter Einsatz unternehmensspezifischer immaterieller Vermögenswerte, ohne einen grenzüberschreitenden Transfer derselben auszulösen. Dieses Ergebnis hat jedoch nur soweit Geltung, als der Auftraggeber keine Super Functions auf dem Wege des Outsourcings auf den Auftragsfertiger oder andere Geschäftseinheiten überträgt. Es ist daher auch im Kontext der Auftragsfertigung global einheitlich zu definieren, welche Funktionen vom Auftraggeber als Eigentümer der fertigungsbezogenen immateriellen Vermögenswerte für die Anerkennung der vertraglichen Risikoallokation bei einer Auftragsfertigung wahrzunehmen sind.

4.4.4.3 Auftragsforschung und -entwicklung

Für die Vergütung des Auftragnehmers einer echten Auftragsforschung und -entwicklung besteht analog zum Fall der Auftragsfertigung eine einheitliche Rechtslage zwischen den betrachteten Verrechnungspreisregimes, d.h. die für eine Vergütung von Routinedienstleistern einschlägigen Methoden können verwendet werden.[1567] Dies führt bei einer echten Auftragsforschung und -entwicklung zu einer der individuellen Steuergerechtigkeit und der zwischenstaatlichen Verteilungsgerechtigkeit entsprechenden Vergütung, da der Dienstleister hierdurch weitgehend von den entsprechenden wirtschaftlichen Risiken freigestellt wird, jedoch im Gegenzug auch nicht an den Gewinnchancen der kommerziellen Verwendung seiner Entwicklungsergebnisse partizipiert. Es besteht für echte Auftragsforschungs- und -entwicklungsverhältnisse kein Risiko der Entstehung einer Doppelbesteuerung aus einer uneinheitlichen Rechtsanwendung der betrachteten Verrechnungspreisregimes, soweit die zwischen den be-

[1567] Vgl. zur Beurteilung der Methoden selbst Kapitel 4.3.3.2, Kapitel 4.3.3.3 und Kapitel 4.3.3.4.

trachteten Verrechnungspreisregimes differierenden funktionalen Anforderungen an den Auftraggeber bezüglich der Anerkennung einer konzerninternen Risikoallokation nicht zum Tragen kommen. Die diesbezüglich unterschiedlich weit reichenden und unterschiedlich klar konkretisierten Regelungen zum vom Auftraggeber geforderten Umfang der Funktionsausübung zwischen der im Rahmen des Projekts „Transfer Pricing Aspects of Intangibles" verschärften Auffassung der OECD, dem deutschen Steuerrecht und den US-Regulations sind der Rechtssicherheit abträglich. Angesichts der hohen steuerplanerischen Effektivität und der fiskalischen Bedeutung der echten Auftragsforschung und -entwicklung ist diesbezüglich gleichermaßen eine Präzisierung und Vereinheitlichung dringend geboten. Hierbei sind einerseits künstliche Gestaltungen, die zu einer Gewinnabgrenzung unter Verletzung der individuellen Steuergerechtigkeit und der zwischenstaatlichen Verteilungsgerechtigkeit führen, zu verhindern und andererseits praktikable und am Verhalten fremder Dritter ausgerichtete funktionale Anforderungen aufzustellen, die eine pauschalierende Betrachtungsweise vermeiden.

4.4.4.4 Lizenzierung

Die betrachteten Verrechnungspreisregimes weisen bezüglich der zum Zweck der Lizenzsatzermittlung zur Verfügung stehenden Methoden und deren Anwendungsvoraussetzungen signifikante Differenzen auf. Diese zeigen sich in unterschiedlich klar geregelten Richtlinien zu den Anforderungen der Vergleichbarkeit immaterieller Vermögenswerte sowie einer differierenden Haltung gegenüber der TNMM/CPM. Während die US-Regulations die CPM grundsätzlich nach wie vor als valide Methodik für die Lizenzsatzbestimmung betrachten, nimmt die OECD im Rahmen des Projekts „Transfer Pricing Aspects of Intangibles" zu Recht eine kritischere Haltung ein.

Auch bei zweiseitigen einkommensbasierten Methoden ist eine uneinheitliche Rechtssituation gegeben: im deutschen Steuerrecht ist mit der gesetzlichen Kodifizierung des hypothetischen Fremdvergleichs im Sinne von § 1 Abs. 3 S. 5 AStG ein eindeutiges Bekenntnis zu einer zweiseitigen einkommensbasierten Verrechnungspreisermittlung insbesondere für immaterielle Vermögenswerte eingetreten, dem sich auch die OECD mit den einschlägigen Ausführungen in den Diskussionsentwürfen vom 6.6.2012 sowie vom 30.7.2013 anschließt. Zwar bleibt abzuwarten, ob die OECD die auch als „Income-Based Method"[1568] bezeichnete Methode in der Ausführlichkeit des Diskussionsentwurfs vom 6.6.2012 bzw. 30.7.2013 in die revidierte Fassung von Kapitel VI der OECD-Verrechnungspreisrichtlinien aufnimmt; m.E. ist die da-

[1568] *Wittendorf*, Tax Notes International 2012, 935, 949.

hingehende Entwicklung der „Internationalisierung des doppelten ordentlichen Geschäftsleiters“[1569] jedoch angesichts des regelmäßigen Scheiterns des tatsächlichen Fremdvergleichs für unternehmensspezifische immaterielle Vermögenswerte geboten und zu erwarten. Im Unterschied zur OECD und Deutschland hat sich das US-Steuerrecht dem Trend zur Verwendung zweiseitiger einkommensbasierter Methoden jedoch noch nicht angeschlossen. Weitere Differenzen mit der Folge einer Einschränkung der Rechtssicherheit bei der grenzüberschreitenden Lizenzierung entstehen durch den abweichenden Umgang der betrachteten Verrechnungspreisregimes mit Bewertungsunsicherheit. Die im deutschen und US-Steuerrecht sehr unterschiedlich ausgestaltete gesetzliche Sanktionierung der Nichtvereinbarung von Preisanpassungsregeln bei der Übertragung oder Überlassung immaterieller Vermögenswerte stellen Maßnahmen zum Schutz des Steueraufkommens dar, die von der OECD-Position[1570] einer Orientierung am hypothetischen Verhalten fremder Dritter signifikant abweichen und insoweit eine Einschränkung des Fremdvergleichsgrundsatzes darstellen. Bei einer Ausgestaltung konzerninterner Lizenztransaktionen ohne Preisanpassungsklausel unter Verweis auf die Fremdüblichkeit dieser Vorgehensweise ergibt sich das Risiko nachträglicher Preisanpassungen und hieraus ggf. resultierender Doppelbesteuerung.

Die Eignung zweiseitiger einkommensbasierter Methoden für die Bestimmungen von Lizenzsätzen dem Grunde nach zeigt die Notwendigkeit einer globalen Anerkennung und einheitlichen Konkretisierung zweiseitiger einkommensbasierter Methoden. Für die Bestimmung von Lizenzsätzen der Höhe nach ist der bestehende uneinheitliche Umgang mit Bewertungsunsicherheit zu beseitigen. Hierfür ist die grundsätzliche Entscheidung zu treffen, ob der Fremdvergleichsgrundsatz in Form einer ex post-Überprüfung unter dem Leitgedanken des hypothetischen Verhaltens fremder Dritter in einer vergleichbaren Situation als hinreichendes Kriterium anzusehen ist, oder ob der Fremdvergleichsgrundsatz insoweit an die Grenzen seiner Durchführbarkeit stößt. Nach der hier vertretenen Auffassung ist insoweit eine Einschränkung des Fremdvergleichsgrundsatzes hinzunehmen und typisierende Regelungen zu schaffen, die den im deutschen und US-amerikanischen Steuerrecht zu findenden Gedanken eines zu tolerierenden Abweichungskorridors aufnehmen. Wie bereits erwähnt, ist Art. 9 OECD-MA, um eine entsprechende Öffnungsklausel zu ergänzen.

[1569] *Baumhoff*, in: F/W/B/S, Außensteuerrecht, 2012, § 1 AStG, Rz. 131; *Lahodny-Karner*, Kostenaufschlagsmethode, 1988, 59f., m.w.N.

[1570] Die OECD hat die weitere Behandlung der Frage des Umgangs mit großer Bewertungsunsicherheit („hard-to-value intangibles“) dem parallelen Projekt Base Erosion and Profit Shifting zugeordnet. M.E. ist insoweit mit einer Einschränkung des Fremdvergleichsgrundsatzes zu rechnen. Vgl. *OECD*, Action Plan on Base Erosion and Profit Shifting, http://www.oecd.org/ctp/BEPSActionPlan.pdf, abgerufen am 8.3.2014.

4.4.4.5 Übertragung des Eigentums

Das US-Steuerrecht bietet praktikable und der individuellen Steuergerechtigkeit sowie der zwischenstaatlichen Verteilungsgerechtigkeit entsprechende Regeln für einen inhaltlich konsistenten und fremdvergleichskonformen Umgang mit konzerninternen Veräußerungsvorgängen.

Die OECD hat mit dem Diskussionsentwurf vom 6.6.2012 eine verschärfende Regelung geschaffen, die konzerninternen Übertragungsvorgängen u.U. die Anerkennung dem Grunde nach versagt, bzw. eine Umdeutung in Lizenzierungsvorgänge vornimmt. Die revidierte Konzeption des Diskussionsentwurfs vom 30.7.2013 stellt eine Verbesserung im Sinne der individuellen Steuergerechtigkeit, zwischenstaatlichen Verteilungsgerechtigkeit und der Praktikabilität dar. Hinsichtlich des Umfangs der vom Erwerber durch eigenes Personal auszuübenden Super Functions kann auf die vorstehenden Ausführungen zum Fall der Lizenzierung in Kapitel 4.4.4.4 verwiesen werden.

Das im deutschen Steuerrecht verankerte Konzept des wirtschaftlichen Eigentums im Sinne von § 39 Abs. 2 Nr. 1 AO stellt sich aufgrund der fehlenden inhaltlichen Tatbestandsbestimmtheit und Praktikabilität als ungeeignet für die Abgrenzung von Überlassungs- und Übertragungsvorgängen dar.

Die aufgezeigten Unterschiede der untersuchten steuerlichen Regime machen den Mangel an Rechtssicherheit im internationalen Kontext bezüglich der Ausgestaltung einer wirtschaftlichen Betrachtungsweise für konzerninterne Übertragungsvorgänge deutlich, der eine harmonisierte und mit anderen Allokations- und Nutzungsstrategien konsistente Beurteilung konzerninterner Veräußerungsvorgänge erfordert.

4.4.4.6 Gemeinsame Entwicklung und Nutzung

Die einschlägigen Regelungen der OECD-Verrechnungspreisrichtlinien 2010, der Verwaltungsgrundsätze-Umlageverträge sowie der 2011 Final Cost Sharing Regulations weisen große Unterschiede im Hinblick auf ihren Konkretisierungsgrad auf. Während Kapitel VIII der OECD-Verrechnungspreisrichtlinien 2010 lediglich einen unvollständigen konzeptionellen Rahmen für Cost Contribution Arrangements aufstellen und hierbei – wie auch die Verwaltungsgrundsätze-Umlageverträge des deutschen Steuerrechts – in wesentlichen Punkten unbestimmt bleiben,[1571] regeln die US-Regulations detailliert sämtliche Aspekte der Durchführung eines Cost Sharing Arrangements zum Vorteil der US-Steuerhoheit und unter Verletzung der individuellen Steuergerechtigkeit sowie der zwischenstaatlichen Verteilungsgerechtigkeit.

Die einschlägigen Regelungen der OECD-Verrechnungspreisrichtlinien 2010, der Verwaltungsgrundsätze-Umlageverträge sowie der 2011 Final Cost Sharing Regulations sehen abweichende Anwendungsvoraussetzungen vor. So lassen etwa die deutschen Verwaltungsgrundsätze-Umlageverfahren lediglich Geschäftseinheiten als Teilnehmer zu, die eine Verwertung der Entwicklungsergebnisse in ihrem operativen Geschäftsbetrieb anstreben, wohingegen die Form der Verwertung bei den OECD-Verrechnungspreisrichtlinien 2010 sowie den 2011 Final Cost Sharing Regulations nicht von Relevanz ist. Nach der hier vertretenen Auffassung ist der Zugang zum Privileg des Erwerbs der Entwicklungsergebnisse zu Kosten vor dem Hintergrund der Anforderung der individuellen Steuergerechtigkeit und der zwischenstaatlichen Verteilungsgerechtigkeit nur denjenigen Geschäftseinheiten zu gewähren, die eigene funktionale Beiträge zur Entwicklung leisten und eine operative Nutzung in ihrem eigenen Geschäftsbetrieb anstreben. Dies entspricht dem wirtschaftlichen Zweck der gemeinsamen Entwicklung durch einen Verbund rechtlich selbständiger Geschäftseinheiten, die aufgrund ihrer gesellschaftsrechtlichen Verflechtung operativ zusammenwirken.

Die einschlägigen Regelungen der OECD-Verrechnungspreisrichtlinien 2010, der Verwaltungsgrundsätze-Umlageverträge sowie der 2011 Final Cost Sharing Regulations weisen signifikante konzeptionelle Unterschiede auf. Die US-Regulations lassen im Gegensatz zu den einschlägigen Bestimmungen der OECD und des deutschen Steuerrechts keine Bewertung von Beiträgen der Teilnehmer mit den Kosten zu, sondern streben eine Ausweitung der als Wertbeitrag zu erfassenden immateriellen Vermögenspositionen über die zweckspezifische Definition nach § 936 IRC an.

Im Unterschied hierzu sehen die deutschen Verwaltungsgrundsätze-Umlageverträge eine Überlassung von Beiträgen zu Kosten vor. M.E. ergibt sich aus den Anforderungen der individuellen Steuergerechtigkeit und der zwischenstaatlichen Verteilungsgerechtigkeit, dass, soweit das Eigentum bzw. die Erlangung eines geographisch beschränkten Nutzungsrechts an den Entwicklungsergebnissen zu Kosten gewährt wird, werthaltige Beiträge mit ihrem

---

[1571] Die Notwendigkeit der Weiterentwicklung von Kapitel VIII der OECD-Verrechnungspreisrichtlinien 2010 wird von der OECD auch im Rahmen des Projekts Base Erosion and Profit Shifting erkannt. Vgl. *OECD*, Action Plan on Base Erosion and Profit Shifting, http://www.oecd.org/ctp/BEPSActionPlan.pdf, abgerufen am 8.3.2014.

Marktwert anzusetzen sind, der – wie die Betrachtung der einschlägigen Methoden zeigt – regelmäßig über den Kosten liegt.

Eine rechtssichere grenzüberschreitende (Weiter-)Entwicklung des immateriellen Vermögens multinationaler Unternehmen erfordert ein global akzeptiertes ökonomisches Konzept, welches die grundlegenden Problemstellungen in Bezug auf die grenzüberschreitende Gewinnabgrenzung einbezieht. Dabei sind die Frage des für eine gemeinsame Entwicklung in diesem Sinne qualifizierenden Teilnehmerkreises, der Wertansatz von Beiträgen (insbesondere für Plattformtechnologie) und die hierfür zulässigen Methoden sowie der Umgang mit Bewertungsunsicherheit bzw. wesentlichen Abweichungen zwischen erwarteter und tatsächlicher Entwicklung der Bewertungsparameter zu adressieren. In Bezug auf die Bewertung der Einbringung von Plattformtechnologie oder anderen immateriellen Beiträgen ist aus Gründen der Konsistenz ein Gleichlauf zur Definition, Zurechnung und Bewertung immaterieller Vermögenswerte für andere Allokationsstrategien und den Grundsätzen über die ggf. erforderliche zusammenfassende Bewertung von Sachgesamtheiten sicherzustellen.

5 Reformüberlegungen

5.1 Einleitung

In Kapitel 4 dieser Arbeit wurden Defizite und Reformbedarf der geltenden Besteuerungsregelungen im Hinblick auf die definierten Beurteilungskriterien einer gerechten, praktikablen und rechtssicheren grenzüberschreitenden Gewinnabgrenzung für immaterielle Vermögenswerte aufgezeigt, die sich aus der Anwendung der geltenden Verrechnungspreisregimes der OECD, Deutschlands und der USA auf die relevanten Aspekte der grenzüberschreitenden Allokation und Nutzung immaterieller Vermögenswerte ergeben. In Kapitel 5 dieser Arbeit werden ausgehend von der in Kapitel 4 vorgenommenen Beurteilung Reformüberlegungen entwickelt, die zu einer Verbesserung der individuellen Steuergerechtigkeit, der zwischenstaatlichen Verteilungsgerechtigkeit, der Praktikabilität und der Rechtssicherheit der Gewinnabgrenzung multinationaler Unternehmen im untersuchten Kontext immaterieller Vermögenswerte führen sollen. Die Betrachtung soll neben Überlegungen zur Weiterentwicklung der geltenden, auf dem Separate Entity Approach aufbauenden Verrechnungspreisbestimmungen der OECD Verrechnungspreisrichtlinien auch das alternative Konzept der Konzernbesteuerung in Form der indirekten Methode[1572] am Beispiel der Gemeinsamen Konsolidierten Körperschaftsteuerlichen Bemessungsgrundlage (fortan: GKKB) einbeziehen. Bei der GKKB erfolgt eine Aufteilung des Einkommens multinationaler Unternehmen mittels einer vordefinierten Formel, deren Variablen die operative Struktur und die Art der Gewinnerzielung des Unternehmens berücksichtigen.[1573]

5.2 Separate Entity Approach

5.2.1 Definition immaterieller Vermögenswerte

Sowohl die individuelle Steuergerechtigkeit als auch die zwischenstaatliche Verteilungsgerechtigkeit erfordern die definitorische Erfassung einer immateriellen Vermögensposition dem Grunde nach, wenn im Rahmen einer grenzüberschreitenden Transaktion ein signifikanter ökonomischer Nutzen transferiert und damit ein in der Bemessungsgrundlage zu erfassende Einkommen realisiert wird. Der Fremdvergleichsgrundsatz erlaubt insoweit über die Orientierung am Verhalten fremder Dritter eine Einschätzung der Relevanz des betreffenden immateriellen Vermögenswerts. Soweit fremde Dritte den Zugang zu einem immateriellen Vermö-

[1572] *Carroll*, Columbia Law Review 1934, 473, 473ff.
[1573] *Harvard Note*, Harvard Law Review 1976, 1202, 1205f.

genswert vergütet hätten, kann von einem nicht unerheblichen und damit aus Sicht der individuellen Steuergerechtigkeit und der zwischenstaatlichen Verteilungsgerechtigkeit relevanten Vermögensposition ausgegangen werden. Eine Ausrichtung der Definition an der immaterialgüterrechtlichen Schützbarkeit immaterieller Vermögenspositionen, z.B. als Patent, Geschmacksmuster oder Markenrecht ist nicht zielführend, da auch nicht dem Schutzbereich des Immaterialgüterrechts unterliegende immaterielle Vermögenspositionen einen erheblichen ökonmischen Nutzen im vorgenannten Sinne repräsentieren können.[1574] Ein genereller Ausschluss nicht immaterialgüterrechtlich schützbarer immaterieller Vermögenspositionen von der Definition würde daher zu einem Verstoß gegen die individuelle Steuergerechtigkeit und die zwischenstaatliche Verteilungsgerechtigkeit führen,[1575] da ggf. ein tatsächlich realisiertes Einkommen nicht der Ertragsbesteuerung unterworfen und der grenzüberschreitend transferierte Nutzen für Zwecke der Gewinnabgrenzung nicht erfasst wird. Andererseits macht eine Betrachtung der in Kapitel 2.3 aus betriebswirtschaftlicher Sicht bestehenden Ausprägungen des immateriellen Vermögens deutlich, dass nicht alle immateriellen Vermögenspositionen ihrem Wesen nach anderen Geschäftseinheiten zu kommerziellen Zwecken faktisch zugänglich gemacht werden können, da sie schlicht nicht zwischen verschiedenen Geschäftseinheiten übertragbar sind oder es an einer rechtlichen oder faktischen Verfügungsmacht fehlt. Hieraus ergibt sich, dass ein immaterieller Vermögenswert für Zwecke der grenzüberschreitenden Gewinnabgrenzung gegeben ist, wenn ein identifizierbarer nicht physischer oder monetärer Wert vorliegt, der aufgrund rechtlichen Eigentums oder faktischer Kontrolle einer anderen Geschäftseinheit zur Nutzung überlassen oder auf sie übertragen werden kann und bei dieser durch kommerzielle Verwendung zur Erhöhung des Einkommens geeignet ist. Ein immateri-

---

1574 Beispielsweise enthält das deutsche PatG in § 1a und § 2 Bestimmungen, die einen Ausschluss der Patentierung auf der Basis gesellschaftspolitischer Wertungen des Gesetzgebers regeln. So sind etwa Verfahren zur chirurgischen oder therapeutischen Behandlung des menschlichen oder tierischen Körpers und medizinische Diagnostizierverfahren nicht patentierbar. Mit dem Ausschluss der Patentierbarkeit chirurgischer oder therapeutischer Verfahren bezweckt der Gesetzgeber, die Entscheidungsfreiheit eines Arztes zur Anwendung entsprechender Verfahren zu erhalten, vgl. *Pierson/Ahrens/Fischer*, Geistiges Eigentum, 2010, 51.

1575 A.A. *Henshall/Smith*, Transfer Pricing International Journal 06/2012, 4, 5 und *Schnorberger/Levey/Russo*, Tax Management Transfer Pricing Report 2012, 1240, 1240, die eine Beschränkung der Definition auf eine immaterialgüterrechtliche Betrachtung befürworten. *Henshall/Smith* begründen ihre Position mit dem Argument, dass ansonsten konzerninterne Transaktionen fingiert würden, die unter fremden Dritten mangels rechtlicher Grundlagen nicht stattfinden und hieraus ein Verstoß gegen den Fremdvergleichsgrundsatz resultiere. Diese Sichtweise verkennt m.E. jedoch, dass gerade für firmenspezifische immaterielle Vermögenswerte, die keinen immaterialgüterrechtlichen Schutz genießen, ein besonders hoher Anreiz zur Internalisierung besteht, d.h. die Tatsache, dass für derartige immaterielle Vermögenswerte kein Leistungsaustausch unter fremden Dritten besteht, besitzt keine Aussagekraft darüber, ob insoweit werthaltige Vermögenswerte konzernintern transferiert werden, sondern zeigt vielmehr in aller Deutlichkeit die mangelnde Eignung des tatsächlichen Fremdvergleichs, eine gerechte grenzüberschreitende Gewinnabgrenzung für immaterielle Vermögenswerte herbeizuführen.

eller Vermögenswert muss demnach einen nicht physischen oder monetären Charakter aufweisen, identifizierbar im Sinne hinreichender Separierbarkeit von den geschäftswertbildenden Faktoren der betreffenden Geschäftseinheit sein, ferner aufgrund rechtlicher oder faktischer Verfügungsmacht übertragen werden können und zur kommerziellen Nutzung beim Empfänger geeignet sein. Die vorgeschlagene Definition stellt eine Ergänzung der in Kapitel 3.2.6.2.1 dargestellten Definition des Diskussionsentwurfs der OECD vom 6.6.2012 dar, indem eine Erweiterung um den Aspekt der Identifizierbarkeit bzw. Separierbarkeit vorgenommen wird. Hierdurch erlangt die Definition die notwendige negative Abgrenzung vom Geschäftswert/Goodwill bzw. Ongoing Concern Value, der dadurch charakterisiert ist, dass er denjenigen Anteil am Wert eines Unternehmens repräsentiert, der aufgrund des unternehmensspezifischen Zusammenwirkens der materiellen und immateriellen Vermögenswerte resultiert und von einem gedachten Käufer dieses Unternehmens oder eines signifikanten Teils desselben entsprechend honoriert würde.[1576] Aus diesem Grunde erfordert eine inhaltlich konsistente Definition immaterieller Vermögenswerte, den Goodwill als „Sammelbecken"[1577] der nicht separierbaren wertbildenden Eigenschaften eines Unternehmens von der Definition des immateriellen Vermögenswerts auszuschließen, da dieser für sich in Ermangelung einer hinreichenden Konkretisierung seiner Bestandteile keinen übertragbaren Vermögenswert an sich repräsentiert. Der Ausschluss des Goodwills und Ongoing Concern Values von der Definition bedeutet indessen nicht, dass im Rahmen der Bewertung eines konzerninternen Vorgangs die im Goodwill und Ongoing Concern Value verkörperten wertbildenden Eigenschaften keine Berücksichtigung finden können. Allerdings kann ein Ansatz des vollständigen oder teilweisen Geschäftswerts/Goodwills oder Ongoing Concern Values denklogisch nur dann in Frage kommen, wenn im Rahmen einer konzerninternen Übertragung oder Überlassung ein Bündel von materiellen und/oder immateriellen Vermögenswerten einer anderen Geschäftseinheit zugänglich gemacht werden, die über wertschöpfende Prozesse zusammenwirken und in Folge dieser Transaktion diese der übertragenen Sachgesamtheit anhaftenden Werttreiber von der übernehmenden Geschäftseinheit nachhaltig und aufgrund einer gesicherten Rechtsposition genutzt werden können. Ist dies der Fall, sind die mit den übertragenen geschäftswertbildenden Faktoren verbundenen zusätzlichen Ertragschancen bei der Bemessung eines fremdüblichen Preises zu berücksichtigen und können bei der aufnehmenden Geschäftseinheit zu einem über die Summe der Einzelwerte der identifizierbaren materiellen und immateriellen Vermö-

[1576] Vgl. hierzu Kapitel 3.3.5.2.1.

[1577] *Stapf*, Immaterielle Anlagewerte, 1968, 8, zitiert nach: *Küting*, DStR 2008, 1795, 1801.

genswerte liegenden Wertansatz führen. Bilanziell ist dieser Mehrwert bei der übernehmenden Geschäftseinheit wiederum als Geschäftswert/Goodweill auszuweisen.

Im Ergebnis resultiert aus der Ergänzung um das Merkmal der Identifizierbarkeit eine Definition, die weitestgehend der Definition der Intangible Assets nach IAS 38 entspricht. Die dem Zwecke der Bereitstellung entscheidungsrelevanter Informationen verpflichteten IFRS sehen mehrere kumulativ zu erfüllenden Definitionskriterien[1578] für eine abstrakte Aktivierungsfähigkeit immaterieller Vermögenswerte vor. Danach muss eine in der Verfügungsmacht des Unternehmens befindliche Ressource vorliegen, von der ein Zufluss eines künftigen wirtschaftlichen Nutzens erwartet wird. Der immaterielle Vermögenswert muss darüber hinaus separat identifizierbar sein, einen nicht monetären Charakter aufweisen und substanzloser Natur sein. Die Verfügungsmacht des Unternehmens über eine Ressource ist gegeben, „wenn das bilanzierende Unternehmen in der Lage ist, über den wirtschaftlichen Nutzen eines immateriellen Vermögenswerts frei zu verfügen, d.h. es muss ihn beherrschen“[1579]. Dies bedeutet auch, dass das Unternehmen in der Lage ist, den Zugriff Dritter auf den immateriellen Vermögenswert zu beschränken.[1580] Verbriefte Rechte, wie beispielweise Patente oder Urheberrechte im Sinne juristisch durchsetzbarer Ansprüche, sind ein klares Indiz,[1581] jedoch keine zwingende Voraussetzung für die Kontrolle bzw. Verfügungsmacht über einen immateriellen Vermögenswert. Das Ansatzkriterium der Verfügungsmacht hat große praktische Relevanz, da immaterielle Vermögenswerte von signifikanter wirtschaftlicher Bedeutung wie beispielsweise das Know-how der Mitarbeiter eines Unternehmens[1582] oder Kundenloyalität[1583] die Definition eines immateriellen Vermögenswerts dem Grunde nach erfüllen, jedoch aufgrund der mangelnden Kontrolle des bilanzierenden Unternehmens von einem Ansatz in einem IAS/IFRS-Abschluss ausgeschlossen sind.[1584] Dies korrespondiert mit dem o.g. Merkmal der Übertragbarkeit auf andere konzernzugehörige Geschäftseinheiten. Hinsichtlich des erwarteten zukünftigen Nutzens kommt es auf die „Plausibilisierung des Vorhandenseins eines wirtschaftlichen Vorteils“[1585] an, d.h. die Ressource muss einen zukünftigen ökonomischen Vor-

---

1578 Vgl. *Heyd/Lutz-Ingold*, Immaterielle Vermögenswerte, 2005, 33ff.

1579 *Schruff/Haaker*, in: Ballwieser et al., IFRS, 2011, Abschnitt 11, Rz. 24.

1580 Vgl. *Brönner et al.*, Bilanz, 2011, 186.

1581 Vgl. *Pellens et al.*: Rechnungslegung, 2011, 310.

1582 In Bezug auf das Know-how der Mitarbeiter kommt die Annahme einer Verfügungsmacht nach der Auffassung von *Dawo* in Frage, wenn das bilanzierende Unternehmen den Mitarbeitern in rechtlich zulässiger Weise Verschwiegenheitspflichten auferlegen kann, vgl. *Dawo*, Immaterielle Güter, IAS/IFRS und US-GAAP, 2003, 196.

1583 Vgl. *Schruff/Haaker*, in: Ballwieser et al., IFRS, 2011, Abschnitt 11, Rz. 26.

1584 Vgl. *Pellens et al.*, Rechnungslegung, 2011, 311.

1585 *Dawo*, Immaterieller Güter, 2003, 197.

teil, z.B. in Form von Kostenersparnissen oder Mehrerlösen, auf der Basis realistischer Einschätzung über den Bilanzstichtag hinaus erkennen lassen. Insoweit ist ein Parallele mit dem Fremdvergleichsgrundsatz ersichtlich, denn ein fremder Dritter würde nur dann eine Vergütung für die Erlangung des Eigentums oder eines Nutzungsrechts leisten, wenn dies einen zukünftigen Nutzen erwarten lässt. Das Kriterium der Identifizierbarkeit betrifft nach IAS 38.10 die Abgrenzung vom Geschäfts- oder Firmenwert.[1586] Ein Vermögenswert gilt nach IAS 38.12 als abgrenzbar und damit als identifizierbar, wenn er separierbar ist und/oder auf einem vertraglichen oder gesetzlichen Recht beruht. Separierbarkeit an sich ist als die Möglichkeit definiert, dass der immaterielle Vermögenswert unabhängig vom Unternehmen verkauft, übertragen, lizenziert oder getauscht werden kann. Bei immateriellen Vermögenswerten wie beispielsweise einem Patent, Markenrecht oder einer Konzession, ist die Identifizierbarkeit unabhängig von der Möglichkeit der Separierbarkeit aufgrund der rechtlichen Abgrenzung des Vermögenswerts gegeben.[1587] Wie bereits ausgeführt, ist es m.E. aus Gründen der inhaltlichen Konsistenz der Definition erforderlich, diese auf immaterielle Vermögenswerte im eigentlichen Sinne zu beschränken und die Erfassung des Übergangs geschäftswertbildender Faktoren mittels eines separaten Tatbestands für die Übertragung von Bündeln von Vermögenswerten sicherzustellen. Das Kriterium des nicht-monetären Charakters dient zur Abgrenzung zu nicht-physischen monetären Werten. Durch die positive Definition monetärer Vermögenswerte in IAS 38 wird klargestellt, dass immaterielle Vermögenswerte, die dieser Definition nicht entsprechen, grundsätzlich als nicht-monetär anzusehen sind.[1588] Das Merkmal der Substanzlosigkeit erscheint rein deklaratorischer Natur, da die Substanzlosigkeit immateriellen Vermögenswerten ohnehin begriffsimmanent ist. Es ist jedoch von besonderer Bedeutung für Abgrenzungsfragen zwischen materiellen und immateriellen Vermögenswerten, d.h. bei Vermögenswerten, die zugleich eine materielle und immaterielle Komponente aufweisen.

Angesichts der inhaltlichen Kongruenz der bei der Beurteilung der grenzüberschreitenden Gewinnabgrenzung hergeleiteten Definition mit IAS 38 ist m.E. eine Verwendung der Definition der IAS auch für Zwecke der Verrechnungspreisbildung zielführend. Mit der Übernahme der Definition der IFRS kann der Vorteil der weiter zunehmenden Akzeptanz der IFRS als globaler Rechnungslegungsstandard auch für Zwecke der Identifizierung immaterieller Vermögenswerte bei der grenzüberschreitenden Gewinnabgrenzung nutzbar gemacht werden. Die Identifizierung von immateriellen Vermögenswerten und geschäftswertbildenden Faktoren

1586 Vgl. *Dawo*, Immaterieller Güter, 2003, 194.
1587 Vgl. *Schruff/Haaker*, in: Ballwieser et al., IFRS, 2011, Abschnitt 11, Rz. 24.
1588 Vgl. *Brönner et al.*, Bilanz, 2011, 186.

dem Grunde nach kann im Rahmen der Prüfung des Konzernabschlusses einer externen Kontrolle unterzogen werden. Dies erlaubt insoweit eine Objektivierung der grenzüberschreitenden Leistungsverrechnung im Rahmen der Erstellung und Prüfung des Konzernabschlusses[1589]. Dies kommt unmittelbar der individuellen Steuergerechtigkeit und der zwischenstaatlichen Verteilungsgerechtigkeit der Gewinnabgrenzung zugute. Eine globale Verwendung der Definition führt darüber hinaus zu einer der Rechtssicherheit zuträglichen Vereinheitlichung der Anwendung des Separate Entity Approach.

5.2.2 Zurechnung immaterieller Vermögenswerte

Die Zurechnung des Einkommens aus immateriellen Vermögenswerten in einem multinationalen Unternehmen, das hinsichtlich seiner operativen Prozesse wie ein Einheitsunternehmen agiert, stellt eines der zentralen Anwendungsprobleme der grenzüberschreitenden Gewinnabgrenzung nach dem Separate Entity Approach und zugleich aufgrund der uneinheitlichen und teilweise unklaren Zurechnungsregeln der betrachteten Verrechnungpreisregime eine potenzielle Quelle für Doppelbesteuerungen dar. Die Zurechnungsregeln sind von unmittelbarer Bedeutung für die zwischenstaatliche Verteilungsgerechtigkeit. Sie müssen zunächst eine eindeutige Zuordnung aller immateriellen Vermögenswerte im Sinne der zweckspezifischen Definition[1590] ermöglichen, d.h. sowohl immaterialgüterrechtlich geschützte als auch ungeschützte immaterielle Vermögenswerte müssen einer Geschäftseinheit zugeordnet werden können. In einem nächsten Schritt muss die Vergütung von Funktionen anderer Geschäftseinheiten, die zur Schaffung, Wertsteigerung oder zum Werterhalt des betreffenden immateriellen Vermögenswerts beigetragen haben, im Einklang mit der individuellen Steuergerechtigkeit und der zwischenstaatlichen Verteilungsgerechtigkeit sichergestellt werden. Hierbei ist der Umfang der von anderen Geschäftseinheiten als dem Eigentümer ausgeübten Funktionen, getragenen Risiken und eingesetzten Mittel in Bezug auf die Höhe der Vergütung zu berücksichtigen, d.h. diese Fundamentalaspekte der Gewinnabgrenzung müssen sich unmittelbar auf die Wahl der Methode auswirken. Hieraus resultiert ein integriertes und praktikables Konzept der Zurechnung und Vergütung von Tätigkeiten anderer Geschäftseinheiten. Das in die US-Regulations aufgenommen Multiple-Intangible-Concept[1591] und nun auch im Diskussionsentwurf der OECD vom 30.7.2013 zu findende Zurechnungskonzept ist m.E. grundsätzlich ge-

[1589] Analog zur Nutzung der Daten der Segmentberichterstattung nach IFRS zur Gewinnabgrenzung im Rahmen der indirekten Methode: *Frebel*, Erfolgsaufteilung, 2006, 180.

[1590] Vgl. zu den Reformüberlegungen für eine solche Definition Kapitel 5.2.1.

[1591] Vgl. Kapitel 3.4.6.

eignet, den vorstehenden Anforderungen gerecht zu werden. Eine eindeutige Zurechnung aller Arten immaterieller Vermögenswerte im Sinne der Definition kann durch die alternativen Kriterien des rechtlichen Eigentums, des Bestehens vertraglicher Ansprüche oder der faktischen Kontrolle sichergestellt werden, d.h. sowohl immaterialgüterrechtlich geschützte als auch ungeschützte oder nicht schützbare immaterielle Vermögenswerte werden durch die Zurechnungsregeln dem Grunde nach erfasst. Ferner wird eine fremdvergleichskonforme Vergütung von Tätigkeiten anderer Geschäftseinheiten konzeptionell integriert.

Bei der Vergütung der von anderen als dem Eigentümer ausgeübten Tätigkeiten sind auch Allokations- und Nutzungsstrategien einzubeziehen, die eine Trennung von Funktionen einerseits und den damit verbundenen Risiken durch vertragliche Vereinbarungen andererseits zur Folge haben, wie insbesondere im Fall der Auftragsforschung und -entwicklung. Insoweit ist über eine allgemeine Definition besonders wichtiger Funktionen hinaus zu determinieren, welche Anforderungen in funktionaler Hinsicht an den Eigentümer zu stellen sind, damit dieser den Umfang der Vergütung einer als Dienstleister beauftragten anderen Geschäftseinheit der Höhe nach auf eine marktübliche Routinevergütung beschränken darf, ohne dass insoweit ein Verstoß gegen die individuelle Steuergerechtigkeit und/oder die zwischenstaatliche Verteilungsgerechtigkeit vorliegt. Die in diesem Zusammenhang zu beantwortende Fragestellung ist, ob eine ausschließliche Orientierung am hypothetischen Verhalten fremder Dritter erfolgt oder eine punktuelle Einschränkung des Fremdvergleichsgrundsatzes zur Vermeidung nicht sachgerechter Ergebnisse erforderlich ist. Für eine derartige Einschränkung spricht, dass das tatsächliche unternehmerische Risiko aus der Geschäftstätigkeit einer multinationalen Unternehmung stets bei der Konzernobergesellschaft bzw. ihren Gesellschaftern liegt, weshalb einer rein artifiziellen Risikoallokation innerhalb eines Unternehmens auf schuldrechtlicher Grundlage die Anerkennung verweigert werden kann. Dieser Sichtweise kann jedoch entgegengehalten werden, dass auch zwischen fremden Dritten eine Trennung von Funktionsausübung und Risikoallokation und eine Vergütung des Auftragnehmers als Dienstleister üblich ist, etwa im Falle der echten Auftragsforschung und -entwicklung oder der Auftragsfertigung. Im Sinne einer möglichst hohen Konsistenz der Vorschriften zur Gewinnabgrenzung nach dem Separate Entity Approach sollte m.E. die Geltung des Fremdvergleichsgrundsatzes weitestgehend aufrechterhalten werden, d.h. eine Einschränkung des Fremdvergleichs sollte nur erfolgen, soweit dies aus Gründen der Gerechtigkeitsanforderungen unumgänglich ist.[1592] Allerdings sind funktionale Anforderungen zu definieren, die für eine Anerkennung als fremd-

[1592] Vgl. hierzu die Ausführungen zum Umgang mit Bewertungsunsicherheit in Kapitel 5.2.3.5.

übliche Gestaltung nachweisbar zu erfüllen sind. Die von den US-Regulations vorgesehenen Mindestanforderungen an den Eigentümer immaterieller Vermögenswerte stellen insoweit m.E. eine praktikable und sachgerechte allgemeine Leitlinie dar. Danach muss der Eigentümer durch eigenes Personal die Fähigkeit zum tatsächlichen Management der mit der Funktion bzw. dem immateriellen Vermögenswert verbundenen Risiken besitzen und darüber hinaus die finanziellen Kapazitäten zur Tragung der Risiken aufweisen. Im Sinne der Tatbestandsbestimmtheit sind die Anforderungen an den Umfang der notwendigen Funktionsausübung durch eigenes Personal der als Eigentümer qualifizierten Geschäftseinheit, welche für ein tatsächliches Management und eine effektive Kontrolle der getragenen Risiken als fremdüblich und daher erforderlich betrachtet wird, transaktionsspezifisch zu konkretisieren. Dies betrifft insbesondere die Allokations- und Nutzungsstrategien der Auftragsfertigung sowie der Auftragsforschung und -entwicklung, aber auch der Übertragung des Eigentums.[1593]

5.2.3 Verrechnungspreismethoden

5.2.3.1 Einleitung

Wie im Rahmen der Beurteilung der zur Verfügung stehenden Verrechnungspreismethoden in Kapitel 4.3.3 gezeigt wurde, stellen sich die Residual Profit Split Method und zweiseitige einkommensbasierte Methoden sowie mit Einschränkungen auch die Preisvergleichsmethode in konzeptioneller Hinsicht als die am besten geeigneten Methoden für die Herbeiführung einer gerechten Gewinnabgrenzung dar.

5.2.3.2 Empirische Befunde zur Methodenwahl

Die Verfügbarkeit von empirischen Befunden zur Wahl von Verrechnungspreismethoden im Zusammenhang mit der Schaffung und Nutzung von immateriellen Vermögenswerten ist als sehr begrenzt zu bezeichnen.[1594] So stellt *Borkowski* in der im Jahre 2001 veröffentlichten Untersuchung für fünf Länder[1595] eine weitgehend einheitliche Anwendung der Verrechnungspreismethoden für immaterielle Vermögenswerte durch multinationale Unternehmen fest.[1596] In Bezug auf die Wahl der Verrechnungspreismethode für den grenzüberschreitenden Trans-

---

[1593] Vgl. hierzu die Reformüberlegungen zur Auftragsfertigung in Kapitel 5.2.4.2 sowie zur Auftragsforschung und –entwicklung in Kapitel 5.2.4.3.

[1594] Vgl. *Kurzewitz*, Methodenwahl, 2009, 322.

[1595] Die untersuchten Länder waren Deutschland, Großbritannien, Kanada, Japan und USA.

[1596] Vgl. *Borkowski*, The International Journal of Accounting 2001, 349, 368f.

fer[1597] bestimmter immaterieller Vermögenswerte[1598] ergibt sich die nachfolgend dargestellte Verteilung.

Transfer immaterieller Vermögenswerte	D	USA	Alle untersuchten Länder
Preisvergleichsmethode	63%	56%	53%
TNMM	12%	9%	12%
Gewinnaufteilungsmethoden	0%	5%	7%
Andere Methoden	25%	30%	28%
Summe	100%	100%	100%

Tabelle 3: Verwendete Verrechnungspreismethoden nach *Borkowski*[1599]

Die von *Ernst & Young* durchgeführten Untersuchungen 2003 Global Transfer Pricing Survey[1600], 2005 Global Transfer Pricing Survey[1601], 2007-2008 Global Transfer Pricing Survey[1602] und 2010 Global Transfer Pricing Survey[1603] ergeben für die grenzüberschreitende Li-

1597 Es erfolgte keine Differenzierung zwischen Lizenzierung und Übertragung des Eigentums.

1598 Es handelt sich um Patente, Urheberrechte, Warenzeichen, Franchisemodelle, Methoden.

1599 *Borkowski*, The International Journal of Accounting 2001, 349, 363. Die Werte wurden vom Verfasser der vorliegenden Arbeit um die Angaben für die Alternative „Cost Sharing" bereinigt, da diese m.E. keine Verrechnungspreismethode darstellt, sondern eine Allokations- und Nutzungsstrategie. Die von *Borkowski* ermittelten Prozentsätze wurden ferner auf ganze Zahlen gerundet.

1600 Vgl. *Ernst & Young,* 2003 Global Transfer Pricing Survey, 2003, 17. Es wurden Konzernmuttergesellschaften aus den folgenden 22 Ländern betrachtet: Argentinien, Australien, Belgien, Brasilien, Dänemark, Deutschland, Finnland, Frankreich, Großbritannien, Irland, Italien, Japan, Kanada, Mexiko, Neuseeland, Niederlande, Norwegen, Schweden, Schweiz, Spanien, Südkorea und die USA.

1601 Vgl. *Ernst & Young,* 2005-2006 Global Transfer Pricing Survey, 2005, 11. Es wurden Konzernmuttergesellschaften aus den folgenden 22 Ländern betrachtet: Argentinien, Australien, Belgien, Brasilien, Dänemark, Deutschland, Finnland, Frankreich, Großbritannien, Irland, Italien, Japan, Kanada, Mexiko, Neuseeland, Niederlande, Norwegen, Schweden, Schweiz, Spanien, Südkorea und die USA.

1602 Vgl. *Ernst & Young*, 2007-2008 Global Transfer Pricing Survey, 2007, 16. Es wurden Konzernmuttergesellschaften aus den folgenden 24 Ländern betrachtet: Argentinien, Australien, Belgien, Brasilien, China, Dänemark, Deutschland, Finnland, Frankreich, Großbritannien, Indien, Irland, Italien, Japan, Kanada, Mexiko, Neuseeland, Niederlande, Norwegen, Schweden, Schweiz, Spanien, Südkorea und die USA.

1603 *Ernst & Young*, 2010 Global Transfer Pricing Survey, 2011, 13. *Ernst & Young*, 2007-2008 Global Transfer Pricing Survey, 2007, 16. Es wurden Konzernmuttergesellschaften aus den folgenden 25 Ländern betrachtet: Argentinien, Australien, Belgien, Brasilien, China, Dänemark, Deutschland, Finnland, Frankreich, zenzierung von immateriellen Vermögenswerten die nachfolgend dargestellte Verteilung der Methodenwahl.

Lizenzierung	2003	2005	2007	2010
Preisvergleichsmethode	52%[1604]	54%[1605]	54%[1606]	43%[1607]
TNMM/CPM	17%	12%	14%	21%
Gewinnaufteilungsmethoden	10%	8%	10%	9%
Andere Methoden	25%	25%	22%	25%
Summe[1608]	104%	99%	100%	98%

Tabelle 4: Verwendete Verrechnungspreismethoden für die grenzüberschreitende Lizenzierung immaterieller Vermögenswerte nach *Ernst & Young*

Auch wenn angesichts der differierenden Auswertungsparameter keine Vergleichbarkeit der beiden vorstehenden Untersuchungen von *Borkowski* und *Ernst & Young* angenommen werden kann, ergibt eine summarische Betrachtung, dass die Preisvergleichsmethode immer noch die bedeutendste Methode zur Ermittlung von Verrechnungspreisen für den grenzüberschreitenden Transfer von immateriellen Vermögenswerten darzustellen scheint. Hierbei ist allerdings ausweislich der Untersuchung von *Ernst & Young* im Zeitablauf eine abnehmende Tendenz beim Fall der Lizenzierung festzustellen, die sich zu Gunsten der TNMM/CPM auswirkt. Bei der Preisvergleichsmethode zeigt sich zwischen den Jahren 2003 und 2010 eine Verringerung der Verwendung des internen Preisvergleichs um 15 Prozentpunkte, die nur

Großbritannien, Indien, Irland, Italien, Japan, Kanada, Mexiko, Neuseeland, Niederlande, Norwegen, Schweden, Schweiz, Spanien, Südafrika, Südkorea und die USA.

1604 37 Prozentpunkte entfallen auf den internen Preisvergleich und 15 Prozentpunkte auf den externen Preisvergleich.

1605 33 Prozentpunkte entfallen auf den internen Preisvergleich und 21 Prozentpunkte auf den externen Preisvergleich.

1606 Die Untersuchung enthält keine Angaben zur Aufteilung zwischen internem und externem Preisvergleich.

1607 22 Prozentpunkte entfallen auf den internen Preisvergleich und 21 Prozentpunkte auf den externen Preisvergleich.

1608 Eine von 100% abweichende Summe resultiert aus der Zulässigkeit von Mehrfachantworten.

teilweise durch die Zunahme des externen Preisvergleichs (Datenbankstudien) um 6 Prozentpunkte kompensiert wird.

In Bezug auf die Gewinnaufteilungsmethode kann aus der Untersuchung von *Borkowski* aus dem Jahre 2001 und den zwischen den Jahren 2003 und 2010 von *Ernst & Young* durchgeführten Studien eine Zunahme der Verbreitung der Gewinnaufteilungsmethode auf rund 10% aller Fälle des grenzüberschreitenden Transfers bzw. der Lizenzierung abgeleitet werden. Die zunehmende Bedeutung immaterieller Vermögenswerte für die Wertschöpfung multinationaler Unternehmen an sich, einhergehend mit der Dezentralisierung der Organisationsstrukturen und der Integration der Wertschöpfungsprozesse, sprechen m.E. für einen potenziellen Anstieg der Bedeutung der Gewinnaufteilungsmethode,[1609] wobei anzunehmen ist, dass die zunehmende Unterstützung einkommensbasierter Methoden insoweit einen gegenteiligen Effekt haben wird. Aufgrund der erst in jüngster Zeit[1610] eintretenden stärkeren Verbreitung einkommensbasierter Methoden kann die insoweit zu erwartende Entwicklung durch die dargestellten Untersuchungen jedoch nicht reflektiert werden.

Ein von den vorstehenden Untersuchungen abweichendes Bild ergibt die Betrachtung der Methodenwahl in den Berichten des IRS zum Programm über bilaterale und unilaterale Vorabverständigungsverfahren der US-Steuerverwaltung. Die vom IRS – allerdings nur zusammengefasst für den Transfer materieller und immaterieller Vermögenswerte – aufgeführte Darstellung zeigt die nachfolgend dargestellte Verteilung.

Transfer materieller und immaterieller Vermögenswerte	2009	2010	2011
CUT (nur immaterielle Vermögenswerte)	6%	6%	k.A.
CPM	69%	67%	76%
Residual Profit Split	11%	5%	kA

1609 Gl.A. *Kurzewitz*, Methodenwahl, 2009, 325.

1610 Vgl. zu den Valuation Techniques des OECD-Projekts „Transfer Pricing Aspects of Intangibles“ Kapitel 3.2.8.7 sowie zum hypothetischen Fremdvergleich des deutschen Steuerrechts Kapitel 3.3.7.6.

Transfer materieller und immaterieller Vermögenswerte	2009	2010	2011
Unspezifizierte Methoden	14%	22%	24%
Summe	100%	100%	100%

Tabelle 5: Verwendete Verrechnungspreismethoden für materielle und immaterielle Vermögenswerte im Rahmen von Vorabverständigungsverfahren[1611]

Die signifikanten Unterschiede zu den Ergebnissen der ersten beiden Untersuchungen liegen m.E. neben der Zusammenfassung von materiellen und immateriellen Vermögenswerten in der Auswahl der Transaktionen, die aufgrund ihrer spezifischen Charakteristika wie insbesondere dem Transaktionsvolumen und der Spezifität vom Steuerpflichtigen mittels eines Vorabverständigungsverfahrens den beteiligten Steuerverwaltungen vorgelegt werden. So lässt etwa die sehr geringe Verwendung der CUT-Method das Vorliegen unternehmensspezischer Transaktionen vermuten, für die keine Preisvergleichswerte verfügbar waren. Aus dem hohen Anteil der CPM könnte auf die Notwendigkeit zur Ermittlung von Profitabilitätskennziffern für Routineaufgaben geschlossen werden, die bei einem Einsatz unternehmensspezifischer immaterieller Vermögenswerte durch nur einen der beteiligten Transaktionspartner regelmäßig erforderlich ist. Im Ergebnis kann aus den uneinheitlichen Ergebnissen der herangezogenen Untersuchungen sowie der Auswertung des IRS zu Vorabverständigungsverfahren jedoch aufgrund der mangelnden Vergleichbarkeit keine vollständige Einschätzung der Methodenwahl bei der grenzüberschreitenden Gewinnabgrenzung für immaterielle Vermögenswerte abgeleitet werden.[1612] Die Untersuchungen von Borkowski und Ernst & Young zeigen jedoch eine immer noch bedeutende Verbreitung der Preisvergleichsmethode, die jedoch im Zeitablauf abnimmt. Der Bedarf nach praktisch umsetzbaren Alternativen zur Preisvergleichsmethode wird hierdurch verdeutlicht.

[1611] Announcement and Report concerning Advance Pricing Agreements 2009 des IRS, http://www.irs.gov/pub/irs-utl/2009finalstatutoryreport.pdf, abgerufen am 23.1.2013; Announcement and Report concerning Advance Pricing Agreements 2010 des IRS, http://www.irs.gov/pub/irs-utl/2010statutoryreport.pdf, abgerufen am 23.1.2013, Announcement and Report concerning Advance Pricing Agreements 2011 des IRS, http://www.irs.gov/pub/irs-drop/a-12-13.pdf, abgerufen am 23.1.2013.

[1612] Der Vollständigkeit halber sei jedoch erwähnt, dass eine von Bloomberg BNA im Jahr 2010 durchgeführte Befragung von Rechtsanwendern in 27 Ländern ebenfalls zum Ergebnis einer überwiegenden Anwendung der TNMM/CPM gelangte. Hierbei wurde jedoch ebenfalls nicht zwischen der Verrechnungspreisbildung für materielle und immaterielle Vermögenswerte differenziert, vgl. *Moses*, Tax Management Transfer Pricing Report 2010, 287, 289.

5.2.3.3 Preisvergleichsmethode

Wie in Kapitel 4.4.3.1 ausgeführt, fehlt es den einschlägigen Bestimmungen der OECD-Verrechnungspreisrichtlinien sowie des deutschen Steuerrechts an konzeptioneller Klarheit bezüglich der für die Verwendung der Preisvergleichsmethode zu stellenden Anforderungen an die Vergleichbarkeit, insbesondere externer Fremdvergleichswerte.

Die US-Regulations sind m.E. insoweit als wegweisend zu betrachten. Der im ersten Schritt durchzuführende „Industry or Market Test“[1613] stellt sicher, dass nur immaterielle Vermögenswerte derselben Branche bzw. desselben Wirtschaftszweigs miteinander verglichen werden. Dies ist sachgerecht, da sich die in verschiedenen Branchen erzielbaren Gewinne und damit auch die Werthaltigkeit der eingesetzten immateriellen Vermögenswerte signifikant unterscheiden. Der im nächsten Schritt durchzuführende Vergleich des Gewinnpotenzials führt dazu, dass der mit einem immateriellen Vermögenswert verbundene potenzielle ökonomische Nutzen als zentraler Vergleichbarkeitsfaktor beachtet wird. Dies befindet sich im Einklang mit den Anforderungen der individuellen Steuergerechtigkeit und der zwischenstaatlichen Verteilungsgerechtigkeit, da der erwartete ökonomische Nutzen auch tatsächlich maßgeblich für die Zahlungsbereitschaft ist und daher das mit einer grenzüberschreitenden Transaktion realisierte Einkommen angemessen reflektiert. Die Durchführung einer indirekten Vergleichbarkeitsanalyse, d.h. die Betrachtung mittelbar für das Gewinnpotenzial relevanter Parameter, um zu einer Einschätzung der Vergleichbarkeit zu gelangen, ist auf immaterielle Vermögenswerte zu beschränken, die sich bei einer summarischen Betrachtung der transaktionsbezogenen Wertschöpfungsverteilung auf die eingesetzten materiellen und immateriellen Vermögenswerte nicht als die zentralen Wertschöpfungsfaktoren des jeweiligen multinationalen Unternehmens darstellen. Hierfür ist die vom US-Steuerrecht vorgesehene Voraussetzung für die indirekte Vergleichsanalyse in Form des relativ geringen Gewinnpotenzials bzw. der relativ geringen Rendite zu präzisieren. M.E. kann auf Grundlage der Definition nach IAS 38 im Rahmen der Jahresabschlussprüfung eine Erfassung und Überprüfung derjenigen immateriellen Vermögenswerte erfolgen, die aufgrund ihrer großen Bedeutung für den Unternehmenserfolg als bedeutende Wertschöpfungsfaktoren mit hohem Gewinnpotenzial anzusehen sind und daher nur bei Verfügbarkeit quantitiver Vergleichsdaten der Preisvergleichsmethode zugänglich sind. Für alle anderen immateriellen Vermögenswerte, für die eine indirekte Vergleichbarkeitsanalyse durchgeführt werden soll, sind die Gründe für die angenommene relativ ge-

---

[1613] *Mogle*, in: Cole, U.S. Transfer Pricing, 2011, 8-68.

ringe Profitabilität im Rahmen der Dokumentation des Vorgangs zu erläutern. Die nachfolgende schematische Darstellung zeigt das vorgeschlagene Prüfschema für die Zulässigkeit der Preisvergleichsmethode.

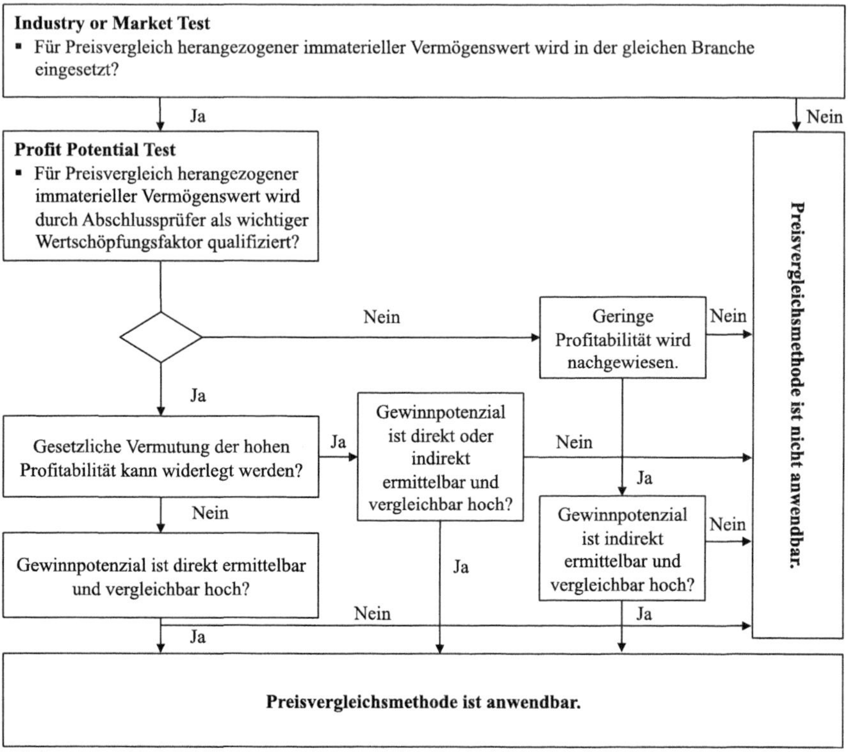

Abb. 1: Schematische Darstellung der Anforderungen an die Vergleichbarkeit

Mittels der von den US-Regulations abgeleiteten Konkretisierung der Anforderungen an die Preisvergleichsmethode kann eine Verwendung unvergleichbarer immaterieller Vermögenswerte zur Verrechnungspreisbildung weitgehend unterbunden und die Herleitung von Verrechnungspreisen mittels einer indirekten Vergleichsanalyse auf geeignete Fälle beschränkt werden. Durch die vorgeschlagene Klarstellung der Anwendungsvoraussetzungen kann die Verlässlichkeit und Zielgenauigkeit der Preisvergleichsmethode verbessert und im Falle einer global einheitlichen Anwendung auch die Rechtssicherheit erhöht werden. Ferner wird eine den Anforderungen der individuellen Steuergerechtigkeit und der zwischenstaatlichen Verteilungsgerechtigkeit zuwiderlaufende Verwendung der Preisvergleichsmethode verhindert.

5.2.3.4 Residual Profit Split Method

Die Residual Profit Split Method stellt, wie in Kapitel 4.4.3.4 erläutert, die aus Sicht der individuellen Steuergerechtigkeit wie auch der zwischenstaatlichen Verteilungsgerechtigkeit zu präferierende Anwendungsform der Gewinnaufteilungsmethode dar, da sie das voraussichtliche Transaktionseinkommen unter Berücksichtigung der Integrations- und Synergievorteile eines multinationalen Unternehmens ermittelt und die Aufteilung desselben auf die Transaktionspartner in Anlehnung an deren Wertschöpfungsbeiträge anstrebt. Die Rechtssicherheit der Methode leidet unter der fehlenden Konkretisierung durch die OECD-Verrechnungspreisrichtlinien sowie der Inkonsistenz zu den US-Regulations, die beim Fehlen von Market Benchmarks u.U. auf die Kosten als Allokationsfaktor für den Residual Profit abstellen.[1614] Angesichts der Tatsache, dass regelmäßig keine objektivierbaren Ansätze für eine ökonomisch richtige, d.h. der tatsächlichen Wertschöpfungsleistung der Transaktionspartner entsprechende Aufteilung des Residual Profits zur Verfügung stehen,[1615] ist eine global einheitliche Konvention über die Allokation des Residual Profits zu treffen, die eine uneinheitliche Rechtsanwendung aufgrund subjektiver Einschätzungen und der Nutzung von Ermessensspielräumen vermeidet. Hierfür sind einfach messbare und manipulationsresistente Größen als Maßstäbe der Gewinnaufteilung zu definieren, die einen wirtschaftlichen Bezug zur Wertschöpfung der Transaktionspartner aufweisen, um hierdurch eine verlässliche und zielgenaue Annäherung an eine gerechte Aufteilung des Residual Profits zu realisieren. *Luckhaupt/Overesch/Schreiber*[1616] schlagen einen festen Aufteilungsschlüssel in Form einer „proportionalen Aufteilung“[1617] vor, womit wohl eine Aufteilung des Residualergebnisses nach Anzahl der Transaktionspartner gemeint ist. *Avi-Yonah*[1618] spricht sich hingegen für eine formelhafte Aufteilung des Residual Profits aus, die auf den Allokationsfaktoren Umsatz, Lohnsumme und Sachkapital beruht. Der Vorschlag von *Avi-Yonah* zielt darauf ab, die Gewinnabgrenzung nach dem Fremdvergleichsgrundsatz im Kontext der Residual Profit Split Method mit Elementen einer formelhaften Gewinnaufteilung im Sinne der indirekten Methode zu

[1614] Vgl. hierzu Kapitel 3.4.7.4.2.
[1615] Gl.A. *Avi-Yonah*, World Tax Journal 2010, 3, 16.
[1616] *Luckhaupt/Overesch/Schreiber*, StuW 2012, 359, 367.
[1617] Gemeint ist wohl eine Aufteilung „nach Köpfen“, d.h. bei zwei an der Transaktion beteiligten Unternehmen ergäbe sich eine hälftige Aufteilung.
[1618] *Avi-Yonah*, World Tax Journal 2010, 3, 17.

kombinieren.[1619] M.E. sollte den von *Avi-Yonah* vorgeschlagenen Allokationsfaktoren der Vorzug gegeben werden, da sie mess- und objektivierbare Größen darstellen, die gleichzeitig einen unbestreitbaren Bezug zur transaktionsbezogenen Wertschöpfung der beteiligten Geschäftseinheiten aufweisen. Vor diesem Hintergrund sind die Allokationsfaktoren Umsatz, Lohnsumme und Sachkapital geeignet, der zwischenstaatlichen Verteilungsgerechtigkeit zu genügen, da sie die gewünschte Annäherung an die Wertschöpfung erreichen. Allerdings sollte der Faktor Arbeit m.E. um die Anzahl der Beschäftigten ergänzt werden, um hierdurch eine Nivellierung für Unterschiede in den Lohnniveaus der betreffenden Staaten zu integrieren.[1620] Der resultierende hybride[1621] Ansatz der Verrechnungspreisbildung, der Elemente des Fremdvergleichsgrundsatzes auf der Ebene der Vergütung der Routinefunktionen und Elemente der indirekten Methode auf der Ebene der Allokation des Residual Profits vereint, führt m.E. zu einer Verbesserung hinsichtlich einer verlässlichen und zielgenauen Anwendung. Darüber hinaus wird auch die individuelle Steuergerechtigkeit der Gewinnabgrenzung im Sinne einer gleichmäßigen Rechtsanwendung verbessert, da die Aufteilung des Residual Profits mittels objektivierbarer Bezugsgrößen erfolgt und insoweit die Wahl der Allokationsfaktoren dem Ermessen der Rechtsanwender entzogen wird. Die so geschaffene hybride Ausgestaltung der Residual Profit Split Method kann für alle im Rahmen dieser Arbeit betrachteten Allokations- und Nutzungsstrategien eingesetzt werden, wenn sich eine Gewinnaufteilungsmethodik im konkreten Einzelfall als am besten geeignete Methode darstellt.

Soweit die Preisermittlung auf der Grundlage des ex ante durch den Income Approach ermittelten Transaktionserfolgs durchgeführt wird, ist aus Gründen der zwischenstaatlichen Verteilungsgerechtigkeit die Problematik des Umgangs mit Bewertungsunsicherheit zu adressieren. Die Notwendigkeit hierzu ergibt sich aus der Tatsache, dass es, wie bereits ausgeführt, regelmäßig nicht möglich ist, im Rahmen einer ex ante-Betrachtung der durch einkommensbasierte Methoden ermittelten Verrechnungspreise zu bestimmen, ob eine Abweichung der tatsächlichen Entwicklung von der im Zeitpunkt der Preisfindung antizipierten Situation aufgrund nicht vorhersehbarer Entwicklungen eingetreten ist oder eine vorsätzlich oder fahrlässig unzutreffende Bewertung vom Steuerpflichtigen zum Zwecke der Steueroptimierung durchgeführt

1619 Der Ansatz von *Avi-Yonah* zielt also nicht darauf ab, die rechtliche Selbständigkeit der Geschäftseinheiten durch Konsolidierung konzerninterner Transaktionen zu negieren.

1620 Eine derartige Zusammensetzung des Allokationsfaktors Arbeit ist auch in Art. 90 Abs. 1 des Vorschlags der EU-Kommission für eine Richtlinie über eine Gemeinsame Konsolidierte Körperschaftsteuerliche Bemessungsgrundlage vorgesehen, vgl. *EU-Kommission*, GKKB-Vorschlag, KOM (2011) 121 endgültig. Vgl. hierzu ausführlich Kapitel 5.3.

1621 Vgl. *Avi-Yonah/Benshalom*, World Tax Journal 2011, 371, 381.

wurde. Hieraus folgt, dass eine gesetzliche Verpflichtung zu regeln ist, die eine obligatorische Preisanpassung für den Fall vorsieht, dass bei einer späteren Überprüfung durch Aktualisierung der Preisermittlung auf der Grundlage der tatsächlichen Entwicklung bedeutende Abweichungen offenbar werden. Hierfür ist ein Abweichungskorridor zu definieren, z.B. von 50% zum ursprünglichen durch formelhafte Aufteilung abgeleiteten Preises, bei dessen Überschreiten eine Preisanpassung unter Anwendung der tatsächlichen Entwicklung der Parameter durchzuführen ist. Die Dauer des Anpassungszeitraums ist dabei auf einen sachgerechten Zeitraum zu begrenzen, der sich auf die Hälfte der voraussichtlichen Nutzungsdauer des Transaktionsgegenstands bemisst und im Falle unbegrenzt nutzbarer immaterieller Vermögenswerte auf eine verhältnismäßige Höchstdauer von zehn Jahren beschränkt wird. Die gesetzliche Regelung von Preisanpassungsklauseln stellt insoweit eine Abweichung vom Fremdvergleichsgrundsatz dar, als fremde Dritte nicht in jedem Fall eine Preisanpassung vereinbaren, bzw., soweit dies der Fall ist, nicht aufgrund von Bewertungsunsicherheit, sondern motiviert durch die zwischen fremden Dritten in aller Regel bestehende Informationsasymmetrie in Verhandlungssituationen.[1622] Aufgrund der dem Income Approach unvermeidbar innewohnenden Bewertungsunsicherheit sowie der bereits erwähnten nicht gegebenen Überprüfbarkeit der Gründe für tatsächlich eintretende Abweichungen der im Zeitpunkt der Preisfindung antizipierten Entwicklungen ist diese punktuelle Einschränkung des Fremdvergleichsgrundsatzes m.E. jedoch im Sinne der individuellen Steuergerechtigkeit und der zwischenstaatlichen Verteilungsgerechtigkeit in Kauf zu nehmen. Dabei ist hervorzuheben, dass aufgrund der zweiseitigen Ausgestaltung der Preisanpassungsregelung keine einseitige Besserstellung nur einer der beiden involvierten Steuerhoheiten erfolgt, sondern eine Anpassung in beide Richtungen erfolgen kann, was zu einer Ausgewogenheit der Regelung führt, die gleichzeitig die Gleichmäßigkeit der Besteuerung verbessert, da die Vereinbarung und Durchführung einer fremdüblichen Preisanpassung keine Ermessensentscheidung darstellt. Art. 9 OECD-MA ist durch eine entsprechende Öffnungsklausel zu ergänzen, die eine punktuelle Einschränkung des Fremdvergleichsgrundsatzes zur Vermeidung unbilliger Ergebnisse der Gewinnabgrenzung ermöglicht und insoweit die Schrankenwirkung der Vorschrift begrenzt.

5.2.3.5 Zweiseitige einkommensbasierte Methoden

Wie in Kapitel 4.4.3.5 zusammengefasst, stellen zweiseitige einkommensbasierte Methoden aufgrund der Simulation des Preisbildungsprozesses zwischen den Geschäftsleitern der in ei-

[1622] Vgl. hierzu auch Kapitel 3.3.7.6.3.

ner konzerninternen Transaktion involvierten Unternehmen eine geeignete Methodik zur Verrechnungspreisbestimmung dar, da sie in der Lage sind, zumindest auf hypothetischer Ebene den fehlenden Interessengegensatz verbundener Geschäftseinheiten zu eliminieren sowie die individuelle Perspektive beider Transaktionspartner unter Erfassung von Synergie- und Integrationsvorteilen zu berücksichtigen. Darüber hinaus besitzt die Methode den großen Vorteil der praktischen Umsetzbarkeit unabhängig von der Verfügbarkeit verlässlicher Preisvergleichsdaten. Der Mangel zweiseitiger einkommensbasierter Methoden liegt jedoch neben ihrer aufwändigen Umsetzung und Dokumentation im Umgang der im Zeitpunkt der Preisfindung nicht eliminierbaren Bewertungsunsicherheit sowie dem Umstand, dass keine praktikablen Methoden zur Verfügung stehen, die es erlauben, einen richtigen Preis innerhalb des Einigungsbereichs zu bestimmen. Angesichts der unvermeidlich zunehmenden Bedeutung einkommensbasierter Methoden ist es m.E. erforderlich, den hypothetischen Fremdvergleich im Sinne zweiseitiger einkommensbasierter Methoden ausdrücklich in den Methodenkanon der OECD-Verrechnungspreisrichtlinien aufzunehmen. Hinsichtlich der Preisfindung innerhalb des Einigungsbereichs sollte hierbei der widerlegbaren Mittelwertvermutung des deutschen Steuerrechts gefolgt werden, um hiermit eine Verbesserung der inhaltlichen Tatbestandsbestimmtheit und der praktischen Umsetzbarkeit herbeizuführen.

Analog zur Situation der Residual Profit Split Method ist die Problematik des Umgangs mit Bewertungsunsicherheit zu adressieren. Hierbei ist eine konsistente Regelung sicherzustellen. Aus diesem Grund ist auch für den Fall des Einsatzes zweiseitiger einkommensbasierter Methode wie in Kapitel 5.2.3.4 beschrieben ein identischer Abweichungskorridor vom ex ante ermittelten Verrechnungspreis zu definieren, bei dessen Überschreiten auf der Basis der tatsächlich eingetretenen Entwicklung zwingend eine Preisanpassung vorzunehmen ist. Auch hinsichtlich des Zeitraums, in dem eine Anpassung des Verrechnungspreises zu erfolgen hat, ist eine konsistente Regelung mit der Residual Profit Split Method sicherzustellen.

5.2.4 Allokations- und Nutzungsstrategien

5.2.4.1 Eigenentwicklung und -nutzung

Hinsichtlich der Eigenentwicklung und -nutzung von immateriellen Vermögenswerten ist der Sonderfall des Vertriebs von Markenprodukten zu adressieren. Insoweit bedarf die Frage des erforderlichen Umfangs der Funktionen, Risiken und eingesetzten Mittel des Eigentümers der Markenrechte einer Betrachtung im Einklang mit den in Kapitel 5.2.2 enthaltenen Überlegungen zur Zurechnung von immateriellen Vermögenswerten. M.E. ist für die Abgrenzung der vom Eigentümer und vom Vertriebsunternehmen grundsätzlich auszuübenden Funktionen eine betriebswirtschaftliche Betrachtungsweise zielführend, d.h. die Funktionen, Risiken und Mittel sind in eine strategisch/taktische und eine operative Dimension aufzuteilen, welche eine typisierte Rollenverteilung im multinationalen Unternehmen unterstellt. Danach obliegt es dem Eigentümer der Markenrechte, der typischerweise auch der Hersteller der Produkte ist, über die Sicherstellung des rechtlichen Schutzes und der Verteidigung der Markenrechte hinaus diejenigen Funktionen wahrzunehmen, die für eine strategische, d.h. langfristige Schaffung, Steigerung bzw. den Erhalt des ökonomischen Werts der Marke erforderlich sind. Beispielsweise ist über die Sicherstellung des markenrechtlichen Schutzes und dessen Verteidigung hinaus der Eigentümer dazu verpflichtet, ein strategisches Konzept zur langfristigen Entwicklung und Positionierung der Marke vorzuhalten und umzusetzen. Dies erfordert ggf. die Konzeption und Durchführung globaler Kampagnen zur Erhöhung des Bekanntheitsgrades der Marke oder jegliche anderen betrieblichen Maßnahmen, die einem strategischen, d.h. langfristig ausgerichteten Markenmanagement zugeordnet werden können. Jegliches Outsourcing dieser Funktionen auf fremde Dritte unterliegt den Anforderungen eines Managements des mit der ausgelagerten Funktion verbundenen Risikos bzw. einer effektiven Erfolgskontrolle. Im Unterschied hierzu wird die konzerninterne Vertriebseinheit jene operativen Funktionen im Zusammenhang mit dem Vertrieb der Markenprodukte in ihrem lokalen Markt ausüben und tragen müssen, die für einen erfolgreichen Absatz der Produkte erforderlich sind, z.B. lokale Werbekampagnen, Unterstützung von Vertriebspartnern mit Werbemitteln, Durchführung von Serviceleistungen, Umsetzung der Markenstrategie im loken Markt etc. Da eine trennscharfe Abgrenzung von strategischer und operativ/taktischer Ebene u.U. nicht vollständig möglich ist, kann eine Verprobung der Funktionsausübung durch einen Vergleich der als branchenüblich zu erachtenden Aufwendungen eines Vertriebsunternehmens zugelassen werden. Durch eine Heranziehung von Durchschnittswerten der Vertriebsaufwendungen unabhängiger Vertriebsunternehmen über mehrere Jahre können durch den Verlauf des Produktlebenszyklus bedingte Schwankungen (insbesondere Mehraufwendungen bei Einführung neuer Produkte) ausgeglichen werden.

5.2.4.2 Auftragsfertigung

Wie bereits im Rahmen der Ausführungen zu den Zurechnungsregeln für immaterielle Vermögenswerte in Kapitel 4.4.4.2 erwähnt, sind auch die funktionen Anforderungen für die Anerkennung der rechltichen Übernahme der mit einer Funktion verbundenen Risiken transaktionsspezifisch zu konkretisieren. Für den Fall der Auftragsfertigung bedeutet dies aus rechtlicher Sicht, dass der Auftraggeber die wesentlichen Risiken der Auftragsfertigung wie insbesondere das Absatzrisiko, das Produkthaftungsrisiko, das Investitions- bzw. Auslastungsrisiko sowie das Entwicklungsrisiko für die der Auftragsfertigung zu Grunde liegenden immateriellen Vermögenswerte rechtlich und tatsächlich übernehmen muss. Der Auftraggeber sollte vorbehaltlich eines gegenteiligen Nachweises durch Vergleich mit dem tatsächlichen Verhalten fremder Dritter einen Mindestumfang an entsprechenden Funktionen durch eigenes Personal ausüben, die ein aktives Management der wesentlichen Risiken der Auftragsfertigung ermöglichen. Relevante Parameter der vorgenannten Risiken sind die Produktionsmengen, die Produktionskosten sowie die Qualität der vom Auftragsfertiger produzierten Erzeugnisse. Für ein Management dieser Risiken ist es m.E. erforderlich, dass der Auftraggeber zumindest die strategische Produktionsmengenplanung und die Planung der Produktionskosten genehmigt und deren tatsächliche Entwicklung durch eigenes Personal überwacht. Darüber hinaus muss der Auftraggeber die Qualitätsanforderungen festlegen und deren Einhaltung kontinuierlich überprüfen. Soweit die Definition und Überwachung der Qualitätsanforderungen auf fremde dritte Dienstleister übertragen werden, muss der Auftraggeber wiederum in der Lage sein, das damit verbundene Risiko im Sinne eines tatsächlichen Managements effektiv zu kontrollieren und die entsprechenden finanziellen Ressourcen zur Übernahme desselben aufweisen.

Die Einhaltung der vorstehenden gesetzlich oder auf dem Erlasswege zu regelnden Anforderungen ist entsprechend zu dokumentieren. Soweit eine Dokumentation nicht erstellt wird oder mangelhaft ist, erfolgt eine Nichtanerkennung der Vergütung des Auftragsfertigers als Routinedienstleister und hieraus folgend die Nichtanwendbarkeit der Kostenaufschlagsmethode. Durch die Konkretisierung der Anforderungen an den für die Risikoübernahme erforderlichen Funktionsumfang wird eine Verbesserung der Tatbestandsbestimmtheit erreicht, die sich neben einer Erhöhung der Rechtssicherheit in einem verringerten Risiko der Doppelbesteuerung niederschlägt. Darüber hinaus wird eine aus Fremdvergleichssicht nicht gerechtfertige Allokation des Residualergebnisses zum Auftraggeber verhindert, wenn dieser den Nachweis eines effektiven Managements der übernommenen Risiken nicht erbringt.

5.2.4.3 Auftragsforschung und -entwicklung

Analog zum Fall der Auftragsfertigung ist auch die Anerkennung der Auftragsforschung und -entwicklung an die Tragung der wesentlichen Risiken und die tatsächliche Fähigkeit zum

Management derselben zu knüpfen. M.E. sind spezifische Tätigkeiten, vorbehaltlich eines gegenteiligen Nachweises durch Vergleich mit dem tatsächlichen Verhalten fremder Dritter, als Funktionen und Aufgaben gesetzlich oder auf dem Erlasswege zu definieren, die vom Auftraggeber einer Auftragsforschung und -entwicklung durch eigenes Personal oder durch eigenes Personal überwachte externe Dienstleister auszuüben sind. So wird der Auftraggeber durch eigenes Personal die Ziele und ggf. Zwischenziele der Forschungs- und Entwicklungsaktivitäten definieren und die damit verbundenen Kostenbudgets verhaneln, freigeben und überprüfen. Die Erreichung der Entwicklungsziele und die Einhaltung der Kostengrenzen sind vom Auftraggeber periodisch zu überwachen und hierbei wichtige Entscheidungen von einiger Tragweite zu treffen, z.B. über den weiteren Verlauf der Entwicklung, die Anpassung der Entwicklungsziele oder die Freigabe zusätzlicher Entwicklungsbudgets. Darüber hinaus wird der Auftraggeber wichtige Entscheidungen über die Erlangung immaterialgüterrechtlicher Schutzrechte bzw. deren Verteidigung selbst treffen. Der Auftraggeber hat hierfür in fachlicher Hinsicht kompetentes Personal zu beschäftigen. Soweit die Überwachung des Erfolgs der Entwicklungsbemühungen und des Kostenanfalls auf fremde dritte Dienstleister übertragen werden, muss der Auftraggeber wiederum in der Lage sein, das damit verbundene Risiko im Sinne eines effektiven Managements durch eigenes qualifiziertes Personal zu kontrollieren. Eine Rückdelegation der Kernfunktionen an den Auftragnehmer ist nicht zulässig, da eine solche Vorgehensweise fremdunüblich ist. Der Auftraggeber muss ferner die finanziellen Kapazitäten zur Tragung des wirtschaftlichen Risikos aufweisen. Die Einhaltung der vorstehenden funktionalen Anforderungen ist entsprechend zu dokumentieren. Soweit eine Dokumentation nicht erstellt wird oder mangelhaft ist, wird die Anwendung der Kostenaufschlagsmethode für die spezifische Transaktion ausgeschlossen.

5.2.4.4 Lizenzierung und Übertragung des Eigentums

Die Anerkennung der konzerninternen Übertragung des Eigentums an einem immateriellen Vermögenswert hat im Einklang mit den Zurechnungsregeln zu erfolgen, d.h. der Erwerber hat nachzuweisen, dass er den mit dem Erwerb des Eigentums implizierten Übergang von Nutzen und Lasten bzw. Risiken auch in funktionaler Hinsicht vollzieht. Hinsichtlich des Umfangs der hierfür erforderlichen Funktionen und Mittel ist auf Kapitel 5.2.2 zu verweisen. In Bezug auf die Ermittlung und Überprüfung der Kaufpreises bzw. der Lizenzhöhe wird durch die in Kapitel 5.2.3.3 vorgeschlagene klarstellende Vereinheitlichung der Anwendungsvoraussetzungen der Preisvergleichsmethode sowie der in Kapitel 5.2.3.4 und Kapitel 5.2.3.5

enthaltenen weiteren Reformüberlegungen zur Objektivierung der Residual Profit Split Method und der zweiseitigen einkommensbasierten Methoden eine Erhöhung der Tatbestandbestimmtheit sowie der Rechtssicherheit sichergestellt. Diese Maßnahmen tragen gleichzeitig der individuellen Steuergerechtigkeit durch eine gleichmäßige Rechtsanwendung Rechnung.

Vor dem Hintergrund der Tatsache, dass mit den drei vorgenannten Methoden ein praktisch umsetzbarer, verlässlicher und zielgenauer Preisermittlungsmechanismus für alle Sachverhaltskonstellationen zur Verfügung steht, ist eine grundsätzliche Begrenzung der zulässigen Methoden für die Preisermittlung bei der Übertragung oder Lizenzierung von immateriellen Vermögenswerten auf diese Methoden angebracht. Nur soweit der Steuerpflichtige nachweisen kann, dass eine spezifische andere Methode, wie etwa die Acquisition Price Method oder eine undefinierte Methode zu einem verlässlicheren und zielgenaueren Ergebnis führt, sind andere Ansätze zuzulassen.

5.2.4.5 Gemeinsame grenzüberschreitende Entwicklung und Nutzung

Wie in Kapitel 4.4.4.6 ausgeführt, ist die Attraktivität von Cost Contribution Arrangements bzw. Cost Sharing Arrangements durch die divergierenden Bestimmungen des US-Steuerrechts und anderer Staaten, wie etwa Deutschland, vermindert.[1623] Eine Vereinheitlichung der einschlägigen Normen zur gemeinsamen grenzüberschreitenden Entwicklung und Nutzung zur Verbesserung der Rechtssicherheit wird hierdurch offensichtlich, wobei auch die Anforderungen der individuellen Steuergerechtigkeit, der zwischenstaatlichen Verteilungsgerechtigkeit und der Praktikabilität zu berücksichtigen sind. Für die gebotene internationale Angleichung der Bestimmungen zur gemeinsamen grenzüberschreitenden Entwicklung und Nutzung von immateriellen Vermögenswerten stellen die OECD-Verrechnungspreisrichtlinien die geeignete Plattform dar. Die nachfolgenden Ausführungen beinhalten Vorschläge zur Weiterentwicklung von Kapitel VIII der OECD-Verrechnungspreisrichtlinien 2010.

Hinsichtlich des als Teilnehmer qualifizierenden Kreises ist es m.E. unter Berücksichtigung der betrieblichen Anforderungen eines multinationalen Unternehmens und dem sich hieraus ergebenden Sinn und Zweck von Cost Contribution Arrangements geboten, nur diejenigen Geschäftseinheiten zuzulassen, die aktiv zu der gemeinsamen Entwicklung beitragen können,

---

[1623] Ursächlich für die Verschärfung der 2011 Final Cost Sharing Regulations ist die Nutzung von Cost Sharing Arrangements durch US-Konzerne als Steuerplanungsinstrument zur Verlagerung wertvoller firmenspezifischer immaterieller Vermögenswerte in steuergünstige ausländische Steuerhoheiten und deren Verwertung durch passive vermögensverwaltende Konzerngesellschaften. Vgl. hierzu Kapitel 3.4.8.7.1 sowie *Pinkernell*, StuW 2012, 369, 372; *Kleinbard*, Tax Notes International 2012, 499, 501ff.

eine Nutzung der Ergebnisse im Rahmen ihrer operativen Geschäftstätigkeit anstreben und hierfür einen aktiven Geschäftsbetrieb unterhalten, der für die Nutzung der Entwicklungsergebnisse geeignet ist.[1624] Damit ist ein originärer Erwerb wertvoller immaterieller Vermögenswerte durch rein vermögensverwaltend tätige Konzerngesellschaften auf dem Wege der Teilnahme an Cost Contribution Arrangements bzw. Cost Sharing Arrangements ausgeschlossen. Diese Einschränkung des Teilnehmerkreises ist sachgerecht, da primärer Zweck dieser Vereinbarungen die Bündelung der Entwicklungsressourcen verschiedener Standorte und Geschäftseinheiten eines multinationalen Unternehmens ohne Behinderung durch die gesellschaftsrechtliche Struktur oder nationale Steuerhoheiten ist. Im Gegensatz hierzu besteht m.E. keine steuersystematische oder -politische Begründung, die Teilnahme passiver vermögensverwaltender Gesellschaften an einer grenzüberschreitenden Entwicklung immaterieller Vermögenswerte zu begünstigen.[1625] Derartige Geschäftseinheiten können das Eigentum an immateriellen Vermögenswerten durch Kauf erwerben oder durch Einlizenzierung Nutzungsrechte erlangen, soweit die hieran gebundenen funktionalen Anforderungen erfüllt werden.

In Bezug auf eine angemessene Aufteilung der Lasten der gemeinsamen Entwicklung stellt das von den 2011 Final Cost Sharing Regulations aufgestellte Investor Model einen sachgerechten, weil ökonomisch fundierten Rahmen auf, indem die jeweils erwarteten Kosten der Entwicklung sowie alle anderen Beiträge der Teilnehmer unter Berücksichtigung der spezifischen Situation der Teilnehmer, d.h. ihrer Risikoeinschätzung und ihrer Handlungsalternativen, in eine Gesamtbetrachtung integriert werden.

Der Kreis der grundsätzlich zulässigen Methoden für die Bewertung von Platform Contributions ist auf die Preisvergleichsmethode, die Residual Profit Split Method, zweiseitige einkommensbasierte Methoden sowie die Acquisition Price Method zu beschränken. Bei mehr als zwei Teilnehmern, die unternehmensspezifische immaterielle Vermögenswerte einbringen, scheidet die zweiseitige einkommensbasierte Methode aus. Hinsichtlich der Residual Profit Split Method und der einkommensbasierten Methode sind die in Kapitel 5.2.3.4 und Kapitel 5.2.3.5 vorgeschlagenen Reformüberlegungen in Bezug auf die Aufteilung des Residual Profits bzw. des Einigungsbereichs zu beachten.

Die Definition immaterieller Vermögenswerte hat im Einklang mit der für Zwecke der grenzüberschreitenden Gewinnabgrenzung allgemeingültigen Definition zu erfolgen, d.h. eine in-

---

[1624] Gl.A. *Kleinbard*, Tax Notes International 2012, 499, 502.
[1625] Gl. A. *Pinkernell*, IStR 2013, 180, 182.

konsistente Ausweitung des Verständnisses immaterieller Vermögenswerte im Kontext des Cost Sharings ist abzulehnen.[1626] Soweit jedoch über Geschäftsprozesse zusammenwirkende Bündel aus materiellen und/oder immateriellen Vermögenswerten eingebracht werden, denen geschäftswertbildende Faktoren des betreffenden Teilnehmers anhaften und diese anderen Teilnehmern nachhaltig auf der Grundlage einer gesicherten Rechtsposition zur Nutzung zugänglich gemacht werden, ist dies im Rahmen der Bewertung zu berücksichtigen, sodass mittels einer Paketbetrachtung ein über die Summe der Einzelwerte hinausgehender Wertansatz erfolgen kann. Die ökonomische Lebensdauer von Platform Contributions ist unter Berücksichtigung der konkreten Umstände des Einzelfalls zu bestimmen, wobei insbesondere die technologische Weiterentwicklung in die Bewertung Eingang finden muss. Es besteht die widerlegbare Vermutung einer begrenzten Lebensdauer, wobei die Beweislast für die Annahme einer unbegrenzten Lebensdauer der Finanzverwaltung aufzuerlegen ist. Wie in Kapitel 2.4.4.2 aufgezeigt wurde, befindet sich diese Sichtweise im Einklang mit grundlegenden Annahmen und Erfahrungswerten der finanziellen Bewertung immaterieller Vermögenswerte, denen zufolge technologische Werte im Zeitablauf aller Erfahrung nach einem Wertverfall unterliegen.

Der Umgang mit Bewertungsunsicherheit erfolgt analog zu den 2011 Final Cost Sharing Regulations durch Abgleich des Korridors erwarteter Renditen aus der Nutzung der gemeinsam entwickelten immateriellen Vermögenswerte mit der tatsächlich realisierten Rendite der Teilnehmer. Die Bandbreite der zulässigen Abweichung wird in konsistenter Weise auf 50% Über- oder Unterschreitung der erwarteten Rendite determiniert. Im Einklang mit den Zurechnungsregeln steht eine Zurechnung von Entwicklungsergebnissen zu einem bestimmten Teilnehmer unter dem Vorbehalt der tatsächlichen Fähigkeit zu einem effektiven Management der verbundenen Risiken sowie der Fähigkeit zur wirtschaftlichen Tragung derselben.

5.3 Formulary Apportionment

5.3.1 Einleitung

Wie bereits erwähnt, sollen die im Rahmen der vorliegenden Arbeit vorzunehmenden Reformüberlegungen nicht auf Vorschläge zur Verbesserung des Separate Entity Approach im Sinne der gewählten Beurteilungskriterien und Reformziele beschränkt bleiben, sondern auch

[1626] In Bezug auf die Definition immaterieller Vermögenswerte kann auf die Überlegungen in Kapitel 5.2.1 verwiesen werden.

die Alternative der indirekten Methode am Beispiel der GKKB aus der Perspektive der Behandlung immaterieller Vermögenswerte für Verrechnungspreiszwecke würdigen. Die GKKB geht auf den im Jahr 2001 veröffentlichten Bericht „Ein Binnenmarkt ohne steuerliche Hindernisse“[1627] der EU-Kommission zurück.[1628] Am 16.3.2011 hat die EU-Kommission den „lang erwarteten“[1629] Vorschlag für eine Richtlinie des Rates über eine Gemeinsame Konsolidierte Körperschaftsteuer-Bemessungsgrundlage[1630] (fortan: „GKKB-RLV„) veröffentlicht. Primäres Ziel der GKKB ist die Abschaffung steuerlicher Hindernisse im EU-Binnenmarkt.[1631] Die GKKB soll ungeachtet ihrer Beschränkung auf die „EU-weiten Aktivitäten“[1632] multinationaler Unternehmen als Beispiel für die indirekte Methode dienen, da sie hinsichtlich ihrer Ausgestaltung durch den GKKB-RLV weitgehend konkretisiert ist und daher eine präzisere Vergleichsbetrachtung mit dem Separate Entity Approach ermöglicht. Die theoretisch auch weltweit umsetzbare GKKB dient somit als Modell für die indirekte Methode der Gewinnabgrenzung.[1633] Gegenstand der nachfolgenden Ausführungen ist eine vergleichende Würdigung der Methodik und Ausgestaltung des GKKB-RLV unter Heranziehung der aus der Anwendung und Beurteilung der Verrechnungspreisregelungen erlangten Erkenntnisse über die Schwächen und Stärken des Separate Entity Approach.

5.3.2 Konzeption des GKKB-RLV

Die Besteuerung des Einkommens eines multinationalen Unternehmens nach dem GKKB-RLV folgt einer Vorgehensweise in drei Stufen.[1634] Auf der ersten Stufe erfasst jede Konzerngesellschaft ihr steuerliches Einkommen separat. Hierbei werden jedoch im Gegensatz zum Status quo EU-weit einheitliche Gewinnermittlungsvorschriften verwendet,[1635] die auf

---

1627 *EU-Kommission*, Körperschaftsteuer-Bemessungsgrundlage, KOM (2001) 582 endgültig.

1628 Vgl. hierzu *Jacobs*, Unternehmensbesteuerung, 2011, 237f.; *Paschke*, Unitary Taxation, 2007, 127ff.

1629 *Kahle/Schulz*, StuB 2011, 296, 296.

1630 Vgl. *EU-Kommission*, GKKB-Vorschlag, KOM (2011) 121 endgültig.

1631 Zu diesen zählen nach Auffassung der EU-Kommission insbesondere Befolgungskosten und Doppelbesteuerungsrisiken aufgrund der grenzüberschreitenden konzerninternen Gewinnabgrenzung nach dem Separate Entity Approach, das weitgehende Fehlen eines grenzüberschreitenden Verlustausgleichs, erhebliche Behinderung grenzüberschreitender Umstrukturierungen sowie Doppelbesteuerungsrisiken aufgrund kollidierender Besteuerungsbefugnisse der Nationalstaaten der EU. Vgl. EU-Kommission, Körperschaftsteuer-Bemessungsgrundlage, KOM (2001) 582 endgültig, 11ff.

1632 Vgl. *Spengel*, IStR 2008, 556, 556.

1633 Vgl. zu den zahlreichen bestehenden Abweichungen der nationalen steuerrechtlichen Gewinnermittlungsvorschriften zum Richtlinienvorschlag der EU-Kommission, *Spengel/Zöllkau*, CCCTB, 2012, 85ff.

1634 Die nachfolgenden Ausführungen beschränken sich den Prämissen der vorliegenden Arbeit entsprechend auf ein sich aus mehreren Kapitalgesellschaften zusammensetzendes multinationales Unternehmen ohne Minderheitsgesellschafter. *Förster/Krauß* weisen zu Recht darauf hin, dass die Option zur Inanspruchnahme der EU-weit vereinheitlichten Gewinnermittlungsvorschriften auch einzelnen Gesellschaften im Sinne von Art. 6 GKKB-RLV zusteht, vgl. *Förster/Krauß*, IStR 2011, 607, 607.

1635 Vgl. Art. 9 bis 42 GKKB-RLV.

dem Separate Entity Approach basieren.[1636] Auf der zweiten Stufe erfolgt gemäß Art. 57 Abs. 1 GKKB-RLV eine Konsolidierung der Steuerbemessungsgrundlagen der Mitglieder einer „Gruppe“[1637]. Gemäß Art. 59 Abs. 1 GKKB-RLV werden Gewinne und Verluste aus gruppeninternen Transaktionen dabei „außer Acht gelassen“[1638]. Gemeint ist hiermit eine Aufwands- und Ertragskonsolidierung unter Eliminierung von Zwischengewinnen.[1639] Auf der dritten Stufe erfolgt nach Art. 86 GKKB-RLV grundsätzlich[1640] eine Allokation der konsolidierten Bemessungsgrundlage mittels einer formelhaften Zerlegung auf die einzelnen nationalen Steuerhoheiten. Die auf dem Wege der formelhaften Aufteilung zugewiesenen Ergebnisanteile unterliegen bei den einzelnen Gruppenunternehmen den nationalen Steuersätzen der EU-Staaten. Eine Harmonisierung der nationalen Steuersätze ist ausdrücklich[1641] nicht Gegenstand des GKKB-RLV. Die Formel zur Aufteilung der Ergebnisanteile setzt sich aus den gleichgewichteten Schlüsselgrößen Umsatz, Arbeit und Vermögenswerte zusammen, wobei die Schlüsselgröße Arbeit hälftig auf Lohnsumme und Anzahl der Beschäftigten entfällt. Der Umsatz[1642] wird den Gruppenunternehmen nach dem Bestimmungsortprinzip zugerechnet, d.h. es erfolgt eine Zurechnung zu der Einheit der Gruppe, die in dem Staat ansässig ist, in dem der Versand oder die Beförderung der Gegenstände an den Erwerber endet.[1643] Soweit die Lieferung in ein Drittland erfolgt oder im betreffenden Staat kein Gruppenmitglied ansässig ist, wird der betreffende Umsatz nach der so genannten „gestreuten Rückbezugsregel“[1644] in den Faktor Umsatz aller Gruppenmitglieder im Verhältnis zu den jeweiligen Faktoren Ar-

1636 Zu den Einzelheiten der Bestimmungen zur Gewinnermittlung auf der ersten Stufe des GKKB-RLV vgl. *Scheffler/Krebs*, DStR-Beihefter zu Heft 22/2011, 13, 13ff.

1637 Die Bildung einer Gruppe richtet sich gem. Art. 54 GKKB-RLV nach der Beteiligung am Kapital und den Stimmrechtsverhältnissen, vgl. hierzu im Einzelnen *Kußmaul/Niehren*, StB 2011, 344, 346; *Förster/Krauß*, IStR 2011, 607, 610f. Übt eine Konzernmuttergesellschaft ihr Wahlrecht zur Nutzung der Besteuerung nach der GKKB, sind alle in der EU-ansässigen Tochterunternehmen und EU-Betriebsstätten zwangsläufig in die Konsolidierung mit einzubeziehen, Art. 55 GKKB-RLV.

1638 Die in Art. 59 Abs. 1 GKKB-RLV gewählte Formulierung ist m.E. irreführend, da sie auch dahingehend verstanden werden könnte, dass derartige Transaktionen im Rahmen der Konsolidierung nicht zu beachten, d.h. nicht zu eliminieren sind.

1639 Vgl. *Förster/Krauß*, IStR 2011, 607, 610.

1640 Nach Art. 86 Abs. 2 GKKB-RLV unterbleibt eine Aufteilung, wenn die konsolidierte Steuerbemessungsgrundlage negativ ist.

1641 Vgl. *EU-Kommission*, GKKB-Vorschlag, KOM (2011) 121 endgültig, 5.

1642 Als Umsatz gilt nach Art. 95 Abs. 2 GKKB-RLV der Erlös aus allen Verkäufen von Gegenständen oder Dienstleistungen, wobei steuerfreie Erträge, Zinsen, Dividenden, Lizenzgebühren und Erlöse aus dem Verkauf des Anlagevermögens nicht erfasst werden, es sei denn, diese Erlöse wurden im Zuge der gewöhnlichen Geschäftstätigkeit erzielt.

1643 Vgl. Art. 96 Abs. 1 GKKB-RLV. Der Wortlaut von Art. 96 Abs. 1 GKKB-RLV erfordert insoweit keinen kausalen Zusammenhang zwischen der Lieferung in den betreffenden Staat und dem Vorhandensein einer gruppenzugehörigen Einheit, d.h. das Vorhandensein eines Gruppenmitglieds im betreffenden Staat stellt den steuerlichen Nexus dar.

1644 *Petutschnig*, StuW 2012, 192, 197.

beit und Vermögenswerte einbezogen.[1645] Der Allokationsfaktor Arbeit teilt sich hälftig in die Aspekte Lohnsumme[1646] und Anzahl der Beschäftigten auf. Die Beschäftigten werden grundsätzlich in den Faktor Arbeit desjenigen Gruppenmitgliedes einbezogen, von dem sie für ihre Arbeitstätigkeit vergütet werden.[1647] Die Lohnsumme wird demjenigen Mitglied der Gruppe zugeordnet, von dem die Beschäftigten ihre Vergütung beziehen.[1648] Die gleichgewichtete Einbeziehung der Beschäftigtenzahl in den Faktor Arbeit soll als „implizite Anpassung"[1649] der in der Lohnsumme reflektierten Unterschiede des Niveaus der Löhne und Lohnnebenkosten der Mitgliedstaaten der EU fungieren.[1650] Für die Ermittlung des Allokationsfaktors Vermögen wird auf den durchschnittlichen Wert aller Sachanlagen[1651] abgestellt, die das Mitglied einer Gruppe bzw. die gesamte Gruppe besitzt oder gemietet bzw. geleast hat.[1652] Die Zuordnung von Sachanlagen erfolgt grundsätzlich zum wirtschaftlichen Eigentümer,[1653] der als diejenige Person definiert ist, die alle materiellen Vorteile und Risiken eines Wirtschaftsgutes trägt.[1654] Beim Eintritt eines Steuerpflichtigen in eine Gruppe werden in dessen Faktor Vermögen auch die Aufwendungen des betreffenden Unternehmens für Forschung, Entwicklung, Vermarktung und Werbung in den sechs Jahren vor seinem Eintritt in die Gruppe einbezogen.[1655] Bezüglich des Allokationsfaktors Vermögen ist hervorzuheben, dass, abgesehen vom Fall des Eintritts in eine bestehende oder neue Gruppe, weder die Kosten für selbst geschaffene noch entgeltlich erworbene immaterielle Vermögenswerte unmittelbar in die Allokation der konsolidierten Bemessungsgrundlage einfließen. Nach Art. 92 Abs. 2 GKKB-RLV werden in den fünf Jahren nach dem Eintritt einer Geschäftseinheit in eine bestehende oder neue

1645 Vgl. Art. 96 Abs. 4 GKKB-RLV.

1646 Die Lohnsumme umfasst nach Art. 91 Abs. 4 GKKB-RLV die Kosten von Löhnen und Gehältern sowie Sondervergütungen einschließlich der Beiträge des Arbeitgebers zur sozialen Sicherheit und Altersversorgung.

1647 Vgl. Art. 91 Abs. 1 GKKB-RLV. Die Sonderregelungen nach Art. 91 Abs. 2 und Abs. 3 GKKB-RLV sehen unter bestimmten Voraussetzungen eine abweichende Zuordnung im Falle von Entsendungen und so genannten Leiharbeitern vor.

1648 Sonderregelungen bestehen nach Art. 91 Abs. 2 GKKB-RLV für den in multinationalen Unternehmen gängigen Fall der Entsendung von Mitarbeitern.

1649 *Petutschnig*, StuW 2012, 192, 194.

1650 Vgl. *EU-Kommission*, GKKB-Arbeitsunterlage, CCCTB/WP060\doc\de, Tz. 26.

1651 Der Begriff der Sachanlagen ist im GKKB-RLV nicht näher definiert; m.E. kann in Anlehnung an den in der Rechnungslegung, etwa nach HGB oder IFRS, gängigen Bedeutungsgehalt davon ausgegangen werden, dass insoweit eine negative Abgrenzung zu Finanzanlagen und immateriellen Vermögenswerten gemeint ist.

1652 Vgl. Art. 92 Abs. 1 GKKB-RLV.

1653 Vgl. Art. 93 Abs. 1 GKKB-RLV.

1654 Vgl. Art. 4 Abs. 20 GKKB-RLV. Sonderregelungen gelten nach Art. 94 Abs. 4 GKKB-RLV für die Zuordnung von Leasinggegenständen, für die der Leasingnehmer nicht als wirtschaftlicher Eigentümer zu betrachten ist; für diese Gegenstände erfolgt ein Ansatz mit dem Achtfachen der jährlich geschuldeten Nettoleasingzahlung.

1655 Vgl. Art. 92 Abs. 2 GKKB-RLV.

Gruppe auch dessen Aufwendungen für Forschung, Entwicklung, Vermarktung und Werbung in den sechs Jahren vor dem Eintritt in die Gruppe einbezogen.

5.3.3 Beurteilung

Nachfolgend wird die Eignung des GKKB-RLV für eine Verbesserung der Besteuerung multinationaler Unternehmen anhand der für den Separate Entity Approach in Kapitel 4.2 hergeleiteten und in Kapitel 4.3 angewendeten normativen Kriterien der individuellen Steuergerechtigkeit, der zwischenstaatlichen Verteilungsgerechtigkeit, der Praktikabilität und der Rechtssicherheit beurteilt. Als Vergleichsmaßstab dienen die Ergebnisse der Untersuchung der grenzüberschreitenden Gewinnabgrenzung nach dem Separate Entity Approach.

5.3.3.1 Individuelle Steuergerechtigkeit

Die im GKKB-RLV vorgesehene Besteuerung mittels der indirekten Methode einer formelhaften Einkommensaufteilung baut auf einer Betrachtungsweise auf, die dem „Prinzip des einheitlichen Unternehmens“[1656] (Unitary Entity Theory) folgt, d.h. das multinationale Unternehmen wird ungeachtet seiner formalrechtlichen Strukturierung in rechtlich selbständige Geschäftseinheiten für Zwecke der Besteuerung seines Einkommens wie ein Einheitsunternehmen behandelt.[1657] Die Unitary Entity Theory trägt damit der Tatsache Rechnung, dass das Gesamteinkommen eines multinationalen Unternehmens durch das aus der gesellschaftsrechtlichen Verflechtung resultierende operative Zusammenwirken der konzernzugehörigen Geschäftseinheiten generiert wird. Dies bedeutet, dass ausschließlich das am Markt im Leistungsaustausch mit fremden Dritten realisierte Einkommen der Besteuerung unterworfen wird,[1658] weshalb unternehmensinterne Transaktionen durch Konsolidierung auf der zweiten Stufe des GKKB-RLV eliminiert werden.[1659] Dies steht im Gegensatz zum konzeptionellen Ansatz des Separate Entity Approach, der mit dem Fremdvergleichsgrundsatz die Fiktion eines Interessensgegensatzes (Dealing at Arm's Length) zwischen den Rechtsträgern eines multinationalen Unternehmens aufstellt, die faktisch nicht vorhanden ist und daher wirtschaftlich betrachtet eine „fiktive Zerlegung“[1660] des Konzerneinkommens auf die verschiedenen Geschäftseinheiten darstellt. Durch die Erfassung des Gesamteinkommens eines multinationalen

1656 *Oestreicher*, Konzerngewinnabgrenzung, 2000, 125.
1657 Vgl. *Weiner*, U.S. Department of the Treasury OTA Paper 83, 1999, 8.
1658 Vgl. *Küting*, DB 1990, 489, 489.
1659 Vgl. *Harvard Note*, Harvard Law Review 1976, 1202, 1206; *Oestreicher*, Konzerngewinnabgrenzung, 2000, 125.
1660 *Sommer*, Unitary Apportionment, 2011, 116.

Unternehmens unter Eliminierung des konzerninternen Leistungsaustausches werden Anreize[1661] und Möglichkeiten zur steuerplanerischen Minimierung der Konzernsteuerquote beseitigt, die sich u.a. aus den konzeptionellen Mängeln und praktischen Unschärfen der Verrechnungspreisbildung für immaterielle Vermögenswerte nach dem Fremdvergleichsgrundsatz ergeben.[1662] Darüber hinaus gelingt es zuverlässig, die Integrations- und Synergievorteile eines multinationalen Unternehmens in der Bemessungsgrundlage zu erfassen, da nur das am Markt realisierte Einkommen einer Ertragsbesteuerung unterliegt.[1663] Dieses Einkommen reflektiert die Wettbewerbsvorteile, die ein multinationales Unternehmen in Folge der Integration von Wertschöpfungsprozessen und Synergien (Verbund- und Größenvorteile) generieren kann. Die mit einer transaktionsbezogenen Gewinnabgrenzung verbundenen Probleme werden aufgrund der vollständigen Eliminierung des unternehmensinternen Leistungsaustauschs im Rahmen der Konsolidierung vermieden, d.h. die betrachteten Allokations- und Nutzungsstrategien sind in diesem Szenario obsolet. Eine grenzüberschreitende Zurverfügungstellung immaterieller Vermögenswerte kann – soweit keine Außengrenzen zu beachten sind – ohne Preisbestimmung nach dem Fremdvergleichsgrundsatz und dessen Dokumentation des Vorgangs erfolgen. Dies hat zur Folge, dass das im Unternehmen vorhandene immaterielle Vermögen ohne Beachtung steuerlicher Restriktionen im Einklang mit den operativen Bedürfnissen zwischen verschiedenen Geschäftseinheiten einer Gruppe überlassen werden kann. Hieraus wird unmittelbar ersichtlich, dass der Unitary Entity Theory folgende Ermittlung des Gesamteinkommens besser geeignet ist, eine richtige Bemessung der wirtschaftlichen Leistungsfähigkeit eines multinationalen Unternehmens im Sinne der individuellen Steuergerechtigkeit herbeizuführen, da das multinationale Unternehmen als die wirtschaftliche Einheit betrachtet wird, die es durch das Zusammenwirken seiner Geschäftseinheiten aus ökonomischer Sicht tatsächlich darstellt. Die Einkommensrealisierung erfolgt innerhalb der Gültigkeitsgrenzen der GKKB ausschließlich durch Außenstransaktionen mit fremden Dritten. Die Verwendung von einheitlichen Gewinnermittlungsregeln durch den GKKB-RLV stellt dabei sicher, dass auf der ersten Stufe der GKKB-RLV keine Verzerrung der Bemessungsgrundlage, z.B. durch von einzelnen Staaten gewährte steuerliche Fördermaßnahmen, insbesondere für Forschung und

[1661] Vgl. zur Anreizwirkung von Steuersatzdifferenzen zwischen verschiedenen Jurisdiktionen zur Gewinnverlagerung mittels Verrechnungspreisen: *Bartelsman/Beetsma*, CESifo Working Paper No. 324, 2000, 11; vgl. zu empirischen Befunden betreffend der positiven Korrelation des Umfangs steuerplanerischer Gewinnverlagerung in Abhängigkeit von der F&E-Intensität multinationaler Unternehmen: *Overesch/Schreiber*, ZfB, Special-Issue 2/2010, 23, 43f.

[1662] Vgl. zur Eignung der Verrechnungspreisbildung nach dem Fremdvergleichsgrundsatz Kapitel 4.3 und Kapitel 4.4 dieser Arbeit.

[1663] Vgl. *Sommer*, Unitary Apportionment, 2011, 191.

Entwicklung,[1664] entsteht.[1665] In Folge der einheitlichen Betrachtung des multinationalen Unternehmens und der Eliminierung des konzerninternen Leistungsaustausches ist der GKKB-RLV dem Separate Entity Approach gegenüber als überlegen zu betrachten, die tatsächliche Leistungsfähigkeit eines multinationalen Unternehmens im Sinne der individuellen Steuergerechtigkeit zu erfassen.[1666]

5.3.3.2 Zwischenstaatliche Verteilungsgerechtigkeit

Im Hinblick auf die Aufteilung der einheitlich ermittelten Bemessungsgrundlage auf der zweiten Stufe des GKKB-RLV mittels der vorstehend dargestellten Formel ist zu prüfen, inwieweit diese sowohl dem Grunde als auch der Höhe nach zu einer Allokation der Besteuerungsgrundlagen führt, die eine Besteuerung unter Beachtung der zwischenstaatlichen Verteilungsgerechtigkeit zur Folge hat und insoweit dem Separate Entity Approach überlegen ist. Dies ist der Fall, wenn die gewählten Allokationsfaktoren in der Lage sind, den „geographischen Ursprung des Einkommens"[1667] in zutreffender Art und Weise zu reflektieren, d.h. eine anteilige Zuweisung der Bemessungsgrundlage erfolgt, die mit dem tatsächlichen Wertschöpfungsanteil der jeweiligen Geschäftseinheit am Gesamtergebnis korrespondiert. Geht man im Einklang mit dem Suppy-Demand-Approach davon aus, dass sich die von einem multinationalen Unternehmen generierte Wertschöpfung nur durch ein „Zusammenspiel von Angebot und Nachfrage"[1668] realisieren lässt, ist die Berücksichtigung sowohl der Belegenheit der Produktionsfaktoren als auch des Ortes des Absatzes der Leistungen durch die formelmäßige Gewinnaufteilung dem Grunde nach als gerecht zu betrachten.[1669] Die materiellen Produktionsfaktoren werden durch den Allokationsfaktor Vermögen erfasst, der, wie bereits erläutert, durch das Sachanlagevermögen repräsentiert wird. Der Faktor Vermögen enthält mit Ausnahme des Sonderfalls des Eintritts eines neuen Teilnehmers keine das immaterielle Vermögen repräsentierenden Anteile. M.E. ist der insoweit stattfindende Ausschluss des immateriellen Vermögens vom Faktor Vermögen sachgerecht, da eine unmittelbare Messbarkeit aufgrund der nur unzureichenden bilanziellen Erfassung insbesondere selbst geschaffener immaterieller Vermögenswerte faktisch nicht gegeben ist und daher lediglich zu einer Verzerrung der Bemessungsgrundlage führen würde. Die Einbeziehung der Lohnsumme in den Allokati-

---

1664 Vgl. zur Behandlung steuerlicher Fördermaßnahmen durch den GKKB-RLV: *Scheffler/Krebs*, DStR-Beihefter zu Heft 22/2011, 11, 23f.

1665 Vgl. *Schreiber*, StuW 2004, 212, 221.

1666 Gl. A. *Oestreicher et al.*, Konzernbesteuerung, 2008, 353f.

1667 *Hellerstein/McLure*, International Tax and Public Finance 2004, 199, 208.

1668 *Oestreicher*, Konzerngewinnabgrenzung, 2000, 179.

1669 Vgl. *Spengel/Oestreicher*, DStR 2009, 773, 780.

onsfaktor Arbeit als „Ersatzgröße für die Messung des immateriellen Kapitals“[1670] ist m.E. vorzugswürdig, da die Entwicklung, Herstellung und der Vertrieb von Produkten denklogisch stets den Einsatz von Humankapital erfordern. Die Schaffung, der Erhalt und die Weiterentwicklung der dem Wertschöpfungsprozess dienenden immateriellen Vermögenswerte sind ohne Mitarbeiter schlicht nicht denkbar. Die Lohnsumme ist damit grundsätzlich geeignet, den geographischen Ursprung des wertschöpfungsrelevanten immateriellen Vermögens eines Unternehmens unabhängig von dessen rechtlichem Schutz oder dem Grad seiner Konkretisierung zu reflektieren. Die Lohnsumme stellt sich ferner als grundsätzlich gut messbarer und objektiver Parameter dar. Das Risiko einer unzureichenden Berücksichtigung von durch Lohnsummen repräsentierter immaterieller Vermögenswerte kann sich allerdings m.E. beim Outsourcing von Entwicklungsaktivitäten, insbesondere durch echte Auftragsforschung, ergeben, da in diesem Fall die immateriellen Produktionsfaktoren nicht in den Lohnaufwendungen des auftraggebenden Gruppenunternehmens reflektiert werden. M.E. ist zweifelhaft, ob derartige Konstellationen durch Art. 91 Abs. 3 GKKB-RLV erfasst werden, wonach auch Personen als Beschäftigte gelten, die ähnliche Tätigkeiten ausführen wie unmittelbar Beschäftigte. In diesen Fällen würde der Allokationsfaktor Arbeit seinem Zweck der indirekten Erfassung von immateriellem Vermögen nicht vollständig gerecht werden, was einen Verstoß gegen die zwischenstaatliche Verteilungsgerechtigkeit darstellen würde. Angesichts dieses Umstands sind m.E. Sonderregelungen erforderlich, die für eine Einbeziehung der Lohnkosten für ausgelagerte Unternehmenstätigkeiten erforderlich, wenn diese eine gewisse zeitliche Nachhaltigkeit aufweisen.

Die Einbeziehung der Anzahl der Beschäftigten zur Nivellierung von Unterschieden in den Lohnniveaus ist m.E. ebenfalls sachgerecht, da ansonsten eine Bevorteilung der Staaten mit vergleichsweise hohen Lohnniveaus erfolgt. Allerdings ist es m.E. nicht zielführend, im Sinne einer konsistenten Anwendung des GKKB-RLV die Definition des Begriffs des Beschäftigten den nationalen Gesetzgebern der beteiligten Staaten zu überlassen, da insoweit Verzerrungen aus einer inkonsistenten Definition und Auslegung des Beschäftigtenbegriffs drohen. Dies gilt insbesondere im Hinblick auf die zunehmende Bedeutung von Leiharbeitsverhältnissen. Im Ergebnis ist der Allokationsfaktor Arbeit mit den genannten Einschränkungen in der Lage, eine mittelbare Erfassung der für die Gewinnabgrenzung relevanten immateriellen Vermögenswerte zu realisieren.Durch die Einbeziehung des Umsatzes nach dem Bestimmungsortprinzip misst der GKKB-RLV dem Vorhandensein eines Absatzmarktes im Bestimmungsstaat in

[1670] *Schreiber*, StuW 2004, 212, 222.

Verbindung mit der Ausübung von Vertriebstätigkeiten eine Bedeutung für die Allokation der Bemessungsgrundlage bei, was m.E. im Sinne eines „marktorientierten Quellenprinzips“[1671] als sachgerecht zu bezeichnen ist. Allerdings bietet das Vorhandensein eines Gruppenunternehmens im Bestimmungsstaat als Nexus für die Allokation von Umsätzen Anreize für Gestaltungsmöglichkeiten zur gezielten Zuordnung von Umsätzen. So kann etwa mittels Direktgeschäften in Hochsteuerländern eine Anknüpfung vermieden und über die Rückbezugsregel eine Verteilung der betreffenden Umsätze auf Länder mit niedrigerer Steuerlast erreicht werden.[1672] Die Gestaltungsmöglichkeit der Vermeidung einer ertragsteuerlichen Anknüpfung mittels Direktgeschäft ist jedoch auch im Falle des Separate Entity Approach gegeben, sodass sich insoweit keine Nachteile zu Ungunsten des GKKB-RLV feststellen lässt. Als wesentlicher Vorteil des GKKB-RLV ist jedoch der Wegfall der Betriebsstätte als steuerlicher Nexus im Sinne von Art. 7 Abs. 1 OECD-MA und der damit verbundenen Abgrenzungsprobleme anzuführen. Dies ist vor dem Umstand der sich durch Online-Vertrieb ändernden Geschäftsmodelle zu begrüßen, die eine physische Vertriebspräsenz der Unternehmen in den Absatzmärkten nicht mehr zwingend erfordern. Die Tatsache, dass ungeachtet dessen wesentliche Absatzpotenziale in lokalen Absatzmärkten erschlossen werden können, macht m.E. eine Reformierung der bisherigen internationalen Besteuerungsregelungen unabdingbar. Dies ist vor dem Hintergrund zu sehen, dass die im OECD-MA niedergelegten Regeln zur Abgrenzung der Besteuerungsrechte zu einem Zeitpunkt entwickelt wurden, zu dem Electronic Commerce schlicht noch nicht existierte.[1673] Das Fehlen einer steuerlichen Anknüpfung in diesen Fällen stellt m.E. einen Verstoß gegen die zwischenstaatliche Verteilungsgerechtigkeit dar.

Auch im Hinblick auf die Diskussion zur Thematik der aggressiven Steuerplanung[1674] erscheint die Unitary Taxation als probates Gegenmittel. Jeglichen Gestaltungen, deren Ziel die Realisierung steuerlicher Arbitrage durch Ausnutzung von Unschärfen der Verrechnungspreisbildung bei Lizenzgestaltungen, steuergünstige Überführung von immateriellen Vermögenswerten durch Cost Sharing und Vermeidung der Regeln zur Hinzurechnungsbesteuerung ist,[1675] wird bei einer Konsolidierung des Einkommens des Gesamtunternehmens die Grundlage entzogen. Als Nachteil des GKKB-RLV sind potenzielle Gestaltungsreaktionen der mul-

---

1671 *Spengel/Oestreicher*, DStR 2009, 773, 780.

1672 Ausgehend von einer Betriebsstätte als Nexus, jedoch zum gleichen Ergebnis gelangend: *Petutschnig*, StuW 2012, 192, 197. Vgl. zu empirischen Befunden der Nutzung von Rückbezugsregeln in den USA und Kanada: *Klassen/Shackelford*, Journal of Accounting and Economics 1998, 385, 385ff.

1673 Vgl. hierzu Kapitel 3.2.1.

1674 Vgl. hierzu Kapitel 1.1.

1675 Vgl. für eine Erläuterung und Würdigung der US-Konzernen hierfür zur Verfügung stehenden Gestaltungsmodelle etwa *Pinkernell*, IStR 2013, 180, 180ff.; *Pinkernell*, StuW 2012, 369, 369ff.

tinationalen Unternehmen zur Verlagerung von Vermögen und Beschäftigten in EU-Staaten mit niedrigen Ertragsteuersätzen zu erwarten. Dies gilt insbesondere vor dem Hintergrund, dass – im Gegensatz zum Separate Entity Approach – eine Verlagerung von materiellem und immateriellem Betriebsvermögen nach dem System der GKKB keinen steuerlichen Restriktionen durch Entstrickungsregelungen unterliegt. Der von *Spengel/Oestreicher*[1676] geforderten Einführung eines Mindeststeuersatzes ist daher uneingeschränkt zuzustimmen, um die Höhe der durch Steuersatzdifferenzen entstehenden Anreize zur steuerplanerischen Verschiebung von Allokationsfaktoren zu beschränken.[1677]

Hinsichtlich der Allokation des konsolidierten Gewinns der Gruppenmitglieder der Höhe nach ist zu konstatieren, dass die aus der fest determinierten pauschalen Aufteilung resultierende Zuweisung der Bemessungsgrundlagen allenfalls zufällig dem tatsächlichen Erfolgsbeitrag eines Gruppenmitgliedes entsprechen kann und daher keine objektiv wertschöpfungsgerechte Ergebnisallokation darstellt. Die vereinbarte Gewichtung der Allokationsfaktoren stellt daher eine Konvention dar, die in Anbetracht der fehlenden Verfügbarkeit eines zuverlässigen und zielgenau operationalisierbaren Modells für die Messung des Erfolgsbeitrags eines Konzernunternehmens getroffen wird und daher allenfalls als „Erreichen einer groben aber fairen Annäherung an die Einkommen generierenden Faktoren“[1678] bezeichnet werden kann. Im Vergleich mit dem Separate Entity Approach ist insoweit jedoch hervorzuheben, dass auch die geltenden Regelungen zur grenzüberschreitenden Gewinnabgrenzung, insbesondere was die Verrechnungspreisbildung für unternehmensspezifische immaterielle Vermögenswerte betrifft, nicht in der Lage sind, eine objektivierbare und ökonomisch korrekte Gewinnabgrenzung zu realisieren, wie die Beurteilung in Kapitel 4 dieser Arbeit gezeigt hat. In Ermangelung der Durchführbarkeit eines quantitativen Vergleichs der Eignung des GKKB-RLV oder des Separate Entity Approach, eine gerechtere Gewinnabgrenzung herbeizuführen, kann daher insoweit kein abschließendes Urteil hinsichtlich der Überlegenheit eines der beiden Ansätze abgegeben werden.[1679]

1676 Vgl. *Spengel/Oestreicher*, DStR 2009, 773, 780f. Gl.A. *Schreiber*, StuW 2004, 212, 226.

1677 Vgl. auch Wissenschaftlicher Beirat beim BMF, Einheitliche Bemessungsgrundlage, http://www.bundesfinanzministerium.de/Content/DE/Standardartikel/Ministerium/Geschaeftsbereich/Wissenschaftlicher_Beirat/Gutachten_und_Stellungnahmen/Ausgewaehlte_Texte/0703231a3001.html, abgerufen am 12.2.2014.

1678 *EU-Kommission*, GKKB-Aufteilungsmechanismus, CCCTB/WP056\doc\de, Tz. 17.

1679 Die in Kapitel 5.2 vorgeschlagenen Reformüberlegungen zur Modernisierung des Separate Entity Approach mögen insoweit einen Beitrag zur Verbesserung von Schwachstellen durch den vereinheitlichten Umgang mit Bewertungsunsicherheit oder die Konkretisierung der Vergleichbarkeitsanforderungen leisten.

5.3.3.3 Praktikabilität und Rechtssicherheit

Unbestreitbare Vorteile des GKKB-RLV und damit der indirekten Methode liegen jedoch im Bereich der Praktikabilität und der Rechtssicherheit.[1680] Die Bezugsgrößen Umsatz, Arbeit und Vermögen stellen mit den vorgenannten Einschränkungen weitgehend inhaltlich tatbestandsbestimmte Parameter dar, die für die steuerpflichtigen Unternehmen mit verhältnismäßig geringem Aufwand verlässlich und zielgenau ermittelbar sind, was die Befolgungskosten dramatisch verringert im Vergleich zum transaktionsbezogenen Separate Entity Approach und vor allem zu einer gleichmäßigeren Rechtsanwendung führt.[1681] Insbesondere kann eine Erfassung, Zurechnung und Bewertung aller bei der grenzüberschreitenden Leistungserstellung eingesetzten immateriellen Vermögenswerte unterbleiben. Ferner wird auch die transaktionsbezogene Dokumentation der Einhaltung der einschlägigen Verrechnungspreisbestimmungen zum Nachweis der fremdvergleichskonformen Verrechnungspreisbildung entbehrlich, womit eine bedeutende Verringerung der Compliancekosten für multinationale Unternehmen einhergehen dürfte. Mit dem Wegfall der Relevanz konzerninterner Leistungsbeziehungen für die grenzüberschreitende Gewinnabgrenzung und dem Ersatz durch die für alle Gruppenunternehmen auf demselben Regelwerk aufbauende transparente Allokation der Besteuerungsgrundlagen wird auch das Risiko einer Doppelbesteuerung aufgrund einer inkongruenten Auslegung des Fremdvergleichsgrundsatzes eliminiert.

5.3.4 Ergebnis

Die gewählten Allokationsfaktoren Umsatz, Lohnsumme, Beschäftigte und Vermögen können keine ökonomisch exakte Allokation der Besteuerungsgrundlagen entsprechend der geographischen Verortung der Einkommensentstehung eines multinationalen Unternehmens gewährleisten. Wie im Rahmen der vorliegenden Arbeit gezeigt werden konnte, trifft dies jedoch auch für die grenzüberschreitende Gewinnabgrenzung nach dem Separate Entity Approach zu. Allerdings ist die Konsolidierung des konzerninternen Leistungsaustauschs und die Verwendung einheitlicher Gewinnermittlungsregeln besser dazu geeignet, das von einem multinationalen Unternehmen tatsächlich im Leistungsaustausch am Markt realisierte Einkommen zu erfassen, was eine Verbesserung im Sinne der individuellen Steuergerechtigkeit darstellt. Mittels der definierten Allokationsfaktoren sowie deren pauschalierender Gewichtung kann mit

---

[1680] Der Vollständigkeit halber sei erwähnt, dass die verbleibenden Ziele des grenzüberschreitenden Verlustausgleichs sowie der Beseitigung von Hindernissen für grenzüberschreitende Umstrukturierungen vollumfänglich erreicht werden. Vgl. hierzu *Förster/Krauß*, IStR 2011, 607, 614f.

[1681] Gl. A. *Oestreicher et. al*; Konzernbesteuerung, 2008, 363.

den erwähnten Vorbehalten eine Annäherung an eine der zwischenstaatlichen Verteilungsgerechtigkeit entsprechende Besteuerung des Einkommens eines multinationalen Unternehmens realisiert werden, die darüber hinaus robuster gegenüber veränderten Geschäftsmodellen durch E-Commerce ist. Weitere Vorteile des GKKB-RLV im Vergleich zum Separate Entity Approach liegen bei den Zielen der Praktikabilität und der Rechtssicherheit, sodass der GKKB-RLV bei einer Gesamtwürdigung aller Beurteilungskriterien m.E. als überlegen und damit im Ergebnis als vorzugswürdig gegenüber dem Separate Entity Approach anzusehen ist. Dabei sollte m.E. von einer Verwendung branchenspezifischer Ausprägungen der Allokationsfaktoren Umsatz, Arbeit und Vermögen abgesehen werden,[1682] da sich ansonsten Probleme der Gleichbehandlung und der Abgrenzung von Teilbereichen bei Mischkonzernen ergeben würden.[1683]

5.4 Zusammenfassung der Reformüberlegungen

Wie die historische Betrachtung in Kapitel 3.2.1 gezeigt hat, wurde der Separate Entity Approach als Paradigma der grenzüberschreitenden Gewinnabgrenzung in einer Ära der wirtschaftlichen Entwicklung gewählt, die im Gegensatz zur gegenwärtigen Situation nicht grundlegend durch den Einsatz ubiquitärer immaterieller Vermögenswerte in digitalisierter Form geprägt war. Die sich wechselseitig verstärkende Entwicklung der zunehmenden Bedeutung von Informationstechnologie, grenzüberschreitender Prozessintegration und immateriellen Vermögenswerten als Produktionsfaktor erklärt in Teilen die mangelnde Eignung des Separate Entity Aproach für eine grenzüberschreitende Gewinnabgrenzung multinationaler Unternehmen. Darüber hinaus besteht ein grundlegender konzeptioneller Fehler des Separate Entity Approach im Vergleich eines integrierten multinationalen Unternehmens mit der Preisfindung zwischen unverbundenen Marktteilnehmern.

Der Vergleich des Separate Entity Approach mit der Alternative des Formulary Apportionments am Beispiel des GKKB-RLV zeigt, dass keiner der beiden Ansätze eine objektiv richtige Allokation des Einkommens eines integrierten multinationalen Unternehmens zu einzelnen Steuerhoheiten zur Verfügung stellen kann. Dies entspricht jedoch der auch aus betriebswirt-

1682 Vgl. zu den Auswirkungen der Anwendung einer formelhaften Gewinnaufteilung auf die Steuerbelastung in verschiedenen Branchen tätiger multinationaler US-Unternehmen die auf öffentlich zugänglichen Jahresabschlussberichten basierende Untersuchung von *Shackelford/Slemrod*, International Tax and Public Finance 1998, 41ff. sowie deren Aktualisierung durch *Clausing/Lahav*, Journal of International Accounting, Auditing and Taxation 2011, 97, 97ff.

1683 Gl.A. *Oestreicher et al.*, Konzernbesteuerung, 2008, 360; A.A. *Sommer*, der für eine Entwicklung branchenspezifischer Allokationsfaktoren plädiert. Vgl. *Sommer*, Unitary Apportionment, 2011, 141f.

schaftlicher Sicht fehlenden Möglichkeit, die Wertschöpfung eines multinationalen Unternehmens kausal einzelnen Geschäftseinheiten bzw. den diesen zuzurechnenden materiellen oder immateriellen Produktionsfaktoren zuweisen zu können. Die formelhafte Gewinnaufteilung, repräsentiert am Beispiel des GKKB-RLV, bietet jedoch signifikante Vorteile in Bezug auf die individuelle Steuergerechtigkeit im Sinne der Erfassung der tatsächlichen Leistungsfähigkeit eines multinationalen Unternehmens sowie auch hinsichtlich der Gleichmäßigkeit der Besteuerung, der Befolgungskosten und der Rechtssicherheit. Insbesondere erscheint der GKKB-RLV im Vergleich zum Separate Entity Approach robuster gegenüber einer zunehmend als wohlfahrtsmindernd empfundenen grenzüberschreitenden Steuerplanung multinationaler Unternehmen zur Optimierung der Konzernsteuerquote.[1684] Der Übergang zu einer formelhaften Gewinnaufteilung stellt somit im Ergebnis eine Alternative dar, die neben den vorgenannten Vorteilen im Hinblick auf die grenzüberschreitende Gewinnabgrenzung weitere drängende Probleme der internationalen Unternehmensbesteuerung, wie etwa die Durchführung einer grenzüberschreitenden Verlustverrechnung und die Restrukturierung multinationaler Unternehmen, einer praktikablen Lösung zuführt.[1685] Gleichzeitig wird eine ökonomisch valide Annäherung an eine gerechte Allokation der Besteuerungsgrundlagen gewährleistet, die aufgrund der Verwendung weitgehend objektivierbarer Allokationsfaktoren eine höhere Gleichmäßigkeit der Besteuerung zur Folge hat.

Angesichts des Umstandes, dass die unmittelbare globale Einführung einer formelhaften Gewinnaufteilung wohl kein realistisches Szenario darstellt und die territorial begrenzte Einführung der Unitary Entity Theory – etwa in Form der EU-weiten GKKB – stets mit Außengrenzen konfrontiert sein wird, ist die Weiterentwicklung der grenzüberschreitenden Gewinnabgrenzung nach dem Separate Entity Approach dringend geboten. Die hierzu in Kapitel 5.2 vorgeschlagenen Reformansätze beabsichtigen insoweit, eine verbesserte Erfüllung der Anforderungen hinsichtlich Gerechtigkeit, Praktikabilität und Rechtssicherheit zu realisieren, was jedoch m.E. punktuelle Einschränkungen der Reichweite des Fremdvergleichsgrundsatzes unumgänglich macht.

[1684] Die von *Heckemeyer/Overesch* durchgeführte Meta-Studie zeigt, dass konzerninterne Transaktionen, z.B. in Form der konzerninternen Lizenzierung immaterieller Vermögenswerte, als wesentlicher Treiber der Steuerplanung multinationaler Unternehmen anzusehen sind. Vgl. *Heckemeyer/Overesch,* ZEW Discussion Paper No. 13-045, 2013, 27.

[1685] Wie die Untersuchung von *Oestreicher et al.* zeigt, wäre bei der Einführung einer EU-weiten GKKB mit einem Rückgang der EU-Gesamtbemessungsgrundlage zu rechnen, die im Wesentlichen auf die Erweiterung der konzerninternen Verlustverrechnung zurückzuführen wäre. Dies lässt m.E. darauf schließen, dass im Status quo die aus der Perspektive einer Besteuerung nach der Leistungsfähigkeit gebotene Berücksichtigung von Verlusten nur unzureichend verwirklicht ist; vgl. *Oestreicher et. al.*, Konzernbesteuerung, 2008, 425.

6 Thesenförmige Zusammenfassung

1. Immaterielle Vermögenswerte sind als eine der Ursachen für die Aufnahme grenzüberschreitender geschäftlicher Beziehungen an sich sowie als zentraler Treiber für die Entstehung des Phänomens des multinationalen Unternehmens zu betrachten. Der über die Transaktionskostentheorie erklärbare Anreiz zur Internalisierung derjenigen grenzüberschreitenden konzerninternen Transaktionen, die den Einsatz unternehmensspezifischer und strategisch bedeutsamer immaterieller Vermögenswerte erfordern, hat zur Folge, dass diese Transaktionen dem Marktgeschehen zwischen fremden Dritten entzogen sind.
2. Ungeachtet der rechtlichen Selbständigkeit der Geschäftseinheiten eines multinationalen Unternehmens führt das durch moderne Informations- und Kommunikationstechnologie erleichterte operative Zusammenwirken der Geschäftseinheiten eines multinationalen Unternehmens im Rahmen einer vertikalen und horizontalen Integration von Wertschöpfungsprozessen zur zunehmenden Loslösung der Leistungserstellung von der rechtlichen Organisation des Unternehmens sowie zur Generierung von Integrations- und Synergievorteilen, die der Interaktion fremder Dritter auf externen Märkten nicht immanent sind. Dies gilt insbesondere im Kontext der Schaffung und Nutzung immaterieller Vermögenswerte.
3. Die mit dem Informationszeitalter eingetretene Beschleunigung des technischen Fortschritts und die damit einhergehende Verschärfung des globalen Wettbewerbs zwingen multinationale Unternehmen dazu, ihre Wertschöpfungsprozesse permanent aktuellen Marktentwicklungen anzupassen. Dies macht es erforderlich, eine geographisch flexible Schaffung und Nutzung immaterieller Vermögenswerte mit den Ansprüchen der involvierten Steuerhoheiten in Einklang zu bringen. Die Gewinnabgrenzung nach dem Fremdvergleichsgrundsatz steht der Anforderung einer ungehinderten und flexiblen operativen Schaffung und Nutzung immaterieller Vermögenswerte durch ihre Ausrichtung an der gesellschaftsrechtlichen Struktur, der Fiktion eines faktisch nicht vorhandenen Interessengegensatzes und der Notwendigkeit einer fremdüblichen Bepreisung und Dokumentation sämtlicher grenzüberschreitender Transaktionen diametral entgegen.
4. Die grenzüberschreitende Schaffung und Nutzung immaterieller Vermögenswerte mittels der zur Verfügung stehenden Allokations- und Nutzungsstrategien ist durch die inkongruente Auslegung und unterschiedlich stark ausgeprägte Konkretisierung des

Fremdvergleichsgrundsatzes durch die OECD sowie die exemplarisch betrachteten nationalen Verrechnungspreisregimes Deutschlands und der USA signifikant beschränkt, was zu einer Verletzung der dieser Arbeit zu Grunde gelegten Beurteilungskriterien, aber auch zu einer Beeinträchtigung der unternehmerischen Handlungsfreiheit führt.

5. Für eine gerechte, praktikable und rechtssichere Gewinnabgrenzung in Bezug auf immaterielle Vermögenswerte wird eine global einheitliche zweckspezifische Definition sowie konsistente Regeln für ihre Zurechnung zu den Geschäftseinheiten eines multinationalen Unternehmens benötigt. Die Zurechnungsregeln erfordern eine konzeptionelle Integration der Vergütung von Beiträgen durch andere Geschäftseinheiten als den rechtlichen oder faktischen Eigentümer zur Schaffung und dem Erhalt immaterieller Vermögenswerte im Sinne der zweckspezifischen Definition.
6. Die für Zwecke der Definition tauglichen abstrakten Definitionsmerkmale sind aus den Vorgaben des Fremdvergleichsgrundsatzes abzuleiten. Hieraus ergeben sich die Definitionskriterien des nicht-physischen oder monetären Charakters, der Identifizierbarkeit im Sinne der Separierbarkeit von geschäftswertbildenden Faktoren, der Übertragbarkeit aufgrund rechtlicher oder faktischer Verfügungsmacht sowie der Eignung zur kommerziellen Nutzung beim Empfänger. Aufgrund der inhaltlichen Kongruenz zu den von IAS 38 verwendeten Definitionskriterien wird eine Verwendung dieser Definition auch für Zwecke der grenzüberschreitenden Gewinnabgrenzung vorgeschlagen. Eine Verbesserung der Rechtssicherheit kann durch die Heranziehung der Auslegungsgrundsätze der IFRS erzielt werden. Darüber hinaus wird im Rahmen der Prüfung des Konzernabschlusses eine unabhängige Evaluierung durch eine Erfassung und Überprüfung der erfolgskritischen unternehmensspezifischen immateriellen Vermögenswerte und deren Abgrenzung von geschäftswertbildenden Faktoren ermöglicht.
7. Die vorstehende zweckspezifische Definition in Orientierung an IAS 38 erfasst nicht den Geschäftswert, da dieser aus der Sicht des Fremdvergleichsgrundsatzes angesichts seiner fehlenden Identifizierbarkeit und Separierbarkeit keinen immateriellen Vermögenswert an sich darstellt. Bei der Übertragung von Bündeln von Vermögenswerten ist der Ansatz eines über die Summe der Einzelwerte der materiellen und immateriellen Bestandteile hinausgehenden Wertes jedoch geboten, wenn diese mittels wertschöpfender Geschäftsprozesse zusammenwirken und ihnen ein nachhaltiger Anspruch auf die Nutzung von geschäftswertbildenden Faktoren der übertragenden Geschäftseinheit anhaftet.

8. Der Vergleich der betrachteten Verrechnungspreisregimes zeigt, dass die Zurechnungsregeln des US-Steuerrechts sowie des Diskussionsentwurfs der OECD vom 30.7.2013 die Anforderungen der eindeutigen Zurechnung aller Arten immaterieller Vermögenswerte zu einer Geschäftseinheit, der Vergütung wertschaffender und -erhaltender Tätigkeiten anderer Geschäftseinheiten sowie der Überprüfung des ökonomischen Gehalts konzerninterner Transfers vereinen. Die Zurechnungsregeln sind im Kontext der grenzüberschreitenden Gewinnabgrenzung immaterieller Vermögenswerte transaktionsspezifisch hinsichtlich der funktionalen Mindestanforderungen an die als Eigentümer zu qualifizierende Geschäftseinheit zu konkretisieren.
9. Die ökonomische Validität des Market Approach für immaterielle Vermögenswerte ist durch das Vorhandensein von Integrations- und Synergievorteilen eines multinationalen Unternehmens sowie die mangelnde Verfügbarkeit von Preisen und anderen Informationen aus aktiven Märkten für unternehmensspezifische immaterielle Vermögenswerte in Frage gestellt. Erschwerend hinsichtlich einer gerechten und praktikablen Verrechnungspreisbildung mittels des tatsächlichen Fremdvergleichs wirken sich ferner die Schwierigkeiten der Objektivierung eines indirekten qualitativen Vergleichs konzerninterner und zwischen fremden Dritten zu Stande gekommener Transaktionen aus.
10. Die Gebote der individuellen Steuergerechtigkeit sowie der zwischenstaatlichen Verteilungsgerechtigkeit erfordern die Einschränkung der Zulässigkeit des Market Approach für die Fälle, in denen eine direkte Vergleichbarkeit durch Gegenüberstellung des Gewinnpotenzials sichergestellt werden kann. Soweit nur eine indirekte Vergleichbarkeit gegeben ist, ist eine Einschränkung auf diejenigen immateriellen Vermögenswerte erforderlich, die keine erfolgskritischen und daher wesentlichen immateriellen Vermögenswerte des betreffenden multinationalen Unternehmens darstellen. Die Problematik der Abgrenzung wesentlicher und unwesentlicher immaterieller Vermögenswerte kann durch die Analyse und Prüfung des unternehmensspezifischen Portfolios immaterieller Vermögenswerte sowie der geschäftswertbildenden Faktoren im Rahmen der Konzernabschlussprüfung erleichtert werden. Die entsprechenden Prüfungshandlungen werden entscheidend durch die Verwendung der Definition des Intangible Assets nach IAS 38 erleichtert.
11. Das Versagen des tatsächlichen Fremdvergleichs zur Verrechnungspreisbildung für immaterielle Vermögenswerte auf der Basis des Market Approach spiegelt sich in der zunehmenden Bedeutung von Methoden wider, die auf der Methodik des Income Ap-

proach aufbauen. Die insoweit im deutschen Steuerrecht und auf der Ebene der OECD in Gang gesetzte Entwicklung trägt dem Erfordernis der Verfügbarkeit praktisch umsetzbarer Methoden beim Fehlen von Fremdvergleichswerten für die Anwendung des tatsächlichen Fremdvergleichs Rechnung. Insbesondere aufgrund seiner zukunftsorientierten Sichtweise sowie der Schwierigkeiten der Messung des Wertschöpfungsbeitrags einzelner Vermögenswerte oder Geschäftseinheiten ist der Income Approach jedoch unvermeidlich mit dem Nachteil großer Bewertungsunsicherheit behaftet.

12. Sowohl das deutsche als auch das US-amerikanische Steuerrecht versuchen durch die Schaffung gesetzlicher Anreize zur Vereinbarung von Preisanpassungsregelungen bei konzerninternen Transaktionen einen Transfer immaterieller Vermögenswerte in ausländische Steuerhoheiten unter vollständiger oder weitgehender Vermeidung der Entstrickungsbesteuerung zu verhindern. Insoweit besteht bereits im geltenden Recht eine punktuelle Einschränkung der Reichweite des Fremdvergleichsgrundsatzes, die jedoch aufgrund ihrer zwischen dem deutschen und US-amerikanischen Recht differierenden Ausgestaltung der Rechtssicherheit abträglich ist.
13. Eine Verbesserung der zwischenstaatlichen Verteilungsgerechtigkeit und der Praktikabilität der auf dem Income Approach aufbauenden zweiseitigen einkommensbasierten Methoden kann durch eine global einheitliche Konvention zur zwingenden Vereinbarung von Preisanpassungsregelungen in Form eines Abweichungskorridors bei der grenzüberschreitenden Übertragung oder Überlassung wesentlicher immaterieller Vermögenswerte erreicht werden. Diese punktuelle Abweichung vom Fremdvergleichsgrundsatz ist aufgrund der fehlenden Überprüfbarkeit der Ursachen für tatsächlich eintretende Abweichungen von der im Rahmen der Bewertung antizipierten Entwicklung gerechtfertigt. Die Ausgewogenheit dieser Preisanpassungsregelung wird durch ihre symmetrische Ausprägung sichergestellt, d.h. signifikante Abweichungen in jede Richtung werden einer Korrektur zugeführt.
14. Für bestimmte hoch integrierte Leistungsbeziehungen stellt sich die Residual Profit Split Method als am besten geeigneter Ansatz zur Verrechnungspreisermittlung dar. Die Schwäche der Methode liegt jedoch in der fehlenden Objektivierbarkeit der Aufteilung des Residual Profits. Eine Verbesserung der zwischenstaatlichen Verteilungsgerechtigkeit und Praktikabilität der Methode kann durch Heranziehung objektiv messbarer Maßstabsgrößen zur Allokation des Residual Profits erreicht werden, die zugleich einen Bezug zur Wertschöpfung der Transaktionsparteien aufweisen. Hierfür werden die Größen Umsatz, Arbeit und Sachkapital vorgeschlagen.

15. Die Reform der Aspekte Definition, Zurechnung und Methoden ist für die bestehenden Allokations- und Nutzungsstrategien für immaterielle Vermögenswerte in multinationalen Unternehmen in konsistenter Weise umzusetzen. Insbesondere ist eine transaktionsspezifische Definition immaterieller Vermögenswerte abzulehnen. Hervorzuheben ist insoweit die gemeinsame grenzüberschreitende Entwicklung und Nutzung von immateriellen Vermögenswerten, für die eine Einschränkung des zulässigen Teilnehmerkreises sowie eine konsistente Definition immaterieller Vermögenswerte und ein ebensolcher Umgang mit Bewertungsunsicherheit durch eine global einheitliche Festlegung eines Abweichungskorridors vorgeschlagen wird.
16. Alternativen zum Fremdvergleichsgrundsatz bestehen in einer Abkehr vom Separate Entity Approach und der Anwendung einer formelhaften Aufteilung des konsolidierten Gesamtgewinns multinationaler Unternehmen nach der indirekten Methode einer Unitary Taxation. Die exemplarische Betrachtung des Richtlinienvorschlags der EU-Kommission für eine Gemeinsame Konsolidierte Körperschaftsteuer-Bemessungsgrundlage zeigt, dass die indirekte Methode mit einer besseren Objektivierbarkeit der für die Allokation der Bemessungsgrundlage verwendeten Faktoren einhergeht und den im Status quo bestehenden Möglichkeiten zur Steuerplanung mit immateriellen Vermögenswerten die Grundlage entzieht. Die indirekte Methode kann jedoch ebenso wenig wie der Separate Entity Approach den Anspruch einer quantitativ korrekten Ergebnisallokation im Einklang mit dem tatsächlichen Wertschöpfungsanteil der einzelnen Geschäftseinheiten eines multinationalen Unternehmens erfüllen.
17. Die tatsächlichen Vorteile der formelhaften Aufteilung liegen daher neben dem Wegfall der Beeinträchtigung unternehmerischer Entscheidungen zum grenzüberschreitenden Einsatz des immateriellen Vermögens im Bereich signifikant reduzierter Befolgungs- und Überprüfungskosten, einer gleichmäßigeren Rechtsanwendung im Sinne der individuellen Steuergerechtigkeit sowie einer Verbesserung der Rechtssicherheit. Die Unitary Entity Theory in der Form des Formulary Apportionments stellt damit eine im Ergebnis vorzugswürdige Alternative zum Separate Entity Approach dar.
18. Soweit sich eine globale Durchsetzbarkeit einer formelhaften Aufteilung als nicht kurzfristig realisierbar darstellt, wird ihre geographisch abgegrenzte Einführung – etwa in Form der EU-weiten GKKB – auf absehbare Zeit mit der Existenz von Außengrenzen konfrontiert sein. Vor diesem Hintergrund ist eine zielführende Weiterentwicklung des Separate Entity Approach im vorstehend erläuterten Sinne dringend geboten.

Literaturverzeichnis

Abdallah, Wagdy M./Murtuza, Athar: Transfer Pricing Strategies of Intangible Assets, E-Commerce and International Taxation of Multinationals, International Tax Journal 2006, 5-16

Abernethy, Margaret A. et al.: A multi-method approach to building causal performance maps from expert knowledge, Management Accounting Research 2005, 135-155

Ahuja, Sandeep: Marketing intangibles and the bright-line test – an Indian perspective, Transfer Pricing International Journal 09/2011, 11-13

Andresen, Ulf: Konzernverrechnungspreise für multinationale Unternehmen (Konzernverrechnungspreise), Wiesbaden 1999

Angus, Barbara M. et al.: Current Status of Legislation Relating to U.S. International Tax Rules, Tax Management International Journal 9/2012, 528-538.

Allee, Verna: Value network analysis and value conversion of tangible and intangible assets, Journal of Intellectual Capital 2008, 5-23

Anderson, Kenneth E./Pope, Thomas R./Kramer, John L.: Federal Taxation (Taxation), Upper Saddle River 2008

Andriessen, Daniel: Making Sense of Intellectual Capital (Intellectual Capital), Amsterdam 2004

Andriessen, Daniel: IC valuation and measurement: classifying the state of the art, Journal of Intellectual Capital 2004, 230-242

Andrus, Joseph L.: Länderbericht United States, in: IFA, Cahiers de droit fiscal international, Volume 92a, 2007, 629-651

Anson, Weston/Suchy, Donna: Intellectual Property Valuation (Valuation), Chicago 2005

Arbeitskreis „Immaterielle Werte im Rechnungswesen" der Schmalenbach-Gesellschaft für Betriebswirtschaftslehre e.V.: Kategorisierung und bilanzielle Erfassung immaterieller Werte, DB 2001, 989-995

Arbeitskreis „Immaterielle Werte im Rechnungswesen" der Schmalenbach-Gesellschaft für Betriebswirtschaftslehre e.V.: Erfassung immaterieller Werte in der Unternehmensberichterstattung vor dem Hintergrund handelsrechtlicher Rechnungslegungsnormen, in: Horváth/Möller, Intangibles in der Unternehmenssteuerung (Intangibles), München 2004, 221-250

Arndt, Hans-Wolfgang: Praktikabilität und Effizienz (Praktikabilität), Köln 1983

Aud, Ernest F./Merwin, Michael J., inq: Cole, Practical Guide to U.S. Transfer Pricing (U.S. Transfer Pricing), 3. Auflage, Albany 2011

Avi-Yonah, Reuven S./Benshalom, Ilan: Formulary Apportionment – Myths and Prospects, World Tax Journal 2011, 371-399

Avi-Yonah, Reuven S.: Between Formulary Apportionment and the OECD Guidelines: A Proposal for Reconciliation, World Tax Journal 2010, 3-18

Avi-Yonah, Reuven S.: The Rise and Fall of Arm's Length: A Study in the Evolution of U.S. International Taxation, Public Law and Legal Theory Working Paper Series No. 92, 2007

Bärsch, Sven-Eric/Luckhaupt, Hagen/Schulz, Sebastian: Bestimmung angemessener Verrechnungspreise im Zusammenhang mit immateriellen Vermögenswerten, Ubg 2014, 37-47

Bärsch, Sven-Eric/Luckhaupt, Hagen/Schulz, Sebastian: BEPS: Steuerliche Implikationen des Aktionsplans der OECD aus deutscher Sicht, ISR 2013, 358-364

Barbera, Anthony J.: Considering risk in Trademark Royalty Arrangements, Tax Management Transfer Pricing Report 2003, 71-80

Bartelsman, Eric J./Beetsma, Roel M. W.: Why Pay More? Corparate Tax Avoidance Through Transfer Pricing in OECD Countries, CESifo Working Paper No. 324, 2000

Bauer, Dan: Verrechnungspreise zwischen mehreren Konzernstrategieträgern – Plädoyer für einen veranlassungsorientierten profit-split, IStR 2006, 320-324

Bauer, Karl-Heinz: Geschäftswert, Kundenstamm und Wettbewerbsverbot im Steuerrecht, DB 1989, 1051-1055

Bauer, Michael E.: Verrechnungspreise für immaterielle Wirtschaftsgüter des Anlagevermögens (Immaterielle Wirtschaftsgüter), Frankfurt am Main 2000

Baumhoff, Hubertus, in: Flick/Wassermeyer/Baumhoff/Schönfeld (F/W/B/S), Außensteuerrecht: Kommentar, 69. Erg. Lfg., Köln 2012

Baumhoff, Hubertus: Einkunftsabgrenzung bei international tätigen Unternehmen, in: Mössner, Steuerrecht international tätiger Unternehmen (Steuerrecht), 4. Auflage, Köln 2012, 373-691

Baumhoff, Hubertus/Bodenmüller, Ralph: Die Besteuerung grenzüberschreitender Funktionsverlagerungen, in: Grotherr, Handbuch der Internationalen Steuerplanung (Steuerplanung), 3. Auflage, Herne 2011, 541-591

Baumhoff, Hubertus/Greinert, Markus: Angemessene Lizenzsätze bei grenzüberschreitenden Funktionsverlagerungen, Ubg 2009, 544-548

Baumhoff, Hubertus: Die Bestimmung angemessener Verrechnungspreise bei der Existenz von Preisbandbreiten, in: Gocke, Körperschaftsteuer, Internationales Steuerrecht, Doppelbesteuerung, Festschrift für Franz Wassermeyer (FS Wassermeyer), München 2005, 347-369

Baumhoff, Hubertus/Ditz, Xaver/Greinert, Markus: Die Dokumentation internationaler Verrechnungspreise nach den „Verwaltungsgrundsätze-Verfahren", DStR 2005, 1549-1556

Baumhoff, Hubertus: Die Verrechnung von Leistungen zwischen verbundenen Unternehmen mit Hilfe von Konzernumlagen (Teil I), IStR 2000, 693-704

Becker, Brian C.: Projected and Actual Profits' Impact on Licensees, Tax Management Transfer Pricing Report 2008, 461-466

Becker, Brian C.: Further Thoughts on Cost Sharing Buy-Ins: The Market Capitalization and Declining Royalty Methods, Tax Management Transfer Pricing Report 2001, 195-198

Becker, Helmut: Die Bedeutung der verbundenen Unternehmen in Art. 9 OECD-MA, IWB Fach 10, Gruppe 2, 1705-1716

Becker, Helmut, in: Gosch/Kroppen/Grotherr, DBA-Kommentar: Kommentar, 7. Erg. Lfg., München 2000

Becker, Helmut: Der ordentliche Geschäftsleiter – im deutschen und ausländischen Recht, in: Knobbe-Keuk/Klein/Moxter (Hrsg.), Handelsrecht und Steuerrecht: Festschrift für Dr. Dr. h.c. Georg Döllerer (FS Döllerer), Düsseldorf 1988, 17-24

Becker, Helmut: Comments on Profit Methods proposed by the OECD Discussion Report, Intertax 1995, 256-259

Beeton, Danny/Clayson, Murray/Forsyth, Christopher: Intellectual property in transfer pricing planning, Transfer Pricing International Journal 4/2010, 19-26

Bell, Kevin A.: OECD's Andrus, BIAC Chair Lenon Square Off on Question of Which Party Should Receive Returns from Intangibles, Tax Management Transfer Pricing Report 2012, 610-613

Bernhardt, Lorenz/van der Ham, Susann/Kluge, Sven: Verrechnungspreismethoden – Weitergehende Anwendungsbereiche des hypothetischen Fremdvergleichs, Ubg 2009, 244-249

Berry, Charles H./Bradford, David F./Hines James R. Jr.: Arm's Length Pricing: Some Economic Perspectives, CESifo Working Paper No. 11, 1991, zitiert nach *Sommer*, Unitary Apportionment, 2011, 90

Beyer, Sven/Mackenstedt, Andreas: Grundsätze zur Bewertung immaterieller Vermögenswerte (IDW S5), WPg 2008, 338-349

Bischel, Jon: White Paper Analysis: Ballroom Dancing with an Intangible, Tax Notes 1988, 1097-1103.

Blumenwitz, Dieter: Einführung in das anglo-amerikanische Recht (US-Recht), 6. Auflage, München 1998

Blumers, Wolfgang: Aggressive Steuerplanung, – Vielleicht legal, aber jedenfalls verwerflich, BB 2013, 2785-2788

Blumers, Wolfgang: Funktionsverlagerung per Transferpaket, BB 2007, 1757-1763

Bodenmüller, Ralph: Steuerplanung bei Funktionsverlagerungen ins Ausland (Funktionsverlagerungen), Düsseldorf 2004

Bonano, William E.: Transfers of Intangible Property under Section 482, Pillsbury International Tax Bulletin 1999, 1-11

Boos, Monica: International Transfer Pricing: The Valuation of Intangibles (Intangibles), Den Haag 2003

Borkowski, Susan C.: Transfer pricing of intangible property – Harmony and discord across five countries, The International Journal of Accounting 2001, 349-374

Born, Karl: Unternehmensanalyse und Unternehmensbewertung (Unternehmensbewertung), 2. Auflage, Stuttgart 2003

Borstell, Thomas/Wehnert, Oliver: Funktions- und Geschäftsverlagerung, in: *Vögele/Borstell/Engler*, Verrechnungspreise (Verrechnungspreise), München 2011, 1611-1835

Borstell, Thomas/Hülster Thomas: Lieferungen von Gütern und Waren, in: *Vögele/Borstell/Engler*, Verrechnungspreise (Verrechnungspreise), München 2011, 903-1023

Borstell, Thomas/Schäperclaus, Jens: Was ist eigentlich eine Funktion?, IStR 2008, 275-284

Borstell, Thomas: Verrechnungspreisprobleme bei Funktionsverlagerungen, in: Steuerberater-Jahrbuch 2001/2002, Köln 2002, 210-237

Bowen, David N.: Full-Value Methods: Has the IRS Finally Hurled the Holy Hand Grenade? A Critical Analysis of the Scope of §§ 482, 367(d), and 936(h)(3)(B) in Relation to Goodwill, Going Concern Value, and Workforce in Place, Tax Management International Journal 01/2008, 3-31

Brändel, Katrin: Verrechnungspreise bei grenzüberschreitender Lizenzierung von Marken im Konzern (Lizenzierung), Berlin 2010

Brauner, Yariv: Cost Sharing and the Acrobatics of Arm's Length Taxation, University of Florida Levin College of Law Research Paper No. 2010-19, 2010

Broemel, Karl: Konzerninterne Auftragsforschungsverhältnisse im Spannungsfeld aktueller Entwicklungen bei der Zurechnung von immateriellen Wirtschaftsgütern, IStR 2013, 250-255

Brönner, Herbert et al.: Die Bilanz nach Handels- und Steuerrecht (Bilanz), 10. Auflage, Stuttgart 2011

Brüninghaus, Dirk/Bodenmüller, Ralph: Tatbestandsvoraussetzungen der Funktionsverlagerung, DStR 2009, 1285-1290

Brunsbach, Stefan: Electronic Commerce und Internationale Unternehmensbesteuerung (Electronic Commerce), Köln 2003

Buciek, Klaus, in: Blümich, Einkommensteuergesetz/Körperschaftsteuergesetz/Gewerbesteuergesetz: Kommentar, 115. Erg. Lfg., München 2012

Busche, Jan, in: Säcker/Rixecker, Münchner Kommentar zum BGB: Kommentar, 6. Auflage, München 2012

Cain, Matthew D./Denis, David J./Denis, Diane K.: Earnouts – A Study of Financial Contracting in Acquistion Agreements (Earnouts), 2010

Canibano, Leandro/Garcia-Ayuso, Manuel/Sanchez, Paloma: Accounting for Intangibles: A Literature Review, Journal of Accounting Literature 2000, 102-130

Carroll, Mitchell B.: Allocation of Business Income: The Draft Convention of the League of Nations, Columbia Law Review 1934, 473-498

Caves, Richard, E.: International Corporations: The Industrial Economics of Foreign Investment, Economica 1971, 1-27

Chandler, Clark J./Cope, Charles W./Zollo, Thomas M.: Methods to Determine Taxable Income in Connection with a Cost Sharing Arrangement: A Review and Analysis of the Proposed Cost Sharing Regulations, Taxes 2005, 19-38

Chatzkel, Jay: A conversation with Göran Roos, Journal of Intellectual Capital 2002, 96-117

Clausing, Kimberly A./Lahav, Yaron: Corporate tax payments under formulary apportionment: Evidence from the financial reports of 50 major U.S. multinational firms, Journal of International Accouting, Auditing and Taxation 2011, 97-105

Coase, Ronald Harry: The Nature of the Firm, Economica 1937, 386-405

Cole, Robert T., in: Cole, Practical Guide to U.S. Transfer Pricing (U.S. Transfer Pricing), 3. Auflage, Albany 2011

Cortez, Benjamin, in: Wöhrle/Schelle/Gross, Außensteuergesetz: Kommentar, 26. Erg. Lfg., Stuttgart 2011

Cuganesan, Suresh/Dumay, John C.: Reflecting on the production of intellectual capital visualisations, Journal of Intellectual Capital 2009, 1161-1186

Darnton, Geoffrey: Business Process Analysis (Analysis), 2. Auflage, Bournemouth 2012

Datar, Srikant/Frankel, Richard/Wolfson, Mark: The Effects of Adverse Selection and Agency Costs on Acquisition Techniques, Journal of Law, Economics, and Organization 2001, 201-238

Dawid, Roman/Dworaczek, Michael, in: Kroppen, Handbuch Internationale Verrechnungspreise: Kommentar (Verrechnungspreise), 15. Erg. Lfg., Köln 2012

Dawo, Sascha: Immaterielle Güter in der Rechnungslegung nach HGB, IAS/IFRS und US-GAAP (Immaterielle Güter), Herne/Berlin 2003

Deutscher Industrie- und Handelskammertag/Bundesverband der deutschen Industrie: Comments on OECD Transfer Pricing Guidelines, Part I – Discussion Draft, Intertax 2005, 93-104

Dischinger, Matthias/Riedel, Nadine: Corporate taxes and the location of intangible assets within multinational firms, Journal of Public Economics 2011, 691-707

Ditz, Xaver: Praxisfall einer Verrechnungspreisprüfung und Funktionsverlagerung – Anmerkungen zum Beitrag von Zech, IStR 2009, 421-424

Ditz, Xaver: Übertragung von Geschäftschancen bei Funktionsverlagerungen ins Ausland, DStR 2006, 1625-1631

Ditz, Xaver: Internationale Gewinnabgrenzung bei Betriebsstätten (Gewinnabgrenzung), Berlin 2004

Djanani, Christiana/Brähler, Gernot: Internationales Steuerrecht (Steuerrecht), 3. Auflage, Wiesbaden 2006

Drüen, Klaus-Dieter, in: Tipke/Kruse, Abgabenordnung/Finanzgerichtsordnung: Kommentar, 129. Erg. Lfg., Köln 2012

Dunning, John Harry: The eclectic paradigm as an envelope for economic and business theory of MNE activity, International Business Review 2000, 163-190

Dunning, John Harry: Explaining Changing Patterns Of International Production: In Defence Of The Eclectic Theory, Oxford Bulletin of Economics and Statistics 1979, 269-295

Dunning, John Harry: Trade, location of economic activity and the MNE: A search for an eclectic approach, in: *Ohlin/Hesselborn/Wijkman*, The International Allocation of Economic Activity (Economic Activity), London 1977, 395-418

Eden Lorraine, Went for cost, priced at cost? An economic approach to the transfer pricing of offshored business services, Transnational Corporations Journal 02/2005, 1-52

Eden, Lorraine: Taxing Multinationals: Transfer Pricing and Corporate Income Taxation in North America (Multinationals), Toronto 1998

Eden, Lorraine: Puerto Rican Transfers and Section 936, Tax Notes International 1994, 37-45

Edvinsson, Leif: Developing Intellectual Capital at Skandia, Long Range Planning 1997, 366-373

Edvinsson, Leif/Malone, Michael Shawn: Intellectual Capital: Realizing your company's true value by finding its hidden brainpower (Intellectual Capital), New York 1997

Eigelshoven, Axel/Ebering, Alexander/Schmidtke, Richard: Der OECD Diskussionsentwurf vom 6.6.2012, IWB 2012, 487-496

Eigelshoven, Axel/Ebering, Alexander, in: Kroppen, Handbuch Internationale Verrechnungspreise (Verrechnungspreise), 15. Erg. Lfg., Köln 2012

Eigelshoven, Axel/Nientimp, Axel: Die Dokumentation angemessener Verrechnungspreise nach den Verwaltungsgrundsätzen-Verfahren: Eine kritische Analyse, DB 2010, 1184-1189

Eigelshoven, Axel, in: Vogel/Lehner, DBA: Kommentar, 5. Auflage, München 2008

Eisele, Florian: Grenzüberschreitende Funktionsverlagerung (Funktionsverlagerung), Herne 2003

Elsing, Siegfried H./Van Alstine, Michael P.: US-amerikanisches Handels- und Wirtschaftsrecht (Handels- und Wirtschaftsrecht), Heidelberg 1999

Engler, Gerhard/Freytag, Ulf/Herda, Eduard: Immaterielle Wirtschaftsgüter, in: *Vögele/Borstell/Engler*, Verrechnungspreise (Verrechnungspreise), München 2011, 1251-1526

Ernst & Young: 2010 Global Transfer Pricing Survey (2010 Survey), 2011

Ernst & Young: 2007-2008 Global Transfer Pricing Survey (2007 Survey), 2007

Ernst & Young, 2005-2006 Global Transfer Pricing Survey (2005 Survey), 2005

Ernst & Young, 2003 Global Transfer Pricing Survey (2003 Survey), 2003

Ewert, Ralf/Wagenhöfer, Alfred: Interne Unternehmensrechnung (Unternehmensrechnung), 7. Auflage, Heidelberg 2008

Faiferlick, Christopher J. et al.: Market Capitalization: Not a Reliable Transfer Pricing Method, Tax Management Transfer Pricing Report 2001, 753-759

Feinschreiber, Robert/Kent, Margaret: Transfer Pricing Handbook (Transfer Pricing), Hoboken 2012

Feinschreiber, Robert: Transfer Pricing Methods (Transfer Pricing), Hoboken 2004

Fischbach, Norbert: Die steuerrechtliche Behandlung von Lizenzgebühren und Vergütungen für technische Dienstleistungen in Brasilien aus deutscher Sicht, IWB Fach 8, Gruppe 2, Land Brasilien, 127-148

Fischer, Wolfgang Wilhelm/Looks, Christian/Reese, Markus: Ermittlung von steuerlichen Verrechnungspreisen beim Global Development, IStR 2008, 254-258

Fischer-Zernin, Justus: Sondervergütungen und DBA, RIW 1991, 493-497

Flick, Hans: Steuerliche Abzugsfähigkeit von Forschungskosten ausländischer Konzernspitzen, BB 1973, 286

Flick, Hans: Recht und Gerechtigkeit im internationalen Steuerrecht, FR 1961, 171-174

Förster, Guido/Krauß, Sebastian: Der Richtlinienvorschlag der Europäischen Kommission zur Gemeinsamen konsolidierten Körperschaftsteuer (GKKB) vom 16.3.2011, IStR 2011, 607-615

Fohr, Iris: Besteuerungskonzept für Holdinggesellschaften (Holdinggesellschaften), Frankfurt 2001

Francescucci, David, L.: The arm's length principle and groups dynamics – Part 1: The Conceptual Shortcomings, International Transfer Pricing Journal 2004, 55-75

Frebel, Maibrit: Erfolgsaufteilung und –besteuerung im internationalen Konzern (Erfolgsaufteilung), Köln 2006

Fuest, Clemens et al.: Handlungsoptionen gegen aggressive Steuerplanung, DB 2013, Standpunkte 38, 33-38

Fuest, Clemens et al.: Profit Shifting and „Aggressive" Tax Planning by Multinational Firms: Issues and Options for Reform, ZEW Discussion Paper No. 13-044, 2013

Gaiser, Bernd: Immaterielle Werte aus der Sicht der Unternehmensberatung, in: *Piwinger/Zerfaß*, Immaterielle Vermögenswerte (Immaterielle Vermögenswerte), Stuttgart 2009, 365-377

Ghosh, Shanto/Wells, John/Wolosoff, Todd: OECD's discussion draft on intangibles: A positive step forward, International Tax Review 2012, Supplement Intangibles, 13-19

Gilbert, Gregory A.: Discounted Future Benefits Method: An Income Approach, in: *West/Jones* (Hrsg.), Handbook of Business Valuation (Business Valuation), 2. Auflage, New York 1999

Goebel, Sören/Eilinghoff, Karolina: Rechtsstaatsprinzip versus Gesetzgebungspraxis des deutschen Parlaments – wo bleibt der Vertrauensschutz für den deutschen Steuerzahler, DStZ 2008, 311-321

Götting, Horst-Peter: Gewerblicher Rechtsschutz (Rechtsschutz), 9. Auflage, München 2010

Goldscheider, Robert/Jarosz, John/Mulhern, Carla: Use of 25 Per Cent Rule in Valuing IP, Les Nouvelles 2002, 123-133

Gomes, Tracy: Defining goodwill for transfer pricing, Transfer Pricing International Journal 11/12 2012, 10-13

Gosch, Dietmar: Wettbewerbsverbot, Geschäftschancenlehre und verdeckte Gewinnausschüttung: Checkliste und Prüfungsschema, DStR 1997, 442-444

Greinert, Markus: Steuerliche Besonderheiten bei der Bewertung immaterieller Wirtschaftsgüter von grenzüberschreitenden Transaktionen im Konzern, Ubg 2010, 101-110

Groß Michael/Rohrer, Oswald: Lizenzgebühren (Lizenzgebühren), 3. Auflage, Frankfurt 2012

Grüner, Tanja: Behandlung der immateriellen Vermögenswerte im Rahmen der Erstkonsolidierung nach IAS/IFRS (Erstkonsolidierung), München 2006

Guthrie, James/Ricceri, Federica/Dumay, John: Reflections and projections: A decade of Intellectual Capital Accounting, The British Accounting Review 2012, 68-82

Hamaekers, Hubert: Arm's Length – How Long?, in: Kirchhoff, Staaten und Steuern: Festschrift für Klaus Vogel (FS Vogel), Heidelberg 2000, 1043-1064.

Harvard Note: Multinational Corporations and Income Allocation und Section 482 of the Internal Revenue Code, Harvard Law Review 1976, 1202-1238

Hay, Peter: US-Amerikanisches Recht (US-Recht), 5. Auflage, München/Wien 2011

Heckemeyer, Jost H./Overesch, Michael: Multinationals' Profit Response to Tax Differentials: Effect Size and Shifting Channels, ZEW Discussion Paper No. 13-045, 2013

Hellerstein, Walter/McLure, Charles Jr.: The European Commissions's Report on Company Income Taxation: What the EU Can Learn from the Experience of the US States, International Tax and Public Finance 2004, 199-220

Hennart, Jean-François: Theories of the Multinational Enterprise, in: *Rugman*, The Oxford Handbook of International Business (International Business), 2. Auflage, Oxford 2009

Henshall, John/Smith, Greg: OECD's Draft Chapter VI „Special Considerations for Intangibles", Transfer Pricing International Journal 6/2012, 4-10

Henshall, John: OECD review of Chapter VI: Intangibles, Transfer Pricing International Journal 8/2010, 10-13

Herbert, Tanja/Luckhaupt, Hagen: Bestimmung von Verrechnungspreisen für immaterielle Wirtschaftsgüter – zum Diskussionsentwurf der OECD, Ubg 2012, 672-677

Herzig, Norbert: Praktikables Steuerrecht aus betriebswirtschaftlicher Sicht, BB 2000, 1863-1869

Hey, Johanna: Harmonisierung der Unternehmensbesteuerung in Europa (Unternehmensbesteuerung), Köln 1997

Heyd, Reinhard/Lutz-Ingold, Martin: Immaterielle Vermögenswerte und Goodwill nach IFRS (Immaterielle Vermögenswerte), München 2005

Höppner, Horst-Dieter: Der neue Verrechnungspreis-Erlaß – Grundsätzliche Probleme aus der Sicht der Verwaltung, StBp 1983, 121-129

Horst, Thomas, in: Cole, Practical Guide to U.S. Transfer Pricing (U.S. Transfer Pricing), 3. Auflage, Albany 2011

Hymer, Stephen Herbert: The International Operations of National Firms: A Study of Direct Foreign Investment (Direct Foreign Investment), Cambridge 1976

IDW, IDW Standard: Grundsätze zur Bewertung immaterieller Vermögenswerte (IDW S5), Stand 23.05.2011, Düsseldorf 2011

IDW, IDW Stellungnahme zur Rechnungslegung: Bewertungen bei der Abbildung von Unternehmenserwerben und bei Werthaltigkeitsprüfungen nach IFRS (IDW RS HFA 16), Stand 18.10.2005, Düseldorf 2005

Imhof, Manuel: Business Restructuring: Eine betriebswirtschaftliche und steuerliche Analyse (Business Restructuring), Köln 2012

Immerman, Andrew L., in: Cole, Practical Guide to U.S. Transfer Pricing (U.S. Transfer Pricing), 3. Auflage, Albany 2011

International Chamber of Commerce: Comments on OECD Transfer Pricing Guidelines for MNEs and Tax Administrations – Discussion Draft of Part I, Intertax 1995, 39-44

Jacobs, Otto: Internationale Unternehmensbesteuerung (Unternehmensbesteuerung), 7. Auflage, München 2011

Jacobs, Otto/Spengel, Christoph/Schäfer, Anne: ICT and Profit Allocation within Multinational Groups, Intertax 2004, 268-283

Jahndorf, Christian: Besteuerung der Funktionsverlagerung, FR 2008, 101-111

Jhunjhunwala, Shital: Montoring and measuring intangibles using value maps: some examples, Journal of Intellectual Capital 2009, 211-223

Joos, Christian: Die Erbringung von technischen Dienstleistungen unter steuerlichen Gestaltungsüberlegungen, in: Grotherr, Handbuch der Internationalen Steuerplanung (Steuerplanung), 3. Auflage, Herne 2011, 859-888

Keates, Harry A./Muylle Robyn/Wright Deloris R.: Temporary Cost Sharing Regulations: A Comment, International Transfer Pricing Journal 2009, 166-174

Kahle, Holger/Schulz, Sebastian: Richtlinienentwurf für eine Gemeinsame konsolidierte Körperschaftsteuer-Bemessungsgrundlage in der Europäischen Union, StuB 2011, 296-303

Kaminski, Bert, in: Strunk/Kaminski/Köhler, Außensteuergesetz/Doppelbesteuerungsabkommen: Kommentar, 27. Erg. Lfg., Bonn 2011

Kaminski, Bert: Seminar C: Kostenaufteilungspraktiken bei der internationalen Entwicklung immaterieller Wirtschaftsgüter, IStR 2001, 539-545

Kamphuis, Erik: Significant People Functions and Functional Ownership: The New Motto in Transfer Pricing, Tax Management Transfer Pricing Report 2008, 300-310

Kaplan, Robert S./Norton, David P.: Strategy Maps (Strategy Maps), Stuttgart 2004

Kaplan, Robert S./Norton, David P.: The Balanced Scorecard – Measures the Drive Performance, Harvard Business Review 1992, 71-79

Kasperzak, Rainer/Nestler, Anke: Bewertung von immateriellem Vermögen (Bewertung), Weinheim 2010

Katsushima, Toshiaki: Perspective: OECD Draft Transfer Pricing Guidelines, Intertax 2005, 273-274

Klassen, Kenneth J./Shackelford, Douglas A.: State and provincial corporate tax planning: income shifting and sales apportionment factor management, Journal of Accounting and Economics 1998, 385-406

Kleineidam, Hans-Jochen: Fremdvergleichsgrundsatz und strategische Rente globaler Unternehmenspolitik, IStR 2001, 724-728

Knoppe, Helmut: Lizenzverträge und verdeckte Gewinnausschüttung, BB 1967, 1117-1120

Koenig, Ulrich, in: Pahlke/Koenig, Abgabenordnung: Kommentar, 2. Auflage, München 2009

Kroppen, Heinz-Klaus/Rasch, Stephen/Eigelshoven, Axel: Die Behandlung der Funktionsverlagerungen im Rahmen der Unternehmensteuerreform 2008 und der zu erwartenden Verwaltungsgrundsätze-Funktionsverlagerung, IWB Fach 3, Gruppe 1, 2201-2230

Kuebart, Jan: Verrechnungspreise im internationalen Lizenzgeschäft (Lizenzgeschäft), Hamburg 1995

Küting, Karlheinz: Der Geschäfts- oder Firmenwert in der deutschen Konsolidierungspraxis 2007, DStR 2008, 1795-1802

Küting, Karlheinz: Ein erneutes Plädoyer für eine Einheitsbesteuerung, DB 1990, 489-497

Kuckhoff, Harald/Schreiber, Rolf: Die neuen Verwaltungsgrundsätze zu den Umlageverträgen (Teil I), IStR 2000, 346-351

Kurzewitz, Christina: Wahl der geeigneten Verrechnungspreismethode zur Verringerung von Doppelbesteuerungsproblemen (Methodenwahl), Hamburg 2009

Kußmaul, Heinz/Niehren, Christoph: Die Gemeinsame Konsolidierte Körperschaftsteuer-Bemessungsgrundlage in der Europäischen Union, StB 2011, 344-350

Kußmaul, Heinz/Ollinger, Carina: Zur Aktivierungsfähigkeit von Nutzungsrechten in Handels- und Steuerbilanz, StuW 2011, 282-291

Lahodny-Karner, Andrea: Konzernverrechnungspreise im nationalen und internationalen Steuerrecht unter besonderer Berücksichtigung der Kostenaufschlagsmethode (Kostenaufschlagsmethode), Wien 1988

Langbein, Stanley I.: The Unitary Method and the Myth of Arm's Length, Tax Notes 1986, 625-681

Le Gall, Jean-Pierre: „Other methods" under the OECD discussion draft on transfer pricing, International Transfer Pricing Journal 1995, 22-27

Lehner, Moris: Das Territorialitätsprinzip im Licht des Europarechts, in: Gocke/Gosch/Lang, Körperschaftsteuer, Internationales Steuerrecht, Doppelbesteuerung, Festschrift für Franz Wassermeyer (FS Wassermeyer), München 2005, 241-261

Lev, Baruch: Intangibles at a Crossroads, in: Horváth/Möller, Intangibles in der Unternehmenssteuerung, München 2004, 5-14

Lev, Baruch: Intangibles (Intangibles), Washington D.C. 2001

Levey, Marc M./Wrappe, Steven C.: Transfer Pricing: Rules, Compliance and Controversy (Transfer Pricing), 3. Auflage, Chicago 2010

Li, Jinyan: Global Profit Split: An Evolutionary Approach to International Income Allocation, Canadian Tax Journal 2002, 823-883

Lienau, Achim/Zülch, Henning: Die Ermittlung des value in use nach IFRS, KoR 2006, 319-329

Looks, Christian/Köhler, Hanjo: Hypothetischer Fremdvergleich und Funktionsverlagerungen: Mittelwert des Einigungsbereichs und spieltheoretische Verhandlungsmodelle, StB 2009, 317-325

Luckhaupt, Hagen/Overesch, Michael/Schreiber, Ulrich: The OECD Approach to Transfer Pricing: A Critical Assessment and Proposal, in: *Schön/Konrad*, Fundamentals of International Transfer Pricing (Fundamentals of Transfer Pricing), Heidelberg 2012

Luckhaupt, Hagen/Overesch, Michael/Schreiber, Ulrich: Objektivierung der steuerlichen Erfolgsabgrenzung bei internationaler Geschäftstätigkeit, StuW 2012, 359-368

Lundquist, Jonas/Halila, Fawzi: Outsourcing of NPD activities: a best practive approach, European Journal of Innovation Management 2010, 5-23

Mahalingham, Shiv et al.: The UK Patent Box Regime – a significant change in the tax planning landscape, Transfer Pricing International Journal 9/2011, 9-10

Mahalingham, Shiv et al.: Intellectual property planning and tax efficiency, Transfer Pricing International Journal 4/2010, 36-39

Markham, Michelle: The Transfer Pricing of Intangibles (Intangibles), Den Haag 2005

Marr, Bernard: Strategic Performance Management (Performance), Oxford 2006

Marr, Bernard/Schiuma, Giovanni/Neely, Andy: The dynamics of value creation: mapping your intellectual performance drivers, Journal of Intellectual Capital 2004, 312-325

Martin, Julie: IRS Official Defends Cost-Sharing Regs' Aggregation of Intangibles, Tax Notes International 2012, 443

Maruca, Samuel M./Warner, John P.: Transfer Pricing (Transfer Pricing), BNA Tax Management Foreign Income Portfolios: Transfer Pricing, Portfolio 886-2nd: Transfer Pricing: The Code, the Regulations and Selected Case Law (Online-Ressource), Washington 2012

McInnes, Alan: Intangibles Ownership, Arm's Length Royalties, And the Irrelevance of the Competitive Model, Tax Management Transfer Pricing Report 2012, 173-178

McJohn, Stephen M.: Intellectual Property (Intellectual Property), 3. Auflage, New York 2009

Messere, Ken: OECD: Report in Transfer Pricing and Multinational Enterprises, Intertax 1979, 288-293

Mogle, James R., in: Cole, Practical Guide to U.S. Transfer Pricing (U.S. Transfer Pricing), 3. Auflage, Albany 2011

Mogle, James R.: Intercompany Transfer Pricing for Intangible Property, Tax Management Transfer Pricing Report, Special Report zu Heft 3/1997

Mogle, James R.: Intercompany Transfer Pricing in the 1990's: Trading Old Lamps for New Ones?, Taxes 1991, 961-1000

Möller, Klaus/Gamerschlag, Ramin: Immaterielle Vermögenswerte in der Unternehmenssteuerung – betriebswirtschaftliche Perspektiven und Herausforderungen, in: Piwinger /Zerfaß, Immaterielle Vermögenswerte (Immaterielle Vermögenswerte), Stuttgart 2009, 3-22

Möller, Klaus: Intangible and financial performance: cause and effects, Journal of Intellectual Capital 2009, 225-245

Möller, Klaus: Intangibles als Werttreiber, in: Horvarth/Möller, Intangibles in der Unternehmenssteuerung (Intangibles), München 2004

Morgan, R. William: What's Wrong with the IRS's Investor Model?, Tax Management Transfer Pricing Report 2006, 1006-1013

Moser, Ulrich: Bewertung immaterieller Vermögenswerte (Bewertung), Stuttgart 2011

Moses, Molly: Ernick: OECD Intangibles Draft Moves Toward Dictating Business Structures, Tax Management Transfer Pricing Report 2012, 625-626

Moses, Molly: Ninth Circuit Reissues Xilinx Opinion, Affirming Tax Court Ruling on Stock Options, Tax Management Transfer Pricing Report 2010, 1161-1162

Moses, Molly: Comparable Data Searches, TNMM Use Examined in BNA International Forum Survey of 27 Countries, Tax Management Transfer Pricing Report 2010, 287-289

Moses, Molly: Proposed Cost Sharing Rules Adopt Investor Model, Tax Management Transfer Pricing Report 2005, 331-341

Moxter, Adolf: Rechnungslegungsmythen, BB 2000, 2143-2149

Moxter, Adolf: Grundsätze ordnungsmäßiger Unternehmensbewertung (Unternehmensbewertung), 2. Auflage, Wiesbaden 1991

Moxter, Adolf: Selbständige Bewertbarkeit als Aktivierungsvoraussetzung, BB 1987, 1846-1851

Moxter, Adolf: Betriebswirtschaftliche Gewinnermittlung (Gewinnermittlung), Tübingen 1982

Musgrave, Peggy B.: Principles for Dividing the State Corporate Tax Base, in: McLure, The State Corporation Income Tax (Income Tax), Stanford 1984, 228-246

Oates, Mark A./O'Brien, James M.: Lux et Veritas: IRS's Actions Speak Louder Than Its Words, International Tax Journal 01-02/2011, 9-14

Oates, Mark A./O'Brien, James M.: The Arm's Length Standard: Why It Matters, International Tax Journal 07-08/2009, 11-19

Oestreicher, Andreas/Wilcke, Dirk: Funktionsverlagerung, Grenzpreise und Preisanpassungen, DB 2010, 1713-1718

Oestreicher, Andreas/Scheffler, Wolfram/Spengel, Christoph/Wellisch, Dietmar: Modelle einer Konzernbesteuerung in Deutschland und Europa (Konzernbesteuerung), Baden Baden 2008

Oestreicher, Andreas: Die Bedeutung von Datenbankinformationen bei der Dokumentation von Verrechnungspreisen, StuW 2006, 243-254

Oestreicher, Andreas: Konzerngewinnabgrenzung (Konzerngewinnabgrenzung), München 2000

Overesch, Michael/Schreiber, Ulrich: Asset Specifity, International Profit Shifting, and Investment Decisions, ZfB, Special-Issue 2/2010, 23-47

Paschke, Dominic: Die Unitary Taxation der US-Bundesstaaten (Unitary Taxation), Köln 2007

Pellens, Bernhard et al.: Internationale Rechnungslegung (Rechnungslegung), 8. Auflage, Stuttgart 2011

Peter, Markus et al.: Änderungen bei der Besteuerung von Funktionsverlagerungen durch das EU-Vorgaben-Umsetzungsgesetz – echte Erleichterung oder Fata Morgana in der Steuerwüste?, IStR 2011, 180-184

Peter, Markus/Spohn, Patrick/Hogg, Rebekka: Preisanpassungsklauseln bei Funktionsverlagerungen nach deutschem sowie US-amerikanischem Recht, IStR 2008, 864-869

Peter, Simone: Theoretische und empirische Analyse von Margenvergleichen zur Bestimmung und Überprüfung von Verrechnungspreisen (Margenvergleiche), Freiburg 2008

Petutschnig, Matthias: Common Consolidated Corporate Tax Base – Analyse der vorgeschlagenen Aufteilungsfaktoren, StuW 2012, 192-206

Peppard, Joe/Rylander, Anna: Leveraging intellectual capital at AP*i*ON, Journal of Intellectual Capital 2001, 225-235

Petty, Richard/Guthrie, James: Intellectual Capital literature review: Measurement, reporting and management, Journal of Intellectual Capital 2000, 155-176

Picciotto, Sol: International Business Taxation – A Study in the Internationalization of Business Regulation (International Business Taxation), London 1992

Picot, Arnold/Reichwald, Ralf/Wigand, Rolf: Die grenzenlose Unternehmung (Unternehmung), 5. Auflage, München 2003

Pierson, Matthias/Ahrens, Thomas/Fischer, Karsten: Rechts des geistigen Eigentums (Geistiges Eigentum), München 2010

Pinkernell, Reimar: Das Steueroasen-Dilemma der amerikanischen IT-Konzerne, IStR 2013, 180-187

Pinkernell, Reimar: Ein Musterfall zur internationalen Steuerminimierung durch US-Konzerne, StuW 2012, 369-374

Pöllath, Reinhard/Lohbeck, Allit, in: Vogel/Lehner, DBA: Kommentar, 5. Auflage München 2008

Porter, Michael Eugene: Wettbewerbsvorteile: Spitzenleistungen erreichen und behaupten (Wettbewerbsvorteile), 3. Auflage, Frankfurt am Main 1992

Portner, Rosemarie: Verrechnungspreise für immaterielle Wirtschaftsgüter – Grundsätze, in: Schaumburg/Baumhoff, Internationale Verrechnungspreise zwischen Kapitalgesellschaften (Verrechnungspreise), Köln 1994, 78-101

Przysuski, Martin: Identification, Innovation and Intangible Ownership in Transfer Pricing, Tax Notes International 2006, 1139-1143

Przysuski, Martin/Lalapet, Srini/Swaneveld, Hendrik: Determination of Intangible Property Ownership in Transfer Pricing Analyses, Tax Notes International 2004, 285-296

Ratschow, Eckart, in: Klein, Abgabenordnung: Kommentar, 11. Auflage, München 2012

Reams, Keith et al.: Proposed U.S. Cost-Sharing Regulations: Are They A Realistic Alternative?, Tax Notes International 2005, 269-285

Rasch, Stephan: Die Bestimmung fremdvergleichskonformer Lizenzen – oder: die Quadratur des Kreises?, ISR 2013, 31-39

Reilly, Robert F./Schweihs, Robert P.: Valuing Intangible Assets (Valuation), New York 1999

Rengers, Jutta, in: Blümich, Einkommensteuergesetz/Körperschaftsteuergesetz/Gewerbesteuergesetz: Kommentar, 115. Erg. Lfg., München 2012

Rieger, Horst: Prinzipien des Internationalen Steuerrechts als Problem der Steuerplanung in der multinationalen Unternehmung (Steuerplanung), Berlin 1978

Roeder, Achim in: Kroppen, Handbuch Internationale Verrechnungspreise: Kommentar (Verrechnungspreise), 15. Erg. Lfg., Köln 2012

Rödder, Thomas: Gestaltungssuche im Ertragsteuerrecht (Gestaltungssuche), Wiesbaden 1991

Roos, Göran/Pike, Stephen/Fernström, Lisa: Intellectual Capital Management, Measurement and Disclosure, in: *Horváth/Möller*, Intangibles in der Unternehmenssteuerung (Intangibles), München 2004, 127-158

Roos, Göran/Roos, Johan: Measuring your Company's Intellectual Performance, Longe Range Planning 1997, 413-426

Rouenhoff, Andre: Zurechnung der durch immaterielle Wirtschaftsgüter erzielten Wertschöpfungsbeiträge unter rechtlichen, wirtschaftlichen und funktionalen Gesichtspunkten, IStR 2012, 22-26

Rozek, Richard P./Korenko, George G.: Transfer prices for the intangible property embodied in products with extraordinary profit potentials, Tax Notes International 1999, 1553-1565

Rundquist, Jonas/Halila, Fawzi: Outsourcing of NPD activities: a best practice approach, European Journal of Innovation Management 2010, 5-23

Schäfer, Anne: International Company Taxation in the Era of Information and Communication Technologies (International Taxation), Wiesbaden 2006

Schäfer, Anne/Spengel, Christoph: The Impact of ICT on Profit Allocation within Multinational Groups: Arm's Length Pricing or Formula Apportionment?, ZEW Discussion Paper No. 03-53, 2003

Schaumburg, Harald: Internationales Steuerrecht (Steuerrecht), 2. Auflage, Köln 1998

Scheffler, Wolfram/Krebs, Claudia: Richtlinienvorschlag zur CCCTB: Bestimmung der Steuerbemessungsgrundlage im Vergleich mit der Steuerbilanz nach EStG, DStR-Beihefter zu Heft 22/2011, 13-28

Schmidtke, Richard/Tillmann, Lisa: Der 2. OECD Diskussionsentwurf immaterielle Wirtschaftsgüter, IWB 2013, 709-710

Schnorberger, Stephan/Levey, Marc/Russo, Antonio: The OECD's Project to Define Intangibles: A Case for Adhering to Fundamental Principles, Tax Management Transfer Pricing Report 2012, 1240-1242

Scholz, Christian: Die Fremdüblichkeit einer Preisanpassungsklausel nach dem Entwurf zu § 1 Abs. 3 AStG, IStR 2007, 521-526

Schreiber, Ulrich: Besteuerung der Unternehmen (Besteuerung), Heidelberg 2008

Schreiber, Ulrich: Unternehmensbesteuerung im Binnenmarkt. Angleichung der Gewinnermittlung und des Satzes der Körperschaftsteuer, StuW 2004, 212-226

Schruff, Lothar/Haaker, Andreas, in: Ballwieser et al., Handbuch IFRS (IFRS), 7. Auflage, Weinheim 2011

Serg, Oliver: Die Behandlung von Geschäftschancen bei grenzüberschreitenden Funktionsverlagerungen, DStR 2005, 1916-1920

Shackelford, Douglas: The Revenue Consequences of Using Formula Apportionment to Calculate U.S. and Foreign-Source Income: A Firm-Level Analysis, International Tax and Public Finance 1998, 41-59

Shapiro, Alan et al.: The OECD Discussion Draft on Intangibles, Tax Notes International 2012, 1245-1249

Sherwood Stanley G./Larson, Christopher: Has the Dust Settled with the Final U.S. Transfer Pricing Rules?, Tax Planning International Review 10/1994, 3-14

Smith, Gordon V./Parr, Russel L.: Intellectual Property (Intellectual Property), Hoboken 2005

Söffing, Günter: Der Geschäfts- und Firmenwert, in: Döllerer Handels- und Steuerrecht, Festschrift für Georg Döllerer (FS Döllerer), Düsseldorf 1988, 593-614

Solomon, Andrew P. et al.: Final Section 482 Cost Sharing Regulations: A Renewed Commitment to the Income Method, Tax Management Transfer Pricing Report 2012, 780-785

Sommer, Christoph: Separate Accounting or Unitary Apportionment? (Unitary Apportionment), Köln 2011

Spengel, Christoph/Zöllkau, York: Common Corporate Tax Base (CC(C)TB) and Determination of Taxable Income (CCCTB), Heidelberg 2012

Spengel, Christoph/Elschner, Christina: Steuerliche Anreize für Forschung und Entwicklung – Empirische Befunde, internationaler Vergleich und Reformansätze für Deutschland, ZfB-Special Issue 2/2010, 1-22

Spengel Christoph/Oestreicher, Andreas: Gemeinsame (konsolidierte) Körperschaftsteuerbemessungsgrundlage in der EU und Umsetzungsfragen, DStR 2009, 773-781

Spengel Christoph: Seminar I: Gemeinsame konsolidierte Körperschaftsteuer-Bemessungsgrundlage (GKKB) und Drittstaatenfragen, IStR 2008, 556-561

Spengel, Christoph/Wendt, Carsten: Europäische Harmonisierung der körperschaftsteuerlichen Bemessungsgrundlage, StuW 2007, 297-307

Spengel, Christoph/Wendt, Carsten: Harmonisierung der Konzernbesteuerung innerhalb und an den Außengrenzen der Europäischen Union, ZEW Discussion Paper No. 07-043, 2007

Stadie, Holger: Die persönliche Zurechnung von Einkünften (Zurechnung), Berlin 1983

Stapf, Anton: Immaterielle Anlagewerte und aktive Rechnungsabgrenzungsposten (Immaterielle Anlagewerte), 1968, zitiert nach *Küting*, DStR 2008, 1795, 1801

Stewart, Thomas A./Losee, Stephanie: Your Company's most valuable asset: Intellectual Capital, Fortune 1994, 68-73

Stützel, Wolfgang: Bemerkungen zur Bilanztheorie, ZfB 1967, 314-340

Sullivan, Patrick, H./Edvinsson, Leif: A Model for Managing Intellectual Capital, in: Parr/Sullivan, Technology Licensing (Licensing), New York 1996, 249-260

Sveiby, Karl Erik: The New Organizational Wealth (Organizational Wealth), San Francisco 1997

Teece, David John: The Multinational Enterprise: Market Failure and Market Power Considerations, Sloan Management Review 1981, 3-17

Tesch, Peter: Die Bestimmungsgründe des internationalen Handels und der Direktinvestition (Bestimmungsgründe), Berlin 1980

Teschke, Manuel: Konzeption einer Besteuerung des laufenden Ertrags von Netzwerken Nahestehender (Netzwerke Nahestehender), Wiesbaden 2009

The Appraisal Foundation, Best Practices for Valuations in Financial Reporting: Intangible Assets Working Group – Contributory Assets (Best Practices), Washington 2010

Thommen, Jean-Paul: Betriebswirtschaftslehre (BWL), 7. Auflage, Zürich 2007

Tiemann, Christoph: Gewinnabgrenzung im multinationalen Konzern (Gewinnabgrenzung), Wien 2007

Tipke, Klaus: Die Steuerrechtsordnung (Steuerrechtsordnung), Band 1, 2. Auflage, Köln 2000

Unrein, Daniel: Das Codification-Projekt des FASB – die neue Struktur der US-GAAP, IRZ 2009, 381-386

Urban, Christoph: Ein Unternehmen im Aufbruch: Strategie, Organisation und Controlling bei Siemens, in: Horváth, Strategieunterstützung durch das Controlling (Controlling), Stuttgart 1990, 7-38

Van der Ham, Susann/Feldtkeller, Jan/Voll, Steffen: Markenbezogene Aktivitäten im Konzern, IWB 2013, 245-251

Verlinden, Isabel/Junzho Ong, Vivienne: Thoughts on the OECD Intangibles Project, Tax Notes International 2012, 880-883

Verlinden, Isabel/Smits, Axel: Mastering the Intellectual Property Life Cycle (Intellectual Property), Sint-Stevens-Woluwe 2009

Vögele, Alexander/Engler, Gerhard, in: Vögele/Borstell/Engler, Verrechnungspreise (Verrechnungspreise), 3. Auflage, München 2011

Vögele, Alexander/Fügemann, Hendrik: Gewinnaufteilungsmethoden, in: Grotherr, Handbuch der Internationalen Steuerplanung (Steuerplanung), 3. Auflage, Herne 2011, 653-671

Vogel, Klaus, in: Vogel/Lehner, Doppelbesteuerungsabkommen: Kommentar, 5. Auflage, München 2008

Vogel, Klaus: Über „Besteuerungsrechte" und über das Leistungsfähigkeitsprinzip im Internationalen Steuerrecht, in: Kirchhof/Offerhaus/Schöberle, Steuerrecht Verfassungsrecht Finanzpolitik, Festschrift Franz Klein (FS Klein), Köln 1994, 361-376

Walker, Robert G.: Discussion of Lev, Radhakrishnan and Zhang, Abacus 2009, 299-311

Walsh, Mary: Get the best value from intangibles, International Tax Review 2001, 23-26

Warner, John P.: Control, Causality and Section 482, Tax Management International Journal 1999, 403-414

Wassermeyer, Franz, in: Debatin/Wassermeyer, DBA: Kommentar, 119. Erg. Lfg., München 2012

Wassermeyer, Franz, in: Flick/Wassermeyer/Baumhoff/Schönfeld (F/W/B/S), Außensteuerrecht: Kommentar, 69. Erg. Lfg., Köln 2012

Wassermeyer, Franz/Baumhoff, Hubertus/Greinert, Markus, in: Flick/Wassermeyer/Baumhoff/Schönfeld (F/W/B/S), Außensteuerrecht: Kommentar, 69. Erg. Lfg., Köln 2012

Wassermeyer, Franz: Modernes Gesetzgebungsniveau am Beispiel des Entwurfs zu § 1 AStG, DB 2007, 535-539

Wassermeyer, Franz: Die Fortentwicklung der Besteuerung von Auslandsbeziehungen - Anmerkungen zu den derzeitigen Überlegungen zur Reform des Außensteuerrechts, IStR 2001, 113-117

Wassermeyer, Franz: Die neuere BFH-Rechtsprechung zu Verstößen gegen ein Wettbewerbsverbot durch den Gesellschafter-Geschäftsführer einer GmbH – Anmerkungen zum BFH-Urteil vom 13.11.1996, I R 149/94, DStR 1997, 681-685

Wassermeyer, Franz: Das Wettbewerbsverbot des Gesellschafter-Geschäftsführers einer GmbH, GmbHR 1993, 329-336

Weber-Grellet, Heinrich, in: Schmidt, EStG: Kommentar, 31. Auflage, München 2012

Wehnert, Oliver: Länderbericht Germany, in: IFA, Cahiers de droit fiscal international, Volume 92a, 2007, 273-294

Wehnert, Oliver: Generalthema I: Verrechnungspreise und immaterielle Wirtschaftsgüter, IStR 2007, 558-561

Weiner, Joann Martens: Using the Experience in the U.S. States to Evaluate Issues in Implementing Formula Apportionment at the International Level, US Department of the Treasury OTA Paper 83, 1999

Werra, Matthias: Zweifelsfragen bei der Dokumentation von Verrechnungspreisen – zum Entwurf der Verwaltungsgrundsätze-Verfahren zur Einkunftsabgrenzung zwischen internationalen Unternehmen, IStR 2005, 19-23

Werra, Matthias: Der 1995-OECD-Bericht zu Verrechnungspreisen (Teil I), IStR 1995, 457-464

Windisch, Rupert/Blankenburg, Götz: Globalisierung und Besteuerung nach dem Leistungsfähigkeitsprinzip, in: Ahlheim/Wenzel/Wiegard, Steuerpolitik – Von der Theorie zur Praxis, Festschrift für Manfred Rose (FS Rose), Berlin/Heidelberg 2003, 211-236

Williamson, Oliver Eaton: Die ökonomischen Institutionen des Kapitalismus: Unternehmen, Märkte, Kooperationen (Institutionen), Tübingen 1990

Williamson, Oliver Eaton: Markets and Hierarchies: Analysis and Antitrust Implications (Markets), New York 1975

Wills, John/Brist, Lonnie: The Economic Flaw in the Investor Model, Tax Management Transfer Pricing Report 2006, 402-411

Wittendorf, Jens: OECD Revised Discussion Draft on Intangibles – A Step in the Right Direction, Tax Notes International 2013, 1325-1334

Wittendorf, Jens: „Shadowland": The OECD on Intangibles, Tax Notes International 2012, 935-952

Wittendorf, Jens: Transfer Pricing and the Arm's Length Principle in International Tax Law (Transfer Pricing), Alphen aan den Rijn 2010

Wittendorf, Jens: Valuation of Intangibles under Income-Based Methods – Part II, International Transfer Pricing Journal 2010, 383-401

Wittendorf, Jens: Valuation of Intangibles under Income-Based Methods – Part I, International Transfer Pricing Journal 2010, 323-335

Wöhe, Günther: Zur Bilanzierung und Bewertung des Firmenwertes, StuW 1980, 89-108

Woodward, Caroline: Valuation of Intellectual Property, in: *Wild*, Building and enforcing intellectual property value (IP value), London 2002, 48-51

Zelger, Hansjörg: Purchase Price Allocation nach IFRS und US-GAAP, in: Ballwieser/Beyer/Zelger, Unternehmenskauf nach IFRS und US-GAAP (Unternehmenskauf), Stuttgart 2008, 101-151

Zollo, Thomas M.: Clarification or Modification? The Tax Treatment of the Outbound Transfer of Goodwill, Going Concern Valuem and Workforce in Place to a Foreign Corporation, Tax Management International Journal 2010, 71-80.

Rechtsquellenverzeichnis

Völkerrechtliche Verträge

DBA-USA	Abkommen zwischen der Bundesrepublik Deutschland und den Vereinigten Staaten von Amerika zur Vermeidung der Doppelbesteuerung und zur Verhinderung der Steuerverkürzung auf dem Gebiet der Steuern vom Einkommen und vom Vermögen und einiger anderer Steuern v. 29.8.1989, BGBl. II 1991, 355, in der Fassung des Änderungsprotokolls v. 1.6.2006, BGBl. II 2006, 1186

Europäisches Primärrecht

Vertrag über die Europäische Union, Fassung aufgrund des am 1.12.2009 in Kraft getretenen Vertrages von Lissabon, ABl. EG Nr. C 115 v. 9.5.2008, 13-46

Vertrag über die Arbeitsweise der Europäischen Union, Fassung aufgrund des am 1.12.2009 in Kraft getretenen Vertrages von Lissabon, ABl. EG Nr. C 115 v. 9.5.2008, 47-200

Nationale Gesetze und Verordnungen - Deutschland

Amtshilfe-RLUmsG	Gesetz zur Umsetzung der Amtshilferichtlinie sowie zur Änderung steuerlicher Vorschriftten v. 29.6.2013, BGBl. I 2013, 1809
AO	Abgabenordnung 2002, in der Fassung der Bekanntmachung v. 1. 10.2002, BGBl. I 2002, 3866; zuletzt geändert durch Art. 13 Gesetz zur Anpassung des Investmentsteuergesetzes und anderer Gesetze an das AIFM-Umsetzungsgesetz vom 18.12.2013, BGBl. I 2013, 4318
AStG	Außensteuergesetz 1972 v. 8.9.1972, BGBl. I 1972, 1713; zuletzt geändert durch Art. 6 des Gesetzes zur Umsetzung der Amtshilferichtlinie sowie zur Änderung steuerlicher Vorschriften vom 26.6.2013, BGBl. I 2013, 1809
BilMoG	Gesetz zur Modernisierung des Bilanzrechts vom 2.5.2009, BGBl. I 2005, 1102

EStG	Einkommensteuergesetz 2009, in der Fassung der Bekanntmachung v. 8.10.2009, BGBl. I 2009, 3366; zuletzt geändert durch Art. 11 des Gesetzes zur Anpassung des Investmentsteuergesetzes und anderer Gesetze an das AIFM-Umsetzungsgesetz vom 18.12.2013, BGBl. I 2013, 4318
FVerlV	Funktionsverlagerungsverordnung, Verordnung zur Anwendung des Fremdvergleichsgrundsatzes nach § 1 Abs. 1 des Außensteuergesetzes in Fällen grenzüberschreitender Funktionsverlagerungen v. 12.8.2008, BGBl. I 2008, 1680
GewStG	Gewerbesteuergesetz 2002, in der Fassung der Bekanntmachung v. 15.10.2002, BGBl. I 2002, 4167; zuletzt geändert durch Art. 4 des Gesetzes zur Umsetzung der Amtshilferichtlinie sowie zur Änderung steuerlicher Vorschriften vom 26.6.2013, BGBl. I 2013, 1809
Grundgesetz	Grundgesetz für die Bundesrepublik Deutschland v. 23.5.1949, BGBl. I 1949, 1; zuletzt geändert durch das Gesetz vom 11.7.2012, BGBl. I 2012, 1478
KStG	Körperschaftsteuergesetz 2002, in der Fassung der Bekanntmachung v. 15.10.2002, BGBl. I 2002, 4144; zuletzt geändert durch Art. 12 des Gesetzes zur Anpassung des Investmentsteuergesetzes und anderer Gesetze an das AIFM-Umsetzungsgesetz vom 18.12.2013, BGBl. I 2013, 4318
StÄndG 1992	Steueränderungsgesetz 1992 v. 25.2.1992, BGBl. I 1992, 297
StVergAbG	Steuervergünstigungsabbaugesetz v. 16.5.2003, BGBl. I 2003, 660
UntStRefG	Unternehmensteuerreformgesetz 2008, v. 14.8.2007, BGBl. I 2007, 1912

Nationale Gesetze und Verordnungen - USA

IRC	Internal Revenue Code: Title 26 des United States Code; zuletzt geändert durch American Taxpayer Relief Act of 2012, H.R. 8, Pub.L. 112-240
IRS	Regulations 86 relating to the Income Tax Under the Revenue Act of 1934: Article 45-1, zitiert nach *Wittendorf*, Transfer Pricing, 2010, 32
IRS	TD 6952, Regulations under Section 482 of the Code, 1968-1 Cumulative Bulletin 218 (9.4.1968)
IRS	INTL-372-88 und INTL-401-88, Proposed regulations under Section 482 of the Code relating to intercompany transfer pricing and cost sharing, Internal Revenue Bulletin 1992-8 (24.2.1992)
IRS	TD 8470 und INTL-401-88, Temporary and proposed regulations under Section 482 of the Code relating to intercompany transfer pricing, Internal Revenue Bulletin 1993-10 (8.3.1993)
IRS	TD 8552, Final regulations under Section 482 of the Code relating to intercompany transfer pricing, Internal Revenue Bulletin 1994-31 (1.8.1994)
IRS	TD 8618 Final regulations under Section 954 governing the definition of a controlled foreign corporation and the definitions of foreign base company income and foreign personal holding company income of a controlled foreign corporation, Federal Register Volume 60, No. 173 (7.9.1995)
IRS	TD 8632, Final regulations relating to qualified cost sharing arrangements under Section 482 of the Code, Federal Register Volume 60, No. 244 (20.12.1995)
IRS	TD 8697 Final regulations under Section 7701 of the Code relating to the Classification of certain business entities, Internal Revenue Bulletin 1997-2 (13.1.1997)

IRS TD 9088, Final regulations relating to qualified cost sharing arrangements under Section 482 of the Code, Internal Revenue Bulletin 2003-42, (20.3.2003)

IRS REG-144615-02, Proposed regulations under Section 482 of the Code relating to determine taxable income in connection with a cost sharing arrangement, Federal Register Volume 70, No. 166 (29.8.2005)

IRS TD 9441, Temporary regulations under Section 482 of the Code relating to determine taxable income in connection with a cost sharing arrangement, Federal Register Volume 74, No. 340 (5.1.2009)

IRS TD 9456, Final regulations relating to the treatment of services under Section 482, Internal Revenue Bulletin 2009-33, (17.8.2009)

IRS TD 9568, Final regulations and removal of temporary regulations under Section 482 of the Code relating to determine taxable income in connection with a cost sharing arrangement, Federal Register Volume 76, No. 246 (22.12.2011)

IRS TD 9569, Temporary, Final regulations on Differential Income Stream as a Consideration in Assessing the Best Method, Federal Register Volume 76, No. 247 (23.12.2011)

IRS REG-145474-11, Proposed regulations on Differential Income Stream as Specified Application of the Income Method, Federal Register Volume 76, No. 247 (23.12.2011)

Rechtsprechungsverzeichnis

Nationale Gerichte – Deutschland

Datum	Aktenzeichen/Bezeichnung	Fundstelle
Bundesverfassungsgericht		
16.12.1970	1 BvR 210/68	NJW 1971, 747
27.6.1991	2 BvR 1493/89	BStBl. II 1991, 654
9.4.2004	2 BvL 17/02	BVerfGE 110, 94
Reichsfinanzhof		
14.12.1926	VI A 575/26	StuW 1927, Urteil Nr. 10
Bundesgerichtshof		
3.11.1988	I ZR 242/86 „Präsentbücher“	GRUR 1989, 68
Bundesfinanzhof		
7.4.1959	I 2/58 S	BStBl. III 1959, 233
19.1.1960	I 213/59	DB 1960, 596
28.3.1966	IV 320/64	BStBl. III 1966, 456
16.3.1967	I 261/63	BStBl. III 1967, 626
26.1.1970	IV R 144/66	BStBl. II 1970, 264
13.2.1970	III R 43/68	BStBl. II 1970, 373
16.9.1970	I R 196/67	BStBl. II 1971, 175
16.12.1970	I R 44/67	BStBl. II 1971, 235

Datum	Aktenzeichen/Bezeichnung	Fundstelle
26.7.1972	I R 146/70	BStBl. II 1972, 937
14.2.1973	I R 89/71	BStBl. II 1973, 580
27.11.1974	I R 250/72	BStBl. II 1975, 306
7.2.1975	VIII B 61-62/74	BStBl. II 1976, 608
26.2.1975	I R 72/73	BStBl. II 1976, 13
18.8.1975	I R 24/73	BStBl. II 1975, 809
2.6.1976	I R 20/74	BStBl. II 1976, 666
6.12.1978	I R 33/75	BStBl. II 1979, 259
25.1.1979	IV R 21/75	BStBl. II 1979, 369
14.3.1979	I R 37/75	BStBl. II 1979, 470
22.5.1979	III R 129/74	BStBl. II 1979, 634
12.3.1980	I R 186/76	BStBl. II 1980, 531
16.4.1980	I R 75/78	BStBl. II 1981, 492
25.11.1981	I R 54/77	BStBl. II 1982, 189
20.4.1982	I R 41/82	BStBl. II 1982, 868
12.8.1982	IV R 43/79	BStBl. II 1982, 652
7.11.1985	IV R 7/83	BStBl. II 1986, 176

Datum	Aktenzeichen/Bezeichnung	Fundstelle
20.8.1986	I R 151/82	BFH/NV 1987, 468
3.7.1987	III R 7/86	BStBl. II 1987, 728
15.7.1987	II R 249/83	BStBl. II 1987, 809
26.10.1987	GrS 2/86	BStBl. II 1988, 348
5.2.1988	III R 49/83	BStBl. II 1988, 737
27.7.1988	I R 130/84	BStBl. II 1989, 101
23.11.1988	II R 209/82	BStBl. II 1989, 82
1.2.1989	VIII R 361/83	BFH/NV 1989, 778
28.6.1989	I R 89/85	BStBl. II 1989, 854
26.7.1989	I R 49/85	BFH/NV 1990, 442
10.8.1989	X R 176-177/87	BStBl. II 1990, 15
20.09.1989	X R 140/87	BStBl. II 1990, 368
30.5.1990	I R 97/88	BStBl. II 1990, 875
4.10.1990	X R 148/88	BStBl. II 1992, 211
22.1.1992	I R 43/91	DStR 1992, 709
26.8.1992	I R 24/91	BStBl. II 1992, 977
15.12.1993	X R 102/92	BFH/NV 1994, 543

Datum	Aktenzeichen/Bezeichnung	Fundstelle
30.3.1994	I R 52/93	BStBl. II 1994, 903
28.7.1994	III R 47/92	BStBl. II 1994, 873
17.5.1995	I R 147/93	BStBl. II 1996, 204
30.8.1995	I R 155/94	BFHE 178, 371
20.9.1995	X R 225/93	DStR 1995, 1951
12.10.1995	I R 127/94	BFHE 179, 258
22.11.1995	I R 45/95	BFH/NV 1996, 645
6.12.1995	I R 88/94	BStBl. II 1996, 383
6.12.1995	I R 40/95	BStBl. II 1997, 118
27.3.1996	I R 60/95	BStBl. II 1996, 576
11.6.1996	I R 97/95	DB 1996, 2366
24.7.1996	X R 139/93	DStRE 1997, 21
13.11.1996	I R 149/94	DStR 1997, 323
18.12.1996	I R 26/95	DStR 1997, 575
12.6.1997	I R 14/96	DStR 1997, 1360
25.11.1997	VIII R 29/94	BStBl. II 1998, 257
14.1.1998	X R 57/93	BFH/NV 1998, 1160

Datum	Aktenzeichen/Bezeichnung	Fundstelle
4.2.1998	XI R 35/97	NJW 1998, 1975
28.5.1998	IV R 48/97	BStBl. II 1998, 775
19.1.2000	I R 94/97	BStBl. II 2001, 222
19.1.2000	I R 117/94	BFH/NV 2000, 824
7.8.2000	GrS 2/99	BStBl. II 2000, 635
9.8.2000	I R 12/99	BStBl. II 2001, 140
29.11.2000	I R 85/99	BStBl. II 2002, 720
27.3.2001	I R 42/00	BStBl. II 2001, 477
17.10.2001	I R 103/00	BFHE 197, 68
23.4.2003	IX R 57/99	BFH/NV 2003, 1311
10.9.2003	XI R 26/02	BStBl. II 2004, 218
15.4.2004	IV R 51/02	BFH/NV 2004, 1393
6.4.2005	I R 22/04	BStBl. II 2007, 658
14.3.2006	I R 109/04	BFH/NV 2006, 1812
4.12.2006	GrS 1/05	BStBl. II 2007, 508
12.7.2007	X R 5/05	DStR 2007, 1809
27.8.2008	I R 28/07	BFH/NV 2009, 123

Datum	Aktenzeichen/Bezeichnung	Fundstelle
2.9.2008	X R 32/05	BStBl. II 2009, 634
30.10.2008	III R 82/06	BStBl. II 2009, 421
26.11.2009	III R 40/07	BFH/NV 2010, 721
11.10.2012	I R 75/11	DB 2013, 266

Finanzgerichte

FG Hamburg

4.12.1989	II 208/87	EFG 1990, 463

FG München

24.11.1982	I 349/79	EFG 1983, 353

Nationale Gerichte - USA

Bezeichnung	Fundstelle
U.S. Court of Appeals	
Eli Lilly & Co. versus Commissioner	856 F2.d 855 (7th Circuit 1988)
Bausch & Lomb Inc. versus Commissioner	933 F.2d 1084 (2nd Circuit 1991)
DHL Corp. versus Commissioner	285 F.3d 1210 (9th Cir. 2002)

Bezeichnung	**Fundstelle**
Xilinx Inc. versus Commissioner	567 F.3d 482 (9th Cir. 2009)
Xilinx Inc. versus Commissioner	598 F.3d 1191 (9th Cir. 2010)
U.S. Claims Court	
Ruddick Corp. versus United States	643 F.2d 747 (1981)
Merck & Co., Inc. versus United States	24 Cl. Ct. 73 (1991)
U.S. Tax Court	
R.T. French Co. versus Commissioner	60 T.C. 836 (1973)
Hospital Corp of America versus Commissioner	81 T.C. 520 (1983)
Ciba-Geigy versus Commissioner	85 T.C. 172 (1985)
Sundstrand Corporation versus Commissioner	96 T.C. 226 (1991)
Perkin-Elmer versus Commissioner	T.C. Memo 1993-414
Seagate Technology Inc. versus Commissioner	102 T.C. 49 (1994)
Medieval Attractions N.V. versus Commissioner	T.C. Memo 1996-455
Xilinx Inc. versus Commissioner	125 T.C. 4 (2005)
Veritas Software Corp. versus Commissioner	133 T.C. 14 (2009)

Sonstige Quellen

Verlautbarungen der EU-Kommission

EU-Kommission Mitteilung v. 6.12.2012 an das Europäische Parlament und den Rat – Aktionsplan zur Verstärkung der Bekämpfung von Steuerbetrug und Steuerhinterziehung (Aktionsplan), COM (2012) 722 endgültig.

EU-Kommission Vorschlag v. 16.3.2011 für eine Richtlinie des Rates über eine Gemeinsame Konsolidierte Körperschaftsteuer-Bemessungsgrundlage (GKKB-Vorschlag), KOM (2011) 121 endgültig.

EU-Kommission Arbeitsunterlage v. 13.11.2007 der Arbeitsgruppe „Gemeinsame konsolidierte Körperschaftsteuer-Bemessungsgrundlage (AG GKKB)" über mögliche Elemente des Aufteilungsmechanismus (GKKB-Arbeitsunterlage), CCCTB/WP060\doc\de

EU-Kommission Arbeitsunterlage v. 20.8.2007 der Arbeitsgruppe „Gemeinsame konsolidierte Körperschaftsteuer-Bemessungsgrundlage (AG GKKB)" über die wichtigsten in der Diskussion über den Aufteilungsmechanismus aufgetretenen Fragen (GKKB-Aufteilungsmechanismus), CCCTB\ WP\056\doc\de

EU-Kommission Mitteilung v. 23.10.2001 an den Rat, das Europäische Parlament und den Wirtschafts- und Sozialausschuss über die Strategie zur Schaffung einer konsolidierten Körperschaftsteuer-Bemessungsgrundlage für die grenzüberschreitende Unternehmenstätigkeit in der EU (Körperschaftsteuer-Bemessungsgrundlage), KOM (2001) 582 endgültig

EU-Kommission Arbeitsdokument der Dienststellen der Kommission v. 23.10.2001, Unternehmensbesteuerung im Binnenmarkt (Unternehmensbesteuerung), KOM (2001) 582 endgültig

Gesetzgebungsmaterialien - Deutschland

Reichstagsdrucksachen

RT-Drs. III 1924/25 Nr. 795

Bundestagsdrucksachen

BT-Drs. 16/4841

Verwaltungsanweisungen - Deutschland

BMF	Schreiben v. 23.2.1983, IV C 5 – S 1341 – 4/83, Grundsätze für die Prüfung der Einkunftsabgrenzung bei international verbundenen Unternehmen (Verwaltungsgrundsätze 1983), BStBl. I 1983, 218
BMF	Schreiben v. 23.6.1999, IV C 2 – S 2520 – 12-99, Ertragsteuerliche Behandlung des Eigenjadgrechts auf Flächen eines land- und forstwirtschaftlichen Betriebs, DStR 1999, 1358
BMF	Schreiben v. 30.12.1999, IV B 4 – S 1341 – 14/99, Grundsätze für die Prüfung der Einkunftsabgrenzung durch Umlageverträge zwischen international verbundenen Unternehmen (Verwaltungsgrundsätze-Umlageverträge), BStBl. I 1999, 1122
BMF	Schreiben v. 9.11.2001, IV B 4 – S 1341 – 20/01, Grundsätze für die Prüfung der Einkunftsabgrenzung zwischen international verbundenen Unternehmen in Fällen der Arbeitnehmerentsendung, BStBl. I 2001, 796
BMF	Schreiben v. 12.4.2005, IV B 4 – S 1341 – 1/05, Grundsätze für die Prüfung der Einkunftsabgrenzung mit grenzüberschreitenden Geschäftsbeziehungen in Bezug auf Ermittlungs- und Mitwirkungspflichten, Berichtigungen sowie auf Verständigungs- und EU-Schiedsverfahren (Verwaltungsgrundsätze-Verfahren), BStBl. I 2005, 570

BMF Schreiben v. 6.12.2005, IV B 2 – S 2134a – 42/05, Ertragsteuerliche Behandlung von Emissionsberechtigungen, BStBl. I 2005, 1047

BMF Schreiben v. 13.10.2010, IV B 5 – S 1341/08/10003, Grundsätze für die Prüfung der Einkunftsabgrenzung zwischen nahe stehenden Personen in Fällen von grenzüberschreitenden Funktionsverlagerungen (Verwaltungsgrundsätze- Funktionsverlagerung), BStBl. I 2010, 774

BMF Einkommensteuer-Richtlinien 2012 v. 16.12.2005 (BStBl. I Sondernummer 1), Allgemeine Verwaltungsvorschrift zur Anwendung des Einkommensteuerrechts, in der Fassung der EStÄR 2012 v. 25.3.2013, BStBl. I 2013, 276

Verwaltungsanweisungen - USA

IRS Action on Decision v. 6.12.2010 regarding the issue whether the United States Tax Court erred in concluding that the comparable uncontrolled transaction (CUT) method, with adjustments, was the best method to determine an arm's length result, IRB 2010-33

IRS Action on Decision v. 16.8.2010 regarding the issue whether the Ninth Circuit Court of Appeals erred in concluding that under regulations promulgated under section 482 effective for table years 1997-1999, employee stock-option (ESO) compensation should not be shared in a qualified cost sharing arrangement (CSA), IRB 2010-33

IRS LMSB-04-0907-62, U.S. Coordinated Issue Paper on Cost-Sharing Arrangement Buy-In Adjustments v. 27.9.2007, Tax Management Transfer Pricing Report 2007, 386-418

IRS Notice 88-123 v. 18.10.1988, A Study of Intercompany Pricing under Section 482 of the Code, 1988-2 Internal Revenue Bulletin

IRS Revenue Ruling 78-83, 1978-1 C.B. 79

Veröffentlichungen internationaler Organisationen

Völkerbund / League of Nations

League of Nations Double Taxation and Tax Evasion - Report presented to the Financial Committee of the League of Nations by the Committee of the Technical Experts on Double Taxation and Tax Evasion (Double Taxation), Publications of the League of Nations G.216.M.85.1927.II., 1927

League of Nations Report to the Council on the Work of the Fourth Session of the Committee (Report to the Council), Publications of the League of Nations C.399.M.204.1933.II.A., 1933

League of Nations Taxation of Foreign and National Enterprises (Taxation), Vol. IV, Publications of the League of Nations C.425(b).M.217(b).1933.II.A., 1933

Organisation for Economic Co-operation and Development (OECD)

OECD Transfer Pricing Guidelines for Multinational Enterprises and Tax Administations (OECD-Verrechnungspreisrichtlinien 2010), Paris 2010

OECD Model Tax Convention on Income and Capital, Paris 2010

OECD Transactional Profit Methods: Discussion Draft for Public Comment, Paris 2008

OECD Employee Stock Option Plans: Impact on Transfer Pricing (Employee Stock Option Plans), Paris 2004

OECD Transfer Pricing Guidelines for Multinational Enterprises and Tax Administrations (OECD Transfer Pricing Guidelines 1995), Paris 1995

OECD Transfer Pricing Guidelines for Multinational Enterprises and Tax Administrations: Discussion Draft, Part I: Principles and Methods (OECD Transfer Pricing Guidelines Draft Part I), Paris 1994

OECD Transfer Pricing Guidelines for Multinational Enterprises and Tax Administrations: Discussion Draft Part II: Applications (OECD Transfer Pricing Guidelines Draft Part II), Paris 1995

OECD Transfer Pricing and Multinational Enterprises, Three Taxation Issues, Paris, 1984

OECD Report on Transfer Pricing and Multinational Enterprises (Transfer Pricing), Paris 1979

OECD Draft Double Taxation Convention, Paris 1963

Internetquellen

IRS Announcement and Report concerning Advance Pricing Agreements 2009, http://www.irs.gov/pub/irs-utl/2009finalstatutoryreport.pdf, abgerufen am 23.1.2013

IRS Announcement and Report concerning Advance Pricing Agreements 2010, http://www.irs.gov/pub/irs-utl/2010statutoryreport.pdf, abgerufen am 23.1.2013

IRS Announcement and Report concerning Advance Pricing Agreements 2011, http://www.irs.gov/pub/irs-drop/a-12-13.pdf, abgerufen am 23.1.2013

OECD Action Plan on Base Erosion and Profit Shifting (Action Plan), http://www.oecd.org/ctp/BEPSActionPlan.pdf, abgerufen am 24.12.2013

OECD Revised Discussion Draft zum Projekt „Transfer Pricing Aspects of Intangibles“ vom 30.7.2013 (Diskussionsentwurf vom 30.7.2013), http://www.oecd.org/tax/transferpricing/46987988.pdf, abgerufen am 8.12.2013

OECD Declaration on Base Erosion and Profit Shifting vom 29.5.2013, veröffentlicht unter: http://www.oecd.org/tax/C-MIN(2013)22-FINAL-ENG.pdf, aberufen am 8.3.2014

OECD Addressing Base Erosion und Profit Shifting, veröffentlicht unter: http://www.oecd.org/ctp/beps-reports.htm, abgerufen am 8.3.2014

OECD Comments received with respect to the discussion draft, http://www.oecd.org/ctp/transferpricing/Intangibles_Comments.pdf, abgerufen am 3.1.2013

OECD Interim Discussion Draft zum Projekt „Transfer Pricing Aspects of Intangibles" vom 6.6.2012 (Diskussionsentwurf vom 6.6.2012), http://www.oecd.org/tax/transferpricing/46987988.pdf, abgerufen am 7.11.2012

OECD Scoping Paper zum Projekt „Transfer Pricing Aspects of Intangibles", http://www.oecd.org/tax/transferpricing/46987988.pdf, abgerufen am 7.11.2012

OECD Indicative Timeline zum Projekt „Transfer Pricing Aspects of Intangibles", http://www.oecd.org/ctp/transferpricing/47803614.pdf, abgerufen am 7.11.2012

OECD 2010 Report on the Attribution of Profits to Permanent Establishments (Attribution of Profits), http://www.oecd.org/ctp/transfer-pricing/45689524.pdf, abgerufen am 5.1.2014

Sveiby, Karl Erik Methods for Measuring Intangible Assets (Measuring), http://sveiby.com/articles/IntangibleMethods.htm, Stand 27.4.2010, abgerufen am 30.4.2012

Wissenschaftlicher Einheitliche Bemessungsgrundlage der Körperschaftsteuer in de

Beirat beim BMF der Europäischen Union, http://www.bundesfinanzministerium.de/Content/DE/Standardartikel/Ministerium/Geschaeftsbereich/ Wissenschaftlicher_Beirat/Gutachten_und_Stellungnahmen/Ausgewaehlte_Texte/0703231a3001.htmlm, abgerufen am 12.2.2014

Curriculum Vitae

Name:	Manuel Koch
Adresse:	Bürkleweg 4
	79299 Wittnau
Geburtsdatum:	07.09.1972
Nationalität:	deutsch

Ausbildung / Arbeitstätigkeit bis dato:

Schulausbildung:	1979-1984	Grundschule Bollschweil
	1984-1992	Deutsch-Französisches Gymnasium Freiburg im Breisgau
	1992	Abitur
Akademische Ausbildung:		Studium der Wirtschaftswissenschaften Universität St. Gallen
	Oktober 1998	Abschluss lic. oec.
		Aufbaustudiengang Albert-Ludwigs-Universität Freiburg
	Oktober 2006	Abschluss MBA (International Taxation)
Berufsexamen:	April 2004	Bestellung zum Steuerberater
Arbeitstätigkeit:	ab November 1998	Ernst & Young AG Niederlassung Freiburg Steuerabteilung, Corporate Tax
	Januar 2000	Ernst & Young AG, Schweiz Basel und Zürich im Bereich International Tax Services
	April 2002 -	Ernst & Young AG, Stuttgart und Freiburg International Tax
	Mai 2007	Ernst & Young USA Transfer Pricing Group, New York
	Seit November 2008	Ernst & Young GmbH, Deutschland International Tax Services, Transfer Pricing